Heinrich Weishaupt, Theodor Reineck

Gesamtgebiet des Steindrucks;

oder vollständige theoretisch-praktische Anweisung zur Ausübung der Lithographie

Heinrich Weishaupt, Theodor Reineck

Gesamtgebiet des Steindrucks;
oder vollständige theoretisch-praktische Anweisung zur Ausübung der Lithographie

ISBN/EAN: 9783743613836

Hergestellt in Europa, USA, Kanada, Australien, Japan

Cover: Foto ©Lupo / pixelio.de

Manufactured and distributed by brebook publishing software (www.brebook.com)

Heinrich Weishaupt, Theodor Reineck

Gesamtgebiet des Steindrucks;

Heinrich Weishaupts

Gesamtgebiet

des

Steindrucks

oder

vollständige theoretisch-praktische Anweisung zur Ausübung

der Lithographie

in ihrem ganzen Umfange und auf ihrem jetzigen Standpunkte.

Nebst einem Anhange
von der Zinkographie, dem anastatischen Drucke, dem Lichtdrucke
und der Photolithographie.

Sechste verbesserte und vermehrte Auflage,

neu bearbeitet

von

Theodor Reineck,
Lithograph.

Nebst einem Atlas von 11 Foliotafeln.

Weimar, 1895.
Bernhard Friedrich Voigt.

Senefelder.

Allmählich weiß die Zeit sich aufzuraffen
Und Anerkennung, größre zu verleihn
Dem nützlich, wahrhaft segensreichen Schaffen,
Um auch dem stillen Fleiß gerecht zu sein.
Da werden lauter all der Männer Namen,
Die lang umfing bescheidne Dunkelheit,
Die, da sie lebten, nicht den Dank vernahmen,
Den ehrend jetzt die Nachwelt ihnen weiht.

So Senefelder. Herrlich ist ein Ringen,
Das unablässig einen Punkt umspannt,
Auf einen Gegenstand, auf ein Gelingen
Mit aller Kraft des Denkens sich gewandt.
Und Tag und Nacht vor seiner Seele stehen
Die Bilder die er aus der Zukunft Schoß
Zu heben sinnt, und jeder soll sie sehen,
Kein Hinderniß ist seinem Geist zu groß.

Und endlich ist von Stift und Druck bewältigt,
Woran Geduld einst manches Jahr verlor,
Es treten aus dem Stein vertausendfältigt
Die Meisterwerke jeder Zeit hervor,
Es mehrt bei wachsendem Genuß am Schönen,
Die Quellen des Erwerbs die neue Kunst,
Und sie gewinnt dann, um ihr Werk zu krönen,
Wie Viele sie erfreut, auch Vieler Gunst.

Und wie der Frühling, der auf niedre Dächer
Auch auf die Hütten streut sein Blütenblatt,
Und einen Strauß vom Feld, und Blumenfächer
Auch für die kleinste Kammer übrig hat,
So gönnt Gemälde sinniger Verehrung
Dem Armen auch dieselbe Kunst, sie schmückt
Dem Kinde schon die Bücher der Belehrung,
Und scherzt den Gram weg, der die Seele drückt.

Darum sei Preis dem sinnigen Erfinder,
Dem unermüdlich tapfern Mann, es sieht
Das Volk in ihm auch einen Ueberwinder
Und einen, der erweitert ein Gebiet.
Wenn schon der Stein beredt ist in Ruinen
Ists mehr noch der der eblern Inhalt trägt,
Der Brot, und nicht nur Brot gibt zu verdienen,
Dem auch der Geist sein Siegel aufgeprägt.

Hermann Lingg.

Vorwort
zur sechsten Auflage.

Die großen Fortschritte in der Technik der Lithographie und des Steindruckes, sowie die fortschreitenden Verbesserungen und Erfindungen, sowohl im Bau von Pressen und Hilfsmaschinen, als auch im Zinkdruck und den heliographischen Druckverfahren, machten in dieser Auflage eine gänzliche Umgestaltung des praktischen Teiles dieses Werkes notwendig. An dem geschichtlichen Teile desselben konnte, da derselbe feststehende Thatsachen behandelt, nicht wohl etwas geändert, jedoch mußte noch hier und da einiges hinzugefügt werden.

Die freundliche Aufnahme, welche der fünften, vom Professor Heinrich Weishaupt in München, bearbeiteten Auflage zu teil wurde, rechtfertigt wohl das Erscheinen dieser sechsten, mit dem größten Teile der Errungenschaften der Neuzeit bereicherten Auflage.

Diese Errungenschaften, durch intelligente und strebsame Fachmänner in verschiedenen technischen Werken und Fachzeitschriften veröffentlicht, sind, nebst einigen eigenen Erfahrungen, dem Werke eingereihet sowie dem entsprechend Veraltetes, soweit es nicht geschichtlichen Wert hatte, weggelassen worden.

Für die uneigennützige Unterstützung, mit Rat und That, von seiten verschiedener Freunde und Fachgenossen, an dieser Stelle meinen wärmsten Dank aussprechend, hoffe ich, daß diese Arbeit eine günstige Aufnahme finden und sich recht viele Freunde erwerben möge.

Weimar.

Theodor Reineck.

Inhaltsverzeichnis.

Einleitung.
Seite

Kurze Uebersicht über die Geschichte und Litteratur des Steindrucks. — Vergleichende Charakteristik und künstlerische Eigentümlichkeiten der drei Hauptmethoden der Graphik: Kupferstich, Holzschnitt und Lithographie. Hauptmanieren der letzteren: Feder-, Kreide- und Graviermanier, Autographie, Chromolithographie und Oelfarbendruck . . . . 1—17

Erstes Kapitel.

Von dem Lokale und den nötigen Einrichtungen und Bedürfnissen eines vollständigen lithographischen Institutes. — Uebersicht. Ateliers zum lithographischen Zeichnen und Schreiben. Zeichentisch. Zeichenrahmen. Lineal und Winkel. Stühle. — Druckerei. Laboratorium. Wasseranlage. Beheizung und Beleuchtung des Drucklokales. Pressen, Einschwärz- und Auslegetisch. Schwärzplatte. Walzenleder. Aufzieh-Apparate. Schwärzwalzen mit Leder- und Gummiüberzug. Schaber. Walzenputzmaschine. Walzenregal. Walzenschrank. Tampons. Aetztisch. Aetzkasten. Regale, Schnüre, Feuchtbretter, Tische, Wasserbehälter, Platten, Läufer und Spatel. Firnisbehälter und Ruß. Steinschleiferei. Schleiftisch. Steinkarren . . . . 18—36

Zweites Kapitel.

Von den Steinen oder lithographischen Platten und ihrer ersten Zubereitung. — Chemisch-mineralogische Beschreibung der Lithographiesteine. Chemische Entwickelung der Lithographie. Künstliche Lithographieplatten. Steinschleiftinktur. Schleifmaschinen. Das Behauen der Steine in den Brüchen. Qualität und Farbe des Steines. Doppelt geschliffene Steine. Handschleiferei. Glattschleifen und Körnen des Steins. Teilen der Platten . . . . 37—56

Drittes Kapitel.

Von den für den Lithographen nötigen Materialien und Werkzeugen. — Materialien. Wachs, Talg, Seife, Wasser, Salpeter, Soda und Pottasche, Mastix, Schellack, Kopal, Asphalt, Drachenblut, Gummigutt, Terpentin, Terpentinöl, Kolophonium, Leinöl, Olivenöl, Lavendelöl, Kienruß und Lampenruß. Die chemische Tusche. Eigenschaften derselben. Tusche von Lemercier. Bereitung. Fehler. Drei verschiedene Tuschrezepte. Tusche aus Kreidespänen. Tusche zu Arbeiten mit dem Pinsel. Die lithographische Kreide. Eigenschaften derselben. Kreide von Engelmann. Kreideform. Schellackkreide. Zwei verschiedene Kreidekompositionen. Die Aetz- und Präpariermittel. Salpetersäure. Das arabische Gummi. Galläpfel. Essigsäure. Salz- und Phosphorsäure. Kleesalz. Werkzeuge des Lithographen. Federn zur Schrift und Federzeichnung. Stahlfedern. Bereitung derselben aus gewalztem Stahl. Pinsel zur Schrift, zur Zeichnung und zu anderem Gebrauche. Reiß- oder Ziehfedern. Das Rostral. Die Schriftgabeln. Der Notentupfer. Tuschgefäße. Kreidehalter. Reißschiene, Lineale und Winkel. Kurvenlineale. Mathematisches Besteck oder Reißzeug (verschiedene Zirkel, Stangenzirkel, Ellipsograph). Schaber, Graviernadeln, Reibahlen, Grabstichel, Diamanten. Schraffier-Wellen-Reliefmaschinen zc. Kopiergerät. Kopiermaschinen . . . . 57—90

Viertes Kapitel.

Von den beim Steinzeichnen üblichen Manieren. — Die erhabenen Manieren. Auf glatten Steinen. Die Federzeichnung (Uebertragen der Zeichnung, Pinselzeichnung). Die Holzschnittmanier. Manieren auf gekörnten Steinen. Die Kreide- oder Krayonmanier. Die Kreidewischmanier. Die Tamponiermanier (Knechts Verfahren). Zeichnung auf Kornpapier. Ton- oder Schabpapier. Die Tuschmanier. Die vertieften Manieren. Die Gravierung. Das Radieren. Radierverfahren von Hofmann. Asphaltätzung. Hochätzen gravierter Arbeiten. Kaltschmelzverfahren. — Die Autographie oder der Ueberdruck. Das autographische Papier. Die autographische Tinte. Autographische Tusche auf Papier ohne Anstrich. Vom Schreiben und Zeichnen mit autographischer Tinte. Verfahren beim Ueberdrucke. Ueberdruckverfahren beim gewöhnlichen Papiere ohne Anstrich. Umdruckverfahren von Bleibimhaus. Autographie der Kreidezeichnung von Maclure und Macdonald. Verfahren beim Umdruck von Kreidezeichnungen auf Kornpapier. Anwendung des Umdrucks auf Kupferdruck und Buchdruck. Verbindung des Buchdrucks mit dem Steindrucke (Typolithographie). Anti-Typolithographie. Umdruckverfahren für lithographische Gravier- und Federarbeiten. Neues Ueberdruckverfahren auf Stein- und Zinkplatten. Wölfels Ueberdruckverfahren. Aeltere Gravuren für den Umdruck wieder herzurichten.

Seite

Das Kautschukverfahren zum Vergrößern und Verkleinern von Umdrucken. Negativer lithographischer Ueberdruck von Weingärtner Das Umkehren der Zeichnungen und Schriften aus Weiß in Schwarz und aus Schwarz in Weiß. Der Conturumdruck oder Negativdruck. Gleichzeitiger negativer und positiver Druck . . . . . 91—162

Fünftes Kapitel.

Die Chromolithographie. — Druck mit platten Tinten. Einfarbiger Druck, Monochromen, Auflegen mit Nadeln, mit Marken, mit der Punktur, Tonplatten mit geschabten Lichtern. Sandstrahlfeder. Vielfarbiger Tondruck, Polychromen, Irisdruck. Druck mit abgestuften Tinten. Linientöne. Druck mit übergreifenden Tinten. Hauptregeln der Mischung und Zusammenstellung der Farben. Ohne Plattenvermehrung mangelnde Farben zu ergänzen. — Die Bearbeitung der chromolithographischen Platten (Umklatsch der Konturplatte). Gerissene Gelatinepausen und deren Umdruck. Das Umdruckverfahren bei der Chromolithographie (Umdruckfarbe. Feuchter Umdruck der Gravier-, Feder- und Kreideplatte. Trockener Umdruck. Herstellung der trockenen Abzüge. Einpassen der Abzüge auf dem Aufnadelbogen. Das Ueberdrucken des aufgenadelten Bogens). Die Nachahmung des Aquarell- und Oelbildes durch Chromolithographie. Neues Verfahren zur Herstellung von Tonplatten für den Buntdruck von K. und E. Arnold. Anwendung des Farbendrucks auf Porzellan und Glas. Der Blechdruck. Email-Imitation durch Lithographie von Kosch. Die Stenochromie von Julius Greth . . . . . 163—206

Sechstes Kapitel.

Von den lithographischen und anderen in einer Steindruckerei nötigen Pressen. — A. Die Reiberpresse. Stangenpresse. Presse von de la Morinière. B. Walzenpressen. Steiners Presse. Andrés Presse. Trentsenskys Presse C. Rollpressen Mitterers Presse. Schrader und Böttgers Presse. Verbesserung der Schlichtschen Presse. Presse von Engelmann und Grimpé. Deren Verbesserung Wiedermanns Presse. D. Handpressen neuerer Konstruktion. Presse fürs Kunstfach in großen Formaten. Manhardts Presse. Presse für kleinere Druckformate von F. Weishaupt Eiserne Handhebelpresse von Sutter. Kunstdruckpresse. Tischpresse von Hindersinn. Englische Walzenpresse. Presse von Schierwater. E. Die Schnellpressen. Smarts Schnellpresse. Schnellpresse von G. Sigl mit Tischfärbung und mit Cylinderfärbung. System der deutschen und französischen Schnellpressen. Einfache Vorrichtung zum Einrichten der Steine für Farbendruck bei Schnellpressen von Hofmann. Lithographische Schnellgangpresse von Koch in Leipzig. F. Papier- und Packpressen. Gewöhnliche Presse. Satinier- und Glättpresse . 207—231

Siebentes Kapitel.

Von den beim Steindrucke nötigen und brauchbaren Papieren und dem Netzen derselben. — Das Pauspapier. Makulaturpapier. Druckpapier. (Anlaufen des Papiers.) Das chinesische Papier. Das Japanpapier. Das Pergamentpapier. Das Hanfpapier. Die gestrichenen Papiere. Gefärbte Papiere. Das Netzen des Papiers und die Behandlung desselben beim Farbendruck . . . . . 232—247

Achtes Kapitel.

Von den zum Drucken nötigen Materialien. — Die Druckfarbe. Der Oelfirnis. Die Farben (Rußschwärze und bunte Farben). Bereitung der Druckfarbe und deren Mischung für Farbendruck. Aetzfarbe oder Konservationsschwärze. Retouchierschwärze oder Annehmfarbe . . 248—262

Neuntes Kapitel.

Vom Aetzen und Präparieren der bezeichneten Steine. — Säuren. Gummilösung. Aetzen durch Begießen. Aetzen im Kasten. Aetzen der Kreide- und Federzeichnungen. Das Aetzen mittels des Schwammes und des Pinsels . . . . 263—270

Zehntes Kapitel.

Von dem Abdrucken der nach den verschiedenen Manieren bearbeiteten Steine, und von der Behandlung der gezeichneten Steine nach vollendetem Abdrucke. — Allgemeine Bemerkungen und Grundsätze des Druckens. Von dem Abdrucken der Zeichnungen in der Kreide- und Tamponiermanier. Durch den Druck verdorbene Kreidesteine wiederherzustellen. Von dem Abdrucken der nach der Federmanier mit dem Pinsel oder mittels des Ueberdruckverfahrens bearbeiteten Steine. Vom Abdrucken der nach der vertieften Manier bearbeiteten Steine. (Gravurdruck.) Der Farbendruck (chromolithographischer Druck). Transparentbilder und Plakate. Abziehbilder. Vom Metalldrucke. Druck mit Ultramarin. Gemoorter Druck. Geprägter Blattmetalldruck. Prägedruck vom Stein. Toupprägedruck. Druck von Wasserzeichen. Von der Behandlung der Steine nach vollendetem Abdrucke. 271—301

Elftes Kapitel.

Von den möglichen Kalamitäten einer Steinzeichnung während der Arbeit und des Abdrucks, und von den dagegen zu ergreifenden Maßregeln. — Allgemeine Bemerkungen. A. Von den Korrekturen, welche während der Zeichnung und vor dem Aetzen gemacht werden. B. Von den

Seite

Korrekturen nach der Aetzung. (Korrigieren. Reparieren. Abheben der Zeichnung mittels Laugen. Jobards Vertilgungsmittel.) C. Korrekturen, welche durch verschiedene widrige Umstände während des Drucks nötig werden. (a. Wegbleiben einer Stelle. b. Ansetzen von Farbe an falsche Orte. Schmutz an den Rändern. Wasserflecken. Fettflecken. Gummiflecken. Säure- oder Salzflecken. Speichelflecken. Schmutz durch Quetschung der Farbe. Schattieren der Druckschwärze. Das Zoubekommen der ganzen Platte. Das Monoton werden.) Sicherung gegen Feuchtigkeit der Aufbewahrungsorte. Dem Zerspringen des Steins vorzubeugen . . . . . 302—321

Zwölftes Kapitel.

Schnellpressendruck . . . . 322—334

Dreizehntes Kapitel.

Vom Satinieren und Pressen der fertigen Abdrücke. — Satinieren gewöhnlicher Arbeiten. Satinieren feiner Arbeiten. Satinieren von Visitenkarten, Metalldrucken ꝛc. Gelatinelackierung. Kollodium als Firnis für Papier. Etikettenlack . . . . 335—340

Anhang.

Zinkographie, Kupfer- und Stahldruck auf chemischem Wege, anastatischer Druck und Heliographie. — Allgemeine Bemerkungen. Rein chemischer Teil des Zinkdrucks. Chemisch-mechanischer Teil desselben. (Aetzgrund. Aetzwasser. Radierung. Vertiefte Federmanier. Vertiefte Kreidemanier.) Aquatintamanier. Neues lithographisches Zinkdruckverfahren von H. Schoembs in Offenbach. Paniconographie. Farbendruck von Zinkplatten. Verbindung des Asphalt- mit dem Eiweißverfahren. Der anastatische Druck. Die Heliographie. Allgemeine Bemerkungen. Die Aetzmethode der Heliographie. Erste Versuche Lichtbilder auf Metall zu erzeugen von Niepcé. Spätere Versuch der Physiker Dr. Donné, Dr. Beres, Fizeau und Talbot. Verbesserung der Niepcéschen Methode durch dessen Neffe Niepcé de Saint Victor und durch Negre und Durand. Weitere Fortschritte hierin durch Pouton, Garnier und Baldus. Die Reaktionsmethode der Heliographie. (Photolithographie.) Lichtbilder auf lithographischem Stein von Lemercier u. m. a. Theorie und Hauptoperation hiervon. Photolithographie von Macpherson. Photolithographie von Rousseau und Masson. Das photographische Bild direkt in der Camera obscura auf den Stein zu fixieren von Halleur. Photolithographie von Newton. Photographien durch lithographischen Druck zu vervielfältigen von Gehmoser. Verbesserungen in der Photolithographie von Paul. Photolithographie, neueres Verfahren   Photolithographisches Verfahren von Asser in Amsterdam. Direkte Photolithographie auf Stein oder Zink von Entting und Broadford in London. Reproduktion von Plänen und Zeichnungen von M. Cheymonds. Radiertes Negativ von A. Franz. Negativumdrucke auf photolithographischem Wege. Behandlung der Negative in den verschiedenen photomechanischen Methoden. Phototypie von Tessié du Motay und Maréchal. Der photographische Glasdruck von Albert. Neueres Lichtdruckverfahren   Umdruck von Lichtdruckplatten für Stein- und Buchdruck. Die Abformmethode der Heliographie. (Reliefdruck.) Paul Pretsch, Erfinder dieser Methode. Anwendung und Verbesserung derselben durch Placet und Woodbury. Neues Lichtdruckverfahren und der Reliefdruck. Anwendung der Heliographie zum Kopieren von Plänen. Das Lichtpausverfahren . . . . 341—409

Einleitung.

Die Lithographie oder der Steindruck ist eine rein chemische Kunst, und beruht darauf, mit eigens dazu bereiteten fetten Tinten oder Zeichenstiften auf gewisse mehr oder weniger polierte Steine zu schreiben, zu zeichnen, oder auch Schrift und Zeichnung mit der Nadel auf den Stein zu gravieren und diese gezeichneten oder gravierten Stellen des Steines durch eine eigene Präparatur für die Annahme der fetten Druckfarbe empfänglich und ebenso die leeren Stellen des Steines für diese Druckfarbe abstoßend zu machen, wodurch es ermöglicht ist, dieselben mit einer fetten Farbe nach Art der Buch- oder Kupferdrucker einzuschwärzen und dann mit eigentümlichen Pressen abzudrucken.

Ihr Erfinder ist Aloys Senefelder, geb. im Jahre 1771 am 6. November zu Prag, gest. am 26. Februar 1834 zu München als Königl. Inspektor der Lithographie. In seiner Jugend konnte er, wegen unglücklicher Familienverhältnisse, sein bereits begonnenes Studium der Rechte nicht vollenden. Er ward Schauspieler, was sein Vater gewesen und wozu er längst große Neigung hatte, lieferte selbst einige dramatische Werkchen, die gut aufgenommen wurden, und hoffte, da ihm nach kurzer Zeit das Schauspielerleben zuwider ward, sich ferner durch litterarische Arbeiten seinen Unterhalt verschaffen zu können.

Ein zufälliger Umstand, durch welchen der Druck eines seiner Werke sehr verzögert ward und ihm selbst beträchtlicher Schaden erwuchs, ließ ihn mit dem Wesen und der Technik des Buchdruckes genau bekannt werden und erweckte in ihm den Wunsch, sich in diesem Fache einzuarbeiten, dann eine eigene Druckerei anzulegen und so seine Werke, unbeengt von Aeußerlichkeiten, selbst zu drucken, sich dabei aber zugleich eine angenehme Abwechselung von körperlichen und Geistesarbeiten zu verschaffen. Allein der Mangel an Geld hinderte dies, und sein Geist strebte nun danach, ein Mittel zu finden, auf irgend eine andere Weise seine Schriften wohlfeil und schnell vervielfältigen zu können.

Dieses führte ihn auf verschiedene Ideen, er versuchte unter andern Buchdruckerschriften in Kupfer zu radieren, um auf der Kupferdruckerpresse seine Geisteserzeugnisse zu vervielfältigen.

Da ihm jedoch das wiederholte Abschleifen und Polieren seiner Kupferplatte zu viel Zeit raubte, so verwendete er zu seinen Radierübungen zuerst eine Zinn-, dann eine Kellheimer (Solenhofer-) Platte.

Um Fehlstriche zu decken, hatte er bei seinen Versuchen auf Kupfer einen in Wasser löslichen Deckgrund aus Wachs, Seife und Ruß bereitet, welchen er auf dem Steine statt des warmen Deckgrundes, dessen man sich auf Kupfer bedient, anwendete.

Als er nun einst, aus augenblicklichem Mangel an Schreibmaterialien, eine Notiz über abgegebene Wäsche auf ein frisch geschliffenes Solenhofer Plättchen mit dem selbst bereiteten Deckgrund aufschrieb, geriet er auf den Gedanken, diese Notiz mit Scheidewasser zu begießen.

Dieselbe fand sich nach der Aetzung merklich über die übrige Fläche erhaben, und es gelang ihm mittels eines Ballens und später mittels eines flachen mit Tuch überzogenen Brettchens die Schrift einzuschwärzen und abzudrucken.

Die ersten gelungenen Leistungen dieser neuen Kunst (des Hochdrucks vom Stein) waren Musikalien, welche Senefelder im Jahre 1796 der Welt übergab. Aber erst nach vielen schweren Kämpfen mit Mangel, Unfällen und Verdrießlichkeiten aller Art und durch unendliche Beharrlichkeit brachte er diese neue Kunst zu einer solchen Selbständigkeit, daß er endlich 1799 auf dieselbe ein ausschließendes Privilegium für Bayern, in welchem Lande er damals lebte und wirkte, erhielt. Er errichtete in diesem Jahre die erste chemische Steindruckerei in München.

Des nötigen Broterwerbes wegen, ward indessen vorerst diese Kunst, außer einigen Versuchen in andern Manieren, fast nur in der Federmanier zum Notendrucke benutzt, zu welchem Behufe auch André in Offenbach, der im letztgenannten Jahre zufällig nach München kam, das Geheimnis dieser Kunst und deren Anwendung im Auslande käuflich an sich brachte und in Offenbach eine solche Druckerei anlegte.

Durch André und seine Brüder, und zum Teil durch Senefelders eigenes Wirken ward diese Kunst dann nach London, Paris und Wien verbreitet.

Jetzt, in besseren Verhältnissen, war es Senefelders unausgesetztes Streben, seine Kunst mehr und mehr zu veredeln, und er benutzte sie mit großem Glücke zu mehreren artistischen Arbeiten, durch welche dann nach und nach die verschiedenen Manieren des Steindrucks entstanden.

So verbreitete sich die neue Kunst nun in mehrere Hauptstädte, teils durch Senefelder, teils durch André und seine Brüder, teils endlich auch durch solche, die das Geheimnis von ihnen erkauften, bis auch andere denkende Männer, den großen Nutzen dieser Kunst erkennend, derselben nachstrebten, durch Forschungen und Nachdenken, sowie durch Geldaufwand Vieles selbst schufen, Manches durch untreue Schüler Senefelders erfuhren, und dies, vereinigt mit ihren eigenen Erfahrungen, dem Publikum bekannt machten. In Norddeutschland war ein treuer Schüler Senefelders, der mit ihm die ersten Versuche und die ganze Schule der neuen Kunst durchgemacht hatte, der nun längst verstorbene Elias Poenicke, der erste Verbreiter der Lithographie, indem er sich in Leipzig niederließ und mit Senefelders Billigung mit Baumgärtner und Fr. Hofmeister eine Steindruckerei anlegte. Bilder zur Modezeitung waren die ersten hier gemachten Lithographien, zu denen sich dann vielfache musikalische Arbeiten für Breitkopf & Härtel gesellten. Poenicke richtete dann noch in mehreren Städten solche Anstalten ein. Bald erschienen auch unterrichtende Werke über die neue Kunst.

Das erste dieser Art, was schon ziemlich klare Ideen über die Lithographie gab, war ein Aufsatz im Morgenblatte Nr. 247, Jahrg. 1807. Mehrere Geheimnisse entdeckte dann ein anderer Aufsatz im Bulletin des Neuesten und Wissenswürdigsten, Jahrg. 1809, mit verbessernden Zusätzen, 1810. Aber den bergenden Schleier des ganzen Geheimnisses lüftete ein in der Cottaschen Buchhandlung in Tübingen 1810 in 4to erschienenes Werkchen: **Das Geheimnis des Steindrucks in seinem ganzen Umfange u. s. w.**, von Rapp, dem bald ein Aufsatz im Magazin aller neuen Erfindungen, Nr. 51, bei Baumgärtner in Leipzig folgte, in welchem die im vorigen Werk aufgestellten Grundsätze ebenfalls aufgestellt und mit vielen eigenen Erfahrungen des Herrn Baumgärtner bereichert erschienen. Diesem folgten mehrere, mehr oder weniger gehaltvolle Aufsätze und besondere Werkchen über diese Kunst, welche alle aber endlich Aloys Senefelders eigenes Werk in 4to: **Vollständiges Lehrbuch der Steindruckerei in allen ihren Zweigen und Manieren, nebst vorausgehender Geschichte dieser Kunst und ihrer Erfindung** (München 1818), völlig unbrauchbar machte, da in ihm alles enthalten war, was in den früher erschienenen Werkchen nur teilweise und unvollkommen dargestellt wurde.

Seit dem Erscheinen dieses Werkes aber sind noch verschiedene andere, sehr gehaltvolle Aufsätze und Schriften über das Wesen und den Nutzen der Lithographie, oder ihrer einzelnen Manieren, sowie über die etwaigen Verbesserungen hier und da, besonders aber auch in Frankreich, erschienen, unter denen wir von den deutschen nur die zahlreichen Aufsätze in Dinglers polytechn. Journal und von den französischen, **Engelmanns Werke** über diesen Gegenstand nennen.

Eins derselben, Engelmanns Traité théorique et pratique de Lithographie, das auch in einer deutschen Uebersetzung von Kretschmar und Pabst in Deutschland verbreitet ist, enthält eine sehr vollständige Geschichte der Lithographie, auf welche wir unsere Leser verweisen, da uns dieselbe in unserem Werke, das wir rein für die Praxis berechnet haben, zu weit vom vorgesteckten Ziele entfernt haben würde.

Besonders wurde auch der Aufschwung dieser Technik sehr wesentlich gefördert durch das gemeinnützige Streben jener Zeitschriften, welche als Organ für Lithographie und der damit verwandten Fächer zur Verbreitung der neueren Fortschritte auf diesem Gebiete beigetragen.

Vorzugsweise gebührt deshalb der im Jahre 1861 durch Gustav W. Seitz gegründeten „Lithographia" und dem seit 1866 bestehenden „Polygraphischen Centralblatte" die volle Anerkennung; erstere herausgegeben von A. Isermann in Hamburg, letzteres redigiert und verlegt von Rudolf Hartmann in Leipzig.

Beide haben leider seit längerer Zeit zu erscheinen aufgehört, werden jedoch in musterhafter Weise durch das in Wien bei Joseph Heim erscheinende Blatt „Freie Künste" Fachblatt für Lithograpie, Steindruckerei und Buchdruckei ersetzt.

Auch der „Allgemeine Anzeiger für Druckereien" von Klimsch in Frankfurt a. M. bringt öfters sehr zweckentsprechende Abhandlungen.

Vergleichen wir die drei Hauptmethoden der Graphik — Kupferstich, Holzschnitt und Lithographie miteinander, so entfaltet jede ihrer künstlerischen Natur und technischen Eigentümlichkeit nach, eine besondere charakteristische Schönheit und eine individuelle Wirksamkeit. Jede unverkennbar hierdurch unterschieden und für gewisse Zwecke vorzugsweise brauchbar, nimmt daher in der praktischen Anwendung eine gebührende Stellung ein, bei welcher keine die andere beeinträchtigt.

Friedsam wandelten deshalb die Kupferstech- und Holzschneidekunst manches Jahrhundert hindurch nebeneinander, ohne daß eine die andere verdrängt hätte, — die Lithographie und Stahlstechkunst sproßten zu herrlichen Bäumen empor, aber dennoch wurden durch das Ausbreiten ihrer Zweige die beiden erstgenannten Künste nicht verdunkelt, vielmehr gaben diese neuen Erfindungen wieder neue Aussichten, neues Wachstum.

Selbst in Zeiten, wo diese Künste in manchem Lande minder blühten, teilweise in Verfall gerieten oder durch die glänzenden Fortschritte neuer Erfindungen benachteiligt schienen, erhielten sie durch hervorragende Talente wieder neue Pflege und neuen Aufschwung, wodurch dieselben immer mehr kultiviert wurden und zu einer hohen Ausbildung gediehen.

Die rasch aufeinander folgenden Erfindungen und Verbesserungen namentlich in der Lithographie, und hauptsächlich im Farbendruck, haben die Technik vielfach verändert und vervollkommnet, doch glauben wir, daß der Gipfelpunkt noch lange nicht erreicht ist und noch manches Neue und Schöne zu tage gefördert werden wird. Das Alte stürzt, es ändert sich die Zeit und neues Leben blüht aus den Ruinen.

Bei dem gehobenen Kulturzustande dieser technischen Reproduktionsmethoden möchte daher ihre praktische Verwertung sich in folgender Weise gestalten.

A. Kupfer- und Stahlstechkunst und Zinkographie.

Die Kupferstechkunst (Chalcographie)*) im engeren Sinne des Wortes, das Kupferstechen mit dem Grabstichel, war nicht allein die anfängliche Behandlungsweise dieser Technik, sie blieb auch die vorzüglichste und schwerste unter allen der später entstandenen Kupferstichmanieren**).

---

*) Gravierte Arbeiten in Metall finden sich schon in den Zeiten des grauen Altertums (besonders bei den Etruskern) und im Mittelalter. Unter diesen sind besonders interessant die Niellen, Gravierungen, deren vertiefte Risse mit einer dunklen Schmelzmasse ausgefüllt wurden. Diese Kunst, deren Erfindung man den Orientalen zuschreibt, wurde im 14. und 15. Jahrhundert durch italienische Goldschmiede zu einem hohen Grade der Vollendung gebracht und der Florentiner Goldschmied Maso Finiguerra soll im Jahre 1452 den ersten Versuch gemacht, eine derartige Gravierung vor dem Einbrennen jener Schmelzmasse zum Abdrucken zu benutzen.

In Deutschland findet sich jedoch die größere Mehrzahl älterer Kupferstiche, die zum Teil noch vor der Zeit des Jahres 1450 hinaufzureichen scheinen; auch zeigt sich die äußere Technik hier früher durchgebildet, während sie in Italien bis in den Anfang des 16. Jahrhunderts hinein noch durchweg auf einer untergeordneten Stufe blieb.

**) Zu diesen gehören: 1. die Aetz- oder Radiermanier, eine Erfindung Albrecht Dürers. Sie gestattet eine freiere Behandlung und ist für den Künstler die bequemste, jedoch in Rücksicht ihrer Wirkung weniger effektvoll als andere Manieren.

2. Die Punktiermanier mit dem Spitzhammer oder Punzen und mit der Roulette ist wie der Grabstichel mühsam und langwierig, gibt weniger Bestimmtheit als dieser, aber mehr Sanftheit und besteht aus der Zusammensetzung von Punkten

Derselben wurde schon früher durch Meister der Zeichnung und des Grabstichels ein Standpunkt errungen, dessen sich die jüngeren Schwesterkünste heute noch nicht erfreuen.

Die Kupferstecherkunst blieb keine bloß übersetzende Kunst, sie diente auch zum direkten Austausch künstlerischer Erfindung. Sie wird daher in ihrem eigentümlichen Wirkungskreise zunächst und vorzugsweise der höheren Kunst dienen und deshalb mit ihrer Eleganz und Würde nur Kunstblätter liefern, oder höchstens Schriften, die eine besondere Schönheit und Zartheit erheischen.

Infolgedessen wird sie auch von weniger Kunstgenossen gepflegt und nur solche Talente, die im Zeichnen und im Stiche gleich hohen Beruf haben, werden mit lohnendem Erfolge sich derselben widmen.

Die Stahlstechkunst (Siderographie)*) hat zwar im allgemeinen nicht die Gediegenheit der Kupferstecherkunst erlangt, sie besticht jedoch das Auge durch die feine Ausführung des Stahlstichs und ist vermöge der vielen Abzüge, die man von einer Stahlplatte machen kann, für den Buchhandel sehr geeignet, weshalb sie häufig bei illustrierten Werken, die eine starke Auflage haben, in Anwendung kommt und vorzugsweise für die elegante Litteratur benutzt wird.

Die Zinkographie, Zinkstecherei oder vielmehr Zinkätzerei fand bisher bei Musikalien vielfache Anwendung. Die erste Veranlassung zum Gebrauche der Zinkplatten mochte wohl in der Wohlfeilheit der Platten liegen, welche besonders bei großem Formate und größeren Werken bedeutenden Vorteil bietet, indem die Kosten einer Zinkplatte fast nur den vierten Teil einer gleich großen Steinplatte betragen. Zudem ist ihre Aufbewahrung sehr bequem, da zehn solcher Platten kaum den Raum einer Steinplatte einnehmen, auch ist hierbei das Springen nicht zu fürchten und sind zugleich von diesen Platten, wenn sie aus den Händen eines tüchtigen Künstlers kommen, sehr schöne Abdrücke zu erlangen. Diese Zinkplatten eignen sich daher auch für den Druck großer Karten und werden mit großem Vorteile statt der Steinplatten zum Abzuge von Autographien benutzt. Desgleichen wird auch die Aetzmanier in Zink zu künstlerischen Illustrationen benutzt. Dieselbe ist in neuerer Zeit, namentlich in Verbindung mit der Photographie, zu großer Verwendung gelangt.

---

und Schraffierungen, wobei erstere vorherrschen. Sie erhielt durch Bartolozzi in England ihre vorzüglichste Pflege und diente auch als Nachahmung der sogenannten Krayon- (Freihandzeichen-) Manier.

3. Die schwarze Kunst (Schabmanier) von den Engländern Mezzotinto genannt, wurde im Jahre 1642 von Ludwig v. Siegen erfunden und erlangte ihre wahre Vollkommenheit in England. Diese Manier gestattet eine sehr freie und geschwinde Behandlung und wird hierbei aus dem Dunkeln ins Helle gearbeitet. Bei dem dominierenden Schwarz dieser Manier charakterisiert sich dieselbe durch Weichheit und eigentümlichen Lichteffekt; weniger ist jedoch die Schönheit und Bestimmtheit des Umrisses und die Klarheit der Farbengebung hierdurch erreichbar.

4. Die Tuschmanier (Aquatinta) ahmt getuschte Zeichnungen in Kupfer nach und eignet sich besonders da, wo der Effekt eigentlich durch Hauptmassen und folglich mit wenigen Tönen hervorgebracht werden soll. — Diese Manier scheint in der zweiten Hälfte des 18. Jahrhunderts von verschiedenen zugleich auf verschiedene Art erfunden worden zu sein.

*) Die Stahlstechkunst ward im Jahre 1820 von den Engländern erfunden. Wesentliche Verdienste dabei gebühren dem Kupferstecher Charles Heath.

B. Holzschneidekunst.

Die **Holzschneidekunst** (Xylographie)*) unterscheidet sich wesentlich vor den übrigen graphischen Künsten durch den **Erhabendruck**. Beim Holzschnitte bleibt nämlich die eigentliche Zeichnung erhaben stehen, und das, was im Drucke nicht erscheinen soll, wird mittels der Stichel weggenommen; während beim Kupfer-, Stahl- und Zinkstich die Zeichnung, welche beim Abdrucken schwarz als Abbild erscheinen soll, in die Tiefe graviert oder geätzt wird. Nur in einzelnen Fällen hat man Kupferplatten erhaben geätzt, um selbe gleich dem Holzschnitte in der Buchdruckerpresse abdrucken zu können.

Ein wesentlicher Vorzug des Holzschnittes ist daher, daß dieser bequem in den Text eingesetzt, mit demselben in der Buchdruckerpresse abgedruckt werden kann und eine fast unbegrenzte Menge von Abdrücken liefert. Hierzu kommt noch, daß derselbe mittels der Stereotypie und Polytypie sich ins Unendliche neu erzeugen läßt und hierdurch billiger wird.

Die **Holzschneidekunst** wird deshalb für Illustrationen populärer Journale und Volksbücher stets die praktische Kunst bleiben und wird dem Buchdrucke in immer steigendem Grade dienen, obgleich ihr jetzt die Photozinkographie große und erfolgreiche Konkurrenz macht.

Obgleich die **Holzschneidekunst** nicht die hohe Vollendung der Harmonie des Stahlstiches erreichte und auch nicht zu derselben Vollkommenheit der Linien gelangen kann, sowie an Feinheit den andern graphischen Künsten

---

*) Schon vor einem Jahrtausend bedienten sich die Chinesen der Holzschneidekunst zum Buchdruck; auch hatten die Indier schon fast 150 Jahre v. Chr. eine Art von Holzschnitten; in Europa aber finden sich deren Spuren erst im 14. Jahrhundert. Ein paar Jahrzehnte vor Erfindung der Buchdruckerkunst findet man Kartenmacher in Ulm im Jahre 1402, woraus sich indes noch nicht folgern läßt, daß diese zu ihrem Gewerbe des Druckes sich bedienten. Sie fertigten dergleichen mit Hilfe von Schablonen an. — Im Jahre 1428 erscheinen Briefdrucker in Nördlingen. Sie legten den ersten Grund zur Buchdruckerkunst dadurch, daß sie zuerst mit dem Druck von Heiligenbildern, welche mit dem Schrifttexte in Holz geschnitten waren, begonnen, dann auf mehrere Blätter und zuletzt auf ganze Bücher übergingen. — Druck der Donate und Schulbücher. Die Biblia pauperum, bei der jedoch kein Datum angegeben, besteht aus 40 Folioblättern, nur auf einer Seite bedruckt, die Farbe blaß, graubraun, mit dem Reiber abgezogen. Um ein Blatt zu bilden, welches auf zwei Seiten bedruckt war, wurden zwei Blätter aneinander geklebt.

Johannes Gutenberg errichtete im Jahre 1436 die erste eigene Presse zum Holztafeldrucke. Später, als derselbe sich in Mainz mit Johannes Fust verbunden hatte, zerschnitt er die Holztafeln, zerlegte sie in einzelne Buchstaben und machte so diese Holzbuchstaben durch verschiedenartiges Aneinandersetzen zum Drucke ganzer Werke brauchbar.

Die Holzschneidekunst diente somit der Buchdruckerkunst als Basis, und im 16. Jahrhundert nahte sich erstere einem hohen Grade ihrer Vollkommenheit.

Als ältester Holztafeldruck mit Jahreszahl galt lange der hl. Christophorus von 1423, aufgefunden von Heinecken zu Buxheim bei Memmingen, beigegeben der Fallensteinschen Geschichte der Buchdruckerkunst.

Die Holzschneidekunst erhielt ihre Vervollkommnung in Nürnberg und thatsächlich blieb auch Deutschland der Hauptsitz derselben, bis sie am Schlusse des 17. Jahrhunderts nach und nach in Verfall geriet. Fast am Ende des vorigen Jahrhunderts, hauptsächlich aber im Anfang des gegenwärtigen wurde dieselbe in Deutschland und in England wieder erweckt, so daß sie jetzt auf einer sehr hohen Stufe der Vollendung steht.

nachsteht, so gewährt sie dagegen andere Vorteile, die nicht minder hervorstechend sind.

Unverkennbar werden durch sie grellere Kontraste gebildet und mittels mehr markierter Kontraste auch schärfere Effekte hervorgebracht, wodurch der Holzschnitt mehr Leben erhält und sich durch eine gewisse Kraft charakterisiert, die keiner andern graphischen Kunst eigen ist.

Den höchsten Grad ihrer technischen Vollkommenheit erreichte sie in neuerer Zeit, welche selbst zur Nachahmung der lithographischen (gekörnten) Krayonmanier und zur bekannten englischen Stahlstechmanier des Holzschnittes führte, welche surrogative Manieren jedoch minder wertvoll und keineswegs dem Charakter des Holzschnittes angemessen sind.

C. Lithographie.

Wenn auch bei der Erfindung der Lithographie zunächst deren Erfinder erhaben geätzte Platten anwandte und also der Erhabendruck zu dieser Erfindung die leitende Grundidee gab, so kommt doch heutzutage der Erhabendruck nicht mehr in Anwendung. In neuester Zeit gab es nur einige, welche durch Erhabenätzen den Lithographiestein dem Buchdrucke dienstbar machen wollten.

Der eigentliche lithographische Druck beruht seiner Natur nach hauptsächlich auf chemischer Basis, welche bei sämtlichen Manieren der Lithographie gleichen Einfluß hat und unter welchen wir als Hauptmanieren die erhabene und vertiefte unterscheiden. Zur ersteren gehören:

Die Feder-, und die Kreide- oder Krayonzeichnung; zur zweiten:

Die Gravüre.

Federzeichnung.

Die Federzeichenmanier ist die früheste des Steindruckes, welche zunächst für Musikalien zur praktischen Verwertung kam und übrigens bei Schriften und tabellarischen Arbeiten ihre meiste Verwendung findet.

Diese sehr nützliche Manier, deren Ausbildung sich rasch entwickelte, ist besonders da sehr angebracht, wo schnelle und billige Erzeugung des Steindrucks bedungen ist. Eine wesentliche Förderung dieser Bedingung wird zum Teil auch durch die gegenwärtige Schnellpresse erreicht.

Aber auch zu künstlerischen Arbeiten benutzte man diese Manier früher und gegenwärtig noch und gebraucht hierzu öfters statt der Feder den Pinsel, wobei diese Arbeiten an Feinheit der Steingravierung ziemlich nahe kommen. Freihand- und technische Zeichnungen*), sowie Nachahmungen von Radierungen

---

*) Zu den vorzüglichsten der früheren Kunsterzeugnisse dieser Manier gehören die von Strixner, z. B. sein Prachtwerk: Albrecht Dürers Gebetbuch, welches 1808 erschien. — Anwendungen dieser Manier zu technischen Zeichnungen machte Prof. Mitterer bei seinen Werken über Baukunst, Mechanik ec. In Mitterers Geometrie, welche 1808 erschien, findet sich die erste Verbindung der Lithographie mit der Typographie; hierbei sind nämlich statt der Holzschnitte gegen 400 Figuren in dem Kontexte lithographisch eingedruckt, welcher Doppeldruck aber bei der jetzigen Vollkommenheit des Holzschnittes keinen Vorteil bieten kann.

und Holzschnitten wurden hierdurch schon anfänglich mit großer Vollkommenheit hervorgebracht und selbst mit der lithographischen Kreidezeichnung kam diese Manier in geeignete Verbindung.

Für Zeichnungen, deren Hauptcharakteristik eine freie, kühne und markige Behandlung erheischt, wird jedenfalls die Federmanier der Gravierung vorzuziehen sein.

Kreidemanier.

Unter allen Manieren der Lithographie hat vorzugsweise die **Reproduktion der gekörnten Kreidezeichnung** einen eigentümlichen Charakter und künstlerischen Wert.

Ein Hauptvorzug derselben ist: daß hierdurch eine **Freihand-Kreidezeichnung** in ihrem vollständigen Charakter treu wiedergegeben werden kann, so daß die Züge einer geistreichen Skizze mit ebensoviel Freiheit und Kedheit behandelt, als auch die vollendete Kreidezeichnung im Totaleindrucke dem malerischen Effekte des Kupferstichs sich nähert und zugleich an freier Behandlung die sogenannte Kupferstich-Krayonmanier übertrifft.

Wenn auch der Kupferstich durch Zartheit, Kraft und Bestimmtheit, sowie durch Klarheit des Schattens als harmonisches Ganze seine höchste Vollendung erreichte und deshalb der Oelmalerei am nächsten steht, so bietet dagegen die lithographische Kreidemanier eine gewisse Weichheit und Bestimmtheit und ihre malerischen Kontraste durch geeignete Abwechselung und Verschiedenheit des Kreidekornes mittels des Kreidestiftes und der Nadel hervorgebracht, ermöglichen nebst der vollendetsten Nüancierung eine kräftige und brillante Haltung der Zeichnung, wobei auch ihre freiere Technik z. B. dem Landschaftsbilde, besonders aber den Zeichenstudien weit mehr entspricht, als die geregeltere Schraffierung des Grabstichels.

Zudem kann auch der Künstler ohne Schwierigkeit seine Zeichnung auf den Stein selbst ausführen, somit ohne Hilfe eines zweiten Künstlers und zwar mit einer Freiheit und Leichtigkeit, wie sie eben keine der übrigen graphischen Künste gestattet.

Diese dem Zeichner geläufige Behandlung mußte daher unter tüchtiger Künstlerhand auf eine bessere Geschmacksrichtung den vorteilhaftesten Einfluß üben und dieser einfachen, jedem Künstler zugänglichen Technik eine bedeutende Beliebtheit verschaffen, welche aber anderseits wieder durch die vielen mittelmäßigen lithographischen Erzeugnisse den künstlerischen Wert der Lithographie etwas herabdrückte.

Immer werden jedoch die hervorragenden Leistungen derselben ihre volle Anerkennung finden und das hauptsächlichste Verdienst der Lithographie darin bestehen, daß sie die Originale ganz im Geiste und nach der Behandlungsweise des Meisters vervielfältigt und deshalb nicht sowohl zur Vermehrung der Kopien, als vielmehr zur getreuen Wiedergabe der Originale selbst anzuwenden ist.

Blicken wir auf ihre geschichtliche Entwickelung, so erregen schon die allerersten Versuche Senefelders mit der Kreide auf Stein, vom Jahre 1799, die Aufmerksamkeit aller Künstler und Kunstfreunde und unter diesen war besonders Prof. Mitterer, der schon aus den ersten Versuchen die ungeheure Tragweite dieser neuen Erfindung durchschaute.

Durch Mitterer erhielt auch die lithographische Kreidemanier ihre erste Pflege und Kultur. Derselbe gründete schon im Jahre 1804 eine lithographische Kunstanstalt an der Münchener Feiertagsschule, die bis zum Jahr 1872 noch bestand. — Mitterer beschleunigte die weiteren Fortschritte der Lithographie durch zahlreiche Verbesserungen und Veränderungen. Ihm gehört die Erfindung der sogenannten Roll- oder Hebelpresse, welche er im Jahre 1805 statt der Senefelderschen Stangenpresse in Anwendung brachte und deren Konstruktion den jetzigen Sternpressen zur Grundlage diente. Schon in den ersten Jahren gingen aus dieser Mittererschen Kunstanstalt eine große Anzahl Zeichenstudien und andere Kunstwerke hervor, welche den hohen Ruf einer Kunst begründeten, deren Dasein nur erst wenige Jahre zählte.

Diese neue Kunst, schon seit dem Jahre 1800 von verschiedenen nach Frankreich verpflanzt, fing jedoch erst später gegen das Jahr 1815 an, auf diesem Boden Wurzel zu fassen. — Einer der ersten, welcher die Lithographie in Frankreich zur Vollkommenheit und zur ausgedehnteren Einführung brachte, war Engelmann, der auch unter andern im Jahre 1819 die Tamponier- oder Tuschmanier*) erfand, wodurch die Arbeiten des Kreidestifts verbessert wurden, weil sie die Mittel lieferte, die zartesten Teile, den duftigen Hauch, wie z. B. die Luft bei Landschaften, durch die Lithographie mit aller wünschenswerten Reinheit und Zartheit wiedergeben zu können.

Genie und Geschicklichkeit der französischen Künstler entwickelte nun diese Kunst zu raschem Aufschwunge und förderte zugleich den Fortschritt derselben in andern Ländern. — So wurde besonders die Lithographie in England durch den Londoner Künstler Hullmandel, der im Jahre 1821 die neuen Verbesserungen derselben in Paris kennen lernte, einem hohen Grade der Vollendung zugeführt.

Die reißenden Fortschritte der Lithographie in Frankreich und England, welche seit dem Jahre 1830 in diesen beiden Ländern so ziemlich ihren Höhepunkt erreicht hatte, so daß selbe kaum eine bedeutende Veränderung mehr zuzulassen schien, veranlaßte selbst viele der vorzüglichsten deutschen Künstler sich in Paris mit der bewundernswerten Behandlung der Franzosen vertraut zu machen.

Die Resultate dieses Studiums hatten die erfreulichsten Folgen für den neuen Aufschwung der Lithographie in Deutschland und die meisterhafte Durchführung der allbekannten Lithographien eines Bodmer, Hanfstängl und vieler anderer Künstler zeigen die gediegendste künstlerische Vollendung, bei welcher nicht etwa effektvolle Behandlung oder überhaupt Virtuosität der Technik allein sich geltend macht, sondern vielmehr diese dem künstlerischen Zwecke untergeordnet in geistreicher Weise dem Charakter des Kunstgebildes sich anschmiegt.

Als einer der größten, jawohl als der größte deutsche Meister im Kreidefache, ist noch Professor Gustav Feckert in Berlin zu nennen.

Seine Leistungen übertreffen an Frische und Lebendigkeit, sprechender Charakteristik, Vornehmheit der Auffassung und vorzüglicher technischer Behandlung, die besten bis jetzt bekannten Kreidelithographien.

*) Bei dem hohen Grade der Ausbildung gegenwärtiger lithographischer Technik ist jedoch diese Tamponiermanier ziemlich entbehrlich geworden.

Seine bekanntesten und bedeutendsten Arbeiten sind: „Die Uebergabe der Augsburgischen Konfession an Karl V." von Marbersteig, eine der hervorragendsten Leistungen der Lithographie, Kopien nach gemalten Bildern von Dieffenbach, Gallait, Begas, Jordan, Knaus, Meyerheim, H. Ritter und andern. Porträts nach der Natur auf Stein ausgeführt ꝛc. bilden eine interessante Galerie bedeutender Persönlichkeiten der damaligen Zeit. Wir erwähnen nur die Porträts von Kaiser Wilhelm I. und Kaiserin Augusta, Kronprinz Friedrich und seine junge Gemahlin Kronprinzessin Viktoria, Generalfeldmarschall v. Wrangel, Mendelssohn-Bartholdi, Henriette Sonntag und der Tänzerin Pepita de Oliva u. s. w. Dieselben sind teils nach der Natur, teils nach Gemälden von Winterhalter und andern ausgeführt.

Die Kreidezeichnung mit Tondruck.

Der schon sehr frühe mit der lithographischen Kreidemanier in Verbindung gebrachte Tonplattendruck*) diente anfänglich als Ergänzungsmittel der mangelhaften Haltung der Kreidezeichnung. — Die allerersten Versuche, um den mangelhaften Kreideabdrücken mehr Haltung zu geben, bestanden darin, daß man die höchsten Lichter der Zeichnung mit weißer Kreide belegte, wo dann der in Rauch gehängte Abdruck einen gelblichen Ton annahm, während die mit Kreide bedeckten Stellen weiß blieben.

Nun suchte man diesen Effekt durch das Eindrucken einer Tonplatte zu erzielen und wendete dann später, um denselben zu steigern, oft zwei bis fünf Tonplatten hierzu an. Eine bedeutende Vervollkommnung dieses ersten Tonplattendruckes zeigte sich schon bei dem großen Werke: „les Oeuvres lithographiques par Strixner, Piloti et Compagnie" (Aloys Senefelder und Frhr. v. Aretin)**), welches 1810 erschien, bei welchem die angewendeten Tonplatten mit sogenanntem aufgesetztem Lichte, mit großer technischer und künstlerischer Geschicklichkeit behandelt sind.

Dieses Werk, aus 432 Blättern bestehend, erschien in 72 monatlichen Lieferungen und kostete im Ladenpreise 560 fl., es enthält die treuesten Nachbildungen von Handzeichnungen berühmter Meister***), welche sich in dem königl. Handzeichnungskabinet zu München befinden.

*) Aehnlich wurden zu Anfang des 16. Jahrhunderts zuerst in Teutschland beim Holzschnitte Abdrücke von mehreren Holzplatten als Tonplatten in Anwendung gebracht, um gleichsam durch das hellste Licht den Mittelton und einen tieferen Schattenton, die Haltung einfarbiger Malereien, getuschte Zeichnungen nachzuahmen. Diese Gattung nennt man Helldunkel Holzschnitt, Clairobscure, Chiaroscuro; hierbei darf jedoch nicht verwechselt werden der Begriff von Helldunkel in der Malerei. Später wendete man auch beim Kupferstich derartige Tonplatten an und benutzte hierzu auch statt der Holzplatten geätzte Aquatintaplatten — Eine große Vervollkommnung erhielt der Clairobscur-Stich durch G. Baxter in London 1837.

**) Oberhofbibliothekar Frhr. v. Aretin errichtete in Verbindung mit dem Erfinder Senefelder im Jahre 1806 eine große lithographische Kunstdruckerei in München und verwendete dreißigtausend Gulden auf dieses Unternehmen, welches jedoch nach vier Jahren sich wieder auflöste. — Aus dieser Druckanstalt und der bereits erwähnten Mittererschen Druckerei gingen zunächst die vorzüglichsten und wertvollsten der früheren lithographischen Kunsterzeugnisse hervor.

***) Derartige Faksimile vorzüglicher Meister lieferte in der neuesten Zeit die Lithographie in unübertrefflicher Weise.

Ebenso erreichten die Nachbildungen von Handzeichnungen den höchsten Grad der Vollkommenheit durch die großartigen Fortschritte und Erfindungen im Gebiete

Zugleich enthält dieses höchst seltene Werk die Entwickelung aller lithographischen Kunstmanieren. — Goethe nennt dieses großartige Werk „das für sich selbst bestehende, reichhaltigste Inkunabeln-Werk des Steindrucks in der Welt".

Dasselbe lockte die ersten Kunstkenner aus Italien, Spanien, Frankreich, Holland ꝛc. nach München, um diese neue Kunst näher kennen zu lernen und sie in ihrem Vaterlande einzuführen.

Obgleich nun durch die allmähliche Vervollkommnung der Kreidemanier, wobei man anfing auf chinesischem Papier zu drucken, die Anwendung mehrerer Tonplatten überflüssig geworden, so wurde dennoch die einzelne Tonplatte vollständiger entwickelt und in neuerer Zeit zur Nachahmung der Kreidezeichnung auf Tonpapier mit schwarzer und weißer Kreide (en deux Crayons) benutzt und diese Tondruckmanier besonders durch die Franzosen zum höchsten Grade der Vollkommenheit gebracht. Jullien, Carot und viele andere französische Künstler haben dieselbe vorzugsweise zu Zeichenstudien bei Figuren, Köpfen, Landschaften und Ornamenten angewendet, wobei die schwarze Kreidezeichnung, sowie die Tonplatte mit gehobenem Lichte in vollständig richtiger Haltung zu einander sich zu einem effektvollen harmonischen Ganzen gestalten, dessen malerische Wirkung eben nur durch die Lithographie in solch freier ungezwungener Weise erreicht werden konnte, weshalb auch diese Manier, ihrer charakteristischen Eigentümlichkeit wegen, für den Künstler stets wertvoll bleiben wird.

Gravier-Manier.

Die Technik der Steingravierung hat Aehnlichkeit mit der des Kupferstechens, daher auch die Uebung in der Führung des Grabstichels dem Steingraveure sehr gut zu statten kommt.

Ebenso ist auch die Steinradierung ziemlich übereinstimmend mit dem Radieren auf Kupfer, findet aber in der Praxis selten Anwendung, während die Steingravierung eine der gangbarsten und nützlichsten Manieren ist und ihre Erzeugnisse dem Kupferstiche an Reinheit und Zartheit, sowie an Kraft und Schärfe ziemlich nahe kommen.

Dieselbe eignet sich daher für Schriftarbeiten und Zeichnungen, die eine besondere Eleganz bedingen und findet ihre meiste Anwendung bei topographischen Karten, architektonischen und anderen technischen Zeichnungen, Diplomen, Visitenkarten, Wechselformularen u. dgl.

Ihre früheste großartigste Verwendung erhielt sie bei der in München errichteten Plandruckerei der kgl. Steuer-Kataster-Kommission, welche durch den Hofkupferstecher Mich. Mettenleitner und durch Franz Weishaupt[*) m Jahre 1808 gegründet wurde.

---

der Photographie, so daß diese Reproduktionen die Originalzeichnung in großer Treue geben, wobei selbst die Farbe des Stiftes (Krayons) ihre genaueste Wiedergabe findet.

*) F. Weishaupt (gest. 1860), dessen schon Senefelder in seinem 1818 erschienenen Lehrbuche in ehrenvoller Weise erwähnte, leitete diese Druckerei 40 Jahre lang und trug sowohl zur Vervollkommnung, sowie zur Verbreitung der Lithographie wesentlich bei. Ueber hundert seiner Schüler errichteten im In- und Auslande die vorzüglichsten lithographischen Anstalten, und die Ehre der Miterfindung des chemischen Metalldruckes teilte er mit Senefelder.

Die vollendete technische Ausbildung erhielt die Steingravierung zunächst durch B. Dondorf in Frankfurt am Main, dem auch das Verdienst gebührt zuerst Diamanten zum Gravieren angewendet zu haben, wodurch es ermöglicht wurde, ähnlich wie beim Kupfer- und Stahlstich, die Maschine zum Ziehen von allen Arten von Linien und Tönen anzuwenden. — Zu den besten lithographischen Gravierarbeiten der Neuzeit gehören sowohl im Schriftfache, als auch im Fache architektonischer und anderer Zeichnungen z. B. die Leistungen von Rheingruber in München, Klimsch in Frankfurt am Main und vieler anderer Künstler, welche jedenfalls in Bezug der künstlerischen Durchführung das Vollendetste bieten, was durch Steingravierung erreicht werden kann. Seit einer Reihe von Jahren hat diese Manier eine derartig große Ausbildung und Verbreitung gefunden, daß es nicht möglich wäre, selbst bei größerem Raume als diese Abhandlung bietet, alle tüchtigen Leistungen hier aufzuführen, oder gar die Namen der Künstler zu nennen.

Der lithographischen Feder-, Kreide- und Graviermanier reihet sich noch an und bietet ein nicht minderes Interesse:

Die Autographie oder der Ueberdruck.

Ein Hauptvorzug der Autographie besteht darin, daß sie die Schrift und Zeichnung als getreue Faksimile wiedergibt und diese in einfacher und schnellster Weise erzeugt und vervielfältigt werden können

Auch bedarf es hierbei nicht erst der technischen Fertigkeit des Schreibens und Zeichnens auf Stein, sondern das auf Papier mit autographischer Tinte Geschriebene oder Gezeichnete bleibt der sorgfältigen Operation des Druckers überlassen. — Zudem kommen die Abzüge dieser Autographien an Reinheit und Schärfe dem Abbrucke einer Federzeichnung sehr nahe, und Unterbrechungen der feinen Linien oder Ausbreitungen (Quetschungen) der starken Striche solcher Abzüge sind nur Folgen einer nachlässigen und ungeschickten Behandlung.

Die schnelle Ausführung der Autographie ist daher auch für amtliche und geschäftliche Zwecke von großer Wichtigkeit, weshalb dieselbe überall vielseitige Verbreitung fand und selbst von Seite der Regierungen derartige Druckereien für verschiedene Geschäfts-Branchen errichtet wurden.

Dieses Ueberdruckverfahren auf Stein hat aber durch die Benutzung des Metalls zu gleichem Zwecke eine wesentliche Konkurrenz erhalten, indem das Ueberdrucken auf Metall z. B. Stanniol, Messing, Zink ꝛc. ebenso schnell ausführbar ist und auch diese Erzeugnisse dem Steindrucke nicht nachstehen.

Eine weitere Ausdehnung erhielt der lithographische Umdruck auch noch auf Kupferdruck, Buchdruck und für lithographische Gravier- und Federarbeiten.

Ebenso entwickelte sich hieraus der sogenannte anastatische Druck, Umdruck von älteren Druckwerken, wozu jedoch meistens Zinkplatten benutzt werden.

Obgleich nun der anastatische Druck ein großes Interesse gewährt, so findet doch vorzugsweise der Umdruck lithographischer Gravier- und Federarbeiten in der Praxis die meiste Anwendung.

Durch denselben lassen sich nämlich in kürzester Zeit eine Unzahl von Abdrücken liefern, welches durch das Abdrucken von der Originalplatte allein, nicht ermöglicht gewesen wäre und wobei die Originalplatte lediglich für die Abzüge zum Ueberdrucken benutzt, nie einen Nachteil erleidet. — Auch brauchen kleinere Gegenstände z. B. Etikette u. dgl. nur einmal auf den Stein ausgeführt und auf einen größeren Stein in entsprechender Anzahl umgedruckt zu werden, wodurch dann durch einen einzigen Abzug 10—50 Exemplare zugleich zu erlangen sind.

Zugleich haben diese Abzüge, besonders die der Umdrucke von Gravierarbeiten, bei richtiger Behandlung eine vorzügliche Reinheit und Schärfe und selbst ein geübter Kennerblick vermag deren mindere Schärfe nur durch Vergleichung mit dem Abzug der Originalplatte zu erkennen.

In neuerer Zeit werden selbst von dem Abzuge der lithographischen Kreideplatte Umdrücke gemacht und vorzugsweise auch durch eine Ueberdruckmethode für alle Arten von Zeichnungen in Kreidemanier ganz überraschende Resultate erzielt.

Der Hauptvorteil dieser Methode besteht darin, daß der Künstler seine eigene Originalzeichnung bis ins kleinste Detail genau durch lithographischen Druck vervielfältigen lassen kann, ohne daß dieselbe erst vom Lithographen auf den Stein kopiert werden muß.

Dieses autographische Verfahren, erfunden von Maclure und Macdonald, wurde besonders von den Franzosen J. Ducollet, Jackson, Jullien und Bléry zu Studien der Köpfe und Figuren, sowie zu Pflanzen und Ornamenten benutzt und selbst bei derartigen Zweikreide-Studien in Anwendung gebracht, wobei dieselben auf graues, sogenanntes Künstlerpapier gedruckt werden.

Eine besondere hervorragende Stellung auf dem Gebiete des Steindrucks erhielt aber

Die Chromolithographie.

Die Chromolithographie auch Lithochromie genannt, bildet gleichsam einen eigenen Zweig der Lithographie und gründet sich auf die Technik des lithographischen Schwarzdruckes, dessen Manieren sie als Aggregat benutzt.

Dieselbe bedingt zugleich als weitere Grundlage die Kenntnisse der Malerei und setzt bei dem Drucker, nebst der technischen Gewandtheit, auch Farbensinn und künstlerisches Gefühl voraus.

Die durch Künstlerhand hervorgegangenen Leistungen des lithographischen Farbendruckes stehen auf einer hohen Stufe der Vollkommenheit, wobei diese Kunsttechnik eine Selbständigkeit errungen hat, welche um so bedeutender hervortritt, weil die malerische Behandlung derselben durch keine der übrigen Reproduktions-Methoden*) erreichbar ist.

---

*) Der Buntdruck durch die Buchdruckerpresse ist so alt, als die Buchdruckerkunst selbst. Schon Gutenberg lieferte bunte Initialen, die er anfangs nach vollendetem Schwarzdrucke mit der Hand kolorierte, dann aber mittelst des bis jetzt noch gebräuchlichen Doppeldruckes auf der Presse selbst herstellte. — In neuerer Zeit erfand der Engländer William Congreve ein Verfahren, die verschiedenartigsten Farben auf der Buchdruckerpresse mit einmaligem Drucke auf das Vollkommenste herzustellen. — In neuester Zeit erhielt d r Buntdruck wesentliche Verbesserung und wird jetzt meistens auf der Schnellpresse ausgeführt.

Bunte Abdrücke durch Kupferdruck mit mehr als einer Platte herzustellen, wurde schon im vorigen Jahrhundert von Le Blond in Frankfurt versucht, wobei diese Platten in Aquatinta-Manier bearbeitet wurden. — Besonders hat man sich

Durch diesen Farbendruck wurde somit nicht allein der Kunst ein neuer Wirkungskreis eröffnet, als auch vorzugsweise der Industrie ein neuer Betriebszweig zugeführt.

Die geschichtliche Entwickelung desselben nahm in dem ersten Dezennium der Erfindung des Steindrucks ihren Anfang mit dem sogenannten Tonplattendrucke. — Indem wurden auch anfänglich schon die Zeichnungen statt schwarz mit anderen Farben gedruckt, wie z. B. die 1808 von Strixner lithographierten Randzeichnungen eines Gebetbuches von Albrecht Dürer, während die einzelnen Farbendruck-Versuche im eigentlichen Sinne des Wortes nur geringe Beachtung fanden, mehr zu den Spielereien der Lithographie gehörten, und die allerersten Anwendungen hiervon sich größtenteils nur auf eintönige Farbeplatten beschränkten, die ähnlich wie beim Tondruck behandelt wurden.

Erst nachdem der Schwarzdruck seit dem Jahre 1830 seine höchste Vervollkommnung erreicht hatte, war man allgemeiner bemüht die Grenzgebiete der Lithographie zu erweitern, und, sich nicht mehr mit Schwarz und Weiß begnügend, Versuche zu machen, kolorierte Abdrücke herzustellen.

Schon Senefelder gab die erste Idee zum Farbendruck und obgleich der Gedanke nahelag, daß, wie bei dem Kreidendruck sich die schwarze Farbe in allen Abstufungen vom dunkelsten bis zum hellsten Tone geben läßt, dies ebenso mit anderen Farben der gleiche Fall sein werde und durch ein Ueberdrucken dieser verschiedenen Farben das mannigfaltigste Kolorit sich erzeugen lasse, so bot doch die Ausführung manche Schwierigkeiten, und der lithographische Farbendruck beschränkte sich lange Zeit auf Herstellung von einfachen Farb- oder Tonplatten, wo eben so viele Platten nötig waren als Farben und Töne auf einer kolorierten Zeichnung vorkamen.

Bei diesem Verfahren war man, trotzdem daß es sehr kostspielig und umständlich war, nur auf ein enges Feld im Kolorit angewiesen.

Die erste großartige Anwendung dieses beschränkten Farbendruck-Verfahrens machte Franz Weishaupt im Jahre 1822 bei dem Werke über Brasilien von Martius und Spix, welches gegen 60 Platten Abbildungen von Vögeln, Schildkröten, Schlangen, Affen 2c. enthält.

Außer diesem was F. Weishaupt im lithographischen Farbendrucke leistete, welchen er auch damals schon auf historische Bilder auszudehnen suchte, ist von jener Zeit nichts bekannt. Derselbe hatte somit zur weiteren Vervollkommnung der Farbenlithographie den ersten Impuls gegeben und dürfte wohl deshalb nach Senefelder als der Begründer derselben zu betrachten sein.

Erst im Jahre 1828 erschienen dann die ersten Lieferungen des Zahnschen Prachtwerkes „Herkulanum und Pompeji", welche vollständig kolorierte Bilder enthalten, die allerdings den bedeutenden Fortschritt dieser Farbentechnik ersichtlich machen.

---

auch in England mit bunten Abdrücken beschäftigt, unter denen die mit einer einzigen in punktierter Manier gravierten Kupferplatte, wobei die verschiedenen Farben nach einer sehr langwierigen Methode aufgetragen, noch die besten, aber auch die teuersten sind. — Diesen Abdrücken mangelt jedoch die fein verschmolzene Färbung und man bediente sich ihrer gewöhnlich nur zu botanischen Werken oder zu andern einfachen Bildern. — Beide Verfahrungsweisen dieses mehrfarbigen Kupferdruckes sind keiner weitern Ausbildung fähig und haben weder praktischen noch künstlerischen Wert.

Zunächst erhielt der Farbendruck gegen das Jahr 1832 seine vorzüglichste Pflege und Ausbildung durch Hildebrandt in Berlin. Ebenso wurde auch durch andere Männer von Bildung und Geschmack demselben eine größere Aufmerksamkeit zugewendet, wodurch wahrhaft bewunderungswürdige Arbeiten aus den Ateliers derselben hervorgingen.

Die Leistungen von Hildebrandt, Remus, Storch und Kramer in Berlin, von Förster und Leykum in Wien, sowie von vielen anderen, zeigen eine große Vervollkommnung dieses Farbendruckes, der sich gleichsam zu einer eigenen Kunst gestaltete und dessen Erzeugnisse hinsichtlich der vollendeten künstlerischen Durchführung vollständig befriedigen.

Um diese Durchführung aber zu erreichen, nämlich um diese wirksame Farbenharmonie des Bildes und dessen Mitteltöne durch Ueberdruck und Verschmelzung der Grundfarben hervorzubringen, sind wenigstens 10—15 Platten erforderlich, wodurch dieser Farbendruck etwas kostspielig und deshalb dem industriellen Zwecke minder günstig wird.

Es mußte daher ein Druckverfahren nicht unwillkommen sein, durch welches eine Minderung der Platten ermöglicht, ohne daß hierdurch der malerische Effekt des Bildes benachteiligt wurde.

Dieser Gedanke veranlaßte die ersten Versuche mittels der drei Grundfarben allein Farbendrücke zu erzeugen, deren anfängliche Resultate schon im Jahre 1835 der beifälligsten Aufnahme von seiten der Kunstkenner sich zu erfreuen hatten.

Dieses Prinzip wurde auch von Engelmann in Paris beibehalten und entwickelt, und die vorzüglichen Farbendrucke desselben, welche im Jahre 1837 erschienen und kolorierten Bildern vollständig gleichkommen, haben wohl zur Genüge die Lebensfähigkeit dieses Prinzipes dargelegt.

Vielseitig hat auch diese Farbendruckmethode*) Eingang gefunden und ist besonders da mit Vorteil zu gebrauchen, wo es sich um die Nachahmung einfacher Aquarellbilder handelt.

Unverkennbar näherte sich allerdings erst in neuerer Zeit der Farbendruck dem höchsten Grade der Vervollkommnung, woraus gleichsam als Höhenpunkt der Chromolithographie sich

der neuere lithographische Oelfarbendruck

entwickelte; und wir entnehmen der „Illustr. Ztg." aus Gustav Seiz interessanter Abhandlung folgendes hierüber.

---

*) Im Jahre 1837 erhielt H. Weishaupt für sein Farbendruck-Verfahren ein fünfzehnjähriges Privilegium für Bayern. — Engelmann, der gleichfalls ein zehnjähriges Patent auf diese Erfindung nahm, erhielt 1838 von der Société d'encouragement in Paris den Preis von 2000 Franken, der schon seit 1828 für den kolorierten Steindruck ausgesetzt war.

In seinem bekannten Werke über die Lithographie sind wohl mit echt französischer Großthuerei die Belobungsdekrete mitgeteilt, welche ihm für sein lithochromisches Verfahren zu teil wurden, dagegen finden sich darin keine wesentlichen Mitteilungen über den Farbendruck selbst.

Die erste Abhandlung, welche über den Farbendruck veröffentlicht wurde, und bei Baffe in Leipzig im Jahre 1848 erschien, war Weishaupts „Theoretischpraktische Anleitung zur Chromo-Lithographie".

Desgleichen erschien 1867 ein schätzbares Werk: „der Farbendruck auf der Steindruckpresse" von Ferd. Neubürger in Berlin, welches um so empfehlenswerter war, da in der praktischen Weise die Behandlung der einzelnen Farbplatten durch Farbendruckbeilagen erläutert ist, wodurch das Ganze um so instruktiver und wertvoller wurde.

„Das Drucken mit fetten Farben und Farbentönen ist eine längst geübte und von der merkantilen Industrie geforderte Technik, die vom farbigen Riesenplakat bis zur feinsten Etikette uns täglich vor Augen tritt. Die Architektur stellte schon höhere Anforderungen, da nicht allein die natürlichen Farben der In- und Exteriurs zu veranschaulichen waren, sondern auch der landschaftliche Teil farbig behandelt werden sollte. Nach dieser Richtung sind wahre Prachtwerke geschaffen, und es ist für die Architektur der Farbendruck geradezu unentbehrlich geworden, da Handmalerei Riesensummen erfordern würde.

Aus jenen Anfängen entwickelte sich nun die heutige Leistung des Farbendrucks in der Wiedergabe von Oelbildern und Aquarellen. Durch diesen Oelfarbendruck hat sich die Chromolithographie in ihrem neuen Stadium gleichsam auf höherem Kunstgebiete zur Selbständigkeit emporgeschwungen, und hat in den letzten zwanzig Jahren in der Nachahmung von Oelbildern und Aquarellen ausgezeichnete Erfolge errungen.

Eine eigentliche Geschichte dieser jungen Kunst ist aber ohne den Verdiensten einzelner zu nahe zu treten, nicht wohl zu geben, da in allen Kulturländern Europas und auch seit etwa 20 Jahren durch eine Firma in Amerika (L. Prang & Komp. in Boston, der Chef dieses Hauses ist ein Deutscher) Bedeutendes geleistet wurde, und die Erfolge durch gleichzeitiges rastloses Streben vieler errungen sind. Bemerkenswert war der Nacheifer strebsamer Ausübender, so daß gute Leistungen stets nur kurze Zeit Privilegium einzelner blieben. Das Höchste wird auch hier, wie in jedem Fach, nie allgemein geleistet werden.

Die anfangs unvollkommene Technik und Unzulänglichkeit der Mittel, die für künstlerisches Verständnis nicht herangebildeten Lithographen und Drucker, — hauptsächlich aber auf Geldgewinn gerichtete Spekulation, ließen die höchste Aufgabe außer acht und lieferten Produkte, bei denen die Bezeichnung: „Nachbildung" ꝛc. wie Hohn klang, Produkte, die mit Recht die Entrüstung der Künstler hervorriefen.

Die Massenproduktion bringt auch heute noch von diesen untergeordneten Leistungen ein gut Teil unter die Augen des Publikums, so daß eine Versöhnung mit dem beleidigten Kunstgefühl nur allmählich Platz greifen kann.

Heute aber kann auch mit Sicherheit der rechte Gebrauch dem Mißbrauch dieses Darstellungsmittels gegenüber gestellt werden, und es war deutschem Geschick und Talent vorbehalten zu den besten Leistungen auf diesem Gebiet beizusteuern, in deren Anerkennung sich alle Stimmen vereinigt haben.

Das früher herrschende Vorurteil gegen den Farbendruck ist längst überwunden, da die Produkte des Pinsels, durch denselben, in bisher ungeahnter Weise, Gemeingut geworden sind.

Dem gedeihlichen Aufblühen dieses Kunstzweiges war es daher sehr förderlich, daß Künstler von Fach, demselben ihre Aufmerksamkeit und Teilnahme zuwendeten und belebend und veredelnd einwirkten.

Thatsächlich nimmt das Gesamtgebiet der Lithographie einen großartigen industriellen Standpunkt ein, wobei der lithographische Schwarzdruck mit den übrigen Schwesterkünsten in Konkurrenz tretend, dem Buchdruck, Kupfer- und Stahlstich in Bezug auf künstlerisch schöne Ausführung der sogenannten Accidenz-Arbeiten, keineswegs nachsteht und der Stahlstich und die Photographie bezüglich der massenhaften Reproduktion von

Porträts, Landschaft- und Genrebildern u. s. w., nur in einzelnen Ausnahmen der Lithographie überlegen sind, während diese dagegen alleinige Herrscherin auf dem Gebiete des Farbendrucks bleibt.

Hier gelingt es dem Buchdrucker nur selten in Bezug auf Billigkeit, Schnelligkeit und Schönheit des Schaffens, Konkurrenz zu machen; abgesehen davon, daß die Chromolithographie an und für sich schon einen künstlerischen Wert voraus hat, der durch keine der übrigen Reproduktionsweisen ersetzbar ist.

Der lithographische Schwarz- und Farbendruck, die vielseitigste Verwendung findend, nimmt deshalb unter den graphischen Künsten eine der ersten Stellen ein, und das Feld des Wirkungskreises der Lithographie bleibt selbst da noch ein großartig ausgedehntes, wo dieselbe durch die Vervollkommnung der Typographie und Zinkographie, sowie durch die ungeheuern Fortschritte der Photographie einigermaßen beeinträchtigt wurde.

Die Lithographie, in der ganzen zivilisierten Welt verbreitet, beschäftigt viele tausend Menschen, und während früher jeder Druckereibesitzer genötigt war, seinen Bedarf an Druckfirnis, lithographische Kreide und Tusche u. s. w. selbst bereiten zu müssen, existieren gegenwärtig fast in jeder größeren Stadt Geschäfte, welche nebst diesem auch noch lithographische Pressen, Steine und Utensilien auf Lager haben, wodurch alles, was zur Ausübung der Lithographie und des Steindrucks gehört, bezogen werden kann; aus dem allein geht schon zur Genüge hervor, welch ein bedeutender Industriezweig heutzutage die Lithographie geworden ist.

Erstes Kapitel.

Von dem Lokale und den nötigen Einrichtungen und Bedürfnissen eines vollständigen lithographischen Institutes.

Das Lokal für ein vollständig eingerichtetes lithographisches Institut bedarf drei verschiedene Räume, Zimmer, Säle oder dergleichen, nämlich
einen Raum für die graphischen Arbeiten, d. h. die Arbeiten der Schriftlithographen und der lithographischen Zeichner und Graveurs,
einen Raum für die Druckerei und
einen Raum für die Steinschleiferei.

Eine kleine Küche oder sonst ein feuerfester Raum zur Anfertigung der Chemikalien ist jetzt wohl nur noch in einzelnen Fällen nötig, wo man noch, nach alter Weise, Tusche, Kreide, Firnis und dgl. selbst anfertigt.

Das Druckereilokal soll möglichst im Parterre gelegen sein, weil die Einrichtungsstücke einer Druckerei, Maschine, Pressen, Steine ꝛc. ganz bedeutende Lasten darstellen.

Ist dies durch die Umstände nicht möglich, so muß man vorher die Räumlichkeiten durch Sachverständige genau untersuchen und feststellen lassen ob die Fußböden oder Decken stark genug sind, diese Lasten ohne Gefahr zu tragen. Das Fundament für die Maschine muß ganz besonders solid sein.

Die bereits bearbeiteten, d. h. mit Schrift oder Zeichnung versehenen und zum Drucke fertigen und die einstweilen im Drucke ausgesetzten Steine, müssen in einem besondern Lokale aufbewahrt werden, wo dieselben nicht allein vor Staub, sondern auch vor Feuchtigkeit gesichert stehen. Man hat sie hauptsächlich gegen Feuchtigkeit zu sichern, da diese den Gummiüberzug auflöst und zur sauern Gärung bringt, wodurch die Zeichnung, Schrift oder dergleichen, auf dem Steine notwendig zum spätern Abdruck untauglich gemacht werden muß.

Zum Aufbewahren der Steine, welche für eine spätere Auflage zurückgestellt werden sollen, lasse man sich Regale machen, deren Abteilungen den verschiedenen Formaten entsprechen. Fig. 17, Taf. 1.

Die Steine werden mit Nummern versehen und diese Nummern, nebst einem Abdrucke der auf dem Stein befindlichen Arbeit, in ein zu diesem Zwecke angelegtes Steinbuch eingetragen. Die Durchführung dieser Einrichtung ist sehr einfach und ohne große Mühe, erleichtert jedoch das rasche Auffinden der gebraucht werdenden Steine sehr.

Die ganz aus dem Drucke gesetzten Steine müssen sogleich in die Steinschleiferei gebracht werden, um sie abzuschleifen und wieder zu polieren, da, auch wenn ein Stein für eine Kreidezeichnung zugerichtet werden soll, derselbe zuvor eine vollkommen spiegelglatte Oberfläche erhalten muß.

Alle die oben genannten Räume, deren Lage am geeignetsten an der Nordseite wäre, müssen volles Licht haben.

Wie schon gesagt, bedingen vorzugsweise die Druckerei und die Räume zur Aufbewahrung der Steine, sowie die Steinschleiferei Parterrelokale, wobei das Lokal der Druckerei stets in der Nähe des Lithographie-Ateliers, oder doch mit demselben durch einen Aufzug verbunden, sein soll.

Zu letztgenanntem Zwecke sind geräumige Arbeitszimmer mit gehöriger Ventilation nötig, welche im Winter entsprechend erwärmt, niemals aber überheizt werden dürfen.

Hier möchte ich auf ein einfaches Verfahren aufmerksam machen, durch welches man die Luft in Räumen, wo eine größere Anzahl von Personen arbeiten, erheblich reinigen und verbessern kann.

Zu einer Literflasche reines Brunnenwasser mischt man einen Eßlöffel Terpentinöl, schüttelt das Ganze so lange bis die Flüssigkeit milchig getrübt aussieht und verteilt dieselbe mittels eines Verstäubers, oder wenn derselbe fehlt, durch öfteres Herumspritzen, im Zimmer.

Durch das flüssige Terpentinöl werden eine Menge der in der Luft schwebenden niederen Organismen getötet und unschädlich gemacht, ebenso die in derselben enthaltenen riechenden Stoffe umgewandelt oder beseitigt.

Die Oefen müssen derartig eingerichtet sein, daß die in lithographischer Arbeit befindlichen Steine nötigenfalls dagegengestellt und gleichmäßig erwärmt werden können, weil sonst auf dem erkalteten Steine die lithographische Tusche ausfließen oder durch den Atem des Lithographen der Stein schwitzen würde, was für die darauf befindliche Tusch- oder Kreidezeichnung, sowie für die gravierte Platte nachteilig wäre.

Sehr zweckmäßig sind die Gestelle zum Steinewärmen. Fig. 1, Taf. 1.

Die Fenster müssen, wenn man den Zeichensaal nicht an die Nordseite des Gebäudes legen kann, mit Blendrahmen versehen sein, die mit feinem Seidenpapier bespannt sind, damit man, ohne zu große Beeinträchtigung das Sonnenlicht dämpfen kann, indem das letztere nicht allein den Augen schädlich ist, sondern auch durch seine direkte Einwirkung auf den Stein, diesen erwärmt, was namentlich bei Kreidezeichnung nachteilig werden kann, weil sich die Kreide erweicht und in die Poren des Steines bringt.

In der Steinschreiberei sind gehörig vorgerichtete Tische zum Schreiben das erste Bedürfnis. Im Grunde genommen und im Notfall ist dazu jeder Tisch tauglich, wenn er nur fest genug ist eine Steinplatte von $1/2$ bis $3/4$ Zentner, und oft noch mehr Schwere, zu tragen und durch das Hin- und Herschieben derselben nicht wackelig zu werden. Man legt, sobald man sich notgedrungen eines ganz gewöhnlichen starken Tisches bei Anfertigung lithographischer Arbeiten bedienen muß, an die rechte und linke Seite der Steinplatte ein Holz, das etwa $1/2$ cm höher sein muß, als die zu bearbeitende Platte und auf diese beiden Unterlagen dann das sogenannte Lineal oder die Vorlage, Armbrett, zur Stütze der Arme und Hände, und kann dann die Arbeit beginnen. In jeder gut und zweckmäßig eingerichteten lithographischen Anstalt hat man aber in dem Zeichensaale eigens zu dieser Arbeit vorgerichtete Tische, an denen nämlich an beiden Seiten Leisten von ungefähr 10 cm Breite und $2^1/_2 - 3^1/_2$ cm Stärke so angebracht sind, daß sie auf der schmalen Seite stehen und durch Schrauben oder auf irgend eine andere Weise höher und tiefer, je nach dem es die Dicke des Steins erfordert, gestellt werden können (gewöhnlich sind auch diese Leisten von verschiedener Stärke und mit korrespondierenden Zapfen und Löchern versehen, wodurch sie aufeinander gelegt einen festen Halt gewinnen), auf welchen dann das Lineal ruht und vor- und rückwärts geschoben werden kann. Dieses Lineal ist ein etwa 1 cm starkes, 15—17 cm breites, glattes Brett, dessen Länge so groß ist, daß es auch schräg gelegt noch auf den Randleisten des Tisches aufliegt. An der anderen, oder Arbeitsseite aber, ist dieses Brett an seiner ganzen Länge auf 7—10 cm Breite zugeschärft, wie ein Lineal und daselbst mit Messing oder Blech belegt, oder ein Streif Birnbaumholz angeleimt. Auf diesem Lineale ruhen die Arme und Hände des Lithographen während des Zeichnens, wie sie beim Schreiben auf dem Papier ruhen. Man erreicht auf diese Weise bei einiger Uebung dieselbe Sicherheit, als wenn man auf den Stein selbst sich auflegte, während jetzt die Hände gar nicht mit dem Steine in Berührung kommen, was durchaus notwendig ist, da dieselben stets etwas fettig, oft wohl gar auch schweißig sind. Fett- und Schweißflecke aber erschweren späterhin nicht allein die Arbeit des Zeichners und des Druckers, sondern sie machen oft wohl gar den Stein zum Drucke völlig unbrauchbar, wovon wir noch später zu reden Gelegenheit haben werden.

Das Tischblatt eines guten Zeichentisches sollte zugleich so eingerichtet sein, daß man es nicht allein höher oder niedriger stellen könnte, je nach der Größe des Lithographen, oder der Dicke des zu bearbeitenden Steines, sondern es sollte auch zugleich eine Hebung an einer Seite erlauben, um dadurch dem Ganzen eine pultähnliche Einrichtung zu geben, welche oft für den Zeichner von großer Bequemlichkeit ist, namentlich bei großen Steinen. Fig. 2, Taf. 1.

In einigen Ateliers ist in der Mitte des Tisches eine um 1 cm höher stehende Scheibe angebracht, welche auf einer eisernen Achse ruht und durch vier inwendig angebrachte Rollen unterstützt wird, wodurch nach Bedarf die schwersten Steine mit Leichtigkeit gedreht werden können, und auch bei Platten, wo das Wenden nicht nötig ist, diese Scheibe weggenommen werden kann. Diese Einrichtung ist indessen nicht ganz zweckmäßig, weil dadurch der Arbeiter genötigt ist, den Schwerpunkt des Steines stets über dem Mittelpunkte der Scheibe zu lassen, was oft die Freiheit, mindestens die Bequemlichkeit der Arbeit beeinträchtigt. Es ist daher besser, hölzerne Scheiben von verschiedenem Durchmesser zu haben, die an der untern Seite flach gerundet, die Gestalt eines Kugelsegments haben. Solche Scheiben legt man, mit der flachen Seite nach oben, mitten unter den Stein, den man dann leicht während der Arbeit drehen kann, sobald es nötig ist. Diese Scheiben gewähren den Vorteil, daß man sie auf jeder beliebigen Stelle des Tisches anwenden kann, und daß, im Stande der Ruhe, der Stein stets etwas schräg liegt. Unten am Tische sind mehrere Kästen, in welchen die nötigen Federn, Tusche, Messer, Nadeln, Pinsel, Aetzapparate u. s. w. aufbewahrt werden. Auch sind zuweilen an dergleichen Tischen noch Pulte oder Halter angebracht, an welchen man die Vorschrift, das Original u. s. w. befestigen kann, sowie auch ein stellbarer Spiegelhalter vorhanden sein sollte, da namentlich minder geübte Lithographen nach dem im Spiegel sich verkehrt darstellenden Originale zeichnen müssen.

In Fig. 2, Taf. 1, haben wir die Seitenansicht des oberen Teiles eines solchen Tisches dargestellt. A ist das eigentliche Gestell, in dessen Kopfstücke sich die Stützen B, B' auf- und abschieben und in C, C' feststellen lassen um den Rahmen D eine feste, beliebig hohe Stellung zu geben. Das eigentliche Tischblatt E ist um das Scharnier F beweglich und kann mittels des Bogensektors G und des Bolzens H hinten nach Belieben schräg gestellt werden. Die Seitenbretter J sind im Tischblatte bei k höher und tiefer zu stellen. Das Tischblatt selbst ist an der vordern Seite bis auf 20—30 cm hinein mit mehreren, in geraden, mit der Vorderkante parallelen Linien gestellten Löchern versehen, in welche nach Bedarf kleine Pflöcke gesteckt werden, welche verhüten, daß der Stein bei einer schrägen Stellung des Blattes nach vorne rutschet.

Einen sehr einfachen, aber zweckmäßigen Tisch zeigt Fig. 4, Taf. 1. Derselbe hat an beiden Seiten hölzerne, mit Eisen beschlagene Schienen, auf welche das Armbrett aufgelegt und hin und her geschoben werden kann. In jeder Schiene sind zwei, ebenfalls mit Eisen beschlagene Schlitze, durch welche an den Tisch befestigte Schrauben gehen. Die Schienen können höher und tiefer gestellt und durch Anziehen der Schraubenmuttern in ihrer jeweiligen Höhe festgehalten werden. Auf dem Tische selbst befindet sich eine, um einen Zapfen drehbare hölzerne Scheibe, in ungefähr halber Größe des Tischblattes, auf welche der Stein aufgelegt und selbst wenn er nicht in der Mitte liegt, mit Leichtigkeit gedreht werden kann.

Auch der Tisch Fig. 4a, Taf. 1, ist sehr zweckmäßig eingerichtet und in Fällen, wo die Anschaffung sehr eilt, sofort von der Firma R. Becker in Leipzig zu beziehen, welche stets einige vorrätig hat.

In Steindruckereien, wo viel tabellarische Schriftarbeiten oder geometrische und architektonische Zeichnungen gemacht werden, und wo es auf eine genau rechtwinkelige Anlage der Reißschiene ankommt, die bei der oberflächlichen Behandlung der Platten im Steinbruch nicht zu erzielen ist, muß man sich der Zeichenrahmen bedienen, wovon immer mehrere von verschiedenen Größen im Vorrat sein müssen, und deren einer in Fig. 3, Taf. 1, dargestellt ist. Zwei etwa 15—17 cm hohe und $3^{1}/_{2}$ cm dicke Brettstücke A und A' sind unter rechtem Winkel zusammengezinkt und durch die 5—7 cm hohen Seitenstücke C zu einem Vierecke verbunden, auch wohl durch eine unten eingelassene Diagonalleiste C' vor jeder Verschiebung gesichert. Die obere Kante der Stücke A und A' ist mit der genau rechtwinklig bearbeiteten Schiene B von Eisen oder Messing versehen, welche darauf mit versenkten Schrauben befestigt ist und an beiden äußern Seiten etwas übersteht. In den Seitenstücken A und A' und auf dem Rahmenstücke C liegen die Riegel D, D', durch welche die hölzernen, $2^{1}/_{2}$ cm im Durchmesser starken Schrauben E, E' gehen, auf welchen der Stein sein Auflager erhält und mittels deren jedem Wanken desselben vorgebeugt wird, er auch mit der Oberkante der Schiene B genau bündig gelegt werden kann. An die Schiene B, welche allemal genau einen rechten Winkel gibt, kann man nun die Reißschiene anlegen und mittels dieser und des Dreiecks oder Winkels Senkrechte und Parallelen in jeder Richtung ziehen.

Winkel von starkem Stahlbleche sind hierbei den hölzernen vorzuziehen, auch läßt man am besten das Lineal der Reißschiene von demselben Materiale etwa 1 mm dick machen, und die Bahn am Kopfe der Reißschiene mit Messing beschlagen, um so dem Werfen und der schnellen Abnutzung dieser Gegenstände vorzubeugen und immer von ihrer Richtigkeit überzeugt sein zu können.

Damit der eiserne Winkel bei dem Hin- und Herschieben auf dem Steine dessen zugerichtete Oberfläche nicht verletze, thut man gut, die untere Fläche des Winkels mit starkem Papiere zu überziehen, doch so, daß letzteres mit seinen Kanten an allen drei Seiten um 6—12 mm zurücktritt. Leder ist zu diesem Ueberzuge nicht passend, obschon es weicher ist, denn es ist viel zu dick und nimmt leicht Schmutz und Fettigkeit an. Die Größe der Zeichenrahmen ist am besten die für Großmedian oder Royalformat, welches wohl die größten bei solchen Arbeiten vorkommenden Formate sein möchten, während auch jeder kleinere Stein in den Rahmen gelegt werden kann.

Ferner gehören in einen solchen Zeichensaal Stühle, Fig. 5, Taf. 1, die man höher oder niedriger schrauben kann, wie es die Stärke der Platten fordert. Desgleichen gehören hierher Apparate zur Bereitung der Federn, auch Aetz- und Präpariermittel in ihren Behältern und was dabei nötig ist. Ebenso finden auch hier ein oder mehrere Aetztische ihren Platz. Doch von allen diesen Apparaten, Werkzeugen, und dergl., sowie von der Art, sie anzuwenden und zu benutzen, wird später in besondern Kapiteln gesprochen werden.

Die Druckerei erfordert ein hohes und geräumiges Lokal, damit die Arbeitenden nicht gehemmt sind; auch muß dasselbe vor allem mit genügender Ventilation und zureichendem Lichte versehen sein.

Am zweckmäßigsten wäre für jede Hand- oder Schnellpresse ein eigenes großes Fenster, wobei die Presse so gestellt wird, daß der Drucker das Fenster zu seiner Rechten findet, und der volle Lichtschein auf die Platte und auf den Druck fallen kann.

Auch wären hierfür am geeignetsten die Fenster nach Norden, wo dieses nicht zu ermöglichen, muß dafür gesorgt sein, daß das grelle Sonnenlicht abgedämpft werden kann, welches sonst im Sommer den Stein erwärmen und den Druck behindern würde.

Zur Erwärmung des Zimmers sind die sogenannten Kachelöfen mit hermetisch verschließbaren Thüren, den eisernen Oefen vorzuziehen; weil sie langsamer erwärmen und die Wärme länger an sich behalten, als die letzteren.

Stets müssen jedoch die Oefen in möglichster Entfernung von der Presse sein, indem sie sonst eine zu starke Erwärmung des Steins und das Austrocknen des Papiers herbeiführen würden.

Bei Dampfbetrieb ist es selbstverständlich, daß die Räume durch den Dampf mit geheizt werden. Eine derartige Anlage zu beschreiben, liegt jedoch dem Zwecke dieses Buches zu fern und würde zu weit führen. Ueberdies richtet sich dieselbe immer nach der Beschaffenheit und Größe des Lokales und muß durch Sachverständige ausgeführt werden.

In der Nähe der Presse muß zur linken Seite des Druckers der Farbtisch stehen, so daß derselbe durch eine halbe Linksschwenkung von der Presse aus dazu gelangen kann; während der neben dem Farbentische befindliche Auslegetisch für das unbedruckte Papier und die gedruckten Exemplare bestimmt ist.

Für Maschinendruck ist noch ein zweiter Farbentisch nötig, auf welchem stets eine schwarze Walze bereit ist, für den Fall, daß der Stein, welcher in der Maschine liegt, frisch eingewalzt werden muß.

Auch wäre im Drucklokale eine Wasseranlage sehr erwünscht und wo dieses nicht der Fall, muß in der Nähe desselben ein Wasserreservoir oder eine Pumpe vorhanden sein, weil Wasser fortwährend gebraucht wird.

In lithographischen Anstalten, wo in den Winterabenden die Lichtarbeit eingeführt ist, wäre die Gaseinrichtung auch für die Druckereibeleuchtung am zweckmäßigsten und zwar in der Weise, daß man durch ineinander zu legende Arme, die Flamme beliebig von einem Orte zum andern richten und ebenso dieselbe hinauf und hinunter ziehen kann.

Uebrigens empfiehlt sich auch statt der Gaseinrichtung der Verbrauch des Solaröls oder des Petroleums mittels Hängelampen mit Rundbrennern, wobei die Lampe durch eine starke Schnur, die über eine am Plafond befestigte Rolle läuft, festgehalten und je nach Bedarf hoch und nieder gelassen werden kann.

Der Stand derselben ist in der Mitte des Auslegetisches, da wo die Presse aufhört, so daß sie ihren Schein gleichmäßig auf die Platte und auf den Farbe- und Auslegetisch wirft.

Sollte sich, wie es ja jetzt den Anschein hat, die elektrische Beleuchtung mehr einbürgern, so wäre dieselbe wohl jeder anderen vorzuziehen.

Professor von Pettenkofer äußert sich darüber wie folgt:

Der Einfluß der Beschaffenheit des Lichtes auf die Sehschärfe und den Farbensinn ist bekannt. Während bei Gaslicht die Sehschärfe um etwa $1/10$ herabgesetzt ist, kommt dem elektrischen Lichte, sogar gegenüber dem Tageslichte, ein Vorzug zu. Noch günstiger gestaltet sich das Verhältnis für das elektrische Licht bezüglich des Farbensinns, denn letzteres erhöht den Rot-, Grün-, Blau- und Gelbsinn.

Dieser Vorzug kommt allerdings nur dem Bogenlicht zu, während das Glühlicht sich in dieser Beziehung mehr dem Gaslicht nähert.

Der größere Reiz, den das von einer kleinen Fläche ausgehende und deshalb stärkere elektrische Licht auf das Auge ausübt, ist jedoch ein Nachteil desselben gegenüber dem Gaslicht. Allerdings läßt sich diesem Uebelstande durch matte Glasglocken begegnen, doch verliert das Licht dabei mehr als $1/5$ seiner Helligkeit. Der Unterschied in der Wärmeerzeugung ist zwischen den elektrischen Brennern und dem Gaslicht ein sehr bedeutender. Ein Edisonbrenner von 27 Kerzen Helligkeit entwickelt in einer Stunde 46 Wärmeeinheiten, eine Gasflamme von nur 17 Kerzen Leuchtkraft dagegen 908 Wärmeeinheiten, so daß bei elektrischer Beleuchtung nur der zwanzigste Teil jener Wärme entwickelt wird, welche das Gas erzeugt.

Während jedes Leuchtmaterial die Güte der Luft beeinträchtigt, weil Sauerstoff verbraucht, Kohlensäure und Wasser an dieselbe abgegeben wird, ändert das elektrische Licht an der Zusammensetzung der Luft gar nichts, es verdirbt die Luft nicht im geringsten.

Für die Zeichner und Schriftlithographen ist jetzt in vielen Anstalten die Einrichtung getroffen, daß nur bei Tageslicht gearbeitet wird. Wo dieses nicht durchführbar wäre, thun dieselben wohl sich gegen die direkte Einwirkung des Lichtes auf die Augen, durch Augenschirme Fig. 18, Taf. 3, zu schützen. Auch gegen zu starkes Tageslicht sind dieselben sehr zweckmäßig, weil sie das von oben und seitwärts einfallende Licht abhalten und dadurch, daß das Auge im Schatten bleibt, dasselbe beruhigen.

Nebst den lithographischen Pressen und den beiden genannten Tischen, Farbeplatten und Walzen gehören ferner noch in das Lokal der Druckerei:

Papierpressen, Regale Fig. 6, Taf. 1, zum Auslegen der Abdrücke und des zu bedruckenden Papiers, Schnüre zum Aufhängen der fertigen Abdrücke, wenn man nicht besondere Trockenböden oder Zimmer hat, Feuchtbretter, Wasserbehältnisse und Tafeln zum Legen, Schneiden und Umschlagen des Papieres. Ferner Tische zum Farbereiben mit den nötigen Platten, Läufern und Spateln; dann Schwämme, leinene Lappen, Bimsstein, Aetz- und Präpariermittel in ihren Behältern und ebenso Farben und Firnis, zu welchem ein verschließbarer Schrank vorhanden sein muß.

Zu den unentbehrlichsten Hilfsmaschinen einer Steindruckerei gehört die Glättpresse. Fig. 2—7, Taf. 9. Die Größe derselben richtet sich nach dem Formate der Schnell- oder Handpressen. Wenn ein geringes Papier verarbeitet werden soll, wenn dasselbe wellig aufliegt, die Abdrücke im Laufe der Arbeit kürzer geworden, oder fertige Arbeiten durch das Feuchten ein unscheinbares Aussehen bekommen haben, leistet die Glättpresse vorzügliche Dienste. Die Satinage verleiht auch dem schlechteren Papiere ein gefälliges Ansehen.

Auch eine Papierschneidmaschine ist in der Druckerei von großem Vorteil. Dieselbe sollte eine Schnittlänge von mindestens 75 cm haben, am besten ist es, wenn ihr Format mit dem Formate der Schnellpresse übereinstimmt.

Die meisten der in dem vorhergehenden genannten Gegenstände werden noch in dem folgenden, zum Teil in eigenen Kapiteln beschrieben, daher geben wir hier nur noch einige erklärende Zusätze zu den Dingen, die ferner nicht weiter beschrieben, sondern nur hier und da erwähnt werden sollen.

Die lithographischen Pressen werden in einem besondern Kapitel erwähnt werden; neben jede Presse aber gehört:

Der Einschwärztisch. Dazu ist eigentlich jeder feste Tisch passend; da der Drucker jedoch eine Menge kleiner Utensilien hat, deren er bei seiner Arbeit jeden Augenblick bedarf, so ist es zweckmäßig, diesen Tisch von ca. 75 cm Höhe, 60 cm Breite und 45 cm Tiefe, unterhalb mit einem kleinen Schranke zu versehen, in welchem der Drucker dann, außer den Walzen, von denen wir sogleich sprechen werden, seine Schwämme, Lappen, Druckfarbe, Aetzwasser, Gummiauflösung und dergl. unter Verschluß und vor Staub gesichert aufbewahren kann. Wir haben einen solchen Drucktisch in Fig. 7, Taf. 1, dargestellt, und man sieht, daß der untere Teil desselben zwei Thüren hat, weil der Teil für die Walzen durchaus selbständig sein muß, um diese höchst wichtigen Gegenstände vor jeder Beeinträchtigung zu sichern. Der obere Teil des Tisches zerfällt in zwei ungleiche Hälften von denen die rechte, der Presse zunächst liegende für die Schwärzplatte (s. unten) bestimmt ist, während die linke, bedeutend tiefer liegend, eine Art von offenem Kasten bildet, in welchem ein Blecheinsatz befindlich ist, der ein Gefäß mit Wasser, ein Gefäß mit Gummiauflösung, und die nötigen Schwämme und Wischlappen während der Arbeit enthält, welche aber nach geschlossener Arbeit unten in dem rechten Teile des Schrankes stehen. Dahin gehören auch die Spateln zum Zusammentreiben der Farbe, Firnis, Ruß und andere Farben, Leinöl, Unschlitt zum Einreiben der Preßleder, Bimsstein und dergl., zu welchem Zwecke der Schrank in mehrere Fächer geteilt wird, auch wohl einen Schiebekasten erhält.

In vielen Druckereien findet sich der Einschwärz- oder Farbtisch wie in Fig. 8, Taf. 1, konstruiert; wobei das Tischblatt mit einem Rande umgeben ist, um den Farbstein zu halten, und derselbe durch einen Rahmen eingeschlossen oder auch mit Leisten befestigt wird.

Vermittelst eines Hakens ist gewöhnlich an diesem Tische ein kleines blechernes Gefäß angebracht, welches zwei Abteilungen für starken und mittleren Firnis hat, um selben bequem während des Druckens nach Bedarf mit dem Firnisspatel nehmen zu können, ohne Gefahr zu laufen, das Gefäß umzuwerfen.

Die **Schwärzplatte** dient dazu, um die Druckfarbe auf derselben in einer dünnen und gleichförmigen Schicht auszubreiten, und dann auf die Walzen ꝛc. zu verteilen, von wo aus sie auf die Steine aufgetragen wird. Zu den Schwärzplatten nimmt man Marmor- oder Granitsteine, am häufigsten aber die gewöhnlichen Lithographiesteine, welche Fehler haben, die jedoch hierzu vollkommen glatt geschliffen sein müssen. Um die Druckfarbe von der Schwärzplatte wegzuschaffen bedient man sich gewöhnlich einer biegsamen eisernen Spatel wie Fig. 9—11, Taf. 1, dargestellt. Auch ein Farbmesser, Fig. 11a, Taf. 1, muß vorhanden sein.

Als Schwärzplatte ist auch Zink- oder Kupferblech sehr zweckdienlich, welches auf ein Brett von 5—6 cm Dicke in der Art befestigt wird, daß auf die obere Fläche keine Nagelköpfe kommen, wodurch das Reinigen erschwert und die Walzen ꝛc. sehr bald ruiniert werden würden.

Die Vorteile, welche aus der Anwendung des Bleches, statt der Steinplatten, hervorgehen, sind kürzlich folgende:

a) Der Stein entzieht allemal der Druckfarbe einen Teil der Fettigkeit, und um so mehr, je neuer er ist. Die Blechplatte thut dies nicht, sondern hindert eher ein Eintrocknen der Farbe.

b) Der Stein läßt leicht beim Reinigen von der Druckfarbe, **welches unfehlbar jeden Abend nach dem Arbeitsschlusse geschehen muß**, Sand, oder vielmehr etwas von seiner Textur fahren, was sich leicht auf dem Steine festhält und am andern Tage Ursache zur Beschädigung der Walze, ja vielleicht gar der Zeichnung auf dem Steine selbst werden kann. Die Metallplatte gewährt eine leichte und vollkommene Reinigung, namentlich, wenn man sich dazu eines in Seifensiederlauge getauchten Lappens bedient.

c) Der Stein ist teurer und zerbrechlicher, auch schwerer zu transportieren, als die Metallplatte.

Zum Auftragen der Farbe auf den Stein, den man abdrucken will, bedient man sich, je nach der Art wie der Stein bearbeitet ist, entweder der Druckwalzen oder der Schwärzbretter. Ballen nach Art der gewöhnlichen Buchdruckerballen, die man früher hierzu verwendete, sind durchaus unzweckmäßig, da dieselben nie einen gleichmäßigen Auftrag gestatten, sondern die Farbe dabei allemal mondförmige, nach außen hin dunkle Ringe bildet.

1. Die **Schwärzwalzen**. Ist die Druckerei für 2 Handpressen eingerichtet, so gehören zu denselben je 2 schwarze und 2 Farbwalzen mit den dazu passenden Handledern. Die eine Handwalze ist für Ton, die andere für dunkle Farben zu benutzen.

Die Walzen Fig. 12, Taf. 1, sind ein Gegenstand von solcher Wichtigkeit in der Lithographie, daß sie von jeher das Objekt großer Untersuchungen zu ihrer Verbesserung waren und sogar von mehreren Seiten nicht unbedeutende Preise auf die vollkommenste Walze für den Steindruck ausgesetzt wurden. Wir wollen der Wichtigkeit wegen uns etwas länger bei diesem Gegenstande aufhalten.

Seit der Erfindung der Lithographie und seit der ersten Anwendung der Schwarzwalzen haben diese, im ganzen genommen, wenige Veränderungen erfahren. Es sind noch immer, wie früher, Cylinder von 21—42 cm Länge auf 9—11 cm Dicke, die an den beiden Grundflächen in der Richtung der Achse Handhaben erhalten, welche bisweilen von etwas härterem Holze sind. Diese Griffe sind meistens 11—12 cm lang und $2^{1}/_{2}$ cm dick, je nach der Größe der Walzen, müssen sehr stark sein, und jeder derselben erhält eine Kapsel von dickem Leder, die übrigens nur eben weit genug ist, um den Griffen der Walze bei deren Umdrehung zur Bewegung Spielraum zu lassen. Diese Kapseln oder Hülsen der Handgriffe, gewöhnlich aus weichem Leder (Wildleder) gefertigt, — schützen die Hand des Arbeiters vor der Erhitzung und der Reibung des Holzes und dienen auch dazu, die Bewegung der Walze selbst zu regeln. — Man hat auch Walzen mit durchgehender Achse, nach Art der sogenannten Nudelauftreibehölzer, angewendet, welche den Vorteil gewähren, daß die Griffe festgehalten werden können und nur die Walze sich dreht, weshalb man keine Kapseln braucht; indessen sind dieselben durchaus unzweckmäßig, da sie einerseits nie einen gleichmäßigen Druck auf der ganzen Länge der Walze gestatten, anderseits aber derjenige Griff, in welchem die Schraube zur Verbindung beider Teile der Achse sich befindet, sehr bald wandelbar wird und abbricht, da man mit der Walze bisweilen fest aufdrücken muß, namentlich, wenn man mit harter Farbe druckt. Uebrigens sind solche Walzen auch teurer.

Der Körper der Walze (der Holzcylinder) wird mit wollenem Zeuge, Flanell oder Molton, gewöhnlich zweimal fest umwunden und dieser so angenäht, daß die Naht keine Erhabenheit bildet, worauf die Walze dann mit Kalbleder überzogen wird, dessen Fleischseite nach außen hin kommt. Dieser Lederüberzug muß durchaus straff angespannt sein und wird auf der innern Seite genäht (ähnlich wie die Stiefelschäfte), jedoch darf die Naht durchaus nicht auftragen, weil sonst beim Einschwärzen an der Stelle, wo die Naht den Stein berührt, eine dunkle Linie auf demselben erscheint, welche jedenfalls den Abdruck, oft sogar den Stein verdirbt. An den beiden Grundflächen steht das Leder über und wird dort entweder mit einer Schnur zusammengehalten oder festgenagelt; doch ist das erste besser, da das Leder sich durch die Feuchtigkeit des Steines gern ausdehnt und dann vermittelst der Schnur leicht zusammengezogen und so den sonst entstehenden Falten u. s. w. vorgebeugt werden kann. Man muß zu diesen Walzen das beste Leder nehmen, selten wird man aus einer Haut mehr als fünf Walzen überziehen können, und schon die fünfte wird minder gut sein, da sie aus der Halsgegend derselben geschnitten werden muß, die immer faltig bleibt. Das Leder vom Bauche ist immer dünn, weich und sehr faserig, nur das Rückenstück ist ohne Tadel und vereinigt alle Bedingnisse eines guten Walzenüberzuges, d. h. gleichmäßigen Kern und eine feine und feste Textur. Man hat versucht, Ueberzüge ohne Naht zu machen, und sich dazu der Beinhaut ꝛc. bedient; da dieselbe aber nach einer Seite hin enger wird, so muß man sie dort stark dehnen, wodurch das Leder ungleich dick wird.

Bei Walzen, welche viel gebraucht werden, wird der Lederüberzug bisweilen zu weit und bildet alsdann Falten, welche auf die Gleichmäßigkeit des Einschwärzens nachteiligen Einfluß haben. Diese Erscheinung kann einen doppelten Grund haben. Einmal windet sich, wenn die Walze lange in derselben Richtung gerollt wird, der Flanellüberzug fester und das Leder wird lose; hier kann man abhelfen, indem man den rechten Griff zum linken macht, also die Walze eine Zeitlang umgekehrt rollt, wodurch sich der Flanell wieder lose windet. Ist aber anderseits der Ueberzug dadurch lose geworden, daß das Leder zuviel Feuchtigkeit eingesogen und sich gedehnt hat, so muß man die Walze trocknen lassen, und wenn dies nicht helfen sollte, den Ueberzug enger machen, indem man die Naht abschneidet und neu macht.

Uebrigens glaube man ja nicht, daß das Gewicht der Walze einen Einfluß auf ihre Güte habe; denn sehr schwere Walzen, deren man sich eine Zeitlang in Frankreich bediente, haben sehr bald durch ihre Unzweckmäßigkeit ihre Beseitigung herbeigeführt.

Ebenso unzweckmäßig haben sich auch die früher in Anwendung gebrachten starken und langen Walzen erwiesen, weil solche Cylinder unbequem zu handhaben sind.

So hat auch die Erfahrung gezeigt, daß die zu weichen Walzen, bei welchen man den Holzcylinder mit 5—6 Lagen Flanell umwickelte, nur eintönige Abdrücke geben, indem selbe nicht gehörig die überflüssige Schwärze wegnehmen, während man bei den jetzt allgemein angewendeten harten Walzen die feinsten und brillantesten Abdrücke erhält.

Bei der Herstellung einer guten Walze ist immer zu beachten, daß ihr Cylinder gleiche Dicke hat, und daher immer auf den Support abgedreht werden muß, zudem ist auch das Falzen des Leders von der größten Wichtigkeit.

Das Leder, welches wir für Walzen und Rahmen aus Frankreich beziehen und welches sich besonders durch seine gleichmäßige Dicke auszeichnet, wird nicht mit dem gewöhnlichen Falzmesser, sondern mittels der sogenannten Spaltmaschine zugerichtet.

Schon vom Anfühlen mit den Fingern läßt sich die Falzarbeit am Leder beurteilen, noch besser aber, wenn man die neue Walze, ehe sie Farbe hat, über einen eben geschliffenen Stein führt, ohne im geringsten aufzudrücken, und zwischen Walze und Stein sieht.

Eine Pariser Walze wird keine Durchsicht zeigen, während bei Walzen mit gewöhnlich gefalztem Leder dies an vielen Stellen der Fall sein wird.

Walzen von ebenso vorzüglicher Qualität werden jetzt auch vielfach in Deutschland gefertigt und der Preisunterschied derselben, gegen die Pariser Walzen, empfiehlt es, dieselben von der heimischen Industrie zu beziehen.

In der Praxis gibt es glatte und rauhe Walzen, hauptsächlich werden erstere da gebraucht, wo es gilt glatte Flächen zu bedrucken, während die rauhen Walzen vorzugsweise zum Schwarzdruck verwendet werden.

Je nach Bedarf derselben muß eben dann die Fleischseite des Leders, welche stets zum Drucken benutzt wird, entweder rauh oder glatt sein.

Hierbei wird der Lederüberzug in folgender Weise gefertigt: das ausgewählte Lederstück muß zu beiden Seiten der Walze 3 cm überstehen. Die beiden Enden des Leders, die man vereinigen will, werden recht scharf und gerade abgeschnitten und dann dasselbe umgewendet, indem man die Fleischseite, welche nach außen kommen soll, nach innen dreht. Beim Nähen setzt man die Nadel, welche mit einem seidenen Schnürchen versehen ist, so ein, daß sie nur die Kanten des Leders durchsticht und nicht bis auf die Oberfläche durchdringt.

Nachdem die Naht auf diese Weise durch Vor- und Zurücknähen beendet, wendet man das Leder um und benetzt dasselbe mittels eines Schwammes gleichmäßig mit Wasser und zieht diese lederne Umhüllung über den mit Flanell umwickelten Holzcylinder.

Die an beiden Seiten überhängenden Lederenden, werden dann $\frac{1}{2}$ cm vom Rande entfernt, durchlocht, um so mittels eines kräftigen Handbindfadens oder einer seidenen Schnur, das Leder der Länge nach gehörig anzuspannen.

Hier wollen wir noch eines Apparates erwähnen, mit welchem die beschriebene Arbeit des Aufziehens des Walzenleders mit der Hand, in leichtester Weise auf mechanischem Wege vorgenommen wird.

An einem Ring oder kurzem Cylinder, dessen innerer Durchmesser etwas größer als der äußere der zu überziehenden Walze ist, sind mit ihrem einen Ende eine Reihe schmaler, längerer Metallbänder, einander und der Ringachse parallel, in bestimmten gleichen Abständen, rings um den Cylinder befestigt. Dieser Ring wird mit einem Gleitstück in Verbindung gebracht, welches an einer vertikalen Säule auf und ab bewegt werden kann. Das eine Achsenende der zu überziehenden Walze wird unterhalb des erwähnten Bandringes auf einen vertikalen hohlen Cylinder oder eine entsprechend weite Röhre gesteckt, welche in der Fußplatte der Säule befestigt ist. Bandring und zu überziehende Walze liegen also koaxial, und zwar ersterer oben, letztere unten. Das Ueberziehen der Walze geschieht nun in der Weise, daß auf den durch die Metallbänder gebildeten Cylinder die Lederhülle aufgeschoben und dann der Bandring, durch Hinabbewegung an seiner Führungssäule, auf die Walze aufgezogen wird, so daß zwischen Lederüberzug und Walze die Metallbänder liegen. Letztere werden dann durch weitere Abwärtsbewegung des Bandringes, bei gleichzeitigem Festhalten des Lederüberzuges, zwischen letzterem und der Walze hervorgezogen, wodurch die Arbeit beendet ist.

Sehr empfehlenswert ist auch die in Fig. 13a, Taf. 2, abgebildete Walzenschlauch-Aufziehmaschine. Mit derselben kann man jeden Lederschlauch, vom größten bis kleinsten Format, mit Leichtigkeit auf die Schnellpressenwalzen aufziehen.

Die Walzen haben verschiedene Gebrauchsperioden, wenn man so sagen soll, und die Behandlung, welche man denselben zuteil werden läßt, bestimmt meistens ihre gute oder schlechte Beschaffenheit. Ehe man eine Walze vollkommen in Gebrauch nehmen kann, muß sie zugerichtet werden. Zu diesem Zwecke wird die Naht derselben mit feinem Bimsstein geglättet oder auch nach Bedarf das Leder mit Bimsstein abgerieben, damit die Fasern auf der Fleischseite des Ueberzuges mehr Gleichförmigkeit erhalten. Dann wird die Walze gehörig mit Fett getränkt, was am geeignetsten dadurch bewerkstelligt wird, daß man dieselbe 8 Tage lang jeden Morgen und jeden Abend in dünnem Firnis rollt, damit die Poren des Leders denselben in sich aufnehmen und das Leder von den Fettteilen des Firnisses gleichmäßig durchdrungen wird, wodurch die Walze ihre übermäßige Rauheit verliert und später der Feuchtigkeit des Steins erfolgreich widerstehen kann. Dann bringt man die geölte Walze auf einen mit recht harter Druckerschwärze versehenen Farbestein oder eine andere Schwärzplatte und rollt sie darauf in allen Richtungen hin und her, während man von Zeit zu Zeit die Farbe mit einem stumpfen Messer wieder abkratzt und auch die auf den Stein getragene durch andere ersetzt. Dieses Rollen muß mehrere Stunden fortgesetzt werden und dient dazu, die kleinen, losen Fasern von der Oberfläche des Leders abzureißen, weshalb aber auch die Farbe so oft gewechselt werden muß, als sie mit solchen Fasern gesättigt ist. Bemerkt man dann, daß die Walze ihre Rauhigkeit verliert, so setzt man der Farbe mehr Firnis zu und fährt mit der Bearbeitung fort, indem man dieselbe noch in Zwischenräumen von mehreren Tagen wiederholt.

In diesem Zustande ist die Walze jedoch höchstens zum Einschwärzen ganz ordinärer Schriftsteine, und selbst da nur, wenn man noch eine gute Walze daneben hat, mit der man die Arbeit gleichsam poliert, zu verwenden. Erst nach längerem Gebrauche bei Federarbeiten kann man die Walze auch für Kreidesteine verwenden und selbst dann noch gibt es Walzen, welche wegen schlechter Qualität des Leders nie beim Kreidedrucke verwendet werden können. Verliert die Walze beim Kreidedrucke nach und nach ihr sogenanntes Korn, was man daran sieht, daß sie die Farbe auf der Schwärzeplatte nicht mehr zieht (rupft), so muß man ihr einen zweiten Fanellüberzug geben; doch bleibt sie dann dennoch immer nur für Schrift anwendbar, indem sie eine Kreidezeichnung verschmutzen würde. — Bei jeder Presse müssen eigentlich beständig mindestens zwei ganz gute Walzen sein, damit man dieselben wechselweise brauchen kann, wobei dann die gebrauchte 24 Stunden stehen bleibt, damit sie die Feuchtigkeit verliert, welche sie, selbst wenn sie noch so gut eingefettet wurde, dennoch von den beständig genetzten lithographischen Steinen anzieht.

Jeden Abend, oder auch wenn man die Walzen wechselt, muß man die Farbe gänzlich von der auszusetzenden entfernen. Hierzu bedient man sich eines Messers, das, ohne gerade scharf zu sein, doch immer noch eine gewisse Schneide hat. Man kratzt hiermit von unten nach oben hinauf, während man die Walze bei einem Handgriffe mit der linken Hand festhält und den andern Handgriff auf die Schwärztafel stützt. Man muß hierbei die Klinge des Messers äußerst flach halten und sich dabei zugleich sehr wohl vorsehen, nicht in das Leder zu schneiden. — Ohne diese täglich vorgenommene Reinigung würde die Farbe auf der Walze leicht eintrocknen, eine harte Kruste bilden und die Walze gänzlich unbrauchbar machen, während zugleich die aufgenommene Feuchtigkeit nicht gehörig verdunsten könnte. Noch viel unerläßlicher ist diese Vorsichtsmaßregel bei den Walzen zum Farbendrucke, da die meisten Farbenstoffe von austrocknender Art sind und die Walzen um so schneller verderben würden. Aus diesem Grunde muß man solche Walzen, wenn man sie für einige Tage aussetzt, nicht allein mit Terpentinöl abwaschen, sondern ihnen auch, indem man sie über einen mit Talg beschmierten Stein rollt, einen dünnen Talgüberzug geben, welchen man jedoch, ehe man die Walzen wieder zur Arbeit nimmt, durch Abwaschen sorgfältig entfernen muß.

Dieses Abwaschen geschieht, indem man Terpentinöl darauf spritzt und mit einem rauhen aber von Steinteilen freien Lappen energisch abreibt. In ähnlicher Weise muß auch die vollständige Reinigung des Farbsteins vorgenommen werden, nachdem zuvor die Farbeschichte mit dem Spatel beseitigt ist.

Glatt gewordene Walzen, welche man wieder rauh machen will, sättigt man mit Terpentin-, Kien- oder Eröl, bestreut sie mit feinem Sand nachdem man sie auf einen großen Stein gelegt hat und schleift sie mit einem großen Stück weichen Bimsstein unter steter Zugabe von einem der genannten Oele und Sand solange bis die Farbe erweicht ist und das Korn des Leders wieder erscheint. Sodann entfernt man den Schlamm mit Terpentinöl und dem Schaber.

Um das Terpentinöl, welches sich in das Leder gezogen hat, zu entfernen, reibt man die Walze mit Speckstein ein und schabt sie trocken ab. Dieses Verfahren wiederholt man solange bis die Walze ganz rein und trocken ist.

Will man Maschinenwalzen reinigen, so benutzt man einen Schaber von der Form wie ihn Fig. 12a, Taf. 1, zeigt.

Für Schnellpressen empfiehlt sich die Fig. 13, Taf. 2, abgebildete Walzenputzmaschine. Dieselbe nimmt wenig Raum ein und die dafür aufgewendeten Kosten werden in kurzer Zeit an Terpentin erspart. Die bedeutende Ersparnis an Zeit und die vollkommene Schonung der Walzen sprechen sehr zu ihrem Vorteil.

Statt der Lederwalze suchte man auch nahtlose Walzen zu erzeugen, welche, wie die bei den Buchdruckern gebräuchlichen, aus Sirup-Leim-Masse gegossen wurden, die aber für den lithographischen Gebrauch viel zu weich waren, auch nicht die erforderliche Oberfläche des Leders boten und zudem schon durch das notwendige Befeuchten des Steines, sich als gänzlich untauglich erwiesen.

Ebenso versuchte man statt des Leders den Walzenüberzug aus Kautschuk zu machen, der anfänglich gleichfalls keine günstigen Resultate lieferte, jedoch in neuester Zeit durch vielfältige Versuche zur brauchbaren Anwendung gelangte.

Derartige Gummiwalzen, d. h. nur Gummiüberzug statt des Leders, wurden zunächst bei dem lithographischen Schnellpressendruck angewendet und so den bekannten Uebelständen der Lederwalze, nämlich dem Lockerwerden oder dem Aufreißen derselben u. dergl. abgeholfen.

Die Gummiwalze, welche sich weder auflöst noch sonst den geringsten Nachteil hat, besteht aus vulkanisiertem (geschwefelten) Paragummi, welcher nach Erkaltung abgedreht und dadurch eine Gleichmäßigkeit erzielt wird, wie es bei Lederwalzen beinahe nicht möglich ist. Die guten Resultate, welche damit auf der Schnellpresse erzielt wurden, veranlaßten die Herstellung derartiger Gummiwalzen zum Handdruck, welche ebenso vollständig gelungen sind.

Zur Aufbewahrung der Walzen gehört auch das gemeinsame Walzenregal; dasselbe ist gewöhnlich an der Wand angebracht und besteht aus einem einfachen aus vier Brettern zusammengefügten Gerüste, welches, je nach der Anzahl der Walzen, höher oder niedriger ist. Die Breite desselben richtet sich nach der Walzenlänge, welche durchschnittlich 35 cm beträgt, daher die Breite des Regals ca. 42 cm betragen muß, damit die Walzen bequem eingeschoben werden können. Die Seitenwände des Regals sind mit von oben nach unten gehenden, ca. 9 cm tiefen und 14 cm voneinander entfernten Einschnitten versehen, die an beiden genau miteinander korrespondieren.

Hier hinein werden die Walzen so gehängt, daß die Zapfen derselben in die Einschnitte hineinpassen.

Besser, ja für die Maschinenwalzen unerläßlich, ist ein Walzenschrank, Fig. 7, Taf. 1, zum Aufbewahren der Walzen, in welchem sie vor allen Beschädigungen geschützt und dem Staube entzogen sind. Die Walzen müssen in dem Schranke senkrecht nebeneinander stehen, jedoch so, daß sie einander nicht berühren. Je nach dem verfügbaren Raume bringt man an dem Schranke Flügel- oder Schiebethüren an, jedoch sind Flügelthüren, da wo sie sich anbringen lassen, vorzuziehen.

Die bis hierher beschriebenen Walzen sind dazu bestimmt, die Farbe auf diejenigen Steine aufzutragen, auf denen sich eine Zeichnung in irgend einer erhabenen Manier, also z. B. mit der Feder oder Kreide gemacht, oder durch Ueberdruck entstanden, befindet; sobald aber der Stein in vertiefter Manier gearbeitet, also graviert ist, werden die Walzen unzureichend, weil die Druckfarbe in die Vertiefungen des Steins eingerieben werden muß. Zu diesem Zwecke dienen:

2. Die Schwärzbretter oder Tampons. Früher bediente man sich zum Einreiben der Farbe eines kleinen Ballens von Leinwand, später der Bürste und gegenwärtig in den besseren Druckereien fast ausschließlich der eben erwähnten Bretter oder Tampons, wie selbe in Fig. 13 a—f, Taf. 1, dargestellt sind.

Bei Fig. 13, Taf. 1, hat der untere Teil a 7—10 cm im Durchmesser $2\frac{1}{2}$—$3\frac{1}{2}$ cm Dicke, an der Seite eine Hohlkehle b und die Handhabe c 10 cm Höhe.

Die untere Fläche muß vollkommen eben sein, weil hohle Tampons magere Abdrücke geben und den Stein schwächen; erhabene (konvexe) aber den Stich überfüllen würden.

Dieser untere Teil wird mit Tuch überzogen, wozu sich am besten Rohtuch, das keinen Strich hat, eignet; wobei das Tuch mit Bindfaden, den man durch eine Sattlernadel zieht, ringsherum durchzogen, dann bei den beiden Enden des Bindfadens angezogen und in die Hohlkehle fest geknüpft wird.

Das Farbebrett, Fig. 13a, Taf. 1, für größere Steinformate geeignet, ist nebst seinem Handgriffe von weichem Holz und mit einer Lage Flanell überzogen, über welche mittelfeines Tuch, mittels Nägel straff angespannt wird. Noch besser hierzu ist feiner dicker Filz, der ebenso auf dem Farbebrette festgemacht, keines Tuchüberzuges bedarf (Fig. 13b, Taf. 1).

Mit diesem Brette, welches genau wie das Reibebrett der Maurer beschaffen ist, wird die Farbe von der Schwärzplatte abgenommen und auf den genetzten Stein durch leichtes Einreiben aufgetragen, wie wir das später näher beschreiben werden. Es versteht sich übrigens von selbst, daß der Drucker mehrere solcher Schwärzblätter und von verschiedener Größe haben muß, einmal, um die feuchten austrocknen zu lassen, und dann, um sich mit der Größe des Brettes nach dem zu druckenden Steine zu richten. Nach dem Einreiben wird der Stein leicht mit einer, zur Federmanier passenden Walze überrollt, um den Auftrag ganz gleichartig zu machen; bei ordinärer Arbeit ist dies jedoch kaum notwendig, sondern es reicht hin, den Stein mit einem reinen feuchten Lappen leicht zu überwischen und abzuputzen.

Statt dieser Tampons mit Handgriffen ist auch ein viereckiges Brettchen von ca. 15 cm in Quadrat und $2\frac{1}{2}$ cm stark zu benutzen, woran ein lederner Riemen in der Weise mit Nägeln befestigt ist, daß man die Hand dazwischen schieben kann (Fig. 13c, Taf. 1), wobei die untere Fläche der Holzplatte zuerst mit starkem Flanell und dann mit dickem Doublestoff straff überzogen wird.

Für kleinere Druckplatten eignet sich das einfache Tuchtampon (Fig. 13d, Taf. 1), wozu man einen ziemlich langen Tuchstreifen von ca. 15 cm Breite an einem Ende deſſelben kurz und ſcharf einknickt und das übrige feſt um ſich ſelber rollt. Reicht ein Streifen nicht aus, ſo umwickelt man das Feſtgerollte mit dünnem Bindfaden, deſſen Enden man vernäht, und rollt einen zweiten Tuchſtreifen um die bereits erhaltene Tuchwalze, bis dieſelbe ungefähr 10 cm im Durchmeſſer ſtark geworden iſt; worauf dann dieſe Walze mit dünnem dauerhaften Bindfaden feſt umſchnürt und vernäht, und dann mit ſcharfem Meſſer die eine Baſis der Tuchwalze glatt und eben geſchnitten wird.

Ein Vorzug dieſes Tuchtampons beſteht in ſeiner großen Dauerhaftigkeit; wogegen der Ueberzug des Holztampons ſich durch den Gebrauch abnutzt und zeitweiſe erneuert werden muß.

In „Freie Künſte" 1889 wird ein verbeſſerter Tampon beſchrieben, über welchen wir das Nähere hier folgen laſſen. Fig. 14, Taf. 2.

Die beigegebene Abbildung zeigt den Tampon, bei welchem das Tuch mit Leichtigkeit ſchnell aufgezogen, und wenn es ſich beim Drucke lockert ſtraff angeſpannt werden kann, ohne das Tuch herunter zu nehmen.

Der Tampon beſteht aus drei Teilen: 1 zeigt den oberen Teil, 2 eine Flügelſchraube und 3 den unteren Teil.

Der untere Teil 3 erhält oben eine Vertiefung und genau in der Mitte ſitzend ein eiſernes Stäbchen, am oberen Teil mit einem Schraubengewinde verſehen, auf welches die Flügelſchraube 2 genau paßt. Das eiſerne Stäbchen wird unten mit einem Gegenſtück verſehen, von unten nach oben in das Tamponholz eingelaſſen und die ganze untere Fläche des Holzes mit einem doppelten Furniere überzogen. Der obere Teil 1 wird ſenkrecht durchbohrt, ſo daß das eiſerne Stäbchen von 3 bequem hindurchgeht. Unten hat 1 eine Erhöhung, welche ſo in die Vertiefung auf 3 paßt, daß das Tampontuch beim Schließen des Tampons genügend Platz hat. 6 zeigt das Tampontuch mit einer Schnur durchzogen. Das Tuch ſchneidet man ungefähr 1 cm über den erhabenen Rand des unteren Teiles des Tampons hinaus, ſo daß, wenn man das Tuch überzieht, es in der Weiſe über dem Tampon liegt, wie an 5 erſichtlich iſt. Die untere Fläche des Tampons wird vorher mit einigen Lagen Flanell überlegt, welche genau die Größe der Rundung der Tamponfläche haben. Auf den mit dem Tuche überzogenen untern Teil wird nun der obere 6 aufgeſetzt, die Flügelſchraube darauf und angezogen. Durch das Anziehen der Flügelſchraube wird der obere Teil mit ſeiner Erhöhung, an deſſen äußeren Rand 8—10 Stifte angebracht ſind, welche das Tampontuch erfaſſen, in die Vertiefung getrieben.

Bei dem vollſtändig geſchloſſenen Tampon 7 ſitzt das Tuch ganz ſtraff, ſollte es ſich beim Gebrauch lockern, ſo öffnet man den Tampon, zieht mit der Schnur das Tuch feſter zuſammen und ſchließt ihn wieder. Der Durchmeſſer eines ſolchen Tampons iſt gewöhnlich 13 cm, die Höhe $2^{1}/_{2}$ cm mit aufgezogenem Furnier. Der erhöhte Rand iſt 7—8 mm, die Vertiefung 1 cm, der Durchmeſſer der Vertiefung $11^{1}/_{2}$ cm, der eiſerne Stab iſt 18 cm lang. Der obere Teil hat denſelben Durchmeſſer wie der untere, die Erhöhung muß kleiner ſein wie die Vertiefung des unteren Teiles, 7—8 mm Höhe und $9^{1}/_{2}$ cm Durchmeſſer. Die Höhe des Ganzen iſt 14 cm. Der geſchloſſene Tampon hat $16^{1}/_{2}$ cm Höhe.

Der Aetztiſch, ſiehe Fig. 14, Taf. 1, iſt ein Tiſchgeſtelle, mit einem oben auf demſelben befindlichen Kaſten, deſſen Konſtruktion viel Aehnlichkeit mit einer ſogenannten Käſebank hat, wie man ſie im nördlichen Deutſchland fast in allen Landwirtschaften findet. Der Boden ist etwas nach der Mitte oder einer Seite geneigt und hat dort eine Oeffnung, wodurch das über den Stein gegossene Scheidewasser, sowie das zum Aussüßen der Platte folgende reine Wasser abfließt und wieder aufgefangen wird.

In der Nähe dieses Tisches müssen sich Behälter für Aetzwasser, reine Salzsäure und Gummianflösung vorfinden.

Der Aetzkasten, welchen wir hier beschreiben, ist für alle Arten von Arbeiten, Stein- und Zinkätzungen 2c. zu gebrauchen. Da derselbe sehr billig herzustellen ist, kann man sich leicht für jede Größe einen besonderen anfertigen. Derselbe wird aus gut verzinkten Brettern zusammengesetzt und mit heißem Pech oder Asphalt, namentlich in den Fugen dicht und undurchlässig gemacht.

Im „Philadelphia Photographer" wird ein äußerst einfacher Aetzkasten beschrieben, welchen sich ein jeder selbst anfertigen kann.

Gute trockene Bretter fügt oder nagelt man, in der Größe und Form, welche man dem Kasten geben will, zusammen, legt ein angemessen großes Stück ungebleichte Leinwand, welche man vorher tüchtig mit Wachs einreibt, über den Kasten und drückt dieselbe mit einem in heißes Wachs getauchten, heißen Bügeleisen in alle Fugen und Ecken ein. Das Wachs muß die Leinwand und das Holz vollständig durchdringen und deshalb in reichlicher Menge angewendet werden. Die überstehenden Ränder der Leinwand werden mit Wachs auf den Kastenrand festgeklebt. Die äußeren Seiten des Kastens bestreicht man mit heißem Leinöl und macht auf diesen Anstrich noch ein oder zwei Anstriche von Asphalt oder Firnis, um den Kasten auch von außen wasserdicht zu machen.

Dieser Aetzkasten hält jahrelang aus und sollte sich an einer Stelle etwas Wachs abreiben, so braucht man dort nur mit etwas geschmolzenem Wachs auszubessern. Das Wachs verbindet die Leinwand fest mit dem Holze, durchdringt bei richtiger Anwendung beide und gibt ihnen genügende Widerstandskraft gegen die beim Aetzen angewendeten Säuren 2c.

Regale werden an passenden, sich dazu darbietenden Stellen, am besten an den Wänden, wo keine Fenster sind, also auch keine Pressen stehen werden, angebracht, damit die Abdrücke leicht aus den Händen gelegt werden können und das nötige Papier immer zur Hand ist.

Schnüre werden teils in der Druckerei, teils in dem Bodenraume der Anstalt angebracht, um die Abdrücke gehörig aufhängen und abtrocknen zu können.

Feuchtbretter sind glatte Bretter mit eingeschobenen Querleisten, damit sie sich nicht werfen. Sie werden zum Feuchten des Papieres gebraucht und von verschiedener Größe angewendet, müssen jedoch immer ringsum mindestens 2—3 cm größer sein, als das zu feuchtende Papier, weil letzteres sonst ungleich genetzt wird, was beim Drucken nachteilige Folgen hat.

Der Auslegetisch von ca. 60 cm Breite und 120—150 cm Länge, in gleicher Höhe mit dem Farbetisch, dient zur Ablagerung des Papiers und der Abdrücke. Ebenso sind Tafeln oder große Tische zum Sortieren, Schneiden, Feuchten und Umlegen des Papiers nötig.

Wasserbehälter mit reinem Wasser werden, größere zum Aetzen und Papierfeuchten, kleinere zum Anfeuchten der Steinplatte während des Druckens, gebraucht.

Platten und Läufer zum Farbenreiben, was ebenfalls auf besondern Tischen geschehen muß, müssen nach Verhältnis eine oder mehrere da sein, letzteres besonders, wenn man verschiedene Farben zu drucken hat. Es sind gewöhnliche lithographische Platten dazu völlig tauglich; die Läufer aber können von Glas oder Serpentinstein, sowie von Granit, Marmor oder Lithographiestein sein. Zu diesem Apparate gehören noch hölzerne Spateln zum Zusammenstreichen oder Verbreiten der Farbe und zu ähnlichem Gebrauche.

Diese Spatel können auch von Horn oder Stahl gemacht werden; doch mögen die von hartem Holze dieselben Dienste thun, nur schwerer zu reinigen sein. Die Spateln sind nach Verhältnis ihrer Größe unten breit, schräg abgeschnitten und messerförmig zugeschärft; sie müssen stark genug sein, aber dennoch eine gewisse Elastizität nie verlieren, vermöge deren sie auf dem Farbenstein oder der Fläche des Läufers überall angedrückt werden können. Eiserne Spatel rosten leicht und verderben manche Farben.

In der Nähe des Tisches, welcher zum Reiben der verschiedenen Farben bestimmt ist, müssen die Behältnisse mit dem Oelfirnisse sich befinden, welche am besten von sehr starkem Glase wie die Flaschen, in welchen man die Schwefelsäure versendet, oder von Thon gebrannt sind, wie die Mineralwasserflaschen, weil sich in solchen der Firnis am besten hält. Metallene Gefäße sind durchaus zu verwerfen, mit Ausnahme der sehr vorteilhaften gußeisernen, innen emaillierten Büchsen, deren Deckel jedoch möglichst luftdicht schließen sollen. Uebrigens müssen die Firnisgefäße immer gut verschlossen sein, damit weder Unreinigkeiten hineinkommen, noch die äußere abwechselnde atmosphärische Luft zu sehr auf das Trocknen des Firnisses wirken kann, weßhalb man auch solche Gefäße nicht längere Zeit der Sonne aussetzen darf.

Auch bedarf noch der Drucker verschiedener Sorten Firnis in kleineren Gefäßen mit eigener Holzspatel zum Herausnehmen desselben.

Der Ruß, dessen man sich, wie wir weiter unten sehen werden, zur Zusammensetzung der Druckfarbe bedient, wird am besten in der Art aufbewahrt, daß man auch den Farbenreibetisch ebenso, wie die früher beschriebenen Schwärzetische, unten mit einem Schranke versieht, in dessen einer Hälfte zwei Schubladen zu dem augenblicklichen Bedarfe der zwei gebräuchlichen Rußsorten, in der andern aber, nebst mehreren kleinen Schubladen für die andern etwa zu verwendenden Farben, ein Fach für die Firnisgefäße, Läufer, Schachteln u. s. w. sich befindet.

Die Steinschleiferei ist das dritte Hauptlokal in einem vollkommen eingerichteten lithographischen Institute. Sie bedarf in Hinsicht auf ihre Lage gegen das Licht, obwohl sie durchaus nicht dunkel sein darf, da sonst der Schleifer das Korn oder die Politur des Steins nicht beurteilen kann, einen weniger ausgesuchten Ort, als die Druckerei und die übrigen Ateliers, doch muß sie vollkommen trocken liegen und der Kälte nicht zu sehr ausgesetzt sein; denn eine feuchte, besonders Salpeter und andere Salze enthaltende Luft, wie sie in abgelegenen halbdunklen Gemächern häufig vorkommt, zieht sich leicht in die Steinplatten, wodurch sie dann bei eintretender Kälte Sprünge bekommen oder überhaupt schnell verwittern. Vor allen Dingen muß man vermeiden, die Steinschleiferei etwa in die Nähe von Senkgruben, Retiraden oder Düngerstätten zu bringen, indem die ammoniakalischen Dünste derselben sich leicht auf der Oberfläche der Steine niederschlagen und dieselben zu jeder Art der lithographischen Arbeit untauglich machen, weil sie die Tinte und Kreide zersetzen und die Präparatur des Steines verhindern. Ist die Steinschleiferei, wie dies bei beschränkten Räumlichkeiten wohl der Fall sein kann, zugleich der Aufbewahrungsort für die vorzubereitenden oder vorbereiteten, auch wohl gar für diejenigen Steinplatten, auf welchen stehende Werke lithographiert sind, von denen von Zeit zu Zeit neue Auflagen abgedruckt werden, so ist das Lokal des Gesagten wegen, besonders wohl zu wählen. Als Verwahrungsort der bezeichneten oder beschriebenen Steine muß in diesem Fall eine besondere Abteilung unter eigenem Verschluß in der Steinschleiferei angebracht werden, in welcher dann die zusammengehörenden Platten, eines ganzen Druckwerkes oder eines chromolithographischen Bildes, wieder in einzelnen, an den Wänden untergebrachten starken Repositorien nach einer gehörigen Ordnung aufgestellt werden.

In der Schleiferei selbst aber müssen diejenigen Steine, welche erst geschliffen werden sollen, besonders stehen und die bereits geschliffenen wiederum allein, und zwar in zwei verschiedenen Abteilungen aufgestellt werden, d. h. poliert oder gekörnt, wie sie die Manieren, zu denen sie vorgerichtet sind, fordern. In den meisten Fällen aber wird man die Steine nur in poliertem Zustande aufbewahren und die zu körnenden erst kurz vor dem Beginne der Arbeit körnen, da fast jedesmal sich die größere oder geringere Rauheit des Korns nach der auf den Stein zu bringenden Zeichnung richten wird.

Die Hauptsache in der Steinschleiferei ist der Schleiftisch. Er besteht aus einem, wenn es möglich ist, in der Mitte des Lokals festgemachten, sehr starken, aber etwas niedrigen Tisch, auf welchem in einem Vierecke, zwischen dem die größtmöglichsten lithographischen Platten Raum haben, Leisten angebracht sind, zwischen welche die zu schleifenden Steine gelegt und zu gehöriger Befestigung verkeilt werden. Eine andere Art von Schleiftischen hat keine Randleisten, sondern es sind durch das Blatt in verschiedenen Entfernungen voneinander symmetrische Löcher gebohrt, deren immer je vier so gegeneinander stehen, daß sie ein Viereck zwischen sich einschließen, das mit irgend einem Steinformat übereinstimmt. Der zu schleifende Stein wird dann zwischen die vier, in ihrer Stellung ihm zunächstkommenden Löcher gelegt, in die letzteren starke Pflöcke gesteckt und gegen diese der Stein mittels vorgeschlagener Keile befestigt. Uebrigens muß, der größern Reinlichkeit wegen, dieser Tisch an den Rändern mit Leisten versehen werden, damit der Steinschliff und das Wasser, mit welchem während des Schleifens der Stein öfters genetzt oder abgespült wird, das Gemach nicht verunreinigt; das Tischblatt aber muß von der Seite aus nach der Mitte hin an der Oberfläche etwas vertieft werden und dort ein Loch haben, durch welches die Feuchtigkeit abfließen und in untergesetzten Gefäßen aufgefangen werden kann.

Fig. 15, Taf. 1, zeigt einen Schleiftisch neuerer Konstruktion.

Ferner gehört in die Steinschleiferei ein großes, flaches Wasserbehältnis, um die geschliffenen Steine vor dem Polieren vom Schliff und Sand und nach dem Polieren vom Bimssteinschmutze völlig reinigen zu können. Wenn daher beständig fließendes Röhrwasser auf die untergelegten Steinplatten geleitet werden kann, so ist dies um so zweckmäßiger, weil durch immer wieder rein über die zu reinigende Platte fließendes Wasser der genannte Schmutz am besten und leichtesten sich abspült. Da jetzt die meisten Städte Wasserleitungen haben, so ist eine derartige Vorrichtung sehr leicht und zweckmäßig anzubringen.

Außer diesem muß jederzeit, entweder ein zum Steinschleifen passender, sogenannter Silbersand (Körnsand), oder wo man denselben nicht haben kann, sowohl guter feinkörniger reiner Sandstein in Stücken, als auch bereits gepochter, klarer und gesiebter Sand in abgesonderten Behältnissen vorrätig gehalten werden, und die zur Bereitung selbst notwendigen Pochinstrumente, sowie gröbere und feinere Drahtsiebe dürfen dabei nicht fehlen. Kann man aus Steinhauer und Bildhauerwerkstätten den Abfall erhalten, so ist dieser durch passende Siebe getrieben, sehr gut zum Schleifen anwendbar. Besonders zweckdienlich ist auch zum Steinkörnen der in den Eisengießereien verwendete sogenannte Formsand. Ebenso gut verwendbar, ja in vielen Fällen, wo es gilt gravierte Sachen, oder Steine, wo infolge großer Auflagen, das Fett tief eingedrungen ist, abzuschleifen, von noch durchgreifenderem Erfolge, ist scharfer Fluß- oder Wassersand.

Für größere Steindruckereien ist eine Steinschleifmaschine unentbehrlich, wir kommen später auf dieselbe zurück.

Bimsstein, sowohl rauher als feinkörniger, in bedeutenden Stücken, und endlich kleine Wassergefäße zum Anfeuchten des Sandes beim Schleifen, Meißel zum Sprengen der Platten und Raspeln zum Abrunden der scharfen Kanten an den Platten, sind ebenfalls notwendige Bedürfnisse in einer Steinschleiferei.

Zum Transport der Steine ist ein Wagen oder Karren, wie ihn Fig. 16 und 16a, Taf. 1, zeigen, sehr zu empfehlen. Beide Räder haben bei Fig. 16 einen Gummiring in einen Falz eingelassen, welcher das Fahren sehr erleichtert. Der Stein wird darauf gestellt und kann dann ohne großen Kraftaufwand zu der Stelle geschoben werden, wo er gebraucht wird.

Zweites Kapitel.
Von den Steinen oder lithographischen Platten und ihrer ersten Zubereitung.

Ehe wir uns mit den zur Lithographie tauglichen Steinen und deren Zubereitung zum Gebrauche beschäftigen, dürfte es nicht unpassend sein, einige Worte über das zu sagen, was auf einem Steine vorgeht, wenn derselbe zum Abdrucken vorbereitet wird. Zwar ist bis jetzt die eigentliche Operation des Zeichnens, Aetzens, Gravierens u. s. w. noch nicht beschrieben worden; indessen dürfen wir voraussetzen, daß dieselbe unseren Lesern mindestens oberflächlich bekannt sei, und wir müssen hier um so eher diese ein wenig in das Gebiet der Chemie hinüberschweifenden Bemerkungen vorausschicken, da nur durch genaue Kenntnis der chemischen Reaktionen, welche während der Operation selbst auf dem Steine vorgehen, sowohl die Erkennung der zur Lithographie brauchbaren Steine, als späterhin auch die Möglichkeit umfassender Korrekturen schon verwendeter Steine begünstigt wird.

Dem uneingeweihten Auge scheint es unerklärlich, daß, nachdem der Stein eine ganz einfache Präparatur erhalten hat, beim Einschwärzen nur die bezeichneten Stellen Farbe annehmen, während die weißgebliebenen dieselbe recht eigentlich abstoßen. Die Erklärung, welche sich bloß auf die Verwandtschaft des Fettes der Zeichnung zum Fette der Farbe und auf die Repulsion durch das Wasser, mit welchem der Stein während des Einschwärzens benetzt wurde, gegen das Fett in der aufgetragenen Farbe basiert, kann dem Geiste unmöglich genügen, da sie nicht alle beim Steindrucke vorkommenden Erscheinungen befriedigend aufklärt.

Das Aetzen eines bezeichneten Steines hat zwei sehr wichtige Zwecke zu erfüllen: einmal wird dadurch, wenn auch nur in einem sehr geringen Grade, die Zeichnung etwas erhaben gemacht; anderseits aber wird, und dies ist die Hauptsache, der kohlensaure Kalk des Lithographiesteins bei der Behandlung mit Salpetersäure, in salpetersauren Kalk verwandelt, oder vielmehr auf seiner Oberfläche ein salpetersaures Salz gebildet, und dieselbe dadurch für fette Körper unempfänglich gemacht. Diese Schicht ist sehr glatt und wird, feucht, durchaus nicht vom Fette beschmutzt, während der kohlensaure Kalk allein für das Fett sehr empfänglich ist. Den besten Beweiß liefert der Umstand, daß wenn man diese salpetersaure Schicht mit einer Nadel so tief ritzt, daß der kohlensaure Kalk bloßgelegt wird, selbst der feuchte Stein dort sogleich Fett annimmt. — Schwefelsäure und Salzsäure wirken fast ebenso, doch behält die Salpetersäure stets den Vorzug: das salzsaure Salz nämlich ist leichter auflöslich und kann nach und nach ganz weggewaschen werden, während das schwefelsaure Salz dem Steine nur sehr schwach anhängt und sich bei der Wirkung der Presse leicht abblättern und den kohlensauren Kalk nackt zurücklassen würde.

Man hat unter diesen Umständen und bei dem Verfahren, das man in den lithographischen Anstalten anwendet, den kohlensauren Kalk als die allein taugliche Steinmasse zum Steindruck anerkannt, und zwar diejenige Klasse, welche Werner in seiner Klassifikation der Fossilien mit dem Namen: dichter Kalkstein belegt, und welche sich in den tertiären oder Uebergangsgebirgen in einer Tiefe von 150—180 cm und mit einer Mächtigkeit von 60—90 cm vorfindet. Dahin gehört auch die schieferartige Abart von Hauy. Die Bestandteile des lithographischen Steines sind Kalk, Thon- und Kieselerde mit Kohlensäure gemischt; doch ist erstere, die Kalkerde, bedeutend vorherrschend und von der Kieselerde nur ein sehr kleiner Teil beigemischt. Der lithographische Stein löst sich daher in der Salpeter-, Salz- oder in andern Säuren fast ganz auf. Steine aus reinem Kalke, wie der tarrarische Marmor, sind zum Steindrucke nicht brauchbar, sie lassen die Fettigkeit zu wenig eindringen, die Zeichnung verwischt sich leicht darauf, und ein solcher Stein kann daher nur wenige gute Abdrücke geben; auch täuschen ihre farbigen Adern den Zeichner zu sehr.

Ein feiner Sinterungskalk mit flachem, muscheligem Bruche von ziemlich bedeutender Härte und gleicher Farbe, ohne fremdartige Adern und mit gleichartigem Korn, ist zu diesem Behufe der tauglichste.

Die gräulichen, besonders aber die ins Grün spielenden sind weit härter, dauerhafter und von gleicherem Korn, als die ganz weißen oder gelblichen Steinplatten. Die mit Punkten und weißen, fadenförmigen Strichen marmorierten sind aber gänzlich auszuwerfen, oder höchstens nur zu ganz groben Arbeiten, vielleicht noch allenfalls zu tabellarischen Arbeiten zu benutzen; denn dergleichen Striche führen auch das geübteste Auge eines Künstlers leicht irre, woraus dann fehlerhafte Abdrücke entstehen müssen, auch verhält sich die kreidige Substanz, aus welcher dieselben bestehen, sowohl im Aetzen als im Drucken anders, als der übrige Stein. Kalkadern, welche das Wasser einsaugen, wenn man den Stein befeuchtet, geben Anlaß zum Springen und nehmen gerne an beim Druck.

Glasgallen, Kristallisationen nehmen dagegen keine Druckfarbe an. Die darauf angebrachte Zeichnung wird von der Walze wieder mit fortgenommen, weil dieselben aus Kiesel bestehen, mit welchem die fette Säure keine Seife, wie mit dem kohlensauren Kalk bilden kann. Derartige Glasadern, sofern sie nicht breit sind, haben jedoch selten Nachteile für die gewöhnlichen Arbeiten, und springen auch nicht, während Rostadern, welche von Eisenoxyd herrühren, gerne springen.

Die Steine haben zuweilen auch dunkelfarbige und weißliche Adern, welche sich als Risse zeigen, die jedoch kein Zerbrechen des Steins zur Folge haben; dagegen ziehen erstere zuweilen die Druckfarbe an und zeigen sich auf dem Abdrucke als schwarze Linien, während letztere Vertiefungen bilden, die sich auf dem Abzuge als weiße Linien darstellen.

Gefährlich sind diejenigen Steine, welche Pflanzenbilder (Herbarisationen) auf ihrer Fläche zeigen; denn diese Bilder sind gewöhnlich Ergebnisse metallischer Einflüsse und bedecken meistens kleine Risse, welche das Springen des Steines nach sich ziehen, sobald derselbe dem Drucke der Presse ausgesetzt wird. Um sich zu überzeugen, ob eine solche Herbarisation wirklich über einem Risse liegt, schlage man mit einem scharfen Hammer von dem Rande des Steins, dem die Herbarisation am nächsten liegt, neben dieser einen Schiefer ab. Springt derselbe in einem Stück ab, so ist der Stein gesund; im Gegenteile wird der Schiefer sich in zwei Teile trennen, welche die Fuge des Risses zeigen. Ein solcher Stein ist unbrauchbar.

Harte, gleichartige Steine bekommen durch das Schleifen eine weit feinere Oberfläche, als die weichen und ungleichartigen. Die Zeichnungen werden darauf weit feiner und zarter, denn die Fettigkeit breitet sich nicht aus, wie dies bei weichen Steinen der Fall ist, und der Künstler hat weit leichteres Arbeiten, weil die Metallfeder nicht einschneidet, oder die Nadel nicht ungleich tief einsinkt und die Kreide weit zartere, nettere Striche liefert, als dies alles bei den weichen Steinen der Fall ist. Noch sind Platten mit Löchern und solche, deren Härte ungleich ist, zu feinen Arbeiten völlig untauglich; denn sie halten die Zeicheninstrumente auf und liefern auch ungleichartige Zeichnungen.

Die Dicke der Steine bestimmt ebenfalls gar sehr ihren größern oder geringern Wert. Es muß die Dicke mit der Größe der Platten in einem ebenmäßigen Verhältnisse stehen; schwächer als 3 cm darf auch der kleinste Stein nicht sein, sonst hält er die bedeutende Pressung beim Abdrucken nicht aus. Die angemessenste Stärke der Platten ist 5—8 cm: doch hat man deren auch bis zu 10 und 12 cm Dicke.

Größere Steine, welche zu schwach sind um den Druck der Presse auszuhalten, werden mit einem zum Lithographieren unbrauchbaren Steine, sogenannter Gipsplatte, zusammengekittet oder aufgegipst. Jeder Drucker kennt die Art und Weise des Aufgipsens, deshalb halte ich für unnötig dieselbe hier zu beschreiben.

Man scheidet übrigens die bessern oder schlechtern Steine und benutzt sie nach ihrer Güte zu den verschiedenen Manieren. Zu welchem diese oder jene Art gebraucht werden kann, oder welche Manier der besseren Steine bedarf und welche mit den geringeren zufrieden ist, werden wir später in dem Kapitel über die Manieren sehen.

Man findet Steine, welche die angeführte chemische und mineralogische Zusammensetzung haben, an sehr vielen Orten; doch sind sie aus genannten Ursachen zum Steindrucke nicht alle gleich brauchbar, manche mehr, manche weniger. Die bayerischen, welche in der Grafschaft Pappenheim gebrochen werden und unter dem Namen Kellheimer bekannt sind, haben vor allen bis jetzt gefundenen den Vorzug, das Dorf Solenhofen liefert die mehrsten und feinsten, und selbst Amerika bezieht seinen Bedarf dorther. Außerdem werden dergleichen in Frankreich bei Chateauroux gefunden; doch haben die Steine von Chateauroux, obgleich sie dichter und fester sind, den Nachteil, daß sie leicht und splitterig brechen. Auch zu Guidemon bei Dun-le-Roi, ferner in den preußischen Rheinprovinzen, in Sachsen bei Maxen, unweit Pirna und in England und Nordamerika findet man diesen kohlensauren Kalkstein, und er wird zum Teil, besonders in Frankreich zur Lithographie benutzt. Desgleichen wurde auch im Königreich Polen im Jahre 1861 ein derartiger Steinbruch entdeckt und dieser Stein von Ludwig Herckner, Besitzer einer lithographischen Anstalt in Warschau, zum Steinbruck benutzt*). An vielen Orten mögen übrigens noch dergleichen Steinlager unbekannt vorhanden sein, oder, wo man sie kennt, hat man noch nicht genug Aufmerksamkeit und Kunst darauf verwendet, um sie mit Vorteil zu gewinnen und brauchbar in den Handel zu bringen.

Man kann diese Steine in großen würfelförmigen Stücken brechen und dann durch einzelne starke Schläge an die Seite, wo die Lagen nach dem Bruche ausgehen, die Platten voneinander trennen, oder auch durch Keile, die man nach allen Seiten eintreibt, die Platten einzeln nach ihrer Formation lösen, oder wo dieser Kalkstein mehr in ganzen Massen vorkommt, ihn, wie den Bimsstein, durch das Sägen in die Plattenform bringen.

Alle diese Steine bestehen, wie schon oben bemerkt, fast ausschließlich aus kohlensaurer Kalkerde, und dies ist um so notwendiger, da sie sonst mit der lithographischen Tinte ꝛc. diejenige chemische Verbindung nicht eingehen würden, auf welcher allein der Steindruck beruht, indem ein Reagens vorhanden sein muß, welches sich der Bildung des salpetersauren Kalkes an den Stellen entgegensetzen muß, wo die Schwärze später auf dem kohlensauren Kalke haften soll; das Reagens muß aber mit dem Steine in sehr inniger Verbindung stehen, da die deckende Fettschicht, welche hier gleichsam die Stelle des Aetzgrundes beim Stahl- und Kupferstich versieht, sonst leicht durch die heftige Wirkung der Salpetersäure aufgehoben werden würde. — Man darf ja nicht glauben, daß alle Steine, welche fette Körper einsaugen und sich mit Wasser befeuchten lassen, zum Steindrucke tauglich zu machen sind; — sie müssen einerseits die zur Bildung des salpetersauren Kalks erforderlichen Bestandteile besitzen, andererseits müssen aber auch die Tinte und Kreide nicht bloß mechanisch von Molekül zu Molekül bringen, sondern sie müssen die Zusammensetzung des Steines verändern und mit demselben eine besondere chemische Verbindung zu bilden im stande sein, welche die eigentliche Zeichnung liefert.

Die chemische Kreide, wie wir hier vorläufig bemerken müssen, besteht aus Seife, Talg, Wachs und Schellack, welche in einer hohen Temperatur zusammengeschmolzen werden, und kann eine chemische Verbindung mit dem Steine eingehen, hauptsächlich die darin enthaltene Seife; denn sie besteht aus einer Verbindung von Soda, Oelsäure und Margarinsäure. Wenn man Seife in Wasser auflöst, welches kohlensauren Kalk enthält, trübt sich das Wasser, wird milchig und gibt zuletzt einen bedeutenden Niederschlag. Dieser besteht aus den fetten Säuren, welche die Soda verließen und sich mit dem Kalke verbanden, zu dem sie näher verwandt sind und mit welchem sie un auf lös lichen oleomargarinsauren Kalk geben; diese chemische Verbindung aber, — also nichts anderes, als oleomargarinsaurer Kalk ist die lithographische Zeichnung. Der auf diese Weise erlangte neue Körper hat aber ganz eigentümliche Eigenschaften. Löst man eine solche Zeichnung mit

---

*) Der Bruch liegt im Dorfe Brzozówka zwischen Krakau und Kattowitz und ist bekannt unter den Namen „Emma und Albert" Werke, Lithographie- und Sandsteinbrüche. (Er umfaßt 600 Morgen in einer Länge von ca. ¾ Meilen, während die Lagerung der Steine sich bis auf 90 Meter Tiefe erstreckt.

Der Stein dieses Bruches ist ein dichter, graulich gelber Kalkstein, von sehr homogener Beschaffenheit, der in seinem Ansehen dem Solenhofer Lithographiestein sehr ähnlich und wie dieser zu lithographischen Zwecken benutzbar ist.

Terpentin auf, so erscheint sie heller, als der umliegende Stein. Sie ist aber auch härter, wovon man sich durch eine Probe mit der Nadel leicht überzeugen kann. Alle nebenliegenden Stellen brausen ferner mit Salpetersäure leicht auf, die bezeichnete Stelle aber, — die oleomargarinsaure Kalkschicht, — ist geschützt und wird durch die Salpetersäure nicht angegriffen.

Die Wahrheit des über die chemische Reaktion Gesagten wird dadurch bekundet, daß man aus der lithographischen Zeichnung die Oelsäure und die Margarinsäure wirklich entwickelt hat. Man hat nämlich die Oberflächen zweier Steine mit chemischer Tinte bestrichen, wie eine Zeichnung behandelt und nachher beide Steine aufeinander so weit abgeschliffen, bis die kohlensaure Kalkschicht wieder bloßgelegt war. Den Schliff hat man geschlemmt und dann mit Weinsteinsäure behandelt, welche den zufällig beigemischten kohlensauren Kalk zersetzte; der oleomargarinsaure Kalk aber erfordert zu seiner Zersetzung eine Temperatur von 100° R. — Der mit Weinstein behandelte Niederschlag gab eine weiße, halbflüssige Masse, welche mit warmem, höchst wasserfreiem, Alkohole behandelt, ihre Oel- und Margarinsäure abscheidet. Die alkoholische Auflösung ließ dieselben bei Vermengung mit hinlänglichem, destilliertem Wasser leicht fahren. Die Flüssigkeit wurde milchigweiß und setzte bei ruhigem Stehen die Säuren auf der Oberfläche ab, von wo man sie durch ein Filtrum schied und durch vieles Auswaschen reinigte. Nach dem Trocknen waren die Säuren weiß, hatten einen etwas ranzigen Geruch und brannten mit schöner Flamme. Ihre alkoholische Auflösung gab mit Kaltwasser und basisch-essigsaurem Blei weißen Niederschlag, und mit ätzender Soda gesättigt, wahre Seife. Durch Löschpapier kann man die Oelsäure von der Margarinsäure trennen.

Phosphorsäure steht in Hinsicht der chemischen Reaktion mit der Salpetersäure auf gleicher Stufe, ja sie übertrifft dieselbe sogar in vieler Hinsicht; doch ist sie zu kostspielig, um eine Anwendung im großen zuzulassen, weshalb man sie nur zu Korrekturen und zur Deckung bei Gravüren anwendet, wovon wir später noch zu sprechen Gelegenheit haben werden.

Aus dem Obengesagten geht zur Genüge hervor, daß der Kalkstein allein zum Lithographieren tauglich ist, und zwar unter allen Kalksteinen nur der dichte kohlensaure Kalk; denn der erdige kohlensaure Kalk und die Kreide leisten dem Drucke der Presse nicht den gehörigen Widerstand, saugen zu viel Wasser ein und die einzelnen Teile lösen sich zu leicht ab, während wieder der zuckerartige kohlensaure Kalk, wegen seines kristallinischen Gefüges und seiner zu großen Dichtigkeit, sich der nötigen Verbindung mit der chemischen Kreide und Tinte widersetzt.

Ebenso ersieht man aber auch daraus, was wir hier vorgreifen müssen, welche Rollen Talg, Seife, Wachs und Harz in der chemischen Tinte und Kreide spielen. — Seife allein würde zur Bildung der oleomargarinsauren Schicht vollkommen hinreichend sein; aber mit Seife allein kann man nicht zeichnen, da sie zu weich ist, um feine, zarte Striche damit zu machen, und auch den Stein selbst nicht hinlänglich gegen die Einwirkung der Salpetersäure schützen würde, da diese sie auflöst und zerstört. Der Talg beseitigt den letzteren Nachteil; Wachs und Schellack aber geben der Kreide oder dem Striche mit der Tinte das gehörige Mark und die notwendige Härte.

Endlich aber folgt auch aus diesem kurzen chemischen Ueberblicke, daß und wie es möglich ist, Korrekturen auf dem bezeichneten Steine vorzunehmen, indem jetzt nichts weiter nötig wird, als durch ein chemisches

Reagens die oleomargarinsaure Schicht auf den fehlerhaften Stellen in den ursprünglichen Zustand einer kohlensauren Kalkschicht zurückzuversetzen, ein Verfahren, auf das wir späterhin zurückkommen werden. — Ja man kann auf diese Weise dahin gelangen die Zeichnung ꝛc. ganz von dem Steine abzuheben und denselben für eine neue Zeichnung geschickt zu machen, ohne ihn vorher wieder abschleifen zu müssen; dies aber ist eine Operation, die zu umständlich und zu kostbar ist, um eine Anwendung in größerem Umfange zu gestatten, weshalb man bis jetzt noch überall für das einfache Abschleifen der aus dem Drucke gesetzten Steine sich entschieden hat.

Da es indessen unsern Lesern von Interesse sein muß, auch das eben berührte Verfahren kennen zu lernen, so teilen wir hier in wenigen Worten die Vorschrift mit, welche zwei der berühmtesten französischen Autoritäten in Hinsicht auf Lithographie, nämlich Chevallier und Langlume, darüber geben. Man nehme 1½ kg destilliertes Wasser und löse darin ½ kg mit Kalk kaustisch gemachter Pottasche (lapis causticus). Nun nimmt man den zu reinigenden Stein und wäscht ihn mit vielem Wasser ab; darauf bedeckt man alle bezeichneten Stellen, oder wenn nur Korrekturen von größerem Umfange gemacht werden sollen, die Stellen, welche ausgelöscht werden sollen, mit der Pottaschelösung, läßt dieselbe 4 Stunden lang darauf einwirken und wäscht dann den Stein abermals mit reinem Brunnenwasser. Findet man dann die Zeichnung gänzlich verlöscht, was man sehr leicht nach der Gleichfarbigkeit des Steines beurteilen wird, so kann man nach dem Trocknen sogleich eine neue Arbeit beginnen; ist die Zeichnung aber noch nicht ganz vertilgt, so muß man das Verfahren noch einmal wiederholen.

Steinschleiftinktur.

Seit kurzer Zeit ist eine Neuerung aufgetaucht, durch deren Anwendung man brauchbare und tadellose Ueberdrucke auf einen soeben ausgedruckten Stein machen kann, ohne denselben vorher wieder abzuschleifen.

Die Firma Hyll & Klein in Barmen hat das Patentrecht erworben und gibt alles dazu gehörige nebst einer Erläuterung des Verfahrens zu mäßigen Preisen ab.

Der Vorgang besteht darin, daß man den ausgedruckten Stein mit Terpentinöl, ältere Steine, auf denen die Ziehung ꝛc. länger steht, mit verdünnter Salpetersäure überstreicht und dann die auf dem Steine haftende Farbe mit Bimsstein entfernt. Dann überstreicht man den ganzen Stein nochmals mit einer stärkeren Salpetersäurelösung. Nun übergießt man denselben mit der Flüssigkeit, welche die Firma liefert. Nach ungefähr fünf Minuten hat die Steinschleiftinktur gewirkt und der neue Ueberdruck kann auf den Stein gebracht werden.

Der Drucker braucht keine besonders hergestellte Umbruckfarbe, er kann mit jeder andern Farbe arbeiten, und der Stein kann sofort eingewalzt werden ohne vorher angerieben zu sein.

Der Umstand, daß die natürlichen Lithographiesteine nicht überall zu haben sind, daß sie, an und für sich nicht ganz wohlfeil, durch den Transport noch mehr verteuert werden und daß die Aufbewahrung einer nur einigermaßen beträchtlichen Anzahl von bezeichneten oder unbezeichneten Steinen nicht allein mehr oder minder großes totes Kapital erfordert, sondern auch bedeutende Räumlichkeiten nötig macht, hat schon zeitig den Gedanken rege

gemacht, einerseits ein künstliches Surrogat für die Steine an und für sich
zu erzeugen, andrerseits aber künstliche Lithographieplatten zu machen, welche
neben der nötigen Festigkeit, doch dünne genug wären, um deren eine große
Anzahl in einem kleinen Raume aufbewahren zu können.

Die Zahl der zu diesem Zwecke gemachten Vorschläge und Versuche ist
in der That sehr bedeutend, doch sind meistens die erlangten Erfolge ziemlich weit hinter den Erwartungen zurückgeblieben.

Aloys Senefelder hatte ein Surrogat dieser Steine erfunden, das
Resultat war aber nicht genügend, weshalb er seine Erfindung nicht weiter
verfolgte. Wir erwähnen hier noch die Steine von Knecht in Paris und
Dr. Behrend in Berlin.

Die Anfertigungsart beider ist nicht genau bekannt geworden, doch sollen
die Resultate der Platten von Knecht äußerst nette und scharfe Drucke sein,
welche man mit gewöhnlichen Steinen kaum schöner zu erzeugen im stande
wäre. Die Steine des Dr. Behrend in Berlin, auf welche derselbe ein
Patent erhielt und im Jahre 1838 zu Anfertigung derselben eine Fabrik
anlegte, bestehen aus einer Art Email, welches auf einer Zinkplatte befestigt
und nicht dicker als ein Pappblatt ist, und welches gleich bei der Erzeugung
poliert oder feiner und größer gekörnt geliefert wird. Die Platten, welche
auch auf Zink- und Kupferdruckpressen gedruckt werden können, liefern ebenso
schöne und ebensoviel Abdrücke, als wirkliche Steine und sind sehr dauerhaft.
Problematisch erscheint es uns indessen, daß, da bei dem Druck in der
Kupfer- und Zinkdruckpresse die Platten sich bekanntlich krumm ziehen, jenes
Steinemail nicht abspringen sollte.

Kalksinter- oder Steinschichtzinkplatten.

Jetzt jedoch ist man durch die Fortschritte der Chemie und Technik soweit gekommen für den Steindruck vollständig brauchbare Kalksinter- oder
Steinschichtzinkplatten herzustellen.

Wenn uns die Zukunft kein neues Druckverfahren bringt, ist anzunehmen, daß neben den Steinen die Benutzung dieser Tafeln immer mehr
in Aufnahme kommt. Es gelang dem Dänen Möller, nach vielen Versuchen, druckfähige Platten herzustellen. Seine bedeutend verbesserten Platten,
werden jetzt von der Firma Max Müller in Reudnitz-Leipzig, sowie von
der Kunstanstalt Wezel & Naumann in Leipzig, angefertigt und in den
Handel gebracht. Dieselben sind in allen Staaten patentiert.

Die Tafeln sind in 4 Nummern eingeteilt.

Nr. 1 mit ganz feinem Korn für Federarbeiten und Ueberdruck; die
Nummern 2, 3 und 4 mit feinem, mittlerem und grobem Korn für Kreidearbeiten.

Um eine Steinschicht auf Zinktafeln zu bringen, werden Steine in
Säure aufgelöst unter Beimischung von Harzseife und Asphalt. Die gewonnene Steinmasse wird mit verdünnter Sodalösung durch Luftinjektion
(Spritzung) auf die Zinktafel gebracht. Vorher erhält jedoch die Zinktafel
das entsprechende Korn durch ein Sandgebläse. Beim Zeichnen sowohl,
wie beim Ueberdruck, werden die Platten genau so behandelt, wie der Stein.

Für Feder- und Kreidezeichnung wird die Platte mit Terpentinöl abgewaschen und der Klatschdruck darauf gemacht. Ist die Zeichnung fertig so
wird sie geätzt. Die Aetze besteht aus Phosphorsäure und Gummiwasser

(3 Eßlöffel Säure auf $^1/_2$ Liter starkes Gummiwasser) und wird mit einem weichen Pinsel aufgetragen und dann trocknen lassen.

Nachdem wäscht man aus, walzt die Platte ein und ätzt nochmals mit stärkerer Säure (4 Löffel Säure auf $^1/_2$ Liter Wasser). Nachdem die Platte gummiert und trocken geworden ist, kann gedruckt werden. Der Ueberdruck unterscheidet sich nicht von dem Ueberdruck auf Stein. Nach dem Ueberziehen wird mit Terpentinöl und Wasser ausgewaschen, mit Kolophonium eingestäubt und dann geätzt, gummiert und wenn der Gummi trocken geworden ist, gedruckt.

Bei Korrekturen schleift man mit trockenem Bimssteinpulver das zu entfernende weg, muß jedoch darauf achten, daß die Zinktafel nicht bloßgelegt wird. War die Platte schon geätzt, so überstreiche man die Korrekturstelle mit einer schwachen Zitronensäurelösung und führe dann die neue Zeichnung aus.

Jetzt ist der Preis der Platten noch ziemlich hoch, doch würde manchem Steindruckereibesitzer, der über wenig Platz für das Steinlager zu verfügen hat, ein Versuch damit anzuraten sein, weil dieselben wenig Raum einnehmen und ihre Brauchbarkeit durch vielfarbige Drucke von denselben, in großen Auflagen, auf das beste bewiesen ist.

Nickel-Lithoplatten als Ersatz für lithographische Steine.

Die neuen zum Patent angemeldeten Nickel-Lithoplatten bieten dem Steindrucker den vollkommensten Ersatz für den lithographischen Stein, indem Fett nur auf dem Ueberdrucke oder auf der darauf ausgeführten Kreide- oder Federzeichnung haftet. Die Behandlung ist dieselbe, wie die des Steines.

Die Platten oxydieren nicht und können deshalb ohne die Gefahr der Verletzung des Bildes durch längeres Liegen, sehr lange aufbewahrt werden.

Ist der Ueberdruck auf die Platte gemacht, so wird dieselbe mit einem weichen Schwamme mit frischem reinem Gummi gummiert, der Gummi mit einem feinen Läppchen gleichmäßig ausgebreitet und trocken werden lassen. Nach ungefähr einer Stunde wird der Gummi abgewaschen und die Platte dann mit Gummi mit guter Kreidefarbe vermittelst eines feinen Schwämmchens angerieben. Etwa entstandene Flecken entferne man mit in Wasser aufgelöster Schlemmkreide und einem Papierwischer, gummiere dann nochmals und lasse den Gummi trocknen. Nachdem man denselben wieder abgewaschen hat, schwärze man mit der Walze ein, lasse die Platte trocknen, staube mit Federweiß ein und wieder ab und ätze mit folgender Mischung: $^1/_{10}$ Liter Wasser, 50 Tropfen chemischreine Phosphorsäure, mit einem Dachspinsel oder einem Bäuschchen feiner Watte. Die Aetze lasse man 2—3 Minuten auf der Platte stehen, spüle dann dieselbe mit reinem Wasser ab, gummiere und lasse den Gummi trocknen.

Beim Beginn des Druckens mache man 4—5 Drucke von dem eingestaubten Abdrucke und wasche denselben erst dann mit gereinigtem Terpentinöl und Wasser ab.

Kreide- oder Federzeichnungen werden sofort geätzt, wie oben beschrieben wurde, gummiert und ein oder zwei Stunden stehen gelassen und dann, dem Steine gleich, gedruckt.

Auf den zum Gravieren eigens präparierten Platten, schlage man folgendes Verfahren ein:

Mit einem reinen, feinen Läppchen, bestreiche man sanft reibend die Platte und wische sie mit einem reinen Lappen trocken. Nun radiere man auf dieselbe mit Nadel oder Diamant, jedoch nur so tief, daß der Strich glänzend erscheint; auch die breiten Flächen schabe man recht flach.

Ist die Zeichnung fertig, so bestreiche man die ganze Platte, vermittelst eines weichen Lappens mit Olivenöl, wische das Oel sanft reibend auf alle gravierten Stellen, wasche mit reinem Wasser ab und schwärze die Platte mit der Walze ein.

Erst nach 8—10 Abzügen erscheint die Platte vollkommen eingeschwärzt, um etwaigen Ton zu entfernen genügt leichte Reibung mit Gummiwasser und einem Stück reinem, nicht zu groben Filz.

Die obigen Ausführungen des Erfinders der Nickel-Lithoplatten, welche von dem Exporthaus Senefelder in Frankfurt a. M. in den Handel gebracht werden, sind den „Freien Künsten" entnommen und dürften unzweifelhaft das allgemeine Interesse erregen.

Künstliche Lithographiesteine.

Capitaine und v. Hertling in Berlin, haben sich ein neues Verfahren patentieren lassen, von Abfällen der Lithographiesteine, einen künstlichen Stein herzustellen, welcher dieselbe Eigenschaften hat wie sie der natürliche Stein besitzt.

Der neue künstliche Stein übertrifft den Thonschiefer an Widerstandsfähigkeit gegen Zerspringen und kann genau so wie dieser behandelt werden.

Bei Ausführung des Verfahrens wird Schießbaumwolle oder Kollodiumwolle in einem Gemisch von Aether und Alkohol oder einer Lösung von Kampfer in Alkohol gelöst. Dann werden alte zerbrochene Lithographiesteine, welche sehr billig zu beschaffen sind, fein pulverisiert und der genannten Lösung auf mechanischem Wege beigemengt. Aus der erhaltenen plastischen Masse formt man Platten von beliebiger Größe und Stärke. Nach dem Trocknen ist die Masse beinahe so hart wie natürlicher Lithographiestein und kann nach Angabe der Erfinder genau wie dieser geschliffen, bedruckt und gereinigt werden.

Schleifen der Steine.

Alle in natürlichen Platten vorkommenden Steine sind zunächst in genau rechtwinkeliger Gestalt durch den Steinmetz zu bearbeiten, dann von ihrer Rinde, die sie auf jeder Seite haben, zu befreien und hierauf erst zur Zeichnung fein zu schleifen. Das Abschleifen der Rinde kann man auf mehrfache Weise bewerkstelligen, nämlich: man baut, wo es ratsam ist, wo nämlich viel dergleichen Platten zu schleifen sind, eine eigens dazu eingerichtete Schleiferei, die durch Wasser oder irgend eine andere Kraft getrieben wird, oder man benutzt eine schon gangbare, zu anderem Behufe erbaute Schleifmühle, indem man die abzuschleifende Platte an die Seite des Schleifsteins stellt, wenn andere Gegenstände geschliffen werden und immer Wasser darauf träufeln läßt; oder man kann nach Art der Steinmetzen die Rinde abarbeiten, oder auch dieselbe nur wund machen und dann durch Menschenhände abschleifen lassen, wie bei dem sogleich zu beschreibenden Feinschleifen verfahren wird.

Die letzte Art ist die beschwerlichste und kostspieligste, daher bei weniger häufigem Vorkommen dieser Arbeit das Beisetzen an einen großen Schleifstein in einer Schleifmühle wohl ratsamer; für Orte aber, wo viel dergleichen zu schleifen, ist eine eigene eingerichtete Schleiferei das zweckdienlichste. Ein schönes, sehr passendes und leicht zu erbauendes Werk dieser Art hat Jakob Frischholz in seiner Steinschneidekunst, München (1820), beschrieben und in einer Kupferplatte dazu figürlich dargestellt und erläutert.

Schon seit langer Zeit sind vielfache Versuche gemacht worden, die so zeitraubende und anstrengende Arbeit des Schleifens der Lithographiesteine zu vereinfachen und zu erleichtern.

In früherer Zeit hatten Francois & Benoist in Troyes eine Schleifmaschine konstruiert, welche sich vor anderen auszeichnete und doch den an sie gestellten Anforderungen nicht ganz entsprach. Man konnte dieselbe nur zum Vorschleifen verwenden.

Eine weitere Vervollkommnung erhielt die Schleifmaschine erst in neuester Zeit, wo dieselbe in vielen Maschinenwerkstätten sehr zweckentsprechend gefertigt wird; so liefert z. B. Haedel & Komp. in Leipzig gut konstruierte Steinschleifmaschinen für Handbetrieb, sowie für Dampfbetrieb, wo letztere Maschine 30 bis 50 Steine per Tag schleift. Desgleichen sind zu beziehen exzentrische Schleifscheiben zum Ab- und Feinschleifen der Lithographiesteine, mit Kompositions-Belag, und zwar in 3 Größen und 3 Körnungen.

In Nummer 21 des Jahrganges 1891 der „Freien Künste" wurde eine englische Schleifmaschine eingehend beschrieben, dieselbe soll in England mit gutem Erfolg eingeführt sein.

Diese Maschine besteht im wesentlichen aus einer Handschleifplatte durch Motorenkraft in Bewegung gesetzt. Derartige Maschinen werden schon seit Jahren auch von der Firma G. Eckhardt in Leipzig-Reudnitz gefertigt und zum Schleifen der verschiedensten Steinarten benutzt.

Die eigenartige Ausführung der deutschen Maschine, weist mancherlei Vorzüge vor der englischen auf und dieselbe hat deshalb eine vielseitigere Verwendung gefunden. Die deutsche Maschine braucht kein Extradeckenvorgelege, wie die englische, sondern man kann dieselbe in jedem Fabriksraume, wo eine Transmissionswelle vorhanden ist, aufstellen und direkt mit der Transmission durch einen Riemen verbinden. Diese deutsche Maschine kann an jede beliebige Wand montiert, oder an eine freistehende Eisensäule geschraubt, geliefert werden.

Die örtlichen Bedingungen, welche die englische Schleifmaschine verlangt, kommen bei der deutschen Maschine in Wegfall. Dieselbe kann in jedem Raume aufgestellt werden, welcher bezüglich der Höhe, gesetzlich für Arbeitslokale zulässig ist. Die Maschine hat nur eine Höhe von 1:8 m. Wie die Abbildung Fig. 1, Taf. 2, zeigt, kann diese Maschine an jeder Wand oder Eisensäule angebracht werden. Die rotierende Bewegung der vorderen, senkrechten Schleifwelle mit Schleifplatte, wird durch zwei Uebertragungsriemscheiben vermittelt, welche auf zwei wagrecht nach jeder Richtung hin beweglichen Armen gelagert sind.

Die senkrechte Schleifwelle mit Schleifplatte ist ebenfalls in und außer Betrieb beliebig verschiebbar, je nach der Höhe und Fläche des zu schleifenden Steines. Dieselbe kann mit größter Leichtigkeit mittels des Handgriffes, auf jede Stelle der zu schleifenden Fläche hingeführt werden.

Die beweglichen Arme haben eine Höhe von 1 : 6 m und wird der dazu gehörige Schleiftisch mitten vor die Maschine gestellt. Durch Aufstecken eines Schwungrades kann die Maschine auch durch Hand betrieben werden. Zu dieser Maschine werden zwei Eisenschleifplatten und ein Bimssteinhalter geliefert.

Da sich bei diesen Maschinen die senkrechte Schleifwelle nach der verschiedenen Höhe des Steines hebt und senkt, ist viel Uebung und Aufmerksamkeit des Schleifers erforderlich um den Stein ganz gerade und in gleicher Dicke zu schleifen.

Die von derselben Firma gefertigte Universal-Steinschleifmaschine, Fig. 2, Taf. 2, ist eigens nur für lithographische Zwecke konstruiert, solid und sehr kräftig gebaut.

Der Tisch und die Schleifplatte haben eine entgegengesetzte exzentrisch-rotierende Bewegung.

Sie schleift jeden Stein lineal gerade und von gleicher Dicke, in kürzester Zeit, bei möglichster Schonung des Steines.

Die Steinhobelmaschine von Hugo Koch in Leipzig-Connewitz, Fig. 4, Taf. 2, ist äußerst solid gebaut und führt ihre, große Kraft erfordernde, Arbeit vorzüglich aus.

Die Maschine bedarf gar keiner Aufsicht und liefert einen vollkommen geraden und gleichmäßig starken Stein, ein Haupterfordernis für Schnellpressendruck, ohne denselben so stark abzunützen, wie die Schleifmaschinen.

Die in Fig. 3, Taf. 2, abgebildete Maschine zum Schleifen und Polieren von Stein- und Zinkplatten, ist seit einigen Jahren in lithographischen Anstalten in England im Gebrauch und verdient ihrer praktischen Einrichtung halber in weiteren Kreisen bekannt zu werden.

Diese Maschine wird, wie unsere Abbildung zeigt, an der Decke des Arbeitsraumes, oder wo diese hierzu nicht geeignet ist, doch in der Höhe der Transmission befestigt.

Unter die herabhängende Maschine wird ein Schleiftisch gestellt, dessen Lager man mit der Wasserwage genau wagrecht richtet, um den Stein, wenn derselbe an einer Seite stärker ist, besser gleichmäßig zu schleifen.

Von dem Trieb herab hängt eine Stange, welche ineinander verschiebbar ist, um ohne allen Zeitaufwand, jede Stein- oder Plattenstärke einlegen zu können, diese Stange ist, wenn angestellt wird, in immerwährender rotierender Bewegung. An das Ende derselben wird eine eiserne Platte zum Vorschleifen mit Sand befestigt, ferner ein Halter für künstlichen Bimsstein zum Nachschleifen und für Bimsstein zum Feinschleifen.

Beim Schleifen führt man die Schleifplatte oder den Bimssteinhalter, an der oberhalb derselben befindlichen Handhabe, in gleichmäßigen Bewegungen, wie es der zu schleifende Stein erfordert über denselben und in kurzer Zeit wird er fertig geschliffen sein.

Man kann stets den ganzen Stein übersehen und ist immer im stande im richtigen Augenblicke das Schleifen zu unterbrechen, damit nicht zu viel abgeschliffen wird.

Soll ein Stein gekörnt werden, so spannt man einen kleinen, harten Lithographiestein, oder eine starke Glasplatte ein und erhält, schneller als dieses mit der Hand möglich ist, ein gutes und gleichmäßiges Korn.

Zum Betrieb ist nur geringe Dampf- oder Motorenkraft erforderlich und die Bedienung der Maschine ist sehr einfach.

Zum Geradeschleifen der Steine bedient man sich jetzt vielfach, da wo noch keine große Steinschleifmaschine arbeitet, der eisernen Handschleifplatten und nach dem Urteile verschiedener Firmen sind dieselben sehr zuverlässig, so daß ein Brechen der Steine in der Presse oder Maschine fast niemals vorkommt.

Die in Fig. 5 u. 6, Taf. 2, abgebildete große und kleine Handschleifplatte sind bei der Firma Rudolf Becker in Leipzig und andern zu haben.

Der Fig. 7, Taf. 2, dargestellte Handschleifapparat ist von Friedr. Krebs in Frankfurt a. M. Wegen seiner einfachen und zweckentsprechenden Konstruktion, dürfte er wohl in jeder Steindruckerei willkommen geheißen werden.

Die Steine der Solenhofer Brüche liegen in Lagen von Pappendeckeldicke bis zu 27 cm, letztere selten. Alle Lagen sind von unregelmäßigen Adern durchzogen, so daß oft auf große Flächen nur wenige tadelfreie Platten ausgesprengt werden können, und weitaus der größte Teil derselben anderen Zwecken, als der Lithographie dienen.

Das Behauen dieser Platten geschieht in den Brüchen. Ist eine Lage bloßgelegt, so wird sie untersucht und mit Vermeidung der Adern, nach Schablonen, die zulässige Größe angezeichnet, hierauf die Lage mit Gewalt abgehoben und nachdem man sie auf einen Pflock gelegt, daß sie mit den Rändern nicht aufliegt, durch regelmäßig, nach den Linien der Schablone, mittels eines kleinen langstieligen Hammers (Fig. 8, Taf. 2) geführte Preßschläge, ins Format gehauen.

Jeder Schlag verursacht einen in die Tiefe gehenden Riß, was nach dem Auseinanderfallen deutlich sichtbar ist; der von Schlag zu Schlag veränderte Ton zeigt den Erfolg der Operation an.

Wenn dies geschehen, werden die Ränder der Steinplatte mittels eines feinen leichten Meißels zugerichtet, indem man schwache, von den Rändern nach der Mitte gerichtete Schläge darauf thut, und dann die Mitte mit einem Zackenmeißel (Fig. 9, Taf. 2) bearbeitet.

Haben die Steine nun ihre viereckige Form erhalten, so werden dieselben geglättet, indem man sie Oberfläche gegen Oberfläche aneinander reibt, nachdem man feinen Sand dazwischen gestreut hat. Erst nach dieser letzten Zubereitung übergibt man sie dem Handel.

In diesem Zustande ist die Qualität und Farbe des Steins nur dann erkennbar, wenn seine Oberfläche mittels eines in Wasser angefeuchteten Schwammes von dem darauf haftenden Steinstaube gereinigt ist.

Man unterscheidet Steine von bläulicher, grauer und gelblicher Färbung und unter diesen wiederum die erste und zweite Qualität. Die Steine erster Qualität müssen in der ganzen Fläche eine gleichmäßige Färbung zeigen und frei von Adern und Kalkflecken sein, und werden vorzugsweise zu wertvollen Arbeiten gewählt. Hiervon eignen sich besonders die dunklen Steine zur Gravüre und zur Kreide, während die gelben Steine für Federarbeit ausreichend sind.

Die Steine, welche auf der Rückseite behauen sind, darf man nach der Größe immer $1^1/_2 - 2^1/_2$ cm dicker nehmen, als die mit einer „Naturlage" indem erstere leichter in der Presse springen. Besonders ist beim Auswählen auf die vom Behauen der Rückseite entstandenen Muscheln zu sehen; je größer dieselben, desto weniger ist dem Steine zu trauen, weil häufig die Muschel soweit in die Tiefe geht, als sie nach der Breite ausgesprungen ist.

In den Steinbrüchen, sowie in den Niederlagen, werden auch doppelt geschliffene Steine, nämlich solche, welche auf der Vorder- und Rückseite glatt geschliffen sind, verkauft; beide Seiten des Steins können zu lithographischen Arbeiten gebraucht werden.

Derartige Steine bedürfen jedoch einer sehr sorgfältigen Behandlung, weil sonst sehr leicht die unten liegende Seite durch Kritzen und Risse verdorben wird. Diese doppelseitig geschliffenen Steine sind daher nur zu sehr weiter Versendung, z. B. nach Ostindien, Amerika 2c., empfehlenswert, wo eben die Steine durch die hohe Fracht sich sehr erheblich verteuern.

Die Lithographiesteine, wie sie im Handel bezogen werden, müssen nun erst zur lithographischen Arbeit vorgerichtet werden.

Diese Arbeit erfordert sehr große Genauigkeit, denn sie ist die erste Ursache des Gelingens oder Mißratens einer Steinzeichnung, sowohl für den Zeichner, als auch besonders für den Drucker.

Neue Steine, wenn sie noch Löcher vom Sand zeigen, müssen mit Sandstein so lange geschliffen werden, bis diese entfernt sind.

Ebenso können derartige, sowie auch schon gebrauchte Steinplatten, in folgender Weise geschliffen werden:

Man nimmt zwei Platten von gleichen Dimensionen, legt die eine auf die oben beschriebene Schleifbank, befestigt sie, daß sie nicht hin- und herrutscht, siebt etwas rauhen Sand darauf, den man mit Wasser anfeuchtet, legt dann die andere Platte mit ihrer abzuschleifenden Seite darüber und führt sie, anfänglich langsam, in kleinen und dann immer größeren Kreisen, nach und nach immer schneller über den untern Stein. So verbreitet sich der Sand über die ganze Platte, und man hat nur darauf zu achten, daß auf keinem Teile mehr Druck angewendet oder ein Teil öfter, als ein anderer, berührt wird, sonst werden die Platten uneben, welches leicht geschieht, wenn man nach den Ecken und Rändern zu viel oder zu wenig Druck anwendet. Sind die Platten uneben geschliffen, so empfindet dies oft schon der Zeichner, allein am meisten stört es den Drucker, der dann trotz aller Sorgfalt keinen recht vollkommenen Abdruck liefern kann, weil der völlig horizontal abgerichtete Reiber, beim Drucken selbst, die tieferen Stellen nur wenig, auch wohl gar nicht berührt, wodurch dann natürlich die leichten oder gar nicht getroffenen Stellen lichter oder gar nicht drucken, und, was ein zweiter bedeutender Uebelstand ist, die aufgewalzte Schwärze nicht vom Steine abgenommen wird, weshalb solche Stellen dann leicht verschmutzen. Ist der aufgestreute Sand zu Teig zerrieben, was man den Schliff nennt, so wirkt er nicht mehr, und es muß frischer Sand aufgestreut und derselbe wieder benetzt werden. So fährt man fort, bis der Stein eine feine, sehr ebene Oberfläche hat, auf der alle früheren Risse und vertieften Striche entfernt, oder alle Spuren der früher darauf gewesenen Zeichnung verschwunden sind, d. h. bis die Schicht abgeschliffen ist, welche sich aus dem kohlensauren Kalke der Steinplatte, einerseits durch das Aetzverfahren als salpetersaurer Kalk, anderseits aber, durch die Behandlung mit der Kreide oder Tinte, als oleomargarinsaurer Kalk gebildet hatte, oder endlich die Schicht, welche bei dem Gravieren durch die Schnitte der Nadel und des Diamants verwundet worden war.

Es ist hierbei zu bemerken, daß Platten, die schon benutzt wurden, beim Schleifen ebenso zu behandeln sind, wie die, welche zum ersten Male benutzt werden sollen, weil die auf dem Steine vorhandene Spur der früheren Zeichnung, welche man daran erkennt, daß der feucht gemachte Stein an diesen Stellen heller erscheint, als an den andern, vertilgt werden muß, ehe eine neue Zeichnung darauf gebracht wird.

Ist die frühere Zeichnung sehr tief in den Stein eingedrungen, so daß man sie auch mit großer Mühe nicht völlig wegbringen kann, und die Platte soll neuerdings zu einer Arbeit gebraucht werden, die nur wenig geätzt werden kann, dennoch aber viele Abdrücke liefern soll, so kann man sich dadurch helfen, daß man beim Schleifen des Steines Scheidewasser darüber gießt, oder ihn erst einige Zeit mit Sand schleift, dann das darauf gegossene Scheidewasser einige Zeit wirken läßt und weiter schleift. Hierdurch verliert sich die alte Zeichnung sehr bald; denn das Scheidewasser, je stärker es über den Stein gegossen wird, hebt die Zeichnung fühlbar herauf, indem es den Stein um dieselbe herum bedeutend auffrißt, und so schleift sich jene dann leichter ab: doch werden die Platten dadurch sehr angegriffen und leicht schadhaft, wenn man nicht mit gehöriger Vorsicht zu Werke geht. Dies Verfahren ist indessen nur in wenigen Fällen und dann nur von solchen Schleifern anzuwenden, welche schon bedeutende Fertigkeit in dieser Arbeit besitzen.

Der untere Stein wird schneller gut geschliffen, als der obere, daher muß man von Zeit zu Zeit den untern Stein zum oberen machen und umgekehrt, sonst würde man den einen zu sehr abnutzen und den andern nur notdürftig gut schleifen.

Der zum Steinschleifen verwendete Sand muß ein gleichkörniger Kiessand sein, welcher wenig fremdartige Stoffe oder erdige Teile enthält. Sind viele Quarzkörnchen beigemengt, so erhält man leicht Furchen und Risse in den Platten, welche sich nur mit vieler Anstrengung wieder ausschleifen lassen; denn der Quarz ist härter, als der Kies und zerreibt sich daher nicht ebenmäßig mit diesem. Hat man aber reinen Quarzsand, so kann man diesen, besonders beim ersten Aufsieben, mit großem Vorteile benutzen, da er sich nicht so schnell zu Teig zerreiben läßt und daher, weil er außerordentlich stark angreift, das Schleifen sehr befördert.

Sehr gut läßt sich auch zum Schleifen, wie Körnen der Steine, der Schmirgelsand anwenden. Derselbe ist in verschiedenen Nummern, vom gröbsten bis zum feinsten, zu haben, jedoch bedeutend kostspieliger als gewöhnlicher Sand. Letzterer Umstand fällt jedoch nicht sehr ins Gewicht, weil man sehr rasch mit Schmirgelsand den Stein schleifen oder körnen kann und die ersparte Zeit die Mehrkosten reichlich aufwiegt.

Uebrigens muß man, wenn man mit Quarzsand, oder was man auch mit Vorteil thun kann, mit einem harten, gleichförmigen und ziemlich feinen Sandsteine vorgeschliffen hat, allemal die feine Vollendung durch Schleifen mittels aufgesiebten Sandes herzustellen streben. Wenn man zwei Steine aufeinander schleift und genötigt wird die Arbeit zu unterbrechen, so muß man den oberen Stein abheben und zur Seite legen, weil, wenn beide Steine, aufeinander liegend trocknen, der dazwischen befindliche Schliff eine Art Kitt bildet, der beide so innig miteinander verbindet, daß ein späteres Abheben unmöglich wird, ohne daß die Oberfläche des einen oder des andern teilweise abblätterte. Ist indessen eine solche Zusammentrocknung wirklich eingetreten, so muß man beide Steine in einen Trog mit Wasser legen und dort einige Stunden liegen lassen, bis die Schleifschicht sich wieder erweicht hat. Ueberhaupt muß man, auch während des Schleifens, vermeiden, den Oberstein senkrecht vom Untersteine abzuheben, sondern ihn immer davon abschieben, da sonst leicht die Oberfläche des einen oder des andern Steines verletzt werden kann.

Das Glattschleifen und Körnen des Steines.

Nachdem nun die Platten gut geschliffen, d. h. nachdem alle Spuren der rauhen Deckschicht, oder auch einer früheren Zeichnung verschwunden sind, die Oberfläche ein sehr gleiches, feines Korn, und nirgends Risse zeigt, werden die Platten glatt geschliffen oder gekörnt, je nachdem sie zu Feder- oder Stiftzeichnungen u. s. w. benutzt werden sollen. Jedenfalls aber sind sie vorher von allem ihnen überall anklebenden Sande oder Schliffe durch mehrmals wiederholtes Abwaschen zu befreien und die geschliffene Oberfläche besonders zu säubern. Namentlich muß man auch den an den Seitenwänden anhängenden Schliff und die etwa darin vorhandenen unzerriebenen, Sandkörner sorgfältig entfernen, da besonders letztere, wenn sie bei der späteren Bearbeitung des Steines auf dessen Oberfläche gelangen, leicht Veranlassung zu Schrammen und Rissen geben.

Soll einer der geschliffenen Steine nun gekörnt werden, so hat man ihn neuerdings in die Schleifbank zu legen, und jetzt mit gut gesiebtem Quarzsande zu überstreuen, der mäßig benetzt wird, und mit einem 15—20 cm ins Gevierte haltenden Steinchen, dessen scharfe Ränder zuvor mittels einer Raspel gehörig abgerundet wurden, kleine Kreise auf dem zu körnenden Steine zu beschreiben, die sich nach jeder Richtung durchkreuzen, so daß bei richtiger Bewegung mit dem kleinen Steine, sich hinter demselben eine wellenartige Zeichnung im nassen Sande bildet.

Die Operation bedarf nun, je nachdem der hierzu verwendete Sand und der zu körnende Stein härter oder weicher ist, einer kürzern oder längern Zeit; auch muß bei grobem Korne der Sand schnell und öfters gewechselt, bei feinerem Korne aber ziemlich zu Teig gerieben werden, nur darf man damit nicht zu lange fortfahren, weil sonst dadurch das Korn wieder abgeschliffen oder stumpf werden würde. Vorzüglich hat man bei dieser Arbeit darauf zu sehen, daß die Oberfläche nicht auf einem Punkte feiner, als auf dem andern werde, sonst kann der geübteste Künstler seiner Zeichnung nie die völlige Harmonie und Gleichheit der einzelnen Töne geben.

Die größere oder geringere Feinheit des Kornes während der Arbeit zu beurteilen, hat seine Schwierigkeit, indessen wird man sich bei einiger Uebung bald darein finden. Ein sehr gutes Hilfsmittel dazu ist, den geschliffenen Stein mit der Oberfläche schräg gegen das Licht zu stellen und scharf auf eine oder die andere Stelle zu blasen, wo man sich dann sehr leicht von der größeren oder geringeren Glattheit und Ebenheit des Steines, oder von der größeren oder geringeren Feinheit und Gleichmäßigkeit des Korns überzeugen kann.

Hat man Steine zu wertvollen Kreidezeichnungen zu körnen, so muß man allemal denselben zuvor den Schliff geben, welche sie für eine Gravierung oder Federzeichnung haben sollen, und dann erst das Körnen vornehmen.

Da von der Gleichförmigkeit des Kornes für das Gelingen und die Harmonie der Zeichnung sehr viel abhängt, so muß man in der Wahl der Siebe, deren man sich zum Aufsieben des Sandes bedient, sehr sorgsam sein, und nur solche wählen, deren Gewebe höchst gleichmäßig ist. Haarsiebe haben diese Eigenschaft selten; man wird daher, schon der Dauer wegen, immer am besten thun, nur Drahtsiebe von feinerem oder gröberem Gewebe, je nach Maßgabe der Umstände, zu verwenden.

Solche sind in vorzüglicher Qualität von Klimsch in Frankfurt a. M. zu beziehen.

Sehr zweckdienlich hierzu sind auch die Einsatzsiebe Fig. 10, Taf. 2, mit einem Tambour, zum Auffangen des festen Sandes. a b c sind Siebe von feinem Nesseltuch, das oberste a ist am weitesten, das dritte c das engste. d ist statt mit Nesseltuch mit Pergament bezogen.

Der im Siebe a bleibende Sand wird zum Abschleifen verwendet. Die Siebe b c liefern zwei Sorten Sand zum Körnen je nach der Feinheit des Korns, das man wünscht; das feinste Material ist im Tambour.

Mit einer gröberen Sorte wird die Operation begonnen und mit der feinsten vollendet.

Statt des gesiebten gelben Quarz- oder Silbersandes ist nötigenfalls auch geklopfter und gesiebter Sandstein tauglich; ebenso kann ersterer durch Glas, das man in einem eisernen Mörser stößt und dann siebt, ersetzt werden. Auch gepulverter Flintenstein (Feuerstein), welcher im Handel in verschiedenen Stärken zu haben ist, wird sehr oft zum Körnen verwendet. Vorzüglich eignet sich auch hierfür eine Art weißer Sand, welcher in der Umgegend von Harburg im bayerischen Kreise Schwaben und Neuburg gefunden wird.*)

Es ist auch nicht gleichgültig, ob das obere Steinchen von einer weichern oder härtern Masse sei, als der zu körnende Stein, und immer wird man ein schöneres Korn erhalten, wenn ersteres von weicherer Masse ist.

Die Erfahrung muß uns lehren, wie oftmal das Aufsieben des Sandes zu wiederholen sei, um ein durchaus gleiches Korn zu erzielen, was größtenteils von der Härte des zu körnenden Steines und des Sandes abhängig ist.

Diese Manipulation ist eben nur durch öftere Uebung zu erlernen, doch soll mit dieser Fertigkeit des Körnens jeder Lithograph vollständig vertraut sein.

Nach dem Körnen wird der Stein vollständig mit Wasser abgewaschen und im trocknen Zustande sein Korn untersucht, wobei man den Stein schief gegen das Licht hält, so daß die eine Seite der kleinen Erhabenheiten des Kornes hell erleuchtet ist, während die andere im Schatten bleibt, wodurch das Auge die Beschaffenheit des Kornes und die geringsten Fehler desselben zu erkennen vermag. Die größere oder geringere Feinheit des Korns bestimmt sich übrigens nach der Beschaffenheit der Zeichnung, welche man auf den Stein bringen will, und nach der Zahl der Abdrücke, welche man verlangt. Man gibt dem Steine entweder ein grobes, feines oder mittleres Korn, welches aber niemals stumpf sein darf.

Sehr detaillierte Zeichnungen verlangen ein feines Korn, liefern aber weniger Abdrücke, da sich feines Korn leicht zuschlägt. Zu Zeichnungen, welche man sehr transparent halten will, oder welche namentlich in den Vordergründen, sehr kräftige Partien enthalten, kann man ein gröberes Korn wählen, welches auch mehr Abdrücke liefert. Im Durchschnitte wird

---

*) Dieser feine scharfe Sand, sogenannter Körnsand, ist in den Niederlagen lithographischer Utensilien in kleinen Quantitäten zu kaufen und kostet 50 kg ca. 6 Mk.

Weit billiger ist der sogenannte Formsand, der gut durchgesiebt genau denselben Dienst leistet, wovon 50 kg für ca. 1 Mk. in den Eisengießereien abgelassen werden.

man immer gut thun, das Korn so grob zu halten, als es sich irgend mit dem Wesen der Zeichnung verträgt will, und dafür lieber mehr Zeit auf die Ausführung der Zeichnung zu verwenden. Der Druck wird dann leichter und man erhält mehr Abdrücke. Im höchsten Notfalle kann man Stellen, wo man vorzugsweise ein feineres Korn haben muß, nachkörnen. Dies geschieht, indem man nur auf die bestimmte Stelle Sand bringt und dann die Operation des Körnens trocken mit einem kleinen Glasläufer, den man nur auf der nachzukörnenden Stelle in kleinen, sich ineinander verschlingenden Kreisen hin und herbewegt, vollendet. — Ein derartiges Nachkörnen ist jedoch selten anwendbar, weil es nicht gut möglich ist, hierbei die Grenzen dieser Stellen gehörig zu beschränken.

Platten, die nicht gekörnt, sondern glattgeschliffen verlangt werden, müssen, nach dem obenbeschriebenen Schleifen, durch anfänglich rauhen und dann feinern Bimsstein*) bis zu einigem Glanze glatt poliert werden. Man bedient sich dazu ebengeschliffener Stücke Bimsstein mit einer großen Oberfläche, benetzt die Steinplatte mit reinem Wasser so stark, daß dasselbe oben darauf stehen bleibt und überfährt nun dieselbe von einer Seite zur andern mit immer gleichmäßigem Drucke mit diesem Bimssteine, gießt neuerdings Wasser auf, wenn die Platte zu trocken wird, und fährt damit fort, bis die Oberfläche von allen Rissen völlig frei und das Korn, wie schon gesagt, zu einer glänzend glatten Fläche umgeschaffen ist. Man probiert dies, wenn man mit einem Finger einen schnellen Zug über die mit Bimssteinschmutz bedeckte Platte macht, um sie von diesem Schmutze zu befreien, und dann nach dem Lichte zu schief über dieselbe hinsieht. Auf gleiche Weise untersucht man auch die gekörnten Steine, um schon beim ersten Schleifen zu sehen, wie weit der Stein gut bearbeitet ist.

Man benutzt in neuerer Zeit auch künstliche Bimssteine mit gutem Erfolge, vor allem die sogenannten „Wiener echte Schumachersche". Diese Bimssteine haben vor den natürlichen den Vorzug, daß sie von allen unreinen Bestandteilen frei sind und in Körnung und Härte ganz nach Bedarf geliefert werden.

Sind nun alle Risse und das Korn mittels des Bimssteins gehörig weggeschliffen, so läßt man den weißen Bimssteinschmergel, der sich bildet, anwachsen, drückt von da an nicht mehr stark auf und bringt somit dem Stein einen schönen Glanz bei, indem man das Schleifen in runder Bewegung vollendet.

Nach vollständigem Gutschleifen und Körnen der Platten werden dieselben abermals in reinem Wasser abgespült und gesäubert, dann so gestellt, daß auf die geschliffene Seite durchaus kein Schmutz kommen kann und so bis zu ihrem Gebrauche aufbewahrt.

Diese Platten sind sehr sorgfältig vor Fett, Seife, Gummi, Speichel ꝛc. zu bewahren, weil derartige Flecke auf den Stein fettend oder ätzend wirken; wodurch dem technischen Gelingen der lithographischen Arbeit stets nachteilige Folgen bereitet werden, welche dann selbst durch Korrekturen nicht immer vollständig zu verbessern sind.

---

*) Man findet diese Masse vorzugsweise in vulkanischen Gegenden oft in 15—30 m mächtigen Lagern, auch in Lavaströmen kommen Bruchstücke vor. Die geeignetsten zum Steinschleifen sind jene, welche leichter ins Gewicht fallen. Neuerer Zeit kommen auch künstlich bereitete Bimssteine im Handel vor, welche sich vorzugsweise statt der rauhen Bimssteine vorteilhaft gebrauchen lassen. Dieselben sind das Produkt chemischer Fabriken, und kosten 50 g 30—40 Pfennige.

Das Zerteilen der Steinplatten.

Will man eine Platte teilen, z. B. aus einem Halbenbogensteine zwei Quartstücke machen, so zeichnet man sich die Sprenglinie, legt die Platte mittels Hölzchen unter dieser Linie hohl, macht zuerst durch leise Schläge auf einen stumpfen Meißel von gutem, hartem Stahle auf der ganzen Linie hin eine Furche und gibt dann nach und nach, in rascher Folge, längs dieses Risses immer stärkere Schläge auf den Meißel, so springt der Stein in ziemlich gerader Linie; oder man nimmt einen kleinen Hammer, ebenfalls von gutem Stahle und mit einem langen, biegsamen Stiele (oder Helme), wie ihn die Straßenarbeiter führen, mit diesem thut man nur einige Schläge auf die vorgezeichnete Linie und der Stein springt ebenfalls nach Wunsche, wenn man dabei mit Vorsicht zu Werke geht; denn diese, nebst guter Uebung, ist in beiden Fällen zu dem Gelingen sehr notwendig. Ungeübte zersprengen die Platte leicht in vielfacher Richtung und oft in völlig unbrauchbare kleine Stücke. Zuweilen ist der Sprung schon durch den ganzen Stein, ohne daß sich dieser trennt. Man hört dies am Klange des Steines beim folgenden Schlage: ist dieser dumpf, wie bei einem zerbrochenen Gefäße, so darf man nur an die Rückseite der Platte mit dem Hammer einige Schläge thun und sie wird leicht auseinander fallen.

Sicherer ist folgendes Verfahren: Da wo der Stein springen soll, wird er mit einem scharfen Instrumente so tief als möglich angerissen und dann mit einem Meißel an den beiden Kanten eine Vertiefung eingeschlagen, ungefähr so wie man ein Holzstück vor dem Abbrechen einschneidet. Hierauf legt man unter den auf dem Boden liegenden Stein einen Packstrick, so daß er unter oder dicht hinter den gemachten Einschnitt zu liegen kommt. Dann kniet man auf die eine Seite des Steines und beschwert die andere ziemlich stark.

Schlägt man nun mit dem Hammer, den Meißel rechtwinkelig zum Steine haltend und schnell hin- und herführend, auf den Stein, so wird derselbe nach wenigen Minuten an der gewünschten Stelle auseinanderfallen.

Um einen zu dicken Stein in gleich große, aber nur halb so starke Platten zu teilen, oder auch nur eine Platte um einen gewissen Teil schwächer zu machen, bedient man sich am besten einer kupfernen Säge ohne Zähne, welche letztere durch feinen Quarzsand ersetzt werden, den man in die einmal begonnene Spalte streut und anfeuchtet, dies zuweilen erneuert und so die ganze Platte durchsägt, wie beim Holze mit der gewöhnlichen Säge, nur müssen dieses Geschäft, der Genauigkeit wegen, jederzeit zwei Mann verrichten. Außerdem kann man auch eine Art von Kreissäge dazu benutzen, die maschinenmäßig durch den Stein schneidet und ebenfalls von Frischholz im angeführten Werke genauer beschrieben und vorgezeichnet ist.

Es tritt aber bei beiden Arten, Steinplatten zu teilen, sowohl in der Richtung der Dicke, als in der der Länge, der natürliche Fall ein, daß die Platten sehr scharfe Kanten (Enden) erhalten, die später beim Drucken Unbequemlichkeit herbeiführen, weil sich an diesen die Schwärze häufig anhängt, wodurch leicht Schmutz auf die Zeichnung kommen kann, und eben solche scharfe Kanten bilden sich auch bei solchen Platten, die schon oft geschliffen wurden, oder bei solchen, die erst zum Zeichnen vorgerichtet werden; man hat daher noch vor dem Schleifen, oder doch wenigstens noch vor dem Körnen oder Polieren, dergleichen scharfe Kanten durch eine starke Feile, oder mit einem ähnlichen Instrumente, wohl abzurunden, und zu schleifen, um so den weitern Hemmnissen beim Drucken vorzubeugen.

Wir geben hier noch eine Preisübersicht der Solenhofer Lithographiesteine, wie selbe ab Solenhofen oder Leipzig nach allen Weltgegenden versendet werden.

Die Maße sind nach dem Pariser Maße und in Zentimetern gegeben, welche in den Brüchen üblich sind.

Größe in		Auf einer Seite geschliffen				Ungefähres Gewicht
Pariser Zoll	Zentimeter	prima blau		prima gelb		Kilogramm
		ℳ.	₰	ℳ.	₰	
5—6	14—16	—	50	—	40	3
6—8	16—22	—	80	—	45	4
7—9	19—24	—	90	—	60	5
6—12	16—33	1	20	—	80	6 1/2
8—10	22—27	1	20	—	80	6 1/2
9—11	24—30	1	60	—	90	7 1/2
9—12	24—33	1	80	1	10	8 1/2
10—12	27—33	2	10	1	20	9 1/2
10—13	27—35	2	40	1	40	10
10—14	27—38	2	80	1	60	11
11—15	30—41	3	80	2	40	17
12—15	33—41	4	60	2	80	19
12—16	33—43	5	20	3	10	20
12—18	33—49	6	50	3	60	22
14—18	38—49	8	50	4	80	26
15—18	41—49	10	—	5	50	28
16—20	43—54	12	—	6	90	33
16—22	43—60	15	—	8	70	37
18—22	49—60	18	—	10	30	42
18—24	49—65	20	60	12	—	45
20—26	54—70	32	—	17	50	70
22—28	60—76	42	—	24	—	84
24—30	65—81	52	—	30	—	100
24—32	65—87	62	—	36	—	106
24—36	65—98	75	—	42	—	126
26—36	70—98	80	—	46	—	144
28—36	76—98	90	—	48	—	150
30—36	81—98	95	—	52	—	156
28—40	76—108	105	—	55	—	167
30—40	81—108	120	—	60	—	186
32—42	87—111	140	—	72	—	205
36—48	98—130	150	—	86	—	236
40—48	108—130	200	—	115	—	296

Pariser Maß.

Zentimeter.

Bemerkungen.

1. Die Steine I. Qualität sind: „beste blaue und blaugraue Masse"; die Steine II. Qualität: „gelbe harte Masse".
2. Bestellungen auf nur Ia blaue Steine werden nur bei 20 % Preisaufschlag ausgeführt.
3. Vorstehende Preise verstehen sich für die Stärke bis 4 3/4 cm; Steine von 5 cm und stärker kosten 30 % mehr.
4. Die doppelten, d. h. auf beiden Seiten geschliffenen Steine kosten 75 % mehr als die einfach geschliffenen Steine.
5. Außergewöhnliche Größen, sowie Unterlagen zum Aufgipsen der dünnen Steine werden gleichfalls geliefert.

Die Versendung erfolgt unverpackt auf Gefahr des Bestellers, und nur auf besonderes Verlangen werden die Steine, unter billigster Berechnung, in Kisten verpackt.

Drittes Kapitel.
Von den für den Lithographen nötigen Materialien und Werkzeugen.

Obgleich es hier nicht der Zweck sein kann, eine ausführliche Materialienkunde der Lithographie zu liefern, indem es nie Sache des Lithographen sein wird, streng wissenschaftlich auf die physische und chemische Beschaffenheit der Grundstoffe einzugehen, deren er sich bei Ausübung seiner Kunst bedient, — er müßte denn Chemiker sein, so wird es dennoch für den praktischen Lithographen nicht ohne Interesse und Nutzen sein, die wesentlichsten Nachweisungen hierüber zu finden, wodurch ihm die richtige Beurteilung des Zweckes und der Anwendung dieser Grundstoffe einigermaßen erleichtert wird. Deshalb geben wir auch zunächst eine kurze Erörterung über die Grundstoffe der Lithographie, deren beide Hauptgruppen aus Materialien bestehen, welche 1. teils für sich allein verwendbar sind, oder mit anderen in Verbindung kommen, und bei der lithographischen Kreide, Tinte und Druckfarbe u. dergl. ihre Anwendung finden, und 2. aus jenen, welche als Aetz- und Präparaturmittel gebraucht werden.

Materiale der ersten Gattung sind:

Wachs.

Wird durch Schmelzen der Bienenzellen gewonnen. Es ist gelb, zuweilen auch, besonders wenn die Bienen sich von Lindensäften nähren, weiß; man nennt es dann Jungfernwachs. Das im Handel vorkommende weiße Wachs ist jedoch meistens künstlich gebleichtes. Es schmilzt bei 50° R.; verseift sich mit ätzenden Alkalien, jedoch nicht vollständig.

Reines Wachs ist trocken, zerbrechlich und dessen Bruch körnig; es hängt sich nicht an die Zähne, wenn man es kaut. Im Handel kommt es manchmal mit Talg, Harz oder Stärkemehl verfälscht vor. Ersteres wird an seiner klebrigen Konsistenz und an seinem unangenehmen Geruche erkannt; das mit Harz vermengte wird beim Verbrennen auf Kohlen einen dicken Rauch und unangenehmen Geruch verbreiten. Das beigemischte Stärkemehl läßt sich finden, wenn solches Wachs in erwärmtem Terpentinöl aufgelöst wird, worin das Stärkemehl unaufgelöst zurückbleibt.

Talg, Unschlitt.

Bekanntes Fett aus den Eingeweiden der Tiere. Besteht aus Oel- und Talgstoff und findet seine Anwendung meist bei der Seifenbereitung. Für den Gebrauch der lithographischen Tusche und Kreide ist besonders das Hammel-Nierenfett, welches am meisten Festigkeit besitzt, das zweckdienlichste.

Um es hierzu brauchbar zu machen, wird es in kleine Stücke zerschnitten und in Wasser ein paar Stunden gekocht, wobei man den während des Kochens entstehenden Schaum mit einem Löffel entfernt.

Nach dem Kochen wird das Ganze durch ein leinenes Tuch geseihet, dem Erkalten ausgesetzt und dann das Fett vom Wasser abgenommen.

Bei größeren Quantitäten Talges wird gewöhnlich dem Wasser und Fette noch Schwefelsäure beigemischt, welche die häutigen Stoffe vom Fette trennt, wodurch dieser Reinigungsprozeß mehr befördert wird.

Der Talg dient auch zur Konservierung des Pressenleders, wozu der russische Talg sich ganz besonders eignet.

Seife.

Wenn man Oel oder Fett unter den geeigneten Umständen mit Soda oder Pottasche siedet, so geht der in diesen fetten Körpern enthaltene Oel- und Talgstoff in den Zustand der Oel- und Talgsäure über, wodurch nun die Seife sich bildet.

Nämlich durch diesen Prozeß wird der Talg in Talgsäure und das Oel in Oelsäure umgewandelt, und hat nunmehr die Eigenschaft sich im Wasser aufzulösen.

Ebenso gehen Harze mit starken Säuren eine ähnliche Verbindung ein, und Metalloxyde und Alkalien verseifen sich gleichfalls. Einer Verseifung der letztern Art ist der lithographische Stein auf kaltem Wege unter Einwirkung einer Säure fähig, und es ist diese Verseifung in Wasser wie in flüchtigen Oelen unlöslich; während die Verseifung des Zinkes in flüchtigen Oelen löslich wird, daher eine auf Zink mit seifigen Stoffen gefertigte Zeichnung nicht mit Terpentinöl ausgeputzt werden kann, ohne das vollständige Verschwinden derselben herbeizuführen, weil hierdurch nicht allein die oben befindliche Schwärze, sondern auch die Verseifung selbst, welche allein den chemischen Druck ermöglicht, entfernt wird.

Die Seife, welche man zur Herstellung der lithographischen Kreide und Tusche verwendet, soll mit Soda bereitet sein, weil die Pottascheseife weicher, und daher auch weniger geeignet ist. Zudem wird auch eine gehörig ausgetrocknete Seife am zweckdienlichsten sein, und die aus Oel bereitete Seife der Talgseife vorgezogen werden, weil erstere besser in den Stein eindringt.

Die im Handel vorkommende Marseillerseife ist eine der reinsten Oelseifen und wird deswegen vorzugsweise zur Kreide und Tusche verwendet.

Wasser.

Man unterscheidet gewöhnlich hartes und weiches Wasser. Letzteres ist das Regen-, Schnee- und destillierte Wasser, welches frei von allen fremden Beimischungen ist, während das harte Wasser Gips oder Kallteile, sowie auch Kohlensäure mit sich führt, und für den Gebrauch des Lithographen nicht tauglich ist.

Die lithographische Tusche ist das beste Mittel ein solches Wasser zu erkennen; gerinnt dieselbe beim Anreiben, so ist das Wasser „**hart**", und dauert das Gerinnen längere Zeit fort, so ist dies ein Zeichen von ungewöhnlich starker Beimischung fremder, besonders säurehaltiger Teile.

Stark gipshaltiges Wasser ist selbst zum Händewaschen untauglich, weil die Seife gerinnt.

Salpeter.

Dieses Salz kommt teils schon in der Natur gebildet vor, teils wird dasselbe auch künstlich erzeugt und findet bei der lithographischen Kreide seine Anwendung.

Durch den Salpeter erhält die Kreide eine gewisse Härte, indem man ihn in die Mischung bringt, wenn diese zu einer hohen Temperatur gelangt ist, wodurch er sich zersetzt und die Pottasche, welche er bei sich führt, den fetten Säuren überläßt, um sie vollends in Seife zu verwandeln. Ueberdies bleibt ein Teil des Wassers, worin derselbe aufgelöst wurde, und welches man nach der ersten und stärksten Flamme in diese Mischung bringt, damit verbunden, wodurch die Kreide eine Elastizität erhält, die sie außerdem nicht besitzen würde.

Soda und Pottasche.

Beide sind kohlensaure Salze, erstere wird aus der Asche verbrannter Pflanzen, welche am Strande des Meeres oder salziger Seen wachsen, letztere aber aus der gewöhnlichen Holzasche gewonnen.

Die Soda kommt im Handel in durchsichtigen Kristallen vor; werden diese Sodakristalle der Luft ausgesetzt, so verlieren dieselben nach und nach einen Teil des Wassers, welches sie enthalten und zerfallen in Staub, während die Pottasche die Feuchtigkeit der Luft an sich zieht und zerfließt.

Die ätzende (kaustische) Pottaschenlauge, welche zur Seifenbereitung dient, wird durch Vermischung mit gleichen Gewichtsteilen Kalk erzeugt.

Mastix.

Derselbe wird in Südeuropa, Palästina und auf den griechischen Inseln, durch Einschnitte in die Rinde des Pistazienbaumes gewonnen; die herausgequollenen Tropfen von blaßgelber Farbe erhärten an der Luft und sind die Mastixthränen, welche vorzugsweise bei der lithographischen Tusche Anwendung finden.

Schellack, Gummilack.

Dieses Harz fließt infolge des Stichs der Gummischildlaus aus den Zweigen mehrerer Baumarten in Indien.

Es kommt im Handel als **Stocklack** vor, wo die Zweige noch daran sind, auch kann man es als **Körnerlack**, von den Zweigen abgebröckelt, und im gereinigten Zustande als **Schellack** oder **Tafellack** beziehen. Nur die letztere Qualität ist für die lithographische Kreide und Tusche anwendbar.

Kopal.

Dieses Harz kommt aus Westindien und Amerika, es ist hart und von blaßgelber, manchmal braungelber Farbe, und kann durch kaustisches Kali, sowie durch fette Oele unter Einwirkung der Wärme aufgelöst werden.

Asphalt, Judenpech oder Erdharz.

Derselbe ist schwarz, von muscheligem Bruche, hat das Aussehen der Steinkohle und wurde früher ausschließlich aus dem Asphaltsee (totes Meer in Palästina) gefischt. In neuerer Zeit werden auch beträchtliche Quantitäten davon in Frankreich, der Schweiz und andern europäischen Ländern gewonnen, wo es mehr oder minder ergiebige Asphaltgruben gibt. Das Erdpech schmilzt in der Temperatur des siedenden Wassers, ist in mehreren fetten und flüchtigen Oelen löslich, aber nicht in den Alkalis, und wird durch die Säuren nicht angegriffen, weshalb es auch vorzugsweise zum Aetzgrunde des Kupferstechers und Lithographen brauchbar ist, und dessen Hauptbasis bildet.

Am tauglichsten ist für die Bereitung dieses Aetzgrundes, der echte syrische Asphalt, welchen man an seinem starken Geruch und an seinem kleinmuscheligen kurzen Bruche, sowie an den braungeriebenen Ecken der Außenseite erkennt.

Derselbe ist in Terpentinöl schon in der Sonnenwärme löslich. Die gegrabenen Asphalte brechen dagegen großmuschelig, blendend schwarz und in großen Stücken, oft kann man Farbenringe darauf als optische Erscheinungen sehen; derartiger Asphalt löst sich in Terpentinöl nur unvollkommen auf und das ungelöste liegt in kleinen Körnern darin, so daß man schon hierdurch verhindert ist einen gleichen Grund aufzutragen.

Drachenblut.

Ein braunrotes, ziemlich viel Farbestoff enthaltendes Harz, welches aus einer in Indien vorkommenden Baumgattung ausschwitzt.

Dasselbe ist in Alkohol, Aether und in den flüchtigen und fetten Oelen, sowie auch durch die kaustischen Alkalis und das Kalkwasser leicht löslich.

Gummigutt.

Ein gelbes, in Wasser lösliches Harz, welches aus den Einschnitten fließt, die man in die Rinde mehrerer auf Ceylon vorkommenden Baumarten (Euphorbien) macht. Dasselbe ist giftig.

Terpentin.

Dieses flüssige zähe Harz, welches aus Einschnitten verschiedener Baumgattungen kommt, vorzüglich aber aus der Fichte, der Tanne und dem

Lärchenbaume ausfließt, wird auch in der Lithographie verwendet, und hierzu der vom Lärchenbaum gewonnene sogenannte venetianische Terpentin vorgezogen.

Terpentinöl.

Dieses flüchtige Oel wird durch Destillation des Terpentins mit Wasser gewonnen.

Das ordinäre, im Handel vorkommende, ist oft mit Sauerstoff, den es aus der Luft anzieht, oder auch bei der Fabrikation aufnimmt, geschwängert, und ist zum Gebrauche in der Lithographie nachteilig.

Nicht selten lassen dann die beim Auspuzen einer Lithographie hinfallenden Terpentinöltropfen bleiche Flecken zurück, welche nicht wieder Farbe annehmen wollen; um dieses zu verhüten, ist es daher immer notwendig, derartiges Terpentinöl nicht auf die Zeichnung, sondern auf den Rand zu gießen.

Außerdem enthält dasselbe noch häufig Harzteile, welche zum Verschmieren einer Zeichnung Veranlassung geben.

Immer wird man daher sicherer gehen, sich des rektifizierten Terpentinöls zu bedienen, welches mehrmals über Wasser abgezogen wurde.

Besonders aber zur Bereitung des Aetzgrundes muß immer höchst rektifiziertes verwendet werden, weil sonst der Grund lange nicht trocknet, oder oft gar nicht fest wird.

Derartiges Terpentinöl bedarf auch der Lithograph, um mit diesem falsche Striche oder ganze Linien, Schrift, oder Partien in der Zeichnung hinwegzunehmen, welche mit chemischer Tusche oder Kreide gezeichnet waren.

Nur muß man auch hier dieses Mittel sehr sparsam gebrauchen und mit großer Vorsicht zu Werke gehen, um den Stein nicht mit Fettigkeit zu verunreinigen.

Uebrigens dient dasselbe nur zur Vertilgung eben gemachter falscher Striche; haben dieselben aber schon Zeit gehabt tiefer in den Stein einzudringen, so hilft es selten, und man thut besser, solche Striche fein auszuschaben oder wegzuschleifen.

Die meiste Anwendung findet das Terpentinöl in der Druckerei, wo es zum Auswaschen der lithographischen Platten, sowie zum Verdünnen der Farbe beim Gravierdruck benutzt wird.

Für die Zwecke der Lithographie, besonders in der Aetzmanier, ist das **amerikanische oder französische Terpentinöl***) das beste; zum Abwaschen der Walze, des Farbesteins und der Spatel genügt auch das wohlfeilere deutsche Kienöl. Durch seinen ungemein starken, unangenehmen Geruch ist dasselbe jedoch in den Druckereien nicht sehr beliebt.

Rektifiziertes künstliches Terpentinöl, wird seit einiger Zeit in vielen Steindruckereien deshalb gern verwendet, weil Terpentinöl seit langer Zeit einen hohen Preisstand behauptet. Zum Auswaschen der Steine ꝛc. wird dasselbe mit gutem Erfolge angewendet. Dasselbe ist nicht feuergefährlicher und etwa 40 % billiger als Terpentinöl.

---

*) In letzter Zeit versuchte man zum Auswaschen der lithographischen Platten statt Terpentinöl, das amerikanische Petroleum zu benutzen, welches jedoch die Zeichnung mehr oder minder angreift, daher hat im allgemeinen noch immer das Terpentinöl den Vorzug.

Kolophonium.

Der Rückstand des Terpentins, welcher bei Bereitung des Terpentinöls zurückbleibt, mit weißem Peche zusammengeschmolzen, gibt das Kolophonium, welches in Alkohol, Aether und den fetten und flüchtigen Oelen löslich ist.

Leinöl.

Dasselbe wird aus Leinsamen gepreßt. Der Leinsamen wird nämlich unter Rollsteinen gemahlen und dann gepreßt, oder auch, nachdem er gemahlen ist, noch geröstet und dann erst gepreßt. Ersteres, auf kaltem Wege gepreßtes Leinöl, ist das klarste und zur Steindruckerei am tauglichsten.

Das warm geschlagene ist hingegen weniger durchsichtig und enthält viel Pflanzenschleim, der erst durch längeres Ablagern sich zu Boden setzt.

Zu wenig abgelagertes Leinöl verursacht beim Firnissieden ein heftiges Schäumen, und der hiervon bereitete Firnis hat eine trübe grünliche Färbung.

In Ermangelung des Leinöls könnte auch aus Hanf- oder Nußöl, welche zu den trocknenden Oelen gehören, ein brauchbarer Firnis bereitet werden.

Das Leinöl wird auch gleich dem Terpentinöl zum Auflösen oder zum Verdünnen der Farbe gebraucht.

Olivenöl.

Dieses fette nicht trocknende Oel wird zum Schmieren der eisernen Friktionsteile der Presse verwendet, um deren leichten Gang zu bewerkstelligen, sowie auch zum Schleifen auf Oelsteinen gebraucht.

Das reinste wird aus unreifen Oliven gepreßt.

Kienruß.

Derselbe wird erzeugt durch das Verbrennen des Harzes oder harzreicher Hölzer, in einem halbrunden mit verschließbarem Schürloch versehenen Ofen, aus welchem der Rauch (Ruß) durch einen $1^{3}/_{4}$ m langen Kanal in die Rußkammer geleitet wird, die $1^{3}/_{4} - 2^{1}/_{3}$ m ins Gevierte hat, $3^{1}/_{2} - 5^{1}/_{4}$ m hoch und oben mit einem pyramidenförmig zulaufenden Sacke geschlossen ist, in welchem sich der feinste Ruß anhängt, der minder feine an den Seitenwänden und der geringste am Boden sich befindet.

Dieser so im Handel vorkommende Ruß enthält viele fremdartige Stoffe, meist Harzteile, und würde in diesem Zustande, zur Druckfarbe verwendet, Abdrücke von bräunlicher Färbung geben und auch das Verschmieren der Platte zur Folge haben. Derselbe muß daher zuerst gebrannt (kalciniert), nämlich seine fremdartigen Stoffe müssen durch vollständige Verkohlung entfernt werden.

Zu diesem Zwecke wird feinster Kienruß in Büchsen von Sturzblech, Fig. 11, Taf. 2, oder auch in thönerne Gefäße von ähnlicher Form fest eingestampft. Das Gefäß mit einem Deckel, jedoch nicht luftdicht verschlossen, damit die sich entwickelnden Gase entweichen können, und dasselbe in einen Hafnerofen oder Backofen gebracht, worin man es, je nach der Stärke des

Feuers, 6—12 Stunden liegen läßt; nämlich bis es rotglühend wird und weder Dunst noch Rauch mehr daraus aufsteigen.

Ist nach einigen Tagen das Gefäß vollständig erkaltet, so soll beim Oeffnen desselben der Ruß von Rissen durchklüftet, schieferartig zerbröckelt sein, und die einzelnen fest gewordenen Stücke „klingeln", wenn man sie aufeinander klopft oder rüttelt.

Die Verkohlung wird in einem blechernen Gefäße schneller vor sich gehen, als in einem thönernen; der Durchmesser des Gefäßes soll nicht über 1 dcm betragen, weil sonst die Verkohlung gegen die Mitte zu unvollständig vor sich geht.

Lampenruß.

Derselbe wird durch Verbrennung von Oelen, besonders des Terpentinöls erzeugt, indem man eine zuckerhutförmige Papierkappe über eine Lampe so stellt, daß wenig Luftzutritt von unten stattfindet, wodurch der an das Papier sich anhängende Ruß gewonnen wird.

Zum Gebrauche der Lithographie muß auch dieser Ruß zuerst gebrannt (kalciniert) werden.

Es gilt auch hier das schon weiter oben Gesagte: die fabrikmäßige Herstellung aller Bedürfnisse der Lithographie und Steindruckerei hat die Selbstanfertigung derselben unnötig gemacht, doch glauben wir, daß eine Kenntnis der Anfertigung der Materialien nichts schaden, ja in vielen Fällen nützlich sein kann, deshalb behalten wir einige der in voriger Auflage des Werkes angegebenen Rezepte bei.

Von den so mannigfaltigen Verbindungen dieser bereits erwähnten Grundstoffe, welche der Lithograph bei seinen verschiedenen Arbeiten anwendet, ziehen zunächst jene Verbindungen unsere Aufmerksamkeit auf sich, welche derselbe zum Zeichnen verwendet, nämlich die chemische Tinte oder Tusche und die chemische Kreide, wovon erstere, in flüssigem, die andere in trocknem Zustande angewendet wird.

Die Grundstoffe bei beiden sind ziemlich dieselben, und wir werden sogleich sehen, welche Abänderungen und Verschiedenheiten die Anwendung derselben bedingt.

Wir sprechen hier zuerst

Von der chemischen Tusche.

Ihre Hauptbestandteile sind Seife, Talg, Wachs und irgend ein Harz, nebst einer färbenden Substanz, meist Kienruß, von dem man höchstens den zwanzigsten Teil des Ganzen nimmt, wenn die Seife den fünften Teil ausmacht. Eine Tusche, welche zuviel Ruß enthält, fließt nicht gut aus der Feder und läßt keine reinen Striche zu. Der Ruß ist nur als Färbemittel vorhanden, um die Federzüge sichtbar zu machen, ein brauner, fetter und reiner Strich druckt später ebensogut, als der schwärzeste, ja bisweilen noch besser, denn an der Stelle, wo in dem Striche Ruß ist, kann kein Fett sein, und doch ist das Fett das Agens der Lithographie.

Man hat eine große Anzahl von Rezepten für lithographische Tusche, von denen jeder Verfasser behauptet, daß das seinige das bessere sei, welches wohl unter gewissen Umständen, nicht aber unbedingt wahr sein kann, da nicht nur die Art, die Tusche zu bereiten, sondern auch die Art, sie anzuwenden, deren Vorzüge gar sehr mindert oder vermehrt.

Eine gut lithographische Tusche muß folgende Eigenschaften besitzen: Sie muß sich zuerst beim Einreiben in Regenwasser gut auflösen, muß dann auch, aufgelöst, die gehörige Flüssigkeit besitzen, d. h. sie muß frei und fein aus der Feder laufen, und es ist angenehm, wenn sie gehörig schwarz ist. Auch muß sie so fett sein, daß selbst die feinsten Striche durch die spätere Aetzung nicht zerstört werden und nicht beim Druck vom Stein verschwinden. Zu diesem Zwecke muß die Tusche der Säure gehörig widerstehen, und ihre fetten Teile dürfen durch dieselbe weder verändert noch entfernt werden. Sie muß sich mit der Masse des Steines schnell und gut verbinden, und aufgetragen, ziemlich schnell trocknen.

Wenn man ein Stück der Tusche nach dem vollständigen Erkalten durchbricht, so muß sie spröde und die Bruchfläche glänzend sein. Länger in der Hand gehalten, darf sie wohl etwas klebrig, aber keineswegs weich werden.

Alle diese Eigenschaften sind in einer Tusche von den erst angegebenen Substanzen enthalten, nur liegt in der angewendeten größern oder geringern Menge einer jeden und in der Güte der verschiedenen Substanzen ein bedeutender Unterschied hinsichtlich der Brauchbarkeit und Güte der Tusche.

Streng genommen wäre eigentlich, wie wir bei dem oben mitgeteilten chemischen Ueberblicke schon bemerkt haben, die Seife allein schon zur Herstellung einer lithographischen Zeichnung hinreichend; allein sie ist weißlich wie der Stein und besitzt nicht Festigkeit, oder vielmehr Selbständigkeit genug, um zarte, feine Striche damit machen zu können; auch ist sie allein nicht stark genug, der Wirkung des nachherigen Aetzens mit der Salpetersäure zu widerstehen, darum mischt man den Talg bei, welcher dieser Säure völlig widersteht; Wachs und Harz aber geben der Mischung die nötige Festigkeit und Konsistenz, einerseits, um die Tusche während des Gebrauches besser handhaben und aufbewahren, andererseits, um mit derselben eine feine und zarte Zeichnung auf dem Steine herstellen zu können; der Ruß endlich gibt ihr die Farbe.

Die lithographische Tusche muß für verschiedene Zwecke auch verschieden zusammengesetzt werden, und danach richtet sich das Ueberwiegen eines oder des andern Bestandteiles. Will man z. B. einen Stein sehr stark ätzen, um die Zeichnung hoch zu legen, so muß man den Zusatz von Talg vermehren; doch muß immer die Menge der Seife der Menge der übrigen Substanzen die Wage halten. Zu bemerken ist übrigens, daß der Ruß nie mit in Rechnung gestellt werden darf.

Die Menge von Rezepten, welche für die Bereitung der chemischen Tinte oder Tusche gegeben werden, ist ungeheuer und man darf fast sagen, daß jeder Lithograph seine eigene Tusche hat. Es kann sicher nicht im Zwecke dieses Handbuches liegen, eine Sammlung von Tuschrezepten zu liefern; im Gegenteil, wir wollen der Verwirrung und Unsicherheit, welche dadurch in dieser Hinsicht bei unsern Lesern entstehen müßte, entgegenarbeiten und denselben nur einige Rezepte mitteilen, welche wir durch eine lange Praxis als verläßlich und vollkommen bewährt gefunden haben. Man wird nach jedem dieser Rezepte, bei sorgfältiger Bereitung, eine ausgezeichnet gute Tusche erhalten. Uebrigens sind diese Tinten nur zum direkten Schreiben und Zeichnen auf Stein bestimmt, und die für andere Manieren erforderlichen sollen späterhin, wo von diesen Manieren die Rede sein wird, mitgeteilt werden.

Nr. 1.

Gelbes Wachs . . . . . . 2 Teile
Reiner Hammeltalg . . . $1^1/_2$ „
Weiße Marseiller Seife . . . $6^1/_2$ „
Schellack . . . . 3 „
Feiner Kienruß . . . . . $1^1/_2$ „

Diese Tusche von Lemercier eignet sich besonders zu Schriftsachen, ihrem Erfinder wurde hierfür 1838 (von der Aufmunterungs-Gesellschaft für Künste und Gewerbe in Frankreich) ein Preis von 800 Franken zuerkannt.

Zum Kochen derselben bedient man sich eines im Verhältnis zum Durchmesser hohen Gefäßes aus Eisen oder Kupfer mit gleichem Deckel, oder auch einer eisernen Pfanne mit hölzernem Griffe und einem Schnäuzchen zum Ausgießen.

Das Gefäß muß aber so groß sein, daß es von der zu bereitenden Masse nur zum dritten Teil angefüllt wird, indem sowohl die Seife, als der Schellack sich beim Schmelzen stark aufblähen und die Masse dann überlaufen würde, was sehr zu verhüten ist, da ein Verlust an einem oder dem andern Bestandteile die Mischungsverhältnisse des Ganzen verändert, und sich, wenn ersetzt werden soll, nicht mit hinreichender Genauigkeit berechnen läßt.

Man läßt zuerst das Wachs und den Talg zergehen, und setzt die Seife in kleinen Portionen, unter beständigem Umrühren nach und nach zu, wobei immer die bereits hineingeworfene Portion geschmolzen sein soll, ehe eine frische hinzugethan wird, damit die Masse nicht überlaufe. Nachdem die Seife gehörig geschmolzen ist, so daß mit dem Spatel keine Stückchen mehr zu fühlen sind, wird in gleicher Weise auch der Schellack unter stetem Umrühren zugesetzt, und dann die Masse erhitzt, bis sich reichlich dicke weiße Dämpfe entwickelt, worauf man dieselbe mit einem glühenden Eisen, das man darüber hält, anzündet.

Man muß das Kochen nur so lange fortsetzen, bis die Masse auf diese Art Feuer fängt, denn jede andere Entzündungsweise gibt falsche Resultate; wenn sich die Masse von selbst entzündet, tritt der Brennprozeß zu spät ein, während er übereilt wird, wenn man sie mit einem brennenden Spane in Brand setzt. Manche lassen die Tusche nur einige Sekunden brennen und dämpfen sie dann; das ist aber nicht richtig, denn es ist zu wenig. Sind die Teile in den eben gegebenen Rezepten je 30 g, so kann man die Masse eine volle Minute brennen lassen, wobei man sie aber stets umrühren muß. Viele Lithographen sind ganz gegen das Brennen, sie behaupten, daß dadurch die Mischungsverhältnisse geändert würden und man nie eine gleichartige Tinte bekomme. Dem ist aber hier nicht so, weil in den Rezepten darauf Rücksicht genommen ist. Jede ungebrannte Tusche ist schmierig und zum Ausklatschen und Fließen geneigt; eine Tusche mit Schellack aber muß durchaus stark gebrannt werden, weil sich dieser nur in so großer Hitze völlig auflösen läßt. Hat die Mischung die gehörige Zeit gebrannt, so löscht man sie aus, indem man das Gefäß mit einem genau passenden Deckel, den man fest aufdrückt, verschließt. Dann fühlt man die Masse etwas ab und rührt nun bloß über Kohlen den Ruß darunter, setzt das Ganze wieder über das Feuer, und läßt es unter beständigem Umrühren ungefähr eine Viertelstunde lang kochen, worauf man die Masse, in etwas erkaltetem Zustande, auf mit Seife bestrichenem Papier oder Stein ausgießt und vollständig erkalten läßt. Nachdem dies geschehen, schmelzt man sie wieder, um die Bestandteile inniger zu vermischen, was besser ist, als das, von einigen Lithographen gerühmte Abreiben auf einer warmen Stein- oder Metallplatte. Bei dieser Operation muß die Temperatur mäßig sein und die Masse stets umgerührt werden.

Ist nach Vollendung dieser Umschmelzung, wo man das Feuer allmählich abgehen läßt, die Masse ziemlich abgekühlt, so gießt man sie auf einen mit Seife eingeriebenen Stein oder auf eine blanke Metallplatte, auf welcher man mittels Holzstäben eine Art Rahme zurecht gelegt hat, und durchschneidet dann die fast erkaltete Masse mit einem Messer in beliebige Stücke, gewöhnlich von 6 cm Länge, 2½ cm Breite und 1½ cm Dicke, die man auch durch Rollen rund formen kann.

Die fertige Tusche kann übrigens, selbst wenn man bei deren Bereitung sorgfältig zu Werke ging, bei der Probe dennoch nicht ganz die gewünschten Resultate liefern, was seinen Grund hauptsächlich darin hat, daß man einerseits die Materialien nicht immer von gleicher Güte erhält, andernseits sowohl Seife als Talg sehr hygrometrisch sind und die Feuchtigkeit aus der Luft anziehen, der Talg sogar oft mit derselben so gesättigt wird, daß die wässerigen Teile Gewichtsverschiedenheiten der Mischung herbeiführen. Um daher hier zum Ziele zu gelangen, wollen wir unsern Lesern die möglichen Mängel solcher Tinten angeben und die Mittel anführen, welche sich zu deren Abhilfe darbieten.

Löst sich die Tusche nicht gut im Wasser auf, so schmelze man sie noch einmal und setze etwas Seife, nach dem Grade der Auflöslichkeit, zu. Auch kann man etwas kaustische Soda zusetzen.

Ist die Tusche weich und klebrig, so muß man sie umschmelzen und abermals brennen.

Ist die Tusche, statt schwarz zu sein, beim Auftragen braun, so muß man sie umschmelzen und etwas Ruß aus verbranntem Terpentin zusetzen.

Gerinnt die Tusche nach dem Einreiben, oder wird sie flockig, so ist sie zu wenig gekocht; man muß sie dann umschmelzen, noch eine Viertelstunde kochen lassen und allenfalls sogar noch einige Sekunden brennen.

Ueber Seife und Ruß, welche man zur Tusche verwendet, bleibt noch zu bemerken, daß man die Seife vorher in kleine Scheiben schneiden und in der Luft trocknen kann, um derselben die Feuchtigkeit zu entziehen, welche sie schwerer machen, also in zu geringer Menge in die Mischung treten lassen würde, denn das in derselben enthaltene Wasser wirkt wohl durch sein Gewicht, aber nicht als chemisches Reagens, da es kein Fett ist, und daher erleidet die Tusche dadurch eine große Verschiedenheit in ihrer Güte, ob die Seife bei gleichem Gewichte wohl getrocknet oder naß verbraucht wurde.

Es ist daher zweckdienlich, fein geschnittene Seife in gelinder Wärme vollkommen auszutrocknen und dann in Pulver zu verwandeln, das Pulver aber in

Blechbüchsen wohl verschlossen aufzubewahren und seiner Zeit den Bedarf abzuwägen.

Was den Ruß betrifft, so führt der gewöhnliche Ruß eine bedeutende Quantität brenzliger Holzsäure bei sich, wodurch ein großer Teil des Alkalis der Seife unwirksam und daher die Tusche im Wasser schwer auflöslich wird, daher ist es ratsam den hierzu verwendeten Ruß zu kalcinieren, nämlich denselben in einem verschlossenen Gefäße über Feuer so lange zu glühen oder zu rösten, bis sich keine gelblichen Dämpfe mehr zeigen.

Noch besser für die Tusche ist der in gleicher Weise kalcinierte Lampenruß.

Nr. 2.

Weißes oder auch gelbes Wachs	40 Teile
Mastix in Thränen	10 „
Schellack	28 „
Weiße (Marseiller Oel-) Seife	22 „
Feinen Lampenruß	9 „

Diese Zusammensetzung des geschickten Steinzeichners Desmadryll wurde von Engelmann veröffentlicht.

Bei Bereitung derselben läßt man das Wachs in einer Kasserolle, wozu ein Deckel gehört, schmelzen und erhitzt es, bis der davon aufsteigende Dampf sich durch einen brennenden Span entzünden läßt, wo dann das Gefäß vom Feuer entfernt, und Seife, Schellack und Mastix in kleinen Portionen zugesetzt wird, wobei man die Operation so einrichtet, daß die Flamme nicht verlöscht, aber auch andererseits nicht zu stark wird.

Wenn alle diese Bestandteile vereinigt sind, erstickt man die Flamme, indem man den Deckel auf das Gefäß setzt. Hierauf bringt man den Ruß hinein und setzt das Ganze wieder über das Feuer, bis die Mischung sich von neuem entzündet. Sodann löscht man die Flamme aus und gießt eine Probe, die man am nächsten Tage untersucht.

Wenn die Auflösung, die man davon macht, bald klebrig wird, oder schlecht fließt, so setzt man die Masse wieder über das Feuer und läßt sie noch ein wenig brennen.

Hierauf gießt man sie, wie im ersten Rezepte angegeben ist, auf eine Platte und schneidet sie nach dem Erkalten in Stücke.

Nr. 3.

Getrocknete Talgseife	5 Teile
Mastix	5 „
Weiße Soda	5 „
Schellack	25 „
Ruß	2 „

Nachdem die in Stückchen geschnittene Seife geschmolzen, wird der Schellack in kleinen Portionen nach und nach zugesetzt, hierauf die trockene Soda, dann der Mastix beigefügt und zuletzt der Ruß eingerührt.

Sobald diese Substanzen, unter beständigem Umrühren mit dem Spatel, bei einem lebhaften Feuer gehörig zusammengemengt und geschmolzen sind, gießt man die Masse auf eine erwärmte gußeiserne Platte, welche mit hölzernen Leisten umgeben und mit Oel bestrichen wird, damit sich jene leichter ablöst; und nachdem die Masse in einer gleichförmigen Schicht ausgebreitet ist, nimmt man die Leisten weg und schneidet beliebige Stücke.

Die Bereitung dieser Tusche unterscheidet sich hauptsächlich von der der ersteren, daß hierbei die Masse nicht bis zum Brennen erhitzt werden darf.

Während obige Tuschen beim Gebrauche sich in der Schale trocken aufreiben lassen, muß diese mit dem Messer geschabt, und dann durch Beisatz einiger Tropfen Wasser und durch Reiben mit der Fingerbeere aufgelöst werden.

Diese aufgelöste Tusche fließt gut aus der Feder, hält sich tagelang ohne stockig zu werden, und die damit gemachten Striche, selbst die feinsten, halten eine kräftige Aetzung aus und können in getrocknetem Zustande auch bei starker Reibung nicht verwischt werden.

Zugleich hält diese Tusche auch auf dem präparierten Stein, daher man bei Nachbesserungen bloß dem Gummi abzuwaschen braucht und mit Sicherheit dieselben mittels dieser Tusche ausführen kann.

Tusche aus Kreidespänen.

Eine gute brauchbare Tusche geben auch die Kreidespäne, welche man schmelzt und etwas Talg und Seife zufügt. Fällt dieselbe schmierig aus, so wird durch Brennen, wenn schwer löslich, durch Seifenbeisatz abgeholfen.

Tusche zu Arbeiten mit dem Pinsel.

Für diese Arbeiten muß die Tusche klebriger sein, als sie die Federarbeiten verlangen. Sehr zweckdienlich hierzu ist folgende Komposition:

Wachs . . . . 6 Teile
Seife . . . . 6 „
Talg . . . . 3 „
Kienruß . . . . 2 „

Diese Stoffe werden langsam geschmolzen und die Masse soweit erhitzt bis sie sich entzündet, wo sie dann vom Feuer genommen und, nachdem sie zu erkalten angefangen, gegossen und in Stangen geschnitten wird.

Zu den gesuchtesten lithographischen Tuschen des Handels gehören: die präparierte Tusche von Vanhymbeeck, Lemercier, Klimsch in Frankfurt a. M. ꝛc.

Von der lithographischen Kreide.

Marc Antonio sagte: „Das Scheidewasser ist das Entzücken und die Verzweiflung des Kupferstechers", — wäre Marc Antonio ein Lithograph gewesen, er würde dies von der chemischen Kreide behauptet haben. Nichts ist so subtil, als ein feines Pünktchen, das der Zeichner mit der Kreide auf den Stein macht, und dennoch hängt oft der ganze Effekt einer Zeichnung von diesem einzigen Pünktchen ab, und dieses Pünktchen soll nicht allein die Aetzung aushalten, nein, es soll auch durch Hunderte, ja durch Tausende von Abdrücken unveränderlich stehen, es soll nicht zu viel und nicht zu wenig Schwärze annehmen — kurz! es wird von der Kreide, mit welcher dieses Pünktchen gemacht wurde, unendlich viel verlangt. Diese wenigen Worte werden hinreichen, unsere Leser auf die Wichtigkeit einer guten Bereitung der lithographischen Kreide aufmerksam zu machen.

Der Auftrag der Tusche geschieht in aufgelöstem Zustande und auf einem glatten Steine, wo schon die beigemischte Feuchtigkeit die genauere Verbindung mit dem Steine begünstigt, wo die Aetzung weniger nachteilig wirken kann, und wo schon die Zeichnung an und für sich eine kräftigere Behandlung gestattet; — die Kreide dagegen wird auf einen rauhen Stein, in trocknem Zustande aufgetragen und die Striche sind oft nur eben wie auf den Stein hingehaucht, mithin müssen sich ihre auf den chemischen Teil des Steindruckes bezüglichen Eigenschaften noch viel stärker aussprechen. Man sollte nun zwar versucht werden, zu glauben, daß ein vergrößerter Fett- oder Seifengehalt diesen Erfordernissen notwendig Genüge leisten müsse; aber eine Kreide, welche zu viel Fett hat, dringt zu tief in den Stein ein, und die Zeichnung wird schwer, ein Umstand, welcher, ebenfalls vorkommt, sobald die Kreide zu viel Seife enthält und eine etwas feuchte Beschaffenheit der Atmosphäre eintritt. Eine Kreide, zu welcher man Schellack, Wachs oder Mastix verwendete, schmiert allerdings nicht so leicht, aber sie dringt auch nicht tief genug in den Stein ein. Hier nur wenige Worte über den Einfluß, welchen die verschiedenen der Kreide zugesetzten Bestandteile auf dieselbe äußern, und man wird leicht daraus die Grundsätze absehen können, welchen man bei Bereitung und Zusammensetzung einer guten Kreide zu folgen hat.

Das Wachs verhindert, daß die Seife vom Wasser aufgelöst wird und konserviert die Striche des Künstlers. Die Stearine im Talge ist nötig, um eine festere Kohärenz zwischen der Kreide und dem Steine zu bewirken; da aber die Oele der vorteilhaften Wirkung des Wachses überall im Wege stehen, so ist ein Talg, welcher viel Oleine enthält, zur Kreidebereitung höchst unvorteilhaft. Zuviel Stearine aber zerstört wieder die Zähigkeit, welche das Wachs gibt und macht die Kreide brüchig, während zuviel Wachs die Kohärenz des Striches mit dem Steine beeinträchtigt. Wenn Wachs und Seife in Bezug auf den Talg zu stark genommen werden, so werden die Abdrücke nicht transparent, weil die Säuren die Kreide nicht durchdringen können. Ein zu großer Zusatz von Seife läßt, wenn der Stein vor dem Aetzen der Luftfeuchtigkeit ausgesetzt wird, die Striche zu tief in den Stein eindringen, wodurch die feinen Punkte ineinander fließen, die Zwischenräume des Steinkornes ausfüllen und der Zeichnung die Durchsichtigkeit nehmen. Kreiden, in denen das Fett zu sehr vorwaltet, haben den Nachteil, daß die Schmierflecken, welche sie auf dem Steine zurücklassen, durch das Aetzen nicht vollständig zerstört werden und daher beim nachmaligen Abdrucken mitkommen. Eine höhere Temperatur veranlaßt ein Auseinanderfließen der Striche und eine Unklarheit im Drucke.

Eine gute lithographische Kreide muß feine und gleichartige Striche im Zeichnen geben, sie muß gehörig hart sein, um die Spitze möglichst lange zu behalten, aber auch weich genug, um mit Leichtigkeit damit zeichnen zu können. Sie muß in der Aetzung gut stehen, damit auch die leichtesten Tinten Kraft genug behalten, bis zum letzten Abdrucke Schwärze anzunehmen; dagegen aber müssen auch die tiefsten Schattenpartien immer durchsichtig bleiben. — Die Kreide muß sich gut spitzen lassen, nicht zu leicht brechen, auf dem Bruche ein gleichmäßiges samtartiges Korn von höchster Feinheit, aber ohne alle glänzende Punkte zeigen und weder Körner oder Klümpchen, noch Blasen haben; auch dürfen die Bruchflächen, kalt aneinander gedrückt, nicht zusammenhaften. Uebrigens muß die Kreide einen kräftigen schwarzen Strich haben.

Die Zahl der Kreiderezepte ist so groß, als die der Tuschrezepte, und wir teilen auch hier, um unsere Leser nicht zu verwirren, nur die, als die besten anerkannten, mit. Die Bereitungsart hat die größte Aehnlichkeit mit der Tusche, doch muß sie noch sorgfältiger bewerkstelligt werden. Man kann nach folgenden Rezepten arbeiten:

    32 Teile gelbes Wachs,
    24 „ weiße Marseiller Seife, trockene,
     4 „ reinen Hammeltalg,
     1 „ Salpeter in 7 Teile Wasser aufgelöst,
     7 „ Kienruß.

Das Gefäß, in welchem man Kreide kocht, muß so groß sein, daß es durch die Masse nur zu $^1/_3$ angefüllt wird, weil sie sich heftig bläht. Am besten eignet sich hierzu eine Pfanne mit langem Stiel, welche mit einem Deckel versehen ist.

Zur bequemeren Beimischung der Salpeterauflösung ist auch ein Deckel zweckmäßig mit trichterförmiger Vertiefung, welche sich in ein kleines Loch von ungefähr 2 mm Durchmesser endet.

Zuerst wird das Wachs und der Talg geschmolzen, dann in kleinen Portionen die zuvor in Stückchen zerschnittene Seife hinzugesetzt und gleichzeitig auch in einem besonderen Gefäß der in Wasser aufgelöste Salpeter zur Siedehitze gebracht.

Ist nun obige Mischung von Wachs, Talg und Seife bis zum Entzündungs-Grade erhitzt, so läßt man dieselbe, nachdem sie vom Feuer genommen, 2—3 Minuten brennen.

Je länger man sie brennt, desto härter wird sie; hierbei darf man aber die Flamme nicht zu stark werden lassen, weil sonst nicht nur die feinen öligen Stoffe in Gasform verbrennen, sondern auch die Masse sich verkohlen würde, was solche verdirbt.

Nachdem die Flamme mittels des Deckels erstickt ist, wird die gehörig erhitzte Salpeterauflösung tropfenweise zugegossen.

Das Wasser verdunstet in demselben Augenblicke, in welchem die Tropfen in die Masse fallen und verursacht eine beträchtliche Aufwallung der ganzen Mischung, so daß sie zuweilen überläuft, wenn man zu rasch beim Zugießen verfährt.

Die Masse wird nun wieder über das Feuer gesetzt, bis sie sich abermals entzündet. Die Flamme wird jedoch sogleich erstickt und der Ruß hinzugethan und zwar unter stetem Umrühren der Masse.

Dieses Umrühren wird so lange fortgesetzt, bis sich wieder einzelne Flammen in der Masse zeigen, dann stellt man das Gefäß vom Feuer und gießt nach einigem Erkalten eine Probe, welche man einen Tag lang vollständig erkalten läßt.

Zeigt sich dieselbe als zu weich, so muß man die ganze Masse noch einmal schmelzen und etwas brennen lassen, im umgekehrten Falle, wäre nämlich dieselbe zu hart, so ist es am besten eine zweite Mischung zu bereiten, welcher man weniger brennen läßt, und beide Mischungen zusammenschmelzt.

Zeigt sich die Kreide bei der Probe als brauchbar, so wird die erkaltete Masse wieder geschmolzen, wodurch die Mischung inniger wird und die Kreide gleichartiger ausfällt.

Man thut übrigens gut, um eine Kreide von gleicher Qualität zu haben, stets in großen Massen zu arbeiten. — Die Ueberreste und die Abschnitzel geben, noch einmal umgeschmolzen, eine treffliche, etwas härtere Kreide zum Konturnieren und Detaillieren.

Das Ausgießen der Masse kann entweder auf einem mit Seife bestrichenen Steine oder auf einer Metallplatte geschehen, wo sie dann, halb erkaltet, durch parallele Einschnitte mittels eines Lineals und eines Messers in Stückchen geteilt wird, wobei nach dem Erkalten der Masse sich die einzelnen Kreidestücke leicht auseinander brechen lassen.

Desgleichen kann man auch die Masse in Formen gießen, wodurch die Stifte regelmäßiger werden und weniger Abgang entsteht.

Eine solche Kreideform ist in Fig. 12, Taf. 2, dargestellt. Sie besteht aus metallenen Platten a und b, welche durch ein Gewinde g miteinander verbunden und dergestalt kanneliert sind, daß, wenn beide Platten zusammengelegt werden, sie 24 cylindrische Aushöhlungen zeigen, welche durch die ganze Form der Breite nach hindurchgehen. Diese Platten sind in zwei Stücken Holz c und d gefaßt und können durch den Schraubenbolzen h mit der Flügelmutter f miteinander fest verbunden werden. Diese Form wird auf einen Stein gestellt und dann mittels einer Gießkelle gefüllt. Im Augenblicke des Gusses müssen beide Teile der Form ein wenig voneinander entfernt sein, und werden erst später mittels der Mutter f fest zusammengezogen, wodurch die Kreide eine Pressung erhält, welche die Blasen verhindert. Der Handgriff e erleichtert das Handhaben. Nach dem Erkalten kann man die Tresse, welche sich dann gebildet hat und an der die 24 Kreidestäbchen hängen, aus der Form nehmen und die Stäbchen abbrechen, die Tresse aber wieder einschmelzen. Damit die Kreidestäbe nicht zu sehr an der Form anhängen, kann man dieselbe mit Kohlenstaub und Wasser anstreichen, muß sie aber vor dem Gusse gut austrocknen lassen. Uebrigens thut man gut, die Masse möglichst kalt, nur eben noch flüssig, in die Form zu bringen, dann hängt sie sich nur wenig an. Diejenigen Stäbchen, welche zuletzt gegossen werden, sind allemal etwas härter, da bei denselben die Masse länger gekocht hat. Sie sind vorzugsweise zu Lüften und Halbtinten zu brauchen. Man muß sie daher abgesondert aufbewahren.

Die fertigen Stifte muß man in Gläsern mit luftdicht schließenden Deckeln und an sehr trockenem Orte aufheben.

Unter den vielerlei Kreidekompositionen ist die obige, von Engelmann herrührend, eine der vorzüglichsten und daher auch die am meisten verbreiteste. Sie wird auch „fette Kreide" genannt zum Unterschied von der „Schellackkreide", welche magerer ist und deshalb auch eine schwächere Aetzung verträgt.

Die Bestandteile einer derartigen Schellackkreide sind:

12 Teile gelbes Wachs,
8 „ Seife,
10 „ Schellack,
1 „ Sodaauflösung,
2 „ Talg,
4 „ Kienruß.

Die Bereitung derselben ist wie bei der vorigen, nur daß hier, nachdem Wachs, Talg und Seife geschmolzen, der Schellack zugesetzt und dann die Sodaauflösung, wie dort die Salpeterauflösung zugegossen wird. Diese ziemlich spröde Kreide eignet sich deshalb zu manchen Zeichnungen besonders gut.

Folgende zwei Kreidekompositionen sind ebenfalls sehr empfehlenswert. Die erstere von Deroy durch Tudot veröffentlicht, weicht wenig von der Engelmannschen ab, wird auch in gleicher Weise bereitet und besteht aus:

    32 Teilen weißes Wachs,
    11 „ Oelseife,
    12 „ feuchte Unschlittseife,
    1 „ Salpeter im Winter, 2 Teile im Sommer, aufgelöst in 5—10 Teilen Wasser,
    $6^{1}/_{2}$ „ Kienruß.

Die Bestandteile der andern sind:

    32 Teile weißes Wachs,
    16 „ Spermazet,
    24 „ Oelseife,
    8 „ Schellack,
    12 „ Ruß.

Ihre Bereitungsart ist ähnlich wie bei der Schellackkreide, nur darf sie, wenn man die Verhältnisse je eines Teiles etwa zu 20 g nimmt, etwas länger gekocht und gebrannt werden.

Uebrigens hat diese Kreide eine tiefe Schwärze, behält ein reines Korn und hält eine ungewöhnlich starke Aetzung aus.

Die meistens im Handel vorkommenden lithographischen Kreiden sind Präparate von Lemercier und Lefranc, doch gibt es auch viele deutsche Fabrikate, welche denselben an Güte nicht nachstehen und bedeutend billiger sind.

Die Aetz- und Präpariermittel.

Dieses sind solche Materialien, welche die Steinplatte bei den mancherlei Manieren zum Abstoßen der Fettigkeit geschickt machen sollen. Sie sind Säuren und Gummi. Unter den Säuren wird vorzugsweise verwendet:

Die Salpetersäure,

welche aus Salpeter bereitet und auch Scheidewasser genannt wird. Die im Handel vorkommende besteht aus 1 Teil konzentrierter Säure und 2 Teilen Wasser und hält gewöhnlich 36° am Aräometer.

Die Säuren, besonders aber die Salpetersäure, haben, wie bereits in der Einleitung gesagt ist, die Eigenschaft, die Oberfläche des Steines chemisch zu verändern und dadurch geschickt zu machen, auf den Stellen, wo noch keine Fettigkeit eingedrungen war, sie ferner abzustoßen und dafür dem Wasser und Gummi mehr Eingang zu verschaffen.

Dann wirken sie aber auch mechanisch auf die Steinplatte und mithin auch auf die Zeichnung, indem sie den Stein überall gleichmäßig anfressen und rauh machen, wodurch die mit Fett gezeichneten Stellen, welche vermöge des letztern vor dieser Wirkung geschützt sind, erhaben werden und der später darüber hingehenden Schwärzwalze mehr Gelegenheit geben, ihnen die Schwärze mitteilen zu können, während die vertieften Stellen aus eben diesem Grunde mehr davor geschützt sind. Dieses geschieht mehr oder weniger, jenachdem das Aetzmittel stärker oder schwächer angewendet wurde. Ferner haben die Säuren die Eigenschaft, allen Schmutz, selbst, wenn sie konzentriert genug sind, eine sehr dünne Fettschicht auf der Platte zu vertilgen. Fettigkeiten, die stark mit Talg gemengt, dann Harze, die auf dem Steine bereits eingetrocknet sind, Wachs u. dergl. widerstehen aber denselben völlig, und daher kommt es, daß man mit Fettigkeiten Stellen deckt, wo das Scheidewasser nicht wirken soll, und im Gegenteil diejenigen Stellen, welche etwa dort Druckschwärze angenommen haben, wo keine hinkommen soll, mit Scheidewasser reinigt.

Das arabische Gummi,

ein Pflanzenharz, welches aus einer am Nil wachsenden Akazienart fließt, ist im Wasser leicht löslich und stark sauerstoffhaltig.

In aufgelöstem Zustande geht dasselbe eine Verbindung mit dem lithographischen Stein (kohlensaurer Kalk) ein, deren Natur bis jetzt nicht genauer ermittelt worden ist, welche sich aber durch veränderte Färbung, sowie durch das Verhalten des gummierten Steins gegen Fette deutlich kund gibt.

Diese zweite, gleichsam physische Präparatur der äußeren Oberfläche der Steinplatte, bei welcher das Gummi die durch das Anfressen des Scheidewassers entstandenen Poren verstopft und der Fettigkeit durchaus keinen Anhaltpunkt verstattet, ist zwar im Wasser unlöslich, kann aber durch völliges Austrocknen der Steinoberfläche sich verlieren, und auch durch mehrere Säuren, z. B. durch die Zitronensäure, Essigsäure aufgehoben werden.

Salpetersäure und Gummi werden als Aetz- und Präpariermittel bei den verschiedenen Manieren des Steindrucks sehr verschieden, bald vereint, bald einzeln, bald einander entgegenwirkend angewendet, wie dies bei der Abhandlung von den verschiedenen Zeichnungsmanieren deutlich gezeigt werden wird.

Die beste Sorte Gummi besteht aus durchsichtigen, wasserhellen, spröden Brocken verschiedener Größe.

Die geringste Sorte ist mit Harzen untermischt, die sich im Wasser unvollständig lösen, und ist daher weniger tauglich.

In der Regel enthält das Gummi einzelne unreine Teile, als Sand, Staub, Holzteilchen ꝛc. daher muß dasselbe, nachdem es in Brunnenwasser aufgelöst wurde, durch Leinwand geseiht werden.

Der Drucker bedarf des Gummis in verschiedenen Auflösungen: ganz dickes sogenanntes **strenges Gummi**, ähnlich dem dicken Sirup, dann **leichter flüssiges und ganz dünnes**. Jede dieser Lösungen muß fortwährend in einem besonderen Töpfchen bereit gehalten werden und wird mittels des sogenannten feinporigen Gummischwamms auf den Stein gebracht, indem man ein wenig Gummi auf den Stein gießt und dieses gleichmäßig mit dem kleinen Schwamme verreibt und ausbreitet.

Auch andere schleimigte Substanzen wirken ähnlich auf den Stein wie das arabische Gummi, unter diesen vorzugsweise aber

Die Galläpfel.

Dies sind runde Auswüchse, welche sich infolge des Stiches der Eichengallwespe auf den Blättern verschiedener Eichengattungen bilden.

Die schwarzen sind die besten, sie werden meist aus Aleppo bezogen, sind rauh und höckerig, von dichter Beschaffenheit und haben $1^1/_2 - 2^1/_2$ cm im Durchmesser.

Die weißen Galläpfel von geringerem Werte sind die, welche man lange auf dem Baume läßt.

Der aus den Galläpfeln bereitete Extrakt enthält viel Gerbstoff und Gallussäure, besitzt eine bedeutende zusammenziehende (abstringierende) Kraft und ist eines der kräftigsten Mittel den Stein vor einer Wiederverbindung mit Fetten zu schützen.

Die Essigsäure (konzentrierter Holzessig)

ist das Produkt der zweiten Gärung zuckerhaltiger Stoffe; teils gewinnt man sie aus Holz durch Destillation, teils wird dieselbe bei der Teerbereitung als Nebenprodukt erhalten.

Diese Säure hat die Eigenschaft, die Gummipräparatur des lithographischen Steins aufzuheben und wird deshalb bei Nachbesserungen, Korrekturen u. s. w. an Feder- und Kreidenplatten mit großem Vorteil angewendet, auch ist sie in der Aetzmanier das tauglichste Aetzmittel.

Außer der Salpetersäure wird auch die aus Kochsalz dargestellte Salzsäure, zuweilen auch die aus Eisenvitriol gewonnene Schwefelsäure, aber nur sehr verdünnt, selbst Phosphorsäure, Zitronensäure und Weinsteinsäure angewendet.

Was die Salzsäure betrifft, so hat dieselbe bei gemäßigter Stärke eine ähnliche Eigenschaft wie die Phosphorsäure, welche dem Stein so ziemlich seine Politur beläßt, während die Salpetersäure stets ein Korn auf dem glatten Stein frißt, daher die Salzsäure bei Federzeichnungen den Vorzug erhält.

Sehr häufig wird auch statt dieser Säure zur Präparatur des Steins bei Gravierarbeiten, das sogenannte Kleesalz benutzt.

Statt des arabischen Gummis kann man inländischen von Kirsch- und und Pflaumenbäume und andere, dem Gummi ähnliche schleimige Massen aus dem Pflanzen- und Tierreiche benutzen; doch ist das Scheidewasser, mit wenigen Ausnahmen, immer das vorzüglichste, auch wohlfeilste Aetzmittel, und das arabische Gummi die sicherste und erprobteste physische Präparatur für die Steinplatten.

Hier ist eine Bemerkung einzuschalten, die auch anderwärts schon aufgestellt ward und gewiß zum großen Vorteile der Lithographie gereichen würde, wenn man sie mehr und mehr beherzigen wollte.

Nämlich in vielen, auch wohl eingerichteten Steindruckereien ist man noch immer ungewiß, wem eigentlich das Aetzen der Platten zukomme, ob dem Zeichner oder dem Drucker? — Es ist hier dem Zeichner zuerkannt, weil er ja oft schon vor der Zeichnung zu ätzen genötigt ist, wie dies die verschiedenen Manieren und die dabei nötigen Manipulationen erheischen, und weil er am besten wissen muß, ob seine Arbeiten ein stärkeres oder schwächeres Aetzen erlauben oder fordern. Stets soll aber dieses Aetzen der Platten nur im Beisein des Druckers geschehen, damit dieser weiß, ob er einen kräftigen oder schwach geätzten Stein zu drucken bekommt, da er, namentlich beim Andruck, hierauf achten muß.

Doch soll damit nicht gesagt sein, daß sich der Drucker mit demselben gar nicht abzugeben brauche. Auch er muß das Ätzen in vollkommenem Grade verstehen, ja er ist eigentlich derjenige, der die ganze chemische Prozedur des Steindrucks genau inne haben soll; denn seine Kenntnisse bestimmen, ob in einem gegebenen Falle mehr oder weniger Fettigkeit, mehr oder weniger Feuchtigkeit, ob hier ein Ätzmittel, oder das präparierende Gummi, oder ob ein mechanisches oder chemisches Hilfsmittel nötig ist u. dergl. mehr, um viele und schöne Abdrücke von einer Zeichnung liefern zu können. Als Anspornungsmittel sollte, wie der Name des Zeichners, so auch der Name des Druckers auf jeder bedeutenden lithographischen Arbeit erwähnt werden, denn die Arbeit des besten Zeichners kann durch einen schlechten Drucker verdorben werden.

Die Werkzeuge des Lithographen.

Diese sind von sehr verschiedener Art und richten sich nach den verschiedenen Manieren, in welchen man eben zu arbeiten genötigt ist. Wir werden die Hauptgerätschaften hier anführen, und es uns vorbehalten, einige unbedeutendere, nur einer oder der andern Manier durchaus eigentümliche bei der Abhandlung der einzelnen Manieren selbst nachzutragen.

Die Federn zur Schrift- und Federzeichnung.

In früherer Zeit verfertigten sich viele Lithographen ihre Federn aus Uhrfederstahl, welcher mit Salpetersäure so dünn geätzt wurde, daß er zu diesem Zwecke brauchbar war.

Statt dieser etwas umständlichen Bereitungsart der Feder wird in neuerer Zeit ein sehr feiner, bis zu Papierstärke dünn gewalzter Stahl benutzt.

Derselbe ist in allen Materialienhandlungen zu haben und kann in großen Flächen und in Röllchen in verschiedener Stärke bezogen werden, wovon letztere Art in der Breite schmaler Uhrfedern, zugleich die nötige Federbreite angibt.

Das Schneiden der Federn geschieht nun in folgender Weise:

Zuerst müssen die Federstückchen rundiert werden, damit sie die ungefähre Rundung einer gewöhnlichen Stahlfeder erhalten.

Zu diesem Zwecke legt man das Stahlplättchen in eine auf Holz oder Blei angebrachte Vertiefung (Hohlkehle) und fährt mit einem dazu passenden Polierstahl, oder auch mittels dem Handgriffe der Schere so lange auf dem Stahlplättchen der Länge nach hin und her, bis dasselbe genau die Form der Hohlkehle angenommen hat.

Sehr zweckmäßig zum Runden der Federn ist ein kleiner aus Letternmetall gegossener Amboß mit Hohlkehle, Fig. 1, Taf. 3, und ein kleiner an der schwachen Seite abgerundeter Hammer, Fig. 2, Taf. 3.

Diese Operation muß mit Aufmerksamkeit ausgeführt werden, damit die Kehlung wie Fig. 3, Taf. 3, vollkommen rund und nicht wie etwa Fig. 4, Taf. 3, sich buckelig gestaltet, was zum Auflegen und leichten Ausfließen der Tinte höchst nötig ist, und auch der Feder mehr Steifheit und Elastizität gibt.

Das Schneiden der Feder geschieht mittels einer guten englischen Schere von Gußstahl.

Wesentlich ist hierbei, daß selbe von richtig gehärtetem Stahl und geeigneter Form sei, und vorzüglich gut schneiden muß.

Die zweckmäßigste Form wäre Fig. 5 und 6, Taf. 3, wobei die Schere vom Stützpunkt (Nagel) aus bis zum Griff wenigstens 1½ — 2 mal so lang sein soll, als von diesem Punkte aus bis zur Spitze.

Wie bei der Schreibfeder soll der Spalt nicht länger sein, als bis zu dem Beginn des Zuschnittwinkels, Fig. 7, Taf. 3.

Der Spalt wird zuerst und so hineingeschnitten, daß man das Uebereinanderklappen der Scherenblätter vermeidet, weil sonst das Ende des Spaltes einseitig ausreißt und die Feder schwer zu richten ist.

Die beiden Teile der Federspitze müssen gleich groß und die Spitze selber fein und scharf sein, weil es sonst unmöglich ist, feine und zarte Linien mit Sicherheit auf den Stein zu zeichnen.

Je nach Gewohnheit schneiden manche die Spitzen von hinten nach vorne, Fig. 8, Taf. 3, andere wieder von vorn gegen hinten zu, Fig. 9, Taf. 3.

Jedoch empfiehlt sich das letztere Verfahren ganz besonders zur Herstellung einer sichern, gut schreibenden Feder.

So können auch nach dem Zwecke oder nach Gewohnheit die Spitzen in stumpferen oder spitzigeren Winkeln, Fig. 10 und 11, Taf. 3, geschnitten, wovon erstere für den Anfänger leichter zu handhaben sind, und so auch die Breite des Stahls verschieden genommen werden.

Sind beide Spitzen im Schneiden gleich gut geraten, so werden dieselben durch einen Querschnitt gestutzt, wobei man, um die Spitzen genau zu sehen, die Feder so hält, daß hinter ihr ein heller Grund, Wand, Papier ꝛc. ist.

Die so zubereitete stählerne Feder wird nun in einen oben und unten rund abgeschnittenen Federkiel so weit hineingesteckt, daß nur der Schnabel hervorragt; auf der andern Seite aber treibt man einen andern Kiel oder ein wohlgerundetes Holz, wie man es bei den Pinseln gebraucht, hinein, so daß die Stahlfeder zwischen beiden fest eingeklemmt wird, siehe Fig. 12, Taf. 3.

Ebenso können auch als Federhalter die in neuerer Zeit für Stahlfedern in unzähligen Formen existierenden Halter gebraucht werden, Fig. 13—16, Taf. 3.

Stehen die Spitzen im Halter nicht gleich, so werden sie zwischen den Nägeln der Zeigefinger durch Auswärtsstreifen „gerichtet"; sollte dies nicht zureichen, so kann diesem Uebelstande dadurch abgeholfen werden, daß man die Feder aus dem Halter herausnimmt, auf den Stein legt und ihr Spaltende durch leichtes Darüberstreichen mit irgend einem rundlichen, metallenen Gegenstande ebnet.

Auch kann man auf einem feinkörnigen Schleif- oder vielmehr Wetzsteine nach Bedarf den Schnabel zuspitzen, die zu scharfen Kanten etwas abrunden, und die Feder sozusagen nach seiner Hand zurichten.

Findet man die Feder beim Schleifen etwas zu weich, so kann man deren Spitze wieder etwas härten, wenn man sie wenige Sekunden in die Flamme eines brennenden Lichtes hält und dann, noch glühend, schnell in das Unschlitt der Kerze stößt, worauf man sie endlich vollends gut schleift.

Mit diesen Federn (deren man aber jederzeit mehrere vorrätig haben muß, weil man damit nicht feine und Grundstriche zugleich machen kann, sondern erst die ganze Schrift oder ganze Partien mit einer feinen Feder anlegt und die Grundstriche mit einer stärkeren nacharbeitet), wird in der Regel alle Schrift auf Stein geschrieben. Man muß sich dabei hüten, daß man die Feder rückwärts schiebt, wie man dies auf dem Papier mit der Federspule macht, sondern man muß sie immer in der Hand wenden, damit sie bei jedem Striche vorwärts gezogen wird, was durch eine vorteilhafte Lage des Steines bei der Schrift, die, wie sich von selbst versteht, allemal verkehrt geschrieben werden muß, sehr erleichtert wird. Drückt man so, daß sich der Schnabel rückwärts biegen muß, wie dies bei bedeutenden Grundstrichen mit der Spule oft zu geschehen pflegt, so bricht der Schnabel ab, und ebenso würde es gehen, wenn man durch Auf- oder Rückwärtsschieben den Schnabel anstrengen wollte.

Verschiedene Stahlfederfabriken haben sich, mit mehr oder weniger Erfolg, bemüht zur Lithographie taugliche Federn herzustellen. Wir führen die für die Arbeit auf Stein brauchbarsten hier an und bemerken, daß viele Zeichner dieselben den geschnittenen Federn vorziehen. Fig. 17 a, b, c, d, e, f, Taf. 3.

Für ganz feine Arbeiten, wo es auf äußerst zarte Striche ankommt, ziehen wir jedoch die selbstgeschnittenen Federn vor.

Feinkörnige Wetz- oder Schleifsteine sind bei der Federzeichnung, um die Stahlfedern darauf vorzurichten, sie zu schärfen, wenn sie stumpf geworden, oder hier und da nachzuhelfen, wenn sie nicht schreiben, wie sie sollen, unentbehrlich. Ein solcher Wetzstein ist gleichsam das Federmesser des Lithographen, der ihm ebensowenig fehlen darf, wie jenes dem Schreiber.

Pinsel zur Schrift und zur Zeichnung und zu anderem Gebrauche.

Da es manchem Lithographen schwer wird, sich die Federn selbst zu schneiden, auch das oftmalige Korrigieren derselben sehr zeitraubend ist, so hat man versucht, sich statt der Federn der Pinsel zu bedienen. Auch mit diesen kann man Schrift auf Stein zeichnen; allein es gehört eine ausgezeichnete Fertigkeit und lange Uebung dazu, die Pinsel so zu führen, daß man ebenso scharfe, reine Striche hervorbringt, wie mit einer Stahlfeder, und wenn auch der Künstler dies vermag, so ist er doch nicht im stande, dem mit der Feder Arbeitenden an Schnelligkeit gleichzukommen, angenommen nämlich, daß jeder in seiner Kunst gleiche Fertigkeit besitze.

Man bedient sich zu diesem Zwecke der ganz feinen Miniaturpinsel, Fig. 19, Taf. 3, und richtet davon einige so zu, daß alle Haare nach und nach in eine einzige Spitze zulaufen, andere aber streicht man breit, so daß die Haare fast alle nebeneinander liegen und schneidet auf beiden Seiten einige ziemlich weit oben ab, dann richtet man die Pinsel auf einer andern Seite wieder so breit und schneidet etwas tiefer auf beiden Seiten einige Haare ab; so fährt man fort, bis nur etwa noch 10—12 Haare übrig sind, diese schneidet man an ihrer Spitze ganz gleich.

Mit solchen Pinseln nun kann man völlig gleich fortlaufende Linien und Striche zeichnen, und mit den zuerst beschriebenen Pinseln Striche von verschiedener Stärke.

Außerdem bedarf man aber auch noch verschiedener großer und kleiner Pinsel, so z. B. zum Auftragen des Gravier- und Aetzgrundes, dann zum Ausdecken der Tonplatten, oder bei Ausbesserungen, und um hier und da Scheidewasser oder andere Präpariermittel in kleinen Partien anzubringen. Halbschlepper zu Tuschzeichnungen, Fig. 20, Taf. 3.

Die Reiß oder Ziehfedern.

Es sind dies dieselben, wie man sie in jedem Reißzeug oder mathematischen Besteck findet, Fig. 21, Taf. 3, und sie werden auch auf dem Steine ebenso angewendet und benutzt, wie auf dem Reißbrette, das mit Papier bespannt ist. Man füllt sie ebenso, man gibt ihnen bei der Arbeit eben die Richtung in der Hand und führt sie so auf dem Steine, wie auf dem Papiere.

Die Backen oder Blätter der Reißfeder müssen an der Spitze zwar außerordentlich fein, aber durchaus nicht spitz, sondern etwas rundlich zugeschliffen werden, indem sie, sobald sie in eine Spitze auslaufen, den Stein, selbst bei der leichtesten Führung angreifen, und sich voll Steinstaub setzen, wo sie dann versagen.

In der Regel werden dieselben doppelt gehärtet um, da der Stein etwas schleift, der schnellen Abnutzung vorzubeugen.

Der Lithograph bedarf der Reißfeder besonders bei tabellarischen Arbeiten, dann bei allen Gelegenheiten, wo gerade Linien von größerer Ausdehnung nötig sind und zu mathematischen und architektonischen Arbeiten. Selbst bei musikalischen Werken ist sie ihm unentbehrlich, er zieht damit die Taktstriche, und oft, wenn seine Rostrale zu Noten von vorgeschriebener Größe zu weit oder zu eng sind, sämtliche Notenlinien, die er sich dann freilich durch genaues Maß, auf beiden Seiten, vorher angeben muß.

Zu verschiedenen anderen Arbeiten sind dem Zwecke entsprechende Ziehfedern konstruiert worden und da dieselben die Arbeit in vielen Fällen ungemein erleichtern und dazu beitragen die Ausführung gleichmäßiger zu machen, so führen wir einige derselben, welche sich besonders bewähren, hier an.

Stahlreißfeder, Fig. 22, Taf. 3.

Diese neue Feder erlaubt ein bequemes sicheres Einsetzen und läßt sich leicht justieren, da nur die Abschrägung nachgeschliffen zu werden braucht. Sie ist für alle feineren Arbeiten sehr empfehlenswert.

Reißfeder mit Teilscheibe, Fig. 23, Taf. 3.

Die Teilscheibe dient zur genauen Bestimmung der Strichstärken in Abständen von 0,05 mm; eine ganze Schraubenumdrehung entspricht 1 mm Bewegung der Zungenspitzen. Der Zeichner hat also die vollkommenste Kontrolle der Strichstärken in der Hand.

Kurvenfeder, Fig. 24, Taf. 3.

Diese im Heft bewegliche Kurvenfeder ist lediglich zum Gebrauch mit dem Kurvenlineal bestimmt.

Kurvenfeder, Fig. 25, Taf. 3.

Diese ebenfalls im Heft bewegliche Kurvenfeder dient zum freihändigen Kurvenziehen. Durch Anziehen der oben am Heft befindlichen Schraube ist die Feder festzustellen und als gewöhnliche Ziehfeder brauchbar.

Doppelfeder (Wegefeder), Fig. 26, Taf. 3.

Für Kartographen zum Ziehen der Wege.

Vierzüngige Ziehfeder, Fig. 27, Taf. 3.

Sie ist hauptsächlich dazu bestimmt, einen scharfen breiten Strich mit einem Zuge zu ziehen, die mittleren Zungen dienen dazu die Tusche besser festzuhalten. Es lassen sich mit dieser Feder jedoch auch Doppellinien ziehen, zu welchem Behufe man nur die Zungen entsprechend zu stellen braucht.

Hier wollen wir auch gleich die **Universal-Punktierfeder** mit drei verschiedenen Punktierrädern anführen. Fig. 28, Taf. 3.

Die Punktierfeder löst die Aufgabe, punktierte Linien der verschiedensten Weiten schnell und sauber zu ziehen. Man legt dieselbe so an das Lineal, daß die Leitscheibe auf letzterem läuft und gibt etwas Druck, um durch die Leitscheibe dem Rad die nötige Reibung zum Heben des die Feder tragenden Hebels zu verschaffen. Bei Einsetzung eines andern Rades hat man nur die, die Leitscheibe und das Rad haltende Feder beiseite zu schieben.

Es darf nicht versäumt werden, die scharnierartig am Hebel befestigte Feder in die richtige, dem Rad angemessene Stellung zu bringen. Sie ist gleichzeitig auch als Ziehfeder zu gebrauchen, sobald man sie mitsamt dem Hebel, ähnlich wie bei einem Taschenmesser, aufschlägt.

Diese Federn sind sämtlich bei R. Becker in Leipzig zu haben.

Um das, durch Abnutzung der Spitzen der Ziehfeder, durch das Arbeiten auf dem Steine, sehr rasch erfolgende Stumpfwerden derselben zu vermindern, hat man jetzt Ziehfedern mit Iridiumspitze und auch solche mit Spitzen von Rubin hergestellt. Dieselben sind von bedeutend längerer Dauer als die von Stahl gefertigten.

Das Rostral.

Dieses den Musikern und Notenschreibern allgemein bekannte Instrument ist dem Lithographen, welcher Schrift und überhaupt mit der Feder arbeitet, sehr notwendig zum Lithographieren musikalischer Werke. Die in der Lithographie anzuwendenden Rostrale sind die bekannten, wie man sie für das Papier benutzt, nur ist es ratsam, daß man auf Stein stählerne, nicht messingene, anwende, weil sich jene weit weniger abnutzen, als diese. Man hat sie von verschiedener Konstruktion, doch ist der Satz festzustellen: daß alle die Gattungen, die auf Papier als vorteilhaft erkannt wurden, auch auf Stein diesen Vorteil haben.

Hierher können wir auch ein Instrument rechnen, dessen man sich zum Ziehen von Parallelen bedient, welche die Schrifthöhe bestimmen. Bei Landkarten, Preiskuranten ꝛc. kommt es darauf an, durch die ganze Arbeit eine und dieselbe Schrifthöhe bei gleichartigen Gegenständen beizubehalten. Das Abstechen dieser Schrifthöhe mit dem Zirkel ist zeitraubend und wird leicht ungenau, da der Zirkel beim Abstechen sich leicht verstellt. Wir haben uns zu diesem Zwecke mit Vorteil eines Instrumentes bedient, das genau wie eine gewöhnliche Reißfeder geformt war, dessen Blätter aber von sehr weichem Messing gemacht waren, und das zwei Schraubenmuttern hatte, nämlich eine zwischen den Blättern und eine zweite, gewöhnliche, außerhalb derselben. Mittels dieser beiden Muttern lassen sich die Blätter in jeder beliebigen gegenseitigen Entfernung unverrückbar feststellen, doch dürfen sie nicht zu schwach sein, um nicht etwa zu federn. Mit diesem Instrumente, das man für die Schrifthöhe stellt, zieht man nach dem Lineal die nötigen Parallelen, welche auf dem weißen Steine dunkelgrau, auf dem für die Gravierung präparierten aber glänzend erscheinen und beim Drucke nie Farbe annehmen. Es versteht sich übrigens von selbst, daß die Blätter nicht etwa scharf sein dürfen, weil sie sonst in den Stein einschneiden würden.

Die Schriftgabeln älterer Konstruktion haben feststehende Zinken, wie eine Gabel und sind, je nach der Manier zu welcher sie benutzt werden sollen, aus Messing oder Stahl gefertigt. Fig. 29, Taf. 3.

Schriftgabeln neuerer Konstruktion stellen die Fig. 30 und 31, Taf. 3, dar. Fig. 30 ist eine verstellbare Schriftgabel aus Stahl. Fig. 31 desgleichen.

Ferner bedarf der Lithograph, wenn er Musikalien schreibt, eines Instrumentes womit er die Notenköpfe macht, um schneller und gleichmäßiger arbeiten zu können, als wenn er jeden einzeln mit der feinen Stahlfeder umschreiben und dann mit einer gröbern ausfüllen sollte, und dieses Instrument heißt:

Der Notentupfer

und ist ein metallenes Röhrchen von ungefähr $7^{1}/_{2} - 9$ cm Länge, das oben etwas weiter als unten, und zwar hier so weit und so geformt ist, wie die Notenköpfe gewöhnlich sind. Oben wird es mit einem messingenen Stöpsel verschlossen, an welchem ein Draht befestigt ist, der bis an die untere Mündung des Röhrchens reicht, wo er in ein Kreuz oder stempelartiges Gefüge ausgeht, zwischen welchem sich die flüssige Tusche beim Eintauchen hineinzieht und von ihm gehalten wird, bis sie nach und nach durch das Tupfen der Notenköpfe ausfließt. An den Seiten des Röhrchens sind noch Löcher angebracht, durch welche der Luft einiger Zugang gestattet wird, um durch ihren Druck das Ausfließen der Tusche bei der Arbeit zu befördern. Da sich indessen dieser Draht und mit ihm der ganze Notentupfer durch die eintrocknende Tinte sehr bald verschmieren würde, muß man dafür sorgen, daß der Draht sich in der Röhre stets bewege. Dies bezweckt man dadurch, daß man ihn ein wenig vor der Oeffnung der Röhre vorstehen läßt und das hintere Ende gegen eine, im Innern der Röhre befindliche Spiralfeder stützt. Setzt man nun den Tupfer auf die Stelle, wo man einen Notenkopf machen will, so drückt sich der Draht in das Innere der Röhre, die Tusche fließt aus, und sobald man den Tupfer aufhebt, treibt die Spiralfeder denselben wieder vorwärts, ein Spiel, das sich bei jedem Notenkopfe wiederholt. Da das hintere Ende der Röhre zur Aufnahme der Feder geschlossen ist, muß man an der Seite der Röhre eine Oeffnung zum Einfüllen der Tinte anbringen.

Man tupft bei dem Schreiben der Noten mit diesem Instrumente nur auf den Ort, wo die Note zu stehen kommen soll und erhält so den Notenkopf selbst; so fährt man Zeile für Zeile fort, bis man eine oder auch mehrere Kolumnen fertig hat, worauf man dann die Hälse mit der Stahlfeder, und endlich die Taktstriche und Balken mit der Reißfeder daran macht.

Tuschgefäße.

Der mit Tusche oder Tinte arbeitende Lithograph hat auch Gefäße nötig, in denen er die Tusche anreibt, auflöst und in welchen er sie zum Gebrauche vor sich hat. Erstere ersetzt jede Untertasse oder flacher Teller, und letztere irgend ein Fläschchen, in welchem die Tusche nicht zu schnell vertrocknet. Noch besser sind die käuflichen, zu diesem Zwecke mit gut passendem Deckel versehene Tuschgefäße, Tuschnäpfchen (Fig. 51—53, Taf. 3), in denen sich die Tusche vorzüglich gut hält und nur langsam eintrocknet. Die in Fig. 51 und 52 dargestellten sind von Porzellan und mit einem festschließenden hölzernen Deckel versehen. Fig. 53 zeigt ein blechernes Tuschgefäß mit einem kupfernen Einsatz zur Aufnahme der Tusche bestimmt. Der Hohlraum des Gefäßes kann im Sommer mit kaltem und im Winter mit warmem Wasser gefüllt werden, um die Tusche durch Einwirkung der Kälte oder Wärme flüssiger zu erhalten.

Der Kreidehalter, die Bleihülse.

Dieses Instrument ist beim Kreidezeichnen in mehreren Exemplaren notwendig. Manche bedienen sich der bekannten messingenen Kreidehalter, andere ersetzen dasselbe durch Federspulen, Rohrhülsen u. s. w. Sein Gebrauch ist jedem bekannt und bedarf keiner weiteren Beschreibung.

Reißschiene, Lineale und Winkel

sind für den Lithographen, besonders für den, der sich mit technischen und geometrischen Zeichnungen und Schrift beschäftigt, ebenfalls notwendige Werkzeuge, denn schon bei aller Schrift, die sich verkehrt, wie dies für den Druck geschehen muß, nur sehr schwer schreiben läßt, sind sie ihm nötig. Besonders nützlich ist aber die Reißschiene, um mit Bequemlichkeit eine Menge Linien in gleicher Richtung ziehen zu können, was die jederzeit winkelrecht gearbeiteten Steine oder vielmehr die Zeichenrahmen, welche wir vorhin beschrieben und abgebildet haben, auch erlauben. Doch nicht nur zur Anlage der Schrift, auch zu andern Zeichnungen, besonders bei mathematischen Figuren und überhaupt allen mathematischen und Bauzeichnungen ist sie unentbehrlich. Kleine und größere Schräglinien, deren Endpunkte angegeben sind, kann man nach gewöhnlichen Linealen oder den Winkeln (Dreiecken) ziehen. Die Winkel dienen auch zugleich, um kleine Parallelen u. s. w. zu ziehen, zu welchen man die Reißschiene nicht stellen will oder kann.

Die bei dieser Arbeit zu verwendenden Lineale und Winkel, Fig. 32 und 33, Taf. 3, läßt man am besten von starkem Stahlblech, etwa 1 mm dick, machen, und versieht sie auf ihrer obern Fläche mit einem Knopfe, damit man sie leichter handhaben kann, und nicht beim Aufheben zufällig in die Verlegenheit kommt, die Oberfläche des Steines mit den Fingerspitzen zu berühren, wodurch auf dem Steine Fettflecken entstehen würden, die später Farbe annehmen dürften. Gut ist es auch, die untere Fläche der Lineale und der Winkel bis auf 2 mm vom Rande mit starkem Papiere zu bekleben.

Fig. 34, Taf. 3, zeigt ein Schraffierlineal von Holz.

Fig. 35, Taf. 3, ein Schraffierlineal von Messing.

Zur Handhabung desselben ist ein einziger Finger erforderlich, der den Niederdruck auf den Knopf des beweglichen Hebels ausführt und so lange festhält bis die Linie gezogen ist. Die verschiedenen Weiten der Linien lassen sich durch die den Hebel führende Schraube bemessen.

Für manche Arbeiten, wobei Lineal und Winkel in Anwendung kommt, ist auch das von Kraus konstruierte Lineal, welches an den Stein angeschlossen werden kann, sehr zweckdienlich und empfehlenswert. Fig. 36, Taf. 3, ist für kleinere Platten konstruiert. Der Körper a ist verschiebbar in dem Schlitze b c. Die Schrauben d e dienen zum Anziehen des Körpers a, die Schwanzschraube f zum Anziehen am Stein.

Fig. 37, Taf. 3, ist für größere Platten bestimmt. Der Körper a ist versetzbar in die Löcher b c d ꝛc., e Stellschraube für den Körper f, g h Schwanzschrauben zum Anziehen an den Stein. Gewöhnlich werden auch zum Zeichnen der gebogenen Linien die Kurvenlineale, Fig. 38 und 39, Taf. 3, benutzt.

Die aus Messing hergestellten sind die besten. Holz, Horn und andere Stoffe arbeiten sich leicht ab, werden ungenau und sind auch dem Verziehen, Werfen, ausgesetzt.

Ein mathematisches Besteck oder Reißzeug

benutzt der Lithograph, wie der Architekt, denn auch ihm kommen dergleichen Arbeiten oft vor. Allerdings kann er durch das Durchpausen die Zeichnung genau übertragen, und er würde auch sehr mühsame Arbeit haben, wenn er jede mathematische, architektonische oder dergleichen Figur regelmäßig mit dem Zirkel abstechen wollte, denn dieser ist auf den Stein weniger zu gebrauchen, da seine scharfen Spitzen sich bald verbiegen oder abnutzen würden und er überhaupt nicht so fest aufgesetzt werden kann, wie auf dem Papiere; dennoch aber sind Zirkel, und besonders die Reißfedern, nebst allen im Reißzeuge gewöhnlichen Instrumenten, bei manchen Arbeiten nicht zu entbehren, und wenn es auch nur wäre, um sich zu überzeugen, ob die übertragene, oder eine von der Hand nur angelegte, Zeichnung richtig und genau gemacht sei, oder nicht. Es kommen aber auch lithographische Arbeiten vor, bei denen das Pausen nicht wohl anwendbar ist, so z. B. streng mathematische Zeichnungen, deren Hauptwert in der konstruktiven Genauigkeit besteht, wobei alsdann der Lithograph statt des Pausens die Zeichnung auf dem Stein konstruieren muß.

Für die Arbeiten auf Stein müssen die Reißfedern und Zirkelfüße immer von gehärtetem Stahle sein.

Zum hauptsächlichen Gebrauch auf Stein sind jetzt vielerlei Arten von Zirkeln vorhanden, wir erwähnen den

Nullenzirkel mit Einsätzen, Fig. 40, Taf. 3.
Bleirohr und Ziehfeder.

Nullenzirkel mit Einsätzen, Fig. 41, Taf. 3.
Ziehfeder, Bleieinsatz.

Derselbe unterscheidet sich von allen andern Zirkeln dadurch, daß die Zentrierspitze auf dem Papier oder Stein feststeht, während die bewegliche Ziehfeder, durch ihr eigenes Gewicht auf dem Papier festliegend, um erstere als Drehachse herumgeführt wird.

Stangenzirkel mit Einsätzen, Fig. 42, Taf. 3, zur Federarbeit wie zur Gravur zu verwenden.

Stabeinsatzzirkel mit Ziehfeder, Fig. 42a, Taf. 3.

An einem, je nach seiner Länge 6—10 mm in □ starkem Stabe befinden sich 2 Metallhülsen, deren eine zum Tragen der Reißfeder oder des Bleies, und die andere, die Zentrierspitze haltend, zum Bewegen, bez. Einstellen bestimmt ist. Zum Verschieben dieser zweiten Hülse, dient eine kleine, fein ränderierte Rolle, welche vermittelst einer dort angebrachten Feder auf den Stab gedrückt und durch deren Umdrehung der Schieber fortgerückt wird.

Diese Einrichtung macht die Mikrometerschraube entbehrlich und gestattet ein genaues und schnelles Einstellen. Beim Einstellen weiter Distanzen braucht man nur den Schieber zu fassen und fortzurücken und wenn Zentrierspitze und Feder in gleiche Höhe gestellt sind, erfordert das Ziehen von großen oder kleinen Kreisen keine weitere Veränderung.

Stangeneinsatzirkel, Fig. 43, Taf. 3.

Nullenzirkel mit Gravierdiamant, Fig. 1, Taf. 4, und Zentrierspitze.

Um dem Diamant die möglichste Sicherheit zu geben, ist abweichend von der Konstruktion anderer Nullenzirkel, das den Diamanthalter führende Band möglichst nahe der Zentrierspitze angebracht. Der Diamant hat dadurch die zu kleinen Kreisen unerlässige Stabilität gewonnen. Bei den Arbeiten mit dem Graviernullenzirkel empfiehlt es sich, beide Hände zu gebrauchen, indem man mit dem Zeigefinger der linken Hand den Knopf der Zentrierspitze hält, während die rechte Hand die Drehung ausführt.

Gravierzirkel, Fig. 2, Taf. 4.

Gravierzirkel mit Gradbogen, Fig. 3, Taf. 4.

Gravierzirkel mit vier Einsätzen, Fig. 4, Taf. 4.

Gravierzirkel mit vier Einsätzen, Fig. 5, Taf. 4.

Der exzentrische Zirkel. Wenn aus einem Punkte auf dem Steine mehrere Kreise geschlagen werden sollen, muß man, sobald man mit gewöhnlichen Zirkeln arbeitet, den einen Schenkel in den Mittelpunkt einsetzen; damit er aber nicht abgleite, muß dort eine kleine Vertiefung gemacht werden, wo der feststehende Schenkel hinkommt. An dieser Stelle nimmt nachher der Stein gern Farbe an, oder wenn über die Stelle hin wieder gezeichnet werden soll, so druckt dieselbe, da sie tiefer liegt, nicht mit. Ebenso ist, wo es gilt, sehr kleine Kreise zu schlagen, der feststehende Schenkel häufig im Wege. Allen diesen Uebelständen hilft der exzentrische Zirkel ab, bei dem der feststehende Fuß fehlt, oder vielmehr nicht eingesetzt wird. Man hat dergleichen Zirkel, welche auch Kreismaschinen genannt werden, sehr vielfältig konstruiert; einer der einfachsten und für unsere Zwecke vollkommen ausreichend, ist der Fig. 6 und 7, Taf. 4, dargestellte konzentrische Zirkel von Jobard. Fig. 6 zeigt denselben von der Seite, Fig. 7 von vorn gesehen.

Für größere Dimensionen wird auch der Stangenzirkel, Fig. 42 und 43, Taf. 3, benutzt, welcher hierzu zum Einsetzen eines Diamanten eingerichtet, was auch bei obigen Kreismaschinen meistenteils der Fall ist.

Eine Abart des gewöhnlichen Zirkels ist der Ellipsograph, welcher dazu dient, wie mit jenem, Kreise von jedem beliebigen Durchmesser, so mit diesem Ellipsen von beliebigem Verhältnis ihrer Achsen zeichnen zu können. Bei technischen und architektonischen Arbeiten kommen dergleichen Ellipsen sehr häufig vor, und ihre Bearbeitung aus freier Hand hat viel Schwierigkeit, deshalb ist man bemüht gewesen, Instrumente zu erfinden, mit denen man dieselben mechanisch und mit großer Genauigkeit erzeugen kann. Man hat zu diesem Zwecke zahlreiche Instrumente konstruiert, eins der besten ist der Ellipsograph von Cousens in London, dessen obere Ansicht wir in Fig. 8, Taf. 4, die Seitenansicht aber in Fig. 9 darstellen. Gleiche Buchstaben bezeichnen gleiche Teile. A, B, C und D sind vier mit Schlitzen versehene Schieber, welche mittels Kopfschrauben an den im Kreuz E, F

G, H laufenden Zentrumsköpfen festgestellt werden können, und zwar so, daß die hier an einer und derselben Stelle des Kreuzes befindlichen, genau die Länge der halben zugehörigen Achse der zu zeichnenden Ellipse darstellen, wie dies Fig. 9 deutlich zeigt. Die vordern Enden von A und B und von C und D sind durch die Lenkstangen I und K miteinander paarweis verbunden. Diese Lenkstangen gehen, eine über der anderen durch den kreuzweis durchbohrten Kopf P, in dessen Mittelpunkt zugleich die Hülse für den zeichnenden oder Gravierstift befestigt ist. Bewegt man nun den letztgenannten Stift, so bewirken die Schieber und ihre Verbindungsstangen, daß dies durchaus nicht anders, als in der Richtung einer mathematisch richtigen Ellipse geschehen kann. Macht man alle vier Schieber durch Stellung an den Schrauben gleich lang, so wird die beschriebene Figur ein Kreis sein, d. h. eine Ellipse, bei welcher die beiden Achsen gleich groß sind, macht man aber das eine Schieberpaar = 0, so beschreibt die Maschine eine gerade Linie, d. h. eine Ellipse, deren eine Achse = 0 ist. Die beiden Erscheinungen geben übrigens das Mittel an die Hand, zu prüfen, ob das Instrument richtig gearbeitet ist.

Hierher gehört auch der in Fig. 10, Taf. 4, dargestellte Ovalzirkel, ebenso die in Fig. 10a abgebildete Handkreismaschine.

Ein kleines Instrument, das sogenannte Lochblech, Fig. 11, Taf. 4, müssen wir hier noch anführen. Dasselbe muß aus gutem Stahlblech gemacht sein, und dient dazu, kleine und kleinste, mit dem Zirkel nur schwer, oder gar nicht ausführbare Kreise zu ziehen. Bei geographischen Arbeiten und technischen Zeichnungen wird es sehr oft und mit Vorteil angewendet. Bei ersteren zur genauen Herstellung der Ortszeichen, bei letzteren zur Ausführung von Nieten, Schraubenköpfen und dergl. mehr.

Schaber und Graviernadel.

Weiter oben in diesem Kapitel ist bereits gesagt, daß man mit Terpentinöl Linien, ganze Partien einer Zeichnung u. s. w. wenn sie falsch, oder nicht nach Wunsch geraten sind, wieder wegwischen kann; allein einerseits, wenn die gemachte Zeichnung bereits eingetrocknet ist, andrerseits bei kleinen Strichen, einzelnen Punkten u. dergl. mitten in der Zeichnung oder Schrift, ist dies nicht mehr möglich. Man bedient sich dann eines Radiermessers, das, wie gewöhnlich, zweischneidig, unten ziemlich abgerundet und überhaupt etwas breit, stets sehr scharf und von bestem Stahl sein muß. Mit diesem radiert man einen Buchstaben oder dergleichen ebenso weg, wie auf dem Papier, nur hat man sich wohl vorzusehen, daß man soviel wie möglich den Stein schone, denn nimmt man zu viel weg, so kommt der neue Buchstabe tiefer zu stehen, als die andern und der Drucker hat dann stets zu kämpfen, um ihn im Abdruck ebenso schwarz als die übrigen zu erhalten. Sind die Fehler nur Punkte, ist eine oder die andere Linie hier und da rauh, oder hat sie ein Hälchen und dergl., so nimmt man eine zu diesem Behuf etwas breit geschliffene Nadel und radiert damit, oder putzt die fertige Schrift damit aus, um jedes etwa noch überflüssige Pünktchen zu beseitigen.

Ein noch besseres Instrument ist der sogenannte Schaber, den man auch beim Herausheben der Glanzlichter in der Kreidezeichnung braucht. Es ist dies der Schaber, wie ihn die Kupferstecher zur schwarzen Kunst u. s. w. brauchen. (Siehe Fig. 44, Taf. 3.) Man bedient sich der Schaber, indem man die schneidende Stelle in sehr flacher Richtung gegen den Stein legt und damit das zu Entfernende fortnimmt.

Derartige Schaber bedarf der Lithograph von verschiedener Form und Größe, die Schaberformen in Fig. 45—50, Taf. 3, sind alle gleich zweckdienlich, je nach der Verwendung.

Hierher gehören auch die Graviernadeln. Dieselben müssen von sehr gutem Stahl und vollkommen gehärtet sein, damit sie den Stein scharf angreifen und so langsam als möglich stumpf werden.

Zur Anfertigung derselben kann man englische Stahlnadeln nehmen oder sich der sogenannten fünfeckigen englischen Reibahlen (Fig. 12, Taf. 4) bedienen, wie sie die Uhrmacher verwenden.

Minder gut sind die französischen, welche daran zu erkennen sind, daß sie keine Kanone a (Fig. 12) haben, sondern wie Fig. 13 gestaltet sind.

Auch die vierkantigen Stichel, Fig. 15, Taf. 4, sowie die ovalen Messerschaber, Fig. 16, sind namentlich für breite Nadeln sehr zu empfehlen. Der flache Messerschaber, Fig. 17, Taf. 4, kann nur als breite Nadel zum Ausschaben verwendet werden.

Ob man sich übrigens der Stahlnadel oder Reibahle bedient, müssen diese Instrumente entweder immer in Holz gefaßt, oder in Hefte befestigt werden. Derartige Hefte sind in Fig. 18 und 19, Taf. 4, dargestellt.

Diese Nadeln oder Reibahlen werden dann nach den nötigen Formen zugeschliffen, wobei die geschliffene Fläche stets in schräger Richtung gegen die Achse des Stiftes gestellt sein muß, wie dies auch bei den Grabsticheln der Kupferstecher der Fall ist, mit Ausnahme der spitzen, zum Vorreißen benutzten Nadel, welche pyramidalisch, oder kegelförmig zugespitzt wird.

Fig. 22, Taf. 4, zeigt einen Parallelen- oder Wegezieher.

Derselbe wird in gleicher Weise, wie die Doppelfeder in der Federmanier, zum Gravieren von Wegen oder sonst gleichlaufenden gebogenen Linien benutzt.

Wir kommen überhaupt auf die Anwendung und Form der Nadeln weiter unten, wo wir von der Graviermanier sprechen, wieder zurück.

In neuester Zeit bedient man sich meist zum Gravieren der Diamanten, Fig. 20, Taf. 4, welche bedeutende Vorteile gewähren, da sie einen reinen Schnitt geben und nicht geschliffen zu werden brauchen. Man erhält dieselben in verschiedenen Stärken bereits gefaßt. Ist man genötigt, ungefaßte Diamanten anzuwenden, so muß man sich zur Arbeit derselben einer Schraubenkluppe oder Diamanthalters bedienen. Fig. 21, Taf. 4, zeigt eine solche. A ist ein, mit einer Zwinge versehener Griff, in welchen die, aus zwei Blättern bestehende Kluppe B fest gemacht ist. Der hintere Teil der Blätter ist mit einem Schraubengewinde versehen, auf welchem sich die Mutter c bewegt. Da die Blätter konisch anlaufen, so müssen sie, je mehr die Mutter nach vorn bewegt wird, sich schließen und so den Diamantsplitter D festhalten.

Ein guter Schriftdiamant ist eins der wichtigsten und unentbehrlichsten Instrumente des Lithographen und kann daher die Anfertigung desselben, bezüglich Güte und Auswahl der Diamantsplitter, als auch die Form und Fassung in Stahl, nur von einem geübten Kenner vollzogen werden.

Die Schraffiermaschine.

In der Lithographie kommen ebenso, wie in der Kupferstecherkunst sehr oft Fälle vor, wo man größere oder kleinere Flächen mit einer großen Zahl gleichweit voneinander stehender Parallelen bedecken, oder solche Parallelen ziehen muß, deren Entfernungen nach gewissen Verhältnissen ab- oder zunehmen :c., mit andern Worten: man muß oft in der gravierten Manier glatte Töne, z. B. Luft, Wasser, große ebene Flächen u. s. w. machen. Diese Arbeiten entsprechen aber nur dann den an sie zu stellenden Erwartungen, wenn die Linien alle mit der größten Genauigkeit und Gleichmäßigkeit gezogen werden. Dies aus freier Hand mit Lineal und Winkel zu vollbringen, würde mehr verlangen heißen, als ein nicht ganz ausgezeichneter Künstler vermag, und selbst dann noch würden sich immer kleine Unrichtigkeiten vorfinden.

Zur bequemeren Lösung dieser Aufgabe hat man die Schraffiermaschinen erfunden. Deren gibt es, seit Conté in Paris für das Prachtwerk: Description de l'Egypte, im Jahre 1803 die erste solche Maschine erfand und Turrel in England dieselbe im Jahre 1821 verbesserte, eine große Anzahl nach den verschiedenartigsten Systemen zusammengesetzte, und es ist bewundernswürdig, was in der neuesten Zeit in dieser Hinsicht geleistet worden ist. Es würde hier viel zu weit führen, wenn wir auch nur die besseren dieser Maschinen beschreiben wollten: wir beschränken uns daher nur darauf, eine derselben abzubilden, die Handhabung der Schraffiermaschine kennt ja jeder Lithograph. Fig. 23, Taf. 4, zeigt eine einfache Liniiermaschine.

Der Gebrauch der Maschine wird manches Verfahren erläutern, dessen Aufführung hier zu weitläufig werden würde.

Außer der hier genannten Maschine, welche nur gerade Linien zieht, sind noch viele andere für Wellen, Strahlen, Kreise, Kreis- und Ovalschraffierungen, Kreis- und Oval-Guillochen, Reliefs u. s. w. erfunden und immer mehr vervollkommnet worden.

Ihre Beschreibung und Gebrauchsanweisung würde allein ein Buch ausfüllen und doch nicht genügend sein, weil auch hier Uebung und genaue Kenntnis aller Teile der Maschine, in hohem Grade, erforderlich sind, um etwas Gutes zu liefern.

Um der Vollständigkeit des Werkes willen, bringen wir die Abbildungen einiger derselben in Fig. 1—4, Taf. 5, und bemerken dazu, daß derjenige, welcher dergleichen Maschinen anschaffen und verwenden will, am besten thut sich auch gleich einen Mann mitkommen zu lassen, der mit der Behandlung derselben vollkommen vertraut ist.

Der Gebrauch einer solchen Maschine in ihrem ganzen Umfange erfordert einen Künstler, der mit Geschicklichkeit Geschmack verbindet und die Maschine vollständig genau kennt um allen Anforderungen gerecht werden zu können.

Die Geschmacksrichtung der letzten Jahre hat die Anwendung der Guillochier- und Reliefmaschinen sehr beschränkt, es ist jedoch nicht ausgeschlossen, daß sie, bei einer abermaligen Veränderung derselben, wieder in Aufnahme kommen.

Kopiergerät.

Der Uebertrag einer Zeichnung auf den Stein geschieht durch das Pausen. Man legt nämlich eine nach dem Originale auf Pauspapier gemachte Durchzeichnung mit der Bildseite nach unten auf den Stein, schiebt ein Blatt gefärbtes Papier darunter, und fährt alle Linien mit der Pausnadel nach, wie wir dies später erklären werden. Hier handelt es sich nur um die Anfertigung des gefärbten Papiers und um die Pausnadeln. Das gefärbte Papier erlangt man, indem man sogenanntes Seidenpapier, oder dünnes Briefpapier rc., auf einer Seite entweder mit fein gepulvertem, präpariertem Blutstein, geschabtem feinem Rötel, oder auch Miloriblau, oder mit feinem Graphitpulver (abgeschabtem Bleistift) trocken, mittels eines reinen, leinenen Läppchens oder eines Wattebäuschchens, einreibt und den Ueberfluß durch gelindes Wischen wieder abreibt. Man hat sich sehr vorzusehen, daß bei der Bereitung alles Fett ferngehalten werde; denn da das Papier mit der gefärbten Seite nach dem Steine zu liegen kommt, so würde sich jede Spur von Fett demselben mitteilen und den Grund zu nachmaligem Verschmutzen des Steines geben. Ein solches Blatt gefärbtes Papier kann man sehr lange gebrauchen, da es von seiner Farbe nur wenig abgibt.

Die Pausnadel ist eigentlich eine stumpfe Graviernadel, deren Ende sorgfältig rund gemacht und poliert ist, damit die Nadel die gehörig scharfe Linie gibt, ohne zu schneiden. Sehr zweckmäßig ist es auch, statt der Pausenadel sich eines harten Bleistifts zu bedienen, weil man dann gleich sehen kann, welche Linien bereits gepaust sind, da diese schwärzer erscheinen, als die übrigen.

Auch ist in manchen Fällen dem gewöhnlichen Paus- oder Pflanzenpapiere, das mit Balsam copaive bereitete Papier vorzuziehen, weil dieses sehr durchsichtig ist und sich weniger verzieht, wie ersteres.

Bei Gegenständen aber, welche große Genauigkeit erfordern, wie z. B. topographische Pläne, architektonische Zeichnungen und dergl., ist zum Durchzeichnen das sogenannte Glaspapier besonders geeignet. Dasselbe kann auf beiden Seiten benutzt werden, auch kann man einen gepausten Gegenstand 10—20 Mal damit überdrucken, worauf wir im nächsten Kapitel wieder zurückkommen, und dieses Verfahren gehörig erläutern werden.

Auch die

Kopiermaschinen

müssen wir hier mit einigen Worten erwähnen. Obgleich sie, streng genommen, nicht hierher gehören, da dem Lithographen die fertige Zeichnung geliefert werden muß, so dürfen wir sie doch nicht ganz übergehen, weil der Künstler dann und wann sein Original selbst ausarbeiten muß.

Die Kopiermaschinen zerfallen in zwei Klassen, nämlich in die, welche das Original in derselben Größe wiedergeben und in solche, welche dasselbe in gewissem Verhältnisse entweder vergrößern oder verkleinern. Die ersten sind dem Lithographen ganz unnötig, denn das Pausen auf dem Originale hilft ihm ebenso schnell und ebenso gut zum Ziel, und das Original wird davon minder beschädigt, als von dem Stifte der Kopiermaschine.

Von größerer Bedeutung für den Steinzeichner aber sind jene Kopiermaschinen, welche zugleich vergrößern oder verkleinern. Zu diesen gehört vor allem der Storchschnabel, Fig. 5 und 6, Taf. 5, oder Pantograph, dessen Beschreibung wir hier jedoch übergehen, da das Instrument selbst jedem Zeichner bekannt oder in dessen Händen ist. Derselbe wird in verschiedenen Konstruktionen angefertigt, ob diese oder jene die zweckmäßigste ist wollen wir nicht beurteilen, da die Brauchbarkeit desselben, je nach der Anwendungsweise verschieden ist.

Mit Hilfe der Photographie lassen sich Verkleinerungen und Vergrößerungen, welche als Pausen benutzt werden können, rascher und genauer herstellen als mit jeder Kopiermaschine. Werden dieselben gleich in Fettfarbe photolithographisch ausgeführt, so kann man dieselben durch Ueberziehen in der Presse oder durch Abreiben auf den Stein übertragen und erspart dadurch viel Zeit und Mühe. In vielen Anstalten hat dieses Verfahren die Kopiermaschinen schon vollständig verdrängt.

Man hat die Kopiermaschinen so weit verbessert, daß sie mittels eines ziemlich zusammengesetzten Mechanismus, die vorgelegte Zeichnung nicht allein reduzieren, sondern auch zugleich verkehrt auf den Stein gravieren. Wer indessen jemals mit dem Pantographen, — denn nur vervollkommnete Pantographen sind alle diese Maschinen, — gearbeitet hat, wird wissen, daß selbst die von dem geübtesten Künstler gemachte pantographische Reduktion noch einer berichtigenden Ueberarbeitung und Vervollständigung von seiten des Zeichners bedarf, daß mithin eine gleich gravierte Pantographierung unmöglich mängelfrei sein kann. Man sollte sich daher jedenfalls mit der umgekehrten pantographischen Reduktion auf dem Stein begnügen und die berichtigende Gravierung der Künstlerhand überlassen. Zu einer solchen verkehrten Reduktion aber eignet sich die im folgenden beschriebene sehr einfache Maschine, von welcher wir in Fig. 8, Taf. 7, eine perspektivische Ansicht und in Fig. 4 das Detail des zeichnenden Stabes liefern, sehr gut.

Ein genauerer Anblick der zusammengestellten Maschine erklärt deren Anwendungsweise vollkommen. Führt man nämlich den unteren Stift e über die Konturen des Originals, so wird auch der obere eine der untern Figur ganz ähnliche auf den Stein zeichnen. Da aber die ganze Bewegung sich um den Mittelpunkt der Kugel G konzentriert, so wird alles, was unten rechts ist, oben links liegen, die Zeichnung also verkehrt auf dem Stein erscheinen. Fig. 9, Taf. 5, erklärt dies deutlicher. Wir denken uns auf J ein Fünfeck a b c d e gezeichnet, das kopiert werden soll. G ist der Punkt, um den sich die Stange dreht; K die Zeichnungsfläche: so stellen die Linien a G a', b G b', c G c', d G d', e G e', die verschiedenen Lagen der Stange für die Ecken der Figur dar, und a' b' c' d' e' wird die, durch die Operation erhaltene Figur sein. Denken wir uns nun die Fläche K, auf deren untere Seite wir gezeichnet haben (denn diese Bedingung haben wir oben für die Lage des Steines gegeben), um ihre Kante A B dergestalt gedreht, daß ihre untere Seite ihre obere wird (denn so liegt der Stein in der Presse), und wie in Fig. 10, Taf. 5, neben Fig. 9 gelegt, so wird man sehen, daß die Zeichnung wirklich verkehrt auf dem Steine, also druckrecht steht.

Nur noch wenige Worte über die Reduktion, welche die Maschine vornimmt. Denken wir uns, der untere Zeichenstift mache eine kreisförmige Bewegung, so wird auch der obere eine solche machen müssen; da aber alle Kreise ähnlich sind, so wird auch die obere Figur der untern ähnlich sein. Was vom Kreise gilt, gilt natürlich auch von Polygonen u. s. w., mithin wird stets die obere Figur der unteren ähnlich sein, und es kommt hier nur darauf an, die gegenseitigen Verhältnisse beider Figuren zu bestimmen. Man betrachte Fig. 11, Taf. 5: die Linie e d ist die, hier als senkrecht angenommene, Zeichenstange, G der Mittelpunkt der Kugel. Ist e der untere, d der obere Zeichenstift und rückt e nach e', so wird d, da G feststeht und d e sich beliebig verlängern kann, nach d' kommen, unten also die Linie R, oben aber die Linie r erzeugt sein. Nun aber ist $\angle \alpha = \angle \beta$ = R, $\angle \gamma = \angle \delta$ als γ Scheitelwinkel, mithin müssen beide Dreiecke ähnlich sein. Demnach verhält sich aber r : R = h : H, mit anderen Worten, die beiden Linien verhalten sich wie ihre senkrechten Entfernungen von der Ebene des Punktes G. Nehmen wir nun an h = H, so ist auch r = R, d. h., wenn der Mittelpunkt der Kugel G genau in Mittel der Entfernung des Steines vom Original liegt, erhält man eine treue Kopie des Originals. Nehmen wir hingegen an, h = 1 und H = 2, der Mittelpunkt der Kugel stehe also auf dem Drittel der Entfernung beider Flächen, und R sei gleich 6 cm, so erhalten wir das Verhältnis r : R = h : H oder die Werte substituiert:

$$r : 6 = 1 : 2 \text{ folgt}$$
$$r = \frac{6 \cdot 1}{2} = 3$$

Die neue Linie r also wird die Hälfte der alten werden, und sofort läßt sich für jede Reduktion die Stellung der Kugel berechnen. Gesetzt, man wollte die neue Linie nur ein Viertel so lang, als die alte haben, so müßte man H suchen, also setzen, wenn R = 6, folglich r = 1½ und h = 1 wäre

$$r : R = h : H \text{ substituiert}$$
$$^2/_3 : 6 = 1 : H$$
$$3 : 12 = 2 : 2 H$$
$$2 H = \frac{2 \cdot 12}{3} = \frac{24}{3} = 8 \text{ und}$$
$$H = \frac{8}{2} = 4$$

Mithin müßte die Entfernung beider Platten in 5 Teile geteilt und der Mittelpunkt der Kugel G auf das erste Fünftel gestellt werden, um allen Linien der neuen Zeichnung ein Viertel der Länge der Originallinien zu geben.

Daß der oben angeführte Satz und die daraus entwickelten Folgen auch ihre Anwendung finden, wenn die Zeichenstange nicht senkrecht steht, beweist Fig. 12, Taf. 5. Hier habe die Zeichenstange im Anfange die Stellung d G e und nach Ziehung der Linien R und r die Stellung d' G' e', so entstanden die Dreiecke d G d' und e G e'. In diesen sind aber die Winkel α und β als Wechselwinkel an der Transversale zweier Parallelen, die Winkel γ und δ aber als Scheitelwinkel gleich, folglich müssen es auch die dritten Winkel sein, und die Dreiecke sind ähnlich. Bei ähnlichen Dreiecken verhalten sich aber die Grundlinien, wie ihre Höhen, diese aber sind hier h und H, d. h. die senkrechten Abstände der Grundlinien vom Punkte G, also auch hier r : R = h : H.

Man verzeihe uns, daß wir hier etwas genauer in das mathematische Detail eingegangen sind; wir haben dies indessen für nötig gehalten, da die Maschine bis dahin noch wenig bekannt und nicht beschrieben war.

Fig. 13, Taf. 5, zeigt einen Pantographen neuerer Konstruktion.

In den Fabriken und Magazinen sämtlicher Bedürfnisse für Lithographie und Steindruck finden sich nun nebst den aufgeführten Maschinen und Utensilien, auch Materialien vor, sowie noch mancherlei lithographische Gerätschaften und Pressen, und zwar je nach Bedarf von verschiedener Konstruktion und Größe.

Um nur einige derartige Spezial-Magazine anzudeuten, nennen wir z. B. Eduard Emil Baumann in Berlin, welches schon 1850 von Heinrich Kretschmar gegründet, Th. Sebald, Rudolf Becker, Georg Gernhard, Haeckel & Komp. seit 1853 etabliert, Süß & Komp., Brunow, sämtlich in Leipzig, Klimsch & Komp. und Exporthaus Senefelder, Friedr. Krebs in Frankfurt a. M., — deren illustrierte Preiskurante wohl am besten die Reichhaltigkeit ihres Lagers beurkunden.

Viertes Kapitel.
Von den beim Steinzeichnen üblichen Manieren.

Es ist eine Eigentümlichkeit des Steindrucks und zwar eine von denen, die ihn der Kunst und ihrer Pflege sehr wichtig machen, daß man ihn nicht nur zur Nachahmung fast aller bekannten Manieren der Zeichen- und Malerkunst, sondern auch auf vielfache Weise in nur ihm eigenen Benutzungsarten, mit Vorteil anwenden kann.

Betrachtet man alle bereits gangbaren Manieren nach ihrem wahren Wesen, so gibt es eigentlich zwei Hauptmanieren, denen alle anderen untergeordnet sind, nämlich die **erhabene** und die **vertiefte**.

Die erhabenen Manieren.

Unter diesen sind solche Manieren zu verstehen, bei denen die Zeichnung oder Schrift auf die Oberfläche der Steinplatte gemacht wird und auf diese Weise mechanisch, schon vermöge der Körperlichkeit der Zeichentusche oder Kreide, mehr aber noch durch das Aetzen über die glatte Oberfläche des Steines hervorragend, also erhaben gemacht, keineswegs aber als Relief zu betrachten ist.

Die erhabenen Manieren können nun entweder auf glatt geschliffenen Steinen, oder auf solchen Steinen ausgeführt werden, welche nach der Politur von neuem rauh gemacht wurden, deren Oberfläche also ein mehr oder minder starkes Korn erhalten hat. Die Arbeiten der erhabenen Manieren auf glatten und gekörnten Steinen gliedern sich in die **Federzeichnung** und in die **Kreide- oder Krayonmanier**.

Die Federzeichnung

ist die gebräuchlichste und für das industrielle Leben fast die nützlichste Manier und wird folgender Art behandelt:

Ehe der Stein zu Federarbeiten benutzt werden kann, muß derselbe, nachdem er wohl geschliffen und fein mit Bimsstein poliert wurde, mit einer die Tusche zusammenhaltenden Masse, die aber auch zugleich eine gewisse

Fettigkeit besitzt, um den Stein nicht etwa für die angewandte fette Tusche unempfänglich zu machen, eingerieben werden, wodurch hauptsächlich das Ausfließen der Tusche auf dem Stein verhindert, sowie auch jene feinen Schliffteile, die dem Stein anhängen, entfernt werden. Zudem würden auch ohne dieses Verfahren die mit Tusche gezeichneten Linien nicht so scharf werden und sogar oft beim späteren Aetzen nicht die gehörige Widerstandsfähigkeit besitzen.

Hierzu eignet sich eine dünne, schaumartige Seifenauflösung (1 Teil Seife und 8—10 Teile weiches Wasser), mit welcher die Platte in der Weise übergossen wird, daß keine fetten Stellen entstehen und das Alkali der nachherigen Zeichnung nicht nachteilig ist, daher man dann noch einige Tropfen reines Wasser darüber gießt und nun die Platte schnell mit einem reinen Tuche abreibt, oder sie auch, wenn die Lösung dünn genug war, senkrecht stellt und ablaufen läßt.

Einfacher und ebenso zweckmäßig ist es, den Stein mit einer dünnen Lage von Terpentinöl zu überziehen, indem man mit einem in Terpentinöl getauchten Schwämmchen oder Leinwandbäuschchen die Platte leicht und durchaus gleichmäßig überfährt, und dann mit einem reinen Tuche gehörig abreibt.

Bei beiden hat man sich wohl zu hüten, daß man die Steinplatte nicht fettig mache, was geschehen würde, wenn man die Seifenauflösung allzusett und dick machte, oder das Terpentinöl nicht bloß schnell über die Platte verbreiten und eiligst wieder abtrocknen wollte.

Schon der Zeichner würde auf einem so eingeschmierten Stein keine gute Zeichnung hervorbringen und der Drucker immerwährend mit Verschmutzungen des Steins zu kämpfen haben.

Von anderer Seite wurde eine diesem Verfahren ganz entgegengesetzte Behandlungsweise des Federsteines empfohlen. Wir haben damit Versuche angestellt und waren von denselben sehr befriedigt.

Der frischgeschliffene, glatte Stein wird reichlich mit einer Mischung von 1 Teil chemisch reiner Essigsäure und ungefähr 70 Teilen Regenwasser übergossen und 5 Minuten stehen gelassen. Sodann wird die Säure abgegossen, reichlich mit Regenwasser nachgespült und der Stein am Ofen getrocknet.

Es läßt sich auf den so zubereiteten Stein viel besser schreiben und zeichnen und die Tusche fließt leicht aus der Feder.

Durch das schwache Säurewasser wird der Stein fettempfindlich gemacht und etwas gerauht, die Tusche wird leicht angenommen und tritt nicht aus. Man muß dieselbe etwas dick anreiben und die Berührung des Steines mit schweißigen oder fettigen Fingern u. dergl. vermeiden.

Der so vorbereitete Stein ist jetzt zur Aufnahme einer Schrift oder Federzeichnung fertig und man kann zur Arbeit selbst schreiten.

Man reibt die lithographische Tusche gewöhnlich in einer Untertasse an, die jedoch ganz trocken sein muß; auch kann man die Tasse, namentlich im Winter, etwas erwärmen, wodurch beim kräftigen Hin- und Herreiben der Tusche, dieselbe dann leichter an der Tassenfläche haftet. Hiervon reibt man mehr oder weniger an, in dem Verhältnis, als man ungefähr zur Arbeit eines Tages bedarf, was man aus eigener Erfahrung bald lernt.

Ist die Tusche trocken auf die Tassenfläche aufgerieben, so träufelt man einige Tropfen Wasser darauf.

Am besten eignet sich hierzu das Regenwasser, chemisch gereinigtes (abgedampftes) Wasser, oder irgend ein anderes reines weiches Wasser, während gewöhnliches Brunnenwasser untauglich ist, da dieses wegen seiner chemischen Beschaffenheit die Tusche nicht gehörig, sondern körnig auflöst.

Sind nun die paar Tropfen Wasser auf die trockene Tusche geträufelt, so arbeitet man beides mit dem Finger durcheinander, bis die Tusche im Wasser vollständig aufgelöst ist und dieselbe die gehörige Schwärze, aber auch die nötige Flüssigkeit, besitzt.

Sollte ihr letztere mangeln, so setzt man noch etwas Wasser zu und reibt wieder alles durcheinander; mangelt ihr aber erstere, wofür man sich vom Anfange dadurch, daß man lieber zu wenig, als zu viel Wasser aufgießt, hüten kann, so muß man in einem andern Gefäße Tusche nachreiben, die frühere, zu dünne Tusche, statt Wasser darauf gießen und alles zusammenreiben. Sehr leicht läßt sich auch erkennen, ob die Tusche hinreichend gut angerieben ist, wenn man die Tasse ein wenig zur Seite neigt, so daß die Tusche an den weißen Rand fließen kann, wo dann bei richtiger Mischung die zurückweichende Flüssigkeit auf dem weißen Tassenrand einen schwarzen Rückstand zurückläßt, während dieser bei zu dünner Tusche bräunlich erscheint. Ist die Tusche gut aufgelöst, so gießt man sie in das zum Gebrauche bereits oben beschriebene Gläschen oder Gefäß, worin man sie nach Verhältnis der Temperatur einen halben bis mehr als einen Tag flüssig erhalten kann. Bei sehr trockner Sommerwitterung kommt es jedoch oft vor, daß man in 3—4 Stunden schon wieder frische Tusche einreiben muß. Man halte diese Vorschriften nicht für zu kleinlich, sondern befolge sie genau, denn nur so erhält man eine gute flüssige, gleichmäßige Tinte und nur mit solcher arbeitet man gut und — schnell.

Eingetrocknete Tusche wieder aufzureiben und zu verbrauchen, ist nicht ratsam; man muß jederzeit wieder frische einreiben und das Gefäß vorher von der alten wohl säubern, sonst wird die Tinte schmierig und klumpig, was den Lithographen an Schnelligkeit und Sauberkeit der Arbeit hindert. Doch kann man solche alte Tusche, wenn man sie wieder gut einreibt, noch zu gröbern Arbeiten, z. B. Noten, zur Ausfüllung großer Schriften, Tonplatten u. dergl. benutzen.

Auf die fein geschliffene und mit Seifenwasser oder Terpentinöl vorbereitete Steinplatte schreibt oder zeichnet man nun mittels der früher beschriebenen Stahlfedern oder Pinsel und mit der aufgelösten Tusche oder Tinte, ebenso, wie mit der Gallustinte oder der chinesischen Tusche auf Papier, nur mit dem Unterschiede, daß hier alle Schrift oder Zeichnung verkehrt gemacht werden muß. Für die Schrift ist folgende Methode besonders erleichternd:

Man teilt sich erstlich, wenn mehrere Seiten Schrift zugleich auf einen Stein kommen, die Seiten durch Bleistiftstriche gehörig ein, berechnet die Linienzahl, die darauf kommen soll, zieht diese mit einem feinen Bleistift, ohne jedoch zu scharf aufzudrücken, nach der Reißschiene, legt dann den Stein so, daß man die horizontal gezogenen Linien alle senkrecht gegen sich laufend hat, fängt nun bei der ersten Linie links oben an und schreibt so die Zeile, aber nur in feinen Strichen, herab; ebenso die zweite, dritte Zeile und so fort. Dadurch weicht man dem widrigen Gefühle, gegen die gewohnte Hand schreiben zu müssen, aus und hat auch die schiefe Lage der meisten gangbaren Schriften mehr in seiner Gewalt, was man sich übrigens durch diagonal, nach der Richtung der Schriftlage (ein Winkel von 70° mit der Schriftlinie), gezogene Linien noch sehr erleichtern kann. Hat man so die Seite vollgeschrieben, so nimmt man stärkere Federn und füllt nun die Schrift aus, d. h. man gibt nun erst jedem Buchstaben seine gehörigen Grundstriche. Hierauf putzt man die Schrift teils mit der Feder, teils mit dem Schaber oder der Nadel aus und bringt nun die Platte, nachdem die Schrift vorher völlig getrocknet ist, wozu man derselben mindestens 5 bis 6 Stunden Zeit geben muß, auf den Aetztisch.

Noch ist hier zu bemerken, daß man sich bei allen Steinzeichnungen, bei der Federschrift aber vorzüglich, gewöhne, seine Arme auf dem oben, im ersten Kapitel, beschriebenen Lineal, Armbrett, liegen zu haben, damit teils die Platte nicht hier oder da durch die Hände Schweiß- oder Fettflecke bekomme, teils der warme Atem dieselbe nicht feucht mache, weil an feuchten Stellen die Tinte läuft, wie dies auf Papier ebenso der Fall ist.

Wesentlich ist noch, daß man beim Arbeiten mit der Feder die Tusche so stark als möglich halte, ohne am Hervorbringen schöner gleicher Linien behindert zu sein, und auch die Linien langsam ziehe, damit sie sich vollständig aus der Feder sättigen und ein gehöriges Relief erhalten; schnell gezogene Linien sind stets mager, grau, sie halten weniger die Aetzung aus und bereiten dem Drucker manche Verlegenheiten.

Bei tabellarischen Arbeiten oder konstruktiven Zeichnungen, wobei ein Durchpausen nicht wohl stattfinden kann, und die Einteilungslinien unmittelbar auf den Stein gezeichnet werden müssen, bedient man sich hierzu der gewöhnlichen Bleistifte, oder manchmal auch der Rotstifte.

Ein Nachteil, den diese Stifte haben, ist der, daß bei ihrer Anfertigung der gemahlene Graphit oder Rötel mit fettigen Stoffen, Milch, Schellack u. s. w. gebunden wird, wodurch dann späterhin beim Drucke die gezogenen Linien nach und nach mit annehmen, was jedoch durch ein feines Ziehen derselben und eine geeignete Aetzung leicht zu verhindern ist.

Mit vielem Vorteile kann man sich auch zum Ziehen dieser Linien ganz weicher Messingstifte mit stumpfen Spitzen, oder einer Mischung, von 5 Teilen Blei, 3 Teilen Zinn und 8 Teilen Wismut, aus der man kleine Stifte gießt, die man zuspitzt, bedienen. Für die verschieden vorkommenden Schrifthöhen kann man sich aus weichem Messing Schriftgabeln bereiten, wodurch man 2—3 Linien zugleich erhält, welche besonders auch bei den zu gravierenden Landkartenschriften vorzügliche Dienste leisten.

Wie bei eben angegebener Behandlungsart der Federschrift, verfährt man auch auf ähnliche Weise bei Zeichnungen von Kunstgegenständen mit der Feder, nur muß man dieselben, wenn sie kopiert werden, der größeren Genauigkeit wegen, vermöge einer Pause auf den Stein bringen, und das Original durch einen Spiegel kopieren, weil es verkehrt auf den Stein gezeichnet werden muß.

Dieser Spiegel läßt sich auf dem Zeichentische sehr bequem anbringen; man gibt demselben eine schräge, gegen den Zeichner gerichtete Stellung und legt das Original mit der untern Kante gegen den Spiegel zu, wodurch es sich in diesem aufrechtstehend und verkehrt zeigt. Bei einiger Uebung lernt aber ein geschickter Zeichner sich auch ohne den Spiegel behelfen, was vorteilhafter ist, da man dadurch im stande ist, sich das Original näher vor Augen zu rücken. Es gibt auch viele Spiegel, welche das reflektierte Bild verzerren oder, wenn auch nur wenig, schief darstellen, was, namentlich bei Kopien von Porträts ꝛc. zu Fehlern Veranlassung gibt.

Wir müssen hier zugleich einige Worte über das Uebertragen der Zeichnung auf den Stein sagen, die übrigens für alle Steindruckmanieren gelten. Man weiß, daß auf dem Steine möglichst wenig hin und her gearbeitet werden darf, um seine sehr empfindliche Oberfläche nicht zu verletzen oder zu verunreinigen. Man wird daher auch die Zeichnung nur in sehr seltenen Fällen gleich auf dem Steine entwerfen können, sondern dies muß auf einem abgesonderten Blatte geschehen, und zwar um so mehr, da die Zeichnung auf dem Steine verkehrt stehen muß.

Man nehme daher ein Blatt Pauspapier, befestige es auf dem Originale und zeichne die Konturen und Details des letztern, aber nicht etwa die Schraffierungen ꝛc., mit der Feder und chinesischer Tusche oder mit hartem Bleistift — ein weicher würde nur schmieren — sorgsam durch. Ist dies geschehen, so lege man die Pause umgekehrt, d. h. mit der bezeichneten Fläche nach unten, auf den Stein und bringe sie genau in die richtige Lage, worauf man die oberen Ecken mit etwas Gummi arabikum oder Mundleim festklebt, doch darf davon nichts in den zu bezeichnenden Raum fallen, weil das Gummi den Stein präpariert. Ist das Gummi trocken, so schiebe man unter die Pause ein Blatt des mit Rötel, Graphit ꝛc. angeriebenen Kopierpapiers, mit der eingeriebenen Seite nach dem Steine zugewendet, und klebe dann auch die beiden untern Ecken der Pause, indem man dieselbe, ohne sie viel hin und her zu schieben, straff zieht, mit Gummi fest. Dann fahre man unter gelindem Drucke alle einzelnen gepausten Konturen mittels der Pausnadel auf das Genaueste nach, hüte sich aber, etwas zu vergessen, weil das Nachholen Schwierigkeiten hat. Ist man mit dieser Operation fertig, so löse man die beiden untern Ecken wieder ab, hebe die Pause etwas, entferne das Kopierpapier und sehe nach, ob alles durchgezeichnet ist. Sollte man etwas vergessen haben, so müßte man die Pause genau wieder auflegen, dann ein Stückchen gefärbtes Papier an die mangelhafte Stelle behutsam unterschieben und das Fehlende nachholen. Ist alles gut, so entfernt man die Pause ganz und kann die wirkliche Arbeit beginnen.

Man sollte nur Rötelpapier brauchen, da man, namentlich in der Kreidemanier, wenn man schwarz paust, nur sehr schwer die bereits nachgezeichneten Konturen erkennen kann.

Eine andere Art zu pausen, ist folgende: Man mache sich eine Tinte von Zinnober oder sehr fein geriebenem Rötel und reinem Wasser, und pause mit dieser mittels einer Feder die Konturen des Originals sehr sauber, hüte sich aber, mit der Hand das Pauspapier zu berühren. Ist die Pause trocken, so bringe man den Stein in die Presse, lege auf denselben die Pause, ohne sie viel hin und her zu schieben, mit der bezeichneten Seite nach unten, befestige sie an zwei Ecken, lege dann etliche Bogen glatte Makulatur darüber, schließe den Rahmen und lasse den Stein unter ziemlich starkem Drucke langsam durchgehen. Beim Oeffnen findet man dann die Pause auf dem Steine. Die Operation muß sehr sorgfältig gemacht werden, sonst verschiebt sich die Pause. In manchen Fällen ist es gut, wenn der Stein ein wenig feucht ist; naß aber darf er durchaus nicht sein.

Auch ist es nach Umständen zweckdienlich, vor dem Auflegen der Pause den Stein gleichmäßig mit Terpentinöl zu überwischen.

In gleicher Weise kann auch eine mit Rotstift gezeichnete Pause übergedruckt werden, doch liefern diese beiden zuletzt erwähnten Verfahren oft ungenügende Resultate.

Bei zu gravierenden Sachen paust man dieselben oft mit Fetttusche, befestigt das Blatt auf dem Steine und überträgt die Zeichnung durch Ueberreiben des Plattes mit dem Fingernagel oder einem Falzbein, auch vermittelst Durchziehens in der Presse, auf den Grund.

Nachdem man das Pauspapier abgehoben hat, reibt man die nun auf dem Stein stehende Zeichnung mit Rötel oder Zinnober ein.

Dieselbe kommt bei gehöriger Behandlung ganz scharf zum Vorschein, bei feineren Arbeiten jedoch hindert oft das vorhandene Fett etwas bei der Arbeit.

Wir haben bereits im vorigen Kapitel bei den Kopiergeräten, des sogenannten Glaspapiers erwähnt, mittels welchem die kleinsten Gegenstände mit der größten Pünktlichkeit und Schärfe gepaust und auf einfache Weise auf den Stein übertragen werden können.

Das Verfahren hierbei ist folgendes:

Nachdem man das Glaspapier (eigentlich Hausenblasenfolie, Leimpapier, papier glacé oder gélatine) an den Ecken auf das Original geklebt, werden mit einer Graviernadel die Umrißlinien des Originals nachgefahren, nämlich mit der Nadel auf dem Leimpapier diese Linien leicht eingraviert, so daß äußerst feine Fädchen wie Hobelspäne sich herausringeln.

Ein schwarzes Papier, das man von Zeit zu Zeit zwischen Pause und Original schiebt, läßt das Vergessene leicht erkennen.

Zu tiefe Linien müssen hierbei vermieden und die Nadel aufrecht gehalten werden, welche zu diesem Zwecke einer Spitze bedarf, die vollkommen rund ist, d. h. keine Ecke hat.

Dies wird am einfachsten erreicht, wenn man eine kleine Rinne in den Schleifstein macht und darin mit der Nadel, dieselbe fortwährend drehend, hin und her fährt.

Ist die Pause soweit vollendet, so wird sie mit geschabtem Rötel oder schwarzer Kreide mit der Fingerbeere leicht eingerieben, daß die Linien scharf und rein dastehen, und dann in der oben erwähnten Weise auf den trockenen Stein übergedruckt. Dieses Ueberdrucken der Pause läßt sich öfters wiederholen, wenn dieselbe immer zuvor mit Rötel oder Kreide eingerieben wird.

Durch Ueberreiben der auf dem Steine befestigten Pause mit einem Falzbeine, kann man dieselbe ebenso scharf überziehen, wenn gerade keine Presse zur Verfügung stehen sollte. Dabei hat man den Vorteil, daß man bei Blättern auf denen mehrere Figuren stehen, jede einzeln pausen kann und dadurch ein Verwischen oder Undeutlichwerden der zuletzt auszuführenden Figuren vermeidet.

Hat man etwa bei tabellarischen Arbeiten Linien zu machen, welche einen helleren — grauen — Ton haben sollen, ähnlich wie mit dem Bleistift gezogene Linien, so würde man fehlen, wenn man dieselben mit der Ziehfeder und Tinte ziehen wollte, denn sie würden dann ebenso schwarz erscheinen, als die andern. Dergleichen Linien reißt man, nachdem der Stein bereits vollkommen präpariert wurde, mit der Nadel oder dem Diamant scharf in den Grund und reibt sie mit Schwärze ein. Walzt man nachher beim

Drucke den ganzen Stein mit der Farbe ein, so nehmen die tiefer liegenden Linien weniger Schwärze auf und erscheinen deshalb auf dem Abdrucke grau.

Bei derartigen tabellarischen Arbeiten werden auch diese feinen Linien oftmals als punktierte Linien ausgeführt und mittels der sogenannten Punktierrädchen graviert. Diese Punktierrädchen sind jedoch sehr unpraktisch, denn die Spitzchen brechen leicht ab und dann gibt es unegale und unvollkommene Pünktchen. Die Rädchen sind überdies eben gar nicht zu reparieren, wenn sie verdorben sind, und sie verderben doch so leicht.

Zum Gravieren dieser punktierten Linien eignet sich besser folgendes Instrumentchen.

Man nimmt eine abgebrauchte Graviernadel oder ein hartes Holz von der Länge und Dicke einer solchen und macht in den hintern Teil derselben einen etwa 2 cm langen Einschnitt. In diesen steckt man eine gute englische Nähnadel auf die Weise wie bei Fig. 14a, Taf. 4, ersichtlich. Nun umwickelt man fest den Spalt mit Zwirn und kann auch vorher oben auf das Oehr der Nadel ein kleines dünnes Blech legen und mit hinein wickeln, damit die Nadel nicht etwa oben sich herausdrücke.

Zieht man nun mit diesem Instrumente Linien, indem man dasselbe etwas steil zum Steine hält, ungefähr wie bei Fig. 14b, Taf. 4, so entstehen durch das Federn der Nadel punktierte Linien von der schönsten Regelmäßigkeit und Feinheit. Man kann durch veränderte Haltung sowohl, als auch durch schnelleres oder langsameres Ziehen die Punkte enger und weiter machen.

Die Universalpunktierfeder, Fig. 28, Taf. 3, ist, wenn es sich um punktierte Tuschlinien handelt, für diesen Zweck sehr praktisch und verweisen wir auf die weiter vorn gebrachte Beschreibung derselben. Sie ist auch mit Diamant zum Gravieren versehen und arbeitet bei einiger Uebung sehr sicher.

Dieser Federzeichnungsmanier fast gleich, oder doch so mit ihr verschwistert, daß man eine für die andere gebrauchen kann, ist die Manier der Pinselzeichnung. Ihr Unterschied liegt nur darin, daß man hierbei den Pinsel, anstatt der Feder, anwendet, und es ist fast unglaublich, wie scharf eine geübte Hand mit dem Pinsel zu arbeiten vermag.

Diese Manier ist weniger passend für die Schrift, als für Zeichnungen, die in der Federmanier gearbeitet werden sollen; denn weit mehr als die spröde unbiegsame Stahlfeder ist der nachgebende Pinsel geeignet, neben möglichster Zartheit der Striche, auch die stärksten und kräftigsten Druckerund Schattenlinien hervorbringen zu können.

Die gesuchtesten Pinsel sind die von braunen Marderhaaren, deren sich die Miniaturmaler bedienen; jene von 10—12 cm langen Haaren sind die geeignetsten.

Ein ganz neuer Pinsel ist nicht sogleich verwendbar, er muß zuvor mit lithographischer Tusche gesättigt und diese darin trocken werden, damit die Haare fest zusammenhalten und sich nicht auseinanderspreizen.

In England, wo sehr viel mit dem Pinsel gearbeitet wird, verwendet man die roten Zobelhaarpinsel, im Handel unter dem Namen „Red sable brush" zu haben.

Es ist ziemlich schwer einen brauchbaren Pinsel zu bekommen, unter zehn Stück findet man oft nur einen guten.

Da nun aber der Pinsel noch die Eigenschaft hat, daß er die Tinte weniger leicht ausfließen läßt, als dies die Feder thut, so ist es ratsam, dazu sich einer mehr fließenden Tinte, als die man zur Federmanier gewöhnlich gebraucht, zu bedienen, wozu die im vorigen Kapitel angeführte Tusche für Pinselarbeiten sehr zweckdienlich ist.

Endlich aber ist noch wohl zu berücksichtigen, daß der Pinsel selten solche volle, saftige Striche liefert, wie die Feder, diese daher dem Scheidewasser weniger widerstehen und somit Zeichnungen dieser Art weit schwächer als Federzeichnungen geätzt werden müssen. Beim Drucken ist sie der Federzeichnung ähnlich, nur etwas zarter zu behandeln.

Der Stein wird mit ganz schwacher Gummiätze bestrichen und mittels eines wässerigen Schwammes ausgewaschen, oder auch gleich das Wasser auf den Stein gegossen.

Ist der Stein trocken, so wird er angerieben wie ein gewöhnlicher Umdruck.

Uebrigens lassen sich zur Feder- und Pinselmanier am besten gelbe, oder überhaupt geringere Platten verwenden, weil hier die Weichheit der Masse, Adern, Flecken ꝛc. weniger schaden als bei den andern Manieren.

Die Kreide- oder Krayonmanier

ist ebenfalls eine sehr wichtige Erfindung unseres vielbedeutenden, erfindungsreichen Senefelder, und für die Kunst von demselben Werte, wie die übrigen Steindruckmanieren für industrielle Zwecke.

Jeder Künstler, der mit Kreide auf Papier Kunstwerke zu schaffen weiß, kann sie nach kurzer Uebung auf dem Steine mit der lithographischen Kreide gewiß ebenso schön liefern. — Welcher große Gewinn für die Kunst und besonders für die ausübenden Künstler! und selbst die Sammler haben den Vorteil, des Künstlers eigne Arbeit zu erhalten, denn durch diese Manier können von der Hand des Meisters selbst, geniale, bildliche Darstellungen in ihrer ganzen Größe und Freiheit hundert- ja tausendfach wiedergegeben werden, die man vor Erfindung dieser Steindruckmanier nur einmal haben, oder nur durch eine zweite, ebenso geschickte Hand, die des Kupferstechers oder Holzschneiders, vervielfältigt erhalten konnte.

Wie man mit der chemischen, lithographischen Tusche in flüssigem Zustande auf die Steinplatten zeichnen kann, und sich diese Tusche mit der Steinplatte verbindet, ebenso geschieht es auch, wenn man eine, jener Tusche ähnliche, nur etwas fettere und konsistentere Masse im trocknen Zustande auf den Stein aufträgt. Man hat demnach solche Masse, deren Rezepte und Bereitungsart bereits oben angegeben sind, in Stiftform gebracht und damit den Stein gezeichnet.

Das Wesen der Kreidezeichnung auf Papier liegt bekanntlich darin, daß der Strich eigentlich nur eine Zusammensetzung größerer oder kleinerer, mehr oder minder eng beisammenstehender Punkte ist. Diese Eigenschaft wird teils durch die weiche, körnige Beschaffenheit der Zeichenkreide, teils durch das Korn des Papiers, auf welchem man zeichnet, hervorgebracht. Diese beiden Erfordernisse sind auch für die Steinzeichnung in Krayonmanier erforderlich, und wenn schon die lithographische Kreide der Zeichenkreide im Striche nahe kommt, so würde doch das Zeichnen auf einem glatten Steine keine guten Resultate liefern. Da wir deswegen jedenfalls suchen müssen, die Steinfläche zur Kreidezeichnung dem dazu passenden Papiere so ähnlich als möglich zu machen, so ist es nötig, derselben eine mehr rauhe Oberfläche zu geben, eine Operation, die wir oben bei der Zubereitung der Steinplatten, das Körnen genannt und dort weiter beschrieben haben. Auf dieser Rauheit, die sich aber, mit wenigen, früher schon bemerkten Ausnahmen, durchaus gleichförmig über den ganzen Stein verbreiten muß, springt, so zu sagen, die Kreide von einem erhabenen Punkte zum andern und macht daher nicht scharfe, zusammenhängende Linien, sondern eine sehr sanfte, weiche Zeichnung, die aus lauter einzelnen, kleinen Punkten besteht, wie dieselbe durch das Ueberrieseln mit der Kreide auf rauhem Papier entsteht, die wir in den neuesten, zum Teil großen Meisterwerken der Steindruckerei so sehr bewundern.

Nur die härtesten, von allen Adern, Punkten u. dergl. reinen und gleichfarbigen Steinplatten sind zu dieser Manier brauchbar. Sie müssen völlig rein geschliffen und es darf keine Spur von einer frühern Zeichnung auf einer solchen Platte zu sehen sein, denn diese würde leicht wieder Farbe annehmen, weil man die Kreidezeichnung nicht so stark ätzen darf, als die Federzeichnung, bei welcher sich durch die stärkere Aetzung alle etwa noch vorfindenden Spuren einer früheren Zeichnung vollends verlieren.

Kräftige Zeichnungen mit starken dunkeln Tönen verlangen ein mehr rauhes Korn, dahingegen feine, viel Licht enthaltende Partien, z. B. Hintergründe in einer Landschaft, wieder ein feineres Korn, welches jedoch ebenso scharf als wie ersteres sein muß. Die schwierige Aufgabe für den Künstler, auf demselben Korne verschiedene Töne miteinander harmonierend darzustellen, kann am einfachsten durch die Anwendung einer weichen und härteren Kreide gelöst werden, wobei die kräftigen Massen mit der weichen Kreide gezeichnet werden, während die härtere die zarten feinern Partien liefert.

Vor allem muß sich jedoch der Zeichner zuvor von der Wirkung der Kreide, von der er Gebrauch zu machen gedenkt, überzeugen, ehe er sich ihrer zu einer wichtigen Arbeit bedient.

Wenn man zu ein und derselben Zeichnung Kreide von verschiedenen Fabrikanten verwendet, setzt man sich der Gefahr aus, sehr unvollkommene Resultate zu erhalten, weil stets die Bereitung derselben und das Mischungsverhältnis ihrer Bestandteile verschiedenartig ist.

So wird z. B. bei einer Kreide, deren Quantität Ruß im Verhältnis zu den fetten Teilen zu stark ist, die Zeichnung zwar ganz kräftig auf dem Stein aussehen, und dennoch beim Abzuge nur blasse effektlose Abdrücke liefern; während sie, wenn ein Uebermaß von fetten Teilen vorwaltet, auf dem Steine leicht und durchsichtig aussteht, auf den Abdrücken aber rußig und plump zum Vorschein kommt.

Würde daher der Zeichner zu den Fernsichten eine Kreide anwenden, die ganz schwach zeichnet, weil sie nicht genug Ruß enthält, dagegen aber zu den hervortretenden Partien sich anderer Kreide bedienen, in der ein Uebermaß von Ruß enthalten ist, so würde er zwar auf dem Stein einen sehr schönen Effekt erzielen, aber auf dem Abdrucke dann der Hintergrund des Bildes weit stärker ausgedrückt erscheinen, als der Vordergrund.

Es ist daher das Haupterfordernis einer guten Kreide, daß der darin enthaltene Ruß zu den fetten Körpern in solchem Verhältnisse steht, daß die Abdrücke genau denselben Effekt bieten, welchen die Zeichnung auf dem Stein gewährt; wobei sie dann immerhin der Qualität nach weicher und härter sein kann.

7*

Beim Zeichnen selbst muß zuerst die Pause, wie bei der Federzeichnung ꝛc., mittels Rötelpapier auf den Stein gebracht werden. Des schwarzgefärbten Pauspapiers kann man sich hier nicht bedienen, da dasselbe im Tone genau mit der Kreide übereinstimmt, man also nicht sehen kann, welche Linien mit Kreide gezeichnet wurden oder nicht; indessen muß das rote Papier so stark abgewischt werden, daß die Pause möglichst fein wird, da starke rote Streifen durch die Zeichnung hin störend wirken und die richtige Beurteilung des Kreidetones erschweren würde*). Nach Vollendung der Pause beginnt man sogleich das Auszeichnen mit der Kreide. Dieses ist für die verschiedenen Gegenstände, welche man zeichnen will, auch durchaus verschieden; der Zeichner muß dabei seinen eigenen Weg gehen, und wir können ihm hier nur einige Fingerzeige geben, welche ihm die Wahl der ihm zu Gebote stehenden Mittel erleichtern sollen.

Zeichnungen, welche nicht allzufeine Konturen haben und deren Konturen nicht eine außerordentliche Schärfe verlangen, müssen durchgängig in Kreide ausgeführt werden, und man muß mit der größten Sorgfalt darauf hinarbeiten, die Mitteltinten so unmerklich abzustufen, daß sie sich gleichsam gegen das Licht hin in Nichts auflösen und für dies höchste Licht die reine Steinfläche reservieren. Die Farbe des Steins trügt in dieser Hinsicht ungemein, da sie denselben Vorteil gewährt, den sich der Zeichner durch das farbige Papier verschafft, nämlich die Schatten mehr verschmilzt als das weiße Papier. Der Zeichner auf Stein wird sich, wenn er diese Beobachtung vergißt, daher sehr getäuscht finden, wenn er von einer Zeichnung, die ihm auf dem Steine hinreichend verschmolzen und akkordiert erschien, einen Abdruck erhält, in welchem das höchste Licht und die Mitteltöne scharf gegeneinander abgesetzt erscheinen und die ganze Weichheit fehlt, welche er seiner Zeichnung gegeben zu haben glaubte. Der Grund davon liegt auch noch mit darin, daß die Druckerschwärze durchaus homogen ist, daß mithin ein Punkt, der mit der Kreide grau gezeichnet, auf dem grauen Grunde fast unsichtbar, im Abdrucke schwarz auf dem weißen Grunde sehr bemerkbar hervortritt. Die Zeichner sollten sich daher beim Zeichnen auf Stein eine feste, kräftige Manier angewöhnen und sich vor dem täuschenden Grauzeichnen hüten, eine Maßregel, die schon darum unerläßlich wird, weil die grauen, gleichsam nur hingehauchten Farbentöne sich beim Aetzen nur gar zu leicht abheben und dann alle Akkordierung verloren geht, alle Uebergänge verschwinden. Man thut am besten, die Schatten gleich kräftig nebeneinander zu stellen und dann durch das Ueberarbeiten nur zu akkordieren, statt dieselben durch den Auftrag nach und nach zu verstärken, denn auf einer leicht gearbeiteten Tinte haftet eine schwerere nur mangelhaft, und es werden auch die Abdrücke solcher Zeichnungen immer bleich und ohne Frische sein, und nie jenen brillanten und kräftigen Ton erhalten, der nur durch eine gleich anfänglich kühne und kräftige Anlage der hervortretenden Schattenstellen erreichbar ist.

Zum Zeichnen bediene man sich immer gut geschärfter Stifte, deren man, um in der Arbeit nicht aufgehalten zu sein, stets mindestens 6 bis 12 Stück im Gange haben muß. Beim Spitzen muß man, wie bei der ge-

---

*) Um Striche der Durchzeichnung schwächer zu machen oder auszuwischen, würde das Abschabsel von Handschuhleder oder ein Stückchen weißes Leder die einzige Substanz sein, die man ohne Gefahr anwenden könnte.

wöhnlichen Kreide, von der Spitze aus nach dem dicken Teile der Kreide zu mit einem scharfen Messer schneiden, weil man sonst sehr leicht die Spitze abbricht, oder abschneidet. Die abgeschnittenen Kreidespäne kann man mit Vorteil wieder einschmelzen und erhält daraus eine treffliche harte Kreide.

Die Temperatur und der hygrometrische Zustand der Luft sind nicht ohne Einfluß auf die lithographische Kreide. Wenn trübes und feuchtes Wetter ist, durchdringt der in der Luft enthaltene Dunst sehr bald die Spitze und macht sie weich. Man muß sie dann sehr oft spitzen, und es wäre rätlich, mehrere im voraus zurecht zu schneiden.

Ist dagegen die Luft trocken, so behält die Kreide, wenn sie überhaupt brauchbar war, die Spitze vollkommen gut und man kann davon eine beliebige Menge im voraus zuspitzen, ohne deren Erweichung fürchten zu müssen.

Zu gewissen Arbeiten, wie z. B. Luft, Fernsichten und dergl. herzustellen, muß die Kreidespitze lang sein, damit sie Elastizität besitzt.

Zu den starken und gedrängten Arbeiten muß sie dagegen stumpf sein, um nicht allzuleicht zu zerbrechen.

Wenn die Spitze ein wenig abgenutzt ist, braucht man, um sie wieder zu schärfen, nur damit über ein rauhes Papier zu fahren, indem man den Griffel vorwärts stößt und gleichzeitig zwischen den Fingern umdreht. Auf diese Weise bleiben die kleinen Teilchen, die sich von der Kreide ablösen, zurück, und die Spitze wird ganz fein und sauber.

Die flüchtigen und leichten Stellen der Zeichnungen halten, wenn sie mit spitzer Kreide hergestellt werden, weit besser und bieten beim Abzuge weit mehr Feinheit und Gleichförmigkeit dar, als wenn sie mit einer stumpfen Spitze gemacht worden sind, weil erstere in die tiefern Stellen des Kornes eindringt und sich fest setzt, während die stumpfe Kreide sich nur an die höchsten Rauheiten desselben anhängt, und durch das Aetzen oft gänzlich wieder abgelöst wird.

Man lasse sich ja nicht verleiten, zu glauben, daß man in den tiefsten Schattenpartien mit stumpfen Stiften zeichnen dürfe. Dies ist hier so schädlich, als irgend wo; denn die Schatten verlieren dadurch alle Transparenz, und die großen schwarzen Punkte, welche dabei entstehen, stören die Harmonie. Hat man dennoch das Unglück gehabt dergleichen dicke Punkte zu machen, so hat man zwei Wege, dieselben zu entfernen. Bemerkt man sie auf frischer That, so reicht es hin, einen stumpfen Kreidestift senkrecht auf den Punkt ziemlich fest aufzudrücken und dann rasch wieder in die Höhe zu ziehen, dann wird dieser die darunterliegende Kreide mit fortreißen und den Stein an dieser Stelle blank legen, worauf man ihn von neuem bezeichnen kann. Wir haben ganze Töne auf diese Weise heller gemacht. Der zweite, fast noch bessere Weg, einen Ton heller oder durchsichtiger zu machen, ist das Durchschneiden der Punkte. Man nimmt nämlich eine feine Graviernadel und schneidet mit derselben die einzelnen Punkte dergestalt durch, daß der Schnitt bis auf den rohen Stein kommt. Doch muß man sich vorsehen, daß man, wenn man ganze Töne so bearbeiten will, die Schnitte nicht alle nach einer und derselben Richtung hinführt, weil dies einen sehr widerlichen Eindruck macht, sondern man muß dann in den verschiedenartigsten Richtungen, mehr rieselnd, arbeiten. Besser jedoch thut man immer, die Töne gleich von Anfang an sorgfältig zu behandeln und nichts zu übereilen.

Um den Uebelständen zu entgehen, welche aus der Täuschung entstehen, die durch den dunkeln Ton des Steins herbeigeführt wird, und der zufolge die auf dem Steine mit größter Weichheit behandelten Schatten im Abdrucke gegen das höchste Licht hin hart abgesetzt erscheinen, ziehen es manche Künstler vor, nicht den Stein selbst als das höchste Licht zu betrachten, sondern die ganze Zeichnung, wie man sich auszudrücken pflegt, zuzuarbeiten, d. h., selbst das höchste Licht mit einem feinen Tone zu überarbeiten. Diese Maßregel ist namentlich für Ungeübtere, sehr empfehlenswert und hat überdies noch den Vorteil, daß man diejenigen Stellen, welche notwendig glänzend weiß und grell dastehen müssen, z. B. den lichten Punkt im Auge, Glanz und Streiflichter auf Stoffen und Metallen ꝛc. mit dem Schaber wieder ausschaben und so hervorheben kann, was treffliche Effekte gibt.

In den tiefsten und kräftigsten Schattenpartien und da, wo es mehr, wie z. B. bei skizzierten Sachen ꝛc., auf eine kecke und kühne Behandlung und Erreichung großer Effekte, als auf eine sorgfältige Ausarbeitung ankommt, kann man in die dunkelsten Partien mit der Feder und dem Pinsel mit lithographischer Tusche in die Kreidezeichnung hineinarbeiten, und um Kleckserei zu verhüten, diese Partien leicht mit der Nadel wieder durchschneiden, wo es nötig ist. Der Geschmack und das Genie müssen hier dem Künstler die Hand führen und das Studium vorhandener Meisterwerke ihn leiten. Eben daraus muß er auch ersehen, wo er selbst bei sehr sorgsam ausgeführten Zeichnungen sich des Schabers, oder der Tinte bedienen darf.

Zeichnungen mit außerordentlich feinen Details, die selbst in der Kreidemanier noch Schärfe genug behalten sollen, werden mit der Feder und mit Tusche fein konturniert und dann mit der Kreide ausgezeichnet. Dies wird namentlich bei kleinen Landschaften und bei Architekturen der Fall sein müssen.

Um überzeugt sein zu können, daß eine Partie kräftig genug gezeichnet sei, um die Aetzung auszuhalten, darf man sie nur schräg gegen das Licht hin betrachten, wo sie dann einen milden Glanz haben muß. Mattgezeichnete Partien erlauben nur eine schwache Aetzung.

Je freier und regelmäßiger die Arbeit ausgeführt wird, je mehr man acht hat, bei jedem Striche gleich stark aufzudrücken; desto bestimmter kann man auf ein befriedigendes Resultat rechnen. Zuweilen, wenn man die Färbungen bis zu einem gewissen Grad von Stärke gesteigert hat, findet man, infolge der Zerbrechlichkeit der Kreide, die Schwierigkeit, neue, noch stärkere Züge anzubringen.

Um mit einer solchen Arbeit gut zu stande zu kommen, muß man den Griffel der Kreide beinahe perpendikulär gegen den Stein halten, oder noch besser, damit der gewöhnlichen Bewegung der Hand entgegengesetzt vorwärts fahren.

Die Abwechselung des Kornes, welche manchem Bilde einen vorzüglichen malerischen Effekt verleiht, kann mittels einer schmälern oder breitern Strichführung mit spitzer und stumpfer Kreide, und mittels Bearbeitung der Nadel hervorgebracht werden.

Zu diesem Zwecke bedienen sich einige Lithographen für die Nadel eiserner Hefte in ähnlicher Form wie in Fig. 14, Taf. 4, dargestellt. Am einfachsten ist die rundgeschliffene spitze Graviernadel zu gebrauchen.

Einige Zeichner reiben dann die fast vollendete Zeichnung mit einem wollenen Lappen (Flanell) kräftig ab, wodurch der Stein eine mehr oder minder starke Kreidefärbung erhält, und die Arbeit sanfter und harmonischer wird. Die höchsten Lichtstellen werden zuletzt mittels des Schabers hervorgehoben.

Hierzu muß der Schaber scharf sein, damit er nebst der Kreide zugleich auch einen kleinen Teil von der Oberfläche des Steins mit fortnimmt. Nach Bedarf kann auch an passenden Stellen bloß ein Teil des Kornes entfernt werden, wodurch man feine, helle Färbungen erhält, die geeignet angebracht, eine sehr gute Wirkung hervorbringen.

Um aber dieses Verfahren mit einer gewissen Sicherheit auszuführen, bedarf es wiederholter Proben, um sich von dem Resultate desselben hinreichende Rechenschaft geben zu können.

Während des Zeichnens sind aber auch noch manche Vorsichtsmaßregeln notwendig, teils um den Uebelstand zu vermeiden, daß Flecken, denen man nicht leicht vorbeugen, oder die man gar nicht entfernen kann, beim Abzuge mit zum Vorschein kommen, teils um auch überhaupt eines vollständigen Gelingens beim Drucke versichert zu sein.

Der Stein muß so viel wie möglich gegen Staub geschützt bleiben, und vor dem Zeichnen mit einem eigens dazu bestimmten reinen Pinsel oder Fuchsschwanze abgestäubt werden, weil der vorhandene Staub dem gehörigen Festsetzen der Kreide hinderlich ist, und die darauf gezeichneten Stellen beim Abzuge teilweise verschwinden würden, wodurch unterbrochene, ungleiche Färbungen entstehen.

Da alle fetten Körper auf dem gekörnten Steine leichter eindringen als in den glatten, so darf der Teil des Steins, worauf die Zeichnung kommt, nicht mit den Fingern berührt werden, indem bei der geringsten Fettigkeit derselben, diese berührten Stellen die Druckfarbe anziehen und Flecken verursachen.

Ebenso wenig dürfen gummiartige Körper, welche für das Fett undurchdringlich sind, im flüssigen Zustande auf den Stein gebracht werden, weil die Kreide auf solchen bedeckten Stellen in den Stein nicht eindringen kann, und daher dieselben im Abdrucke sich als weiße Flecke zeigen.

Deshalb ist auch die Pause auf dem Steine mittels Oblaten, Gummi oder Mundleim nur außerhalb des Randes der Zeichnung anzukleben.

Gleich den gummiartigen Körpern hat auch der Speichel auf den Stein dieselbe nachteilige Wirkung. Sollten daher Speichelspritzer auf diesen fallen, so muß man sie dadurch entfernen, daß man mit einem Stückchen Fließpapier oder einem reinen leinenen Tuch leicht und ohne zu reiben darauf drückt.

Ist aber auf den befleckten Stellen noch keine Zeichnung angefangen, so ist es sicherer, sogleich dieselben behutsam mit reinem Wasser abzuwaschen.

Wenn fettige Schuppen, welche aus den Haaren des Zeichners auf den Stein fallen, einige Stunden darauf liegen bleiben, und ihr Fett vom Stein aufgesogen wird, so erscheinen dieselben beim Abdrucken als schwarze Punkte, deren Spuren besonders in den leichten Tönen der Zeichnung nicht mehr ganz zu vertilgen sind.

Um dieses zu vermeiden muß daher der Zeichner den Stein mit einem großen reinen Pinsel öfters abkehren, um allenfalls darauffallende Schuppen zu entfernen.

Beim Zeichnen muß man sich sehr hüten, den Stein anzuhauchen, indem dadurch die daraufliegende Kreide einen gewissen Grad von Feuchtigkeit erhält, der verursachen kann, daß die dort befindlichen Töne ihre Transparenz verlieren. Derselbe Fall tritt auch ein, wenn man im Winter auf einen kalt gewordenen Stein zeichnet, wo schon die warme Ausdünstung der Hand, noch vielmehr der Hauch den Stein schwitzen macht. Deshalb bedienen sich manche Lithographen eines Streifen dünnen Kartons, der ähnlich dem bekannten Respirator die Breite und die Höhe des Mundes vollständig deckt und mit zwei Schleifen von Band oder Schnur versehen ist, welche man über die Ohren schlingt um so hierdurch den Stein vor der Verbindung mit dem Atem zu schützen.

Auch soll man im Winter den Stein immer vor dem Zeichnen im warmen Zimmer liegen haben, damit er nie zu kalt werde. Im Sommer hingegen muß man sein Zimmer so kühl, als möglich, halten, da die Hitze die Kreide erweicht, welche dann gern schmiert, und die feinen Zwischenräume des Korns verkleistert.

Uebrigens soll man während der Zeichnung nie die Art der Kreide wechseln, da bei zwei verschiedenen Sorten der Farbenton variiert und kein Urteil über die Harmonie der Zeichnung zuläßt, während zugleich eine kleine Differenz in den Massenverhältnissen einen Unterschied in der Aetzung herbeiführt, der ebenfalls störend auf die Harmonie des Abbrucks einwirken muß.

Zudem soll auch der Stein so groß sein, daß um die Zeichnung wenigstens ein 4 cm breiter Randraum bleibt, was schon für die Operation des Abzugs unumgänglich nötig ist, weil, wenn eine Zeichnung dem Rande eines Steines allzunahe kommt, die äußeren Stellen sich nur sehr schlecht einschwärzen lassen und gewöhnlich rußig werden.

Zeichnung auf Kornpapier.

Kornpapier läßt sich für Feder- und Kreidezeichnung, ebenso zur Herstellung von Farbenplatten vorteilhaft benutzen und findet bei Anfertigung von lithographischen und typographischen Erzeugnissen mannigfache Verwendung.

Die Benutzung desselben gestattet große Freiheit in der Behandlung der Ausführung und da die Zeichnungen rechts gemacht werden erleichtert es dem im Linkszeichnen ungeübten Künstler die Arbeit ungemein.

Die fertige Zeichnung kann sofort auf Stein oder Zink übertragen werden, ohne daß ein Kopieren derselben erforderlich ist.

Für Federzeichnungen eignet sich Kornpapier Nr. 0 und wird die Pause auf dieselbe Weise aufgetragen wie auf den Stein, jedoch darf nie fettes, rotes oder blaues Papier, wie es im Handel vorkommt verwendet werden, auch können die Umrisse der Zeichnung mit leichten Bleistiftstrichen angelegt werden. Die Tusche, welche man anwendet muß dick und jeder Strich voll sein. Mit dünner Tusche gemachte Striche erscheinen auf dem Steine zerrissen und haben keinen Halt. Anstatt Tusche kann man auch Autographietinte verwenden, wobei natürlich die Berechnung des richtigen Effektes schwieriger ist, da letztere eine hellere Farbe hat. Sehr gut bewährt sich mit Autographietinte angeriebene Tusche, welche nicht so rasch trocknet und besser aus der Feder fließt.

Die Striche dürfen nicht mehrere Male nachgefahren werden, weil der Anstrich des Papieres erweicht wird und sich mit der Tusche verbindet, wodurch sie auf dem Ueberdruck nicht erscheinen. Größere Tuschflächen deckt man mit dem Pinsel, nachdem man die Umrisse mit der Feder ausgeführt hat, auch hier darf man nur einmal mit dem Pinsel darübergehen.

Zu Kreidezeichnungen verwendet man Kornpapierkreide (Kopalkreide). Man zeichne nur leicht und ohne zu starke Reibung, weil durch starkes Reiben das Korn des Papieres stumpf wird, die Kreide sich in die Vertiefungen setzt und die Tuschstriche verwischt werden, wodurch Flecken entstehen und die Zeichnungen nach dem Ueberdruck breit und verschmiert erscheinen. Das Wischen darf auf keinen Fall in Anwendung gebracht, sondern alle Töne müssen rein und klar gezeichnet werden. Alle Nummern des Kornpapieres eignen sich sowohl für Zeichnungen, welche schwarz oder in einer dunklen Farbe gedruckt werden, als auch für Farbenplatten. Bei mehrfachem Farbendruck ist es ratsam nur die hellen und mittleren Farben auf Kornpapier zu zeichnen, die dunkleren aber auf dem Steine auszuführen.

Den Klatschdruck auf das Kornpapier macht man indem man den Umriß mit fester Federfarbe einwalzt, und nachdem der Stein getrocknet ist, mit Ultramarin einstäubt, dann legt man das Kornpapier auf den Stein und zieht mit leichter Spannung, um das Korn nicht zu beschädigen, durch die Presse. Man kann drei bis vier Mal einstäuben, ohne frisch einzuwalzen und jedesmal einen Klatschdruck auf Kornpapier machen.

Diese Klatschdrucke drucken beim Ueberziehen nicht mit über, wie die Farbenklatschdrucke.

Alle Zeichnungen, bei denen es nicht auf das Passen ankommt, werden feucht eingelegt. Der Stein muß sauber geschliffen und ziemlich warm sein, vor dem Ueberziehen reibt man ihn mit Bimssteinpulver ab.

Man zieht zwei bis dreimal, bei mittlerer Spannung, trocken durch die Presse, legt sodann einen feuchten Makulaturbogen auf, zieht abermals unter verstärkter Spannung fünf- bis sechsmal durch und löst dann mit warmem Wasser das Papier vom Stein.

Der Anstrich des Papieres, welcher auf dem Steine sitzt, wird mit dem Gummischwamme entfernt und nachdem die Zeichnung einige Zeit angezogen hat, wird sie mit einer nicht zu fetten Anreibefarbe angewischt und druckfertig gemacht.

Farbenplatten, welche passen müssen, werden nicht feucht eingelegt, sondern der mäßig erwärmte Stein, wird feucht angestrichen, die Zeichnung darauf gelegt, und wie oben ausgeführt wurde, weiter verfahren.

Sollen Kornpapierzeichnungen auf Zinkplatten zum Hochätzen übertragen werden, so schleift man die Zinktafel mit Bimssteinpulver und einem reinen Leinwandlappen, den man zu einem Ballen formt.

Den Schliff läßt man auf der Platte sitzen und trocknet dieselbe schnell.

Hierauf entfernt man den Schliff, indem man ihn mit Makulaturpapier trocken abreibt und druckt dann die Zeichnung wie auf Stein über.

Ist dieselbe angerieben, wasche man den Gummi sauber ab, trockne die Platte, stäube die Zeichnung mit Specksteinpulver (Federweiß) ein, ätze mit verdünnter Phosphorsäure, welcher man etwas Gummi zugesetzt hat und gummiere die Platte.

Hat dieselbe einige Zeit unter Gummi gestanden, wäscht man denselben sauber ab, wäscht die Zeichnung mit Wasser und Terpentinöl aus und walzt mit Aetzfarbe ein, worauf das Hochätzen in der bekannten Weise vorgenommen wird.

Ton- oder Schabpapier.

An dieser Stelle wollen wir auch gleich das Ton- oder Schabpapier aufführen. Dasselbe eignet sich vorzüglich zu Zeichnungen, welche als Illustrationen eine volle, kräftige Wirkung erreichen sollen, ist aber nicht, wie das Kornpapier, für direkten Ueberdruck geeignet, sondern muß vermittelst Photographie übertragen werden. Dasselbe ist mit einer weißen Kreideschicht überzogen, auf welcher ein Ton, in Linien oder Punkten, schwarz vorgedruckt ist, der dem Künstler für das zu schaffende Bild als Mittelton dient. Dieses Papier läßt den größten Spielraum für die technische Ausführung. Bleistift, Kreide, Tusche und Farbe können angewendet und durch Schaben mit glatten oder gezähnten Schabmessern, die mannigfachsten Effekte erzielt werden.

Die Kreidewischmanier.

Dieselbe wird von vielen Zeichnern angewendet um feine Töne und weiche Uebergänge zu erzeugen und eignet sich namentlich sehr gut für Terrainzeichnung in größeren Karten. Die dazu erforderliche Wischkreide ist in kleinen Täfelchen im Handel zu haben. Als Wischer benutzt man, ein, der Form eines Wischers entsprechend zugeschnittenes, Stückchen Holundermark. Das Korn des Steines muß fein und möglichst scharf sein, das Wischen wird ganz in derselben Weise ausgeführt wie auf Papier und die erforderlichen, etwa nicht ganz erreichten Tiefen, sowie schärfere Abgrenzungen, mit dem Kreidestifte nachgezeichnet. Das Aetzen muß sehr vorsichtig geschehen, damit die feinen Töne nicht verschwinden, am besten eignet sich hierzu der mit Gummi versetzte Gallusextrakt.

Bei Farbenplatten, welche man in Wischmanier ausführen will, deckt man die Teile der Zeichnung, welche nicht annehmen sollen mit Gummi ab.

Nachdem man weiche lithographische Kreide sehr fein geschabt hat, wickle man ein Stückchen weiches Hirschleder, dessen Oberfläche vollkommen gleichmäßig sein muß um den Zeigefinger. Mit dem Leder tupfe man in die geschabte Kreide, doch so, daß nur wenig daran haften bleibt, und überstreiche damit den gekörnten Stein, bis der gewünschte Ton erzielt ist. Die Kreide am Leder darf nicht zu oft erneuert werden, weil sonst der Ton an Weichheit verliert, auch muß das Steinkorn, wie schon oben erwähnt, möglichst scharf sein, um das Zusetzen zu vermeiden. Lichter hebt man mit dem Schaber heraus.

Unter Berücksichtigung der größeren oder geringeren Stärke der Zeichnung ätze man dieselbe, wie jede andere Kreidezeichnung, doch ist auch hier das Aetzen mit Gallusextrakt und Gummi zu empfehlen.

Die Tamponiermanier.

Wir verdanken dieses schöne Verfahren dem berühmten französischen Lithographen Engelmann, und dasselbe ist lange nicht hinreichend gewürdigt worden, was wohl darin liegen mag, daß es höchst sorgfältig behandelt sein will, obgleich es aber dann auch die herrlichsten Effekte in Weichheit und Harmonie hervorbringt. Um sich des Tampons mit Erfolg zu bedienen, reicht es nicht hin, alle die Zufälligkeiten zu vermeiden, welche aus dem Mangel an Erfahrung beim Zeichnen selbst entstehen, sondern man muß auch eine sehr genaue Kenntnis von der Wirkung des Druckverfahrens selbst haben.

Die Tampons, Ballen, haben genau die Gestalt der sonst gebräuchlichen, allgemein bekannten Buchdruckerballen, nur daß sie bei weitem kleiner sind. Man macht sie von Holz, kreisrund, die eine Fläche etwas hohl gearbeitet, die andere mit einem Griff versehen. Die untere Seite der Tamponplatte, d. h. diejenige, welche dazu bestimmt ist, die Tinte auf dem Steine zu verteilen, wird in ihrer Höhlung mit Baumwolle ausgefüllt, deren aber soviel sein muß, daß sie eine flach halbkugelige Erhabenheit bildet. Darüber zieht man ein Stück Kalbleder und dann ein Stück weißes Handschuhleder, die Fleischseite nach außen. Beide werden scharf angespannt und mittels einer Schnur in einer Rinne, welche am Rande der Platte ausgedreht ist, fest angezogen, so daß die obere Fläche des Ballens auch nicht die kleinste Falte zeigt. Man muß übrigens mehrere Ballen von verschiedener Größe haben.

Da hier diese Ballen nicht mit der Feuchtigkeit in Berührung kommen, so kann man sich auch mit Vorteil der, aus einer in den Buchdruckereien bekannten Masse (Walzenmasse), gegossenen Ballen bedienen, welche eine große Elastizität und Dauer besitzen, und auch umgegossen werden können, sobald sie unbrauchbar werden.

Beim Gießen eines Tampons oder Ballens läßt man den Stiel hohl ausdrehen, befestigt auf die Platte desselben ein sehr tiefes Uhrglas, verklebt die Fugen mit Lehm oder Glaserkitt und gießt dann die aus gleichen Teilen Tischlerleim und Sirup gekochte flüssige Masse durch den Stiel ein.

Die Form des Uhrglases, das man vorher mit Oel bestreicht und nach dem Gusse, sobald die Masse erkaltet ist, leicht abnehmen kann, gibt die kalottenförmige Erhöhung des Ballens.

Lederne Ballen scheinen übrigens den Vorzug zu haben, da das Tamponieren mit denselben gleichförmigere Tinten gibt.

Sehr zweckdienlich sind auch, besonders bei kleinen Gegenständen, Ballen in Hammerform, Fig. 15, Taf. 5.

Die Tamponiertinte setzt man zusammen aus

4 Teilen Jungfernwachs,
1   „   Talg,
2   „   getrockneter Seife,

welche man zusammenschmelzt, dann die Hitze bis zur Entzündung treibt, darauf 3 Teile Schellack nach und nach hinzuwirft, nachdem die Masse 30 Sekunden gebrannt hat, dieselbe auslöscht und 1 Teil mit Soda gesättigtes Wasser hinzuthut. Nachdem der entstandene Schaum verschwunden ist, setzt man 1 Teil des leichtesten Lampenrußes und 4 Teile gewöhnlicher Druckfarbe zu, mengt alles gut durcheinander und läßt die Masse erkalten, die man in Stäbe formt.

Nach Engelmanns Angabe besteht die Tamponiertinte aus

8 Teilen Wachs,
3   „   Talg,
5   „   Seife,
6   „   Schellack,
3   „   Ruß,

welche Substanzen man in gleicher Weise, wie bei der lithographischen Tusche, zusammenschmelzt, dann 8 Teile gewöhnliche Druckschwärze hinzufügt und in dicke Stangen gießt.

Sobald man nun die Zeichnung auf den zur Kreidezeichnung gekörnten Stein gebracht und die Konturen mit der Feder mit lithographischer Tinte, oder mit der Kreide festgestellt hat, überzieht man den Rand des Steins und alle Stellen der Zeichnung, welche ganz weiß bleiben sollen, mit einer dünnen, aber zusammenhängenden Schicht Reserve. Dieses ist eine Mischung von 3 Teilen Wasser, in welchem man soviel Gummi·arabicum aufgelöst hat, daß die Masse die Konsistenz eines Sirups erhält, einem Teil Ochsengalle und soviel Zinnober, als nötig ist, um eine sehr gesättigte Farbe hervorzubringen. Jeder andere Farbenzusatz wird dieselben Dienste thun, doch wird man immer Zinnober vorziehen, da er bei dem spätern Nacharbeiten durch die tamponierten Töne durchscheint.

Ist der Stein, nachdem man die Reserve an den gehörigen Stellen aufgetragen hat, vollkommen trocken geworden, so löse man auf einer matten Glastafel etwas Tamponiertinte mit Terpentinöl oder Lavendelöl zu der Konsistenz einer gewöhnlichen Druckfarbe auf, verbreite sie mit einem eigens dazu bestimmten größern Tampon und nehme von letzterm mit dem, nach der Größe der zu tamponierenden Flächen proportionierten Ballen die Farbe ab, so daß letzterer vollkommen eingeschwärzt erscheint.

Mit diesem zweiten Tampon gebe man nun, indem man ihn senkrecht und mit gelindem Drucke gegen den zu tamponierenden Stein stößt, diesem einen gleichmäßigen Farbenton, wie man ihn für die lichteste Tinte bestimmt hat. Wenn der große Tampon farbeleer ist, so bedeckt man ihn wieder auf der Glasplatte mit einer Farbenschicht, doch muß sowohl auf ihm, als dem kleinen Tampon, die Farbe stets sehr gleichmäßig verbreitet sein. Beim Tamponieren hat man sehr darauf zu sehen, daß die Stöße mit dem Tampon nicht zu fest, dagegen aber ziemlich rasch und sehr gleichmäßig gemacht werden. Man muß die Farbe auf beiden Tampons sehr oft erneuern und verteilen, sonst bildet sie sich auf demselben zu einem Ringe, der dann, sobald man einen Stoß etwas zu stark macht, sich auf den Stein überdruckt und den ganzen Ton verdirbt.

Ist dieser erste lichteste Ton (— man muß sich sehr hüten, einen Ton zu tief zu tamponieren, da man einen solchen nicht wieder aufhellen kann) durchaus gleichförmig, als wenn er mit Tusche in der verlangten Nuance angelegt wäre, aufgetragen, so decke man mit der Reserve alle diejenigen Teile der Zeichnung, welche diesen Ton behalten sollen, lasse den Stein trocknen und tamponiere abermals für den zweiten Ton. Bei dem Decken mit der Reserve hat man sich sehr vorzusehen, dieselbe allerdings sehr genau an die Ränder anzuführen, aber weder hier, noch überhaupt, zu dick aufzutragen, indem man sonst, namentlich an Rändern, nicht gehörig tamponieren kann, wodurch man dann überall zwischen den Tönen Lichtkanten erhält, die sich nur mit großer Mühe, oft sogar gar nicht, mit dem Uebrigen in Akkord bringen lassen.

Ist der zweite Ton ebenfalls in der nötigen Stärke tamponiert, so deckt man wieder diejenigen Stellen, welche nun tief genug schattiert sind und geht zum dritten und, wenn dieser fertig ist, zum vierten Tone über und dies so fort, bis auch die tiefsten Töne tamponiert sind. Dann geht man mit dem Steine unter einen Brunnen und entfernt die verschiedenen

Reserveschichten sehr behutsam und ohne zu reiben, und setzt dies Abwaschen so lange fort, bis auch die letzte Spur des Gummi entfernt ist. Alsdann vollendet man die Zeichnung auf dem Steine mit der Kreide und mit der Tinte.

Diese Manier ist vortrefflich für die Anlage der vorbereitenden Tinten bei Zeichnungen von bedeutenden Dimensionen, für die eintönigen Gründe und vorzüglich für die Lüfte. Handelt es sich nur um das Tamponieren der Luft an einer kleinen Landschaft, so wäre es unnötig, die übrigen Stellen erst zu decken, sondern man schneidet aus einem Blatte starken Papiers nur die zu tamponierende Stelle heraus, befestigt dann das Blatt in der gehörigen Richtung auf dem Steine und tamponiert nun. Das Papier dient dann als Reservepatrone, und man spart auf diese Weise viele Zeit. Indessen muß man hier sehr vorsichtig zu Werke gehen, namentlich muß das Patronenpapier nicht zu dünn sein, durchaus scharfe, nicht ausgefranzte Ränder haben, und sich während dem Tamponieren nicht verschieben oder gar auf- und abklappen.

Sobald die Schwärze auf der Glasplatte anfängt dick zu werden, verdünnt man sie mit etwas Terpentin- oder Lavendelöl zur gewöhnlichen Weichheit.

Knecht, ein französischer Lithograph, hat dies Verfahren, wenn wir so sagen sollen, weiter ausgeführt, und wir wollen unsern Lesern hier die Details desselben mitteilen. Er teilt seine Arbeiten ein in:

a) platte Tinten,
b) Schatten,
c) lichte Zeichnung auf dunklem Grunde,
d) dunkle Zeichnung auf hellem Grunde,
e) dunkle Zeichnung auf dunklem Grunde.

Die Tinte, deren er sich bei dieser Arbeit bedient, besteht aus einer Zusammensetzung von gleichen Teilen Jungfernwachs, weißer Seife, Leinöl, Schellack und der nötigen Quantität Kienruß; die Bereitungsart ist die aller lithographischen Tinten. Seine Reserve ist die obengenannte, der er aber auch statt des Zinnobers wohl zuweilen Bronze, Gold oder Silber, zusetzt.

Platte Tinten.

Man erhält die platten Tinten (gleichtönige, einförmige Flächen) wie bei Engelmann. Sobald man die erste Tinte tamponiert hat, wäscht man die ganze Reserve von dem Steine und bedeckt, nachdem derselbe wieder trocken ist, alles was weiß bleiben und das, was die erste Tinte behalten soll, mit der Reserve, tamponiert dann die zweite Tinte und so fort, so viel man Tinten haben will.

Schatten mit dem Pinsel.

Um Schatten zu erhalten, muß man ganz anders verfahren. Wollte man z. B. nur einen einzigen Strich tamponieren, während alles andere weiß bleiben soll, so liegt es am Tage, daß es sehr schwer, ja unmöglich sein würde, den ganzen Stein mit Reserve zu bedecken und nur diesen einzigen Strich auszusparen. Man bedient sich daher hierzu des folgenden Mittels:

Man versetzt Kienruß oder Bleiweiß mit Terpentinöl und mit venetianischem Terpentin, daß die Masse die Stärke eines dicken Oeles erhält.

Mit dieser Deckfarbe malt man nun alle Teile der Zeichnung, welche man später tamponieren will. Man muß sich jedoch wohl hüten, zu viel Terpentinöl zur Deckfarbe zu setzen, da sie sonst fließt und zum Gebrauche untauglich wird, weßhalb man besser thut, den Terpentingeist in einem Fläschchen stehen zu haben, und mit dem Pinsel nur soviel herauszunehmen, als man zur Verdünnung der Farbe braucht. Jeder Strich mit der Deckfarbe muß schwarz und kräftig dastehen. — Ist der Stein trocken, so überzieht man ihn gänzlich mit der Reserve, der aber keine Ochsengalle beigemischt sein darf. Auf den mit Deckfarbe gemachten Strichen haftet die Reserve nicht, und wenn diese trocken ist, löst man mit reinem Terpentingeiste die Deckfarbe auf und entfernt dieselbe mittels eines Lappens, aber ohne zu reiben, so daß der Stein an diesen Stellen wieder weiß wird.

Ist der Terpentingeist verflogen, so tamponiert man den verlangten Ton auf die bloßgelegten Stellen und verfährt wie wir oben bereits beschrieben haben. Es ist klar, daß man das Verfahren wiederholen und mehrere Tinten geben kann; doch darf man dann die Deckfarbe nicht weiter anwenden, sondern muß mit der Reserve allein arbeiten, weil, wenn man die Deckfarbe mit Terpentin wegnehmen wollte, man auch die Tamponage an jenen Stellen mit wegnehmen würde. Könnte man sich aber nicht ohne die Deckfarbe behelfen, so müßte man sich auf einem andern Steine eine Probe von der ersten Tinte aufbewahren, um nachher beurteilen zu können, ob die spätere dunkel genug tamponiert sei, um die erste zu schattieren.

Helle Zeichnung auf dunklem Grunde.

Man beginnt damit, die Konturen und die Drucker mit der Deckfarbe zu malen, und bedeckt dann mit der Reserve den Rand der Zeichnung und die höchsten Lichter. Dann hebt man die Deckfarbe ab und tamponiert den ersten Ton, deckt, tamponiert den zweiten Ton und so fort, bis die Zeichnung vollendet ist, worauf man dann den Grund so dunkel tamponiert, als man für nötig hält, den Stein abwäscht und dort, wo es nötig ist, mit Kreide oder Tinte vollendet.

Dunkle Zeichnung auf hellem Grunde.

Man überlegt alles, was schattiert werden soll, mit der Deckfarbe und überzieht dann den ganzen Stein über und über mit Reserve. Ist dieselbe trocken, so hebt man die Deckfarbe mit Terpentin ab und behandelt nun die jetzt allein blank dastehende Zeichnung nach dem reinen Engelmannschen Verfahren.

Dunkle Zeichnung auf dunklem Grunde.

Für den Anfang kommt diese Arbeit ganz mit der vorhergehenden überein, nachher aber weicht sie davon ab. Wenn die Zeichnung vollendet ist, bedeckt man sie mit der Reserve, welche man gut trocknen läßt. Darauf nimmt man auf Baumwolle etwas Weingeist und bemüht sich, die Deckfarbe abzuheben. Man muß mit trockner Baumwolle nachwischen und oft frischen Weingeist nehmen, damit die wässerigen Teile desselben nicht etwa die Reserve angreifen. Sollte dies dennoch geschehen, so muß man die Reserve vor dem Tamponieren erst wieder ausbessern.

Allgemeine Bemerkungen.

Will man einen bereits zu dunkel tamponierten Ton herabstimmen, so decke man alle untadelhaft erscheinenden Stellen mit der Reserve und tamponiere den fraglichen Ton mit einem harten Tampon ohne Farbe, bis derselbe hell genug ist.

Will man hingegen einen Ton dunkler arbeiten, so decke man, was gut ist, mit der Reserve und tamponiere das zu helle nach. Wollte man das Ganze nachtamponieren, so braucht man nur die Ränder und die höchsten Lichter zu decken.

Die Tinte muß man jeden Tag neu einreiben und die Tampons öfters, und namentlich sobald man die Arbeit, sei es auch nur für Stunden, schließt, mit Terpentin sauber reinigen. Ist durch Nachlässigkeit die Farbe auf einem Tampon eingetrocknet, so ist derselbe gänzlich unbrauchbar und muß neu überzogen werden. Die mit einem hart gewordenen und etwa mit Terpentin wieder aufgeweichten und notdürftig rein gemachten Tampon gearbeiteten Tinten werden durchgängig hart und unschön.

Die Aetzung der tamponierten und mit Kreide oder Tinte ausgezeichneten Steine geschieht auf dieselbe Weise, wie dies für die mit Kreide gearbeiteten Steine später beschrieben werden wird.

Statt des Tamponierens lassen sich auch die Tinten mit einem geschwärzten Büschel Wolle anwischen, welcher vorher auf einem Steine abgerieben worden ist.

Die Wischtinte hierzu ist aus folgenden Bestandteilen zusammengesetzt:

1 Teil Wachs,
2 „ Schweinefett,
3 „ Walrat,
1 „ Seife.

Man läßt diese Substanzen zergehen und solange über dem Feuer stehen, bis sie die zwischen dem Wachs und den Talg innenliegende Konsistenz erlangt haben. Sodann reibt man soviel kalcinierten Ruß hinzu, als möglich ist, denn diese Farbe muß eher im Uebermaß, als in unzureichender Quantität darin vorhanden sein, weil außerdem die Arbeit rot aussehen und beim Drucke schwärzer ausfallen würde, als man wünschte.

Im übrigen ist die Behandlung mit der Reserve ganz so wie beim Tamponieren.

Nach beendigter Arbeit wird der ganze Stein mit Reserve bedeckt und dann mit hartem Wasser abgewaschen.

Die Manipulationen dieses Tamponier- und Wischverfahrens sind jedoch für den Zeichner und Drucker bedeutend schwieriger, als die der Kreidemanier.

In geeigneter Verbindung mit letzterer leistet zwar das Tamponieren bei Architekturbildern, bei Lufttönen der Landschaften u. dergl. gute Dienste, allein gegenwärtig, bei der bedeutend vorangeschrittenen Vervollkommnung der Kreidemanier, sind diese Verfahrensweisen beinahe ganz entbehrlich geworden.

Die Tuschmanier.

Diese Manier bildet eine Nachahmung der mit schwarzer oder anderer Farbe mittels des Pinsels durch Lavieren oder Verwaschen auf Papier dargestellten Zeichnungen, ist auch bereits seit längerer Zeit versucht und durch verschiedene Lithographen verbessert worden.

Sie ist trotz vieler Vervollkommnung aber nicht lebensfähig geworden, deßhalb sehen wir von eingehenderer Beschreibung ab und begnügen uns damit dieselbe zu erwähnen.

Die vertieften Manieren.

Vertiefte Manieren nennen wir solche, bei denen die Schrift oder Zeichnung nicht, wie bei den erhabenen, auf die Oberfläche der Steinplatte gezeichnet, sondern in dieselbe eingegraben wird, wie dies beim Kupferstiche der Fall ist. Diese vertieften Linien werden dann mit einer Schwärze von fettiger Substanz ausgefüllt, auf mehrfache, sogleich zu beschreibende Weise eingeschwärzt und auf die gewöhnliche Art abgedruckt.

Man hat zwei Arten, die Striche in die Tiefe einzugraben, nämlich mechanisch durch Instrumente, Grabstichel, Nadeln u. s. w., oder chemisch durch das Einätzen mit Scheidewasser oder Essigsäure.

Die Gravierung.

Diese ist eine vertiefte Manier, bei welcher die Zeichnung auf mechanischem Wege in die Steinplatte gebracht wird. Sie geht mit dem eigentlichen Kupferstiche parallel und ist das in der Lithographie, was dieser in der Chalkographie ist. Sie ist eine der gangbarsten und nutzbarsten Manieren des Steindrucks und eignet sich vorzüglich zu sehr feinen Schriftarbeiten, z. B. Landkarten, Visitenkarten, Wappenstichen, Diplomen, architektonischen und technischen Zeichnungen u. dergl. m.

Man arbeitet in dieser Manier nicht so schnell, jedoch viel feiner und eleganter, als mit der Feder und immer noch weit schneller, als der Kupferstecher in Metall arbeitet. Da man dessen Arbeiten hinsichtlich der Zartheit und Sauberkeit ganz gleichkommen kann, ist die Manier gewiß ein großer Gewinn für die Kunst.

Zu gravierten Manieren sind nur die härtesten Steine tauglich und man muß sich vorzugsweise dazu der grauen, ins Bläuliche spielenden bedienen und nur solche aussuchen, welche ein gleichartiges Gefüge und keine weichen Stellen haben.

Der Stein wird mit Bimsstein naß, spiegelglatt und ohne feine Löcher und Risse, geschliffen und dann trocken 10—14 mal mit feinem Bimsstein nachpoliert, wodurch der Stein für das spätere Ansprechen der Nadel viel empfänglicher gemacht und dem Abbrechen der Nadelspitzen sehr vorgebeugt wird.

Hierauf erhält der Stein eine Präparatur, damit er später, beim Einreiben der Farbe, auf den unbezeichneten Stellen weiß bleibe. Dieses Präparieren geschieht bei neuen Steinen durch Ueberstreichen mit Gummiauflösung; bei schon einmal gebrauchten Steinen aber wird der Gummiauflösung etwas

Gallusextrakt beigemischt, dasselbe kann auch bei neuen Steinen von weißlichgelber Farbe, welche weich sind, mit Vorteil angewendet werden.

Eine Gummiauflösung, welche durch die Länge der Zeit schon etwas sauer geworden, ist die geeignetste hierzu.

Einige Lithographen ätzen vor dem Gummiauftragen den Stein mit schwachem Aetzwasser, wie selbes bei Kreidezeichnungen angewendet wird, wobei sie sich der Phosphorsäure oder auch der Salpetersäure bedienen; oder überstreichen den Stein mit einer Gummiauflösung, der ein wenig obiger Säure beigemischt wurde.

Wir geben jedoch dem nachfolgenden Verfahren den Vorzug.

Es ist dieses die Kleesalzpräparatur, wobei feingepulvertes in Wasser aufgelöstes Kleesalz mittels des Tampons auf die ganze Steinfläche in derselben Weise verbreitet wird, als wollte man den Stein damit schleifen; dieser Kleesalzauflösung wird sodann ebenfalls mit Wasser angefeuchteter Blutstein beigefügt und dieses Verfahren mittels des Tampons so lange fortgesetzt, bis die Oberfläche des Steines trocken ist, wodurch derselbe zum Gravieren spiegelblank hergerichtet ist.

Wird der Stein jedoch nicht sofort gebraucht, so muß er gummiert werden, weil sonst durch längere Einwirkung der Luft, die Präparatur wieder aufgehoben wird.

Der Tampon ist aus starken Tuchenden, die man um sich selber wickelt, ähnlich wie der bereits im ersten Kapitel erwähnte Tuchtampon gefertigt.

Durch das Kleesalz erhält der Stein eine vorzügliche Politur, weshalb die Anwendung desselben bei feinen Gravierarbeiten, z. B. Visitenkarten, die auf Glanzpapier gedruckt werden, sich ganz besonders empfiehlt; dagegen wird von vielen Lithographen die Präparatur mit Salpetersäure da vorgezogen, wo die Gravierarbeit einer längeren Zeit bedarf und mancherlei Korrekturen nicht zu umgehen sind, oder wo das Abdecken in Anwendung gebracht und sodann das Korrigierte und Abgedeckte vor Annahme der Druckfarbe am vollständigsten geschützt bleibt.

In die präparierte Fläche wird dann die Zeichnung oder Schrift mittels der Nadel oder des Diamanten eingerißt und nach Vollendung dieser Arbeit die gravierten Stellen mit Leinöl getränkt, wobei unter Einwirkung des Gummi die Bildung einer Kalkseife vor sich geht, welche das Anziehen der Druckfarbe an diesen Stellen bewirkt.

Bei dieser Operation ist vorzüglich die Qualität des Steines zu berücksichtigen, indem das Eindringen des Oels bei weichen rauhkörnigen Steinen einer längeren Zeit bedarf, als bei dem feinkörnigen Steine.

Würde auf einem nicht gummierten Steine die Gravierarbeit vorgenommen, so wird beim Einreiben der ganze Stein Farbe annehmen, ohne daß die gravierten Stellen ein besonderes Bestreben zeigen werden, gegenüber dem übrigen Stein die Farbe anzuziehen, woraus die Notwendigkeit der Gummipräparatur, sowie die hierdurch bewirkte Verseifung des Oels mit dem kohlensauren Kalk hervorgeht.

Um die gravierten Striche und deren Effekt zu sehen, ist es nötig, der Steinoberfläche eine Farbe zu geben, wozu gewöhnlich gebrannter Ruß oder Rötel gewählt wird.

Am häufigsten kommt der schwarze Grund in Anwendung, wozu gebrannter Ruß mit etwas Spiritus und Wasser fein abgerieben und beiläufig der zwanzigste Gewichtsteil Gummi darunter gemischt, in einem verschlossenen

Fläschchen aufbewahrt wird. Bei demselben darf nur soviel Gummi sein, als zur Bindung der Farbe nötig ist, denn das geringste Uebermaß desselben erschwert das Gravieren, indem die Nadeln auf solchen Stellen nur schwer angreifen.

Das Abreiben des Grundes muß sehr sorgfältig geschehen, weil er, wenn körnig, das Gravieren erschwert. Diese Arbeit ist sehr zeitraubend und deshalb halte ich es für zweckmäßiger, den käuflich zu habenden, durch Maschinen geriebenen Grund zu benutzen.

Das Auftragen dieses Grundes muß so dünn wie möglich geschehen, damit er den Graveur nicht hindere.

Nun wird zuerst die Gummipräparatur abgewaschen und der Stein mit einem Tuche abgetrocknet. Hierbei bleibt in den Poren des Steines eine schwache Gummilage zurück, welche, besonders im Sommer, das Schmutzigwerden der Platte verhindert.

Nachdem dies geschehen, wird der Stein mit einem Schwämmchen, oder einer harten Bürste, mit dem in Wasser aufgeriebenen Grunde überstrichen und derselbe mittels eines Vertreibpinsels oder einer weichen Bürste, sogenannte Hut- oder Seidenbürste, möglichst gleichmäßig ausgebreitet. Je dünner der Grund ist, desto leichter läßt sich darauf gravieren, deshalb bemühe man sich, denselben so dünn und so gleichmäßig als nur irgend möglich aufzutragen.

Oefters wird derselbe, um den zu grellen Abstand zwischen Schwarz und Weiß, welcher den Augen schadet, zu mildern, mit feingeriebenem Blutstein versetzt, wodurch er eine bräunliche Farbe bekommt.

Der Vertreibpinsel ist aus Dachshaaren gefertigt, die 4 1/2 cm aus der Hülse gehen und an der untern Fläche einen 3 cm weiten Kreis bilden, Fig. 24, Taf. 4.

Der rote Grund wird vorzugsweise bei Korrekturen angewendet, oder wenn bei der bereits gravierten und mit Farbe eingeriebenen Platte Ergänzungen oder weitere Ausarbeitungen zu machen sind, wobei der ganze Stein oder auch bloß die betreffende Stelle mit feingeschabtem Rötel oder Zinnober gewöhnlich trocken mittels der Fingerbeere eingerieben wird.

Ebenso kann aber auch der mit Wasser feingeriebene und mit etwas Gummi versetzte Rötel mit einem Schwämmchen auf den Stein verbreitet und dann wie beim schwarzen Grunde mit dem Pinsel oder der Bürste vertrieben werden.

Der auf diese Art präparierte Stein ist nun zur Aufnahme der Pause und zur weitern Bearbeitung fertig; doch muß man stets unter der Vorlage (Armbrett) arbeiten und es ist ebenso unzweckmäßig als nachteilig, die Hand und den Arm unmittelbar, selbst wenn man ein zusammengeschlagenes Tuch unterlegt, auf den Stein zu bringen*). Zunächst trägt man die Pause auf, und zwar mit rotem Kopierpapier, wenn man den Stein schwarz oder mit

---

*) Einige Lithographen ziehen es vor, statt des Vorlagebrettes, ein Stück festes, gut gewalktes Tuch auf den Stein zu legen, worauf die Hand ruht. Dieses Tuch dient gleichzeitig dann zum Wegwischen des weißen Staubes den die Graviernadel-Spitze hervorbringt. Ebenso dient das erwähnte Tuch zum Bedecken des Steines, wenn man die Arbeit verläßt, um sie gegen jeden Unfall zu sichern. Andere bedienen sich eines Kissens von glattem Leder zum Auflegen der Hand, dasselbe glättet jedoch bei längerem Gebrauche den Grund und verwischt dadurch die Pause.

schwarzem, auch blauem, wenn man den Stein rot grundiert hat, auch legt man die Zeichnung sogleich mit Reißblei darauf an, doch hat man sich vorzusehen, daß die Pausnadel nicht etwa den gefärbten Ueberzug durchreiße. Deßhalb muß dieselbe sehr sorgfältig hergestellt werden. Am besten eignet sich hierzu eine ausgediente Graviernadel, welcher man die Spitze abschleift und dieselbe auf einem Stück Glas abreibt, so daß sie vollständig rund und glatt, gleichsam poliert ist. Ist die Pause vollendet, so hauche man sie über und über stark an, wodurch sie sich auf dem Grunde fixiert und bei dem nachherigen Arbeiten ec. nicht verwischt wird.

In neuerer Zeit bedient man sich sehr häufig der Gelatinfolie (Glaspapier) zum Uebertragen der Zeichnungen. Dieselbe ist zwar bedeutend teurer als das Pflanzenpapier, die Zeitersparnis, welche man jedoch damit erzielt, sowie der Umstand, daß man beide Seiten derselben benutzen kann, lassen ihre Anwendung als einen großen Vorteil erscheinen.

Die Zeichnung wird mit einer Graviernadel eingeritzt, mit Miloriblau oder Rötel eingerieben und mittels Durchziehens durch die Presse, oder Abreiben mit dem Fingernagel oder einem Falzbein, auf den Stein übertragen.

Ist die Zeichnung vollendet, so nimmt man die bereits früher beschriebenen Nadeln und arbeitet nun nach Verhältnis die Linien breit oder schmal durch die Gummidecke in dem Steine aus. Es reicht vollkommen hin, wenn nur die Präparatur durchschnitten ist, was man daran erkennt, daß sich ein leichter weißer Staub an dem gemachten Striche zeigt. Zu tief gravierte Linien nehmen die Schwärze späterhin nicht gut an und erscheinen im Drucke grau. Am allerwenigsten soll man breite Linien tief arbeiten. Diese müssen so flach, als irgend möglich gehalten werden, sonst erscheinen sie im Druck an beiden Rändern schwarz und in der Mitte grau. Man kann diese breiten Linien oft mit einem Striche, vermöge breiter Nadeln machen, doch kann dabei, wenn man darin nicht die rechte Fertigkeit besitzt oder mit großer Vorsicht zu Werke geht, der Stein leicht an den Seiten dieser Linien ausspringen und die Zeichnung sehr verderben, daher ist es ratsamer, diese Linien nur nach und nach durch Nachschaben an den Seiten zur gehörigen Breite zu bringen. — Ganz feine Linien sind schon tief genug, um nachher Farbe aufzunehmen, wenn sie nur völlig weiß erscheinen. Alle Konturen muß man je nach der verlangten Feinheit mit der Stahlnadel oder dem Diamant vorreißen. Gerade Linien und Kreise werden am besten mit dem Diamant gezogen, jedoch kommt auch hierbei viel auf Uebung und Gewohnheit an. Man kann mit einer guten, scharfen Nadel ebenso gleichmäßige Striche wie mit dem Diamant machen.

Die breiteren Nadeln zum Ausschaben, Ausarbeiten und Schattieren der Schrift dürfen durchaus nicht von beiden Seiten halbplatt sein, sondern sie müssen von einer Seite fast ganz flach, von der anderen jedoch stark oval, fast halbrund, geschliffen sein, mit solchen Nadeln kann man die höchste Reinheit und Schärfe der Striche erreichen. Alle Strichlagen, welche nicht ganz fein sind, muß man stets mit einer Ausarbeitnadel machen, da die spitzgeschliffene Vorreißnadel leicht rauhe Striche erzeugt.

Man nehme die Nadel zwischen Daumen und Zeigefinger, unterstützt durch den Mittelfinger und arbeite damit in ähnlicher Haltung wie mit dem Bleistift. Einige Lithographen nehmen bei stärkeren Strichen die Nadel zwischen Zeigefinger und Mittelfinger, sogar zwischen Mittel- und Goldfinger und behaupten so schärfer und schneller arbeiten zu können, als bei der gewöhnlichen Haltung zwischen Daumen und Zeigefinger. Es kommt hier auch viel auf Gewohnheit und Uebung an, ich ziehe die Haltung zwischen Daumen und Zeigefinger vor.

Viele Künstler, welche in gravierter Manier arbeiten, bedienen sich, statt der oben beschriebenen Stahlnadeln, lieber der gefaßten Diamantsplitter, welche man käuflich erhalten kann und es ist nicht in Abrede zu stellen, daß diese Diamantspitzen, namentlich für feine Arbeiten, außerordentliche Vorteile gewähren, weil sie stets eine gleiche Schärfe behalten, was dieselben zu Maschinenarbeiten und platten Tinten vorzüglich geeignet macht. Für breite Arbeiten wird man sich indessen immer der breitgeschliffenen Stahlnadeln bedienen müssen, und selbst für feinere Arbeit bleibt die Stahlnadel vorzuziehen, da den Arbeiten mit dem Diamant immer eine gewisse Steifheit, wir möchten sagen, Kälte bleibt und ihnen das Markige der Arbeit mit der Stahlnadel fehlt.

Der beim Gravieren an den eingerissenen Linien entstehende weiße Staub wird leicht mit einem trocknen Pinsel weggestrichen, oder auch nur weggeblasen. Vor allen Dingen aber hat man bei der Arbeit und außer derselben darauf zu achten, daß die schwarze oder rote Decke nicht naß werde, sonst löst sich der Grund auf, bringt dann in die schon gravierten Striche und präpariert diese, welche nun keine Farbe annehmen. Daher hat man sich wohl vorzusehen, daß der Stein nie schnell aus der Kälte in große Wärme gebracht werde, wo das starke Schwitzen den Grund ebenfalls auflösen könnte, dann, daß man bei der Arbeit den Stein nicht zu sehr anhauche und, wenn es ja geschehen, ihn sogleich trocknen lasse, ehe man weiter arbeitet. Sehr vorteilhaft ist hier eine sogenannte Mundscheibe anzuwenden. Eine Scheibe von Glanzpappe, 8—10 cm im Durchmesser, in der Mitte durchbohrt und mit einem hölzernen Stiel zum Halten mit dem Munde versehen, hält den Hauch vom Steine ab.

Fehlerhafte Striche, welche man bei den erhabenen Manieren mit Terpentinöl wegwischt, müssen hier so flach als möglich weggeschabt und dann wieder mit etwas verdünnter Phosphorsäure präpariert und mit dem schwarzen oder roten Tone mit einem kleinen Pinsel gedeckt werden, worauf man dann andere richtige Striche hineinarbeiten kann. Unbedeutende falsche Punkte oder Striche aber darf man nur mit einer Mischung von Gummi, etwas Phosphorsäure und Ruß oder Rötel decken, und sie werden dann keine Farbe annehmen.

Statt der Phosphorsäure werden auch gewöhnlich diesem Deckgrunde einige Tropfen Salz- oder Salpetersäure beigemischt.

Ist der Stein mit Kleesalz präpariert und poliert, so empfiehlt es sich die Decktusche aus Ruß, etwas Kleesalz und Gummi herzustellen, damit die gedeckten Stellen dieselbe Präparatur wie der ganze Stein bekommen.

Die eben erwähnte Korrekturmethode bringt uns zugleich auf eine Nüance der gravierten Manier, nämlich auf die weißen Zeichnungen auf einer platten Tinte, weiße Stellen in die Lüften 2c. Diese weißen Zeichnungen finden z. B. auf Adreßkarten, Sicherheitswechseln und ähnlichen Arbeiten statt und erfordern, wo man mit der Feder arbeitet, sehr viel Mühe, sind aber in der gravierten Manier sehr leicht zu machen. Sie entstehen, wenn durch eine große Menge gleich weit voneinander entfernter, gleich starker Linien oder dergleichen eine platte Tinte erzeugt wird, und man eine Arabeske oder Schrift 2c. darin ausspart, daß sie sich weiß auf dunklem Grunde zeigt. Bei der Federmanier muß man die Linien, welche die platte Tinte bilden, wirklich an den bezeichneten Stellen unterbrechen, oder die ganze Zeichnung später mit sehr vieler Mühe mit dem Schaber und der Nadel herausradieren, was unendlich viele Zeit und Arbeit kostet. Bei der gravierten Manier hingegen macht man die unterliegende platte Tinte, ohne alle Unterbrechung, mit der Maschine, oder schabt, wenn der Grund ganz schwarz erscheinen soll, denselben mit einem flachgeschliffenen Schaber ganz flach und glatt aus, präpariert ihn leicht mit etwas Terpentinöl, das man mit Löschpapier wieder abwischt und deckt alsdann mit der Präparatur alles, was späterhin weiß erscheinen soll. Auch der feinste Zug dieser Zeichnungen erscheint dann im Drucke weiß. Will man neben die weißen Zeichnungen, was oft sehr gute Wirkung macht, schwarze Drucke legen, oder in dieselbe schwarze Schraffierungen und Adern ꝛc. machen, so werden diese von neuem mit der Nadel an oder in die Präparatur graviert. Die eben erwähnte Präparatur besteht aus 2 Teilen Phosphorsäure, 4 Teilen Gallusextrakt und 1 Teil dicker Gummiauflösung. Alle drei Ingredienzien reibt man auf einer dicken, mattgeschliffenen Glasplatte tüchtig durcheinander und gibt nachher soviel Ruß (in Spiritus abgerieben) zu, daß die Farbe ungefähr die Dicke gut angeriebener schwarzer Tusche hat und gut aus der Feder fließt; beim Nichtgebrauche muß diese Deckmasse oder Präparatur in einem Glase gut verschlossen aufbewahrt werden.

Aus dem bisher über die Gravierung Gesagten geht hervor, daß die Zeichnung hier, wenn sie vollendet ist, weiß auf schwarzem oder rotem Grunde dasteht, und es gehört eine gewisse Uebung dazu, ein richtiges Urteil über den Effekt derselben nach dem Drucke zu fällen, doch findet man sich bald darein. Hier möge nur die Bemerkung Platz finden, daß man sich bei dieser Beurteilung schon darum leicht täuscht, weil ein weißer Strich auf schwarzem Grunde viel breiter aussieht, als ein schwarzer auf weißem Grunde. Demzufolge wird eine Schrift, welche, auf schwarzem Grunde graviert, den gehörigen Grad von Stärke hat, späterhin gedruckt, viel zu mager erscheinen. Man muß auf diesen Unterschied bereits beim Gravieren Rücksicht nehmen und deshalb alle Striche fetter halten. Als Abhilfe hat man vorgeschlagen, Anfänger auf rotem Grund gravieren zu lassen, da hier der Unterschied nicht so bedeutend sei; indessen können wir diesem Rate nicht beistimmen, indem dann, wenn sich das Auge einmal gewöhnt hat, dieselben Umstände wieder eintreten, wenn man zum schwarzen Grunde übergehen will, also streng genommen, der Uebelstand verdoppelt wird, und zweitens darum, weil der geringere Abstich der weißen Striche vom roten Grunde die Augen mehr angreift. Wir haben uns daher stets des roten Grundes nur dann bedient, wenn bedeutende Korrekturen in gravierten Arbeiten zu machen waren, wo der Stein neu grundiert werden muß und es darauf ankommt, die bereits fertige, schon geschwärzte Zeichnung, welche durch den roten Grund durchscheint, sehen zu können, um die neue Arbeit damit in Harmonie zu bringen.

Es ist hier der Platz noch eine andere Weise des Korrekturmachens zu erwähnen, welche, namentlich bei gravierten geographischen Arbeiten mit Vorteil angewendet wird. Ist der fertige Stein eingeschwärzt und sind vorher sämtliche fehlerhafte Stellen, verschriebene Worte u. dergl. durch Schleifen oder Schaben entfernt worden, so grundiere man denselben wieder. Nach dem Trocknen des schwarzen Grundes bringe man Zinnober auf den

Stein und fahre denselben leicht mit einer starken Feder oder einer Hasenpfote über die ganze Fläche. Nachdem man den überschüssigen Zinnober wieder entfernt hat, steht die ganze Zeichnung rot, scharf und deutlich da. Man kann nun die einzutragenden Worte, Bergstriche ꝛc. genau dahin bringen, wo sie hin gehören.

Man hat auch versucht, durch tiefer geschnittene Striche einen größeren, dem des Kupferstichs ähnlichen Effekt in die Steingravierung zu bringen. Mit den gewöhnlichen Arbeitsnadeln geht dies nicht, sondern man bedient sich dazu des dreieckig geschliffenen Kupferstechergrabstichels; jedoch gehört zu dieser Arbeit viel Uebung und Vorsicht, da der Stein leicht ausspringt; auch drucken sich dergleichen Steine sehr schwer, da die Farbe die großen Tiefen nicht gern ausfüllt. Man muß hier fett und mit weichen Reibebürsten einschwärzen und in der Presse einen sehr scharfen und langsam ausgeführten Druck geben.

Ist die Gravierung vollendet, so muß man den Stein einlassen, d. h. die bis dahin noch weiß dastehenden Striche mit Fett ausfüllen, damit sie späterhin die Druckfarbe annehmen. Zu diesem Zwecke gießt man gutes, reines Leinöl auf den Stein und verteilt es über dessen ganze Oberfläche dergestalt, daß es in alle durch das Gravieren bloßgelegte Striche eindringt. Dies Oel läßt man etliche Minuten auf dem Steine stehen, wischt es dann leicht ab und reibt, mittels eines weichen Lappens, leichte Druckfarbe in allen Richtungen über den Stein hin ein. Diese Druckfarbe mengt sich mit dem Reste des Leinöls und füllt alle Striche vollständig aus. Ist dies geschehen, so taucht man einen andern Lappen in Gummiwasser und wischt damit die überflüssige Farbe und den Ueberzug vom Steine ab, worauf man diesen so lange, mit der Walze oder dem Tampon, mit Druckfarbe bearbeitet, bis die Oberfläche des Steines rein und jeder Strich ganz schwarz erscheint, derselbe wird dann gummiert und ist nun zum Drucke fertig.

Jene gravierten Platten, welche nicht sogleich zum Drucke gelangen, werden gewöhnlich dann mit Klauenfett oder Talgfarbe eingelassen, um hierdurch das schnelle Eintrocknen der eingeriebenen Farbe zu verhindern.

Bei Aenderungen, welche vorzunehmen sind, nachdem der Stein bereits schon geölt und eingetragen ist, müssen die zu korrigierenden Stellen mit einem kleinen, feinporigen Bimsstein oder schottischen Korrekturstein sorgsam aufgeschliffen werden, worauf man diese Stellen wieder mit derselben Säure und Gummi präpariert, mit der der Stein schon anfänglich behandelt wurde. Diese präparierten Stellen werden dann mit Rötel sehr schwach grundiert, so daß die eingelassenen gravierten Linien vollständig sichtbar bleiben. Die aufgeschliffenen Stellen der mit Kleesalz behandelten Steine werden aber mittels eines Stückchen Korks mit Blutstein und Kleesalz sehr sorgfältig nachgerieben und poliert. Hierauf wird die Abänderung nachgraviert, die Korrektur eingeölt und mit Druckfarbe eingerieben.

Da, wo eine größere Abänderung mittels Pauspapier übergetragen werden muß, ist das mit trockener Farbe gefertigte Kopier- oder Unterlegpapier weniger tauglich, weil sich die hierdurch erhaltenen Pausstriche auf dem Grunde sehr leicht verwischen.

Man bereitet sich ein Unterlegpapier speziell für diesen Zweck, indem man die Farbe, am besten Pariser- oder Miloriblau, mit Seifenwasser fein abreibt und mittels Pinsel ein Blatt Seiden- oder Oelpapier damit bestreicht.

Wenn es übrigens schwierig ist, einige Stellen der Arbeit auf gravierten Platten wegzunehmen, so ist es anderseits sehr leicht eine neue hinzuzufügen und hierin bietet dieses Fach der Lithographie einen Vorzug vor allen andern dar.

Man kann z. B. den Entwurf zu einer geographischen Karte machen, Abdrücke davon nehmen, später die Berge, den Lauf der Flüsse u. s. w. hinzufügen, und braucht zu diesem Zwecke bloß die Platte mit einer leichten Gummischicht zu überziehen, oder auch die, welche bereits darauf ist, abzuwaschen. Man färbt den Stein mit Rötel und graviert die neuen Arbeiten darauf, welche man mit den alten in vollkommene Uebereinstimmung bringen kann, weil sie durch die rote Färbung hindurchschimmern. Besser ist noch die vorher beschriebene Art und Weise.

Zu der zweiten vertieften Manier, bei welcher die Chemie mit ins Werk tritt, und die auf der Oberfläche des Steines gemachte Zeichnung durch Scheidewasser oder Essigsäure in die Tiefe geätzt wird, gehört:

Das Radieren.

Das hierbei anzuwendende Verfahren ist dem chalkographischen Radieren (Metallradieren) sehr analog und folgendes: Man nimmt, wie bei der vorigen Manier, eine gute und fein geschliffene Platte, ätzt sie wie für eine gravierte Zeichnung, präpariert sie mit Gummi, den man aber bald wieder wegwäscht, und nachdem sie wieder trocken, überzieht man sie mit hartem Aetzgrund, welchen man erzeugt, indem man 12 Teile Wachs, 6 Teile Mastix, 4 Teile Asphalt, 2 Teile Kolophonium und 1 Teil Talg über gelindem Feuer zusammenschmelzt, bis der Asphalt vollkommen aufgelöst ist, worauf man die Masse dann anzündet, bis auf zwei Drittel einbrennen läßt, ausgießt und in Stangen formt, wenn dieselbe fast erkaltet ist. Dieser Aetzgrund wird zum Gebrauche mit Terpentinöl aufgelöst, eine Farbe, gebrannter Ruß oder Zinnober, darein gemischt, dann mit einem reinen ledernen, oder einem mit Baumwolle ausgestopften taffetnen Ballen auf die Platte getragen und nun wenigstens einen Tag, bis er völlig trocken ist, stehen gelassen und vor allem Staub oder Unreinigkeiten wohl geschützt.

Zu gleichem Zwecke ist auch folgender Firnis anwendbar, welcher zusammengesetzt ist aus:

20 Teilen Asphalt von glänzendem Bruch,
  6   „   Jungfernwachs,
  5   „   Mastix, ungestoßen,
  5   „   Kautschuk (Gummi elastikum),
  5   „   Seife,
100   „   Terpentinöl,
 12   „   Lavendelöl.

Der Asphalt wird in Brocken gebrochen, jedoch nicht zerrieben, weil man sonst eine körnige Auflösung erhält, die sich schlecht aufträgt und keinen reinen Grund gibt.

Das Ganze wird in einer Flasche einer mäßigen Hitze ausgesetzt, mit Ausnahme des Kautschuk, den man für sich allein zuerst in Lavendelöl auflöst und dann hinzusetzt. Dieser Firnis kann nun mittels des Ballens oder mit dem Pinsel (sogenanntem Batscher) auf dem Steine gleich gestrichen werden. Der Pinsel ist von weichen weißen Schweinsborsten, an der untern Seite mit den natürlichen Spitzen der Borsten jedoch gleichlinigt auslaufend, Fig. 25, Taf. 4. Breite bei a—b $4^1\!/_2$ cm. Die Borsten liegen, wo sie aus dem Blechfutter herauskommen, nur 2 mm dick aufeinander, und stehen aus dem Bleche c 6 cm hervor.

Nachdem der Grund gehörig getrocknet, bringt man die durchgepauste Zeichnung darauf und arbeitet nun dieselbe mit scharfen Nadeln von hartem Stahl in dem Aetzgrunde völlig aus, d. h. nicht in den Stein hinein, was jedoch auch hier und da, bei breiten Strichen ohne Schaden, oft mit großem Vorteil anzuwenden ist, weil dann dem Scheidewasser gleichsam vorgearbeitet wird; nicht aber bei den feineren Strichen, die leicht zu breit werden, wenn der Stein durch die Nadel verletzt ward, weil das Scheidewasser nachher zu stark wirken würde. Ein Strich, der mit einer stumpfen Nadel nur durch den Aetzgrund bis auf den Stein gemacht wurde, wird feiner, als ein solcher mit scharfer Nadel, die den Stein ritzte, gemachter.

Ist die Zeichnung vollendet, so wird die Platte mit verdünntem Scheidewasser übergossen und dadurch werden die Striche in die Tiefe geätzt, weil nur da, wo der Aetzgrund von der Nadel durchbrochen ward, das Scheidewasser auf den Stein wirken kann; alles übrige bleibt glatt und so hoch wie zuvor.

Das Aetzen geschieht hierbei am besten nach Art der Kupferstecher, indem man einen Rand von Klebewachs um den Stein bringt und das Scheidewasser auf letzterem stehen läßt; nur muß man die entstehenden Bläschen immer durch Abstreichen mit dem Barte einer Taubenfeder zu vertilgen suchen, oder wenigstens das Scheidewasser einigemal ab- und wieder aufgießen, weil auf den Stellen, wo sich Blasen bilden, die Aetzung nicht gleichmäßig vor sich geht.

Die Stärke des Aetzmittels wird danach bestimmt, wie tief man ätzen will; je schwächer man ätzt, desto zarter wird die Zeichnung. Durch einige eigene Uebung lernt man bald den richtigen Grad kennen.

Gewöhnlich wird hierzu 1 Teil Scheidewasser mit etwa 40 Teilen Wasser vermischt.

Noch besser aber eignet sich hierfür die mit Wasser verdünnte Essigsäure.

Um die Wirkung der Säure zu ermessen, gibt es keinen andern Maßstab, als die aufsteigenden Bläschen der Kohlensäure, welche bei dieser Operation entbunden wird.

Etwa eine Minute nach dem Aufgusse des Aetzwassers zeigen sich schon alle Linien der Zeichnung mit diesen Bläschen bedeckt, welche sich nun hier und da zur Größe eines Hirsekorns aufblähen, wo dann die Säure wieder abgegossen, die Platte mit Wasser abgewaschen und getrocknet wird. Um dieses Trocknen zu befördern, kann man sich auch eines kleinen Blasebalges bedienen.

Eine derartige Aetzung gibt einen leichten zarten Ton. Sollen nun einige Stellen der Zeichnung einen kräftigeren Ton erhalten, so werden mittels eines Pinsels die zart bleiben sollenden Stellen mit dicker lithographischer Tusche überdeckt, und nach dem Trocknen derselben das Aetzen in gleicher Weise wiederholt; wodurch sich nun bei richtiger Behandlung durch mehrmaliges Ausdecken und Aetzen jede gewünschte Nüance hervorbringen läßt.

Indessen sind auch hierin gewisse Grenzen einzuhalten. Da, wie wir bereits bei der gravierten Manier gesagt haben, die tiefen Striche nicht, wie dies bei den gestochenen und radierten Kupferplatten der Fall ist, mehr Farbe aufnehmen und darum im Drucke schwärzer und kräftiger erscheinen, so kann natürlich hier der Vorteil nicht angewendet werden, welchen der Kupferstecher dadurch erlangt, daß er einige Partien tiefer ätzt, als andere, um sie dadurch im Drucken dunkler zu erhalten. Im Gegenteile, der Künstler, welcher in Stein radieren will, muß seine ganzen Schatteneffekte nur durch eine größere oder geringere Breite der Striche erreichen, und sein Aetzen darf nur darauf hinzielen, alle Striche ziemlich flach in dem Steine auszuhöhlen.

Ist alles geätzt, so wird die ganze Platte von der noch anhängenden freien Säure durch Abspülen mit reinem Wasser befreit und die ganze Zeichnung mit einem weichen Pinsel mit chemischer Tinte überstrichen; doch muß man vorsichtig damit umgehen, daß man nicht etwa den Aetzgrund verletzt, sonst bringt diese Tinte auch in die verletzten Stellen und verursacht nachmalige Schmutzflecke, die nur schwer wieder wegzubringen sind.

Ist diese Tintendecke völlig getrocknet, so gießt man Terpentinöl über die ganze Platte, löst alles damit auf und reinigt sie dann mit einem in Gummiwasser getauchten Schwamme oder wollenen Lappen.

Nun kann man die Platte einschwärzen und abdrucken und dabei ganz so verfahren, wie wir dies weiter unten für die gestochenen oder vertieft geschnittenen Manieren angeben werden; doch ist es hier noch rätlicher, die Walze zu gebrauchen, als bei jenen.

Im allgemeinen wird von dieser Aetzmanier bei Herstellung von Zeichnungen sehr wenig Gebrauch gemacht, die meiste Anwendung findet sie bei den Arbeiten der Gravier- und Reliefkopiermaschine; wozu man sich eines leichten Auftrages des obigen Aetzgrundes bedient, oder auch denselben in folgender Weise bereitet.

$1/15$ kg echter Asphalt, den man einer Erbse groß venetianischen Terpentin beigemischt hat, wird in höchstrektifiziertem Terpentinöl in einem gläsernen Fläschchen bei Sonnen- oder gelinder Ofenwärme aufgelöst, und dann dieser Auflösung soviel Terpentinöl beigesetzt, bis sie Sirupdicke hat.

Dieser Grund wird nun mit Terpentinöl gehörig verdünnt auf den Stein mittels des Pinsels etwas schwächer als wie beim Radieren aufgetragen. Derselbe trocknet, der Sonne oder dem Zuge ausgesetzt, in 5—10 Minuten; im Winter soll beim Grundieren der Stein etwas temperiert sein.

Auch soll hierbei der Staub gänzlich fern gehalten werden, da alle Stäubchen, die sich auf den Grund im nassen Zustande setzen, Flecken verursachen und die weitere Operation benachteiligen.

Hat nun der Grund die gehörige Härte erreicht, so kann mit dem Ziehen der Linien begonnen werden, wobei es ratsamer ist, den Diamant durch Gewichte oder Balance so zu stellen, daß er den Stein nicht oder nur höchst unbedeutend angreift.

Am vorteilhaftesten sind hier die geschliffenen Diamanten oder Rubine zu verwenden, weil dieselben nicht in den Stein eindringen und nur den Grund durchschneiden.

Sollte der graue Staub des Grundes beim Ziehen sich stellenweise anhängen und nicht gehörig wegblasen oder mittels eines Pinsels entfernen

lassen, so ist der Grund nicht genug trocken oder zu zähe und die Ursache hiervon ein zu großer Beisatz von Terpentin oder schlechtem Terpentinöl.
Die über die Zeichnung hinausgezogenen Linien werden vor dem Ätzen mit demselben Grunde mittels eines kleinen Pinsels sorgfältig zugedeckt, und nach dem Trocknen dieser Stellen das Ätzen mit Essigsäure vorgenommen.

Es ist bekannt, daß eine Lösung von syrischem Asphalt in Terpentinöl einen sehr guten Grund gibt, jedoch wird er selten geraten, weil der Asphalt Fälschungen aller Art ausgesetzt ist, und ebenso das Terpentinöl außerordentlich variiert.

Nimmt man nun echten syrischen Asphalt, bröckelt ihn in erbsen- bis bohnengroße Stückchen und gießt Terpentinöl darüber, so löst sich der Asphalt schon in der Sonnenwärme.

Ist das Terpentinöl rein, so wird der Grund beim Aufstreichen schnell trocken, aber er wird schon nach 2—3 mal 24 Stunden spröde sein und ausspringen, franzige Linien geben. Er muß nun durch Beisatz von wenigen Tropfen Olivenöl zäher gemacht werden; es ist nötig, daß der Grund 8 Tage halte ohne auszuspringen.

Wäre es aber, daß die Lösung zu langsam trocknete, also nach mehreren Stunden noch klebte, so ist das Terpentinöl schlecht, man muß sich höchstrektifiziertes aus der Apotheke verschaffen, welches übrigens ziemlich teuer ist.

Neben der Beschaffung echten tauglichen Materials ist die Hauptsache, daß der Grund vorher geprüft und nicht eher in Gebrauch genommen werde, als bis er die Bedingung 8 Tage zu halten, ohne auszuspringen, erfüllt. Noch ist zu bemerken, daß der Grund im Sommer in der Regel einen weiteren, wenn auch kleinen Beisatz von Olivenöl erhalten muß, wenn derselbe im Winter gerade recht war, weil derselbe nicht nur durch Wärme und Zugluft, sondern auch durch das Licht zersetzt wird.

Mit dem Zusetzen von Olivenöl muß man jedoch sehr vorsichtig sein, denn nur wenige Tropfen zuviel und der Grund trocknet gar nicht, d. h. er bleibt immer klebrig und weich.

Radierverfahren
von Heinrich Hofmann, Lithographen Firma.

Ein reingeschliffener Stein wird mit Terpentinöl, wie es zu jeder Federarbeit gebräuchlich ist, präpariert, und ihm dann ein dünner Anstrich von mit Eiweiß angeriebenem Bleiweiß gegeben.

Man reibt diesen Eiweißgrund am besten mit einem Farbemesser an, und zwar möglichst fein, in einer Konsistenz wie bei den Oelfarben der Maler. Man darf jedoch nicht mehr Eiweiß dem Bleiweiß als Bindemittel zusetzen, als nötig ist, damit der Grund nur auf dem Steine hafte, und sich nicht ohne alle Verbindung gleich wieder vom Stein wegwischen läßt. Es genügt hierzu ein kleiner Zusatz von Eiweiß. Zum bequemeren Anreiben dieses Grundes fügt man dann noch einige Tropfen Wasser hinzu. Beim Auftragen auf den Stein verdünnt man den Grund mit etwas Wasser, das man in den Auftragpinsel nimmt, bis zu dem Grade, daß sich derselbe bequem aufstreichen und zerteilen läßt. Das Auftragen des Grundes geschieht ebenso wie das des schwarzen Grundes beim Gravieren, nämlich erst mit flachem Borstpinsel und dann mit dem Dachspinsel vertrieben, damit er möglichst egal wird.

Hierauf wird auf diesen weißen Grund noch ein Asphaltgrund aufgetragen, ebenfalls mit flachem Pinsel, gerade so wie zu geätzten Reliefarbeiten.

Ist der Grund trocken, was wenigstens 24 Stunden erfordert, macht man die Pause, wie bei jeder lithographischen Arbeit, mit Rötelpapier und zeichnet alsdann den Gegenstand auf den Stein und zwar nur durch Entfernung des Grundes.

Die Nadel soll durchaus nicht ritzen, damit die freie leichte Bewegung beim Zeichnen nicht verhindert wird.

Schraffierungen von den feinsten bis zu den stärksten lassen sich mit außerordentlicher Leichtigkeit machen.

Man muß zu diesem Zweck spitzere und breitere Schaber haben. Die breitesten Effektstellen kann man schließlich noch herausnehmen, wenn man den Schaber zwischen den ersten und zweiten oder zweiten und dritten Finger nimmt. Ist die Zeichnung fertig, so wird dieselbe mittels eines Pinsels mit Tusche zugedeckt, gerade wie bei geätzten Reliefarbeiten.

Ist die erste Lage Tusche trocken, kann man noch eine zweite aufstreichen, damit alles recht satt und gleichmäßig gedeckt ist. Dadurch, daß die Tusche auf den feinsten Strichen ebenso hoch wie auf den starken sitzt, kommen auch die feinsten Strichlagen ebenso egal und kräftig, wie die stärksten.

Ist der Zusatz von Eiweiß zu groß, kommt die Arbeit nicht gut, denn: nimmt man bloß Eiweiß allein unter den Asphaltgrund, so wird dasselbe beim Zeichnen nicht vollständig von der Nadel entfernt, und die Striche kommen dann, weil die Tusche nicht so direkt auf den Stein einwirken kann, nicht so fest und kräftig.

Die Tusche muß beim Auftragen, was mit einigen leichten Strichen geschieht, möglichst dickflüssig sein, stärker als zu Federarbeiten. Ist auch die zweite Lage Tusche trocken, wird der Stein geätzt, gerade wie eine Federzeichnung. Man kann die Säure messerrückendick auftragen und zwei bis drei Minuten darauf stehen lassen.

Hierauf wird die Säure abgegossen, der Stein getrocknet und ganz mit Terpentinöl übergossen, welches man zwei bis drei Minuten darauf stehen lassen muß, je nachdem der Grund kürzere oder längere Zeit auf dem Steine war. Man darf aber den Grund nicht eher abwaschen, bis sich durch das Terpentinöl alle Tusche und aller Asphalt vollständig aufgelöst haben.

Nun nimmt man mehrere in Wasser ausgespülte und tüchtig ausgedrückte Schwämme und wischt mit dem ersten in einigen leichten Strichen die Tusche und den Asphalt vom Steine, wobei man sich zu hüten hat, daß man mit diesem Schwamme nicht auch den weißen Grund mit abwische, was Schmutzflecken geben könnte, da in dem Schwamme sich Tusche befindet. Mit dem zweiten Schwamme, den man in reines Wasser taucht, wischt man, nachdem an den Kanten des Steines einige Tropfen Terpentinöl zugegossen worden sind, den weißen Grund ab und mit dem dritten ebenfalls in reines Wasser getauchten Schwamme wischt man mit Zuhilfenehmen einiger Tropfen Terpentin und Zugießen von Wasser den Stein vollständig rein, so daß keine Fettspuren auf demselben mehr zu sehen sind und derselbe bis auf die gezeichneten Stellen vollständig das Wasser angenommen hat.

Hierauf nimmt man den vierten Schwamm, welcher mit bis zur Konsistenz des dünnsten Firnisses verdünntem Gummi arabikum getränkt ist, überstreicht damit den ganzen Stein und reibt ihn mit dem Anreibschwamm gerade so wie eine Autographie.

Was nun dieses Anreiben der Zeichnung nach dem Abwaschen betrifft, so könnte statt desselben der Stein sogleich auch eingewalzt werden, jedoch ist immerhin das Anreiben weit sicherer und besser.

Gut ist es, zur Verhütung von Schmutzflecken, erst mit Federfarbe anzureiben und erst dann, wenn der Stein einige Minuten in Gummi gestanden, mit Ueberdruckfarbe.

Kleine Schmutzflecken oder etwas Ton, was sich ja fast beim Anreiben eines jeden Steines, mag es nun Ueberdruck oder Radierung sein, gerne zeigt, kann man dann, wenn die Zeichnung vollständig dasteht, leicht mit einem in Gummiwasser getauchten wollenen Läppchen entfernen.

Ist der Gummiüberzug trocken, wird der Stein mit Ueberdruckfarbe eingewalzt und geätzt wie jeder andere Ueberdruck.

Die nach diesem Radierverfahren ausgeführten Arbeiten beweisen die vollständige Entwickelung dieser Technik, welche sich besonders zu Etiketten und verschiedenen anderen künstlerischen Illustrationen eignet.

Auch bietet beim Zeichnen diese Radiermanier weit weniger technische Schwierigkeiten, als das Gravieren oder die Federmanier.

Immerhin will dieselbe jedoch geübt sein, teils um eine Fertigkeit in der richtigen und zweckmäßigen Handhabung der Nadeln zu bekommen, teils auch um kennen zu lernen, was man innerhalb der Grenzen dieser Manier leisten kann, um die Vorteile, die sie einer andern gegenüber bietet, anwenden und ausnützen zu können, anderseits aber auch auf das, was nur schwer und unvollkommen zu erreichen ist, zu verzichten.

Wer übrigens die wenigen technischen Schwierigkeiten überwunden hat, der wird dieses Verfahren in vielen Fällen mit Vorteil anwenden können. Akkuratesse ist allerdings bei der ganzen Sache nötig und dies wird ohne Zweifel ein Hindernis für ihre häufige Anwendung sein.

Denn was anders hat z. B. der Graviermanier, die doch einer langen Uebungszeit bedarf, um etwas Schönes zu leisten, diese große Verbreitung verschafft, als ihre beim Einschwärzen so einfache und ein Mißlingen fast ganz ausschließende Art und Weise? Nur ganz grobe Unachtsamkeit kann hier etwas verderben.

Was aber steht der immer häufigeren Anwendung der so schönen Kreidemanier in vielen Geschäften, wo weniger tüchtige Drucker sind, immer entgegen? Das größere Risiko, die leichtere Möglichkeit des Verderbens der Arbeit, beim Einwalzen sowohl, als auch durch unvorsichtigen ungeschickten Druck.

Jedenfalls gebührt aber dieser vollkommen durchgebildeten Radiermanier eine weit größere Verbreitung und Anwendung, als sie bisher in der lithographischen Praxis gefunden hat.

Bei diesem Radierverfahren hat man auch das lästige Aetzen, wie es bei der vertieften Radiermanier notwendig ist, erspart und überdies sind die auf obige Weise gezeichneten Sachen weniger monoton, wie die geätzten, es ist mehr Leben und mehr Abwechselung und Harmonie der Schattentöne darin.

Für Maschinenarbeiten aber läßt sich die Sache nicht verwenden, ebenso wenig für ganz kleine Sachen, welche man viel besser graviert. Der Grund ist eben, weil zwei Lagen aufgetragen werden, für feine Sachen zu dick.

Da aber, wo Autographie zu grob und roh, Gravier- oder Federmanier aber zu sehr aufhält und deshalb kostspielig ist, kann diese Radiermanier gut am Platze sein.

Asphaltätzung.

In neuerer Zeit ist der Asphaltätzung viel Aufmerksamkeit geschenkt und durch dieselbe sind ganz bemerkenswerte Resultate erzielt worden. Man sieht Sachen, welche nach Art und Weise der Wiener und amerikanischen Muster hergestellt sind und an Vollkommenheit der künstlerischen Ausführung, an Zartheit und Weichheit nichts zu wünschen übrig lassen. Ich erlaube mir in folgendem das Verfahren wie es zur Zeit bei uns geübt wird mitzuteilen.

Der fertig gravierte Stein wird eingeschwärzt und dann rein abgewaschen, so daß namentlich der Gummi vollständig entfernt ist. Nach dem Trockenwerden wird er mit dem flüssigen Asphaltgrunde, aus gutem, syrischem Asphalt in gereinigtem Terpentinöl aufgelöst, bestehend, mittels eines breiten weichen Pinsels, jedoch nicht zu dick, grundiert. Der Grund soll in 10 bis 15 Minuten trocken sein, ist er es nicht, so war das Terpentinöl nicht ganz rein und man muß ihn so lange stehen lassen, bis er vollkommen trocken ist. Dann kann man mit dem Ziehen beginnen. Man benutzt dazu einen geschliffenen Diamant oder Rubin, welcher nur den Asphalt durchreißt und mit welchem man, ohne Schaden befürchten zu müssen, über die ganze Zeichnung hinwegziehen kann.

Nachdem das Ziehen mit der Maschine beendet ist, gummiert man die Zeichnung, wäscht den Gummi wieder ab und deckt alle Stellen, welche keine Linien erhalten sollen, mittels eines feinen Haarpinsels mit Asphaltgrund, läßt auch die gedeckten Stellen vollkommen trocken werden und umgibt sodann den Stein mit einem Rande von Baum- oder Klebwachs. Nun kann man mit dem Aetzen beginnen.

Das Aetzwasser besteht aus chemisch reiner Essigsäure oder konzentriertem Essig mit Wasser verdünnt im Verhältnis 1 : 14. Bei Sachen, welche stärkere Schraffierungen erhalten sollen, kann man, um Zeit zu sparen, dasselbe ohne Gefahr stärker machen. Um die Wirkung des Aetzwassers beurteilen zu können, zieht man am Rande des Steines ein Stück Schraffierung in derselben Weite, die man bei der Arbeit anwenden will. Diese teilt man in 6—8 Felder, welche man je nach Bedürfnis $1/4$ — 25 Minuten ätzt. Sobald sich der Grund löst, das heißt durch die Säure angegriffen wird, muß dieselbe sofort abgegossen und mit viel reinem Wasser nachgespült werden. Die Skala wird sodann getrocknet, mit dünner Fetttusche überstrichen, und nach abermaligem Trocknen mit Terpentinöl abgewaschen oder auch nur der mit Terpentinöl gelöste Grund hineingerieben, und eingeschwärzt. Jetzt hat man vor Augen, wie die Aetze gewirkt hat und kann beurteilen, wie lange man um einen gewünschten Ton zu erreichen, ätzen muß. Will man dunklere Töne herstellen, so müssen diejenigen, welche ganz hell bleiben sollen, das heißt vielleicht 3—4 Minuten geätzt sind, mit Fetttusche zugedeckt werden.

Stehen die Töne nebeneinander, oder gehen einer in den andern über, so kann man die Tusche nicht anwenden, weil sich etwas von ihrem Fette in die noch zu ätzenden Striche ziehen und dort, weil die Säure nicht angreifen kann, helle Ränder erzeugen würde. Deshalb deckt man die geätzten Töne mit Asphalt zu und ätzt nach dem Trocknen desselben weiter. Der Stein muß ganz wagerecht liegen und seine Lage wird am besten durch die Wasserwage bestimmt. Will man nach der Einschwärzung Töne noch dunkler haben, so grundiert man wieder, läßt trocknen und zieht über das bereits Gezogene und Geätzte eine Kreuzlage, mit welcher man das vorige Verfahren wiederholt.

Will man verlaufende Töne erzielen, so muß man, nachdem der Grund trocken ist und die übergezogenen Striche abgedeckt sind, denselben mit Gummi überstreichen und nach Trocknen desselben an der dunkelsten Stelle mit der Aetzung beginnen. Man verfährt wie beim Tuschen einer Zeichnung, indem man die Aetze nach und nach, erst langsam dann schneller, nach der hellsten Stelle zu mit dem Pinsel vertreibt. Bei gehöriger Vorsicht und gutem Grunde kann man dieses Verfahren mehrere Male wiederholen, muß jedoch vor jeder Aetzung wieder gummieren, weil sonst die Aetze nicht stehen bleibt, sondern in den Strichen weiter läuft. Der Rand von Klebwachs bleibt hier weg.

Sehr gut hat sich bei dieser Asphaltätzung der vorhin beschriebene Asphaltgrund mit ungefähr $1/20$ Kolophonium und $1/40$ Wachs vermischt, welches gleichzeitig mit dem Asphalt in gereinigtem Terpentinöl aufgelöst wurde, bewährt. Dieser Grund wird nicht spröde und verträgt die stärksten Aetzungen. Im Handel, z. B. bei Krebs in Frankfurt a. M. und Sebald in Leipzig, ist jetzt auch ein vollkommen durchsichtiger, wasserheller Grund zu haben, welcher für gewisse Arbeiten sehr zu empfehlen ist.

Das Einschwärzen einer Asphaltätzung ist sehr einfach, ist jedoch trotzdem mit großer Vorsicht auszuführen. Geschieht dasselbe von ungeübter Hand, so erscheinen die Schraffierungen oft unsauber und unterbrochen.

Sobald nach der letzten Aetzung die Säure mit Wasser hinweggespült ist, wird der Stein vollständig trocken gemacht und dann das Ganze mit Asphalt, oder wie vorher beschrieben wurde, mit dünner Fetttusche überdeckt.

Ist der Asphalt oder die Tusche ganz trocken geworden, wird er mit Terpentinöl gut abgewaschen und sodann der Stein mit dem Tampon eingeschwärzt.

Die Farbe darf nicht zu weich sein, weil sich sonst Schmutz ansetzen würde, jedoch auch nicht zu stark, weil die tiefer geätzten Striche schwer Farbe annehmen und dann wenn gummiert wird unterbrochen erscheinen.

Um sich zu überzeugen, daß das Ganze Farbe angenommen hat und nichts unterbrochen ist, mache man einen Abzug, fällt derselbe mangelhaft aus, so wiederhole man das Einschwärzen so lange bis die Abdrücke vollständig rein und scharf sind.

Gelingt dieses nach mehrmaligem Einschwärzen nicht, so kann man sich dadurch helfen, daß man die noch immer unterbrochenen Stellen mit dünner Fetttusche überzieht und nach dem Trocknen derselben mit dem Einschwärzen fortfährt, bis alle Striche schwarz und vollständig dastehen. Nun erst wird der Stein gummiert und eine Zeit lang stehen gelassen.

Die Erzielung reiner und scharfer Umdrucke von Asphaltätzungen ist von großer Wichtigkeit.

Es kommt oft vor, daß die tief geätzten Schraffierungen beim Umdruck ausquetschen oder breit werden und dieses ist nur dadurch zu verhüten, daß man die Farbe so streng nimmt, als sie nur verarbeitet werden kann.

Wird auch das Einschwärzen dadurch sehr erschwert und geht nur langsam von statten, so darf sich der Drucker doch diese Mühe nicht verdrießen lassen, denn nur so vermag er schöne und scharfe Abdrücke herzustellen.

Ist dann beim Umdruck die weitere Behandlung richtig, so werden die Drucke nichts zu wünschen übrig lassen und ein dem Original ziemlich getreues Resultat ergeben.

Werden diese Umdrucke mit dem Eberleschen Brennätzverfahren behandelt, so kann man von denselben vollkommene und schöne Abdrücke in beliebiger Auflage herstellen.

Hochätzen gravierter Arbeiten.

Das Hochätzen gravierter Arbeiten, welches jetzt auch auf Feder und Kreide ausgedehnt wurde (Brennätzverfahren von Eberle), durch Patent geschützt, ist vor der Erfindung desselben schon von vielen andern, wenn auch in abweichender mangelhafter Form, ausgeführt worden. Es beruht auf den Grundsätzen der Zinkätzung und ist für Sachen, welche eine große Auflage aushalten oder rasch verschickt werden sollen, sehr zweckmäßig; letzteres weil die Abdrücke, da das Papier nicht gefeuchtet wird, nur weniger Stunden zum Trocknen bedürfen. Der Drucker muß es jedoch beim Drucken sehr genau nehmen, darf stets nur sehr wenig und sehr starke Farbe auf der Walze haben und nur leicht über die Zeichnung hinrollen. Ist die Zeichnung jedoch zu hoch geätzt, so muß mit schwacher Farbe gedruckt werden.

Das Verfahren, wie wir es geübt haben, besteht darin, daß man den Stein, welcher vorher mit guter fester Gravierfarbe eingeschwärzt wurde, mit gepulvertem Kolophonium (Geigenharz) einstäubt und dasselbe mit einer Feder oder einem Hasenbein darauf herumkehrt, bis alle Striche vollständig damit gesättigt sind. Sobann entfernt man das Kolophonium sorgfältig von der Fläche des Steines und wird finden, daß es an den gravierten Stellen fest anhaftet. Hierauf nimmt man ein heißes Bügeleisen oder eine erhitzte Eisenplatte, fährt damit in der Entfernung von 1—2 cm über dem Steine hin und her bis sämtliche Striche wieder schwarz aussehen, dann wird der Stein mit einem Rande von Klebwachs umgeben und nun kann man mit der Aetzung beginnen.

Man bedient sich zu derselben der Salpetersäure, in etwas stärkerer Form, wie man sie zum Aetzen von Federzeichnungen gebraucht. Noch besser ist Salpetersäure und Salzsäure zu gleichen Teilen mit dem nötigen Wasser und Gummi vermischt.

Nachdem man 4—5 Minuten geätzt und dabei die aufsteigenden Bläschen mit einem feinen Schwämmchen entfernt hat, spült man den Stein mit reinem Wasser ab und läßt ihn trocknen. Die Striche werden nun schon etwas hoch stehen; man verstärkt dieselben mittels der Walze nochmals mit frischer Farbe, stäubt wieder mit Kolophonium ein und läßt dieses Mal das heiße Bügeleisen etwas länger wirken. Die flüssig werdende, mit Kolophonium gesättigte Farbe wird an den Seiten der jetzt hochstehenden Striche herunterfließen und diese gegen das Unterfressenwerden bei der folgenden

Aetzung schützen. Nun nimmt man die Säure um noch einige Grade stärker und ätzt 8—10 Minuten, sodann spült man den Stein wieder ab, gummiert denselben leicht und läßt ihn stehen bis er trocken ist. Nachdem der Gummi wieder entfernt worden ist, kann man mit dem Einschwärzen und Drucken in der oben beschriebenen Weise beginnen. Sehr vorteilhaft ist diese Methode für gravierte Sachen, in welche Töne eingedruckt werden sollen, oder solche wo das Papier durch das Feuchten den Glanz verlieren würde, Visit- und Adreßkarten ꝛc. So haben wir es ausgeführt und ganz gute Resultate erhalten. Eberle bedient sich einer Lampe zum Brennen der Striche, welche in Fig. 26, Taf. 4, abgebildet ist, und sein sehr ausgebildetes Verfahren, wie schon gesagt durch Patent geschützt, ist für viele Zweige des Druckes von unberechenbarem Vorteil.

Die Hochätzung auf Stein ist eigentlich die Mutter der Lithographie, denn die ersten Versuche Senefelders bezogen sich hauptsächlich auf eine Hochätzung und die jetzt gebräuchlichen Manieren sind alle jünger. Die Hochätzung auf lithographischen Stein, obschon nicht für den Zweck des Abdrucks unternommen, ist übrigens schon sehr alt, denn man hat in Bayern sehr viel alte Hochätzbilder (Erdhalbkugeln, Himmelskugeln ꝛc.) und der historische Verein in Regensburg besitzt eine sehr große Platte dieser Art, auf welcher Zeichnung und Schrift sehr schön erhaben stehen, welche aus dem 16. Jahrhundert stammt. Derartige hochgeätzte Steine sind schon seit 1300 bekannt und kommen vorzüglich seit 1500 sehr häufig vor. Hier fehlte nur noch ein Schritt, das Verkehrtzeichnen — und der Hochdruck vom Stein war erfunden.

In „Freie Künste" 1892, wird das Eberlesche Brennätzverfahren auf Umdrucke angewandt, folgendermaßen beschrieben:

Das Brennätzverfahren erlaubt die Zeichnung auf dem Steine vollständig hoch zu ätzen, ohne daß dieselbe den geringsten Schaden leidet.

Die Vorteile, welche das Brennätzverfahren bietet, bestehen darin, daß die größten Auflagen von 10000—20000 Exemplaren, ganz genau dem Original entsprechend, auf trockenem Papier gedruckt werden können. Um die Ausführung des Verfahrens am besten beschreiben zu können, müssen wir eine bestimmte Arbeit vor Augen haben und wählen zu diesem Zwecke einen Umdruck von einer Gravur. Die Gravurabdrücke auf Umdruckpapier müssen tadellos sein.

Nachdem der Umdruckabdruck auf den Stein übertragen ist, wird der Stein gummiert; sobald der Gummi trocken geworden ist, wird er sauber abgewaschen und mit einer guten Walze halb Feder- und halb Umdruckfarbe angewalzt. Zu jedem Umdruck soll die Walze frisch geputzt und die Farbe darf nie durchwässert sein, es soll immer frische und wenig Farbe auf der Walze angewendet werden. Hat die Zeichnung nach drei- bis viermaligem Einwalzen vollständig Farbe angenommen, wird sie eingepudert, alle Unreinlichkeiten ausgeputzt, leicht geätzt und gummiert. Nachdem der Gummi trocken geworden ist, wird derselbe sauber abgewaschen, dann die Zeichnung vorsichtig mit Terpentin ausgewaschen, mit dem gleichen Tuche ein Ton angerieben und mit kräftiger, guter Federfarbe neuerdings, mit frischgeputzter Walze, eingewalzt.

Hat die Zeichnung vollständig Farbe angenommen, so wird sie mit feinst pulverisiertem Kolophonium eingepudert und mit Federweiß sauber abgerieben.

Bevor der Stein mit Kolophonium eingepudert wird, zündet man die Lampe, Fig. 26, Taf. 4, an. Es vergehen wohl einige Minuten, bis der Spiritus in der Kugel vollständig brennt, der Feuerstrahl zeigt es an, wenn die Lampe zum Einbrennen bereit ist. Man nimmt dieselbe zur Hand, richtet den Feuerstrahl an die Kante des Steines oder der Zeichnung und fährt damit so lange fort, bis die Feuchtigkeit aus dem Steine sich verflüchtigt hat, dann geht man immer weiter, genau der Reihe nach, bis die Feuchtigkeit vollständig ausgetrieben ist.

Das Kolophonium, welches auf der Zeichnung haftet, wird durch den Feuerstrahl geschmolzen und verbindet sich mit der Farbe, es bildet sich dadurch eine äußerst widerstandsfähige Kruste. Nachdem das geschmolzene Kolophonium mit der Farbe erkaltet und hart geworden ist, wird der Stein in vollstem Maße geätzt.

Zum Aetzen bedient man sich eines mindestens 10 cm breiten Pinsels aus Dachshaaren. Der Pinsel muß weich und dicht sein. Zur Aetze wird Gummi arabikum verwendet in der Stärke, wie man ihn zum Gummieren der Steine nimmt. Sechs Teile Gummi und ein Teil Salpeter- oder Salzsäure bilden die Aetze. Dieselbe soll so stark sein, daß sich beim Auftragen mit dem Pinsel ein weißer Schaum bildet, jedoch nicht so stark, daß Rauch aufsteigt. Man überstreicht mit dem Pinsel voll Aetze den Stein kreuz und quer, bis der Schaum fast vollständig verschwunden ist, dann läßt man die Aetze noch so lange auf dem Steine stehen, bis kein Schaum mehr vorhanden ist. Nun wäscht man die Aetze ab und gummiert den Stein. Ist der Gummi trocken, so kann das Auswaschen und das darauf folgende Einwalzen mit frischer Farbe gleich vorgenommen werden. Das Einwalzen geschieht mit guter, sehr fester Federfarbe.

Ein auf diese Weise hochgeätzter Stein läßt sich leicht und ohne große Mühe einwalzen und ist für die größte Auflage zum Druck fertig.

Auf das zum Drucke zu verwendende Papier muß hierbei die gehörige Rücksicht genommen werden. Ist das Papier weich, gar nicht oder halb geleimt und gut satiniert, so ist es ratsam, die Zeichnung nicht so hoch zu ätzen. Ist dagegen das Papier rauh, hart und soll trocken gedruckt werden, so ist das Hochätzen sehr zu empfehlen. Die Druckfarben für hochgeätzte Steine dürfen nicht zu fest und streng sein.

Kaltschmelzverfahren.

Wir wollen nun noch ein zweites Verfahren anführen, welches sich bei geringeren Arbeiten sehr gut bewährt hat, sehr einfach ist, wenig kostet und ein schnelleres Arbeiten gestattet. Es ist jedoch nur für gröbere Federarbeiten ꝛc. zu empfehlen. Die Behandlung des Steines oder der Zeichnung ist dieselbe wie beim Brennätzverfahren.

Nachdem die Zeichnung mit Kolophonium eingepudert wurde, tränkt man einen Bogen ungeleimtes Papier mit Aether, reibt denselben gut ab und deckt ihn mit einigen feuchten Bogen zu, dann legt man den mit Aether getränkten Bogen auf den Stein und läßt ihn 1—2 Minuten darauf. Die Ausdünstung des Aethers kann, der feuchten Bogen halber, nicht aufwärts, sondern zieht sich abwärts nach dem Steine und schmilzt das Kolophonium, hierdurch wird eine ähnliche Wirkung erzielt, wie mit der Flamme. Wird jedoch diese Manipulation nicht mit besonderer Sorgfalt und Verständnis gemacht, zeigen sich leicht Unregelmäßigkeiten, d. h. das Kolophonium schmilzt nicht an allen Stellen gleichmäßig.

Um diese Gleichmäßigkeit zu erzielen, wird ein weiteres Verfahren empfohlen, welches wir in aller Kürze hier angeben wollen.

Man nehme einen Holzklotz von ungefähr 12—15 cm Breite und beliebiger Länge, am besten 65 cm, weil man damit alle Steine unter 65 cm mit einmaligem Ueberfahren anschmelzen kann. Alle Steine über 65 cm schmilzt man mit zweimaligem Ueberfahren, erst die eine und dann die andere Hälfte.

Der Holzklotz wird mit Tuch — am besten Ballentuch — überspannt und dieses vor dem Gebrauch mit Aether befeuchtet. An beide Seiten der vorher eingeschwärzten, mit Kolophonium eingestaubten und mit Federweiß rein abgeputzten Zeichnung, wird je ein Glanzdeckelstreifen gelegt, welche der Anleger an dem einen Ende mit den Fingern festhält. Der Drucker nimmt nun den mit Tuch überspannten Klotz, gießt auf die eine Seite desselben der Länge nach Aether auf das Tuch, so daß dieses gut damit durchtränkt ist, jedoch ohne zu tropfen, legt den Klotz mit der Tuchseite auf die Glanzdeckelstreifen zu beiden Seiten und schiebt ihn ganz langsam von der oberen Seite gegen sich zu, über den Stein. Der Aetherdunst wirkt nach unten und schmilzt das Harz mit voller Gleichmäßigkeit.

Je langsamer man schiebt, desto schneller schmilzt das Harz. Man kann, wenn es nötig ist, auch zwei und mehrere Male darüber gehen.

Die Autographie oder der Ueberdruck.

Diese Manier des Steindrucks ist eine der wichtigsten aller Steindruckmanieren und unterscheidet sich von den übrigen Manieren sehr wesentlich durch die **schnelle** Erzeugung der autographischen Druckplatte, während die **unmittelbare** Bearbeitung der Feder-, Kreide- und Gravierdruckplatten einer geraumen Zeit bedürfen.

Diese Manier gliedert sich nun

1. **in den Ueberdruck des mit lithographischer Tinte oder Kreide auf Papier Geschriebenen und Gezeichneten auf Stein** und

2. **in den Ueberdruck lithographischer und anderer Abzüge auf Stein, zur weiteren Vervielfältigung derselben.**

Das vorzüglich Nutzbare dieser Manier geht schon aus ihrer vielverzweigten Anwendung für Büreau- und industrielle Zwecke hervor, wobei sie selbst der Chromolithographie ein unentbehrliches Hilfsmittel geworden.

Schon der Ueberdruck des mit lithographischer Tusche auf Papier Geschriebenen gewährt den großen Vorteil, echte Originale schnell und häufig zu vervielfältigen, Konsiliarbeschlüsse, Befehle u. s. w. mit ungemeiner Schnelligkeit zu verbreiten, ebenso wichtige Nachrichten, Handlungsbriefe und dergl. schnell vervielfältigt nach allen Gegenden versenden und besonders Handschriften, in fremden Sprachen verfaßt, in welchen man noch keine Lettern hat, ebenfalls mit großer Schnelligkeit vielfach an Interessenten verteilen zu können.

Ueberall sind auch die großen Vorteile dieser Steindruckmanier bereits anerkannt und seit Jahren schon vielfach benutzt worden.

Die großen Vorteile liegen darin, daß jeder, der mit gewöhnlicher Gallustinte schreiben gelernt, auch mit einer sogenannten chemischen oder lithographischen Tinte auf Papier schreiben kann, welche Schrift dann auf einen Stein übergedruckt, daselbst präpariert und darauf von diesem Steine vielfach wieder abgedruckt wird.

Zu der Federzeichnungsmanier muß sich ein Künstler besonders einüben, weil alles verkehrt geschrieben werden muß und man auch auf dem Steine und mit der Stahlfeder erst manche kleine Unbequemlichkeit zu überwinden hat. Hier aber nimmt der Sekretär, der Kaufmann oder wer er sei, eine gewöhnliche Feder, taucht sie, statt in gewöhnliche Tinte, in eine Auflösung von chemischer Ueberdrucktusche und schreibt damit auf jedes gut geleimte Papier; doch ist es vorteilhafter, auf ein eigens dazu bereitetes Papier zu schreiben, von dem sich die Schrift noch leichter und vollkommener ablöst, als von dem gewöhnlichen.

Wir wenden uns nun zu dem Verfahren selbst und beschreiben die Bereitungsart der dazu gehörigen Materialien, müssen jedoch noch vorausschicken, daß der Ueberdruck eigentlich durch zwei verschiedene Hauptverfahrungsweisen bewerkstelligt werden kann; nämlich mittels der verschiedenen Arten des autographischen und auch mittels des gewöhnlichen Papiers.

Beide Verfahrungsweisen sind bei richtiger Behandlung zu dem Zweck dem sie dienen sollen gleich gut, und wir werden dieselben ausführlich erläutern.

Das autographische Papier.

Das autographische Verfahren hat den Zweck, die Schriftzüge vom Papier in möglichster Schärfe auf den Stein zu übertragen, mithin muß dies so vollständig als möglich geschehen. Auf dem gewöhnlichen, minder gut geleimten Papier fließt aber die autographische Tinte und bringt in dasselbe ein, weshalb die feinen Striche rc. sich nur schlecht ablösen. Man bereitet daher ein Papier, das besonders zu diesem Zwecke geeignet ist, indem auf dasselbe eine der Tinte undurchdringliche Schicht aufgetragen wird, welche, späterhin durch Feuchtigkeit erweicht, mit der Schrift zugleich das Papier verläßt, so daß kein Pünktchen übrig bleibt, das nicht auf den Stein käme.

Der Anstrich des Papiers hat sonach nur eine mechanische Wirkung, nämlich die: zusamt der auf dasselbe gebrachten Tinte an den Stein zu kleben und die nachherige Ablösung des Papiers durch Aufweichen zu gestatten.

In den Druckereien, wo der Ueberdruck häufig vorkommt, muß dergleichen Papier immer vorrätig sein.

Es wird auf folgende Weise bereitet. Man nimmt nach dem Rezepte Engelmanns:

   4 Teile Stärke,
   1 " Gummitragant,
   2 " Leim,
   1 " fein pulverisierte spanische Kreide,
   ½ " Gummigutt.

Der Leim, das Gummitragant und das Gummigutt werden, jedes besonders, im Wasser ungefähr zwei Tage lang aufgelöst, wobei der Gummitragant, welcher sehr aufschwillt, einer größeren Quantität Wasser bedarf.

Nun bereitet man den Stärkekleister, wobei zuerst die Stärke mit kaltem Wasser mager befeuchtet und unter stetem Rühren nach und nach Wasser zugegossen wird, damit sich keine Knollen zusammenballen. Ist dann das Ganze zu einem Breie zerrührt, so gießt man siedendes Wasser darüber und läßt es etwas aufkochen. Dann setzt man den Leim, das Gummitragant und die spanische Kreide hinzu und läßt das Gefäß über dem Feuer, bis man recht gleichartigen Kleister erhält, und erst, nachdem derselbe unter stetem Rühren erkaltet ist, wird die Gummiguttauflösung eingerührt.

Der Wasserzusatz ist nach der Dicke dieser Masse zu bemessen, welche nie stärker als Buchbinderkleister werden soll, damit sie leicht aufzustreichen ist.

Man drückt das Ganze durch ein Tuch und trägt zwei recht gleiche und möglichst dünne Schichten auf Briefpapier, wozu man sich am geeignetsten eines feinen und auf der einen Seite flach geschnittenen Schwammes bedient.

Weitreichende Vorräte dieses Papiers sind jedoch nicht anzuraten, weil dasselbe nach etlichen Monaten an Tauglichkeit verliert.

Sehr empfehlenswert und wohl am meisten verbreitet ist auch folgendes Rezept:

30 Teile Stärke,
2 „ Alaun,
1 „ Gummigutt.

Das Gummigutt und der Alaun werden, je besonders, im warmen Wasser aufgelöst, in den gekochten Kleister eingerührt und das Ganze durch ein Tuch gedrückt.

Diese Masse soll gleichfalls die Dicke des gewöhnlichen Buchbinderkleisters haben, und wird auch auf Papier mittels des Schwammes aufgetragen, wozu sich dünnes ungeleimtes Papier, vorzüglich aber das nachgeahmte chinesische Papier am besten eignet.

Auch das autographische Papier von Cruzel, welches von Engelmann empfohlen wird, liefert ausgezeichnet gute Resultate und kann nach folgendem Verfahren bereitet werden.

Man gebe dem Papiere drei schwache Lagen von Schöpsenfußleim, dann eine Lage weißen Kleister und eine Lage sehr blasser Auflösung von Gummigutt in Wasser. Der Kleister muß dünn genug sein, um sich gehörig ausbreiten zu lassen. Jede einzelne Schicht muß gehörig trocknen, ehe eine neue aufgetragen wird.

Der Leim allein genügt bei dem autographischen Papier nicht, weil er sich bei der Befeuchtung ausbreitet, wird er aber auf die vorbeschriebene Weise angewendet, so befördert er die vollständige Lösung der Kleisterschicht vom Papiere, während der Kleister allein zu fest am Papiere hängt, die Schwärze absorbiert und also einen unvollkommenen Abdruck gibt. Die Absorbierung der Schwärze verhindert wieder die Gummischicht. Die Leimauflösung muß übrigens schwach genug sein, um sich selbst im kalten Zustande gehörig auftragen zu lassen. Wendet man sie aber heiß an, so kann man sie schon etwas stärker machen und sie breitet sich doch genug aus.

Die Gummiauflösung muß an demselben Tage verbraucht werden, wo sie gemacht wurde, da sie sonst ölig wird. Dies hat zwar beim eigentlichen Umdrucke keinen Nachteil, aber das Papier wird dadurch glänzend und nimmt die Tinte schwer an. Der Kleister läßt sich nur kalt, den Tag nach seiner Bereitung und nach Entfernung der oben befindlichen Haut verwenden.

Will man sehr feine Zeichnungen für den Ueberdruck machen, bei denen nicht allein die Tinte beim Zeichnen nicht fließt, sondern auch, und an diesem Fehler leiden alle durch Ueberdruck erzeugten Steine, beim Umdrucke sich nicht breit drückt, so mache man eine starke Ablochung des sogenannten Flöhkrautsamens in Wasser und setze soviel lauwarmes Wasser zu, daß dieselbe steif, aber nicht zu dünn wird. Damit überstreiche man das Papier mit einem breiten Pinsel zwei bis dreimal je nach der Dicke der Auflösung, lasse es aber jedesmal gehörig austrocknen und ziehe es endlich unter dem Reiber über einen fein polierten Stein. Das Eigentümliche dieses Papiers besteht darin, daß die auf demselben gezeichneten Striche beim Ueberdruck nicht breiter werden.

Sehr gut hat sich das photolithographische mit Gelatine präparierte Papier beim Umdrucke bewährt, dasselbe bleibt nach dem Durchzug sofort fest auf dem Steine haften und zwar in der Weise, daß bei dem wiederholten Durchziehen die Striche nicht austreten und breiter werden können. Die Zeichnung bildet auf der Rückseite des Abdruckes ein Relief, das heißt sie drückt sich nicht in die Breite, sondern nur in die Höhe, in die Stärke des Papieres. Der Druck wird viel reiner und schärfer als auf gestrichenem Papier.

Von einem Abdruck auf Gelatinepapier kann man noch nach langer Zeit einen guten Umdruck auf Stein oder Zink herstellen. Der aufzubewahrende Abdruck wird mit mittelstarkem Gummi recht gleichmäßig gummiert, getrocknet und in einem Buche oder einer Mappe zum späteren Gebrauche aufgehoben. Will man dann denselben zu einem Umdrucke benutzen, so befestigt man ihn mit Reißnägeln auf ein Brett, wäscht die Zeichnung 2c. über dem trocknen Gummi mit einem in reines Terpentinöl getauchten Baumwollenbällchen ganz aus und entfernt mit einem reinen Stück Baumwolle den zurückgebliebenen Schmutz. Nach dem Trocknen überzieht man den ganzen Bogen mittels eines Pinsels mit frischer Farbe — wie bei der Photolithographie den kopierten Chromabdruck — legt ihn in reines Wasser und entwickelt nach einigen Minuten das Bild mit dem Schwamme. Sodann druckt man auf die gewöhnliche Weise über.

Ebenso hat auch das autographische Papier von Krauß die vorzügliche Eigenschaft, daß es mit der flüssigsten Tusche die feinsten Linien zuläßt, und die darauf gemachte Schrift oder Zeichnung aufs vollständigste abgibt. Dasselbe wird bereitet aus:

  125 g Stärke, gekocht zu der Dicke des Buchbinderkleisters,
   66$^3/_4$ „ feinsten Leim, über Nacht in Wasser eingeweicht und dann gekocht,
  375 „ Kremserweiß, fein in Wasser abgerieben.

Die Stärke und den Leim drücke man durch ein Tuch und mische dann das Kremserweiß darunter.

Diese Masse wird im warmen Zustande auf dünnes Papier mittels eines Schwammes oder Borstenpinsels einmal aufgetragen, wobei man nicht unterlassen darf, die Masse stets zu rühren, wenn man eintaucht, weil sich sonst das Kremserweiß zu Boden setzen würde. Die angegebene Portion reicht zu 100 Kanzleibogen hin.

Auch autographisches Papier ist jetzt in vorzüglicher Beschaffenheit und in verschiedenen Sorten im Handel zu haben. Die meisten werden wohl, um der Zeitersparnis willen, vorziehen, dasselbe von irgend einer Handlung zu beziehen, wir wollten jedoch die älteren, bewährten Bereitungsweisen nicht unerwähnt lassen, weil vielleicht doch hier und da der Fall eintreten könnte, daß jemand sich das Papier selbst anfertigen müßte.

Ebenso ist es mit der nun folgenden autographischen Tinte.

Die autographische Tinte.

Man kann sich allerdings im Notfalle der gewöhnlichen lithographischen Tinte zum Autographieren bedienen, indessen darf man nicht vergessen, daß dieselbe ein Notbehelf ist, und daß man bei deren Anwendung immer nur mangelhafte Resultate erlangen wird, weil die mit derselben gemachten Züge, wenn sie fein sind, oft gar nicht kommen; sind sie aber stark, oder liegen die Schraffierungen einer solchen Zeichnung sehr eng, so pflegen dieselben im Ueberdrucke nicht scharf begrenzt zu kommen, oder sie schlagen gar zu. Es ist bei einer Ueberdrucktusche hauptsächlich darauf zu sehen, daß die mit ihr gemachte Zeichnung stets etwas Neigung zum Kleben behalte, was bei leichtem Aufdrücken und schnellem Zurückziehen des Fingers an einem leichten Geräusch erkennbar ist; doch darf dies nur in geringem Maße der Fall sein; wo sie zu weich ist, treten beim Abzug die Linien aus. Gewöhnlich lassen sich auch farblose Tinten besser überdrucken, als die mit Ruß versetzten.

Man hat deshalb eigene autographische Tinten zusammengesetzt und wir teilen hier die geprüftesten Rezepte mit.

16 Teile Schellack,
10 „ Jungfernwachs,
8 „ Seife,
8 „ Drachenblut,
5 „ Talg.

Wachs, Seife und Talg werden erhitzt, bis sie sich anzünden lassen, und während des Brennens wird das Drachenblut und der Schellack zugethan. Die Masse muß 5 Minuten brennen; aus der erkalteten Masse formt man Kugeln und löst nach Bedarf je 1 Teil Tusche mit 8 Teilen Wasser kochend auf.

Diese Tusche hat keinen Ruß, da sich derselbe gerne niederschlägt; der Zusatz von Drachenblut gibt ihr aber eine hinreichend tiefe bräunliche Färbung; im aufgelösten Zustande hält sie sich 1—3 Monate flüssig, sie ist sehr fett und läßt sich gut überdrucken.

Eine der vorzüglichsten autographischen Tinten ist die von Mantoux, welche Engelmann geradezu als die beste bezeichnet.

Dieselbe fließt gut und gestattet die zartesten und feinsten Züge und deren Uebertrag läßt sich mit großer Reinheit bewirken.

Die Bereitung derselben ist aber etwas umständlich und setzt einige Erfahrung im Laborieren voraus; ihre Bestandteile sind:

3 Teile Kopalgummi,
5 „   Wachs,
5 „   gereinigter Hammeltag,
4 „   Seife,
5 „   Schellack,
5 „   Mastix,
½ „   Schwefelblüte.

Man setze das Kopalgummi in einem kupfernen Gefäß, das nur zur Hälfte voll sein darf, über das Feuer; wenn es anfängt zu knistern, füge man, um das Zergehen zu beschleunigen, zwei Eßlöffel voll Baumöl hinzu, und wenn es gut geschmolzen ist, setze man das Wachs und den Talg zu.

Sind diese Substanzen hinreichend erhitzt, so entzünde man sie und werfe die Seife hinein, welche recht trocken und in kleine Stückchen zerschnitten sein muß, und füge, nachdem sie geschmolzen ist, der brennenden Masse den Schellack und den Mastix zu, worauf die Flamme mit der Schwefelblüte verstärkt wird, um eine vollkommene Vermischung des Kopalgummis mit den andern Substanzen zu bewirken.

Nach dieser Operation lösche man die Flamme, um die Masse ein wenig abzukühlen, entzünde sie hierauf wieder und lasse sie langsam brennen, bis sie auf ein Viertel reduziert ist.

Eine zu weit getriebene Reduktion würde die Tinte untauglich machen, weil die fetten Stoffe sich dann verkalken, während bei einem nicht zureichenden Brennen die Tinte sehr schnell gerinnt. Wesentlich ist auch hierbei die vollständige Schmelzung des Kopals.

Ein Ueberfeuern, wobei das Gefäß schnell heiß wird, würde das Verbrennen und die unvollständige Auflösung des Kopals zur Folge haben; auch dürfen die übrigen Substanzen nicht eher zugesetzt werden, bis diese Auflösung wirklich erreicht ist.

Zum Gebrauche löst man einen Teil dieser Tusche in 10 Teilen weichem Wasser auf und kocht sie bis diese Auflösung eine blaßgelbe Färbung annimmt, und solche beim Auftragen mit der Feder nach dem Trocknen Glanz und einiges Relief zeigt.

In mittels Schmirgel verschlossenen Flaschen hält sich dieselbe, wenn sie gut bereitet ist, jahrelang flüssig, und sollten auch nach einigen Monaten die hiervon gemachten Ueberdrucke magerer ausfallen, so wird durch wiederholtes Kochen die Auflösung ihre frühere Eigenschaft wieder erlangen.

Für diejenigen, welche lieber eine schwarze Tinte benutzen wollen, dient folgendes Rezept von Cruzel, wobei man aber durchaus keinen gewöhnlichen Ruß nehmen darf.

8 Teile Jungfernwachs,
2 „   weiße (Oel) Seife,
2 „   Schellack,
Feinsten Lampenruß soviel, als zur Färbung nötig ist.

Man läßt die Seife und das Wachs zergehen, und ehe die Mischung sich entzündet, fügt man den Ruß zu; läßt das Ganze 30 Sekunden brennen, löscht dann die Flamme aus und setzt nach und nach unter beständigem Umrühren den Schellack hinzu, entzündet die Masse noch einmal, erstickt dann die Flamme und gießt dieselbe, wenn sie anfängt zu erkalten, in Formen.

Man kann mit dieser Tinte sehr fein zeichnen und die Zeichnung vor dem Ueberdrucke sehr lange aufbewahren.

Der Talg ist aus diesem Rezepte fortgelassen, weil sich die Zeichnungen mit Talgtinte zwar anfänglich vorzüglich gut umdrucken lassen, aber mangelhaft ausfallen, wenn sie fünf bis sechs Tage liegen bleiben, und dies zwar um so mehr, je länger man sie aufbewahrt. Zuviel Talg läßt die mit der Tinte gemachten Züge gerne ausklatschen.

Autographische Tusche auf Papier ohne Anstrich.

3 Teile Schellack,
1 „ Wachs,
6 „ Talg,
5 „ Mastix,
4 „ Seife,
1 „ Lampenruß.

Seife, Wachs und Schellack werden zusammen erhitzt, bis die Masse aufgehört hat sich zu blähen, dann fügt man den Mastix, wenn dieser geschmolzen ist, den Talg und zuletzt den Ruß hinzu.

Diese Tusche wird jedesmal, wie die gewöhnliche lithographische Tusche, frisch angerieben.

Jede Materialienhandlung liefert auch autographische Tinte. Zu den bewährtesten gehört die von Klimsch.

Dieselbe ist dünnflüssig und schreibt sich leicht mit jeder Feder, sie hält sich **jahrelang unverändert** und ist nur darauf zu achten, daß keine Feder eingetaucht werde, die mit Schreibtinte in Berührung gekommen und daß sie vor Frost geschützt sei.

Man braucht zum Manuskript kein besonders präpariertes Papier, sondern kann jedes Schreib- oder Zeichenpapier dazu verwenden.

Das Manuskript braucht vor dem Ueberdruck nicht geätzt und ebenso der Stein zum Ueberziehen nicht gewärmt zu werden.

Das einfache Ueberdruckverfahren ist folgendes:

Das Manuskript wird zwischen feuchte Makulatur gelegt, und nach dem Feuchten auf den frisch geschliffenen staubfreien Stein gebracht; als Oberlage wird ein mit Terpentinöl leicht getränktes Papier aufgelegt und rasch durchgedreht, worauf der Stein gummiert, angerieben und leicht geätzt wird; nun kann sogleich gedruckt werden, und ist demnach schon innerhalb 15 Minuten ein druckbarer Stein geschaffen.

Diese Autographietinte eignet sich auch sehr gut zu architektonischen Zeichnungen 2c. Wünscht der Zeichner seine Striche schwarz auf dem Papier zu sehen, so empfiehlt es sich die Tinte mit etwas lithographischer Tusche anzureiben.

Vom Schreiben und Zeichnen mit autographischer Tinte.

Beim Schreiben und Zeichnen auf autographischem oder auch gewöhnlichem Papiere, können Einteilungslinien mit dem Bleistifte gemacht werden, ohne daß daraus ein Nachteil für den Uebertrag hervorginge, jedoch darf das Papier mit den Fingern nicht berührt werden, weil jede fettige Spur, die dem Papier mitgeteilt wird, gleichzeitig mit der Schrift oder Zeichnung auf den Stein übergeht und die Druckfarbe annimmt.

Wesentlich ist es auch, daß man die Tusche nicht zu wässerig hält, damit alle Linien satt und gleichstark ausfallen, und das nötige Fett zum Ueberdrucke erhalten. Die Tusche darf aber auch nicht zu dick sein, weil dieses im Schreiben hinderlich, und oft die Ursache ist, daß graue Linien aus der Feder kommen, die, da sie kein Relief und keinen Glanz haben, ebenso wenig gut überdrucken, als solche mit wässeriger Tinte.

Da Kielfedern sich schnell abnutzen, so sind die im Handel vorkommenden Stahlfedern vorzuziehen.

Eine derartige Feder muß eine feine Spitze haben, damit die Tusche leicht ausfließe; auch darf man beim Schreiben nicht aufdrücken, um das Einkritzeln derselben auf dem Papier zu vermeiden. Sollte sie nicht von vornherein gehen, so kann man sie dadurch zurecht richten, daß man den Spalt tüchtig aufdrückt und die klaffenden Spitzen, ähnlich wie bei den Federn auf Stein, mit den Nägeln richtet. Hängt sich dieselbe gerne im Papiere ein, so kann dies dadurch gehoben werden, daß man damit auf dem Schleifstein die Züge schreibt, bei welchen sich dieser Uebelstand am meisten wiederholt.

Verfahren bei dem Ueberdrucke.

Hat man nun die Schrift oder die Zeichnung auf dem Papiere vollendet und dieselbe, wenn die Arbeit nicht allzugroße Eile hat, mindestens zwei Stunden gehörig austrocknen lassen, so kann man zum Ueberdrucke selbst schreiten.

Man bringt einen fein polierten und von allem Steinstaube sorgfältig gereinigten Stein in die Presse, legt ihn daselbst fest und bestimmt Anfang und Ende des Durchzuges mittels der Stellschrauben, die wir bei der nachfolgenden Beschreibung der Presse werden kennen lernen, wählt einen sehr guten, scharfen Reiber und reguliert dessen Breite nach der Größe des umzudruckenden Gegenstandes. Ehe man aber diese Operation vorgenommen hat, lege man die Zeichnung zwischen feuchtes Papier, damit die Tusche sowohl, als der Anstrich sich etwas erweiche.

Der in der Presse bereits eingerichtete Stein wird nun mit einem trocknen feinen Bimsstein und nach diesem mit einem reinen leinenen Tuch abgerieben, um jede möglicherweise auf ihn haftende Fettspur zu entfernen.

Statt diesem trocknen Abbimsen kann auch der Stein mit fein gepulvertem und gesiebten Kalk abgerieben werden.

Hierauf legt man nun die Zeichnung mit der bezeichneten Seite, aber ohne sie hin und her zu schieben, auf den Stein, breitet darüber zwei bis drei Blätter Makulaturpapier und läßt den Stein unter gelindem Drucke durch die Presse gehen.

Findet man beim Oeffnen, daß die Zeichnung gut und auf dem Steine fest anliegt, so gebe man dem Makulatur eine andere Lage, oder drehe den Stein um, so daß beim zweiten Durchziehen der Reiber in entgegengesetzter Richtung über den Stein läuft, wobei auch zugleich der Druck zu verstärken ist. Dieses Durchziehen wird auch von einigen bei immer steigender Pressung drei bis viermal wiederholt.

Nach dieser Operation wird das Makulaturpapier entfernt und das am Stein klebende Papier reichlich mit Wasser oder auch mit schwachem Aetzwasser (1 Teil Salpetersäure und 100 Teilen reinem Wasser) benetzt, bis das Papier die Tusche durchscheinen läßt.

Nach wenigen Minuten kann man dann das Blatt vom Steine abheben, worauf dasselbe weiß erscheint und die ganze Schrift auf dem Steine liegt. Jetzt wische man mit einem Schwamme den Kleistergrund weg und lasse den Stein gehörig trocknen, damit die Tusche erhärten kann, wonach man denselben mit schwach gesäuertem Wasser ätzt und nun gummiert, worauf der Stein zum Drucke fertig ist. Besteht die Autographie aus feinen Zügen, welche durch die Aetzung angegriffen werden könnten, so ist es besser, sich mit dem Gummieren allein zu begnügen, wobei man eine Schicht Gummiauflösung in der Stärke des Sirups, welcher man etliche Tropfen Gallus beifügt, mittels eines feinen Schwammes darüber ausbreitet und trocken werden läßt, bevor man zum Einschwärzen des Steines schreitet.

Viele Drucker legen nach dem Durchziehen einen Terpentinbogen auf und ziehen mit demselben die Autographie noch einigemal durch.

Der Bogen, auf welchem sich die Autographie befindet, muß sehr vorsichtig abgezogen werden, weil beim schnellen Herunternehmen verschiedenes mit weggerissen werden könnte.

Das Einschwärzen geschieht, nachdem man das Gummi mit Wasser entfernt, ohne jedoch den Ueberdruck des Steins mit Terpentingeist abzuwaschen, mittels der Druckwalze.

Hierbei läßt man zuerst die Walze langsam und indem man stark aufdrückt, darüber laufen, bis sich die Schwärze an alle Züge gut angehängt hat. Dann macht man einen Abzug und, wenn dieser gut ausfällt, fährt man mit dem Abziehen fort.

Vorkommende Flecken müssen mit dem Schaber entfernt und fehlende Schriftzüge oder Linien nachgebessert werden, nachdem man den Stein hat trocknen lassen. Im allgemeinen sind zu den Autographien die weichen Steine den harten vorzuziehen, weil die Fettigkeit schneller und leichter in erstere eindringt.

Bei sehr schwachen Umdrucken muß jedoch, bevor die Druckwalze in Anwendung kommt, das sogenannte „Anreiben" der umgedruckten Platte vorausgehen, dessen nähere Manipulation bei dem nachfolgenden Umdruckverfahren erläutert ist.

Ueberdruckverfahren bei gewöhnlichem Papier ohne Anstrich.

Jedes glatte Schreibpapier ist zu dieser Operation tauglich; die dünnsten Sorten sind jedoch hierbei vorzuziehen, weil sie am leichtesten von der Säure durchdrungen werden, daher gewöhnlich dünnes Brief-Velinpapier hierzu gewählt wird.

Nachdem die Schrift oder Zeichnung fertig und ganz trocken ist, legt man das Blatt umgewendet auf ein glattes reines Papier und befeuchtet es auf der Kehrseite mit einer Mischung von 1 Teil Salpetersäure und 3 Teilen Wasser, bis die Schrift oder Zeichnung auf der Rückseite sichtbar wird, und der Leim des Papiers zerstört ist.

Nun taucht man das Blatt ins Wasser, um durch Abspülen alle Säure hinwegzubringen, die darauf zurückgeblieben sein könnte.

Gewöhnlich bedient man sich hierzu eines viereckigen mit Wasser gefüllten Kästchens und eines in dasselbe passenden Rähmchens, welches der Länge und Breite nach netzartig mit Fäden überspannt ist, worauf man das gesäuerte Papier legt und so zu wiederholten Malen in das Wasser taucht.

Hierauf bringt man das Blatt zwischen einige Bogen ungeleimtes Makulaturpapier, um das überflüssige Wasser zu entfernen, und legt es sodann auf den zum Ueberdrucke bestimmten Stein, welcher leicht erwärmt sein muß.

Nachdem das Blatt mit etwas Makulatur bedeckt wurde, lasse man den Stein unter hinreichendem Drucke einmal unter der Presse durchgehen, nehme dann das Blatt weg und lasse den Stein erkalten.

Inzwischen können breitgelaufene Stellen mit dem Schaber korrigiert und das etwa Fehlende ergänzt werden.

Nachdem der Stein gummiert wurde und einige Zeit in Ruhe blieb, entfernt man das Gummi wieder und überzieht denselben mittels eines Schwammes mit schwach gesäuertem Gummiwasser, welchem man bloß soviel Salpetersäure zusetzte, daß kaum sichtbare Luftbläschen auf dem Stein entstehen. Dann reibt man die Platte, während sie noch feucht von diesem Gummiwasser ist, mit Druckfarbe ein, wozu man sich eines leinenen Bäuschchens bedient, dessen untere ebene Fläche mit Druckfarbe, der man einige Tropfen Terpentinöl oder ein wenig Talg beigefügt hat, eingerieben wird.

Sieht man, daß durch das Hin- und Herreiben des Bäuschchens auf dem Ueberdrucke die Farbe sich an allen Stellen der Zeichnung oder Schrift festgesetzt hat, so entfernt man das Gummi mittels eines in Wasser getauchten Schwammes und fährt mit dem Einschwärzen mit der Walze fort, wie gewöhnlich.

Wenn die Platte an einigen Stellen, die weiß bleiben sollen, Farbe annähme, so müßte dieselbe wieder mit gesäuertem Gummi überwischt werden.

Das Erwärmen des Steins vor dem Ueberdrucken kann sehr einfach dadurch geschehen, daß man den Stein mehrmal mit siedendem Wasser übergießt, wodurch er regelmäßiger erwärmt wird als am freien Feuer.

Man muß aber, ehe man die Zeichnung auflegt, den Stein vollständig auf der Oberfläche trocken werden lassen. Er bleibt dann noch hinlänglich warm.

Ebenso kann man sich auch hierzu des Erwärmungsapparates Fig. 14, Taf. 5, bedienen.

Der von Spenglerblech gemachte Apparat A wird mit warmem Wasser durch die Oeffnung b mittels eines gewöhnlichen Trichters nicht ganz voll gefüllt und mit einem Korkstöpsel gut verschlossen, derselbe kommt dann auf zwei neben dem Steine befindliche Leisten zu liegen, welche etwa 2 cm höher als der Stein sind. 3—4 Minuten genügen, um der Oberfläche des Steines die gehörige Temperatur zu verschaffen.

Man mag indessen den Stein auf diese Weise oder durch Aussetzen gegen die strahlende Wärme eines Feuers oder Ofens wärmen, so muß dies sehr vorsichtig geschehen, denn durch die ungleichmäßige Erwärmung leidet der Stein und springt leicht in der Presse.

Sollte man genötigt sein, kalt überzudrucken, so ist es ratsam, den Stein schwach mit Terpentingeist zu überstreichen, bevor das umzudruckende Blatt aufgelegt wird.

Wir wollen unseren Lesern hier noch eine Behandlungsart der Autographie mitteilen, welche von der bis jetzt beschriebenen in vieler Hinsicht abweicht, aber so vortreffliche Resultate liefert, daß ihrem Erfinder, dem Engländer Netherclift der dafür ausgesetzte bedeutende Preis zuerkannt wurde.

Zur Bereitung seines autographischen Papiers nimmt Netherclift 125 g Tapiola (Maniok, Satzmehl) und 125 g Arrowroot (Satzmehl von der Pfeilwurzel, einer Scitaminea), beides Stoffe, welche man durch die Drogisten in Hamburg und anderen bedeutenden Städten beziehen kann, kocht jede einzeln zu einem Teige, mengt dann beide und verdünnt sie mit heißem Wasser zu einem dünnen Brei, den er durch Musselin seiht. Dazu setzt er 500 g Spanischweiß, das vorher gut in Wasser abgerieben wurde, und streicht die Masse mittelmäßig stark auf halbgeleimtes Papier, indem er zuerst mit einem breiten Pinsel eine Lage Pergamentleim und, wenn diese ganz trocken ist, drei Lagen der oben erwähnten Masse sehr gleichförmig aufträgt, jede einzelne aber sehr gut trocknen läßt. Dann werden immer zwei und zwei Blätter trocken mit der bestrichenen Seite gegeneinander gelegt und auf einem polierten Steine durch eine scharf gespannte Presse gezogen, so daß die Rückseite der Blätter möglichst stark geglättet wird.

Netherclifts autographische Tinte besteht aus gleichen Teilen gelber Seife und Schellack, die wie gewöhnlich gekocht und gebrannt werden, und denen er soviel Lampenruß zusetzt, als zur Färbung nötig ist. Die Tinte kann beim Gebrauche in kaltem oder warmem Wasser aufgelöst werden. Wachs und Talg hält Netherclift für durchaus überflüssig, und da seine Tinte keine Säuren zur Neutralisierung des Alkalis bedarf, so braucht man die übergedruckte Zeichnung oder Schrift gar nicht zu ätzen, oder ihr nur dann, wenn die Schraffierungen sehr dicht liegen, eine schwache Aetzung zu geben, um die Zeichnung mechanisch etwas höher zu legen. Der Schellack fixiert die Seife hinlänglich.

Um den Ueberdruck zu bewerkstelligen, muß man den Stein mäßig wärmen und verfahren, wie wir früher beschrieben haben. Durch das nachherige Befeuchten geht die Zeichnung mit Einschluß der Decke von dem Papiere an den Stein und so scharf, das selbst die stärksten Striche nicht ausklatschen.

Schließlich haben wir noch eines Umdruckverfahrens zu erwähnen, welches im Jahre 1820 Bleibimhaus erfand, das vielseitig verbreitet und angewendet wurde.

Der wesentliche Unterschied dieses Verfahrens liegt darin, daß auf gefirnißtem Papiere mit autographischer Tinte gezeichnet oder geschrieben wird.

Die Bereitung desselben geschieht, indem man starkes Papier oder auch Pergament auf Rahmen spannt, und mit einer Lage mittels Terpentingeist verdünntem Aetzgrund überdeckt und an der Luft trocknen läßt.

Statt dieses Papiers kann man auch Wachstaffet nehmen, den man auf einen Rahmen von Eisenblech spannt, so daß er straff sitzt, und keine Falten schlägt.

Man kann sich eines und desselben Papierbogens oder Taffet lange Zeit bedienen, indem man nach gemachtem Gebrauche die noch darauf zurückgebliebene Tinte mit Seifenwasser und einem wollenen Lappen abwäscht, und dann mit reinem Wasser abspült, worauf man ihn mit einem reinen leinenen Lappen abwischt.

Der einzige Uebelstand dieses Verfahrens besteht in der Schwierigkeit, auf den Firnis zu schreiben, weil die Feder sehr leicht in dieser weichen Substanz stecken bleibt, daher gibt man auch gegenwärtig dem autographischen Papiere den Vorzug.

Im übrigen geschieht das Ueberdrucken auf leicht erwärmten Stein, und wird dann ebenso behandelt, wie beim autographischen Papier.

Die Autographie der Kreidezeichnung.

Gegenüber der Autographie der Schrift und Federzeichnung ist jedenfalls die der Kreidezeichnung das schwierigste Problem des Ueberdrucks, welches aber die Neuzeit in vollständigster Weise gelöst hat. Hierbei wird die von dem Künstler auf präpariertem Papier mit lithographischer Kreide gefertigte Zeichnung auf Stein übergedruckt und kann hierdurch die treueste Wiedergabe der Originalzeichnung in beliebigen Abzügen erzeugt werden.

Von dieser Ueberdrucksmethode für alle Arten von Zeichnungen in Kreidemanier wurden sehr überraschende Resultate erzielt.

Der Hauptvorteil derselben besteht darin, daß der Künstler seine eigene Originalzeichnung durch lithographischen Druck erhält, ohne daß diese von dem Lithographen auf Stein gezeichnet werden muß.

Die Manipulation für den Künstler selbst ist äußerst einfach, derselbe zeichnet auf ein dazu präpariertes Papier (Kornpapier) mit lithographischer Kreide einen beliebigen Gegenstand, schickt dieses Blatt in die Steindruckerei und wenige Stunden darauf stehen Abzüge zur Verfügung, welche ganz genau wie die Originalzeichnung sind.

Die Länge der Zeit, welche die Zeichnung eines Gegenstandes in Anspruch nimmt, übt keinen Einfluß auf das Gelingen des Ueberdrucks und der Abdrücke aus, nur ist zu bemerken, das während des Zeichnens auf Reinhaltung des präparierten Papiers und nicht zu häufige Berührung mit den Fingern gesehen werden muß.

Die in voriger Auflage angegebene Bereitungsweise des gekörnten Ueberdruckpapieres hier zu wiederholen, halten wir für überflüssig, weil dieselbe sehr zeitraubend ist und das so hergestellte Kornpapier dem durch Maschinen gefertigten, überall im Handel zu habenden, an Güte und Schärfe sowie Gleichförmigkeit des Kornes weit nachsteht.

Verfahren beim Ueberdruck einer mit Kreide auf gekörntes Papier gemachten Zeichnung.

Schon bei dem Abschnitt „Zeichnung auf Kornpapier" haben wir ein Verfahren zum Ueberdruck solcher gebracht. Wir lassen hier ein zweites folgen, welches sich in einigen Punkten der Behandlungsweise wesentlich von dem ersten unterscheidet und ebenfalls sehr gute Resultate liefert.

Das gezeichnete Blatt Papier wird mit der Vorderseite auf eine reine trockene Papierunterlage gelegt und auf der Rückseite so lange mit einem reinen feuchten Schwamme bestrichen, bis die Feuchtigkeit so in das Papier eingedrungen ist, das beim Berühren die Vorderseite leicht am Finger **kleben bleibt**.

Hierauf geschieht das Ueberziehen auf einen glatten (nicht gekörnten) erwärmten Stein, erst mit schwächerer und dann mit stärkerer Spannung; als Unterlage wird feuchte Makulatur verwendet.

Ist der Ueberdruck in dieser Weise geschehen, so hat man das Papier auch wieder vom Stein abzulösen, was Aufmerksamkeit erfordert. Es geschieht dies durch langsames Begießen mit heißem Wasser; hierdurch löst sich die Papierschicht ab, während ein Teil des Klebestoffs der Schicht auf dem Steine haften bleibt. Dieser letztere wird durch fortwährendes Bespülen mit kaltem Wasser weggebracht; man vermeide jedoch sich eines Schwammes oder der Hand zu bedienen, da hierdurch die Zeichnung sehr leicht beschädigt wird.

Wenn nun die Zeichnung rein auf dem Stein steht, so übergießt man denselben, nachdem er gut trocken geworden, mit Gummi und läßt diesen eine Stunde darauf stehen; das Abwaschen des Gummi geschieht dann wie gewöhnlich mit einem Schwamme, alsdann wird die Zeichnung mit möglichst wenig Druckfarbe angewalzt, mit gestoßenem Kolophonium überpudert und geätzt.

Hierbei muß mit der größten Vorsicht vorgegangen werden, damit die Zeichnung recht rein und offen bleibt. Die Aetzung geschieht erst ganz schwach, dann ein zweites, drittes Mal stärker. Die Aetzflüssigkeit, aus reinem Wasser, etwas Gummiauflösung und einigen Tropfen Salzsäure bestehend, wird mittels des Pinsels aufgetragen, und ist hier weit schwächer anzuwenden, als wie bei der gewöhnlichen Kreidezeichnung.

Nach dem erstmaligen schwachen Aetzen wird die Zeichnung wiederholt mit Druckfarbe eingewalzt und einer etwas stärkern Aetzung unterzogen, und so gleichfalls die dritte Aetzung damit vorgenommen. Nun ist der Ueberdruck fertig und können beliebige Abzüge gemacht werden.

Die zweite Gruppe der Autographie umfaßt den Ueberdruck von Abzügen auf Stein und die verschiedenen Nebenanwendungen des Umdrucks. Hierzu gehören:

Die Anwendung auf Kupferdruck und Buchdruck.

Es tritt oft der Fall ein, daß man von einer Kupferplatte in sehr kurzer Zeit eine große Anzahl von Abdrücken verlangt, so daß dieselben unmöglich in der gewünschten Zeit geliefert werden können und man genötigt ist, die Platte zwei oder dreimal zu gravieren, was ebenfalls nicht immer ausführbar ist.

In solchen Fällen nimmt man die Kupferplatte, schwärzt dieselbe, statt mit Firnis, mit einer Mischung von 2 Teilen Wachs, 2 Teilen Talg und 6 Teilen lithographischer Druckfarbe ein und zieht von derselben nach und nach eine kleine Anzahl von Abdrücken, nämlich soviel, als man braucht, um sich soviel Hilfsplatten zu erzeugen, daß man in der gegebenen Zeit die verlangten Drucke liefern kann. Diese Abdrücke zieht man auf chinesisches Papier, oder wenn man ungeleimtes autographisches Papier hat, auf die mit Kleister bestrichene Seite, wobei man letzteres ziemlich trocken hält und nur zwischen gefeuchtetem Papier einschlägt.

Die noch frischen Abdrücke legt man in ein Gefäß mit Wasser, dergestalt, daß dieselben, mit ihrer gedruckten Seite nach oben gekehrt, auf dem Wasser schwimmen, und legt sie dann auf ungeleimtes Papier, damit die überflüssige Feuchtigkeit wieder eingesaugt wird, bringt unterdessen einen polierten Stein von der gehörigen Größe, erwärmt in die Presse, und macht alsdann, wie oben beschrieben, einen Umdruck, worauf man, nachdem der Stein einige Stunden unter dem Gummi gestanden hat, weiter drucken kann.

Kröppelin in Paris hat für seinen Ueberdruck von Kupferstichen auf Stein folgende Einschwärzefarbe für die Mutterabdrücke mit dem besten Erfolge angewendet.

12 Teile Wachs,
1 „ Unschlitt,
4 „ Oelseife,
16 „ Kolophonium,
12 „ schwacher Steindruckfirnis.

Alle Ingredienzien werden zusammengeschmolzen und das Ganze mit der nötigen Menge Frankfurter Schwarz, durch sorgfältiges Abreiben, versetzt. Die Mutterabdrücke werden auf autographisches Papier abgezogen und, wie oben angegeben, übergedruckt.

Will man Buchdruck umdrucken, so muß man mit obiger Farbe oder auch mit aufgelöster autographischer Tinte, welche so dick als Buchdruckerfarbe sein soll, einschwärzen und den Abdruck auf autographisches Papier nehmen. Wir haben übrigens mehr als einmal Buchdruck, der mit gewöhnlicher Druckerschwärze und auf gewöhnliches Papier abgedruckt und schon einige Tage, ja selbst Wochen alt war, auf diese Weise umgedruckt und bei gehöriger Vorsicht und Sorgfalt, namentlich beim Aetzen, die besten Resultate erlangt.

Sollten beim Umdruck einige Striche nicht kommen, so muß man nach dem ersten Probedrucke den Stein, ohne ihn zu gummieren, trocken werden lassen und dann die Korrekturen mit lithographischer Tinte machen. Es reicht vollkommen hin, den Stein, wenn die Korrekturen ganz trocken sind, zu gummieren. Hätte man aber verschmutzte Stellen radieren müssen, so ist es notwendig, diese Stellen mit einer schwachen Säure nachzuätzen und dann erst zu gummieren.

Eine besondere Ausdehnung hat das Ueberdruckverfahren durch die Erfindung des sogenannten anastatischen Druckes erlangt; da dieser aber meistenteils auf Zinkplatten ausgeführt wird, so werden wir das Erforderliche in dem Abschnitte vom Zinkdruck beibringen, und erwähnen hier nur, daß man die nach dem anastatischen Verfahren präparierten Drucke mit den gewöhnlichen Handgriffen auch auf Steinplatten abdrucken kann.

Die Verbindung des Buchdruckes mit dem Steindrucke (Typolithographie).

Sehr vorteilhaft ist es, wenn man Bücher, deren Text Buchdruck ist, welche aber Illustrationen oder auch erklärende Zeichnungen re. haben, so abdrucken kann, daß der Steindruck und Buchdruck mittels einer und derselben Operation hervorgebracht werden. Zu diesem Zwecke bietet der Umdruck die Hand.

Man setze den Letternsatz wie gewöhnlich, sperre aber in demselben die Stellen, wo späterhin die Illustrationen, Figuren, Schriften in fremden Sprachen, wozu man keine Lettern hat re., hinkommen sollen, aus; den Letternsatz bringe man in die Buchdruckerpresse, schwärze ihn mit einer Druckfarbe aus aufgelöster autographischer Tinte ein und nehme einen Abdruck auf autographisches Papier. In diesen Abdruck zeichne man nun die gewünschten Gegenstände mit der Feder und autographischer Tinte ein, und drucke das Ganze alsdann auf den Stein über, worauf man dann Letterndruck und Zeichnung zugleich weiter drucken kann. Hätte man Kupferstiche in das Werk einzudrucken, so mache man nach dem vorher beschriebenen Verfahren Abdrücke von der Kupferplatte auf chinesisches Papier und klebe oder steche diese in den Umbruck des Letterndruckes ein, worauf man den Ueberdruck des Ganzen macht und weiter druckt. Man thut übrigens gut, dergleichen Umdrücke erst 24 Stunden ruhen zu lassen, ehe man den wirklichen Weiterdruck beginnt.

Obschon, seitdem der Holzschnitt, die Photozinkographie und andere Manieren sich hinsichtlich des Illustrierens der durch den Buchdruck hervorgebrachten Werke jetzt eine so umfassende Geltung erworben haben, das hier oben angegebene Verfahren als antiquiert betrachtet werden könnte, so fehlt es dennoch nicht an Fällen, wo man sich trotzdem desselben mit Vorteil bedienen kann. Namentlich wird dies der Fall da sein, wo die kleine Auflage eines Werkes die Anfertigung der Holzschnittplatten ꝛc. nicht rentierend erscheinen lassen würde. Wir erwähnen hier als Beispiel die bekannten Düsseldorfer Monatshefte; dieselben enthalten im Texte Bilder, welche anscheinend Holzschnitte sind. Wir finden aber hier nichts anderes als Lithographien, welche Federzeichnungen in dem Charakter der Holzschnitte sind und, in einen mit Ueberdruckfarbe gemachten Abzug des Letternsatzes geklebt, mit diesem zugleich auf einen Stein abgedruckt wurden. Die hierdurch erzielte Ersparnis leuchtet ein, und dies um so mehr, da die genannten Hefte Verlag einer lithographischen Anstalt sind. Aehnliche Fälle der Anwendbarkeit des hier angegebenen Verfahrens werden sich öfter finden; so z. B. bei dem Druck farbiger Bücherumschläge, welche nicht selten auf der Rückseite Bücheranzeigen bringen, wobei dann die typographische Bücheranzeige mit der lithographierten Hauptplatte zugleich umgedruckt und so hierdurch ohne weitere Kosten und Mühe sogleich lithographisch mitgedruckt werden kann.

Dieses typolithographische Umdruckverfahren unterscheidet sich nur wenig vom gewöhnlichen Umdruck.

Es werden nämlich in der Buchdruckerpresse von der Buchdruckplatte mit strenger Farbe auf mit Kleister bestrichenem Papier reine saubere Abzüge gemacht, welche eher grau statt schwarz sein sollen, wobei das gestrichene Papier vor dem Druck in feuchte Makulatur gelegt wird.

Der Umdruck auf den Stein geschieht wie gewöhnlich, dieser wird trocken abgebimst, der Bogen, worauf der lithographische und typographische Abzug befestigt ist, auf den Stein gelegt, mehrmal durchgezogen, hierauf nicht allzustark mit reinem Wasser befeuchtet und wiederholt stark durchgezogen.

Letztere Manipulation kann öfter wiederholt werden, da sie dazu dient, den Abzug ganz vom Papier loszulösen und auf den Stein zu übertragen. Nachdem das Papier abgelöst ist, wird der Umdruck gummiert, angerieben, und nach sorgfältigem Reinigen nach einiger Zeit geätzt.

Die Anti-Typolithographie.

Die Typolithographie ist ziemlich alt und wurde schon von Alois Senefelder ausgeführt.

Ueber das Verfahren der Anti-Typolithographie teilte L. Menton folgendes mit.

Eine Mischung von Gelatine, Gummi und Albumin wird 3—4 Wochen in einer Flasche aufbewahrt; nach dieser Zeit ist die Masse in sich selbst zerfallen, aus dem gallertartigen Zustande in einen flüssigen übergegangen und ganz klar geworden.

Mit dieser geklärten Masse bereitet man sich durch Zusatz von Ruß eine so strenge Farbe, wie sie die Buchdruckerwalze vertragen kann, druckt mit derselben den Typensatz auf ein gut geleimtes glattes Papier, welches die Farbe nicht zu rasch einsaugt und zieht diesen Abdruck sofort auf den Stein über.

Sobald die Farbe gehörig getrocknet, übergießt man den Stein mit Oel und wird nun wahrnehmen, daß sämtliche übergedruckte Stellen das Oel abstoßen und daß es nur vom reinen Stein angezogen wird.

Nachdem das Oel abgelaufen, behandle man den Stein mit einem leichten Gummiwasser, walze mit nicht zu leichter Farbe ein und ätze den Stein.

Man wird jetzt die Schrift oder Zeichnung in voller Schärfe und Schönheit weiß auf schwarzem Grunde vor sich haben.

Hier würde auch der Umdruck von Lichtdruckplatten auf Stein zu erwähnen sein. Derselbe wird, um der Zusammengehörigkeit willen, in dem vom Lichtdruck handelnden Abschnitte beschrieben werden.

Das Umdruckverfahren für lithographische Gravier- und Federarbeiten.

Der Umdruck hat eine derartige Vervollkommnung erreicht, daß es möglich geworden ist, eine gravierte oder Federplatte fast ins Unendliche zu vermehren, ohne daß hierbei die Originalplatte den geringsten Nachteil erleidet; hierdurch ist auch die Herstellung einer großen Anzahl Abdrücke in kurzer Zeit ermöglicht.

Diese Vervielfältigung der Platten mittels des Umdrucks bietet, hinsichtlich der Ersparnis und der schnellen Vervielfältigung der Gegenstände, unermeßliche Vorteile dar und findet deshalb die vielseitigste Anwendung. So braucht man auch z. B. jene Gegenstände, von denen man eine große Anzahl Abdrücke zu machen wünscht, als wie Etikette u. dergl. nur einmal auf dem Stein auszuführen und sodann einen großen Stein damit zu bedrucken, um 10, 20, 50 Exemplare auf einmal abzuziehen.

Ist dieser Stein dann abgenutzt, so kann man ihn durch eine neue Reihe von Umdrucken von dem kleinern Steine augenblicklich wieder vorrichten.

In gleicher Weise lassen sich Umdrücke gravierter Landkarten oder überhaupt solcher Gegenstände, von welchen man jährlich eine große Anzahl Abdrücke braucht, welche die gravierte Platte zu liefern nicht im stande wäre, herstellen, deren Abdrücke an Reinheit und Schärfe dem Abzuge der Originalplatte fast gleichkommen.

Bei dieser etwas schwierigen Operation ist jedoch die vollständigste Anweisung eines Lehrbuches nicht zureichend, und es gehört praktische Erfahrung dazu, um des Gelingens immer gewiß sein zu können.

Man verwendet hierzu entweder das gewöhnliche autographische Papier, wovon das mit Kremserweiß bereitete besonders zweckdienlich ist, oder noch besser, das echte chinesische Papier, wodurch man die schönsten Ueberdrücke erhält.

Sind die überzudruckenden Blätter groß, so gibt man dem chinesischen Papier einen leichten Kleisteranstrich, wie zum Behufe des Druckens, damit es sich nicht verschiebt und auf dem Auflegebogen kleben bleibt.

Der Abdruck wird jedoch immer auf die unangestrichene Seite gemacht.

Bei kleinen Blättern ist dieser Anstrich ganz entbehrlich. Die Umbruck-farbe ist hierbei von großer Wichtigkeit: man soll mit derselben einen normalen scharfen Abbruck herstellen, dieser soll mit Leichtigkeit auf einen andern Stein übertragen werden, wobei sich die Zeichnung nicht breit quetschen darf und eine schnelle Verbindung mit dem Stein eingehen muß. Dieser Uebertrag muß beim Anreiben oder Anwalzen die Farbe leicht anziehen und dann eine möglichst starke Aetzung aushalten, damit beim Fortdruck die Zeichnung oder Schrift sich klar und scharf hält.

Die Ueberdruckfarbe wird verschiedenartig bereitet, ist jetzt jedoch in ganz vorzüglicher Beschaffenheit von den meisten Farbenfabriken zu beziehen, weshalb wir die in voriger Auflage enthaltenen Anweisungen zur Bereitung derselben hier weglassen. Zeit ist Geld und die Selbstanfertigung kostet viel Zeit.

Die zum Ueberdruck bestimmten Abzüge bedürfen einer sorgfältigen Behandlung, man hat hierbei mehr auf reine und scharfe, als wie auf starke Abbrücke zu sehen. Nach Vollendung dieser Abbrücke soll sogleich deren Ueberdruck auf etwas erwärmtem Steine vorgenommen werden. Das Durchziehen geschieht mit starker Pressung, langsam und nur einmal; man feuchtet dann das übergedruckte Blatt mit dem Schwamme an, und entfernt es vom Steine.

Derselbe soll nun wenigstens einige Stunden ruhen, ehe man ihn gummiert, und wie bei der Autographie mittels eines leinenen Bäuschchens anreibt und mit der Druckwalze einschwärzt.

Nachdem der Stein in diesem Zustande etwa einen halben Tag gestanden hat, wird er gleich einer zart behandelten Kreideplatte schwach geätzt und gummiert; und kann nun wie jede Federzeichnung mit gewöhnlicher Druckfarbe gedruckt werden.

Bei sehr schwachen und feinen Ueberdrücken, ist es zweckdienlicher, statt des Aetzens das Präparat von Gummi und Gallus anzuwenden, wodurch der Stein nicht angegriffen und dennoch stärker als wie durch Gummi allein präpariert wird.

Beim Beginne des Druckes dieser Platten ist die Wahl des Materials und der Manipulation von großer Wichtigkeit.

Ein geübter Drucker wird anfänglich nicht durch Anwendung leichter Druckfarbe kräftige Abbrücke zu erhalten suchen, was sehr bald ein Breiterwerden der Linien zur Folge hat, wo dann, bei diesem fortgesetzten Druckverfahren, durch schwer zu beseitigende Verschmierungen der Umbruck gänzlich unbrauchbar wird.

Sollte anfänglich der Umbruck die Druckfarbe nicht gehörig annehmen wollen, so kann derselbe dadurch empfänglicher für die Druckfarbe werden, daß man den Stein rein einschwärzt und, ohne ihn zu gummieren, einige Stunden ruhen läßt, und dann vor dem Beginn des Druckes wieder gummiert.

Das Abziehen der ersten 100 Abbrücke erfordert die größte Sorgfalt, ist dieses aber gelungen, dann druckt eine solche Platte fast williger als eine Federplatte.

Dieser Ueberdruck wird gewöhnlich auf feuchtem Papier gemacht, wobei ein Verziehen der Zeichnung, besonders bei großen Formaten, mehr oder weniger stattfindet, was manchmal, z. B. beim geprägten Blattmetalldruck, nachteilig einwirkt.

Wo daher die umgedruckte Zeichnung mit der Größe der Originalplatte sehr genau übereinstimmen soll, ist man genötigt, diesen Umdruck auf trockenem Papiere vorzunehmen, wobei mittels einer kurzen farbereichen Ueberdruckfarbe der Abdruck auf die angestrichene Seite des autographischen Papiers gemacht wird.

Sind mehrere Abdrücke auf einen Stein umzudrucken, so werden diese auf halbgeleimtes Papier geklebt, dann auf den in der Presse eingerichteten Stein gelegt, mit zwei sehr feuchten Papierbogen bedeckt, und so das Ganze einmal schnell durch die Presse gezogen.

Bei diesem Verfahren gewinnt man den Vorteil, daß hierdurch der Kleister des Papiers erweicht und am Steine festklebt, wodurch sich dasselbe nicht mehr strecken kann, selbst wenn es, um einen kräftigen Umdruck zu erhalten, mehrmals durch die Presse gezogen wird.

Uebrigens wird, nachdem man mittels des Schwammes Wasser auf die Rückseite des Ueberdrucks gebracht, wodurch sich Kleister und Farbe allmählich vom Papiere lösen, damit verfahren wie bei jedem andern Ueberdrucke.

Neues Verfahren zum Ueberdruck auf Stein- oder Zinkplatten.

Das alte Verfahren besteht aus folgenden einzelnen Operationen:
1. Ueberdruck mit fetter harzhaltiger Umdruckfarbe auf den Stein.
2. Leichtes Gummieren und Trocknenlassen desselben.
3. Herrichten einer Farbe, welche zur Hälfte aus Umdruckfarbe, zur anderen Hälfte aus Federfarbe besteht und mit Terpentinöl soweit verdünnt wird, daß sie zum Anwischen hinreichend flüssig ist.
4. Abwaschen des Gummiüberzuges mit Wasser.
5. Auftragen von Gummiwasser auf den Stein mit dem Schwamme.
6. Einreiben des nassen Steines mit der nach 3. hergestellten Farbe mittels eines Schwammes.
7. Trocknen und mehrere Stunden stehen lassen.
8. Abwaschen und Korrekturen machen.
9. Einreiben mit Kolophoniumpulver und Talkum.
10. Leicht ätzen mit verdünnter Salpetersäure oder einem Gemisch von Salpeter- und Salzsäure.
11. Gummieren und Trocknenlassen.
12. Abwaschen mit Wasser.
13. Mit Terpentinöl auswaschen.
14. Mit starker Federfarbe einwalzen.
15., 16. und 17. Wiederholung von 9., 10. und 11., wobei jedoch eine stärkere Aetzflüssigkeit verwendet wird als bei 10.

Nach dem Abwaschen des Gummi kann mit dem Drucke begonnen werden.

Dieses ältere Verfahren ist nicht nur sehr umständlich, sondern liefert auch öfters mangelhafte Abdrücke, weil die mit der Umdruckfarbe hergestellten Drucke die Linien dicker wiedergeben und durch die weitere Behandlung des Steines die Zeichnung sehr leicht leidet.

Die mit Harzen und Fetten versetzte Umdruckfarbe ist nicht geeignet, so scharfe Abzüge auf dem Umdruckpapier zu liefern, daß der Ueberdruck auf dem Stein sich nicht wesentlich vom Originale unterscheidet.

Das neue Verfahren bezweckt nun alle diese Uebelstände zu vermeiden. Bei demselben wird der Umdruck mit der gewöhnlichen, nur aus Leinöl, Firnis und Ruß oder andern Farbstoffen hergestellten, Druckfarbe gemacht und auf den Stein gebracht und darauf letzterer mit einer Fette und Harze enthaltenden Lösung ausgewaschen und dann geätzt.

Das hier anzuführende neue Verfahren besteht aus folgenden Operationen:

1. Ueberdruck mit gewöhnlicher Druckfarbe (Federfarbe).
2. Dick gummieren und Trocknenlassen des Steines.
3. Gummiabwaschen.
4. Den Stein mit der neuen Ueberdrucktinktur mittels eines reinen Läppchens auswaschen.
5. Einwalzen mit starker Federfarbe.
6. Aetzen mit einem Gemisch von Salpetersäure und Gummilösung.

Wenn diese Aetzung abgewaschen ist, kann sofort mit dem Druck begonnen werden.

Da der Umdruck mit gewöhnlicher Druckfarbe hergestellt wird, kann man denselben von beliebigen Platten, Stein-, Kupfer-, Stahlplatten oder Holzstöcken machen.

Die Tinktur wird hergestellt durch Mischen von:

  4 Teilen Wachs,
  4 „ Asphalt,
  4 „ Harz,
  44 „ Terpentinöl.

Dieses Verfahren charakterisiert sich dadurch, daß der Ueberdruck mit gewöhnlicher harzfreier Druckfarbe ausgeführt und die Platte nach dem Trocknen mit einer Lösung von Wachs, Asphalt und einem anderen Harze zu annähernd gleichen Teilen in Terpentinöl aufgelöst, angerieben wird.

Wölfels Ueberdruckverfahren.

Es ist eine allgemein bekannte Thatsache, daß bei den bisher bekannt gewordenen Ueberdruckverfahren die genaue Wiedergabe des Originals viel zu wünschen übrig läßt. Wie jeder Fachkundige weiß, liegt das nur daran, daß man den Ueberdruck gummiert und anreibt, wodurch die Reinheit des Steines bezw. die Schärfe des Stiches leidet. Wölfel ist es nun nach vielen Versuchen gelungen, eine Ueberdruckfarbe herzustellen, welche eine besondere Widerstandsfähigkeit gegen Aetze und gleichzeitig eine hohe Haftbarkeit auf dem Steine besitzt. Diese Ueberdruckfarbe ermöglicht es, nach erfolgtem Ueberziehen des Abdruckes auf den Stein, letzteren sofort zu ätzen, wodurch die zurückgebliebene Kreide- oder Stärkeschicht des Ueberdruckpapieres durchgeätzt wird und der Ueberdruck zur sofortigen Annahme der Aetzfarbe bereit ist. Wird der Ueberdruck nur gummiert und eingewalzt, so würde derselbe nur stellenweise annehmen, durch das sofortige Aetzen wird aber dieser Uebelstand gehoben und der Ueberdruck deshalb sofort annahmebereit.

Nachdem die mannigfachsten Versuche die absolute Brauchbarkeit dieses Verfahrens ergeben und endlich gezeigt hatten, daß der Ueberdruck kaum vom Original zu unterscheiden war, meldete Herr Wölfel sein Verfahren zur Patentierung an und offeriert nun dasselbe den Herren Steindruckereibesitzern zur Benutzung. Der Vertrieb ist der Firma Paul Härtel (Maschinen- und Utensiliengeschäft für Buch-, Steindruckereien, lithographische Anstalten ꝛc.) in Reudnitz-Leipzig übertragen worden, von der das Verfahren inkl. Rezept für die Aetze und das Ueberdruckpräparat zu beziehen sind.

Anleitung zur Benutzung des Verfahrens.

a) Originalabzug.

1. Ein Teil des Wölfelschen Ueberdruckpräparates wird mit drei Teilen Federfarbe gemischt und dieser Mischung je nach Bedarf Terpentinöl zugesetzt.

2. Nach dem Auswaschen der Originalplatte schwärze man dieselbe mittels Ballens ein und ziehe die überflüssige Farbe mit dem Tampon ab. Nachdem man den Wischlappen einige Tropfen Gummi zugesetzt hat — was nur notwendig ist, wenn die Ueberdruckfarbe, wie es oft bei alten Originalen der Fall ist, ansetzen sollte — schwärze man den Stein nochmals mit dem Ballen ein und ziehe wieder mit dem Tampon die Farbe scharf ab, worauf der etwa zurückgebliebene Gummi mit einem Wischlappen, der nur diesem Zwecke dienen darf, beseitigt wird. Nun mache man den Abzug.

3. Das Aetzen mit schwacher Aetze (10 Tropfen Salpetersäure auf $\frac{1}{4}$ l Wasser) muß so lange geschehen, bis die Aetze nicht mehr zurückgestoßen wird.

Bedingung ist, daß mit wenig Aetze im Schwamm, jede Stelle mindestens 10—12 mal berührt werden muß, da nur so die Wirkung erzielt wird. Durch Anwendung stärkerer Aetze als die oben vorgeschriebene, würden die feineren Sachen leiden. Nach diesem Aetzen wird der Stein getrocknet und gummiert.

b) Ueberdrucke.

4. Inzwischen mische man einen Teil des Wölfelschen Ueberdruckpräparates zu zwei Teilen Federfarbe und setze je nach Bedarf Firnis zu (Aetzfarbe).

5. Ist die Walze mit dieser Aetzfarbe zum Einwalzen des Ueberdruckes vorbereitet, so wasche man den Gummi ab und den Stein wie folgt aus: Man nehme einen wollenen Lappen, bringe denselben, um den Ueberdruck nicht blank auswaschen zu müssen, durch Reiben auf dem Farbsteine unter Zusatz einiger Tropfen Terpentinöl, etwas Farbe bei und überwische nun den Stein mit diesem Lappen so lange, bis der Ueberdruck vollständig schwarz erscheint. Sollte sich dabei Ton ansetzen, so lasse man sich nicht beirren, derselbe schwindet beim ersten Einwalzen. Letzteres kann nunmehr mit der unter 4. erwähnten, mäßig strengen Aetzfarbe erfolgen.

Beim Auswaschen des Ueberdrucks halte man den Stein immer feucht, indem man beim Ueberwischen einige Tropfen Wasser zuträufelt.

Von der mit schwachem Firnis verdünnten Aetzfarbe darf nur wenig auf die Walze genommen und mit dieser nur einmal hin und hergewalzt werden, der Ueberdruck faßt dann sofort Farbe.

6. Nachdem man den Stein getrocknet hat, pudere man denselben mit feingestoßenem Kolophonium ein und walze, nachdem man ihn mit dem Wasserschwamme sorgfältig abgewischt hat, nochmals ein. Hierauf pudere man den Stein mit Talgstein und ätze den Ueberdruck je nach Bedarf mit der gewohnten Aetze hoch.

Bei dem nochmaligen Einwalzen wird schon nach zwei bis dreimaligem Hin- und Herwalzen die gewünschte Wirkung erzielt.

Nach dem Pudern mit Talgstein ätze man noch etwas stärker als das erstemal — vielleicht 30 Tropfen Salpetersäure auf $1\frac{1}{4}$ l Wasser und wieder lange mit wenig Aetze im Schwamm.

Der Ueberzug sieht nun zwar viel stärker aus, kehrt aber in seine frühere Schärfe zurück, wenn man nach dem wiederholten Auswaschen mit strengerer Aetzfarbe einwalzt. Alsdann wiederhole man das Pudern mit Kolophonium und das Einwalzen und ätze mit starker Aetze, der etwas Gummi zugesetzt wird, hoch.

Bei feineren Sachen ätze man den Ueberdruck nur nach und nach hoch.

7. Zum Ueberdrucken von Kreidezeichnungen nimmt man zu einem Teile Ueberdruckpräparat zwei Teile Kreidefarbe und setzt je nach Bedarf Firnis zu, dagegen mische man für Ueberdrucke von Federzeichnungen und Ueberdrucken selbst das Präparat mit Federfarbe (1 : 2). Im übrigen verfahre man, wie oben unter 1—3 angegeben ist.

Aeltere Gravuren für den Umdruck wieder herzurichten.

Sollen von gravierten Steinen, welche vor längerer Zeit gedruckt worden und durch den Druck ausgewässert sind, Abdrücke für den Umdruck gemacht werden, so verfahre man folgendermaßen:

Man reibe den Stein mit Leinöl und Mennige ein, lasse einige Minuten anziehen und wasche dann mit Wasser rein ab.

Zum Einschwärzen nehme man statt des Tampons die Walze, weil in den feineren Strichen die mit dem Tampon aufgetragene Farbe nicht mehr haftet. Mit der Walze ist dieses noch immer zu bewerkstelligen, wenn man den Stein trocken mit Farbe überzieht, alsdann denselben anfeuchtet und so lange abwalzt, bis die Zeichnung ganz rein dasteht.

Bei genügender Sorgfalt kann man selbst von ganz alten Zeichnungen noch gute Abdrücke für den Ueberdruck erhalten.

Das Kautschukverfahren zum Verkleinern und Vergrößern von Umdrucken.

Dieses eigentümliche Verfahren, durch welches vermittelst einer Kautschukhaut, welche wie ein Trommelfell aufgespannt ist und gestreckt und zusammengelassen werden kann, Umdrucke vergrößert oder verkleinert auf den Stein übergetragen und gedruckt werden können, ist seit der Londoner Ausstellung 1862 bekannt und vielfach verbessert worden.

Man kann mit dem Apparate, Fig. 1, Taf. 6, die einfachste Zeichnung, aber auch die komplizierteste Chromolithographie, in den verschiedensten Größen und Verhältnissen ohne Schwierigkeit vergrößern oder verkleinern. Eine Hauptsache dabei ist, daß der Lithograph bei Ausführung der Zeichnung darauf Rücksicht nimmt, ob dieselbe vergrößert oder verkleinert werden soll.

Bei zu vergrößernden Sachen empfiehlt es sich die Striche ꝛc. enger zu halten, bei Verkleinerungen ist eine weitere Schraffierung geboten, damit die Striche später nicht zu eng aneinander liegen.

Die Ausführung der Vergrößerung oder Verkleinerung soll in allen Fällen nur einem guten Umdrucker übertragen werden, welcher sich mit dem Apparate aufs beste vertraut machen muß, um an demselben mit der nötigen Sicherheit hantieren zu können.

Bei Anschaffung eines Reduktionsapparates empfiehlt es sich stets einen größeren zu wählen, damit man in der Ausführung nicht zu beschränkt sei.

Die neueren Apparate sind alle viereckig gehalten und bilden einen, aus vier, teils runden, teils breiten, Eisenstangen zusammengesetzten Rahmen. Auf denselben wird der Kautschuk, mittels eines angeklebten Gummigewebes in welchem Oesen eingeschlagen sind, an Stahlhaken befestigt. Dieser Rahmen kommt nun in ein Gestell mit Schraubvorrichtung, in welchem derselbe festliegt. Eine an diesem Gestell angebrachte Skala dient zur Bestimmung der Größenverhältnisse.

Die älteren Apparate waren mit zwei Kurbeln zur Ausspannung des Kautschuk versehen, bei den neueren genügt hierzu eine einzige Kurbel. Durch einen besonders angebrachten Mechanismus kann auch bloß nach einer Richtung angezogen oder nachgelassen werden.

Durch auf den Eisenstangen liegende Federn werden die Stahlhaken, je nach der Kurbelbewegung, nach vorwärts oder rückwärts geschoben und so die gleichmäßige Dehnung des Kautschuks erzielt.

An den vier Ecken, wo die durch Messinglager verbundenen Eisenstangen sich kreuzen, sind Stellschrauben zum Feststellen angebracht und damit der Kautschuk nicht unmittelbar auf dem Steine liegt, solche mit denen man die Höhe nach der Stärke des Steines richten kann.

Zwei Stahlplatten, eine für den vergrößerten und eine für den verkleinerten Kautschuk, ebenso zwei Tuchflecken in der Größe der beiden Stahlplatten gehören zu dem Apparat.

Die Masse, mit welcher der Kautschuk bestrichen wird, kann von den Fachgeschäften bezogen werden, aber da sie sehr leicht verdirbt, weil sie oft längere Zeit nicht gebraucht wird, ist es besser sich dieselbe selbst anzufertigen.

Wir teilen hier zwei Rezepte mit, der öftere Gebrauch wird lehren, welches anzuwenden ist, beide haben sich sehr gut bewährt.

1. Man nehme
116 g Sirup,
625 „ Kremserweiß und
85 „ guten Leim.

Das Weiß wird in Wasser abgerieben, dann Sirup und Leim zugesetzt und das Ganze leicht aufgekocht. Nach dem Erkalten formt man die Masse zu kleinen Kugeln und bewahrt sie so auf.

Zum Gebrauch erweicht man soviel davon, als man zu verwenden gedenkt, in lauwarmem Wasser und bestreicht damit die Kautschukhaut in einer äußerst gleichmäßigen Schicht, vermittelst eines weichen Schwammes.

2. 3 Teile fein pulverisierte Bergkreide,
2 „ weißen russischen Leim,
2 „ Bienenwachs,
1 „ Stärkekleister,
1 „ Karbolsäure.

Nachdem die ersten vier Bestandteile in heißem Zustande gut vermengt sind, wird die Karbolsäure zugesetzt.

Ist die Masse gut umgerührt und vermischt, so füllt man sie in Gläser und verschließt dieselben luftdicht. Die Karbolsäure verhindert das Fauligwerden, Verderben der Masse.

Sollte die Masse nach längerer Aufbewahrung an Geschmeidigkeit verloren haben, so setze man derselben vor dem Gebrauche etwas warmen, dünnen Leim zu und vermische denselben gut damit.

Läßt sich die Masse nicht gut verstreichen, so setze man ihr einige Tropfen Wasser zu und vermenge dieselben innig damit.

Soll nun eine Zeichnung vergrößert werden, so zieht man den Kautschuk im Gestelle, durch die Kurbel straff an, bis er die gewünschte Größe erreicht, dann zieht man die Stellschrauben an, damit sich nichts verändern kann, wenn man den Rahmen aus dem Gestelle nimmt.

Nun bestreicht man die Kautschukplatte, vermittelst eines weichen Schwammes, so gleichmäßig als nur möglich mit der Masse und läßt dieselbe gut trocken werden.

Eine Probe mit dem Finger wird erkennen lassen, ob die Trocknung vor sich gegangen ist. Der Kautschuk darf nur ganz wenig kleben bleiben, klebt er stark, so ist der Anstrich noch nicht trocken, klebt er nach längerer Zeit noch ebenso, so ist die Masse überhaupt nicht zu verwenden und muß wieder mit etwas Leim und Stärkekleister versetzt werden.

Nachdem der Stein, auf welchen die Vergrößerung kommen soll, durch Aufschleifen gut zugerichtet ist, macht man von der zu vergrößernden Zeichnung einige Abzüge auf gewöhnliches Papier bis man einen sehr scharfen Druck bekommt.

Nun schwärzt man den Stein mit guter strenger Farbe ein, macht ihn trocken, richtet die vier Schrauben an den Ecken des Pantographen so, daß der Kautschuk noch etwas Spielraum hat, stellt den Rahmen so, daß die gestrichene Seite der Kautschukplatte durch den Druck auf den Stein kommt, legt den kleineren Tuchfleck auf die obere Seite des Kautschuks, auf den Tuchfleck die kleinere Stahlplatte und sodann den sehr gut mit Talg geschmierten Deckel darauf.

Nach dem behutsamen, wie bei jedem anderen Ueberdrucke vorgenommenen, Durchziehen, nimmt man den Deckel, die Stahlplatte, den Tuchfleck herunter und hebt den Kautschuk vom Steine recht langsam und vorsichtig ab. Der Kautschuk darf nicht abreißen und das Abheben darf nur von einer Seite aus geschehen.

Die zum Feststellen stark angezogenen vier Schrauben werden jetzt wieder losgeschraubt und mit der Dehnung der Kautschukplatte auf die gewünschte Größe, durch Kurbeldrehungen begonnen.

Hat man die gewünschte Größe, die Skala zeigt dieselbe an, so werden die Schrauben wieder fest angezogen, der Rahmen mit dem Kautschuk aus dem Gestelle herausgenommen und die Uebertragung der Vergrößerung auf den Stein begonnen.

Auf den Kautschuck kommt nun der größere Tuchfleck und darauf die größere Stahlplatte, sodann der gut eingetalgte Deckel.

Nachdem man, jedoch nur einmal durchgezogen hat, wird der Ueberdruck in der gewöhnlichen Weise behandelt.

Die Verkleinerung wird auf folgende Weise bewerkstelligt:

Durch Drehungen der Kurbel wird die Gummiplatte im Gestelle, je nach der Größe des Apparates und der Zeichnung, ausgespannt, und kann man nach der Skala berechnen, welche Verkleinerung der Apparat zuläßt.

Nun führt man alles das aus, was schon bei der Vergrößerung beschrieben wurde, legt den großen Tuchfleck, die große Stahlplatte und den wohlgeschmierten Deckel darauf, zieht den Druck langsam und vorsichtig durch und hebt behutsam ab.

Ist der Abdruck in genügender Schärfe auf den Kautschuk übertragen, so legt man den Rahmen wieder in das Gestell und nimmt die Verkleinerung durch entgegengesetzte Drehung der Kurbel vor. Der Kautschuk darf jedoch nicht so weit zurückgehen, daß er schlaff wird, weil der Abdruck darunter leiden würde.

Nachdem man die gewünschte richtige Größe erhalten hat, nimmt man den Rahmen wieder aus dem Gestelle und überträgt die Verkleinerung auf den hierzu hergerichteten Stein, hierzu wird der kleine Tuchfleck, die kleine Stahlplatte und der ebenfalls gut mit Talg eingeriebene Deckel benutzt.

Bei kleineren Apparaten, welche die gebrauchte Vergrößerung oder Verkleinerung nicht auf einmal zulassen, muß die auf den Stein übertragene Verkleinerung oder Vergrößerung ein-, zwei- auch dreimal verkleinert oder vergrößert und immer in derselben Art und Weise wie beim ersten Male vorgegangen werden. Bei einem größeren Apparat ist dieses nicht nötig.

Wenn von einer viereckigen Zeichnung eine längliche Vergrößerung oder Verkleinerung, entweder nach der Höhe oder Breite, gemacht werden soll und in derselben sind runde oder ovale Gegenstände vorhanden, so bleiben dieselben nicht rund oder oval. Das Runde wird oval u. s. w. und deshalb ist es angebracht, daß diese Sachen von dem übrigen getrennt lithographiert, allein vergrößert, auf den Ueberdruck aufgestochen und so mit übergedruckt werden.

Bei Drucken, welche in mehreren Farben ausgeführt sind und in anderer Größe ausgeführt werden sollen, müssen die Farbenplatten sehr genau aufeinander passen, deshalb gehört dazu ein Apparat, welcher eine bis auf das Millimeter genaue Teilung gestattet.

Eine Veränderung der Form kann nicht stattfinden.

Die Konturplatte ist als erste zu nehmen.

Nach dieser werden sämtliche Farbenplatten genau in der gleichen Größe angefertigt und für den Ueberdruck aufgestochen.

Sind sie nicht ganz genau, so paßt es nicht und es bleibt nichts andres übrig, als die Sache noch einmal vorzunehmen.

Durch einen Konturabzug in schwarzer Farbe auf Transparentpapier kann man kontrollieren ob die Farbenplatten mit demselben von gleicher Größe sind. Man legt denselben auf die nicht bedruckte Kautschukseite und hält das Ganze gegen das Licht. Zeigen sich Differenzen, so kann man noch durch Anziehen oder Nachlassen bis zur richtigen Größe nachhelfen.

Der Piepersche Reduktionsapparat hat sich wegen seiner haarscharfen und fehlerfreien Leistungen bei Reduktionen von Bunt- und Schwarzdruck in letzter Zeit sehr viele Freunde erworben. Derselbe wird vom „Exporthaus Senefelder" in Frankfurt a. M. in drei Größen geliefert.

Neuer Reduktionsapparat „Diagonal" von Karl Klimsch in Frankfurt a. M. D. R.-P. Nr. 36701.

Während alle bisher bekannt gewordenen Reduktionsapparate die Kautschukplatten durch verstellbare Umrahmungen ausdehnen, beruht die Eigentümlichkeit dieses neuen Apparates, Fig. 2, Taf. 6, auf der Anwendung einer festen Umrahmung mit unverstellbar fixierten Angriffspunkten für die Spannwirkung.

Wie Fig. 3, Taf. 6, zeigt, wird die Ausdehnung oder Verjüngung der Kautschukplatte durch Verkürzung oder Verlängerung von Fäden bewirkt, welche einerseits durch geeignete Klammern an dem Rande der Kautschukplatte und anderseits (über die feststehenden Angriffspunkte des Spannrahmens hinweglaufend) auf Spindeln befestigt sind, durch deren gleichzeitig erfolgende Drehungen ein gleichmäßiges Auf- und Abwickeln der Fäden bewirkt wird. Durch dieses rein mechanische Verfahren wird jede Willkür und jeder Zufall bei der Ausdehnung der Kautschukplatten ausgeschlossen.

Die gleichzeitige und gleichmäßige Drehung der Spindeln wird für rasches Ausspannen durch die Kurbel g bewirkt, während eine in f angebrachte Mikrometerschraube eine bis auf ein hundertstel Millimeter genaue Differenzierung zu stellen gestattet.

Hierzu kommt als wesentliche Garantie für die Zuverlässigkeit der Leistung die Unverrückbarkeit des Mittelpunktes c der Kautschukplatte, welcher zugleich der Mittelpunkt der festen Umrahmung und derjenige Punkt ist, auf den hin die Spannwirkung von jedem Angriffspunkt aus direkt gerichtet ist.

Ein Fadenkreuzrähmchen, welches sich sowohl oberhalb der Kautschukplatte wie unterhalb derselben auf die Umrahmung aufpassen läßt, zeigt die Mittellinien a b und d e, sowie den Mittelpunkt c an und gestattet es also, die abzudruckende Zeichnung genau ins Mittel der Kautschukplatte einzurichten und zwar so, daß auch die Mittelkreuzlinien sich decken.

Es ist nämlich die ganze Umrahmung mit der Kautschukplatte, wie Fig. 4, Taf. 6, zeigt, in starken und sehr genau passenden Scharnieren drehbar und kann auf der Unterlage wie ein Preßrahmen aufgestellt werden, so daß man sowohl die Druckplatten genau einrichten und einfärben, wie auch den Abdruck vor der Uebertragung bequem besichtigen und nachmessen kann.

Es bleibt nun noch zu erwähnen, daß die Klammern, welche den Kautschuk festhalten, mit durchlochten Schrauben versehen sind, die es gestatten, die Länge jedes einzelnen Fadens auf das Genaueste zu regulieren.

Zur bequemen Benutzung des Apparates gehört ein Tischgestell, welches mit einer verschiebbaren Spindelpresse, nach Art der Kopierpressen, versehen ist, so daß das Ganze eine vollständige Einrichtung für die Reproduktion von Druckplatten in beliebigen Größen bildet.

Fig. 4, Taf. 6, zeigt, daß hier, abweichend von allen gebräuchlichen Reduktionsapparaten, eine rund zugeschnittene Kautschukplatte angewendet wird, während bei Anwendung konischer Spindeln ebensowohl auch viereckige (quadratisch) zugeschnittene Platten in Anwendung kommen könnten. Sorgfältige Versuche haben aber bewiesen, daß die innere Raumverteilung bei quadratisch zugeschnittenen Tüchern sich nicht gleichmäßig mit der Größenausdehnung der Ränder umgestaltet, sondern daß innere Verdehnungen stattfinden, welche durch den ungleichen Gegenzug, der auf die verschiedenen Angriffspunkte wirkt, verursacht wird. So hat z. B. eine in u, Fig. 5, Taf. 6, angebrachte Agraffe nicht nur in der Richtung a—b eine Spannwirkung auszuüben, sondern auch in allen übrigen Richtungen, wobei stets die unter gleichem Winkel neben a b rechts und links abstrebenden Spannwirkungen sich so lange gegenseitig aufheben, als ihre Diagonalen gleich lang sind. Es werden also bei vorstehender Zeichnung sich alle innerhalb der Fläche a g h konkurrierenden Spannwirkungen die Wage halten, dagegen sind die sämtlichen zwischen a h und a f liegenden Wirkungen größer als die zwischen a e und a g liegenden, also, z. B. ist die Zugkraft in a d der korrespondierenden Zugkraft in a c überlegen. — Wenn man auch geneigt ist anzunehmen, daß die Summe aller Wirkungen und Gegenwirkungen innerhalb der ganzen Fläche exis sich gegenseitig ausgleichen müsse, so widerspricht dem die Erfahrung der Praxis. Sorgfältig angestellte Versuche ergeben stets das Resultat innerer Verdehnungen, die durch ungleiche Anhäufung von Wirkung und Gegenwirkung entstehen, wodurch z. B. gerade Linien bei Ausdehnung der Platten in Kurven verdehnt werden. Diesen Uebelstand zu beseitigen, war der Hauptzweck dieser Neukonstruktion, und ist es hiermit vollständig gelungen, eine durchaus gleichmäßige Ausdehnung der Kautschukplatten bewirken zu können, wodurch dieser neue Reduktionsapparat sich vornehmlich für Farbendruckplatten eignet. Dazu kommt der Vorteil einer überaus bequemen Handhabung, die ein ebenso rasches als sicheres Arbeiten ermöglicht.

Negativer lithographischer Ueberdruck, erfunden von Franz Weingärtner in Görlitz in Schlesien.

Sehr häufig findet man lithographische Produkte, welche mit Schwarz- oder Bronzedruck auf weißes oder doch anderes hellfarbiges Papier im Effekt berechnet waren.

Dieselben Sachen hatte man aber auch, vermutlich der Abwechselung halber, auf dunkel stahlblaues Papier mit hellem Bronzedruck hergestellt, wodurch ein ganz falsches Bild entstand, indem Schatten und Licht gänzlich umgekehrt wird.

Dies führte auf den Gedanken auf irgend eine Weise für derartigen Druck eine negative Platte zu erzeugen.

Es existiert zwar ein Verfahren, mittels welchem man gravierte Originalplatten negativ machen kann; bei diesem Verfahren ist jedoch eine fernere Benutzung der Originalplatte als positiv vollständig unmöglich.

Weingärtner kam demzufolge auf ein einfaches Ueberdruckverfahren, mit dem er sehr schöne Resultate erreichte und wodurch die Beschaffenheit der Originalplatte in keiner Weise alteriert wird.

In seiner Anstalt wird dies Verfahren schon seit 1867 ausgeübt und praktisch angewendet.

Derselbe veröffentlichte sein Verfahren in dem Polygraphischen Centralblatte, dem er zugleich 3 Beilagen beifügte, nämlich

1. einen Abdruck vom Originalstein,
2. einen Abdruck vom negativen Ueberdruck in Schwarz auf weißes Papier, und
3. einen Abdruck vom negativen Ueberdruck in Bronzedruck auf stahlblaues Papier.

Unbezweifelt möchte hierdurch die Sicherheit des Verfahrens zur Genüge bewiesen sein.

Bei dem Verfahren dieses negativen Ueberdrucks richtet man die zum Ueberdruck bestimmte, rein und fein geschliffene Platte wie zum Gravieren vor, indem man dieselbe mit Kleesalz gut poliert und mit Gummi überzieht.

Dann macht man von der Originalplatte so viele Abdrücke, wie man negativ übertragen will, mit einer guten, möglichst zähen Ueberdruckfarbe (welche aber durchaus keine Seife enthalten darf), auf gutes Ueberdruckpapier.

Man kann hierzu chinesisches, mit Kleisterstrich versehenes, oder auch anderes präpariertes Ueberdruckpapier verwenden.

Das zu den Abdrücken zu verwendende Ueberdruckpapier muß jedoch einen sehr kräftigen Abdruck gestatten und die Druckfarbe auf der Ueberdruckplatte vollständig sitzen lassen.

Auch muß die Platte, auf welche man den Ueberdruck machen will, etwas angewärmt werden.

Kurz zuvor, ehe man den Ueberdruck machen will, wäscht man den Gummi rein ab, es darf nicht die geringste Spur Gummi auf dem Stein sitzen bleiben. Nun schreitet man, wie gewöhnlich, zum Ueberdruck der Zeichnung auf den dazu bestimmten Stein und löst das Papier mit kaltem oder heißem Wasser, je nach Beschaffenheit des verwendeten Ueberdruckpapiers, ab; man muß sich aber hüten, mit dem Schwamme nachzuwaschen, da die Druckfarbe auf dem polierten Steine eine nur ganz geringe Anhaftungsfähigkeit hat, und sich teilweise oder auch ganz vom Steine ablösen würde.

Um den etwa noch auf der Platte anhaftenden Kleisterstrich oder sonstige Präparatur möglichst zu entfernen, bedient man sich eines in Wasser getauchten feinen Haarpinsels, mit welchem man behutsam den Strich entfernt.

Sollte von dem Papierstrich auf den Linien der Zeichnung noch etwas sitzen bleiben, so schadet dies nichts, man kann sofort mit dem Abwaschen aufhören, wenn der Strich auf den unbezeichneten Stellen des Steines entfernt ist.

Sobald der Stein rein ist, trocknet man denselben behutsam mit reinem, weißen Löschpapier ab und nachdem derselbe trocken ist, kann man zur Aetzung schreiten.

Zu diesem Behufe macht man mit Klebwachs oder Glaserkitt einen überstehenden Rand um den Stein und begießt diesen mit verdünnter Essigsäure; man muß sich aber wohl hüten, die Säure zu scharf zu nehmen, da sonst ein Durchfressen der Zeichnung unfehlbar eintreten würde.

Nach einem 5 Minuten langen Stehenbleiben der Säure dürfen sich erst kleine sichtbare Bläschen bilden; tritt dies früher ein, so hat man die Säure zu scharf genommen und muß sich beeilen dieselbe abzugießen und tüchtig mit Wasser nachzuspülen.

Der Geschmack entscheidet am besten, über die Beschaffenheit der Säure; dieselbe muß, auf die Zunge gebracht, nur wenig herbe schmecken.

Da die Essigsäure, welche im Handel vorkommt, größtenteils gefälscht ist (z. B. mit Schwefelsäure), so thut man gut, sich statt der Essigsäure sogenannten konzentrierten Essig zu kaufen, welcher in jeder Apotheke zu medizinischen Zwecken vorrätig gehalten wird.

Nachdem die Essigsäure rein abgespült ist, trocknet man den Stein nach dem Ablaufen des Wassers mit einem Blasebalge.

Diese Aetzung wiederholt man noch einmal; dies ist notwendig, um die unlösliche Gummischicht von den unbezeichneten Stellen des Steines vollständig zu entfernen.

Wenn der Stein trocken ist, muß derselbe eine gleichmäßige weiße Färbung zeigen, und ist dann zum weiteren Verfahren tauglich.

Nun überzieht man den Stein, soweit dies erforderlich ist, mittels eines feinen weichen Haarpinsels mit dick eingeriebener lithographischer Tusche, wobei man sich jedoch hüten muß, auf die schon gedeckten Stellen wiederholt zurückzukommen, weil dies der Zeichnung schädlich sein würde.

Wenn die Tusche vollständig trocken ist, ätzt man den Stein in seiner ganzen Fläche, wie eine Federzeichnung, und überzieht denselben mit Gummi arabicum.

Ist der Gummi trocken, so wäscht man denselben mit Wasser ab; ist dies geschehen, entfernt man die Tusche mit Terpentinöl und Wasser behutsam von dem Steine; starkes Reiben hierbei muß vermieden werden.

Nun nimmt man ein gebrauchtes Tampon, wie dasselbe beim Gravierdruck angewendet wird, jedoch ohne Farbe und verfährt damit, nachdem man den Stein etwas mit Bier netzt, gerade so, als wenn man einen gravierten Stein einschwärzen wollte; dies dient dazu, um den unvermeidlichen Ton und Schmutz von den gezeichneten Stellen, welche weiß bleiben sollen, zu entfernen. Nachdem man dies vollständig erreicht hat, was man bei einiger Aufmerksamkeit leicht beobachten kann, schwärzt man den Stein mit der Walze, welche mit einer fetten Farbe (ohne Seife) versehen ist, vorsichtig ein; hat sich der Grund hinlänglich gedeckt, so läßt man die Platte wo möglich 24 Stunden stehen, um die Fettfarbe erhärten zu lassen.

Dann ätzt man den Stein ziemlich scharf und gummiert denselben ein. Dieses Abwaschen, Einschwärzen und Aetzen kann man nach Bedürfnis einigemal wiederholen, damit die weiße Zeichnung genügend breit wird. — Man kann solche negative Zeichnungen in beliebiger Zahl auf gewöhnliche Art überdrucken und auf dunkel stahlblaues oder rotes und braunes Papier mit hellem Bronzedruck herstellen, z. B. bei Etiketten, Siegelmarken ꝛc.

Die Bronze, welche man dazu verwendet, kann von ziemlich grober Beschaffenheit sein.

Das Umkehren der Zeichnungen und Schriften aus Weiß in Schwarz und aus Schwarz in Weiß.

Schon Senefelder hat diesen Kunstgriff der Lithographie erfunden und in seinem Werke beschrieben; indessen waren die nach dieser Beschreibung erlangten Resultate keineswegs genügend, weshalb wir früher darüber nicht gesprochen haben. Durch die Bemühungen des berühmten Lithographen Knecht aber ist das Verfahren jetzt so ausgebildet, daß die Resultate nichts zu wünschen übrig lassen.

Um eine Zeichnung weiß hervortreten zu lassen, verfährt man folgendermaßen: Man präpariert einen gut zugerichteten und polierten Stein mit folgender Mischung: 1 Gewichtsteil gepulverte blonde Galläpfel läßt man 5 Minuten lang in 10000 Gewichtsteilen Wasser kochen und seiht diese Abkochung durch, worauf man zu 40 Gewichtsteilen Wasser 5 Teile dieses Absudes und 5 Teile Salpetersäure zusetzt. Nachdem der Stein mit diesem Aetzwasser übergossen wurde und dasselbe einige Minuten darauf eingewirkt hat, wäscht man den Stein mit reinem Wasser ab. Ist derselbe ganz trocken, so macht man darauf seine Zeichnung mit der Feder oder dem Pinsel und mit einer Mischung von Gummiwasser und Kienruß. Ist die Zeichnung vollkommen trocken, so walzt man den Stein mit einer leichten Druckfarbe ein, bis er vollkommen schwarz ist. Vor allen Dingen hüte man sich während dieser Arbeit vor aller Feuchtigkeit, weshalb man auch zum Einschwärzen keine Walze anwenden darf, welche an demselben Tage schon zum Drucke gedient, also Feuchtigkeit gezogen hat. — Ist nun der Stein vollkommen schwarz geworden, so spritzt man einige Tropfen Wasser auf den-

selben und fährt mit Einwalzen fort, worauf die Walze die ganze Gummi-
zeichnung abhebt und den Stein an den bezeichneten Stellen weiß läßt.
Dann überzieht man den Stein noch einmal mit dem obigen Aetzwasser und
zieht nachher die Abdrücke, bei welchen die Zeichnung scharf weiß in schwarzem
Grunde steht, ab. Hat man viele Abdrücke zu machen, so kann man den
Stein mit fetter Farbe (Konservierfarbe) einschwärzen und dann, wie bei
einer Federzeichnung, ätzen und gummieren.

Will man aber diese weiße Zeichnung in Schwarz umkehren,
so braucht man nur zuvörderst den Stein mit Wasser rein zu waschen und
mehrere Male langsam eine Auflösung von 1 Gewichtsteil Marseiller Seife
in 25000 Teilen Wasser darauf zu gießen und, nachdem der Stein wieder
trocken ist, in die, je nach der gegebenen Präparatur mehr oder weniger
tief geätzte Zeichnung mittels eines Flanelllappens eine fette mit chemischer
Kreide vermischte Farbe so lange einzureiben, bis sie dieselbe faßt und die
Vertiefung ausfüllt. Den nun ganz schwarz gewordenen Stein läßt man
24 Stunden liegen, damit die fette Farbe gehörig eindringe, worauf man
den ganzen Stein mit Terpentinöl reinigt und nun die Zeichnung wieder
mit der fetten Farbe einreibt, dabei aber den Flanell mit einer Mischung
von 1 Gewichtsteil Phosphorsäure und 50000 Gewichtsteilen Wasser anfeuchtet. Die Phosphorsäure läßt das Fett nur an den Stellen auf dem
Stein haften, welche anfänglich mit der Seifenauflösung präpariert worden
sind, indem das Alkali derselben an diesen Stellen die präparierende Eigenschaft der Phosphorsäure aufhebt. Die Oberfläche des Steins zeigt nun
allerdings noch eine mattgraue Farbe, diese aber verschwindet, wenn man,
nachdem die Zeichnung gehörig Schwärze angenommen hat, die Fläche des
Steins mit einem reinen Flanell mit Phosphorauflösung abreibt, ja selbst
schon unter der Walze beim Einschwärzen des Steines zum Drucke. Ist
der Stein wieder rein, so kann man ihn gummieren und etwa eine Stunde
stehen lassen, worauf man weiter drucken kann.

Um jede Art von Ueberdruck umzukehren, präpariert man den
Stein mit der Phosphorauflösung, wäscht ihn dann mit Wasser ab und
läßt ihn vollkommen trocken werden, druckt den frischen Abzug über, trägt
auf das Ganze Gummiauflösung, schwärzt hierauf mit einer gut gefertigten
Walze und einer leichten Tinte, wobei man sich sehr in acht zu nehmen
hat, daß die Walze nicht rutsche. Dann macht man ein oder zwei Abdrücke
und schwärzt wieder ein, schüttet nun die oben erwähnte Seifenauflösung
auf, läßt dieselbe eintrocknen, und dann geschieht die obige Operation genau
wie vorher, worauf endlich die Schrift oder Zeichnung weiß auf schwarzem
Grunde hervortreten wird. Hieraus ergibt sich auch, daß man statt überzudrucken, gleich mit Tinte oder lithographischer Kreide auf den präparierten
Stein zeichnen und dann umkehren kann. Besser aber ist es in diesem Falle,
mit einer Kreide zu zeichnen, welche man aus gleichen Teilen Jungfernwachs,
gereinigter Pottasche, Weinsteinsalz (Sal tartari), Unschlitt und Lampenruß
zusammengesetzt. Zur Tinte läßt man in 25 Teilen Wasser, 4 Teile Gummi-
lack und 1 Teil Borax zergehen und setzt zur Färbung etwas Lampenruß
oder auch 1 Teil chemische Tinte zu.

Soll eine schwarze Zeichnung, von der schon viel Abdrücke gemacht
sind, in Weiß umgekehrt werden, so hält dies sehr schwer und man thut
besser, davon einen Abdruck überzudrucken und das Verfahren bei diesem
Ueberdruck anzuwenden.

Sehr originelle Arbeiten kann man hier hervorbringen, wenn man ungeleimtes Papier mit einer dichten Schicht Kleister überzieht und, nachdem es trocken ist, mit der bestrichenen Seite auf einen scharfgekörnten Stein legt, 3—4 mal unter scharfer Pressung unter dem Reiber durchgehen läßt, und dann mit chemischer Kreide auf dieses Papier zeichnet, die Zeichnung selbst überdruckt und umkehrt.

Auf Stein gemachte Zeichnungen sind leicht umzukehren. Man reinigt zuerst den Stein mit Terpentinöl vollständig und bringt Kalkmilch darauf, die man mit einer Bürste in die Zeichnung einreibt; dann wäscht man den Stein, läßt ihn trocknen und walzt mit einer recht harten Walze mit fetter Farbe ein, bis die Oberfläche des Steines schwarz ist: dann ätzt man mit Phosphorauflösung wie oben, reinigt den Stein mit Terpentinöl und macht die Abdrücke. Will man die Zeichnung wieder schwarz haben, so verfährt man ebenso, schüttet aber, nachdem man das Kaltwasser angewendet hatte, Seifenwasser auf und schwärzt dann mit dem Flanelllappen.

Hochgeätzte Steine schwärzt man mit starker gefärbter Gummiauflösung ein, macht einen Abdruck, den man auf einen mit Phosphorsäure präparierten Stein überdruckt, diesen, nach dem Trocknen, mit fetter Farbe einschwärzt, darauf mit Wasser besprengt und den Ueberdruck mit der Walze abhebt, worauf die Zeichnung weiß auf schwarzem Grunde erscheint.

Diese Manipulationen des Umkehrens wurden früher zu den interessanten Spielereien der Lithographie gerechnet, haben jedoch in der neueren Zeit, namentlich im merkantilen Fache, vielfache Anwendung gefunden. Das Verfahren ist sehr vervollkommnet und verbessert worden, deßhalb können wir uns nicht versagen die neueren Ausführungsmethoden hier zu beschreiben.

Der Kontraumdruck oder Negativdruck.

Es sind drei voneinander verschiedene Verfahren ausgebildet worden und zwar:

1. Der Negativdruck durch Präparation des Steines,
2. der Negativdruck mittels photolithographischem Papier,
3. der Negativdruck vom gravierten Steine durch Auftragen der Flächen desselben mit Farbe.

Am gebräuchlichsten ist der Kontraumdruck auf den vorher präparierten Stein. Die Präparation wird in verschiedener Weise ausgeführt, mit Salpeter-, Schwefel- oder Salzsäure, mit angesäuerter Gummilösung und, was allem Vorhergehenden vorzuziehen ist, mit Oxalsäure oder Kleesalz.

Mit letzterem wird der Stein genau so behandelt, als wenn er zur Gravur bestimmt wäre und nachdem er blank poliert ist, gut ausgewässert.

Wird er zu wenig ausgewässert, geht der Umbruck bei der nachfolgenden Behandlung weg.

Durch mehrmaliges Durchziehen wird der auf Umdruckpapier mit nicht fetter Farbe gemachte Abdruck, nachdem man feuchtes Makulatur aufgelegt hat, auf den vorher gut getrockneten Stein übertragen. Steht der Umdruck klar und rein auf dem Steine, wird er mit gepulvertem Kolophonium und sodann mit Federweiß eingerieben, mit einem weichen Pinsel oder in Talkum getauchten Wattebäuschchen gut abgestäubt und sodann das Kolophonium mit Schwefeläther angeschmolzen. Alle überflüssigen Kolophoniumteilchen müssen sorgfältig entfernt werden, weil dieselben in der gedeckten Fläche weiße Punkte erzeugen würden, auch darf vor dem Anschmelzen nicht am Drucke gerieben werden, damit sich derselbe nicht verwischt.

Nach dem Anschmelzen, wenn der Druck schön glänzend aussieht, wird derselbe mit verdünnter Salpetersäure oder scharfer Gummiätze schwach hochgeätzt, sodann durch Uebergießen oder unter der Wasserleitung gut abgespült und durch Fließpapierauflegen und nachheriges Trockenwedeln gut getrocknet.

Mit einer Mischung von 10 Tropfen konzentrierter, chemisch reiner Essigsäure und einem Viertelliter reinem Wasser übergießt man den Stein und läßt dieselbe ungefähr 1—1$^1\!/_2$ Minuten wirken.

Sodann wird der Stein wieder abgewaschen und getrocknet und ist nun, nachdem die Wirkung der scharfen Aetze aufgehoben, wieder zur Annahme von Fett geeignet.

Nun wird derselbe mit starker lithographischer Tusche oder autographischer Tinte übergossen und dieselbe gut trocken werden lassen.

Nach dem Trocknen wird der Stein mit Terpentinöl gereinigt und mit fester Farbe eingewalzt.

Zuerst wird die ganze Fläche Farbe annehmen, aber nach und nach tritt die Zeichnung weiß heraus. Was noch nicht rein ist, wird mit neutraler Gummilösung ausgeputzt, bis alle Striche rein und weiß auf dem schwarzen Grunde erscheinen.

Der Kontraumdruck mit photolithographischem Papier ist einfacher, erfordert aber trotzdem viel Sorgfalt und Erfahrung.

Auf Gelatinepapier, das in einem Bade von 20 Teilen Wasser und einem Teile doppeltchromsauren Kali, mit Zusatz von etwas Ammoniak, lichtempfindlich gemacht wurde, wird die Zeichnung rc. welche im Negativdruck erscheinen soll, mit gut deckender schwarzer Farbe vom Stein gedruckt. Der Abdruck wird einige Zeit getrocknet um dem Verwischen vorzubeugen.

Das Papier muß vor dem Drucke vor der Einwirkung des Lichtes geschützt werden, weil sonst beim Entwickeln auch die aufgedruckte Schrift oder Zeichnung festsitzen würde. Durch Einlegen zwischen trockene Papierbogen erreicht man einen genügenden Schutz.

Bei der Kopierung dient der Abdruck als photographisches Positiv und wird zu diesem Zwecke in einen passenden Kopierrahmen mit der Druckseite auf die Glasseite eingelegt und belichtet.

G. Fritz empfiehlt zur Kontrolle der richtigen Belichtungszeit den Vogelschen Photometer. Für feine Objekte, z. B. Guillochierungen oder feine Federzeichnungen, kopiere man auf 10 Grad, bei größeren Zeichnungen, großer Schrift rc. auf 12—15 Grad.

Von der Farbe, welche beim Ueberstreichen oder Auftragen des Umdrucks bei der Belichtung verwendet wird, hängt der Grad der Belichtung auch ab. Eine viel Harz enthaltende, harte Farbe erfordert eine längere Belichtung, als eine weiche, fette Farbe. Letztere ist deshalb mehr zu empfehlen, weil bei längerer Einwirkung das Licht durch die schwarzen Linien bringt, die Gelatineschicht unlöslich und die Farbe festhaften macht. Auch ist eine weiche, leicht lösliche Gelatine der härteren vorzuziehen, weil sie eine kürzere Belichtung erfordert.

Hat man sich überzeugt, daß die Belichtung den richtigen Grad erreicht hat, so nimmt man den Druck aus dem Kopierrahmen und befestigt denselben entweder auf einem glatten Brett mit Reißnägeln, oder legt denselben auf einen glatten Stein oder eine Glasplatte. Im ersten Falle überstreicht man denselben vermittelst eines weichen Pinsels mit sehr fetter, weicher Farbe, welche mit gleichen Teilen Terpentin und Benzin vermischt wird.

Hierbei muß man darauf bedacht sein den Ueberzug ganz gleichmäßig zu machen, jedoch braucht derselbe nicht tiefschwarz zu sein, es genügt wenn er nur gleichmäßig grau ist.

Im zweiten Falle, wo der Abdruck auf dem Steine oder der Glasplatte liegt, wird die Farbe, photolithographische Umdruckfarbe, mittels einer Samtwalze aufgetragen, bis das ganze Papier vollkommen schwarz erscheint.

Die erstere Behandlungsweise ist die empfehlenswertere, weil sie sich durch Schärfe und Klarheit auszeichnet.

Hierauf legt man den Druck 10—15 Minuten in reines kaltes Wasser, bis die Stellen, auf denen sich der Druck befindet, ein erhöhtes Relief zeigen.

Nun nimmt man den Druck aus dem Wasser und entwickelt denselben, nachdem man ihn auf eine Glasplatte gelegt hat, mit einem weichen Schwämmchen unter Anwendung von reinem Wasser. Mit dem nassen Schwamme wird kreisförmig, ohne Kraftanwendung, über den Druck gestrichen bis die betreffenden Stellen lichter oder ganz weiß erscheinen.

Läßt sich die Farbe nicht ganz leicht entfernen, so darf keine Gewalt angewendet, sondern der Abdruck muß wieder in das Wasser gelegt und später mit der Entfernung der Farbe fortgefahren werden.

Bevor man weiter geht, sehe man den Abdruck sorgfältig durch und überzeuge sich ob alle Stellen, rein und scharf, weiß auf schwarzem Grunde stehen, sehr zu empfehlen ist dabei die Anwendung der Lupe.

Um alle vielleicht noch vorhandenen Spuren von Chromsäure zu beseitigen, legt man den Druck nochmals in reines Wasser, befreit ihn nach dem Herausnehmen zwischen Fließpapier von demselben und befestigt ihn zum Trocknen auf einem Brettchen.

Das Trocknen dauert 10—12 Stunden; es darf nicht früher umgedruckt werden, bis die Gelatine wieder vollständig hart geworden ist.

Vor dem Uebertragen auf Stein, wird der vollständig trockene Druck zwischen feuchte Makulatur gelegt, bis er sich wie weiches Leder anfühlt. Nun wird auf einen trockenen gut abgebimsten Stein übergedruckt und dieser wie jeder andere Umdruckstein behandelt.

Zum Ueberdruck für Hochätzung auf Zink legt man den Druck nach dem Entwickeln in eine ungefähr 25 prozentige Alaunlösung. Die Gelatine wird dadurch gehärtet und bleibt nicht auf der Platte kleben.

Vom gravierten Steine wird der Negativumdruck am wenigsten angewendet und zwar aus dem schon oben angegebenen Grunde, weil die Wiederbenutzung der Originalplatte fernerhin unmöglich ist.

Das Verfahren ist das einfachste und geschieht auf folgende Weise:

Mit einer weichen in Benzin getauchten Bürste wird alle Farbe aus den vertieften Stellen des Steines entfernt und derselbe sorgfältig gereinigt. Ist der Stein ganz trocken, wird er mit einer glatten, harten Walze mit starker Farbe eingeschwärzt.

Die Oberfläche nimmt Farbe an, die Gravure jedoch bleibt rein.

Für größere Auflagen thut man wohl, einen Ueberdruck auf einen trocken gebimsten Stein zu machen und von diesem zu drucken.

Durch Ueberdrucken auf eine Metallplatte und Ätzen derselben, kann man eine negative Buchdruckplatte herstellen, von welcher erforderlichen Falles auch aus der Tiefe gedruckt und ein positiver Druck hervorgebracht werden kann.

Gleichzeitiger negativer und positiver Druck
von Franz Trommer in Leipzig-Neudnitz. D. R.-P. 49235.

Das nachstehend beschriebene Verfahren hat den Zweck, mittels einer und derselben Platte, mit einem Drucke negative und positive Stellen durcheinandergehend herzustellen. Die auf diese Weise ausgeführten Drucksachen haben nicht nur ein ganz eigenartiges Gepräge, sondern sie können auch nicht gefälscht oder nachgeahmt werden.

Das Verfahren besteht der Hauptsache nach in der Aufeinanderfolge nachstehend beschriebener Vorgänge:

Von dem gut geätzten Ueberdrucke wäscht man das Gummi ab und überdeckt alle Stellen, welche positiv bleiben sollen, mit Asphalt. An den Stellen, welche negativ werden sollen, wird die Farbe entfernt und hierauf geätzt. Nun wird eine mit gewöhnlicher Steindruckfarbe bestrichene Metallplatte aufgelegt und der Stein unter sanftem Druck einer Pressung unterworfen, wodurch sich die wenig höher gelegenen Stellen des Steines, auf denen früher schwarze Schrift stand, mit der auf der Metallplatte befindlichen Farbe bedecken. Die letztere hat den Zweck, die Wirkung der Säure und die Annahme von Schwärze auf diesen Stellen zu verhindern, so daß nach erfolgter Entsäuerung des Steines und Uebergießen desselben mit lithographischer Tusche, alle hochliegenden Stellen des Steines Schwärze annehmen, außer denen, welche negativ, also weiß auf schwarzem Grunde erscheinen sollen. Hierauf wird der Stein in der gewöhnlichen Weise behandelt und durch die vorhergegangene Verfahrungsweise der gleichzeitige Druck von positiven und negativen Stellen erzielt.

Fünftes Kapitel.
Die Chromolithographie.

Die Chromolithographie entwickelte sich gleichsam aus dem, auf glattem Stein erzeugten Tonplattendruck, dessen weitere Vervollkommnung durch die sogenannten **aufgehöheten** Platten hervorging, welche zunächst zur Nachahmung der Krayonzeichnung auf Tonpapier mit schwarzer und weißer Kreide dienten und auf gekörnten Steine mittels der höchst wirksamen Manier des sogenannten **Ausschabens** in **Asphalt** erzeugt wurden.

Durch diese Manier lassen sich bekanntlich die Effekte nicht allein durch Striche (Schraffierbehandlung) sondern auch, ähnlich wie bei der Kreidezeichnung, durch abgestufte Töne erreichen.

Es entstand hieraus gewissermaßen der Druck mit **abgestuften Tinten**, woraus so allmählich durch das Uebereinanderdrucken derselben, die **übergreifenden Tinten** hervorgingen, durch welche der eigentliche Farbendruck sich entfaltete, der nun gleichsam durch Vereinigung sämtlicher Steindruck-Manieren, sowie, durch künstlerische Benutzung und Behandlung ihrer Mittel, sich zur selbständigen Kunsttechnik emporschwang.

Bei dem Entwicklungsgange desselben wurden zweierlei Prinzipien verfolgt, wobei man die gebrochenen Tinten des Kolorites in höchst ökonomischer Weise bloß allein durch das Uebereinanderdrucken der **drei Hauptfarben** zu erreichen suchte, und ebenso auch dieses Kolorit ohne diese Beschränkung durch das Uebereinanderdrucken der erforderlichen gebrochenen Tinten erzeugte.

Obgleich man nun nach beiden Verfahrungsweisen sehr überraschende Resultate erzielte, so mußte doch entschieden das letztere Verfahren dem künstlerischen Zwecke weit mehr entsprechen als das erstere.

Betrachten wir das ganze Gebiet der Chromolithographie, so zerfällt dasselbe in folgende einzelne Abteilungen:

1. Druck mit platten Tinten; a) einfarbig, b) mehrfarbig.
2. Druck mit abgestuften Tinten.
3. Druck mit übergreifenden Tinten.

Mehrere dieser Manieren werden auf glatten Steinen ausgeführt, andere auf gekörnten, und obgleich im vorliegenden Werke die Arbeiten auf glatten

Steinen von denen auf gekörnten getrennt behandelt wurden, so konnte dennoch hier diese Trennung nicht beibehalten werden, ohne die ganze Branche zu zerreißen, was zu Uebelständen hätte Veranlassung geben müssen.

Die Reihenfolge der lithochromischen Arbeiten eröffnet

der Druck mit platten Tinten.

Es kann sehr oft darauf ankommen, den lithographischen Zeichnungen einen, über das ganze Blatt, oder über einzelne Stellen desselben sich erstreckenden Farbenton zu geben, um dem Bilde dadurch irgend einen besonderen Effekt zu verschaffen. Es versteht sich von selbst, daß wir hier nicht davon sprechen, daß man eine Feder- oder Kreidezeichnung, statt mit schwarzer Farbe, mit bunter drucken könne, sondern von besonderen Lokaltönen, welche sich in einer und derselben Färbung über alle Plätze der Zeichnung verbreiten. Dies bewirkt man durch die sogenannten Tonplatten. Es können aber über eine Zeichnung nur eine, oder auch mehrere Platten gedruckt werden. Zu denselben werden allemal glatt polierte Steine angewendet, da gekörnte nicht die für diesen Zweck nötige Intensität der Farbe geben würden. Der Tondruck kann nun einfarbig oder mehrfarbig sein.

a) **Einfarbiger Tondruck. Monochromen.** Die Täuschungen, deren wir schon früher bei der Kreidezeichnung erwähnt haben, und welche in der natürlichen Färbung des lithographischen Steines begründet sind, haben den Tondruck als ein Auskunftsmittel erfinden lassen, aus dem aber später ein bedeutendes Verschönerungsmittel geworden ist. Da die Abstufungen der Lichter sich in der Zeichnung auf dem gelblichen oder graulichen Stein anders darstellen, als auf dem weißen Papier im Abdrucke, so kam man auf die Idee, dem Abdrucke den Farbenton des Steines zu geben und so die Harmonie wiederherzustellen. Dies ist der Ursprung der Lithochromie.

Um eine einfache Tonplatte anzufertigen, hat man nichts weiter zu thun, als daß man von der Zeichnung, über welche die Tonplatte gelegt werden soll, einen Abdruck zieht und von diesem auf den zur Tonplatte bestimmten glatten Stein einen trocknen Ueberdruck macht. Der gesamte bedruckte Raum wird dann mittels des Pinsels mit lithographischer Tusche bedeckt, nachdem man die geradlinigen Grenzen dieses Raumes mittels der Reißfeder und Tusche zuerst gezogen, worauf man die bedeckten Stellen trocknen läßt, und die Platte dann präpariert, wie wir dies später für die Federzeichnung lehren werden. Auch über den Druck selbst werden wir später das Nötige beibringen, und bemerken hier nur etwas über das Auflegen, indem dies für die Lithochromie abweichend von der später zu beschreibenden gewöhnlichen Art geschehen muß. Es liegt nämlich am Tage, daß wenn die Tonplatte nicht ganz genau auf den Abdruck paßt, die an einer Seite überstehenden, an der andern fehlenden Ränder ꝛc. einen üblen Anblick geben müssen, daß man daher sehr genau dabei zu Werke gehen muß. Hierzu bleiben nun drei Wege offen:

1. das Auflegen mittels Nadeln,
2. das Auflegen nach Marken,
3. das Auflegen mit der Punktur.

Jede dieser Arten hat ihre Vorteile, aber jede hat auch wieder Zufälligkeiten, welche weder die eine noch die andere ausschließlich anwenden lassen.

1. **Das Auflegen mittels der Nadeln.** Da man nach dem Auflegen des Blattes auf den Stein nicht mehr unter das Papier sehen kann, so mußte man auf Mittel denken, dennoch den Abdruck genau auf die Tonplatte zu legen. Ein solches Mittel gewährten die Nadeln. Man wähle nämlich ein Paar bestimmte Punkte der Zeichnung, wozu, wenn dieselbe von einem Viereck eingeschlossen ist, am besten zwei diagonal entgegengesetzte Ecken des Vierecks geeignet sind, durchsteche auf dem von der schwarzen Platte gezogenen Abdrucke diese Ecken mit einer sehr feinen, in einem Griffe befestigten Nadel, stecke dann zwei eben solche Nadeln, von hinten her, durch diese Löcher, stelle deren Spitzen, während man dem Gehilfen den Abdruck etwas über den Stein erhoben halten läßt, genau in die korrespondierenden Ecken der Tonplatte, und lasse, indem man jene Nadeln festhält, das Blatt leicht auf den Stein fallen, gebe dann, ohne dasselbe zu verrücken, die Ueberlage darauf, schließe den Rahmen und lasse den Stein durch die Presse gehen. Hätte die Zeichnung keinen abgeschlossenen Rand, so muß man zwei nicht allzu auffallend liegende Punkte als Passer annehmen und dieselben ehe man den Ueberdruck bestreicht, auch auf der Tonplatte bleibend markieren, was am besten dadurch geschieht, daß man diese Punkte mit einer scharfen Radiernadel etwas in den Stein einbohrt, um sie später, wenn die Tonplatte nur einen gleichmäßigen Ton hat, wieder auffinden zu können. — Wäre auch dies nicht thunlich, so mache man mit Tinte auf den gezeichneten Stein ein Paar feine Punkte, welche dann nicht allein auf den Gegendruck erscheinen und sonach auf der Tonplatte angebohrt werden können, sondern die dann auch jeder Abdruck hat, wonach man die Nadeln einstecken kann.

Will oder kann man in der Zeichnung keine passenden Punkte bestimmen, so kann man auch außerhalb des Randes auf dem Originalsteine ein Paar Kreuze ziehen, welche beim Ueberdruck mit auf die Platte kommen. Die beiden Kreuzungspunkte sind dann die Punkte für die Nadeln. Doch muß man diese Kreuze ebenso behandeln wie die Marken, von denen wir gleich sprechen werden. Auf der Originalplatte reißt man sie ziemlich tief, dann erscheinen sie auf dem Abdrucke weiß und ein wenig erhaben, wonach man leicht den Kreuzungspunkt finden kann. Werden die Drucke später so weit beschnitten, daß die Kreuze wegfallen können, so darf man sie schwarz lassen.

2. **Das Auflegen nach Marken.** Hierzu ist es notwendig, daß der Stein jedesmal mindestens 3 cm ringsherum größer sei, als das Papier auf welches man drucken will, und daß man alle Blätter, auf welche man drucken will, genau gleich groß zuschneide. Um die Passer vorzurichten, wähle man dann zu dem Abdrucke, von welchem man den Gegendruck machen will, ein Papier, das genau so groß ist, als der ganze Stein, auf welchem letztern man aber mit chemischer Tinte an zwei einander diagonal gegenüber stehenden Ecken ein Paar Winkel gemacht hat, welche die Endpunkte des wirklich für die Abdrücke bestimmten Papiers dergestalt bezeichnen, daß das letztgenannte genau zwischen diese Winkel paßt. Zieht man dann den Abdruck auf großes Papier, so drucken sich die Winkel mit dem Gegendruck auch auf den für die Tonplatte bestimmten Stein über, und man hat auch hier die Lage des zugeschnittenen Papiers genau bestimmt. Diese Register-

winkel oder Paſſer würden aber, wenn man ſie ſo ſtehen laſſen wollte, Farbe annehmen und leicht verſchmutzen, man muß ſie daher ſowohl auf dem Originalſteine als auf der Tonplatte mit einer Graviernadel tief einreißen und den Schnitt mit etwas roter Tinte, welche man erzeugt, indem man etwas Karmin in Ammoniak auflöſt und mit dem Vier- bis Fünffachen an Waſſer verdünnt, oder mit Weingeiſt, in welchem Zinnober aufgelöſt iſt, ausfüllen. Dieſe Farbe nimmt nie an und widerſteht den Einwirkungen des Einfeuchtens ꝛc. Daß man zuvor jede Spur der Tinte oder Druckfarbe in den Paſſern vertilgen und dieſelbe ſcharf ätzen und gummieren muß, verſteht ſich von ſelbſt.

3. **Das Auflegen mit der Punktur.** Dies iſt jedenfalls das ſicherſte und namentlich für den Druck mit mehr als einer Tonplatte geeignetſte Verfahren, leider aber auch das, welches die meiſten Vorbereitungen verlangt. Man kann die Punktur entweder im Rahmen oder im Fundament anbringen.

a) **Punktur im Rahmen.** Dieſe erheiſcht eine beſondere Vorrichtung des Deckrahmens, welche wir in Fig. 6, Taf. 6, dargeſtellt haben, wobei man ſich den Rahmen ſo ſtehend denken muß, daß der Stein, bei der hier gezeichneten Stellung des Rahmens, rechts vor den Füßen des letzteren liegt. Soll der Druck gemacht werden, ſo wird der Klapprahmen B auf A geſchlagen und beide zuſammen dann, mittels der Scharniere an den Füßen D) über den Stein. Der gewöhnliche eiſerne Deckrahmen A ſteht mittels der Füße D, D auf dem Fundamente der Preſſe feſt, kann höher und tiefer, je nach der Dicke des Steines, geſtellt und, um die Scharniere der Füße gedreht, über den Stein geklappt werden. Er enthält die Spannſtange b mit den Kloben c, c, c zum Anſpannen des Leders. In den innern vier Ecken des Rahmens befinden ſich vier Gewerbe d, d, d, d, um welche ſich die Regeln C, C, C, C ſenkrecht mit einiger Reibung aufklappen laſſen. Alle vier Regeln laufen diagonal nach der Mitte zu und ſind, ihrer Länge nach, zu Aufnahme der Punkturſtifte E, E, E, E geſchlitzt. Dieſe Stifte werden mittels der Preßſchrauben F, F, F, F an beliebigen Punkten feſtgeſtellt. Der Flügelrahmen B läßt ſich um die Scharniere a, a drehen, auf den Deckrahmen A legen und mittels eines Wirbels mit demſelben zu einem Ganzen verbinden. Er trägt die Bänder G, G, G, G, welche verſchiebbar ſind und allemal außerhalb der Grenzen des Reibergangs liegen müſſen. Sie dienen dazu, um das Papier beim Umklappen des Deckrahmens in ſeiner Lage zu halten. Will man nun die Punktur für irgend ein Blatt ſtellen, ſo lege man das Blatt in den aufgeſchlagenen Rahmen auf das Leder, lege aber zuvor einige Blätter Makulatur unter, damit das Leder nicht etwa das Papier beſchmutze. Nun ſteche man mit einer ſtarken Nadel in der Richtung der früher erwähnten Schlitze vier Löcher durch das Papier und das Leder des Deckrahmens, ſetze in dieſe vier Löcher die Punkturſpitzen E und ziehe dieſelben mittels der Schrauben F an die Regeln genau feſt; ſo iſt die Punktur geſtellt. Dieſe Stellung der Punktur muß man nun auf die Tonplatten genau übertragen, ſobald man ſie in die Preſſe bringt; doch muß dieſelbe für eine und dieſelbe Zeichnung ſtets ganz unverändert bleiben. Beginnt man nun den Druck, ſo legt man das Papier in den Deckrahmen, drückt es auf die Punkturen, ſchlägt den Flügelrahmen zu und bringt den Deckrahmen über den Stein. Nun werden die Regeln mit den Punkturspitzen zurückgelegt und der Abdruck kann gemacht werden. Es liegt am Tage, daß durch die Löcher, welche die Punkturspitzen im Papier gemacht haben, auch dessen Lage für die übrigen Tonplatten bestimmt ist. Uebrigens wird man sich selten mehr als zwei einander diagonal gegenüber stehender oder zwei nebeneinander stehender Punkturspitzen bedienen, doch müssen alle vier vorhanden sein, um die Wahl zu haben. Die einzige Schwierigkeit ist die genaue Regulierung der Lage der Tonplatten in der Presse, und man muß hier jedesmal die größte Aufmerksamkeit anwenden.

b) **Punktur im Fundamente.** Hierbei wird der Stein in einen, etwa $1^1/_2$ cm starken und 3 cm hohen eisernen Rahmen gelegt, welcher mittels Stellschrauben genau und sehr fest mit den Seiten des Steins verbunden werden kann. Zwei einander gegenüberstehende Seiten des Rahmens sind auf dem größten Teil ihrer Länge geschlitzt und in diesen Schlitzen können die Füße der Punkturstifte hin- und hergeschoben werden. Dieselben haben dort wo sie auf dem Rahmen stehen, einen Ansatz und unterhalb des Rahmens ein Schraubengewinde, so daß sie mittels kleiner Flügelmuttern ganz fest gestellt werden können. Der Rahmen wird in derjenigen Höhe um den Stein fest gelegt, bei welcher die Punkturspitzen oben nur etwa 1 mm über der Oberfläche des Steines hervorragen. Man muß mehrere Punkturrahmen für die gebräuchlichsten Formate haben, damit die Stellschrauben des Rahmens nicht zu lang sein müssen. Sehr komplizierte Arbeiten, bei denen es auf die höchste Genauigkeit ankommt, erfordern eine Vorrichtung, um die Punkturspitzen mit mathematischer Richtigkeit einstellen und so den Bogen auf dem Steine verschieben zu können. Wir beschreiben eine solche Vorrichtung nicht, da jeder irgend geschickte Mechaniker bequem eine solche erfinden wird. Man sieht, daß hier das Papier allemal größer sein muß, als der Stein, um die Punkturen zu treffen; dafür erlangt man aber den Vorteil, daß die Punkturlöcher weit außerhalb der Zeichnung liegen und allenfalls abgeschnitten werden können; auch wird das Leder im Deckrahmen, der nun keines Flügelrahmens bedarf, nicht durchstochen, nur muß sich der Drucker beim Einschwärzen in acht nehmen, daß er die Punkturspitzen nicht verbiege oder sich daran verwunde. Das Papier zum Drucke wird, wie gewöhnlich, auf den Stein gelegt, und zwar beim Abdrucke der Tonplatten nach den beim ersten Drucke bereits bestimmten Punkturlöchern.

Ein Uebelstand bei allen Punkturlöchern ist der, daß wenn man mehr als eine Tonplatte auf ein Blatt zu drucken hat, die Punkturlöcher sich erweitern und dann ein genaues Auflegen nicht mehr gestatten. Dieser Uebelstand hat nicht allein in dem öftern Auflegen seinen Grund, sondern hauptsächlich darin, daß, während der Reiber über das Papier geht, dasselbe etwas nach vornhin gezogen wird, wo dann der Papierzeug, so fest derselbe an und für sich auch sein mag, der bedeutenden Zugkraft, welche auf die isolierten Befestigungspunkte von der Größe einer Nadelspitze ausgeübt wird, unmöglich Widerstand leisten kann. Bei der großen geognostischen Karte von Frankreich, welche mit 23 Tonplatten koloriert gedruckt wurde, half sich Dufrenoy dadurch, daß er dünn gewalztes Messingblech in Stücke von 15 mm Länge und 5 mm Breite zerschnitt, dieselben in der Richtung der Breite umbog und mit dicker Gummiauflösung an die Enden der Papierbogen an der Stelle festklebte, wo die Punkturen hinkamen. Diese Enden brachte man beim ersten Abzuge mit den Punkturspitzen des Richtrahmens zusammen, welche nun durch den auf seinen beiden Seiten mit Metallblech belegten Bogen durchgingen und bleibende Befestigungspunkte abgaben, welche sich selbst nach 50 Abzügen nicht merklich erweiterten.

Welches von allen Registerverfahren man hier anwenden wolle, bleibt dem Ermessen des Künstlers und der größeren oder geringeren Genauigkeit überlassen, welche man bei der Arbeit verlangt.

Bei dem Farbendruck mittels der Schnellpresse muß stets der Stein nach der unveränderlich feststehenden Punkturnadel gerichtet werden, wozu es einer eigenen Manipulation und Vorrichtung bedarf, um den Stein immer an der richtigen Stelle einrichten zu können. Das Nähere hierüber folgt später.

Man hat sich der Tonplatte vielfach dort bedient, wo man kein chinesisches Papier haben konnte, oder dessen Gebrauch zu umständlich war, obgleich man auf den gewünschten Effekt nicht verzichten wollte. Das Verfahren bei Anfertigung einer solchen chinesischen Papierplatte ist genau dasselbe, nur muß man bei viereckig eingeschlossenen Zeichnungen das gefärbte Viereck ringsum etwa einige Millimeter über die Ränder hinausstehen lassen, wie dies auch bei dem chinesischen Papier der Fall ist; hat aber die Zeichnung keinen Rand, so muß man das Viereck der Tonplatte so bestimmen, als wollte man dasselbe aus chinesischem Papiere schneiden. Das Auflegen bleibt das oben beschriebene.

Die für dergleichen Tonplatten passenden Farbentöne können aus den Farben, welche bei der Erläuterung des Tonplattendruckes aufgeführt sind, gemischt werden.

Im allgemeinen sind lasierende Mineralfarben hierzu tauglich; so z. B. geben die verschiedenen Ockergattungen und Terra de Siena im ungebrannten und gebrannten Zustande gelbliche, rötliche und bräunliche Töne, welche durch Beimischung von rotem Lack oder Kobaltblau oder Ruß gebrochen die mannigfaltigsten Nuancen erzeugen, so daß nach Bedarf der gegebenen Vorlage der Ton mehr kälter oder wärmer, mehr ins Grünliche oder Rötliche u. s. w. gemischt werden kann.

In gleicher Weise sind auch Chromgelb, Neapelrot, brauner Lack und viele anderen Farben sehr brauchbar hierzu.

Allen diesen Farbentönen, welche nur sehr leicht aufgetragen und gewöhnlich auf dem Schwarzdrucke eingedruckt werden, darf kein Weiß beigemischt sein, weil, sobald nach einiger Zeit der Firnis vertrocknet, welcher die Tonfarbe durchsichtig machte, der Abdruck dann mit einer weißlichen Lage bedeckt erscheint, wodurch er seine ganze Frische und Kraft verliert.

Dagegen erhält die Tondruckfarbe durch Beimischung des venetianischen Terpentins mehr Durchsichtigkeit, was aber bei Tonplatten mit Lichtern auf gekörntem Steine nicht wohl anzuraten ist, weil durch den Terpentinzusatz nach und nach auch die Lichter Farbe annehmen würden.

Im übrigen ist zur Wahl der Farbentöne ein durch gute Vorlagen fein ausgebildeter Geschmack erforderlich.

Eine Verbesserung oder vielmehr eine Ausdehnung des Gebrauches der Tonplatten sind die aufgehöheten Platten. Diese sind dazu bestimmt, den Effekt derjenigen Handzeichnungen nachzuahmen, in welchen wir die Inspiration des Malergenies bewundern. Es ist nämlich die Manier, mittels der sie auf gefärbtem Grunde die Zeichnung mit schwarzer Kreide ausführen und die höchsten Lichter mit weißer Kreide oder weißer Farbe aufsetzen. Die Lithochromie bietet zur Nachbildung solcher Zeichnungen trefflich die Hand.

Das weiße Papier gibt in diesem Falle die Lichter, die Tonplatte die Grundfarbe des Papiers und die gezeichnete Platte die Zeichnung selbst. Aus dem oben Gesagten geht hervor, daß man in der Tonplatte diejenigen Stellen reservieren muß, auf welche die höchsten Lichter kommen, da hier das Papier weiß bleibt; man muß deshalb bei Anfertigung der Tonplatte darauf Rücksicht nehmen.

Es gibt verschiedene Manieren diese Tonplatten zu fertigen. In allen Fällen beginnt man damit, daß man eine Kreidezeichnung wie gewöhnlich macht, wobei man bloß Sorge trägt die Lichter breiter zu lassen, um auf der zweiten Platte gehobene Details anbringen zu können.

Von diesem ersten Stein macht man sodann einen Gegendruck auf gekörnten oder auf glatten Stein, wobei man die Vorsicht gebraucht, daß dieser Gegendruck genau von derselben Dimension wie der Originalstein sei, weshalb es gut ist, den Abdruck auf trockenes Papier zu machen.

Hierbei wird der Stein, welcher den Gegendruck empfangen soll, mit Terpentinöl bestrichen, so daß derselbe ganz leicht davon befeuchtet ist; dann legt man den Abdruck verkehrt darauf und bringt ihn unter den Reiber.

Wenn man bloß einige Teile der Zeichnung kolorieren und kräftige Striche darauf anbringen will, malt man sie auf den Gegendruck mit lithographischer Tinte, wozu man sich eines Pinsels bedient.

Wenn man die ganze Zeichnung mit einem glatten Ton bedecken und nur die lebhaftesten Lichter frei lassen will, malt man diese Lichter auf den Stein, welcher den Umdruck aufgenommen hat, mit Gummi dem etwas Gallusextrakt und irgend eine farbige Substanz zugesetzt ist. Die Ränder des Steins bedeckt man mit der nämlichen gummierten Farbe.

Wenn die Arbeit trocken ist, läßt man die Walze mit der fetten Farbe darüberlaufen, um den Stein zu schwärzen; man läßt die Farbe ein wenig trocknen und benetzt darauf den Stein, indem man ihn fortwährend überwalzt, wodurch die Schwärze von den Färbungen mit Gummi in dem Verhältnisse, wie sich dieser auflöst, weggenommen wird.

Nach der gänzlichen Säuberung des Steins läßt man die fette Farbe einen Tag lang trocknen.

Man untersucht dann, ob alle Färbungen gut wiedergegeben sind; wobei das Mangelhafte teils mit dem Schaber, teils mit der lithographischen Tusche verbessert wird.

Sodann ätzt man den Stein sehr stark, um den weißen Stellen eine merkliche Vertiefung mitzuteilen. Das Papier legt sich durch den Druck des Reibers hinein und die Lichter erscheinen erhaben, als ob sie mit weißer Farbe aufgetragen wären.

Dieses Verfahren eignet sich da, wo man die Zeichnungen bloß durch lebhafte und scharf abgeschnittene Lichter zu heben trachtet; sollen jedoch die Tonplatten durch sanfte Uebergänge von dem Ton der Färbung bis zum vollkommnen Weiß abgestuft werden, so dient hierzu folgendes Mittel:

Man macht einen Umdruck auf einen etwas stark gekörnten Stein, und zeichnet mittels der Kreide die abgestuften Tinten darauf, die man aber sehr stark auflegt und wobei man stets eingedenk ist, daß das reine Schwarz beim Abzuge nur die helle Tinte wiedergibt, die man zum Abzuge dieser Platte anwendet und daß eine Halbtinte folglich die Hälfte dieses Tons ist.

Nachdem nun alle Töne in dieser Weise abgestuft sind, bedeckt man den ganzen Teil des Steins, welcher beim Abzuge einen glatten Ton hervorbringen soll, mit lithographischer Tinte.

Hierauf wird die Platte etwas stärker wie die Kreidesteine geätzt.

Da das Korn der Kreide sich nur mit sehr heller Farbe abdruckt, so treten die Punkte, die sie bildet, nur sehr wenig heraus, und die Tinten bringen den Effekt eines gewaschenen Tons hervor. Ein anderes Mittel ist bestimmt, Abdrücke hervorzubringen, welche den Effekt der mit der weißen Kreide gehobenen Zeichnungen eben so frei und ungezwungen wiedergeben, als ob der Künstler diese Lichter mit der Kreide selbst gezeichnet hätte.

Man bereitet einen weichen und zähen Firnis aus

7 Teilen Jungfernwachs,
2   „   Mastix,
1   „   Asphalt,
2   „   Kolophonium und
4   „   Talg.

Diese Substanzen, in kleine Stücke zerteilt, bringt man nebst 50 Teilen Terpentinöl in eine Flasche und setzt sie einer gelinden Wärme aus, bis sich alles aufgelöst hat.

Mit diesem Firnis, dem auch noch etwas Kienruß beigemischt werden kann, wird nun ein grobgekörnter Stein bedeckt.

Zum gleichmäßigen Auftrag des Firnisses bedient man sich entweder eines großen Pinsels, oder eines mit Wolle ausgestopften tastenen Tampons. Dann läßt man die Platte zwei oder drei Tage lang trocknen.

Man macht hierauf von dem ersten schwarzen Stein einen kräftigen Abdruck auf trockenem Papier, nimmt nun einen Bogen von nicht allzu dunkler Farbe, befeuchtet ihn mit Terpentinöl und legt ihn auf diesen Abdruck.

Man legt sodann den einen wie den andern auf einen Stein und läßt sie unter dem Reiber durchgehen, wobei man starken Druck gebraucht um einen möglichst reinen Umdruck zu erlangen.

Den auf diese Weise hergestellten Umdruck*) legt man auf die mit dem Firnis überzogene Platte, indem man ihn an den Rändern befestigt.

Dann zeichnet man auf diesem Abdruck mit einer harten weißen Kreide die Lichter, die man darauf haben will und welche sehr sichtbar sind, weil der Umdruck auf farbiges Papier abgezogen worden ist.

Je nachdem man nun bei diesen Strichen mehr oder minder stark aufdrückt, befestigt man die Rückseite des Blattes stärker oder schwächer an den auf dem Stein befindlichen Firnis.

Wenn man die Zeichnung beendet hat, nimmt man den Bogen weg, welcher die Teile des Firnisses, über welche die Kreide hingefahren ist, mit sich fortnimmt und diese Stellen auf dem Stein bloßlegt, indem er ein Korn bildet, welches sowohl durch die Rauheiten des Papiers, als durch das Korn des Steins erzeugt wird, und welches vollkommen den mit der weißen Kreide gemachten Strichen gleicht.

---

*) Statt dieses Umdrucks kann auch unmittelbar von dem schwarzen Stein auf transparentes Ueberdruckpapier ein Abdruck gemacht und zu gleichem Zwecke verwendet werden.

Wenn man an einigen Orten ganz weiße Lichter zu erhalten wünscht, nimmt man sie mit dem Schaber weg.

Dann ätzt man die Platte wie eine Federzeichnung.

Diese verschiedenen Prozeduren können die pikantesten Wirkungen hervorbringen, wenn sie mit der gehörigen Geschicklichkeit und vorzüglich von Künstlern angewendet werden.

Zur Herstellung für derartige Tonplatten mit Lichtern eignet sich auch besonders die Manier mittels des Asphalt-Ätzgrundes auf gekörntem Steine, wobei auf einem scharf und nicht zu fein gekörnten Stein eine gleiche dünne Lage Ätzgrund mittels einer hierzu bestimmten Druckwalze aufgetragen wird.

Nachdem der Grund vollständig getrocknet, wird auf demselben der schwarze Abdruck übergedruckt und auf dem Grunde die hellsten Lichter mittels des Schabers herausgenommen, und die minder hellen mit Ossa sepia strichweise, wie bei einer Kreidezeichnung, überzeichnet, so daß nach der Stärke des Lichtes durch diese Striche das Korn des Steins mehr oder weniger bloßgelegt und dann geätzt wird.

Bei Lufttönen in Landschaften, wo solche mit Ton gedruckt werden, sowie auch bei vielen anderen Gegenständen, besonders aber für den Farbendruck selbst, wird diese Manier z. B. beim Lithographieren von Wolken und stark nüancierter Gewänder ꝛc. mit vielem Vorteil angewendet.

Wie mittels des Schabers sich verschiedene Lichteffekte erzeugen lassen, ebenso kann auch ein hellerer und dunklerer Ton auf derselben Platte dadurch hervorgebracht werden, daß man, bevor der Ueberdruck gemacht ist, den Grund mit feinem Sande, ähnlich wie beim Körnen des Steins, trocken überschleift, wodurch ein Teil des Steinkorns zum Vorschein kommt, und dann der dunkelste Ton durch das Ueberdecken mit der lithographischen Tusche erzeugt werden kann.

Vorzugsweise eignet sich hierzu die Asphaltmischung und das Verfahren von Neubürger, und findet deshalb auch die meiste Anwendung.

Hierbei werden

2 Teile syrischer Asphalt,
2 „ weißes Pech,
2 „ venetianische Seife und
2 „ Jungfernwachs,

klein geschnitten, in einer verhältnismäßigen Quantität Terpentinöl aufgelöst.

Dieser Auflösungsprozeß, einige Tage dauernd, kann beschleunigt werden, wenn man die Mischung in einer gut verschlossenen Flasche, im Sommer an die Sonne, im Winter in die Nähe eines Ofens bringt.

Diese Asphaltkomposition ist zum Gebrauche tauglich, wenn sie keine unaufgelösten Stücke enthält und die Stärke des gewöhnlichen Sirups angenommen hat.

Hiermit wird nun der gekörnte Stein mittels der Walze in folgender Weise gleichmäßig bedeckt:

Nachdem zuvor ein kräftiger Umdruck, resp. Umklatsch von der Konturen- oder Hauptplatte gemacht, werden jene Stellen, welche man auf den Stein unbedeckt erhalten will, z. B. der Papierrand oder einzelne Lichter, mittels der Feder oder des Pinsels mit einer Decke versehen, welche aus einer Mischung in Wasser verdünnter Salzsäure und aufgelöstem Gummi besteht.

Sind dann die auszusparenden Stellen damit abgedeckt und vollständig getrocknet, so wird der Asphaltauftrag durch folgende Manipulation bewerkstelligt:

Mittels der Spatel wird ein Teil der Asphaltkomposition auf die glatte Walze gebracht und dieselbe gleichmäßig auf einem reinen Farbestein verrieben; dies muß jedoch rasch geschehen, da die Mischung schnell trocknet.

Ist die Walze gleichmäßig damit bedeckt, so walzt man den gekörnten Stein schnell ein, indem man abwechselnd geradeaus und seitwärts mit der Walze arbeitet.

Die dadurch entstehende Asphaltschicht muß dem Stein einen hellbraunen gleichmäßigen Ueberzug geben, unter welchem man den Umbruck deutlich wahrnehmen kann.

Einzelne ungleichmäßig tiefere Stellen des Asphaltüberzuges können ausgeglichen werden, indem man schnell einige Tropfen Terpentinöl auf den Farbestein oder die Walze, oder auch auf die mit Asphalt zu bedeckende Platte spritzt, und hurtig den Stein von neuem bearbeitet.

Hierzu gehört aber eine behende Führung der Walze, damit nicht zuletzt der Umbruck verwischt und das Körnen und Umbrucken nebst Einwalzen aufs neue begonnen werden muß.

Ist das gleichmäßige Einwalzen aber gelungen, so wird der Stein zum Trocknen an die warme Luft, im Sommer in den Sonnenschein, im Winter in die Nähe des Ofens gebracht.

Nachdem der Stein wirklich trocken ist, kann nun mit dem Schaben der Töne begonnen werden, wobei der Asphaltüberzug beim Schaben mit dem Messer leicht vom Stein geht und das Abgeschabte wie Pulver abstäubt; wo dieses nicht der Fall ist und das Abschaben schwer von statten geht und sich die abgeschabte Masse unter dem Schaber ballt, da muß dann mit dem Schaben der Töne noch gewartet werden.

Die Manipulation des Schabens besteht darin: daß man von dem gleichmäßigen Asphaltüberzug, je nach dem zarten und kräftigen Schaben mit dem Messer, mehr oder minder zwanglos loslösen kann, wobei dieser Stein in der gewöhnlichen Weise geätzt und gedruckt, an der nicht geschabten Stelle sich dunkel druckt, und das Geschabte in dem Grade lichter, als das Messer kräftig gebraucht wurde.

Man kann auf diese Weise eine ähnliche Tonabstufung erzeugen wie beim Kreidezeichnen, nur mit dem vorteilhaften Unterschiede, daß das Schaben ungleich schneller vor sich geht, und die gut gearbeiteten Platten eine der Aquatintamanier ähnliche Wirkung hervorbringen.

Hierbei werden gewöhnlich mittels des Schabers zuerst die lichteren, dann die Mitteltöne ausgeschabt, während die ganz tiefen Stellen unberührt bleiben.

Eine Vermehrung der Töne kann auch dadurch hervorgebracht werden, daß man die erste Asphaltschichte ein wenig entfernt, wozu man zwei Stückchen Bimsstein aneinander reibt, und mit diesem erzeugten feinen Bimssteinstaub die Asphaltoberfläche mittels des Handballens sorgfältig abreibt, und so auf diese abgeriebenen Stellen die lithographische Tusche aufsetzt.

Ebenso gut, wenn nicht noch besser, ist folgendes Verfahren:

Ein Stein mit feinem aber scharfem Korn wird mit einer Asphaltlösung eingewalzt, der man einige Körner Mastix zugesetzt hat. Um den Mastix vollständig aufzulösen, muß man die Masse heiß machen, jedoch nicht so stark, daß dieselbe sich entzündet, und dann durch ein Leinwandläppchen seihen. Am besten geschieht das Erhitzen im Sand- oder Wasserbade um einer Entzündung des Terpentinöls vorzubeugen. Nachdem der Stein rein abgewaschen und gut getrocknet ist, trägt man einen gleichmäßigen Ton von der Lösung auf denselben mit einer glatten Walze auf. Derselbe muß eine durchaus gleiche und nicht zu dunkle Farbe haben, darf nicht kleben und muß rasch trocknen. Nach dem Trocknen probiert man den Grund am Rande vermittelst des Schabers, läßt sich das Weggeschabte leicht fortblasen und bleibt nichts an dem Schaber hängen, so ist der Grund gut und man kann mit der Arbeit beginnen. Nun nimmt man zwei Stücken Fischschuppe (Ossa sepia) und reibt dieselben gegeneinander bis man genug zum Schleifen hat. Dann schleift man mit dem Ballen der Hand den Ton bis zur halben Stärke gleichmäßig zurück. Auf diesen Halbton wird nun der Abklatsch mit schwarzer Farbe gemacht und mit der Ausführung begonnen. Man arbeitet auf vier Töne hin und erzielt den dunkelsten, oder Vollton, durch Ausfüllung mit Tusche, der zweite Ton wird mit Kreide auf den Asphalt gezeichnet, der dritte wird durch Aetzen des Asphaltes erzielt und der vierte durch Ueberschaben des Asphaltes. Der überflüssige Asphalt an den Seiten wird weggeschabt und die weiteren Teile des Grundes oder Tones, welche nicht gebraucht werden, mit Bimsstein abgeschliffen. Der Stein wird von dem durch das Schaben entstandenen Staube gereinigt, in schiefer Stellung in einen Aetzkasten gelegt und dann die Aetze, mit etwas mehr Gummi als gewöhnlich vermischt, darüber gegossen. Nun trägt man, nachdem der Stein abgespült ist, ohne den Asphalt auszuputzen, feste fette Farbe auf und übergießt den Stein noch einigemal mit Aetze. Nach diesen Aetzungen steht die Zeichnung etwas hoch, der Stein wird nun gummiert und einige Zeit stehen gelassen. Nachdem wird der Gummi abgewaschen, der Asphalt ausgeputzt und der Stein eingewalzt.

Man kann nun gleich drucken und bei sorgfältiger Behandlung der Lithographie sowohl, wie des Druckes, wird man sehr gute Resultate erzielen.

Sandstrahlfeder.

Im Jahrgang 1892 der „Freien Künste" wird ein neuer Apparat empfohlen, welcher ein außergewöhnlich rasches Arbeiten gestattet und bei nur mäßiger Uebung, saubere und vor allem, bei größeren Formaten und Zeichnungen, äußerst wirkungsvolle Arbeiten liefert. Die Sandstrahlfeder ist patentiert in Deutschland, England, Amerika ꝛc. und Eigentum der Sand-Blast Co. in England.

Besitzer hervorragender lithographischer Anstalten Deutschlands haben den hohen Wert des Sandstrahlfeder-Apparats für Herstellung von wirkungsvollen Plakaten jeden Genres anerkannt und scheint derselbe somit eine Zukunft zu haben.

Die Art der Druckausführung ist die des Asphaltverfahrens und bietet an sich nichts Neues.

Die lichten Partien und zarten Uebergänge werden in überraschend schneller Weise mit der Sandstrahlfeder hergestellt und nicht in mühsamer und zeitraubender Weise mit Ossa sepia u. s. w. geschliffen. Korrekturen lassen sich mit Kreide und Tusche oder mit dem Schaber leicht ausführen.

Herr Alfred Gutmann in Ottensen bei Hamburg, Vertreter der genannten Gesellschaft, hat einen Apparat zur Ansicht und Probe aufgestellt und ist zu jeder weiteren Auskunft sowie zur Uebersendung von Probedrucken gern bereit.

Nachahmung von Photographien.

An dieser Stelle wollen wir auch die Nachbildungen von Photographien durch Lithographie und Steindruck erwähnen. Dieselben, Landschaften und Ansichten von Städten, sind jetzt sehr beliebt und werden in einzelnen Anstalten in großer Vollkommenheit ausgeführt.

Die Photographien selbst zeigen sehr verschiedene Tonabstufungen, die einen sind bräunlich, die andern rötlich, bläulich oder grau. Bei der Nachahmung dieser verschiedenen Töne muß von der vorherrschenden Farbe etwas mehr als von den beizumischenden genommen werden.

Bei der Photographie sind die hellsten Partien stumpf, während die Tiefen und Mitteltöne glänzen. Um diese Eigentümlichkeiten nachzuahmen, druckt man die Zeichnungsplatte zuerst, dann die dunkelste und so fort, die hellste zuletzt. Die vorletzte Farbe deckt, mit Ausnahme der Lichtpartien, das ganze Bild zu, derselben mischt man etwas Lack, jedoch nur soviel, daß dieselbe gut druckfähig bleibt, zu, dadurch werden die Tiefen glänzend und die Lichtpartien bleiben stumpf.

    1 Teil blauer Lack (dunkel),
    1 „ Krapplack,
    ein wenig Kadmiumgelb und
    1½ Teile Schwarz.

geben einen feinen, ganz lichten, stumpfen Photographieton. Blauer Lack und Krapplack werden zuerst gemischt, dann das Schwarz vorsichtig zugesetzt; ein wenig Kadmiumgelb macht die Farbe grauer und feiner, jedoch darf nicht zuviel zugesetzt werden.

Die nächste Farbe wird aus
    1 Teil blauem Lack,
    1½ „ Krapplack,
    1½ „ Schwarz und
    ½ „ Kadmiumgelb

gemischt. Sie ist wärmer als die vorhergehende und wird auf dieselbe Weise wie diese gemischt.

Die dritte Farbe ist aus
    2 Teilen Krapplack,
    1 „ blauem Lack,
    1½ „ Schwarz und
    ½ „ Kadmiumgelb

hergestellt, sie ist noch wärmer und farbiger als die zweite.

Die vierte Farbe besteht aus
    2½ Teilen Krapplack,
    1 „ blauem Lack und
    2½ „ Schwarz,

sie ist die tiefste.

Die Zeichnungsplatte wird tiefbraun, fast schwarz gedruckt, diese Farbe erreicht man dadurch, daß man der vierten Farbe Schwarz zusetzt. Die Töne folgen so aufeinander, daß die erste Farbe kalt und grau ist und die folgenden immer mehr an Wärme und Färbung zunehmen.

Zur Nachahmung einer Photographie sind mindestens fünf Platten erforderlich, eine Zeichnungsplatte und vier Farbenplatten. Zu feineren Arbeiten werden oft sechs genommen, es wird dann zwischen der ersten und zweiten Farbe noch ein Mittelton eingeschoben.

Die angegebenen vier Farben sind nach einer bestimmten Photographie ausgesucht, deshalb sind die angegebenen Helligkeitsgrade nicht für alle Fälle maßgebend, man muß sich vielmehr stets nach der nachzuahmenden Photographie richten.

Bei gewöhnlichen Arbeiten kann man einfach so verfahren, daß man durch Zusatz von Firnis zu der vierten Farbe die helleren Farben herstellt und die Farbe zu der Zeichnungsplatte durch Zusatz von Schwarz dunkler macht.

b) **Vielfarbiger Tondruck. Polychromen.** Eine der einfachsten Anwendungen hiervon ist z. B. der Druck von Schriften in zweierlei Farben, wobei die Farbentöne, welche ohne Abstufung dastehen, als satte kräftige Farben hervortreten.

Zu diesem Zwecke muß man die Originalplatte überdrucken, wie wir dies bei dem einfarbigen Tondruck beschrieben haben, so daß man zwei ganz gleiche Platten zum Drucke hat. Dann nimmt man, wenn man z. B. schwarz und rot drucken will, von dem für die schwarze Platte bestimmten Stein alles das fort, was rot werden soll, indem man dasselbe radiert oder mit Bimsstein wegschleift, ätzt und gummiert. Ebenso verfährt man mit der roten Platte, wo man aber alles das fortnimmt, was schwarz erscheinen soll. Dann druckt man erst die schwarze Platte und nachher die rote Tonplatte darüber her, so wird, wenn man die Register genau gehalten hat, alles gehörig an seiner Stelle stehen.

Bei den vielfarbigen Tondrücken oder Polychromen kommt es darauf an, jedem Gegenstande die ihm zugehörige Farbe in einer platten Tinte zu geben, dergestalt, daß die Farben nebeneinander stehen und die Licht- und Schatteneffekte durch eine Feder- oder Kreidezeichnung hervorgebracht werden, welche mit Schwarz oder irgend einer passenden Schattenfarbe übergedruckt wird. Diese Manier ist eigentlich streng genommen nur eine Erweiterung des Tondruckes, indem man nur für jede Farbe eine besondere Tonplatte braucht, welche man, eine nach der andern, auf das zur Aufnahme derselben bestimmte Papier abdruckt, nachdem man, mittels der Punktur, das Papier genau in die richtige Lage gebracht hat.

So sehr nun auch das Verfahren mit dem vorigen übereinstimmt, so abweichend ist im Gegenteil die Anfertigung der Tonplatten selbst. Wir wollen dieselbe an einem Beispiele erläutern. Gesetzt man wolle ein Wappen in Farben drucken, in welchem die Farben Blau, Rot, Schwarz, Braun und Gold vorkommen, so wird man folgendermaßen zu verfahren haben:

Man zeichne das Wappen auf dem Steine sorgfältig mit der Feder aus, ohne jedoch die gewöhnlichen heraldischen Schraffierungen dabei anzubringen, sondern gebe nur den Wappenbildern ihre Körperschatten, arbeite die Helme und Helmdecken aus, so daß das Wappen vollendet ist. Diese

Vorzeichnung ätze man und ziehe davon auf unpräpariertes chinesisches Papier für jede Tonplatte, welche man zu machen hat, einen Abdruck, der jedoch zugleich die Registerpunkte enthalten muß. Man braucht also eine Platte für Rot, eine für Blau, eine für Braun, eine für Gold und eine für das Stahlblau des Helms, die schwarze Farbe läßt man einstweilen außer acht; es sind also, außer der Haupt- oder Konturenplatte, noch fünf Tonplatten notwendig. Die dazu gehörigen Abdrücke drucke man auf in der Wärme vollkommen getrocknetes chinesisches Papier oder transparentes Umdruckpapier, und dann, nachdem man dazu die nötigen Steine bereitet hat, auf fünf ganz trockene Steine über. Dann nehme man gute lithographische Tinte und lege mittels eines Pinsels auf der roten Tonplatte alles an, was im Drucke rot erscheinen soll; man verfahre ebenso auf der blauen und auf der für das Gold bestimmten Tonplatte. Fallen auf die zu vergoldenden Teile Schraffierungen, so arbeite man, da dieselben braun werden müssen, diese mit der Feder auf die für die braune Farbe bestimmte Platte aus, wie der Ueberdruck sie angibt, und lege die außerdem noch für Braun bestimmten Teile mit der Tinte an. Die stahlblaue Platte für den Helm, welcher weiße Glanzlichter erhalten muß, arbeite man nach Art der aufgehöhten Tonplatten aus. Die so bearbeiteten Platten, welche alle mit den gehörigen Registerpunkten versehen sein müssen, werden nun geätzt und gummiert. Aus der Haupt- oder Schraffierungsplatte werden alle Teile herausgeschabt, welche nicht schwarz erscheinen sollen, also auch die Schraffierungen auf den Goldflächen; diejenigen Teile aber, welche ganz schwarze Flächen darstellen, werden mit dem Pinsel mit chemischer Tinte angelegt und die Platte dann frisch geätzt und gummiert. — Sobald alle Platten fertig sind, beginnt man den Druck mit der Goldplatte, druckt dann nach den Punkturen die blaue Platte, die stahlblaue und die rote Platte, eine nach der andern auf. Nach der Goldplatte kommt die braune, welche zugleich die Goldschraffierungen mit aufträgt, und endlich die schwarze Platte, welche das Ganze vollendet. Alle Platten, welche Schraffierungen enthalten, namentlich die schwarze Platte, bleiben bis zuletzt. Wie man beim Gold- und Silberdrucke und bei dem Drucke mit Ultramarin zu verfahren habe, werden wir später, wo wir vom Drucke überhaupt zu reden haben, nachholen.

Ueber die Art und Weise, wie man die Tonplatten anwenden soll, in welcher Folge man dieselben eine in die andere drucken müsse, lassen sich keine bestimmten Regeln geben, da in diesem Punkte die Umstände und die Beschaffenheit der Zeichnung zu sehr mitsprechen. Wir werden weiter unten noch einmal darauf zurückkommen, wo es sich um Arbeiten handelt, bei welchen alle Hilfsmittel der Farbendruckmanier in Anwendung kommen. Uebung und Beobachtung, Erfahrung und Geschmack müssen hier den ausführenden Künstler leiten. Bisweilen kann es auch von Vorteil sein, abgestufte Tonplatten neben denen mit platten Tinten zu verwenden, und überhaupt wird der gewandte Lithograph bald sehen, wie ausnehmend viel man mit den Mitteln leisten kann, welche die Lithochromie, wenn man sie in ihrem ganzen Umfange anwendet, darbietet.

Druck mit abgestuften Tinten.

Bedient man sich zu den Tonplatten, statt der glattpolierten, der gekörnten Steine, so kann man die verschiedenen Töne abstufen und so den Effekt derselben bedeutend verstärken und dadurch Meisterstücke der Kunst hervorbringen. Dieser Zweig der Lithochromie gestattet sehr mannigfaltige Anwendungen, indem man einerseits damit die Arbeit mit platten Tinten bedeutend vervollkommen, andrerseits aber selbständige Arbeiten in dieser Art darstellen kann. Ein Beispiel davon geben die in Wien erschienenen Faksimile von Handzeichnungen berühmter Künstler. Die Originale befinden sich in der Sammlung Sr. Kaiserl. Hoheit des Erzherzogs Karl, und die Kopien geben die Originale auf das Treueste wieder. Wir finden hier oft mehrere Manieren vereinigt: so liefert z. B. eine Monochrome mit platten Tinten und aufgehöheten Lichtern den grauen, blauen oder grünlichen Ton des Papiers, auf dem das Original gezeichnet ist, und dessen höchste Lichter, welche dort mit weißer Farbe aufgesetzt sind. Eine zweite Platte mit abgestuften Tinten liefert die Zeichnung mit Rötel, und eine dritte schwarze mit der Feder gezeichnete die Drucker und Schraffierungen, welche der Künstler selbst mit der Feder gezeichnet hatte. So kann man auch durch richtige Behandlung einer schwarzen Zeichnung mittels einiger geschabter Tonplatten die Wirkung einer Tuschzeichnung geben, wobei man für die hellsten Partien derselben die ganze Zeichnung bis zum höchsten Lichte mit einem durchsichtigen Grau überdruckt, wozu sehr wenig Schwarz dem Firnisse beigemischt wird, während man für die Töne der dunkleren und dunkelsten Partien immer mehr Schwarz dem Firnisse zusetzt. Die Beschränktheit des Raumes, den wir diesem Abschnitte widmen können, erlaubt es uns nicht, hier noch mehrere Anwendungen dieses Kunstzweiges aufzuführen, deren der denkende Künstler aber unzählige finden wird.

Ueber die Anfertigung dieser Platten selbst brauchen wir hier nur wenig Worte zu sagen, indem sie aus dem bis jetzt über Lithochromie Gesagten hervorgeht: Wir bemerken daher nur noch, daß man kein allzufeines Korn wählen darf, daß man die Tonplatte in Kreidemanier oder mit dem Tampon ausführen und so stark als möglich ätzen muß, und daß beim Drucke diese Tonplatten immer zuerst gedruckt werden müssen, da sie, wenn man sie über andere drucken will, von den stets noch etwas feuchten Abdrücken gern einen Wiederdruck annehmen, der, selbst bei der sorgfältigsten Behandlung, da er immer wieder auf dieselbe Stelle kommt, auf der Tonplatte doch endlich so viel Fett zurückläßt, daß sie zuletzt verschmutzt und gänzlich unbrauchbar wird.

Durch Punktieren mit der Feder stellt man jetzt Farbeplatten her, welche in der Wirkung oft die Kreideplatten übertreffen und beim Druck nicht so empfindlich sind wie diese.

Noch müssen wir des sogenannten Irisdruck's erwähnen, mittels welchem die sieben Farben des Regenbogens licht ineinanderfließend und duftig mit einmaligem Eintragen gedruckt werden können.

Ebenso lassen sich auch alle anderen Farben in geringerer wie in mannigfaltiger Zusammensetzung auf diese Weise graphisch darstellen; so z. B. kann bei Landschaftbildern das abgestufte Blau des Himmels gegen den Horizont in leichtester Weise erzeugt werden.

Die Anwendung dieser übrigens ziemlich beschränkten Technik ist sehr einfach und besteht darin, daß man diejenigen Farben, welche man drucken will, in der gewünschten Entfernung (natürlich in bereits angeriebenem Zustande) als kleine Farbehäufchen auf den Farbestein bringt und mittels der Walze, die man immer nur geradeaus und ohne rechts oder links abzuweichen handhaben muß, ineinander arbeitet.

Die in der Presse befindliche eigens dazu gearbeitete Platte wird dem entsprechend eingewalzt, wodurch diese sowie die davon gewonnenen Abzüge, dieselben Farben mit den durch ihr Ineinanderfließen entstandenen Nüancen erhalten, wie sie bereits auf dem Farbestein wahrzunehmen waren.

Linientöne.

Linientöne finden jetzt in der Chromolithographie vielfache Anwendung, weil sie sich sehr vorteilhaft zur Herstellung von Farbenplatten verwenden lassen und ihre Anfertigung nicht mehr so mühsam und zeitraubend ist, als die der punktierten 2c. Töne. Man kann dieselben zu den verschiedensten Arbeiten gebrauchen und deshalb halten wir es für angezeigt, ihre Anfertigung hier zu erwähnen.

Man ziehe sich mit der Liniermaschine drei oder mehr, in Weite und Stärke verschiedene Töne, je nach der vorzunehmenden Arbeit, auf einen zum Gravieren vorgerichteten, d. h. mit Kleesalz gut polierten Stein. Derselbe wird vor dem Ziehen ganz schwach gummiert und mischt man dem Gummi etwas Rötel bei um dem Steine eine leichte Färbung zu geben, welche die Beurteilung des Tones erleichtert.

Ist der Ton gezogen, so überwalzt man den Stein mit weicher Federfarbe, überwischt denselben mit Wasser und walzt ihn sorgfältig ab. Nachdem sich, infolge des Gummierens, die Farbe vom Stein gelöst hat und nur in den Linien sitzen geblieben ist, stäubt man die Linien mit fein gepulvertem Kolophonium ein und ätzt dieselben nach der bekannten Manier hoch.

Die Abdrücke zum Umdruck mache man auf feuchtes Umdruckpapier.

Auf den Stein, auf welchen die Linien übergedruckt werden sollen, mache man einen Klatschdruck mit Rötel und decke alle Stellen, auf welche keine Linien kommen dürfen, schwach mit Gummi ab. Dem Gummi kann man etwas Rötel, Miloriblau 2c. zusetzen, man kann durch die Färbung das Fortschreiten der Arbeit besser beurteilen und auch die Umrisse schärfer einhalten.

Ist der Gummi trocken, so wird der mäßig feuchte Abdruck mit den Linien auf den Stein gelegt, die Ueberlage mit dem gut eingefetteten Glanzdeckel darauf und dann, wenn möglich, fünf bis sechsmal unter stets verstärktem Drucke, durch die Presse gezogen. Vor dem letztenmal legt man einen feucht angestrichenen Makulaturbogen auf den Abdruck und zieht damit durch; derselbe darf jedoch nicht zu naß sein, damit der Gummi nicht erweicht und der Abdruck rutscht, was die Arbeit unbrauchbar machen würde.

Nach dem Ueberziehen wird das Ueberdruckpapier mit warmem Wasser vom Steine abgelöst und der Stein mit kaltem Wasser rein abgespült und getrocknet.

Durch das Abspülen verschwindet der Gummi und der mit Rötel gemachte Klatschdruck und nur der Linienton bleibt auf den Stellen stehen, welche nicht mit Gummi gedeckt waren.

Nun gummiert man den Stein und nachdem er trocken geworden ist, wäscht man ihn ab und walzt die Linien vorsichtig mit Federfarbe ein. Nach abermaligem Trocknen stäubt man den Stein mit Kolophonium ein und überstreicht denselben mit Speckstein. Nachdem er wieder recht sauber abgestäubt wurde, brennt man die Linien mit der Lampe, damit sich die Farbe mit dem Kolophonium verbindet, stäubt nochmals mit Speckstein ein, spült mit reinem kalten Wasser ab, läßt den Stein trocken werden und macht nun einen Klatschdruck darauf. Diesen Klatschdruck macht man mit einer dunkeln Staubfarbe, Bronzeblau 2c., und nimmt dazu Glanzpapier oder Chromopapier, letzteres muß man vorher mit Speckstein polieren.

Der Klatschdruck von den Umrissen wird auf dieselbe Weise auf den Stein übertragen und mit Farbe eingestäubt, jedoch nicht zu stark, weil dieses beim Lithographieren stören würde.

Durch geschicktes Auftragen von gedeckten Flächen, Uebergängen bis ins höchste Licht 2c., kann man diesen Tonplatten ein Aussehen und eine Wirkung verleihen, wie es auf andere Weise nicht leicht, oder doch nur durch mühevolle Arbeit zu erreichen ist.

Die fertige Platte wird vorsichtig geätzt und dann umgedruckt.

Bei mehrfarbigen Sachen müssen die Linien jeder Platte eine andere Richtung haben und dürfen bei übereinander gedruckten Platten nie gleichlaufend sein.

Auch zu einfarbigen Sachen lassen sich die Linientöne vorteilhaft verwenden.

Die Originalplatte, Federzeichnung oder Umdruck, wird da, wo keine Linien sein sollen, mit schwachem mit etwas Gallusextrakt versetztem Gummi abgedeckt, trocknen lassen und die Linien darauf übergedruckt.

Nachdem das Ueberdruckpapier abgelöst wurde, was sehr vorsichtig geschehen muß, um die Tusche nicht zu verwischen und dadurch die Zeichnung zu verderben, wasche man den Anstrich des Papieres mit dem Gummischwamme vom Steine und behandle denselben in bekannter Weise.

Kreuzlagen stellt man sich am besten auf Zink her.

Auf die geschliffene Zinktafel, welche man auf einem Stein in der Presse einrichtet, wird ein Ueberdruck der Linien gemacht, das Ueberdruckpapier abgelöst, die Platte rein abgespült und nochmals Linien als Kreuzlage darauf übergedruckt. Dann wird das Ganze mit Umdruckfarbe angerieben oder angewalzt, mit Speckstein eingepudert und geätzt.

Die Aetze besteht aus

1 Teil Chromsäure,
2 „ Phosphorsäure und
10 „ Wasser.

Bei einfarbigen sowohl als mehrfarbigen Arbeiten lassen sich durch mehrmaliges Uebereinanderlegen der Linien nach vorhergegangenem Ausdecken die mannigfaltigsten Töne erzeugen.

Ein ähnliches Verfahren ist folgendes:

Mit der Liniiermaschine zieht man sich ein kräftiges Raster, je nach der Stärke und Weite, wie es die vorliegende Arbeit erfordert. Dasselbe wird umgedruckt, mit fester, fetter Farbe eingeschwärzt und schwach geätzt.

Sobann bronziert man das Raster, läßt es gut abtrocknen, zieht dann den zur Tonanlegung bestimmten Abklatsch ab und füllt denselben mit Tusche aus. Nun ätzt man die Arbeit nochmals, aber stärker, wäscht sie aus und behandelt sie wie jede andere Farbenplatte. Die mit Tusche ausgefüllten Stellen erscheinen voll, die liniierten bilden einen Halbton.

Bei Bedarf kann man die ersteren durch Schraffieren oder Punktieren in den Halbton verlaufen lassen. Lichter kann man mit der Nadel oder dem Schaber herausheben, je nachdem es die Arbeit verlangt.

Druck mit übergreifenden Tinten.

Während der zartgebrochene Farbenton des einfachen Tondrucks, mittels glatter und abgestufter Tonplatten die Haltung des schwarz gedruckten Bildes vervollständigt, beschränkt sich dagegen der vielfarbige Tondruck auf die Erzeugung von Farbenflächen, welche meistens auf glattem Steine mit gebrochenen oder ungebrochenen Tönen gedruckt, und so z. B. bei Laubkarten, Flachornamenten, Wappenbildern u. dgl. ihre Anwendung finden.

Erst durch den Druck mit abgestuften Tinten mittels reiner voller Farben, sowie auch mittels der gemischten Töne, entwickelte sich der eigentliche Farbendruck, indem durch das Uebereinanderdrucken der Farben in solcher Weise die übergreifenden Tinten hervorgebracht wurden, wodurch der malerische Effekt des Kolorits bewirkt, und so die Chromolithographie auf ihrem Höhepunkte angelangt, durch ihre besseren Erzeugnisse, die Nachahmung und vollständige Wiedergabe des Aquarell- und Oelbildes in höchst überraschender Weise erreichte.

Unter den technischen Mitteln der Chromolithographie erweist sich besonders die Kreidezeichnung als die einfachste und naturgemäßeste Technik, durch welche die Herstellung der einzelnen Farbeplatten schnell erzielt wird und auch der Druck derselben die vorzüglichste Gesamtwirkung bietet.

Immerhin ist aber auch, je nachdem zu behandelnden Gegenstande, die Feder- und Graviermanier mit Vorteil zu gebrauchen. Zwar ist der Druck der Kreideplatten am schwierigsten, auch kann der Umdruck derselben nicht so leicht und sicher bewerkstelligt werden, wie bei der Gravier- und Federarbeit, indem die Kreideplatten nur beziehungsweise mangelhafte und oftmals gar keine Umbrüche gestatten.

Da nun aber gerade das Umdruckverfahren seines praktischen Nutzens wegen dem industriellen Betriebe der Chromolithographie unentbehrlich ist, so suchte man die Manier der Kreideplatten, namentlich bei Bildern kleinen Formats, durch die Federarbeit zu imitieren, woraus nun die punktierte Manier entstand.

Diese Technik ist allerdings etwas mühevoller und geht auch langsamer von statten, als das Zeichnen mit der Kreide; jedoch wird der tüchtige Zeichner sehr bald imstande sein auch bei dem durch Punkte erzeugten Bilde, die ähnliche Wirkung des mit der Kreide bearbeiteten Bildes zu erreichen, wenn er die Abstufungen der hellen und dunklen Partien in gehöriger Weise durch feine und starke Punkte, sowie durch das enger und weiter Auseinanderhalten derselben annähernd der Kreidezeichnung mit künstlerischem Gefühle bearbeitet.

Je nach dem darzustellenden Gegenstande kann auch hiermit die Strichmanier in Verbindung gebracht werden, welche bei Gravier- und Federarbeit applikativ und auch etwas schneller ausführbar ist, wobei jedoch die Strich-

und Kreuzschraffierungen die harmonische Gesamtwirkung nicht beeinträchtigen dürfen.

Ch. H. Gordon in East-Orange ließ sich folgendes Verfahren zur Herstellung lithographischer Punktierungen patentieren.

Mit der Hand, oder durch mechanische Vorrichtungen wird ein gleichmäßig punktierter Stein oder Platte hergestellt. Von dieser Punktierung wird mit gegen Säure widerstandsfähiger Druckfarbe auf lithographischem Ueberdruckpapier ein vollständiger Abdruck gemacht und dieser auf einen oder mehrere lithographische Steine oder Zinkplatten in der gewöhnlichen Weise übertragen.

Ist der Stein oder die Platte vollständig trocken, die Druckfarbe aber noch feucht, so wird derselbe mit fein gepulvertem Pech, Harz ꝛc. bestäubt, so daß der Druck sorgfältig geschützt ist. Die von der Punktierdruckfarbe nicht geschützten Teile werden dann auf die gehörige Tiefe eingeätzt, wobei man darauf zu achten hat, daß die Druckfarbenpunktierungen zusammenhängend und scharf bleiben, wie dieselben auf dem Originalabdrucke waren. Die Druckfarbenpunktierung wird dann von dem Stein oder der Platte durch Waschen mit Terpentin entfernt und darauf derselbe gründlich gereinigt. Die Oberfläche wird mit feinem Sande gekörnt oder mit dem Stichel bearbeitet.

Der Stein oder die Platte ist nun fertig zur Aufnahme der Zeichnung, welche vom Lithographen mit dem Kreidestift auf die verschiedenen Stellen der Punktierungen aufgetragen wird. Die Linien werden wie gewöhnlich mit Tusche ausgeführt.

Ist die Zeichnung fertig, so ätzt man dieselbe und verfährt in der bekannten Weise.

Nach dem vorliegenden Verfahren kann der Lithograph mit dem Kreidestifte mit großer Schnelligkeit ähnliche Effekte hervorbringen, wie durch die sehr mühsame Federpunktierung. Durch zusammenhängende Linien kann man die Wirkung eines Stiches erreichen.

Die Farbentöne werden erzielt durch die schwächer und stärker gezeichneten Tonabstufungen, sowie durch das Aufeinanderdrucken mehrerer Farben. Hierbei ist die Aufgabe des Lithographen sich auf eine möglichst geringe Zahl Druckplatten zu beschränken, und so auf jeder einzelnen Platte mit wohl berechneter Verteilung und durch die gehörigen Tonabstufungen, den vollständigen Effekt des Originalbildes zu erreichen.

Um nun aber durch diese technischen Mittel zu derartigen Resultaten zu gelangen, bedarf es allerdings des Farbensinnes und der Farbenkenntnisse eines tüchtigen Zeichners und Malers, dem zugleich die Kenntnisse des lithographischen Druckverfahrens nicht fehlen dürfen.

Da diese Farbeneffekte durch das Aufeinanderdrucken verschiedener Farbenplatten hervorgehen, so ist die Reihenfolge, in welcher die Platten nach- und aufeinander gedruckt werden, sehr wesentlich, weil hiervon die entsprechende Wirkung des Kolorits abhängig ist, und so z. B. ein ganz anderes Grün entsteht, je nachdem das Gelb oder das Blau zuerst gedruckt wird.

Ebenso wird auch die auf dieses Grün gedruckte rote Lasurfarbe einen helleren oder dunkleren bräunlichen Farbenton hervorbringen, je heller oder dunkler das darauf gedruckte Rot war.

Wenn sich übrigens auch keine eigentliche Anleitung geben läßt, durch welche Farben dieser oder jener Farbenton zu gewinnen ist, so dürfte es doch dem Gefühle des Künstlers sehr bald gelingen durch geschickte Verbindung die Mannigfaltigkeit der Farbentöne vielfach zu erweitern, und so durch angeeignete Erfahrungen mit wenigen Platten ein lithographisches Kunstwerk zu erzeugen.

Was nun die Bearbeitung der Platten selbst betrifft, so müssen alle Farbentöne, welche als Lokaltöne ohne Abstufung, gleichsam als Untermalung dastehen, oder die, wie dies bei Wappen, Ornamenten u. dergl. der Fall ist, als satte und kräftige Farben hervortreten sollen, mit dem Pinsel und lithographischer Tinte gleichförmig angelegt werden; während jene Partien, welche Licht und Schatten geben, oder den mehr oder minder vorherrschenden Ton irgend einer Farbe in der Mischung andeuten, mit der Kreide oder in Punktiermanier zu bearbeiten und nach Befinden heller oder dunkler zu halten sind.

Für die Reihenfolge, in welcher man die einzelnen Tonplatten auf das Papier bringen soll, lassen sich eigentlich keine allgemein gültigen Regeln geben, da die Art und Weise der Zeichnung und der Mischung der Farben dabei bedeutend mitspricht, doch dürfen wir als Grundsatz aufstellen, daß wenn nicht bringende Umstände es anders erfordern, stets mit dem Lithographieren und dem Drucke der lichteren Platten zuerst zu beginnen und so zu den dunkleren überzugehen sei.

Bei dem Drucke der Platten werden meistens Lasurfarben in Anwendung gebracht, wobei es nicht immer gleichgültig ist, welche Farbe man zuerst druckt, wenn es darauf ankommt, durch übergreifende Tinten gemischte Farben zu erzeugen. So gibt Rot auf Gelb gedruckt ein anderes Orange, als wenn man das Gelbe nachdruckt. In den meisten Fällen wird diejenige Farbe in der Mischung hervortreten, welche später gedruckt wird, und kann man aus technischen Ursachen die Farben nicht in derjenigen Folge drucken, wie sie der Farbeton erheischt, den man hervorbringen will, so muß man darauf bereits bei der Zeichnung der Tonplatte Rücksicht nehmen und die Platte, deren Ton vorherrschen soll, die man aber vorzudrucken genötigt ist, an solchen Stellen kräftiger, oder die nachzudruckende leichter halten. Dies erfordert viel Umsicht und wird darum schwierig, weil solche Tonplatten nicht harmonisch und gleichmäßig ausgeführt werden können, sondern in der Zeichnung einen ganz andern Effekt machen müssen, als im Drucke.

Andere Umstände treten ein, wenn man mit Metallen und deckenden Farben druckt, wie bei Ornamenten, Wappen u. dergl. Gold- und Silberbronze werden gedruckt, indem man für erstere mit Gelb, für letztere mit reinem Firnis unterdruckt und dann die Bronze sogleich mit einem Pinsel oder einem Baumwollenbäuschchen aufpudert. Grüne Bronze wird grün, Kupferbronze rot untergedruckt. Ultramarin wird mit Berlinerblau untergedruckt und ebenfalls aufgepudert. Bei allen wird der Ueberfluß mit einem Biberhaarpinsel oder einer Rabenfeder abgekehrt und dann leicht abgewischt, das Papier aber muß vollkommen ungefeuchtet gedruckt und zuvor sehr gut satiniert werden, sonst haftet die Pulverfarbe fest. Alle diese aufzupudernden Farben müssen zuerst gedruckt werden. Sehr oft wird man die Unterdruckfarbe im Bilde noch als Lokal- oder Brechungston benutzen können, dann muß man die Pulver durch eine Patrone auftragen und abstauben. Druckt man auf eine Goldplatte Zinnober, so erhält man den ersten Schattenton, oder wenn man einen sattroten Grund mit weißer Zeichnung ausdruckt, blanke Goldzeichnung auf mattem Grunde. Druckt man die Zinnoberplatte auf Ultramarin, so erhält man ein sattes Rotbraun, welches sich zu einem Lokalton und ebensogut zum tiefen Schatten auf Rot und Ultramarin eignet. In diesem Falle werden die Schatten für das Rot auf die Ultramarinplatte und die für den Ultramarin auf die rote Platte gezeichnet. Zuweilen wird auch oft dieselbe Farbe **doppelt gedruckt**, z. B. um ein tiefes gefälliges Rot zu erzeugen, oder eine ganz glatte Fläche hervorzubringen. Nebst der vielseitigen Anwendbarkeit bei naturhistorischen Werken, ist auch der Farbendruck von wesentlichem Nutzen bei geographischen, topographischen und geognostischen Karten, wo in die Kartenzeichnung das Wasser blau, die Gebirge braun, Schrift, Positionen ꝛc. schwarz und ein bräunlicher Ton über die ganze Bodenfläche gedruckt, und nur die Schneeberge der hohen Gebirgsgegenden weiß gelassen werden, während die flachen und fruchtbaren Ebenen einen grünlichen Ton erhalten.

Das genaue Einpassen der Platten ist hierbei von größter Wichtigkeit, daher auch die Anfertigung derselben die strengste Genauigkeit erfordert.

Gewöhnlich wird das Wassernetz zuerst graviert und von dieser Platte ein Ueberdruck auf einen zweiten rot oder schwarz grundierten Stein gemacht, auf den die Schrift, Position ꝛc. kommen, wobei der Ueberdruck mittels des Stangenzirkels gemessen, genau mit der Größe der ersten Platte übereinstimmen muß.

Von diesen beiden Platten werden nun Abdrücke auf ein und denselben Bogen gemacht, und dieser auf den dritten Stein übergedruckt, auf welchen das Terrain kommt. Bei Anwendung von Tonplatten bedarf es bloß des hierzu nötigen Ueberdruckes.

Zum Drucke selbst muß man sich nur der durchscheinenden, möglichst wenig körperlichen Farben bedienen. Mit Nutzen wird man die verschiedenen für Gelb und Originalgrün dienenden Chromverbindungen, das Berlinerblau, die roten Lackfarben aus Krapp und Kochenille, den grünen Zinnober, den chinesischen roten Zinnober, das Kobaltblau, die verschiedenen Nüancen von Ultramarin (welche aber zu übergreifenden Tinten nicht angewendet werden können, sondern nur als kompakte Lokaltinten in Ornamenten, Wappen ꝛc. dienen), Chromrot (ebenfalls nur als deckende Farbe zu brauchen), rohe und gebrannte Terra de Siena, sowie die rohen und gebrannten Oker verwenden. Bister wird der ihm innewohnenden Holzsäure wegen dem Steine leicht nachteilig.

Hauptregeln der Mischung und Zusammenstellung der Farben.

Durch die Anwendung der drei Grundfarben Rot, Blau und Gelb jede andere Farbe in den denkbarsten Abstufungen von hell nach dunkel und umgekehrt zu erzeugen, ist die Grundidee des Farbendruckes.

Obgleich die verschiedenen Färbungen der Gegenstände, die wir in der Natur sehen, sich auf die drei Grundfarben zurückführen lassen, können doch im Druck nicht alle Farben damit hervorgebracht werden, weil wir diese stofflichen Farben nicht in der Reinheit und Kraft besitzen, wie sie das Sonnenspektrum, wo dieselben als Lichtkörper auftreten, hervorbringt. Es ist noch nicht gelungen ein reines Rot, welches sich weder nach Gelb oder nach Blau hinneigt, zu erzeugen und ebenso verhält es sich mit den beiden andern Grundfarben.

Wenn die Behauptung, daß aus den genannten drei Grundfarben sich alle Farbentöne herstellen lassen, für stoffliche Farben zuträfe, wären wir nur auf das Studium der drei Platten angewiesen, hätten nur noch als Licht das weiße Papier und als Schatten die Hauptplatte zu benutzen und das Bild wäre fertig. Das verhält sich jedoch anders, denn die an Stoff gebundenen Farben teilen auch die Mängel des Stoffes und daher kommt es, daß sich die zum Steindruck brauchbaren Farben meistenteils viel stumpfer als alle für andere Manieren vorhandenen Farben erweisen. Daraus geht hervor, daß zu einem Bilde, zu dem mehr als das gewöhnliche Handkolorit erforderlich ist, auch mehr als die genannten drei Platten in Anwendung kommen müssen.

Um nun aber bestimmte Regeln für die Mischung der Farben und ihre Ergänzungen feststellen zu können, nehmen wir obige drei Farben als ideale Stammfarben an, deren verschiedene Abstufungen, welche durch Mischung oder Uebereinanderdrucken derselben hervorgehen, an dem Farbensterne Fig. 15, Taf. 6, gezeigt werden sollen.

Der Farbenstern besteht aus den drei Grundfarben, welche in der Mitte übereinander liegen, Strahlen 1, 2, 3. Hier müßte, bei vollkommner Reinheit der Farben, Schwarz entstehen. Was dem Mittelfeld an Tiefe bis zum Schwarz fehlt, mangelt den Grundfarben an Reinheit und Kraft. Die übrigen Strahlen zeigen immer Töne, welche den Charakter der ihnen zunächst stehenden Grundfarbe an sich tragen und bis zum Uebergange zur nächsten Grundfarbe bewahren. 1 ist Gelb, 2 Grün, 3 Blau. Zwischen 1 und 2 liegen die Abstufungen der Gelbgrüne, zwischen 2 und 3 die der Blaugrüne, Blauviolette zwischen 3 und 4, Rotviolette zwischen 4 und 5. Zwischen 5 und 6 liegen die Rotorange und zwischen 6 und 1 die Gelborange. Die so dargestellten Farbenabstufungen geben uns zugleich die Ergänzungsfarben an, welche immer die auf einem Durchmesser einander gegenüberstehenden Farben sind, so z. B. Rot und Grün, Orange und Blau, Gelb und Violett.

Rot und Blau zu gleichen Teilen gemischt geben Violett, Gelb und Blau Grün, und Rot und Gelb Orange. Bei vorherrschendem Rot gibt das erstere Rotviolett, bei vorherrschendem Blau Blauviolett u. s. w.

Hinsichtlich des harmonischen Zusammenstimmens der im Bilde oder einem Muster vorkommenden Farben entsteht die Frage: Wie wirkt der Grundton oder eine überwiegende Farbenfläche auf die Farben ihrer Umgebung?

Wir wissen, daß Rot grüne, Blau orangefarbene, Gelb violette Strahlen wirft, das heißt die Empfindung des Gegensatzes, der Komplementärfarbe, hervorruft.

Betrachtet man ein kleines Viereck von roter Farbe auf weißem Grunde, so erscheint das Viereck von einem schwachen Grün umrandet; ist es gelb, von einem schwachen Blau; ist es grün, von einem blaßroten Weiß; ist es blau, von einem rötlichgelben Weiß, und ist es schwarz, von einem lebhaften Weiß.

Richtet man, nach längerer Anschauung der vorstehenden Erscheinungen, die Augen auf den weißen Grund allein, so zeigt sich dort die Gestalt eines farbigen Vierecks, dessen Farbe diejenige ist, mit der es bei der ersten Beobachtung umrandet war.

Sehr deutlich zeigt sich diese Erscheinung, wenn man sich im Morgensonnenscheine, Morgenrot, so gegen eine weiße Mauer stellt, daß der Körperschatten gegen die Mauer fällt. Man sollte annehmen, die Mauer müßte an der Schattenstelle wieder die natürliche Farbe Weiß annehmen, weil die rote Beleuchtung abgehalten wird, jedoch statt desselben kommt Grün zum Vorschein.

Wenn also das Auge eine gewisse Zeit Rot betrachtet hat, so erhält es die Neigung Grünes zu sehen; deßhalb sagt man: Grün ist die Ergänzungsfarbe von Rot u. s. w.

Bei zwei nebeneinanderstehenden Ergänzungsfarben heben sich gegenseitig die farbigen Strahlen auf, mit der jede derselben umrandet war, und beide unterscheiden sich um so mehr voneinander, heben sich gegenseitig. Sind jedoch die beiden Farben ungleich, so erscheint diejenige, welche dunkel ist, dunkler, und jene welche hell ist, heller.

Die Veränderungen der sich berührenden Farben sind genau diejenigen, die sich ergeben, wenn sich mit jeder von beiden Farben die ergänzende von der sie berührenden vermischt, z. B.:

Rot und Blau. Da Grün die Ergänzung von Rot ist, so macht das Rot das Blaue dunkler, und Blau durch seine Ergänzung Orange macht das Rote gelblich, ins Orange stechend.

Rot und Gelb. Rot durch seine Ergänzungsfarbe Grün macht Gelb ins Grüne; Gelb durch seine Ergänzungsfarbe Violett macht Rot ins Veilchenblaue spielend.

Gelb und Blau. Gelb durch seine Ergänzungsfarbe Violett macht Blau indigofarbig; Blau durch seine Ergänzungsfarbe Orange macht Gelb orangefarbig u. s. w.

Durch die Berührung mit Weiß gewinnen alle ursprünglichen Farben, indem die Ergänzungsfarben sich mit Weiß mischen und die Farben dadurch glänzender und heller erscheinen, z. B. bei Rot und Weiß, Blau und Weiß, Grün und Weiß, Gelb, namentlich Grünlichgelb und Weiß.

Indessen bringen die helleren Farben, z. B Hellblau, Rosenfarbe u. dgl. mit Weiß einen angenehmern Eindruck hervor, als wie Dunkelblau, Dunkelrot, welche einen zu starken Kontrast mit Weiß bilden.

Der schwarze Grund eignet sich sowohl zu dunkeln, sowie auch zu hellen und glänzenden Farben. Besonders schön nehmen sich darauf aus: Rot, Rosenrot, Orangenfarbig, Gelb, Hellgrün und Blau, weniger Veilchenblau.

In Verbindung mit dichten Farben, wie Blau und Veilchenblau, deren Ergänzungen orangefarbig und gelbgrünlich glänzend sind, verliert das Schwarze an seiner Kraft.

Auf grauem Grunde gewinnen die glänzenden Farben mehr wie die dichten, z. B. Rot, Orangefarbig, Gelb und helles Grün, mehr als Blau und Veilchenblau, am wenigsten Rosenrot.

Wird statt des normalgrauen Grundes irgend ein farbiges Grau hierzu gewählt, so kann dasselbe nur dann eine gute Wirkung hervorbringen, wenn es durch die Ergänzung der auf den Grund gedruckten Farbe gefärbt ist, z. B. bei hellblau orangefarbigem oder kastanienbraunem Grund.

Ein grauer Grund erhält durch Farben folgende Modifikationen:

Durch Rot erscheint er ins Grünliche spielend, durch Gelb ins Veilchenbläuliche, durch Orangefarbe ins Bläuliche, durch Grün ins Rötliche, durch Blau ins Orangefarbige, durch Veilchenblau ins Gelbliche.

Diese Beobachtungen können der Lithochromie wesentliche Dienste leisten; denn da wir nun hieraus ersahen, daß der Eindruck einer Farbe, die man neben einer andern sieht, das Ergebnis der Mischung der ersten mit der Ergänzung der zweiten ist, so haben wir nur den Einfluß dieser Ergänzung zu erwägen, um den vereinigten Eindruck, den wir vor Augen haben, getreulich wiederzugeben.

Nehmen wir an auf dunkelgrünem Grunde sei ein Muster in Grau aufgedruckt, so würde dieses nicht grau, neutral, sondern infolge der überlegenen Strahlenwerfung von Grün, also durch rote Strahlen (Komplementärfarbe von Grün), als ein rötliches, rosenfarbiges Grau erscheinen. Es ist also eine dritte Farbe hinzugekommen, oder wenigstens für uns im Gefühl vorhanden, ohne daß sie dem Muster aufgedruckt ist.

Da sich gleiche Kräfte aufheben, so verändert sich Blau und Rosa nebeneinander nicht wesentlich. Blau wird jedoch durch die grünen Strahlen von Rosa etwas wärmer und schwach nach Grün hingezogen, während Grün durch die Komplementärfarbe von Blau, dem im Gefühl liegenden Orange, feuriger und röter erscheinen würde, wenn nicht das räumlich überwiegende Orange diese Einwirkung beschränkte. Es macht das Blau tiefer und energischer und zieht das Rosa schwach ins Violette, wird aber selbst durch die grünen Strahlen des räumlich geringeren Rosa soviel wie gar nicht beeinflußt. Wären dagegen alle Farben, dem Raume nach, den sie einnehmen, völlig gleich, so würde sich eine vierte Mischfarbe, aus grünen, orangefarbenen und blauen Strahlen bestehend, geltend machen, ohne daß wir sie als einen bestimmten Farbenton zu empfinden imstande wären.

Aus diesen hier angeführten Beispielen ersieht man, wie unendlich wichtig es ist, die Gesetze der Farbenharmonie, des Kontrastes und der Analogie fleißig zu studieren um mit Bestimmtheit angeben zu können, wie sich die Farben in der Verbindung und nebeneinander verhalten. Deshalb noch einige Beispiele:

Schwarze Zeichnungen erscheinen auf rotem Grunde dunkelgrün,
" " " " gelbem Grunde schwach blauschwarz.
" " " " blauem Grunde in orangefarbenem Grau,
" " " " orangefabenem Grunde bläulichschwarz,
" " " " grünem Grunde rötlichgrau,
" " " " violettem Grunde in gelbgrünem Grau.

Weiße Zeichnungen erscheinen auf rotem Grunde grünlichweiß,
" " " " gelbem Grunde lilaweiß,
" " " " blauem Grunde orangeweiß,
" " " " orangefarbenem Grunde bläulichweiß,
" " " " grünem Grunde rötlichweiß,
" " " " violettem Grunde gelblichweiß,
" " " " grauem Grunde orangefarbigweiß.

Rote Zeichnungen erscheinen auf gelbem Grunde violettrot,
" " " " blauem Grunde orangefarbig,
" " " " orangefarbenem Grunde blaurot,
" " " " grünem Grunde tiefrot,
" " " " schwarzem Grunde heller, bestimmter,
" " " " weißem Grunde freundlich, rosenfarbig,
" " " " grauem Grunde satter, tiefer.

Gelbe Zeichnungen erscheinen auf rotem Grunde grünlichgelb,
„   „   „   „ blauem Grunde orangefarbig,
„   „   „   „ orangefarbenem Grunde grünlichblau,
„   „   „   „ grünem Grunde rötlichgelb,
„   „   „   „ schwarzem Grunde greller,
„   „   „   „ weißem Grunde zarter,
„   „   „   „ grauem Grunde orangefarbig,
„   „   „   „ violettem Grunde hochgelb.

Blaue Zeichnungen erscheinen auf rotem Grunde grünlichblau,
„   „   „   „ gelbem Grunde veilchenblau,
„   „   „   „ orangefarbenem Grunde tiefblau,
„   „   „   „ schwarzem Grunde heller,
„   „   „   „ weißem Grund dunkler,
„   „   „   „ grauem Grunde rötlichblau.

Grüne Zeichnungen erscheinen auf rotem Grunde tiefgrün,
„   „   „   „ gelbem Grunde bläulich,
„   „   „   „ blauem Grunde hellgrün,
„   „   „   „ orangefarbenem Grunde blaugrün,
„   „   „   „ schwarzem Grunde giftiggrün,
„   „   „   „ weißem Grunde mildgrün,
„   „   „   „ grauem Grunde rötlichgrün.

Violette Zeichnungen erscheinen auf rotem Grunde bläulichgrün,
„   „   „   „ gelbem Grunde violetter,
„   „   „   „ blauem Grunde grünlichrot,
„   „   „   „ orangefarbenem Grunde blauer,
„   „   „   „ grünem Grunde rotviolett,
„   „   „   „ schwarzem Grunde dunkel, schmutzig,
„   „   „   „ weißem Grunde zarter,
„   „   „   „ grauem Grunde rotblau.

Orangefarbene Zeichnungen erscheinen auf rotem Grunde grünlich,
„   „   „   „ gelbem Grunde schwach grünlichgelb,
„   „   „   „ blauem Grunde tiefer, glänzender,
„   „   „   „ grünem Grunde zinnoberfarbig,
„   „   „   „ violettem Grunde hellorangefarbig,
„   „   „   „ schwarzem Grunde hell, leuchtender,
„   „   „   „ weißem Grunde milder,
„   „   „   „ grauem Grunde rötlich.

Graue Zeichnungen erscheinen auf rotem Grunde grünlich,
„   „   „   „ blauem Grunde gelblich,
„   „   „   „ gelbem Grunde lila oder bläulich,
„   „   „   „ orangefarbenem Grunde bläulich,
„   „   „   „ grünem Grunde rötlichgrau,
„   „   „   „ schwarzem Grunde heller,
„   „   „   „ weißem Grunde dunkler.

Goldverzierungen machen einen dunkelroten Grund bläulich,
„   „   „ hellroten Grund bräunlich,
„   „   „ gelben Grund grünlich,

Goldverzierungen machen einen blauen Grund tiefblau,
„   „   „   orangefarbenen Grund rötlich,
„   „   „   grünen Grund bläulich,
„   „   „   violetten Grund blauer,
„   „   „   schwarzen Grund ins Blaue spielend,
„   „   „   weißen Grund bläulich,
„   „   „   grauen Grund blaugrau,
„   „   „   braunen Grund, bei viel Gold, tiefer.

Es ließen sich noch viele Beispiele aufführen, wie drei und mehr nebeneinanderstehende Farben sich gegenseitig beeinflussen, da jedoch der verfügbare Raum hierzu nicht ausreichen und eine derartig verlängerte Abhandlung mehr in ein Werk über Farbenlehre gehören würde, so begnügen wir uns mit dem Gegebenen.

Ohne Plattenvermehrung mangelnde Farben zu ergänzen.

Alle Farbstoffe verlieren durch das Anreiben mit Firnis viel von ihrer Brillanz. Durch das nachfolgende Verfahren, welches auf die meisten Farben angewendet werden kann, wird denselben, namentlich Rot oder Blau, ein sehr tiefer satter Ton verliehen.

Durch das sogenannte Aufpudern mit trockner Farbe kann mitunter, ohne Vermehrung einer Platte, je nach Bedarf die Grundfarbe stellenweise oder gänzlich verändert, sowie auch brillanter hervorgehoben werden.

Um z. B. Zinnober und Karminrot zugleich zu erhalten, werden auf dem mit Zinnober gemachten Abdruck die karminroten Stellen mit einer eigenen trocknen und feinpulverisierten Karminfarbe überfahren, die dann von der frischen Druckfarbe des Abdruckes festgehalten, auf dieser Stelle eine veränderte Grundfarbe erzeugt, wodurch eine unendliche Mannigfaltigkeit der Tinten zu erlangen ist.

Zugleich lassen sich durch dieses einfache Mittel alle gedruckten Farben, z. B. Blau durch Ultramarin, noch mehr erhöhen, indem man auf diejenigen Stellen des Abdrucks, welche man brillanter, kräftiger und glänzender wünscht, eine lebhaftere trockene Auftragfarbe bringt, was bei jenen Gegenständen mit dem besten Erfolge anzuwenden ist, wo ein besonders frisches, lebhaftes Farbenspiel verlangt wird, wie bei Verzierungen, Blumen ꝛc. In ähnlicher Weise lassen sich auch durch verschiedenfarbige Bronze bei Verzierungen schöne Effekte erzeugen.

Selbstverständlich ist dieses Hilfsmittel nur bei besonderen Fällen und da stets mit Umsicht und Geschicklichkeit anzuwenden.

Die hierzu verwendeten Farben sollen die Eigenschaft besitzen, an der angebrachten Stelle hängen zu bleiben, müssen daher sehr fein sein und gehörig decken, ohne das Papier zu beschmutzen.

Farben, welche letztere Eigenschaft nicht von vornherein schon haben, müssen daher zuerst mit etwas schwachem Leimwasser abgerieben, dann getrocknet und wieder zu einem feinen Pulver zerrieben werden. Das Auftragen der Farbe geschieht dann mittels eines Pinsels oder eines Baumwollbäuschchens.

Viele Farben, als Ultramarin und sämtliche Anilinfarben, welche sich gewöhnlich mit der Walze nicht gut drucken lassen, können ohne weitere

Präparatur in solcher trockenen Weise behandelt werden, wobei sie ihre Brillanz bewahren.

Selbstverständlich müssen jedoch die Platten für derartige Deckfarben stets anfänglich gedruckt werden.

Manche Drucker machen sich zu diesem Druck den Firnis eigens zu recht, indem sie einem halben Liter mittelstarkem Firnis einen Eßlöffel voll durchgeschlagenen Kleister oder die gleiche Quantität Buchbinderleim zusetzen. Nach dem Druck werden die Bogen gewöhnlich gefirnißt, oder wenn auf Porzellanpapier gedruckt wurde, satiniert.

Die Bearbeitung der chromolithographischen Platten.

Da die einzelnen Platten des chromolithographischen Bildes auf das Allergenaueste aufeinander passen müssen, so sind zunächst die genauen Vorzeichnungen auf sämtlichen Steinen des Bildes durch den sogenannten Umklatsch, Klatschdruck, herzustellen.

Hierzu wird in ähnlicher Weise, wie bereits schon das Uebertragen der Zeichnung auf den Stein für die lithographische Federzeichnung erörtert wurde, mittels eines gut geölten Pflanzenpapiers eine sorgfältige Pause (Konturzeichnung) von dem farbigen Originale entnommen; wobei nebst dem Hauptumrisse auch alle Partien auf das Genaueste anzudeuten sind, welche bei der späteren Ausführung der einzelnen Platten mehrfach gearbeitet werden müssen, damit dieselben harmonisch aufeinander stimmen.

Die gewonnene Pause wird dann auf den für die Konturplatte bestimmten Stein mittels des Kopierpapiers und der Pausenadel übergetragen, so daß die Konturzeichnung wie mit zarten Bleistiftstrichen ausgeführt auf der Steinfläche erscheint und nun diese Konturen mittels Feder und Tusche lithographiert werden.

Nach sorgfältiger Vollendung der Konturplatte sind dann noch die dem Drucker unentbehrlichen Punkturen anzubringen, wodurch ihm ermöglicht wird, scharf und genau auseinander passende Um- und Abdrücke zu liefern.

In der Regel werden diese Punkturen in Form von vier größeren oder kleineren Kreuzen an vier leeren Stellen der Zeichnung angebracht (siehe Fig. 7, Taf. 6).

Mittels dieser Konturplatte werden nun die Kontur, sowie die Punkturen auf sämtlichen Steinplatten gewöhnlich in leichter roter Färbung durch den Umklatsch auf das Genaueste übergetragen.

Hierzu wird die Konturplatte wie gewöhnlich geätzt und mit schwarzer Druckfarbe eingewalzt, dann die Feuchtigkeit des Steins durch Wehen mit der Hand oder mit einem Stück Papier entfernt und ein Abdruck auf Porzellanpapier unter leichter Spannung der Presse abgezogen.

Ueber den gewonnenen Abzug schüttelt man dann so lange gut pulverisierten Blutstein, bis alle schwarz gedruckten Teile der Konturplatte eine rotbraune Färbung angenommen haben, worauf sogleich der zum Umklatsch bestimmte Stein mit Terpentinöl abgerieben, der gerötete Abzug mit der Bildseite gegen den Stein darauf gelegt und schnell durch die Presse gezogen wird.

In gleicher Weise werden nun alle Platten eines Bildes umgeklatscht, worauf der Lithograph mit der Ausführung derselben beginnen kann.

In neuerer Zeit bedient man sich der Gelatinepausen mit Vorteil. Die Umrisse des Bildes ꝛc. werden mit der runden spitzen Graviernadel eingerissen und sodann die Pause mit einem Stück weicher Kreide, welches man flach auflegt, vollständig überrieben. Die auf der Fläche der Gelatine sitzende Kreide entfernt man mit Baumwolle oder Flanell indem man kleine Kreise beschreibend, dieselbe hinwegreibt.

Dabei muß aber zu gleicher Zeit ein Einreiben in die eingerissenen Striche der Pause stattfinden, damit die ganze Zeichnung mit Kreide hinreichend gesättigt wird und beim Ueberziehen auf den Stein alle, selbst die feinsten Striche, vollständig und nicht zerrissen erscheinen. Die Baumwolle oder der Flanell wird so lange durch ein neues Stück ersetzt bis sich keine Kreide mehr auf der Fläche der Gelatine befindet, was daran zu erkennen ist, daß die Baumwolle ꝛc. beim Abreiben sich nicht mehr färbt.

Anstatt der Kreide kann man auch Tusche zum Einreiben verwenden. Man reibt dieselbe mit Benzin dickflüssig an, überstreicht damit die Pause und ehe die Tusche eintrocknet, verfährt man wie oben beschrieben.

Die mit Benzin angeriebene Tusche läßt sich von der Gelatine leichter und schneller entfernen als die trockene Kreide und die auf den Stein übergezogene Pause wird reiner, weil die Kreidepausen, wenn sie nicht absolut rein abgerieben sind, gern tonen. Um dieselbe überzudrucken empfiehlt es sich die Pause feucht einzulegen und sie, wenn erweicht, auf den etwas warmen Stein zu bringen. Auf die Rückseite der Pause kommt ein getrocknetes Oelpapier, sodann der gut geschmierte Deckel und nun wird mit leichter Spannung durchgezogen und unter Verstärkung des Druckes das Durchziehen fünf bis sechsmal wiederholt.

Nach vollkommener Durcharbeitung einer Platte werden immer die als Punkturen angebrachten Kreuze mittels der Reißfeder und der Tusche akkurat nachgezogen, worauf die Platte zum Andruck übergeben wird.

Ein derartiger Andruck ist sowohl für den Lithographen als auch für den Drucker notwendig.

Der Lithograph ersieht sogleich aus diesem ersten Abzuge, welcher mit der für die Platte bestimmten Farbe gemacht wird, ob der in seine Arbeit gelegte Effekt in Wirklichkeit erreicht ist.

Auch erhält er hierdurch einen sicheren Anhalt für die weitere Bearbeitung der nachfolgenden Platten, welche in gleicher Weise, wie beim wirklichen Fortdruck, ihrer Reihenfolge nach aufeinander angedruckt werden.

Mit jeder neugearbeiteten und angedruckten Platte erwächst gleichsam mehr und mehr das farbige Bild, bis dasselbe mit der letzten, der dunkelsten Platte seinen vollständigen Abschluß gefunden hat, wodurch jede gelungene lithographische Nachbildung den Intentionen des Lithographen entsprechend und dem gegebenen Originale in der beabsichtigten Weise ähnlich sein soll.

Ebenso ist dem Drucker ein solcher Andruck notwendig, um hieraus die richtige Farbenmischung herauszufinden, welche später, beim weitern Fortdruck zu suchen, sehr schwierig wäre. Auf den Andruck werden dann die Farbenverhältnisse aufgeschrieben, und auch an den freien unbenutzten Stellen des betreffenden Steines mit lithographischer Tusche die Reihenfolge des Drucks, die Farbe der Platte, sowie die Farbenmischung notiert.

Statt der Federzeichnung wird zur Chromolithographie nur in einzelnen Fällen die Graviermanier benutzt, und zwar nur bei kleineren Gegenständen.

Zu Bildern größeren Formats sind die gravierten Platten schon deshalb ungeeignet, weil deren Umdruck nur mittels des angefeuchteten Umdruckpapiers zu erhalten ist, welches aber während des Umdrucks wegen der entweichenden Feuchtigkeit sich mehr zusammenzieht, als wie beim trocknen Umdruck; wodurch die genau zu treffende Bearbeitung der einzelnen Platten gefährdet, was jedoch bei kleineren Bildern von weit geringerem Einflusse ist.

Zu derartigen kleineren Bildern eignet sich nun aber die Gravüre besonders für die tiefste Platte, deren Umdruck sich ganz vorzüglich druckt, und, als Schlußplatte benutzt, eine wirksame Vollendung bietet. Gewöhnlich wird alsdann diese gravierte Platte gleich anfänglich als Konturen- und als die zuletzt zu druckende Platte, die tiefste Platte behandelt, auch wird dieselbe zugleich statt der eigentlichen Konturplatte, deren Anfertigung hier überflüssig ist, zum Abklatsch für die einzelnen Platten verwendet.

Eine solche Bearbeitung der Platte setzt allerdings voraus, daß die künstlerische Gewandtheit des Graveurs mit der Chromolithographie vollständig vertraut sei.

Vorzugsweise eignet sich auch das Hofmannsche Radierverfahren für Etiketten in Farbendruck.

Das Umdruckverfahren bei der Chromolithographie.

Der lithographische Ueberdruck greift sehr bedeutungsvoll in die Praxis des Farbendruckes ein, da hierdurch die lithographische Platte ein- oder oftmals (je nachdem das Bedürfnis vorliegt) in fast der nämlichen Schärfe, wie der Originalstein darbietet, auf einen anderen Stein übergetragen und von dieser übergetragenen Platte Abzüge gewonnen werden können.

Zudem geht dieses Umdrucken ziemlich schnell vor sich, und kann z. B. eine Originalplatte, deren Herstellung oft Monate beanspruchte, innerhalb einer halben Stunde viermal auf einen andern Stein übergetragen werden, und zwar auf eine so vollkommen genaue Weise, daß selbst ein Kennerauge den Umdruck von dem Originale kaum zu unterscheiden vermag, wodurch die zumeist teure Originalplatte vor schneller Abnutzung bewahrt bleibt.

Vorzugsweise gewährt dieses Verfahren außerordentliche Vorteile, wenn starke Auflagen von einer Platte gewonnen werden sollen; wo dann die einzelnen Farbendruckbilder, welche mit 5—8 und oft noch mehr einzelnen Farbplatten gedruckt werden müssen, nun je nach der Größe der zu druckenden Platten oft 4—12 mal auf Einen Bogen umgedruckt, und also mit Einem Zuge bedruckt werden können.

Bei diesem Verfahren unterscheidet man zwei Arten von Umdrücken: feuchte und trockene, wovon letztere die schwierigsten sind und meistens beim Farbendruck vorkommen.

Feuchter Umdruck.

Der Umdruck von gravierten Platten muß gewöhnlich ein feuchter sein, auch eignet sich besonders das chinesische Papier hierzu, welches dann auf seiner glatten Seite mit einem Stärkeüberzug versehen wird.

Zu diesem Zwecke schneidet man die großen Bogen des chinesischen Papiers in zwei oder drei Teile, wo dann diese Papierteile mit der glatten

Seite nach oben gelegt und mit dünnem Kleister*) mittels eines reinen Pferdeschwamms ganz dünn und möglichst gleichmäßig bestrichen, und hierauf zum Trocknen auf Stricke gehängt werden, wenn nicht besondere Trockenvorrichtungen vorhanden sind.

In derselben Weise wird auch zu den trockenen Umdrücken das Papier bereitet, und hierzu gutes weißes Postpapier oder halbgeleimtes Kupferdruckpapier gewählt.

Bei dem Umdruck einer gravierten Platte legt man das bestrichene chinesische Papier in feuchtes Druckpapier ein, damit sich dasselbe mit einem Hauch von Feuchtigkeit durchziehe und nachdem auf der Platte die Umdruckfarbe wie beim Gravierdruck mittels des Tampons eingetragen ist, wird sodann der Abdruck auf der bestrichenen Seite des Papiers gemacht, wobei man nach dem erstmaligen Durchzug noch einigemal das Durchziehen mit kräftiger Spannung wiederholt.

Um nun das hierdurch auf den Stein festgeklebte bedruckte chinesische Papier loszulösen, wird dann eine der Papierecken mit einem Messer losgeschabt, und das Papier von der Platte kräftig abgezogen, worauf dieser Abzug, welcher rein und scharf erscheinen muß, sogleich in feuchte Makulatur gelegt wird.

In gleicher Weise wird die erforderliche Anzahl solcher Abzüge gemacht, und jeder Abzug besonders in feuchte Makulatur gelegt.

Sollen alsdann **mehrere Abzüge zugleich auf einen Stein umgedruckt werden**, so nimmt man einen Bogen von geleimtem Druck- oder Schreibpapier in der Größe des zum Druck bestimmten Papiers, bezeichnet genau die Stellen der einzelnen Abzüge darauf und feuchtet ein wenig mit dem Schwamme die Rückseite des Bogens.

Sodann wird derselbe auf ein glattes Brett von weichem Holze gelegt, und die einzelnen Umdruckabzüge darauf befestigt; indem man mit einer stumpfen Graviernadel auf die weiß bleibenden Stellen des Umdrucks sticht, so daß das entstandene feine Loch durch die beiden Bogen geht.

Hierauf wird dann der Bogen mit den aufgenadelten Abzügen wieder zwischen feuchte Makulatur gelegt, und der zum Umdruck bestimmte und gut glatt geschliffene Stein in die Presse genommen, dann wiederholt mit trocknem Bimsstein durchgeschliffen und sorgfältig der sich bildende Steinstaub abgewischt.

Nun bringt man den Bogen mit der Seite des aufgenadelten Umdrucks behutsam auf den Stein, breitet einige glatte Bogen feuchte Makulatur, sowie den Deckel darüber, und beginnt unter kräftiger Spannung das Durchziehen des Steins, worauf sogleich der Rahmen geöffnet, der Aufnadelbogen mit dem Wasserschwamme befeuchtet, sowie der Stein um ein Geringes verschoben, damit der Reiber nicht wieder dieselbe Stelle treffe, und der Stein noch ein paar mal kräftig durchgezogen wird. Nun hebt man den Aufnadelbogen ab und bestreicht mit dem nassen Wasserschwamme das chinesische Papier, welches das Wasser sofort einsaugt und nach kurzer Zeit vom Stein gelöst werden kann.

---

*) Der Kleister wird aus guter Weizenstärke gekocht, wozu diese in Wasser aufgelöst und unter beständigem Umrühren heißes Wasser zugegossen wird, bis der Kleister die geeignete Konsistenz erhalten hat.

Hierauf werden mit Wasser mittels des kleinen Wasserschwammes die auf dem Stein haftenden Kleisterspuren beseitigt und dieser mit mittelstarkem Gummi überzogen.

Dem in solcher Weise hergestellten Ueberdruck muß alsdann die nötige Fettfarbe durch das Anreiben mit Umdruckfarbe zugeführt werden, um so das Aetzen und den Druck der Umdruckplatte vorzubereiten.

Dieses Anreiben geschieht mittels eines reinen, weichen, feinporigen Schwammes, der eigens hierzu bestimmt und mit der durch einige Tropfen Terpentinöl verdünnten Umdruckfarbe imprägniert wurde.

Mit diesem Schwamme überstreicht man nun sorgfältig den noch mit feuchtem Gummischleim überzogenen Ueberdruck, wobei stets sowohl die Gummischicht mit dem Gummischwamm erneuert, als auch der Anreibeschwamm von Zeit zu Zeit mit neu aufgelöster Umdruckfarbe versehen werden muß.

Zeigt sich der Umdruck kräftig genug angerieben, so wird dann der Stein mit dem nassen Wasserschwamme abgewischt, neu gummiert und zurückgestellt; und nach einigen Stunden werden die mitunter vorkommenden Schmutzstellen je nach Bedarf mittels Bimsstein oder mit einem spitzen Hölzchen, das man in Salzsäure taucht, beseitigt.

Erst nachdem der Umdruck einige Zeit gestanden und sich in den Stein eingesogen hat, kann das Aetzen und der Druck desselben vorgenommen werden.

Derselbe erträgt nur eine schwache Aetzung, weshalb man seine Widerstandsfähigkeit dadurch zu verstärken suchte, daß man vor dem Aetzen die Umdruckplatte im trockenen Zustande mit fein pulverisiertem Talgstein oder Schwefel einpuderte, damit er eine stärkere Aetzung ertragen könne, was sich jedoch nicht als zuverlässig richtig erprobte. Weit entsprechender ist dagegen das Einpudern mit Kolophonium.

Sollen von einer Umdruckplatte eine bedeutende Anzahl Abzüge gewonnen werden, so trägt zur Kräftigung derselben sehr viel bei, wenn diese zuerst schwach geätzt und gummiert, dann nach einigen Tagen die Gummischicht wieder entfernt und die Platte mit Konservierfarbe, welche zuvor mit einigen Tropfen Terpentinöl verdünnt, sorgfältig eingewalzt wird, worauf man dieselbe wieder gummiert und nach angemessener Zwischenzeit noch einmal stark ätzt.

Sehr oft werden die Striche oder Punkte dieser Umdrücke jedoch stärker als die des Originales, weil sich der Abdruck gequetscht hat. Diese Erscheinung wird meistenteils durch den Stärkekleister herbeigeführt.

Besser ist es, man benutzt ein mit Gelatine präpariertes Papier, photolithographisches Papier. Dasselbe hat die Eigenschaft, wenn es etwas feucht ist, sofort auf dem Steine zu kleben und zwar so fest, daß beim Durchziehen die Striche nicht austreten können. Dieselben bleiben selbst bei mehrmaligem Durchziehen unverändert. Der Abdruck auf das Gelatinepapier wird auch viel schöner und schärfer als ein solcher auf Stärkepapier.

Ein Abdruck auf Gelatinepapier kann jahrelang aufbewahrt werden, ohne die Fähigkeit zu verlieren, einen guten Umdruck zu liefern.

Man verfährt hierbei in folgender Weise:

Auf photolithographisches Gelatinepapier macht man einen guten Abdruck mit Umdruck- oder fester Gravurfarbe und gummiert denselben recht gleichmäßig mit mittelstarkem Gummi, läßt ihn trocknen und hebt ihn in einer Mappe auf. Will man nach längerer Zeit hiervon einen Umdruck auf Stein oder Zink herstellen, so befestigt man den Druck mit Reißnägeln auf ein glattes Brett, wäscht die Zeichnung über dem trockenen Gummi mit einem in reines Terpentinöl getauchten Baumwollbäuschchen ganz aus und entfernt mit einem reinen Stück Baumwolle den zurückgebliebenen Schmutz.

Nach dem Trocknen überzieht man den ganzen Bogen mittels eines Pinsels mit frischer Farbe, legt ihn in reines Wasser und entfernt nach einigen Minuten mit einem Schwamme die überflüssige Farbe so lange, bis die Zeichnung rein dasteht.

Bei der Herstellung eines trockenen Umdrucks von der gravierten Platte, wird statt des chinesischen Papiers das mit Kleister überzogene halbgeleimte Kupferdruckpapier in feuchte Makulatur gelegt, und im übrigen wie beim feuchten Umdruck der Abzug von der gravierten Platte gemacht, und dann wieder in feuchte Makulatur gelegt, wobei vorzugsweise darauf zu achten ist, daß das Papier immer nur die notdürftigste Feuchtigkeit erhält.

Nachdem man den aus Schreibpapier bestehenden Formatbogen genau eingeteilt, werden auf demselben die Generalmarken und Punkturen mit Tusche vorgezogen, und die einzelnen Abzüge darauf befestigt.

Zum Befestigen derselben bedient man sich eines Kleisters aus Weizenmehl und kaltem Wasser bereitet.

Hierbei wird nämlich die Rückseite des Umdrucks an einzelnen Stellen ein wenig mit diesem Klebemittel bestrichen, der Umdruck auf die für ihn bestimmte Stelle des Formatbogens gelegt und mit einer stumpfen Nadel festgedrückt; sodann dieser aufgenadelte Bogen auf ein trockenes Brett gebracht und das Ganze mit feuchten Makulaturbogen bedeckt.

Das Ueberdrucken selbst ist dann zu bewerkstelligen, indem dieser auf den Stein gelegte Bogen mit kräftiger Spannung langsam, jedoch nur einmal durch die Presse gezogen und ohne weitere Anfeuchtung behutsam abgelöst wird.

Die mit Tusche gezeichneten und übergedruckten Marken werden sodann leicht gummiert, die sämtlichen einzelnen Umdrücke aber mit dem Schwamme befeuchtet, mit Makulatur belegt und noch ein paarmal durch die Presse gezogen; worauf dieselben tüchtig angefeuchtet, nach einiger Zeit losgelöst und auf die bereits erwähnte Weise behandelt werden.

Gewöhnlich dienen diese Platten als Original- und letzte Druckplatte, weshalb dann die Abzüge derselben zu Aufnabelbogen für die trockenen Umdrücke benutzt werden.

Das dargelegte Verfahren des feuchten Umdrucks von der gravierten Platte unterscheidet sich nur sehr wenig von dem des feuchten Umdrucks der Feder- und Kreideplatte.

Hierbei werden jedoch die Abzüge mit der Walze mittels strenger Umdruckfarbe auf das mit Kleister bestrichene chinesische Papier gemacht und zugleich ein mit Kleister bestrichenes Postpapier von gleicher Größe des ersteren benutzt, welches gleichzeitig mit diesem in feuchte Makulatur gelegt, wobei zuerst das chinesische Papier auf die Druckplatte gebracht und mit kräftiger Spannung durchgezogen wird; worauf man gleichfalls das Postpapier mit seiner bestrichenen Seite nach unten auf das chinesische Papier legt und mehreremal durchzieht.

Die beiden Papiere, welche nun ein Blatt bilden, werden dann vom Stein gelöst, in gering angefeuchtete Makulatur gebracht und so in gleicher Weise die übrigen Abzüge für den Umdruck hergestellt, welche alsdann, wie oben bereits erläutert, mittels des Mehlkleisters auf den Formatbogen befestigt werden.

Nachdem man nun, wie schon beim nassen Umdruckverfahren der gravierten Platte erwähnt, den Lithographiestein mit trockenem Bimsstein durchgeschliffen hat, wird dieser mit einem in ganz reines Wasser getauchten Schwamme derartig überwischt, daß auf denselben ein Hauch von Feuchtigkeit kommt, worauf der Aufnadelbogen auf die Platte gelegt, einigemal mit kräftiger Spannung durchgezogen, mäßig mit Wasser benetzt und behutsam von den auf dem Steine fest aufsitzenden Abzügen entfernt wird.

Diese Abzüge werden nun gleichfalls mäßig benetzt, mit einem neuen trockenen Bogen bedeckt, mit gemäßigter Spannung ein bis zweimal durchgezogen und dann wieder befeuchtet, um das Postpapier von dem darunter liegenden chinesischen Papier abzuheben, ohne daß letzteres Blasen oder Falten erhält.

Dasselbe Verfahren wird auch bei dem chinesischen Papier angewendet, und dieses zuletzt durch tüchtiges Anfeuchten mit dem Wasserschwamme vom Stein gelöst. Das weitere Verfahren ist wie bei jedem andern Umdruck.

Im allgemeinen ist vorzugsweise darauf zu sehen, daß mit der größten Vorsicht und Reinlichkeit das im feuchten Zustande befindliche Papier behandelt wird, weil die geringste Berührung mit dem Finger, die zarteste Fettsubstanz, die auf die bedruckte Seite des Papiers gebracht wird, später als schwarzer Fleck auf dem Umdruck erscheint, wodurch dieser sehr häufig unbrauchbar wird.

Desgleichen sollen auch die für den Umdruck bestimmten Abzüge besonders rein sein, und dürfen überhaupt nicht mit Farbe überhäuft werden, wodurch stets ein Quetschen und Verschmieren des Steindrucks entsteht.

Ebenso bedarf aber auch das Anreiben des Umdrucks der größten Sorgfalt und Geschicklichkeit des Druckers.

Der trockene Umdruck.

Die Herstellung der trockenen Abzüge für den Umdruck.

Um von jeder Original-Farbplatte des Bildes den Umdruck auf trockenem Wege herzustellen, bedürfen wir zuerst eines schwarzen Abzuges von der bereits erwähnten umgedruckten Original-Hauptplatte, welcher Abzug auf nicht zu dickes weißes Schreibpapier gedruckt wird, um als Aufnadelbogen zu dienen.

Auf demselben werden nun mit der Reißfeder und Tusche die vorgezeichneten Hauptmarken und Punkturen genau nachgezogen, und sodann die Plattenabzüge mit nicht ganz strenger Umdruckfarbe auf das mit Kleister dünn bestrichene weiße Postpapier gedruckt.

Hierbei wird, nachdem die Platte eingewalzt ist, dieselbe vorher trocken geweht, ehe das Papier darauf gebracht wird, damit es durch die Feuchtigkeit des Steines keine Dehnung erleidet.

Die Abzüge müssen klar und kräftig erscheinen; auch dürfen dieselben nicht in feuchte Makulatur, auch nicht an einen feuchten Ort gelegt, und ebenso wenig der Wärme ausgesetzt werden, damit sie sich weder dehnen noch zusammenziehen.

Das Einpassen der Abzüge auf dem Aufnadelbogen.

Das genaue Einpassen der Punkturen des Aufnadelbogens und der, der umzudruckenden Abzüge kann auf zweierlei Weise bewerkstelligt werden, nämlich mit dem **Locheisen** oder auch mittels der **Glasscheibe**.

Die letztere staffeleiartige Vorrichtung besteht aus einem breiten Rahmen von Fichtenholz ca. 50 und 65 cm groß, in dem eine Glasscheibe eingesetzt ist, wobei zur schrägen Aufstellung des Rahmens zwei Füße mittels zweier Knaden angebracht sind.

Diese Vorrichtung wird auf den Tisch gegen das Licht gestellt und der erwähnte Aufnadelbogen an den Rahmen des Glases mittels einiger Zeichenstifte befestigt.

Dieser **Aufnadelbogen** resp. der Abzug von der **umgedruckten Original-Hauptplatte**, bietet sowohl die Hauptmarken und Punkturen, als auch die Marken und Punkturen der einzelnen umgedruckten Abzüge obiger Hauptplatte, welche hier, sowie auf allen Platten des Bildes an weiß bleibenden Stellen der vier Ecken, in Form von Kreuzen genau übereinstimmend lithographiert sind.

Die Aufgabe ist sonach, die Marken der nun umzudruckenden Abzüge auf die korrespondierenden Marken dieses Aufnadelbogens ganz genau zu befestigen, so daß überall Marke auf Marke stimmt.

Zu diesem Zwecke wird der umzudruckende Abzug auf seiner Rückseite an einzelnen Stellen mit dem aus Weizenmehl und Wasser bereiteten Kleister bestrichen, und werden hierauf die aufeinander passenden Punkturen des Aufnadelbogens (Umdrucks) und des bestrichenen Abzugs möglichst genau aufeinander gelegt, wobei man denselben nur am Rande angreift und auf den Aufnadelbogen drückt, und mit zwei Graviernadeln das vollständige Aufeinanderpassen durch Hin- und Herschieben zu bewerkstelligen sucht. Ebenso werden nun auch die übrigen Abzüge befestigt.

Das Einpassen der Punkturen mittels des Locheisens geschieht in folgender Weise: Es wird nämlich mit dem Locheisen, dessen sich die Schuhmacher zum Durchschlagen der Oesenlöcher bedienen, in jedes der vier Markenkreuze des umzudruckenden Abzuges ein Loch geschlagen, welches aber nur so groß sein darf, daß die einzelnen Teile des Kreuzes bei jeder Marke noch sichtbar bleiben.

Der durchlochte Abzug wird dann auf der Rückseite stellenweise mit starkem Gummi arabikum betupft und an die bestimmte Stelle des Aufnadelbogens gebracht, wobei die über die ausgeschlagenen Löcher hinausragenden Markenfragmente sich durch die auf den Aufnadelbogen befindlichen so ergänzen müssen, daß sie je wie eine Marke erscheinen.

Bei der Anwendung des Locheisens wird zum Aufnadelbogen ein nicht zu starker Kartonbogen gewählt und in der bereits erläuterten Weise die darauf befindlichen Hauptmarken und Punkturen mit Tusche nachgezogen.

Auch werden die umzudruckenden Abzüge auf halbgeleimtes, mit Stärkekleister gleichmäßig dünn bestrichenes, Kupferdruckpapier gemacht, oder kann auch matt glaciertes starkes Papier hierzu verwendet werden, welches jedoch einen gleichmäßigen Ueberzug von Stärkekleister erhalten muß, wozu man sich eines breiten Pinsels aus Biberhaaren bedient.

Auch muß dasselbe vor dem Gebrauch im trockenen Zustande so lange mit kräftiger Spannung über eine polierte Steinplatte durch die Presse gezogen werden, bis der Kleisterüberzug einen gewissen Glanz gewonnen hat.

Das Ueberdrucken des aufgenadelten Bogens.

Hierbei wird der Umdruckstein mittels des Wasserschwammes mit ganz reinem Wasser derartig überstrichen, daß ein Hauch von Feuchtigkeit darauf kommt, und sodann der aufgenadelte Bogen mit der Bildseite darauf gelegt, mit ein paar Bogen trockener Makulatur bedeckt und mit kräftiger Spannung einigemal durchgezogen.

Hierauf wird die trockene Makulatur gegen gering feuchte vertauscht, der Stein ein wenig verschoben und wieder ein paarmal durch die Presse gezogen und nun behutsam der Aufnadelbogen von den an dem Stein klebenden Umdruckabzügen losgelöst.

Letztere werden alsdann mit dem Schwamme befeuchtet, mit trockenen Makulaturbogen bedeckt und wiederholt durchgezogen, worauf man die umgedruckten, mit Tusche auf dem Einnadelbogen angezeichneten Punkturen mit der Nadel sorgfältig bohrt, den ganzen Stein tüchtig mit Wasser benetzt, und nun langsam die Umdruckabzüge einzeln vom Stein abzieht.

Nachdem der Stein von allem überflüssigen Wasser befreit ist, wird derselbe gummiert und so weiter nach der schon erörterten Weise behandelt.

Beim Umdruck der Tonplatten, welche meistens breite große schwarze Flächen darbieten, ist dagegen das Befeuchten des Steins vor dem Umdruck nicht zu empfehlen, da sonst beim erneuerten Durchziehen sehr leicht ein Verschieben des Umdrucks erfolgen würde.

Bei dem Verfahren mit dem Locheisen sind gewöhnlich die umzudruckenden Abzüge auf starkes Papier gedruckt, und wird beim Umdruck der aufgenadelte Bogen an zwei weißen Stellen mit dickem Gummi versehen, auf den trocken gebimsten Stein gelegt, einmal, oder, wenn er festklebt, wiederholt durchgezogen und dann losgelöst, worauf man den Stein wie gewöhnlich behandelt.

Die Nachahmung des Aquarell- und Oelbildes durch Chromolithographie.

Die technische Durchführung des Farbendrucks richtet sich im allgemeinen stets nach dem zu behandelnden Gegenstande. Bei dem mannigfaltigen Kolorite des zu bearbeitenden Gegenstandes lassen sich aber alle möglicherweise eintretenden Fälle nicht wohl voraussehen, auch kann ebenso wenig im voraus gelehrt werden, wie die gegebenen Effekte der verschiedenen Imitationen von Aquarell- und Oelgemälden zu erreichen sind. Hierbei muß stets die Uebung und Erfahrung den denkenden Lithographen leiten, wie und wo diese Effekte eben am geeignetsten teils mit der Kreide, sowie durch eintönige glatte Flächen oder durch eintönige körnige Flächen, auf ungekörnten oder gekörnten Steinen mit Tusche u. s. w. zu bewerkstelligen sind.

Die verschiedenen zum Druck zu verwendenden Platten, welche sowohl zur Erzeugung der Aquarell- als auch der Oelfarbendruckbilder dienen, werden teils mit lithographischer Kreide und Tusche gezeichnet, teils auch durch Schaben und Schleifen in einen sehr dünnen Ueberzug des Steins mit präpariertem Asphalt erzeugt, sowie durch Estompieren, Ueberwischen des Steins mit weicher lithographischer Wischkreide hergestellt.

Es sind sonach die Kreideplatten in Verbindung der geschabten und gewischten Tonplatten, die wesentlichsten Mittel dieser Technik.

Da schon vorausgehend die Behandlung der Kreidezeichnung und die der geschabten Asphaltplatte erläutert wurde, so wäre nur noch die obige Wischmanier näher zu erörtern.

Bei derselben wird der gekörnte Stein zuerst erwärmt und dann mit der sogenannten Reibtusche, einer Komposition, welche aus lithographischer Kreide, Wachs und ein wenig Kopalfirnis besteht, soweit die Zeichnung reicht, mittels eines Flanellappens eingerieben, bis der ganze Stein einen gleichmäßig bräunlichgrauen Ton bekommt.

Auf diesen Ton werden die Umrisse der Zeichnung gepaust, und die dunkelsten Partien derselben mit Tusche oder fetter Kreide, die weniger dunkeln mit härterer Kreide gezeichnet und dann bei den hellen und hellsten Stellen der eingeriebene Grund mit dem Schaber leicht oder ganz weggenommen.

Die dunkeln und dunkelsten Stellen können auch vor Ausführung der Zeichnung mit dem Flanellappen und der Reibtusche dunkler gerieben werden.

Eine auf diese Weise behandelte Zeichnung hält eine sehr starke Aetzung aus und läßt ein starkes Auftragen der Farbe zu.

Will man bei Platten einige Stellen unbedeckt erhalten, z. B. den Papierrand oder einzelne Lichter, so werden ähnlich wie bei der Asphaltplatte, solche Stellen mittels der Feder oder des Pinsels mit einer Mischung von Salzsäure und Gummi bedeckt, und darauf erst die Manipulation mit der Reibtusche vorgenommen.

Mit diesen nun angedeuteten Mitteln verfährt man folgendermaßen: Aehnlich wie beim Pausen einer Zeichnung überhaupt, wird auch hier zuerst auf geöltem Pflanzenpapiere die genaue Durchzeichnung der Konturen des wiederzugebenden Originals vorgenommen, und diese Durchzeichnung alsdann auf einen Stein übertragen; besser und rascher in der bei den Gelatinepausen beschriebenen Weise.

Nachdem der Stein, die Konturplatte, druckfertig präpariert ist, macht man von demselben soviel Abdrücke als man Platten zur Herstellung des Bildes zu verwenden gedenkt, und überträgt diese Abdrücke durch Umklatsch auf die andern Steinplatten mittels Durchziehens durch die Presse. Die Anzahl der anzufertigenden Platten kann nicht immer im voraus schon bestimmt werden, und sind oft 20—25, ja selbst gegen 40 Steine hierzu erforderlich.

An den Rand des Kontursteins werden noch sogenannte Registerkreuze angebracht, die sich natürlicherweise auf jeden Stein mit übertragen und zum Aufeinanderpassen der verschiedenen Platten dienen, indem der Schneidepunkt des Kreuzes auf dem Abdruck mit einer feinen Nadel durchstochen wird und diese durch das Loch des Papiers gesteckte Nadel auf den korrespondierenden Punkt des Steins trifft.

Auf der Konturplatte sind gewöhnlich auch noch Punkte angebracht (siehe Fig. 7, Taf. 6), wobei die Punktenzahl sich nach der Zahl der Platten richtet, da der Drucker in der Regel am geeignetsten jede neue Platte neu einzunadeln pflegt.

Diese **Punkturen**, in Form von Kreuzen und Punkten, welche sich ganz genau auf allen Platten wiederholen, drucken sich auf dem weißen Rande des Bildes ab, der später abgeschnitten wird.

Bekanntlich erzeugen übereinander gedruckte Farben ganz dieselben Mischungen, wie zusammengemischte flüssige Farben auf der Palette: also Gelb und Blau übereinander gedruckt geben Grün, Rot und Blau Violett u. s. f.

Sollte nun eine Farbe zu Stimmungen in großen Flächen verwendet werden, so überzieht man den Stein entweder mit dem vorerwähnten Asphalt oder mit der Reibtusche.

In diesen Flächen werden mit dem Wischer bei der Reibtusche, bei dem Asphalt mit einem Stahlschaber und durch Schleifen mit Ossa sepia, Töne, z. B. lichter Horizont, lichte Wolken, mattfeine Stimmungen ꝛc. angebracht.

Mit der lithographischen Kreide und Tusche werden alle kräftigen und zarten Details dem Bilde eingefügt.

Würde man den mit Asphalt oder Reibtusche überzogenen Stein zum Abdruck bringen, so würde man eine geschlossene, volle Farbenfläche erhalten; durch die angegebenen Mittel aber kann man diese Fläche modulieren und geschlossene Töne von unendlicher Weichheit und Zartheit erzielen. Feine Details werden mit der Kreide und dem spitzen Pinsel auf besondere Platten gezeichnet und in die Töne hineingedruckt.

Im übrigen wird meistens mit den helleren Untermalungsplatten begonnen und nach Vollendung derselben der Abdruck in der gehörigen Farbe gemacht, und stets bei der Weiterarbeitung sowohl das gegebene Original als auch der bisherige Andruck im Auge behalten.

Ueberraschend ist die Wirkung, welche dieselbe Farbe von der geschlossenen Fläche bis zum zartesten Verlauf aufweist.

Scheinbar ändert dieselbe den Charakter zugleich, wie z. B. Dunkelrot verlaufend in zartestes Rosa übergeht, und man wäre zunächst versucht zu glauben, daß nur eine Mischung mit Weiß zu solchem Effekt hätte führen können.

Selbstverständlich ergeben sich aber diese Effekte in ähnlicher Weise wie bei jedem Schwarzdruck, wo mit derselben Farbe samtartige Tiefe und die allerfeinste weiche Modulation des Fleischtons erzeugt wird.

Würde man nun die Abstufungen mit Zahlen bezeichnen und nach mäßigster Annahme in einer Farbe zehn Grade feststellen, so würde man bei zwanzig Farben (durschschnittlich kommen dieselben bei jedem Bilde zur Anwendung) schon zweihundert verschiedene Töne haben, die sich aber noch ins Unendliche durch den Uebereinanderdruck steigern, weil z. B. ein leichter, mittlerer oder starker Ton in einer Farbe in umgekehrter Folge die Töne in einer andern Farbe decken kann.

Druckt man z. B. ein leichtes Gelb auf ein kräftiges Blau, so würde Blaugrün, umgekehrt Gelbgrün entstehen.

Zum Drucken selbst werden die trockenen Farben, wie man sie zum Malen gebraucht, in gebleichtem Leinölfirnis fein abgerieben.

Durch auf solche Weise ausgeführte Platten entsteht nun das wiederzugebende Bild, indem man zunächst die allgemein stimmenden Töne, der

Untermalung vergleichbar, druckt, alsdann die Lokalfarben, danach die Details und schließlich die spezielle Abtonung und die Luftlichter lasiert, auch wo es nötig ist, durch eine Platte größere Tiefen anbringt.

Bei Nachahmung des Aquarellbildes wird manchmal auch dem vollendeten Abdrucke ein Korn gegeben, nämlich der fertige Abdruck auf einem rauh gekörnten Steine durch die Presse gezogen, wodurch das Bild einen eigentümlichen Effekt erhält.

Zur Vollendung des Oelbildes empfiehlt sich dagegen den Pinselauftrag resp. die Leinwandtextur nachzuahmen, da oft große plastische Wirkungen mit dem pastosen Auftrag der Farben erzielt werden und bei einer glatten Behandlung die gemusterte Leinwandfläche von wohlthuender Wirkung werden kann.

Aus diesen Gründen mußte nun die Nachbildung unumgänglich auch hierauf Bedacht nehmen, und es können diese Wirkungen auf die natürlichste und einfachste Weise leicht erreicht werden.

Ein Stück Malleinwand wird mittels einer Walze mit fetter Farbe eingewalzt und durch die Presse auf den Stein abgedruckt. Durch scharfes Aetzen mit Salpetersäure erhält man eine vertiefte Prägeplatte, welche die Oberfläche der Leinwand bis in das kleinste Detail wiedergibt.

Ein Abdruck von der Konturplatte auf diese Prägeplatte ist nötig, um durch Schleifen der Fläche diejenigen Stellen zu mildern, wo die Erhabenheiten stören könnten, wie z. B. im Fleisch, in glatten, glänzenden Flächen, oder um mit dem Grabstichel da mehr Erhabenheit zu erzeugen, wo z. B. in dem Gemälde die Lichter hoch aufgesetzt oder stoffliche Wirkung durch kräftigeren Farbenauftrag erzielt wurde.

Das im Druck vollendete Bild wird nun durch die Presse mit dieser Prägung versehen, gefirnißt und auf mit Leinen überzogene Blendrahmen gespannt.

An Dauerhaftigkeit kann der Oelfarbendruck das Oelbild übertreffen, da z. B. an die Stelle des freieartigen Ueberzugs der Malleinwand, der so häufig die Ursache des Verderbens eines Bildes geworden, das aus den allerbesten Stoffen angefertigte Papier tritt, das durch solide Bindemittel mit der unterlegten Leinwand vereinigt ist. Durch den Druck mit einer größeren Anzahl von Farben erhält das Papier eine gesättigte Oeltränkung, wodurch die Dauerhaftigkeit wesentlich erhöht wird.

Die Farben, welche zum Malen verwendet werden, sind meistens auch für den Farbendruck anwendbar.

In Anbetracht der Mittel, mit denen man die Wiedergabe eines Bildes durch den lithographischen Farbendruck erzielt, ist wohl selbstverständlich, daß der Erfolg einzig und allein von der geschickten künstlerischen Behandlung abhängt.

Ohne künstlerisches Verständnis und die richtige Anwendung der Technik werden die Ausübenden, Lithographen sowohl als Drucker, niemals auch nur leidliche Erfolge erzielen, und deshalb werden gute Leistungen im Farbendruck auch nur da anzutreffen sein, wo die ausübenden Kräfte durch eine tüchtige, künstlerisch gebildete Direktion zusammengehalten und geleitet werden.

Die Reproduktion eines Bildes nimmt oft über Jahresfrist in Anspruch, der Druck desselben erfordert eine äußerst geschickte Behandlung und Ueberwachung; man sollte daher grundsätzlich nur die besten Originale wiedergeben.

Der lithographische Farbendruck hat aber nicht allein sich zur selbständigen Kunsttechnik emporgeschwungen, sondern er hat auch in künstlerischer Hinsicht zur Veredlung mancher industrieller Zweige in erfolgreichster Weise beigetragen.

Neues Verfahren zur Herstellung der Tonplatten für den Buntdruck
von R. und E. Arnold in Leipzig-Plagwitz. D. R. P. 47930.

Das Verfahren besteht im wesentlichen darin, daß die einzelnen Farbeplatten für Buntdruck nicht auf dem Stein durch Ausdecken mit Fetttusche hergestellt werden, sondern auf einfachem gekreideten Schabpapier, ferner aber noch besonders in dem Zerlegen einiger Abdrücke von Holzschnitten oder anderen Druckplatten, welche Umrisse und Schattierung zeigen, in drei bis fünf verschiedene einzelne Farbeplatten, deren praktische Verwendung der Photographie-Imitationsdruck ist.

Das Verfahren bezweckt eine einfachere Herstellung der einzelnen Platten dadurch, daß von dem Original, welches wie z. B. jeder gute Holzschnitt, die vollständige, mit Schattierung versehene Zeichnung schon zeigt, Abzüge mit der bekannten fetthaltigen Ueberdruckfarbe auf mit Kreide gestrichenes Kartonpapier (sogenanntes Schabpapier) abgezogen werden und die einzelnen Abzüge durch Beseitigen, beziehungsweise Ausschaben, einzelner Partien, sowie Ausfüllen mit Fetttusche, nach Erfordernis der Farbenwirkung bearbeitet und sodann erst wie jeder gewöhnliche Ueberdruck auf Solenhofer Lithographiestein oder Zinkplatten übergedruckt werden.

Die so bearbeiteten Platten dienen nun als Originale für den Farbendruck; durch Aufeinanderdrucken der einzelnen Farbeplatten, in den geeigneten Farben, wird die ursprüngliche Zeichnung, z. B. der Holzschnitt, in effektvoller Weise wiederhergestellt. Die einzelnen Manipulationen sind folgende: Nach Einschwärzen der betreffenden Originalzeichnungen, z. B. des Holzschnittes, mit Ueberdruckfarbe, wird derselbe mit gekreidetem Schabpapier bedeckt und auf einer Präge- oder Kopierpresse starkem Druck ausgesetzt, damit alle im Holzschnitt vorhandenen Striche scharf und deutlich drucken.

Das präparierte Papier hat die Eigenschaft, den genommenen Abdruck schnell aufzusaugen, und ist ferner geeignet zum Wegschaffen der Kreideschicht mittels Messer, Radiernadel oder Schaber, so daß man einzelne Teile des Abdruckes leicht beseitigen kann. Ferner ist man auch imstande, diesen Abzug soweit es erforderlich ist, mit Fetttusche abzudecken und dadurch vollere Flächen zu erzielen.

Diese mit Fetttusche abgedeckten Stellen haften bei dem nun folgenden Ueberdruck auf dem Stein ebenso wie die übrige Zeichnung des Abzuges, während die durch Schaben beseitigten Stellen auf dem Stein nicht erscheinen.

Von dem Holzschnitt, welcher z. B. in Photographie-Imitationsdruck wiedergegeben werden soll, macht man nun 4—5 Abzüge mit Ueberdruckfarbe und verfährt dann folgendermaßen:

Auf einem Abzuge beseitigt man durch Schaben sämtliche Schattierungen der Zeichnung bis auf die Umrisse, sowie etwa vorhandene tiefe Schatten.

Der nächste Abzug soll den dunkelsten Ton ergeben, man schabt daher aus demselben nur die hellsten Schattierungen, während die dunkelsten noch, durch Zudecken mit Fetttusche, kräftiger gemacht werden.

Im dritten Abzuge werden nur noch die grellsten Lichtstellen der Zeichnung weggeschabt, während alles andere bis an die Kontur mit Tusche gefüllt wird. Diese Platte ergibt den Mittelton.

Ein weiterer Abzug wird bis auf die grellsten Lichtstellen vollständig mit Tusche gefüllt und dies ergibt die Platte für den leichtesten Ton.

Die so bearbeiteten Abzüge werden, wie jeder gewöhnliche Ueberdruck, auf den Stein oder die Zinkplatte gezogen, mit heißem Wasser abgelöst und wie ein Ueberdruck behandelt.

Man kann so jede einfarbige Zeichnung, unter Verwendung von getreibtem, zum Schaben geeignetem Ueberdruckpapier, leicht in eine mehrfarbige Zeichnung zerlegen, die Lithographie ersparen und in vielen Fällen bessere Wirkung des Druckes erzielen.

Die Chromolithographie auf Porzellan und Glas.

Das Verfahren des Porzellandrucks ist ähnlich der Metachromatypie, d. h. die Drucke werden auf gestrichenes Papier gedruckt, welches durch Feuchtigkeit den Druck losläßt. Doch ist die Hauptsache, daß dazu keine Firnis- sondern nur Metallfarben verwendet werden dürfen, weil beim Brennen des Porzellans die Firnisfarben zersetzt werden würden.

Zum Druck nimmt man nur ätherische Oele, welche beim Brennen weder Dunst noch Rauch hinterlassen, wodurch die Farben schmutzig würden. Die leichtesten Töne, als Fleischton, Grau ꝛc. kann man mit der Walze drucken, alle übrigen aber müssen gepudert werden; dies ist unvermeidlich, wenn man brillante Farben erreichen will.

Was das Decken der Farben übereinander anbelangt, so muß man vorzüglich folgendes vermeiden: Rosa mit Gelb und Fleischton, Rosa mit Vermeillon und Rot, Gelb mit Grün ꝛc. Bistre (leichtbrauner Ton) kann man über alle Farben legen. Flächen müssen wo möglich ganz vermieden werden, und ist etwas Gutes nur in Strichen und Punkten herzustellen.

Zwei bis drei Farben übereinander können nur bei gleichen Farben angewendet werden; so kann man, da es gut ist, daß zu jeder Farbe ein besonderer Stein verwendet wird, z. B. drei bis vier Blau übereinander, auch einmal eine andere Farbe darauf drucken, doch müssen die unteren so schwer sein, daß die obere sie beim Brennen nicht vernichten, d. h. verändern kann. Das Drucken geschieht, wie erwähnt, auf präpariertes Papier. Der Druck wird wie Metachromatypie behandelt, abgezogen und gebrannt, wie jede Porzellanmalerei.

Auch in Glasmalerei hat man sehr täuschende Nachahmungen hervorgebracht. Dieser Druck ist gleich allen übrigen Buntdrucken, nur müssen selbige in Feder ausgeführt sein. Der größte Teil der Farbe wird gepudert und in diesem Zustande macht das Bild einen nicht besondern Eindruck. Nachdem dasselbe fertig gedruckt, wird es in durchsichtigem Firnis gekocht. Die Farben bekommen dadurch ein unbeschreibliches Feuer.

Nach der Oelung wird das Bild auf Glas gezogen, ist durchsichtig wie Glas und kann jeder Witterung, ohne Schaden zu leiden, ausgesetzt werden.

Steindrucke auf Blech.

Buntdrucke bis zu 11—12 Farben werden viel angewendet zu Plakaten in Restaurants, Kaffees ꝛc. nur werden zu solchen Sachen alle Ansichten, Schriften ꝛc. in Farben ausgeführt; dieselben sind sehr sauber und gewiß bedeutend billiger als auf Blech gemalte.

Bei geringeren Sachen, einfachen Etiketten und dergl., wendet man in der Regel den direkten Druck an. Die Zeichnung muß sehr hoch geätzt sein und während des Druckes einigemal nachgeätzt werden, weil an den Stellen, welche mit der Blechtafel in Berührung kommen, sich leicht Farbe ansetzt.

Der direkte Druck auf verzinntes Eisen- oder angestrichenes Zinkblech ist bei besseren Sachen deshalb nicht zu empfehlen, weil die Erhöhungen, welche besonders am verzinnten Bleche vorkommen, den Originalstein schnell verderben.

Besser ist es die Abdrücke, namentlich mehrfarbige, auf Umdruckpapier (Stärkepapier), welches noch einen Ueberzug von einer schwachen Gummi- lösung bekommen hat und nach dem Trocknen satiniert wurde, zu machen. Man druckt, wie bei Abziehbildern, zuerst die letzte Farbe und über- trägt den in mehreren Farben hergestellten Druck auf das Blech. Vor dem Auftragen überstreicht man das Blech mit Damarlack, welcher mit etwas Sikkativ versetzt wurde, so dünn, daß nur ein Hauch des Lackes auf der Platte bleibt.

Hat man die gewünschte Anzahl Abdrücke übertragen und getrocknet, was ungefähr 24 Stunden dauert, so setzt man dieselben in einen mit Wasser gefüllten Holzkasten, nebeneinander zwischen dort eingeschlagene Stifte, bis sich das Papier abgelöst hat, was gewöhnlich in einem halben Tage von selbst erfolgt. Nun werden die Bleche mit Fließpapier abgetrocknet. Das Fließpapier wird darauf gelegt und mit einem breiten Pinsel überstrichen bis alles Wasser aufgesaugt ist.

Selbstverständlich müssen die Sachen rechts lithographiert werden, damit sie nach dem Abziehen des Ueberdruckes auch rechts auf der Blechtafel stehen.

Eine andere Weise den Blechdruck auszuführen ist die, daß man den ersten Druck, und zwar eine Farbe nach welcher man alle andern einpassen kann, direkt auf das Blech ausführt. Sind die Abdrücke in der ersten Farbe gemacht, so werden die Blechtafeln in einen eisernen Ständer, welcher eine beliebige Anzahl derselben fassen kann, eingesetzt und in einen Trocken- ofen geschoben, woselbst sie bei 80—90° Hitze schnell getrocknet werden. Das Trocknen geschieht in ungefähr 10 Minuten, doch muß man öfters nachsehen, damit durch zu langes Verweilen im Ofen die Farbe nicht ver- brennt und schmutzig oder gar schwarz wird. Die Farben müssen möglichst körperhaft sein und dürfen nie mit Weiß versetzt werden, weil dasselbe ver- ursacht, daß sie schwarz werden. Die erste Farbe muß natürlich wie ge- wöhnlich, das heißt links gezeichnet sein, alle übrigen rechts. Die folgenden Farben nach der ersten, werden jede einzeln auf feines Postpapier gedruckt, der Abdruck der nächsten genau auf den ersten Abdruck eingepaßt und sitzt er straff, mit etwas Wasser eingetupft. Sodann wird die Blechtafel mit dem Abdruck auf den in der Presse befindlichen Stein gelegt, einige Bogen ungeleimte Makulatur darauf und mit kräftiger Spannung durchgezogen. Der Abdruck wird nun auf der Rückseite mit Wasser angestrichen, bis sich das Papier vollständig ablöst, sodann wird er wieder in den Ständer eingesetzt und im Ofen wie vorher getrocknet. So alle Farben durch.

Sind alle Farben durchgedruckt, so kommen die Blechtafeln in den zweiten Trockenofen, woselbst sie bei 25—30° Hitze 5—6 Tage verbleiben. Nach dem vollständigen Trocknen werden sie mit Kopallack lackiert.

Die Maschinenfabrik von H. Koch in Leipzig-Konnewitz baut schon seit einigen Jahren Schnellpressen, welche für Stein- und vielfarbigen Blechdruck eingerichtet sind.

Durch eine einfache Umschaltung tritt ein zweiter Cylinder für Blechdruck in Thätigkeit und wird der Druck der Zeichnung zunächst auf einen nicht dehnbaren Kautschukstoff ausgeführt, von welchem er auf das Blech übertragen wird.

Die kleinen Unebenheiten des Bleches beeinträchtigen auf diese Weise die Schärfe und Sauberkeit des Druckes nicht, wie dieses beim direkten Druck vom Stein der Fall ist.

Die Drucke sind haltbar und können ohne Schaden jeder Witterung ausgesetzt werden. Diese Manier wird auch auf starkem Glas ausgeführt.

Sehr beachtenswert ist auch die Erfindung

der Emailimitation durch Lithographie,

welche die Wochenschrift „Kunst und Gewerbe" zur Mitteilung brachte. Der Chemiker der ehemaligen k. k. Porzellanfabrik in Wien, Fr. Kosch, hat nämlich durch fortgesetzte Versuche jene Schwierigkeiten überwunden, die bei der Anwendung der Lithographie zum Einbrennen auf Glas, Porzellan und Metall das Vermeiden größerer Flächen erfordern. Bei den Franzosen und Engländern sind diese Stellen stets unrein und auf unsolide Weise durch nachträgliches Bemalen vertuscht, selbst da, wo Schattierungen vorkommen. Der Vorzug der Lithographien von Kosch ist allgemein anerkannt, und wir können bereits von einer neuen Richtung sprechen, welche die einzelnen Fabrikanten durch dieselben eingeschlagen haben.

Im Porzellan kultivierte in hervorragender Weise Wahliß in Wien diese Emailimitationen. Auf emailliertem Metall und zum Teil auch direkt auf demselben kann man dieselben Ornamente einschmelzen, ebenfalls auf Fayence und auf gewöhnlicher Ziegelerde. Für gewisse Farben ist es jedoch notwendig, daß eine weiße Unterlage gegeben wird, wenn dieselben brillant wirken sollen.

Diese chemischen Lithographien sind für das gesamte Kunstgewerbe, sowie für die Architektur von Bedeutung.

Einesteils gewinnt die Flachornamentik ihre alte Bedeutung wieder bei Gegenständen, welche wegen der leichteren Herstellung der Plastik sie vernachlässigten; andernteils haben wir es mit einem monumentalen Materiale zu thun, da die eingebrannte Farbe unzerstörbar an dem Gegenstand haftet. Die Billigkeit der Vervielfältigung in Tausenden von Exemplaren und die Leichtigkeit mit der jeder Dekorierende solche Lithographien nebst Gebrauchsanweisung fertig beziehen kann, erklärt außerdem die umfassende Verwendbarkeit derselben.

Der Chor der Fünfhauser Kirche in Wien, sowie viele andere Bauten, wurden anstatt mit Teppichmalereien, mit lithographisch eingebrannten Fayenceplatten dekoriert. Jedoch hat sich die Annahme, daß die Anwendung der lithographisch eingebrannten und glasierten Thonplatten, zur Fassadendecoration, eine neue Epoche einführen würde, nicht bestätigt. Die Anwendung ist vereinzelt geblieben und jetzt durch andere Herstellungsweisen fast verdrängt.

Was das Verfahren beim Druck anbetrifft, so werden die chemischen Farben auf ein gefirnißtes Papier gedruckt, welches die Eigenschaft hat, daß es den Firnis samt der Farbe auf dem gleichfalls mit einem Firnis bestrichenen Gegenstande haften läßt. Diese Firnissubstanzen enthalten so wenig organische Stoffe, daß kein Rauch entsteht, welcher die Farben schwärzen könnte.

Jede Farbe wird einzeln aufgedruckt, nachdem die vorhergehende vollständig trocken geworden ist, was bei der schwarzen Farbe oft fünf bis sechs Tage dauert. Außer dem Gold- und Silberdruck sind mehrere Metalllegierungen im Gebrauch, die einen reüssierenden Schimmer geben. Auch der Perlmutterglanz, welcher dem Porzellan gegeben wird, ist von äußerster Eleganz.

Nicht zu stark gewellte Flächen sind zur Anwendung der Koschschen Lithographien am besten, und es bleibt der Handarbeit vorbehalten, die ergänzenden Linien auf der Scheibe zu ziehen und gewisse Details zur Vollendung beizufügen.

Das Umdruckverfahren von Hugo Würbel, Steindruckereibesitzer in Wien, ist auch im Kunstgewerbe eingeführt und in der Nickelstahlmanufaktur in Unter-St.-Veit u. a. in Verwendung, wo Tausende von Tassen, Schüsseln, Bowlen, Serviettenbändern ꝛc. geätzt werden. Die Herstellung von Emailarbeiten in dieser Manier beansprucht kaum den zehnten Teil der bisherigen Herstellungskosten und dieselbe zeigen eine tadellose Schärfe und Reinheit.

Zum Schlusse sei noch eine Erfindung erwähnt, welche von ihrem Erfinder Julius Greth Stenochromie genannt wird.

Durch diese Erfindung, d. h. die Kunst eine unbegrenzte Anzahl von Farben mit einmaligem Druckabzug herzustellen, war, wie man glaubte, ein Publikationsmittel geschaffen, welches gegen alle bisherigen Verfahren durch seine Schnelligkeit und Billigkeit einen wesentlichen Einfluß auf die Kunstindustrie ausüben würde. Dasselbe hat jedoch seit jener Zeit keine bedeutenden Fortschritte gemacht und wird nur in einzelnen Anstalten, welche die Herstellungsweise als Geheimnis bewahren, ausgeführt.

Die Farbe ist in der Kunstindustrie unentbehrlich, die Kunst einer harmonischen Farbenzusammenstellung aber nur begabten Koloristen eigen und der bisherige Farbendruck ein enorm kostspieliger. Daher sind die Werke, aus denen die Industrie Belehrung und Anregung für ihre farbigen Produkte sucht, zu teuer für den Gesamtbedarf, und deshalb nur in den großen Bibliotheken und Museen zu finden, und auch da nicht immer dem Gewerbsmann zugänglich. Dieser fühlbare Mangel hindert das Bestreben, den Sinn für eine harmonische Farbenzusammenstellung zu beleben und den Geschmack dafür in den weitesten Kreisen zu bilden.

Dazu hätte bei weiterer Ausbildung und Verbreitung die Stenochromie beitragen können.

Man hat bis jetzt die bekannten Mittel des Farbendrucks in der Lithographie, in Aquatinten-Buch- und Walzendruck bis zu einer großen Vollkommenheit gebracht; alle Verfahrungsarten beruhen jedoch entweder auf dem Ueberdruck von mehreren, oft vielen Platten, oder sechs bis acht Walzen, und es kann auf diesem Wege kaum ein höheres Stadium erreicht werden.

Diesem System nun ganz entgegengesetzt, werden bei der **Stenochromie** sämtliche Farben und Töne von einer einzigen Platte gedruckt, und es wird somit mittels eines einmaligen Druckabzuges ein **Abdruck aller Farben zu gleicher Zeit erzielt.** Es liegt auf der Hand, daß dadurch in jeder Beziehung eine enorme Ersparnis an Zeit und Kosten gewonnen wird. Begreiflich wird die Möglichkeit, wenn man sich die neue Druckplatte als eine pastöse Farbensubstanz denkt, von welcher das Bild auf saugfähiges Papier, Zeug, Leder ꝛc. unter einer dazu geeigneten, höchst einfachen Presse übertragen wird. Die sämtlichen Farben und Töne können in der Platte beliebig gemischt werden, und daher ist die Anzahl der Farben für den einmaligen Druckabzug eine unbegrenzte. Das, was der Maler mit seinem Pinsel erreicht, wird in der Stenochromie mit einer einzigen Platte erzielt.

Die Herstellung der stenochromischen Druckplatte geschieht in verhältnismäßig kurzer Zeit, je nach der Art des Originals: es ist eine pastöse Materie, bei welcher statt des Pinsels ein Messer mit storchschnabelähnlicher Einrichtung gebraucht wird, um die Zeichnung herzustellen; bei sich wiederholenden mathematischen Figuren werden diesen analoge Formen angewendet.

Jeder Durchzug der Platte in der Presse nimmt höchstens 30 Sekunden in Anspruch. Und da die Farben in der Platte selbst gegeben sind, so ist der Abdruck auch nicht mehr vom Drucker abhängig. Die Harmonie der Farben unter sich, die in der Lithographie bekanntlich durch das Uebereinanderdrucken und das mehr oder weniger Auftragen der Farben mittels der Walzen von Abdruck zu Abdruck leidet, ist in der Stenochromie für ein- und allemal gesichert. Hier bleibt ein Abzug dem andern vollkommen gleich ohne Rücksicht auf die Höhe der Auflage; ob Hundert oder Hunderttausend Exemplare von der Platte abgedruckt werden, das ist ganz gleichgültig.

Ein **zweiter photographischer Ueberdruck** gibt die Feinheit und Treue der besten Photographie, ohne die Farbe irgendwie zu beeinträchtigen.

Die Farben sind die bisher gebräuchlichen Wasser- und Oelfarben, wie sie in der Lithographie, dem Buchdruck oder auch in den Fächern des Zeugdruckes oder bei Glas, Porzellan ꝛc. in Anwendung gebracht werden.

Auch bedarf es keiner besondern Geschicklichkeit, wie sie in der Lithographie erforderlich ist: jeder, der die Farben richtig sehen, mischen und eine gegebene Kontur nachzeichnen oder mit dem Stifte nachfahren kann, ist imstande sich sofort zu orientieren und in wenigen Stunden selbständig zu arbeiten.

Sechstes Kapitel.

Von den lithographischen und anderen in einer Steindruckerei nötigen Pressen.

Jede Steindruckerei, wenn sie vollständig sein und den Anforderungen der Neuzeit Genüge leisten soll, bedarf, da die mechanischen Einrichtungen und mit ihnen auch die Leistungen der lithographischen Pressen sehr verschieden sind, und manche bei dieser, manche bei jener Manier mit Vorteil anzuwenden ist, mehrere Arten von Pressen, hauptsächlich aber das Vorhandensein einer oder mehrerer Handpressen, welche zu Abdrucken und Umdrucken der in den verschiedenen Manieren hergestellten Zeichnungen eingerichtet sind, vorausgesetzt, einer oder mehrerer Schnellpressen, je nach der Größe des Geschäftes und der Menge der zu bewältigenden Arbeiten.

Zum Pressen des gefeuchteten Papiers und der vollendeten Abdrücke, um dem Papiere, welches durch das Feuchten seinen Glanz verloren hat, diesen zu ersetzen, und überhaupt dem Ganzen eine Art Politur und schöneres Ansehen zu geben müssen auch einige, oder doch mindestens eine, zu dieser Arbeit eingerichtete Glätt- oder Satinierpressen vorhanden sein.

Wir wollen diese Pressen unter vier, ihre Wesenheit bestimmenden, Arten aufführen und jede Art, soweit es der Zweck des Buches erfordert, mit ihren Eigentümlichkeiten beschreiben. Die meisten derselben gehören der Vergangenheit an und ihre Erwähnung erfolgt nur im geschichtlichen Interesse.

Sie werden eingeteilt in: A. Reiberpressen; B. Walzen- oder Cylinderpressen; C. Rollpressen, oder solche, die sich dem Wesen beider nähern, also vermischte, auch vielleicht verbesserte Pressen genannt werden könnten; D. Schnellpressen und endlich E. Papierpressen, und diese wieder a) gewöhnliche Pressen, b) Glätt- oder Satinierpressen.

A. Reiberpressen,

darunter versteht man solche, in denen der Abdruck durch ein Holz, Reiber genannt, hervorgebracht wird, das, unten wohl geglättet und der Größe der jedesmaligen Zeichnung angepaßt, mit einer großen, durch verschieden angebrachte mechanische Verbindungen entstandenen Druckkraft, langsam über die bezeichnete Steinplatte, oder diese unter dem Reiber durchgezogen wird.

Die erste lithographische Presse, die sich Senefelder zu seinem eigenen Gebrauche selbst schuf, und die mit wenigen Abänderungen und Verbesserungen noch heute eine der gangbarsten bleibt, ist eine solche Reiberpresse und zwar unter dem Namen Galgen- oder Stangenpresse bekannt.

Eine Stangenpresse ist nun diejenige, bei welcher der Abdruck durch einen Reiber geschieht, der vermöge einer Stange, die zwischen der Steinplatte und einer an der Decke der Presse angebrachten hölzernen Feder eingezwängt ist, seine Druckkraft als Spannung erhält und, unter dieser Spannung langsam über die Platte hinbewegt, den Abdruck bewirkt.

Eine derartige Presse soll jedoch nie weniger als $3^1/_2$ m Höhe haben, wobei dann die Stange einen sehr flachen Bogen beschreibt, der sich mehr der geraden Linie nähert, wodurch die Druckkraft gleichmäßiger wirkt, während eine kurze Stange schwerer zu handhaben ist und den Drucker ermüdet, wobei denn auch, besonders bei einer großen Platte, beim Ein- und Aussetzen zu wenig und in der Mitte zu viel Spannung ist, und sonach kein gleichmäßiger Abdruck erfolgt.

Aber auch die Breite dieser Presse, welche nie unter $1^3/_8$ m betragen soll, trägt wesentlich dazu bei, sie brauchbarer oder untauglicher zu machen, weil die Länge der Feder ihr die Elastizität verleiht, durch welche die ungleiche Wirkung der kreisförmigen Bewegung der Stange ausgeglichen wird. Fig. 8 und 9, Taf. 6, zeigen die Vorder- und Seitenansicht einer Stangenpresse.

Diese Presse, welche gegenwärtig nur für den gewöhnlichen Schrift- oder Tabellendruck verwendet wird, hat jedoch das Ueble, daß sie durch das Brechen der Stange einen häßlichen Lärm macht, zudem muß dieselbe beim Gebrauche, wenn ihr Gerüst nicht besonders gut konstruiert ist, zwischen der Decke des Lokals und ihrem Schlußstück festgekeilt werden, damit sie feststehe. Indessen verdient sie immerhin den Namen einer Schnellpresse, indem auf ihr 1400—1500 Abdrücke pro Tag von Kanzleiformat geliefert werden können.

Dieselbe kann zwar, wenn sie gut konstruiert ist, von einem Arbeiter gehandhabt werden, gewöhnlich werden aber hierzu zwei verwendet, wo dann der eine auf der Seite des Fußtrittes, der andere dem erstern gegenüber hinter der Presse steht.

Eine andere Reiberpresse, Fig. 10, Taf. 6, hat der um das Gewerbswesen hochverdiente Dingler in seinem polytechnischen Journale beschrieben. Sie ward von einem französischen Offizier beim See-Geniekorps, Namens de la Morinière, erfunden und scheint die Vorzüge der Stangenpresse zu besitzen, ohne deren Fehler zu haben, da ihr Reiber nicht im Bogen, sondern, der Steinplatte angemessen, völlig horizontal über dieselbe geht, auch nicht unmittelbar durch die Hand des Arbeiters, sondern durch eine, dies Geschäft gar sehr erleichternde Kurbel gezogen wird.

Was allenfalls an dieser Presse auszusetzen wäre, ist, daß die Stange sich, wenn sie nicht sehr stark oder sehr schwer beschlagen ist, werfen oder durchschlagen kann, und daß alsdann der Druck in der Mitte des Steines, wenn es sich um große Steine handelt, schwächer ist, als an den Enden. Ebenso erlaubt die Kompliziertheit des Hebelwerkes kein schnelles Verändern des Druckes, da dasselbe nicht ganz bequem zu verstellen ist. — Der Zug des Reibers wird etwas schwerer, wenn die Gurtenwalze durch das Aufwinden an Umfang zunimmt, und endlich ist der Stein im Steinkasten nur in einigen Punkten unterstützt, wodurch derselbe, hohlliegend, leicht gebrochen werden kann, ein Uebelstand, der noch bedenklicher wird, wenn der Steinkasten sich etwa, wenn er nicht von Gußeisen ist, werfen sollte.

Man kann mit dieser Presse beinahe so schnell arbeiten, wie mit der Stangenpresse, und zwar mit größerer Kraft, weil diese Kraft schon durch die gleiche Verteilung weit mehr wirken kann, als dies bei der Stangenpresse möglich ist, daher die größten Platten darauf ebenso gut abgedruckt werden können, wie die kleinern. Berücksichtigt man dabei noch, daß sie keines so großen, besonders keines hohen Raumes bedarf, so könnte sie wohl der Stangenpresse gar sehr vorzuziehen sein, nur muß sie wegen der vielen Schrauben, Eisenbeschläge, der Kurbel u. s. w. in der Herstellung teurer sein.

Wir übergehen hier eine große Anzahl von Einrichtungen lithographischer Pressen, da dieselben teils nur zu kleinern Arbeiten geeignet, teils veraltet und durch bessere ersetzt sind.

B. Walzenpressen

sind solche, bei denen der Abdruck nicht durch einen Reiber, wie bei den Reiberpressen, sondern durch eine Walze geschieht, die durch irgend eine mechanische Vorrichtung mit großer Druckkraft über die Steinplatte rollt, oder wo zwei Walzen einander korrespondieren, zwischen welchen die Steinplatte durchgezogen und dadurch der Abdruck bewirkt wird.

Eine reine Walzenpresse ist die von Steiner in Wien erfundene, bei welcher die Steinplatte mit dem nötigen Druckrahmen, der aber hier nicht mit Leder, sondern mit feinem Filz überzogen ist, auf einem starken Tische ruht und beim Drucken eine 20 cm Durchmesser haltende, messingene Walze über die Platte gerollt wird. An den Zapfen, mit denen die Walze in Falzen oder Gewinden geht, sind zwei eiserne Stangen angebracht, an welchen, des nötigen größern Druckes halber, unter dem Tische ein Kasten mit Gewichten hängt. Diese Gewichte kann man vermindern oder vermehren, jenachdem wenig oder viel Druck nötig ist, und so bis zu einem sehr großen Drucke verstärken, wenn besonders die Tischplatte hoch steht, oder durch irgend eine andere Vorrichtung unter derselben für eine große Menge Gewicht Raum genug da ist. Sie liefert übrigens nur dann brauchbare Abdrücke, wenn man viel Ueberlage anwendet, und ist aus eben diesem Grunde für vertiefte Manieren gänzlich unbrauchbar. Es ist überhaupt diese Presse, wegen des großen Zeitverlustes bei der Arbeit und wegen ihrer doch immer noch mangelhaften Resultate, nur noch in wenig Offizinen und dort nur als Rarität zu finden, — im Gebrauche haben wir sie nicht gefunden, da alle andern Pressen bessere Wirkungen geben.

Eine Walzenpresse, dieser sehr ähnlich, ist die von André in Offenbach. Auch bei dieser wird eine Walze über den Stein gerollt, nur ist diese weit schwächer, und ihren großen Druck erhält sie nicht durch Gewichte, sondern durch eine andere ihr korrespondierende Walze unter dem Tische. Jemehr beide Walzen durch Schrauben einander genähert werden, desto größer ist ihr Druck.

Auch eine gewöhnliche Kupferdruckpresse hat uns Senefelder gelehrt, nutzbar für den Steindruck anzuwenden. Die Arbeit daran ist zeitraubend, die Resultate kaum genügend, weshalb wir diese Presse hier nicht näher beschreiben; dagegen müssen wir der Walzenpresse des Trentsensky in Wien erwähnen, welche für ordinäre Arbeiten, die keine große Eleganz erfordern, Wein- und Tabaksetiketten ꝛc. sehr vorteilhaft ist. Sie gewährt eine ziemlich schnelle Arbeit und erfordert keine große Anstrengung bei der Bedienung. Ihr Prinzip ist in einfachen Linien in Fig. 11, Taf. 6, dargestellt.

Vorzüglich brauchbar ist diese Presse, sobald man genötigt ist, auf sehr ordinäres Papier zu drucken, dessen Knoten und Ungleichheiten den Reiber einer Stangen- oder anderen Presse sehr bald ruinieren würden.

In die Reihe der reinen Walzenpressen könnte man ferner auch die zunächst zu beschreibenden Roll- oder Sternpressen stellen, wenn sie anstatt des Reibers eine Walze hätten, die ebenso, wie dieser, angebracht wäre. Dergleichen Pressen können jedoch nie zur Ausführung kommen, da es selbst bei der größtmöglichen anzuwendenden Sorgfalt im Schleifen der Steine nicht möglich ist, beide Flächen ganz parallel und eben zu bearbeiten, was bei einer reinen Walzenpresse durchaus notwendig ist. Selbst die Kupferplatten, welche doch selbst auf Walzwerken erzeugt werden, lassen hier oft noch viel zu wünschen übrig, und der Kupferdrucker hat seine Not damit, durch verschiedene Auflagen ꝛc. immer nachzuhelfen. Der Reiber, bei dem stets dieselben Punkte mit denselben Stellen des Steins wieder in Berührung kommen, und bei welchem überhaupt nur die geringe Fläche des Raums in Betracht zu ziehen ist, fügt sich sehr bald, schon nach den ersten Abdrücken, in die kleinen Ungleichheiten des Steins, was eine Walze nie thut und thun kann, und man erhält auf einer Reiberpresse so untadelhafte Abdrücke, wie sie eine Walzenpresse nie liefern kann.

C. Rollpressen,

oder solche, die Walze und Reiber vereinen, sind Pressen, bei denen der Abdruck zwar durch einen Reiber geschieht, dieser aber nicht über die Steinplatte geführt wird, sondern fest steht und die Platte in und mit dem Druckrahmen durch Walzen, auf denen sie ruht, fortbewegt und unter dem Reiber durchgezogen wird.

Die erste derartige Presse wurde von Professor Mitterer in München konstruiert, und das neue System, welches sich im Steindruck mittels derselben bildete, hat die vorteilhaftesten Folgen für diese Kunst gehabt.

Diese Mittersche Presse ist eine der ältesten, indem die Erfindung derselben bald auf die der Stangenpresse folgte.

Ihr Prinzip, welches sich gleich von vornherein als das Zweckdienlichste für den Steindruck zeigte, ist auch im ganzen genommen noch gegenwärtig dasselbe geblieben; nur hat man an den einzelnen Teilen dieser Presse große Verbesserungen angebracht, welche ihre Dauerhaftigkeit und Präzision bedeutend vermehrt haben.

Wir geben hier in Fig. 12, Taf. 6, die erste derartiger Pressen als etwas Geschichtliches in ihrer ursprünglichen Gestalt; dieselbe verrät in allen ihren Teilen, daß sie zu einer Zeit erfunden wurde, wo die Lithographie noch in ihrer Kindheit stand, in ihrer gegenwärtig vervollkommneten Umgestaltung werden wir sie später noch als sogenannte Sternpresse kennen lernen.

Die Walzen- und Rollpressen haben im allgemeinen, gegen die Stangenpressen gehalten, den Nachteil, daß sie einen größern Zeitaufwand erheischen und deshalb in einem bestimmten Zeitraume eine geringere Anzahl von Abdrücken liefern, dagegen aber werden diese Abdrücke bedeutend besser, als die auf jenen erzeugten, weshalb man die Stangenpressen bis jetzt nur zu leichteren Druckarbeiten zu verwenden imstande war, und sich dabei fast allein auf Schrift- und Pinselzeichnungen beschränken mußte. Für den Kreidedruck können die Stangenpressen niemals angewendet werden, da selbst bei der größten Aufmerksamkeit und unter den vorteilhaftesten Umständen in Bezug auf die Konstruktion der Presse, immer ein ungleichmäßiger Druck entstehen muß, der in der Mitte des Steins am stärksten und an beiden Enden bedeutend schwächer sein wird. Ebensowenig wird man gute Abdrücke von vertieft gearbeiteten Steinen erhalten können, da diese Manier eine stetige, sehr kräftige Pressung erheischt. Es ist deshalb das Bestreben der denkenden Lithographen gewesen, eine Presse zu bauen, welche für alle Manieren gleich anwendbar ist, ohne darum bei der einen oder der andern einen größern Zeitaufwand erforderlich zu machen.

Die Fig. 13, Taf. 6, abgebildete Presse, eine verbesserte Schnellballenpresse, ist vielleicht diejenige, die diesen Bedürfnissen am meisten entspricht, und gewährt außerdem die Vorteile, daß sie, ganz von Eisen erbaut, eine große Haltbarkeit zeigt, und daß sie bei ihrer einfachen Konstruktion, auch von minder geübten Arbeitern verfertigt und von minder geübten Druckern bedient werden kann.

Eine Presse, welche mit einigen Modifikationen ganz nach diesem Prinzipe konstruiert wurde, ist die von Schrader & Böttger in Nürnberg erfundene Schnellpresse. Dieselbe verrichtet das Netzen, Druckgeben und Durchführen des Blattes selbständig, erfordert aber dennoch einen Drucker und einen Aufleger. Das System des Ein- und Ausfahrens und des Druckgebens ist ganz nach Art der vorbeschriebenen Presse, das Feuchten des Steins erfolgt mechanisch von einem quer über dem Stein liegenden Troge aus, welcher unterhalb eine mit Schwämmen ausgefüllte Oeffnung hat; die vorstehende Schwammlinie bestreicht die ganze Breite des Steins bei seinem Herausgange, beim Durchgange unter der Presse, also nach dem Einschwärzen, wird sie durch ein Hebelwerk soviel gehoben, daß der Deckrahmen nicht von ihr berührt wird. — Das Leder ist einerseits am Kasten befestigt und steht anderseits mit Gewichtschnüren in Verbindung, welche es beim Ausfahren des Kastens vertikal in die Höhe ziehen und zwar zwischen dem Reiber und dem Troge; beim Einfahren des Kastens wird es durch ersteren mitgenommen. Das Papier wird auf das Leder gelegt und daselbst durch Leitbänder festgehalten.

Eine ähnliche, jedoch vereinfachte Presse ist in Fig. 14, Taf. 6, dargestellt. Sie zeichnet sich nicht allein durch ihre Einfachheit, sondern auch durch die Güte der Abdrücke aus. Die Arbeit geht etwas langsam und für vertiefte Manieren ist sie leider nicht zu brauchen.

Unter den zahllosen Verbesserungen, welche die Pressen erfahren haben, dürfen wir diejenigen nicht unerwähnt lassen, welche Engelmann & Grimpé in Paris an ihren Pressen angebracht haben.

Die Pressen haben im einzelnen verschiedene mehr oder weniger zweckmäßige Einrichtungen und Veränderungen erfahren, so hat man z. B. den Druckrahmen mit der Steinplatte anstatt durch Walzen durch ein Getriebe mit Kammrädern und Kurbel auf eine sehr leichte Weise in Bewegung gesetzt, und diese Einrichtung scheint, obgleich die Arbeit, dem mechanischen Gesetze zufolge, daß, wenn man durch mechanische Potenzen eine Kraftvermehrung erzeugt, man einen Verlust an der Schnelligkeit erleidet, auch hier durch die Räderbewegung verzögert wird, von großen Vorteilen zu sein.

Eine Presse, welche ebenfalls in die Klasse der Rollpressen gehört, ist diejenige, auf welche sich Ignaz Wiedermann ein Patent geben ließ, das indessen bereits längere Zeit erloschen ist. Für die verschiedenen Zweige der Arbeiten sind auch zwei verschiedene Pressen konstruiert und zwar eine **Kunstpresse** für Kreide- und feinere Feder- und Gravierarbeiten und eine **Schnellpresse** für gewöhnliche Schriftarbeiten.

Das Eigentümliche dieser Presse besteht in einem kombinierten Reiber mit einem Wagen und Walzen und in dem, nach Erfordern mit Federn, Hebeln und Gewichten herzustellenden Druck. Die Bewegung kann durch Kurbeln oder den Stern bewirkt werden.

Der einfache Bau dieser Pressen, ihre leichte und sichere Bewegung, der gleichförmige Druck, die Bequemlichkeit beim Einschwärzen und Durchziehen des Steins, die Schnelligkeit der Arbeit, der kleine Raum, den sie einnehmen und dennoch freien Raum zur Aufbewahrung von Utensilien gewähren, die sichere Lage des Steins, die bequeme Manipulation und die Möglichkeit eines leichten Transports der Presse sind Vorzüge, welche an derselben gerühmt werden.

Handpressen neuerer Konstruktion.

Betreffs der lithographischen Druckpressen im allgemeinen ist zur Genüge bekannt, daß die Vollkommenheit der Abdrücke nicht allein von der Beschaffenheit der Presse, sondern auch von der Gewandtheit des Zeichners und von der des Druckers abhängt. Man sucht sich gut eingerichtete Pressen zu verschaffen, um möglichst viele und den Umständen nach gute Drucke in einer bestimmten Zeit abziehen zu können, und die Gefahr des Zerbrechens der Steine auf das geringste Maß zurückzuführen. Bei einer soliden Maschine werden auch die häufigen Reparaturen nicht vorkommen, denen weniger gute Pressen unterworfen sind.

Eine gut konstruierte Presse soll eine tüchtige Spannung zulassen ohne den Arbeiter zu ermüden, einen elastischen Druck ausüben und einen möglichst kleinen Raum einnehmen.

Was die Schnelligkeit ihrer Bewegung betrifft, so weiß jeder praktische Drucker, daß die Zahl der zu machenden Abdrücke nicht sehr erhöht werden kann durch besseren Mechanismus, indem die unerläßlichen Funktionen des Wischens, Einwalzens ꝛc., besonders bei Kunstgegenständen zwei- und dreimal mehr Zeit in Anspruch nehmen, als das Schließen und Oeffnen des Rahmens und der Durchzug.

Unter den verschiedenartig konstruierten Pressen fürs Kunstfach in großen Formaten, dürfte wohl die **Sternpresse** eine der zweckdienlichsten sein, und findet sich dieselbe in Fig. 1—4, Taf. 7, dargestellt.

a das Gerüst von Holz. b Karren oder Kasten, dessen beide innere Seitenwände Einschnitte haben, welche die Querteile aufnehmen, wodurch der Stein befestigt werden kann. c eiserne Hauptwalze, deren Achse in messingenen Pfannen läuft, und d Hilfsrollen, worauf der Kasten sich bewegt. An diesem ist der eiserne Lederrahmen e an den Teilen f beweglich, welche bei g befestigt und in der richtigen Höhe durch Schraubenbolzen gehalten werden.

Diese Bolzen befinden sich in länglichen Einschnitten, weshalb man den Rahmen nach der Stärke des Steins höher oder tiefer stellen kann. h Schrauben, um die Höhe des Rahmens zu regeln. i Stellschrauben zur Fixierung des Kastenlaufes. k Rollen, über welche die Gurten l, die stark und nicht elastisch sein sollen, laufen und sich auf die an der Achse m befindliche Welle n aufrollen, worauf die Gurten auch befestigt sind.

An der Achse m, die sich in messingenen Pfannen dreht, befindet sich der Drehstern o zum Durchziehen des Kastens. Zugleich ist an der Welle n der zum Retourzug nötige Strick befestigt, welcher unter der Hauptwalze über die Rolle p geht, und an einem eisernen Haken bei q an den Kasten angemacht ist.

r der Reiberhalter, in dessen Mitte die Schraube s ist, vermittelst welcher der Reiber immer in gleicher Höhe aus dem Halter gestellt werden kann. Ueber dem Reiber ist das eiserne Stück t angebracht, worauf die Schraube drückt, und an den innern Seitenwänden des Reiberhalters eine Feder u und Schraube v, damit der Reiber nicht herunterfallen kann.

An beiden Seiten der Presse laufen zwei eiserne Bügel w in den Eisenschienen x und hängen durch eine Stellschraube y mit zwei entgegengesetzten Gewinden zusammen. Durch diese Stellschrauben kann der Reiberhalter bei dicken oder dünneren Steinen höher oder niedriger gestellt werden.

An jedem untern Bügel ist z die Verbindung mit einem kurzen eisernen Hebel 1, und diese an beiden Seite angebrachten Hebel 1 sind durch 2 mit dem großen Hebel 3 verbunden, worauf das Gewicht 4 ruht, das durch die Kurbel 5 auf- und niedergelassen werden kann. Der Reiberhalter ist an dem Bügel durch den Bolzen 6 befestigt und bewegt sich zugleich um denselben.

An dem vordern Bügel ist der Haken 7 mit Scharnieren angebracht, in welchen der Teil 8 des Reiberhalters einfällt. Die Feder 9 hindert diesen Haken vorwärts zu fallen und stößt ihn gegen den Teil 8 des Reiberhalters, damit er von selbst einschnappt. 10 Vorrichtung den Lederrahmen in jeder beliebigen Lage zu stützen.

Ist der Stein in dem Kasten befestigt, so wird der Reiberhalter auf denselben gesenkt und durch die beiden Stellschrauben y in die passende Höhe gestellt. Gleichfalls wird auch die Höhe des Lederrahmens gerichtet, der Anfang und das Ende des Kastenlaufes durch die beiden Stellschrauben i bestimmt, das Gewicht auf dem Hebel geregelt, das nach der erforderlichen Kraft des Druckes und nach dem Formate des Steins verhältnismäßig leichter oder schwerer genommen werden muß.

Nachdem man den Stein eingewalzt und Papier darauf gebracht hat, schließt man den Lederrahmen, läßt den Reiberhalter in den Haken einfallen und senkt denselben mit der Kurbel des Gewichts nieder, welches seine Kraft auf den mit den Hebeln in Verbindung gebrachten Reiberhalter (eigentlich Reiber) übt. Man bringt nun den Drehstern in Bewegung und hebt nach Vollendung des Zuges das Gewicht mit der Kurbel wieder auf, worauf der Reiberhalter umgelegt und der Drehstern zurückbewegt wird, wodurch der Kasten auf seine erste Stelle zurückkommt.

Zu den vorzüglichsten derartigen Pressen gehört auch die von Joh. Manhardt in München verbesserte Druckpresse, welche großen Eingang gefunden und deren Zweckmäßigkeit vielseitig von erfahrenen Praktikern gerühmt wird. In Fig. 5 und 6, Taf. 4, ist dieselbe in einer Seiten- und Stirnansicht genau dargestellt.

Die an ihr gemachten Verbesserungen umfassen:

1. **ein ganz neu angebrachtes Hebelwerk** und
2. **eine Höher- und Niederstellung des Reiberhauses**, durch welche nachfolgende wesentliche Vorteile gegen alle vorher bestehenden ältern Konstruktionen erzielt werden.

a) Wird die Bedienung der Presse vereinfacht, die Arbeit erleichtert und an Zeit erspart, wodurch die Arbeit bei gleicher Qualität in quantitativer Beziehung erhöht wird.

b) Zugleich geht die Bewegung in ruhiger und sanfter Weise vor sich, während der Druck ein verstärkter ist, und man bedarf auch eines geringeren Gewichtes zum Drucke der Maschine.

Wesentliche Teile des Hebelwerkes.

A eine durch die langen Seitenteile a^1, a^1, a^2, a^2 des Bodengestelles durchlaufende Achse, gelagert in dieser bei a^1, a^2.

B zwei Scharnierglieder in der Mitte und getragen von A und in Verbindung mit C^1 und C^2 als zwei Stelzen, in Verbindung mit α als eine Achse, welche in D als ein oberes Scharnierstück eingreift, welches mit dem langen Hebel c verbunden ist.

$E^1 E^2$ ist ein mit der Achse A in fester Verbindung stehender Hebel, welcher an seinem Ende E^1 mit einer Handhabe (Hefte) versehen ist und durch welchen, indem er bis F gedrückt wird, das ganze Hebelwerk mit dem Reiberhause d auf höchst bequeme Weise in kürzester Zeit gehoben und durch Zurückführung des Hebels in seine erste Lage $E^1 E^2$ wieder an seine frühere Stelle gebracht wird; während diese Arbeit bei den älteren Pressen entweder durch eine Kurbel, welche oben am Gestelle angebracht ist, oder durch einen Stern mit Rollen und Bändern bei großem Verlust an Zeit und mit Anstrengung verrichtet wird.

Wesentliche Teile zum Höher- und Niederstellen des Reiberhauses.

Bei dieser Konstruktion ist charakteristisch, daß das Höher- und Niederstellen des Reiberhauses nur von einer Seite geschieht und zwar in folgender Art:

G ist eine Kurbel, angebracht und in fester Verbindung mit H als einer durchlaufenden Achse, welche an beiden Enden bei I^1 und I^2 ein Gewinde trägt, in deren jedes eingreift.

K^1 und K^2 Zahnrädchen (Gewinde ohne Ende), welche in fester Verbindung stehen mit β^1 und β^2 als zwei senkrechten Schrauben, mittels welcher infolge der durch die Kurbel G bewirkten rotierenden Bewegung das Reiberhaus d parallel zu seiner ersten Lage in kürzester Zeit und mit kleinster Kraft senkrecht auf- und abgeführt wird, während bei den Pressen älterer Konstruktion das Reiberhaus nur durch abwechselndes Schrauben bald auf der einen, bald auf der andern Seite ruckweise und ungleichförmig mit großem Zeitverluste verstellt werden kann.

L^1 L^2 die obern Hebel sind hier von Schmiedeeisen, gehen in der Mitte durch die Gestellsäulen, so daß das ganze System in einer senkrechten Ebene ist und bleibt, zufolgedessen durch ein geringeres Gewicht dergleichen Druck erreicht und alle Spannung aufgehoben wird, während bei den älteren Pressen die Hebel L^1 und L^2 an der innern Seite eines ca. 10 cm starken Holzes angebracht wurden.

Da sich bei obiger Konstruktion die Hängschrauben auf der Mitte befinden, die Einhängung des Reiberhauses von oben außerhalb der Gestellsäulen geschieht, so bewegen sich die senkrechten Schieber in den Gestellsäulen mit leichter Reibung, wodurch infolge der Schwebe des Hebelwerkes mit einem bestimmten Gewichte ein sanfter Druck bewirkt wird.

Für kleinere Druckformate, wobei nicht allein bloß auf Schönheit und Reinheit der Abdrücke, sondern auch auf Leichtigkeit und Schnelligkeit des Abzuges gesehen werden soll, eignet sich vorzüglich die von Ferdinand Weishaupt konstruierte Presse, welche in Fig. 7 und 8, Taf. 7, abgebildet ist.

a das Gerüst; b Kasten, in welchen bei dünneren Steinen ein Brett oder Pappendeckel untergelegt wird, um ihnen die erforderliche Höhe zu geben; c der Lederrahmen ist durch dieselben Scharniere, wie bei der großen Presse (Fig. 1, Taf. 7) mit dem Kasten verbunden; d Haupt- und e Hilfswalzen; f Kurbelachse, woran die Wellen g sind, auf welchen sich die am Kasten b angebrachten Gurten aufrollen. Der am Kasten befestigte und über die Hauptwalze laufende Strick mit Gewicht h bewerkstelligt den Retourzug. i der Reiberhalter, in dessen Mitte die Stellschraube k und über dem Reiber der eiserne Teil l befindlich ist, sowie auch die Feder m und Schraube n zum Festhalten des Reibers.

An der mittlern Stütze des Gerüstes ist der Reiberhalter durch den Bolzen o angemacht und bewegt sich zugleich um denselben. Die Schraube p befestigt den eisernen Hebel q, woran das Gewicht r und der Haken s sich befindet. Dieser Hebel wird durch den bei t befestigten Winkelhebel u unterstützt.

Nach dem Schließen des Rahmens c läßt man den Reiberhalter in den Haken s einfallen, stellt den Winkelhebel u aufwärts, wodurch der Hebel q seine Kraft auf den Reiber äußert, und nach dem Durchziehen des Kastens b mittels der Kurbel wird der Hebel u wieder in seine wagerechte Richtung gebracht und der Reiberhalter zurückgelegt.

Unter den Pressen Fig. 9—12, Taf. 7, welche häufig in Nord- und Mittel-Deutschland, sowie auch in vielen entfernten Ländern eingeführt sind, empfiehlt sich besonders wegen ihrer vielseitigen Brauchbarkeit, die nach englischer Art aus Eisen konstruierte Handhebelpresse, Fig. 9 und 9a, Taf. 7, von Erasmus Sutter.

Die Handhebelpresse vereinigt Leichtigkeit der Bewegung mit der Kraft des Druckes, sie eignet sich vorzugsweise für Schriftsachen, und läßt in Bezug auf Schnelligkeit und guten Druck nichts zu wünschen übrig; auch können mittels dreier verschiedener Preßrahmen die kleinsten, sowie die größten Formate darauf gedruckt werden.

Das zur Presse gehörende Gitter, ein durch ineinander gefügte Querhölzer akkurat gearbeitetes Brett, hat zur Aufgabe eine elastische Unterlage zwischen dem Stein und dem Pressenkarren zu bilden, über welches dann noch ein die Größe des Preſſenformats ausfüllendes Filztuch von entſprechender Stärke gelegt wird.

Die Spannung wird hierbei durch ein in dem feſtſtehenden Reiberbalken a befindliches Exzentrikum, welches durch den Hebel b in Bewegung geſetzt wird, bewirkt. Die Walze, auf welcher der Karren ruht, wird durch Ueberſetzung mittels Zahnrädern mit der Kurbel c gedreht und dadurch der Durchzug bewerkſtelligt.

Durch die Kartons d iſt der Preſſe eine hinreichende Elaſtizität geſichert; ihr Gang iſt äußerſt ſolid und behende, und die Spannung durch eine ſinnreiche Einrichtung des Exzentrikums bedeutend ſtärker, als ſolche dieſer Art von Preſſen ſonſt eigen iſt. Auch hat dieſelbe einen durchaus ſtillen Gang, und nimmt bei gleichem Formate die Hälfte des Raumes der gewöhnlichen Sternpreſſe ein.

Der Lederüberzug (das Preſſenleder) des erwähnten eiſernen Preßrahmens, muß auf ſeiner äußeren Seite, über welche der Reiber geht, beim Gebrauche ſtets mit Talg geſchmeidig erhalten werden.

Statt des Leders in dem Rahmen, kann man ſich dafür auch der Glanzpappen bedienen, eine Art von Pappen die aus altem Segeltuch fabriziert werden.

Will man dieſe benutzen, ſo wird der Lederdeckel (Rahmen) überflüſſig, und deshalb abgeſchraubt; auch wird, wie beim Gebrauch des Leders, die äußere Seite der Pappe mit Talg beſtrichen.

Indes müſſen die Glanzpappen nach einigen Monaten fleißigen Gebrauchs erneuert werden; während das Leder, bei guter Behandlung, eine geraume Reihe von Jahren vorhält.

Mit vorzüglich günſtigem Erfolge gebrauchte Ferd. Weishaupt auf dem Rahmen ganz dünnes Zinkblech, ſtatt des Leders und der Glanzpappen.

Ein weſentlicher Vorzug des Zinkblechs beſteht darin, daß hierdurch die Dehnung des Papiers beim Durchziehen in der Preſſe weit geringer iſt, als bei dem Gebrauch des Leders, was beſonders beim Farbendruck von Vorteil iſt.

Vom Reiber iſt zu bemerken, daß derſelbe bei jeder Platte friſch abgerichtet werden muß, wobei auf einem guten Doppelhobel zuerſt die beiden Gehrungen geſchärft und dann auf der gebildeten Kante ca. 2 mm breit weggenommen wird. Der geradgehobelte Reiber muß dann nach den vorkommenden Unebenheiten des Steins abgerichtet werden, wozu die Kante des Reibers auf den Stein gehalten und wenn das Licht durchfällt, mit einem Glasſcherben an den hohen Stellen geſchabt werden muß, bis kein Licht zwiſchen Reiber und Stein durchfällt. Immerhin ſoll aber die Mitte des Reibers eine kleine Lücke gegen den Stein zeigen.

Hierauf wird, nachdem die ſcharfen Ecken des Reibers abgerundet und mit Bimsſtein abgeſchliffen, die Kante desſelben mit einem Lederſtreifen von der Qualität des Preſſenleders überzogen, indem man den ca. 3 cm breiten Lederſtreifen auf den beiden ſchmalen Seiten des Reibers mit Stiftchen befeſtigt. Durch dieſe Maßregel wird der Zug ſehr erleichtert, da die Reibung zwiſchen Leder und Leder geringer iſt, als zwiſchen Holz und Leder, überdies halten die Rahmenleder viel länger.

Gewöhnlich wird zu dieſen Reibern Birnbaum-, Linden- oder Ahornholz verwendet. Beſonders eignet ſich hierzu das Holz vom weißen Ahorn, da es am besten stehen bleibt (die Kante nicht umlegt). Die Länge des Reibers richtet sich nach der Breite der gangbarsten Steingrößen, seine Stärke beträgt ca. 2½ cm und seine Höhe etwa 14 cm.

Betreff der Friktionsteile der Presse bleibt noch zu erwähnen, daß dieselben fortwährend gut geölt und diese geölten Teile von Zeit zu Zeit gereinigt werden müssen, da sonst die leichte Bewegung der Presse gehemmt und ihre einzelnen Teile geschädigt werden.

Die eiserne Kunstdruckpresse, Fig. 10, für den Druck der größten Formate anwendbar, unterscheidet sich von der gewöhnlichen Sternpresse vorzugsweise durch die Einrichtung des Reiberbalkens n, welcher nicht aufgestellt, sondern um seine Achse gedreht wird, wenn die Presse geöffnet oder geschlossen werden soll; nicht minder sinnreich ist das Hebelwerk, welches eine große Spannung zuläßt, ohne das Gepolter der gewöhnlichen Hebelspannwerke zu verursachen.

b Stange, welche an der Stelle c den Reiberbalken faßt, und unten mit den Rollen d, d versehen ist.

Zwischen diesen beiden Rollen geht der Hebel e durch, welcher in f ein Knie und in g seinen Stützpunkt hat.

h Tritt mit dem Winkel i, welcher an k mit dem Hebel e verbunden ist.

Wenn der Rahmen geschlossen, der Reiberbalken herübergezogen und eingefallen ist, so bewirkt das Heruntertreten des Trittes folgende Bewegung: Der Winkel i schiebt den Hebel e vorwärts, das Knie f zwingt ihn niederwärts zu gehen; bei dieser Bewegung drehen sich die Rollen d, d und es wird auf die untere dieser Rollen ein keilförmiger Druck ausgeübt.

Die Konstruktion der Tischpresse von Hindersinn, Fig. 11, ist höchst einfach und nimmt wenig Raum ein, ist jedoch nur für Gegenstände anwendbar, welche keiner starken Spannung bedürfen. Was aber die Schnelligkeit betrifft, welche diese Presse zuläßt, so geht sie so schnell, wo nicht schneller, als die Stangenpresse, indem bei ihr mehrere Bewegungen ausfallen, welche der Arbeiter an der Stangenpresse zu machen hat, z. B. das Auf- und Absetzen des Reibers und das lästige Brechen der Stange.

Ueberdies ist der Druck gleichmäßig, während der Druck der Stangenpresse in einem Bogen, dessen Mittelpunkt das obere Ende der Stange ist, über den Stein geht.

Wie bei der Stangenpresse und der Presse von de la Morinière liegt auch hier der Stein unbeweglich, wobei der Reiber die Bewegung über denselben macht. Diese Tischpresse dürfte aber nicht allein der Stangenpresse, sondern auch der letztgenannten vorzuziehen sein, welche die Führung des Reiberhauses in der Mitte, während bei der Tischpresse dasselbe zu beiden Seiten Bahn hat.

a Rahmen; b b Reiberhaus mit vier Griffen c, c, c, c versehen; d, d Bahnen für das Reiberhaus, e Stellung für den Reiber; e' Scharniere des Rahmens; f, f Gegengewichte, um das Oeffnen des Rahmens samt Reiberhaus zu erleichtern.

g, g, g Haken, vermittelst welcher das Hebelwerk seine Kraft auf die Bahn äußert; h oberer Hebel; i Tritthebel; k, k Ohren vermittelst deren der Tritthebel an den Boden befestigt ist.

l, l Feder zum Emporheben des Hebelwerks; m Verbindungsstange zwischen dem oberen und dem Tritthebel, dieselbe ist zum Höher- und Niedrigerstellen mit Löchern versehen.

Nachdem eingewalzt, aufgelegt und der Rahmen geschlossen ist, wird durch Niedertreten des Hebels i die Spannung gegeben. Der Drucker und sein Gehilfe ziehen bei den Handhaben c, c, c, c das Reiberhaus über die Fläche, worauf der Drucker den Tritthebel heraufläßt und den Rahmen samt Reiberhaus zurückschlägt.

In der mechanischen Werkstätte des Erasmus Sutter in Berlin werden, wenn auch nicht die wohlfeilsten, jedenfalls doch vorzüglich gut konstruierte Pressen gefertigt, z. B. eine Tischpresse, Fig. 11, eine Kunstdruckpresse, Fig. 10, und eine Handhebelpresse, Fig. 9.

In den meisten Maschinenfabriken wird diese Presse nach folgenden Formaten gefertigt und der Preis danach berechnet:

Nr. 1 Karrenformat, 45 cm breit, 54 cm lang.
„ 2 „ 52 „ „ 66 „ „
„ 3 „ 60 „ „ 78 „ „
„ 4 „ 64 „ „ 90 „ „
„ 5 „ 73 „ „ 94 „ „
„ 6 „ 78 „ „ 99 „ „

Die Walzenpresse, Fig. 12, mit Holzuntergestell und einem Druckraum 54 cm breit, 80 cm lang, aus der Maschinenfabrik von H. Queva & Komp. in Erfurt, ist nach Art der englischen Presse konstruiert, kommt bei ihrer einfachen Handhabung an Schnelligkeit der Stangenpresse zunächst und liefert zugleich einen sehr guten Druck.

Wenn der Stein zum Durchziehen fertig ist, so schiebt der Drucker den Karren soweit unter den Reiber, bis dieser über der Stelle steht, wo der Druck beginnen soll. Nun schlägt der Arbeiter den Hebel a nieder, wodurch die Walze b emporsteigt, wobei durch diese Bewegung der Karren gehoben und der Stein gegen den Reiber c gedrückt, und dann durch Drehung der Walze b mittels der Kurbel d das Durchziehen des Karrens unter dem Reiber bewirkt wird, worauf man die Spannung durch Zurückdrehen des Hebels a aufhebt und den Karren zurückführt.

Diese Fabrik fertigt auch eine eiserne Presse von fast gleicher Konstruktion der ersteren, jedoch mit beweglichem Preßbalken und mehr elastischem Drucke.

Erwähnenswert ist auch die Steindruck-Schnellpresse für Ueberdruck, Feder- und Gravierdruck, von A. Schierwater in Hamburg. Dieselbe vereinigt die Vorzüge der Handpresse mit denen der Schnellpresse. Da bei dieser Presse das Anfeuchten des Steins und das schwierige Auftragen der Farbe durch den Apparat bewerkstelligt wird, so dürfte selbst dem minder geübten Drucker ermöglicht sein, mit derselben vorzügliche Arbeiten zu liefern.

Der Apparat ist zugleich von der Presse vollständig unabhängig und läßt sich an jeder in Gebrauch befindlichen Handpresse anbringen.

Außer diesen bereits angeführten Pressen existieren noch mehrere mit anderen Konstruktionsweisen, welche jedoch ganz oder teilweise mit dem Prinzipe der obigen übereinstimmen und sich nur durch veränderte Konſtruktionen ihrer einzelnen Teile mehr oder weniger von den erwähnten Preſſen unterſcheiden, daher auch eine Beſchreibung derſelben als überflüſſig erachtet wird.

Was nun die Bezugsquellen gut konſtruierter Preſſen betrifft, ſo werden dieſelben für die verſchiedenen Bedürfniſſe des Lithographen von vielen Maſchinenfabriken in beſter Qualität geliefert, wie z. B. von G. Sigl und Erasmus Sutter in Berlin, Wilh. Ferdinand Heim in Offenbach a. M., Klein, Forſt & Bohn Nachfolger in Johannisberg a. Rh., Chr. Mansfeld in Leipzig-Reudnitz, Karl Krauſe in Leipzig, Schmiers, Werner & Stein in Leipzig und noch vielen andern.

Daß im Jahr 1846 ein Maler Wenng in Stuttgart die lithographiſche und Kupferdruckpreſſe ganz beſeitigen und einen ſogenannten Kunſtdruck ohne Preſſe erfunden haben wollte, erwähnen wir hier nur beiläufig. Die von demſelben nach ſeinem Verfahren erzeugten Drucke ſind von einer Kommiſſion der Kunſtſchule in Stuttgart ebenſo wie das ganze, ſtreng geheim gehaltene Verfahren, geprüft und genügend gefunden worden; indeſſen ſcheinen ſich doch die Langſamkeit des Verfahrens und andere Umſtände der ausgedehnten Anwendung entgegenzuſtellen, mindeſtens iſt ſeit der erſten Anzeige dieſer Erfindung weder etwas weiteres über dieſelbe veröffentlicht worden, noch hat über eine Ausübung des Verfahrens im großen irgend etwas verlautet.

D. Schnellpreſſen.

Wir gehen jetzt zu einer Haupterfindung über, mit welcher die neuere Zeit die Lithographie beſchenkt hat, nämlich zu Smarts Schnellpreſſe, deren Haupteigentümlichkeit darin beſteht, daß alle Arbeiten in dem Abdrucke, mit Ausnahme des Auflegens und Abnehmens des Papiers, wozu ein Arbeiter erforderlich iſt, durch die Maſchine ſelbſt mittels einer Anzahl von Bewegungen bewirkt werden, welche aus der erſten Bewegung der Maſchine reſultieren, die derſelben durch irgend einen Motor, ſei es Dampf oder ein Schwungrad, oder eine andere Potenz gegeben wird. Dadurch wird nicht allein Handarbeit erſpart, ſondern die Preſſe leiſtet auch viel mehr und ebenſo gute Arbeit, als die gewöhnliche Handpreſſe.

Fig. 1—8, Taf. 8. Fig. 1 iſt die rechte Seitenanſicht der Preſſe, Fig. 2 ein vertikaler Längendurchſchnitt, Fig. 3 iſt ein vertikaler Durchſchnitt der Druckwalze M in Fig. 2 mit ihren anliegenden Teilen, Fig. 4 eine Hinteranſicht der Maſchine, Fig. 5 die obere Anſicht derſelben, oder vielmehr ein horizontaler Durchſchnitt in der Höhe des Punktes y in Fig. 1. Gleiche Teile haben in allen Figuren dieſelbe Bezeichnung.

AA^1 iſt das Geſtell der Maſchine, S^1 der Stein, welcher nach der gewöhnlichen Art auf der Unterlage S^2 befeſtigt wird. Dieſe Unterlage iſt ihrerſeits wieder auf einem Fundamente W befeſtigt, das, aus Holz gefertigt, in dem gußeiſernen Laufrahmen Y angebracht iſt, in deſſen Mitte unterhalb die Zahnſtange R ſich befindet. A^2 iſt ein zweites Geſtell, welches, auf A^1 geſtellt, den Schwärz- und Feuchtapparat enthält, während dieſem gegenüber auf der andern Seite des Steins ein Geſtell ſich befindet, das für die Aufnahme des Druckleders und des Reibers vorgerichtet iſt. Behufs der Arbeit wird der Stein auf den Laufrahmen Y befeſtigt und zuerſt nach der rechten

Seite geführt, wo er gefeuchtet und geschwärzt wird; darauf bewegt er sich bis zur Mitte, wo das Papier aufgelegt wird und endlich geht er zur linken Seite unter dem Reiber durch und wieder nach der Mitte, wo der Druck abgenommen wird. Die einzelnen Bewegungen der Maschine sind so abgeglichen, daß zu dem gehörigen Zeitpunkte die nötigen Pausen in denselben eintreten, um die erforderliche Handarbeit zu vollbringen.

A ist die Hauptwelle und wird durch Dampf oder auch durch animalische Kraft getrieben und von ihr aus geht die Bewegung auf alle Teile der Maschine über. An den beiden Enden dieser Welle sind Getriebe aufgezogen, deren eines in das Rad B greift, welches seinerseits wieder das an der Welle M befindliche Rad C bewegt, wo dann die Bewegung auf ein größeres Rad D übertragen wird, welches das Rad E bewegt, an dem endlich das Getriebe F und das Hauptrad H^2 in Umlauf gesetzt werden, von denen letzteres in die Zahnstange des Laufrahmens Y greift. Von der Welle des Rades E wird auch mittels der Riemen i^1 und i^2 dem Rade i^3 des Schwärzapparates, wie wir dies weiter unten näher beschreiben werden, die Bewegung mitgeteilt. — Das andere Getriebe an der Hauptwelle, nämlich A^2, treibt ein Rad B^2 (Fig. 2 und 3), welches in ein Rad C greift, das an der Achse der Druckwalze M aufgezogen ist, zwischen welcher und dem Reiber hindurch der Stein gezogen wird und die nötige Pressung erhält, während sich die Walze in der, durch den Pfeil angedeuteten Richtung dreht. Das Getriebe F, welches seine Bewegung durch das Rad E erhält, ist auf eine Spindel gezogen, welche in die Schiene a im Gabelstück a'' eingefügt ist, dessen Schaft mit seinem innern Ende in einem gefurchten Führungsstücke G ruht und in Getriebe G^1 führt, das in das Rad G^2 greift, welches mit dem Hauptrade H'' gemeinschaftlich auf die Welle I gezogen ist. Das Rad H'' läuft dergestalt lose auf seiner Welle, daß es in oder außer Eingriff gesetzt werden kann, wenn es nötig ist. Dies geschieht durch vier vorragende Zapfen p, welche in gleichen Entfernungen an der Seite des Radkranzes angebracht sind und bei jedem Viertel des Umlaufs in die Löcher q des Ringes K^1 greifen, welcher an der Welle I festgekeilt ist und so bei dem Rade H'' die Stelle des sogenannten Mitnehmers versieht. Der Ring K^1 hat eine Feder, mittels welcher er auf den Schaft I festgestellt oder ausgerückt werden kann, und diese Feder greift mit ihrem äußern Ende in die Flantsche k''. J ist ein Hebel, welcher sich um den Stützpunkt k''' dreht und mittels einer Gabel und Federschluß in die Flantsche k'' greift, zugleich aber auch durch ein Kammrad l, welches von dem Getriebe H seine Umdrehung erhält, gesenkt durch das Gewicht J' aber stets angedrückt wird. Das Getriebe l' sitzt auf der Welle H der Räder C und D. Wenn die Feder des Ringes k' vom Schaft I lose ist, so wird I durch das Steigen des Hebels J, indem zugleich der Federschluß der Gabel des Hebels frei wird, ebenfalls lose, zieht den Ring K auswärts von dem Rade H'' ab und läßt ihm die Freiheit, die Zahnstange R des Laufrahmens Y zu bewegen. Wenn aber der Hebel J' sich senkt, so wird die Feder des Ringes K^1 an den Schaft I gedrückt, der Federschluß wirkt in entgegengesetzter Art auf den Ring k', indem er ihn einwärts nach dem Rade H'' drückt und die Nasen pp in die Gruben qq drückt, und somit Ring und Rad verbindet.

An der Welle H des Kammrades I ist an einem Ende das Winkelrad b' aufgezogen, welches in ein anderes Winkelrad b'' greift, dessen Welle in der Richtung der Länge gegen das andere Ende der Maschine geht, und dort abermals ein Winkelrad d trägt, das in ein zweites Winkelrad d'' greift, welches sich an der Querwelle e befindet, an deren beiden Enden sich zwei Hebescheiben e, e befinden, mittels deren zwei senkrechte Hebel e' e'', auf welchen der Feuchtapparat B ruht, abwechselnd gehoben und gesenkt werden.

Der Apparat ruht, wie früher erwähnt wurde, auf einem zweiten Rahmen A'''. i^3 ist eine Trommel mit Laufrolle an der Seite, welche durch den Treibriemen i^2 und die Rolle i^1 von der Welle des Rades E ihre Bewegung erhält. 1 ist die Aufnehmewalze, 2, 3 und 4 sind die Verteilungswalzen, 5, 6 und 7 die Schwärzwalzen, 1a, 2a, 3a und 4a aber die kleinen Verteilungswalzen. Die Hauptwalze 1 ist mit der Trommel i dergestalt verbunden, daß sie von derselben in Umdrehung versetzt wird, indem die Trommel schraubenförmig gerieft ist, und ihre Farbe auf die, rechtwinklig auf ihre Achse gerichteten ersten Verteilungswalzen abgibt. Die großen Schwärzwalzen 5, 6 und 7 werden durch Druckfedern stets mit der Verteilungswalze in Berührung gehalten. Die Walzen 3 und 6 werden von den Walzen 4 und 7 durch Vermittelung von 3a und die Walzen 2 und 5 von 3 und 6 durch Vermittelung von 2a gespeist. Die ganze Verbindung geht darauf hinaus, daß die Walze 5 als letzte gespeist wird, um als die Klärwalze von 3 zu dienen. g, g sind Friktionsrollen für die Bogenstützen f, f. WT ist der Wassertrog, der an der Maschine steht, und t' ist eine von den Röhren, deren eine ganze Reihe dicht aneinander die Länge des Troges ausfüllen. Diese Röhren reichen bis über den Wasserspiegel des Troges und sind oben und unten offen und mit feinem Docht ausgefüllt, dessen Enden oben bis tief in das Wasser überhängen und dort mittels der Kapillaratraktion das Wasser aufsaugen und abwärts in die Schwammbüchse SB führen, welche unten offen ist und hier eine lange freie Schwammreihe darbietet. Wenn nun der Stein zu dem Schwärzapparate geführt werden soll, so geht er in unmittelbarer Berührung mit den Schwämmen unter diesen durch und wird dabei gereinigt und gefeuchtet, bei der Rückkehr aber wird der Feuchtapparat durch die Hebescheiben e, e gehoben und läßt den Stein frei durchgehen. Die Hauptwalze l und die Verteilungswalzen 2, 3 und 4 sind von Guttapercha oder vulkanisiertem Kautschuk (wie dies in Fig. 6 dargestellt ist) gemacht. m ist die Achse, welche einen Kanal s hat, der durch beide Ende geht, wo er den Hahn n hat. o, o sind zwei Holzscheiben, welche nahe an den Enden auf die Achse geschraubt sind; p ist ein nahtloser Ueberzug von Guttapercha oder vulkanisiertem Kautschuk, welcher auf die Scheiben mittels der Ringe q und der Nägel r befestigt ist. Dadurch entsteht eine hohle, geschlossene Walze, welche mit kaltem Wasser durch den Hahn gefüllt und dadurch beständig gespannt und kühl gehalten wird. Man kann auch Walzen von Messingblech nehmen (s. Fig. 7, Taf. 8), muß ihnen dann aber ebenfalls die Kühlvorrichtung geben und sie mit einer Kautschuk- oder Guttaperchaschicht überziehen.

Das Leder, der Reiber und die übrigen damit verbundenen Teile des Druckapparates zeigen sich am deutlichsten in den Fig. 2, 3 und 4. A^3 ist der Nebenrahmen, der auf dem Hauptgestell A^1 steht, a^2 ist die Stellschraube, welche durch den gußeisernen Querbalken b^2 geht und etwas beweglich auf dem Reiberkasten c^2 befestigt ist, welcher den Reiber o enthält und sich in Falzen in den Seitenständern des Druckgestelles auf- und abbewegt, so daß die Stellung durch die Schraube a^2 nach der Dicke des Steins und dem erforderlichen Drucke genau reguliert werden kann. h^2 ist das Leder, welches mit dem einen Ende an dem Stabe g^2 befestigt und mit dem andern auf die Trommel d^2 gerollt ist. f, f sind Halter, welche am Ende des Laufrahmens ausgehen und dem Stabe g zur Befestigung dienen, der durch die Lenker i^2, i^2 an seiner Stelle gehalten wird. e^2, e^2 sind Rollen am Ende der Ledertrommel und z, z sind Schnüre, welche von den Rollen e^2, e^2 über andere Rollen e^3, e^3 gehen und mittels derselben die Gewichte J^2 in der Schwebe erhalten. Wenn der Stab g durch den Laufrahmen Y fortgeschoben wird, windet sich das Leder von der Trommel d^2 ab, während die Seile z, z, durch die Gewichte J^3 gespannt, sich auf die Rollen e^2, e^2 aufwinden und dabei das Leder straff halten; ist aber der Zug des Rahmens vollendet, so findet die entgegengesetzte Bewegung statt, indem die Gewichte J^2 bei ihrem Absteigen die Lenker f, f des Stabes g frei machen und der Laufrahmen für sich nach der Mitte des Gestelles zurückgeht. M ist die Druckwalze, welche in Gemeinschaft mit dem Reiber o den Abdruck bewerkstelligt. H (Fig. 4, Taf. 8) ist die Welle der Räder C und D^2 und nimmt nur gelegentlich an deren Umlauf teil. F, F sind zwei Hebescheiben, welche an den Enden dieser Wellen befindlich sind und auf denen die Stützpfosten der Druckwalze ruhen. Die Vorragungen dieser Hebescheiben wirken gegen stählerne Friktionsrollen D, D, die sich an einem Blocke von Gußeisen BB befinden, der bronzene Träger G, G hat.

Anstatt des Leders kann man auch die in Fig. 8 dargestellte Vorrichtung anwenden. O ist eine Walze von Guttapercha oder vulkanisiertem Kautschuk, genau wie die früher beschriebene Schwärzwalze gemacht, und dreht sich in Lagern, die sich in den Schiebern g^1 befinden, welche mit dem untern Ende der Schraubenspindel a^2 in Verbindung stehen. Dadurch, daß Wasser oder Luft unter einem großen Druck in diese Trommel gebracht wird, erhält dieselbe eine feste und dennoch elastische Oberfläche, die sich für den Stein und das Papier eignet. Nachdem die Trommel d ausgelöst ist, werden die Seile z, z an die Rollen befestigt, die sich an den Enden der Schieber g^1 befinden.

C ist ein Hebel, welcher den Laufrahmen aufhält, wenn dieser durch die Gewichte J^2 gezogen, seinen Rücklauf macht. Er wird an einem Ende durch den Zapfen N, welcher sich an der Rolle der Welle H^1 des Kammrades I befindet, verschoben und hat ein Gewicht W^2, welches an seinem andern Ende befestigt ist. C^2 ist eine Spiralfeder, mit welcher der Hebel an seinem freistehenden Ende in Verbindung steht und dient dazu, den Stoß aufzuheben, welcher durch den Laufrahmen hier hervorgebracht werden könnte.

Die Art und Weise der Arbeit an der Maschine ist nun folgende: Das Rad H^2, wenn dasselbe mit dem Ringe K^1, wie oben beschrieben, gekuppelt ist und also mit der Zahnstange des Laufrahmens in Eingriff steht, erhält, durch die Verbindung der Räder B, C, D, E, F und G, sobald die Triebkraft wirkt, seine Bewegung und führt den Rahmen Y mit dem Steine unter den Feuchtapparat und demnächst unter die Schwärzwalzen. Sobald der Stein gefeuchtet und dann geschwärzt ist, wird durch die fortdauernde Bewegung der Räder und das Spiel des Kammrades I der Hebel J in Bewegung gesetzt und rückt den Ring K^1 und das Rad H^1 aus, wodurch dieses für einen Augenblick mit der Zahnstange R außer Eingriff kommt, so daß der Rahmen eben lange genug stehen bleibt, um dem Arbeiter Zeit zu lassen, das Papier aufzulegen. Die nach und nach eintretende Wirkung des Gewichtes J^1 auf den Hebel J bewirkt, daß diese wieder den Ring K^1 und das Rad H^2 kuppelt, wodurch dieses wieder mit der Zahnstange R in Eingriff kommt und nun mittels dieser den Stein unter den Reiber O führt. Unmittelbar in dem Augenblicke, wo der Stein unter dem Reiber anlangt, wird die Druckwalze M durch die Hebescheiben F, F gehoben und drückt den Stein gegen den Reiber O so lange an, als die Länge des Reiberganges erfordert, während gleichzeitig die Lenker f, f den Lederhalter g festhalten, wodurch das Leder nach und nach, während der Bewegung des Rahmens sich auf den Stein legt, wobei mittels der Seile z, z die Gewichte J^1, J^2 gehoben werden. Während so die Druckwalze gehoben ist, werden der Ring K^1 und das Rad H^2 ausgerückt, mithin auch die Verbindung zwischen letzterem und den Zahnstangen durch die Wirkung des Kammrades I und des Hebels J aufgehoben, so daß also der Laufrahmen stehen bleiben würde, wenn nicht die Druckwalze den auf seinem Fundamente ruhenden Stein ergriffe und unter dem Reiber durchführte, indem sie ihre Umdrehung macht. Nachdem aber der Stein an sein Ziel gelangt ist, hört, wie aus dem früher Gesagten hervorgeht, der Druck der Walze auf und alles würde stehen bleiben, wenn nicht jetzt die Seile z, z und die Gewichte J^2 J^2 ins Spiel träten und den Laufrahmen mit dem Steine nach dem Mittelpunkte der Maschine zurückführten, wo er durch das Ansteigen des Hebels L aufgehalten wird, indem die Nase N auf der Welle des Kammrades I ihren Effekt macht, wobei der Stein eben lange genug aufgehalten wird, daß der Arbeiter Zeit hat, den vollendeten Abdruck abzunehmen.

Wenn auch diese Presse für den Kreidedruck, wo das Einschwärzen des Steins und fast jede einzelne Operation des Druckers eine große Sorgfalt und Einsicht erfordert, welche eine Maschine nicht anwenden kann, nicht, und selbst kaum für den Druck der Gravierung anwendbar sein dürfte, so kommen doch in der Lithographie eine große Menge von Arbeiten vor, welche einen fabrikmäßigen Druck gestatten, und für solche und namentlich für alle Arbeiten im Fache des Ueberdruckes wird diese Presse von großer Wichtigkeit sein, da ihre Resultate so befriedigend sein sollen, daß der Erfinder auf seiner Presse in einem Tage 2—3000 Abdrücke eines Bogensteins mit Tabellendruck ꝛc. geliefert hat.

Eine derartige Schnellpresse wurde auch von G. Sigl in Berlin konstruiert, deren Leistungen allgemein als vorzüglich anerkannt werden, und welche sowohl für Steindruck als Buchdruck sich eignet.

Dieselbe besteht aus einem Farbewerk und der Karrenbewegung, ähnlich denen der bekannten Buchdruck Schnellpressen, ferner einem Wischer, welcher zum Befeuchten und Reinigen des Steins dient, und einem Reiber, durch den der Druck hervorgebracht wird.

Diese Maschine druckt per Stunde 700—800 Bogen vollkommen rein und gut, also das 9—10fache einer gewöhnlichen Steindruckerpresse, wird von einem Manne in Bewegung gesetzt, und bedarf zu ihrer Bedienung eines Knaben zum Anlegen und eines andern zum Abnehmen der Bogen.

Ein eigentümlicher Vorzug der Schnellpresse besteht darin, daß die Steinplatten weit weniger dem Zerspringen unterliegen als wie bei der gewöhnlichen Handpresse; und ein nicht hoch genug anzuschlagender Vorteil ist auch der, daß bei dem stets gleichmäßigen Auftragen der Farbe, der Stein bei weitem nicht so angegriffen wird, wie beim Einschwärzen mit der Hand, weshalb auch derselbe mehr Abdrücke aushält, als wie auf der Handpresse.

Von erfahrenen Fachmännern werden die Steindruck-Schnellpressen von G. Sigl in Berlin und Wien, dem allerdings in diesem Pressenbaue vieljährige Erfahrungen zur Seite stehen, für die besten gehalten.

Dieselben sind konstruiert mit Tischfärbung für Bunt- und guten Schwarzdruck in Kreide- oder Federmanier, Fig. 9, Taf. 8, und mit Cylinderfärbung für einfachen Druck, Fig. 10, Taf. 8. Diese letztere liefert an Druckzahl $^1/_3$ mehr als alle jetzt bestehenden Tischfärbungsmaschinen.

Empfehlenswert sind auch die lithographischen Schnellpressen für Schwarz- und Farbendruck aus der Maschinenfabrik von König & Bauer in Zell bei Würzburg und von Ph. Swiderski in Leipzig, sowie auch die neu konstruierten Schnellpressen von Schmiers, Werner & Stein in Leipzig, Hugo Koch in Leipzig-Connewitz und noch mancher anderer Fabriken.

Der interessanten Abhandlung des G. F. Krauß über die Schnellpressen entnehmen wir folgendes:

Ueber die verschiedenen Systeme der deutschen und französischen Schnellpressen.

Es ist wohl 30—40 Jahre her, seitdem in Deutschland (besonders von Sigl in Wien) lithographische Schnellpressen gebaut werden, ohne daß sich dieselben allgemein hätten einbürgern können. In der neuesten Zeit erst haben sich auch die Franzosen an den Bau und die Einführung von Schnellpressen gemacht, und ihrer Verbreitung nach zu urteilen, läuft das französische System dem deutschen den Rang ab.

Die deutsche Schnellpresse hat Reiberdruck; die französische Cylinderdruck, was vollkommen neu ist.

Der Druckkörper an der deutschen Presse stellt eine große Walze dar, die aus dünnen Längsrollen gebildet ist; über diese Rollen läuft das Leder, im inneren Raum dieser Walze ist der Reiber angebracht, er stellt sich immer am gleichen Ort (Ansatz) auf und gleitet beim Absetzen über den Stein herunter. Das Farbewerk ist den König & Bauerschen Schnellpressen nachgebildet, die Vertreibwalzen gehen in einer Schnecke hin und her, zwei Walzen, die dicker als gewöhnliche Druckwalzen sind, tragen auf.

Die Feuchtwalze bedarf, wie bei allen Schnellpressen, der Nachhilfe. Zwei Radtreiber, ein Aufleger und ein Maschinenmeister sind zur Bedienung nötig; letzterer hat zugleich die Abdrücke wegzunehmen, da die Presse nicht selbst auslegt.

Die französische Presse hat einen Druckcylinder genau wie die Buchdruckerpresse. Ein Wollfilz ist darüber gezogen, über diesen eine Schirtinglage und darauf die Oberlage (starkes Papier). Siehe Fig. 11, Taf. 8, Presse von Boirin.

Dieses System haben Boirin, Huguet, Alauzet, Dupuis, Marinoni und Chaubré konform angewendet.

Ein Radtreiber genügt bei allen diesen Pressen; sie drucken sämtlich gut, selbst Kreide- und prachtvolle Farbendrucke werden darauf hergestellt.

Das Farbewerk besteht bei Boirin und Alauzet aus sechs Auftragwalzen, bei den andern aus vier, was vollständig genügt, da man durch

Auflegen von dünneren Walzen auf die Auftragwalzen das Absetzen von Farbe befördern kann.

Die Huguetsche Presse spannt durch fingerdicke Ringelfedern, die andern haben fixe Spannung; die von Dupuis ermangelt des Farbkastens und eines Duktors (Farbzubringer); seine Feuchtwalze sättigt sich auf einem ebenen Brett. Sämtliche andere Pressen haben Tischfärbung mit schrägliegenden Vertreibwalzen.

Alauzet hat eine Feuchtbüchse angebracht, durch welche der Feuchtwalze Wasser zugeführt werden kann.

Alle Pressen sind hinten offen zum Einschieben des Steins, bei Alauzet kann der hintere Teil des Rahmens heruntergeschlagen werden, was das Einheben erleichtert. Seine Presse ist am schönsten gearbeitet.

Marinoni und Chaudré haben ihre Pressen hinten geschlossen und einen Ausleger angebracht; dies ist ein großer Vorteil, da hierdurch der Maschinenmeister seine ganze Aufmerksamkeit auf den Stein richten kann; an den deutschen Pressen muß er noch das Ausfangen besorgen, und die französischen, mit Ausnahme der eben genannten, erfordern noch einen Knaben zum Ausfangen.

Diejenigen von Marinoni und Chaudré sind die wohlfeilsten. Es ist alle luxuriöse Ausstattung vermieden, dagegen sind die maßgebenden Teile mit großer Präzision gearbeitet.

Eine Schnellpresse leistet ungefähr soviel als acht Handpressen; die Zahl der Abdrücke hängt von der Art der Arbeit ab; bei präzisen Arbeiten muß sie langsam gehen und man erlangt oft nur 1500 Abdrücke per Tag, wobei dieselben Arbeiten auf der Handpresse auch nicht mehr als 200 Abdrücke zulassen.

Das französische System hat vor dem deutschen den großen Vorzug, daß man durch Zurichten (Aufkleben und Ausschneiden) der Oberlage einzelne Stellen (Vorgründe) heben oder zurückdrängen kann, dies ist bei der deutschen geradezu unmöglich.

Das Einrichten und Spannen muß bei deutschen und französischen Maschinen durch Unterlegen des Steins geschehen; Marinoni und Chaudré aber haben das Karrenfundament auf vier Schrauben gelegt, vermittelst deren dasselbe beliebig gehoben und gesenkt werden kann; dies ist ein großer Vorzug.

Hier sei noch eines Systemes erwähnt, welches von Zoller & Kleemann angewendet worden ist; es ist Druck vermittelst Walzen aus lithographischem Stein, ähnlich wie bei der Tapeten- und Kattundruckerei.

Der Ueberdruck wird auf die Steinwalze (die hier zugleich den Druckcylinder abgibt) gemacht; auf der Stirne der Walze ist das Farbwerk angebracht.

Diese Presse, welche einen beträchtlich kleineren Raum einnimmt als alle andern, soll hübsch drucken und sehr leicht gehen.

Einfache Vorrichtung zum genauen Einrichten der Steine für Farbendruck bei lithographischen Schnellpressen.

Erfunden von H. Hofmann, Lithograph in Würzburg.

Obschon selbst die früheren lithographischen Schnellpressen von König & Bauer in Zell in jeder Beziehung sehr befriedigten, so war doch anfänglich hierbei keinerlei Art von Vorrichtung angebracht, um den Stein genau in die richtige Lage im Karren zu bringen, was zum Passen unbedingt notwendig ist, denn die Punkturnadel am Cylinder steht unveränderlich fest, man kann nicht die Nadel nach dem Steine, sondern muß den Stein nach der Punkturnadel richten.

Herr Hofmann, im Besitze einer solchen Presse, erdachte sich hierzu ein Instrument, dessen System seiner erprobten Zweckmäßigkeit halber nun auch bei den Schnellpressen von König & Bauer in Anwendung gebracht ist, und bei allen Lithographen sehr vielen Anklang fand. Unverkennbar wird hierdurch ein sehr schnelles Einrichten des Steines möglich. Man bringt denselben oft schon beim ersten, aber immer beim zweiten oder dritten Abdrucke zum Passen, und da nach einem genau auf die Mitte der ganzen Maschine gerichteten und in numerierte Grade abgeteilten Lineale eingerichtet wird, so braucht man nur die Nummer zu notieren, an welcher gerade die Marke der betreffenden Arbeit liegt, um die verschiedensten Arbeiten durcheinander vorzunehmen, und doch die Steine im Augenblicke an der richtigen Stelle im Karren einrichten zu können.

Mögen übrigens auch andere Lithographen bei Ermangelung einer derartigen Maschinenkonstruktion, sich schon ähnliche Einrichtungen erdacht haben, so kann es doch ein kürzeres, genaueres Verfahren als dieses nicht wohl geben.

Bekanntlich nimmt das Einrichten der Steine auf der Schnellpresse mehr Zeit in Anspruch als bei den Handpressen, was beim Druck kleinerer Auflagen eine mißliche Sache ist, und deren Herstellung auf der Schnellpresse als unvorteilhaft erscheinen läßt. Namentlich ist dies beim Farbendrucke der Fall, wo der Probedrücke wegen, die man machen muß bis der Stein zum Passen kommt, Zeit und Papier verloren geht.

Eine Art und Weise nun, die es möglich macht, schneller als bisher einzurichten, ist doppelter Gewinn, denn nicht nur allein daß Zeit und Papier erspart wird, es ist auch durch das schnellere Einrichten möglich kleinere Auflagen mit Vorteil zu drucken.

Die Vorrichtung nach Hofmanns System zum Einrichten der Steine besteht aus einem in Millimeter geteilten und numerierten Lineale, Fig. 12, Taf. 8, und Fig. 1a, Taf. 9, an dessen linken Ende ein zweites rechtwinklig angenietet ist, welches an den beiden Enden bei A mit Zapfen versehen ist, welche genau in zwei Löcher passen, die in die Seitenwände des Karren eingebohrt sind.

Hat man nun eine Arbeit von mehreren Farben, so richtet man die Marken oder Punkturen des ersten Steines genau nach der Kante D des Lineales, welche so gerichtet ist, daß sie mit der Punkturnadel am Druckcylinder genau in gleicher Linie liegt.

Bei der Marke aber, oder dem Punkte auf der linken Seite des Steines bei E, notiere man sich noch genau die Zahl der Millimeter und schraube dann den Stein genau in dieser Lage fest.

(Auf der Fig. 1a, Taf. 9, steht z. B. die Marke E bei Nr. 5.) Das Lineal bleibt natürlich so lange liegen, bis der Stein ganz fest eingeschraubt ist.

Alle folgenden Steine werden haargenau ebenso eingerichtet und müssen nun also auch mit der Punktur am Cylinder ebenso übereinstimmen wie der erste.

Um auch für den Druck der zweiten Farbe, bei welchem doch auch die Marke E des Steines auf dem Abdrucke, oben auf der Punktur des Auflagbrettes eingenadelt werden muß, das Suchen und Probieren mit dieser Punkturnadel zu ersparen, wurde auf der oberen Punktur ebenfalls ein kleines in Millimeter eingeteiltes Lineal angebracht, dessen Kante gleichfalls mit der Punkturnadel des Druckcylinders in gleicher Linie liegt, an welcher Kante nun die Punkturnadel auf- oder abgeschoben wird, um die Nadel bei der betreffenden Nummer festzuschrauben.

Die Richtung und Numerierung des Lineals ist nämlich so getroffen, daß die Zahlen des oberen Lineals genau mit denen des unteren korrespondieren, so daß z. B., wenn die Marke oder Punktur E auf dem Steine, beim unteren Lineal 80 mm zeigt, man die Punkturnadel oben auf dem Auflagebrette ebenfalls nur an 80 hinzuschieben braucht, um sofort die richtige Stellung der Nadel zu haben.

Auf diese Weise kann man binnen wenigen Minuten Stein und Punktur genau richten, kann auch leicht, was besonders beim Druck der ersten Platte ratsam ist, von Zeit zu Zeit das Lineal einlegen und kontrollieren, ob sich der Stein durch den Druck nicht vielleicht etwas verrückt hat.

Jedenfalls ist dieses obere kleine Lineal sehr zweckmäßig, denn, wenn man auch durch Heraufziehen eines Abdruckes auf das Auflagebrett, so lange derselbe noch von den Greifern gehalten wird, ohne vieles Probieren die richtige Stellung der Nadel finden kann, so hat man doch mit einem solchen Lineale diese ganze Manipulation nicht nötig. Man kann in kürzester Zeit der Nadel die richtige Stellung geben und durch die gewonnene Zeit werden die geringen Herstellungskosten dieser Einrichtung sich gewiß bald bezahlt machen.

Was nun die bei Fig. 12, Taf. 8, und Fig. 1a, Taf. 9, angedeuteten Buchstaben B und C betrifft, so bezeichnet der kräftig im Lineale eingravierte Strich B die äußerste Grenze wie weit der Stein im Karren vorragen darf, ohne daß die Greifer am Druckcylinder beim Durchgange des Steins auf denselben aufschlagen.

Der Stift C, der in das Lineal angenietet ist und auf der Wand des Karrens aufsteht, ist ebenso wie die Stifte bei A so reguliert, daß sie zusammen dem Lineale die genaue Höhe geben, bis zu welcher der Stein gebracht werden muß, um die richtige Spannung zu bekommen.

Die Vorrichtungen nun, die am Karren sowohl als auch am Lineale angebracht werden, um es genau auf die Mitte zu legen, können auf verschiedene Weise gemacht werden, da der Karren verschiedene Punkte bietet, die zu diesem Zwecke verwendbar sind.

Bei den Maschinen von König & Bauer findet sich dies auf verschiedene Weise ausgeführt, wobei auch eigene Teile am Karren angebracht sind, in welche das Lineal eingelegt wird.

Immer aber bleibt das Lineal mit seinen Nummern und seiner Richtung auf die Mitte, das Wesentlichste der Sache, welche es z. B. auch so leicht möglich macht, die verschiedensten Arbeiten durcheinander vorzunehmen und würden dieselben auch die verschiedenste Einrichtung erfordern, denn die Einrichtung einer jeden Arbeit ist ja notiert, kann also mit Leichtigkeit wieder hergestellt werden.

Die Abbildung auf Taf. 10, welche wir der Güte der Firma Hugo Koch, Schnellpressenfabrik in Leipzig-Connewitz, verdanken, zeigt eine der größten Schnellpressen neuester Konstruktion für Dampfbetrieb. Die Anordnung ihrer Teile erklärt sich nach dem Vorhergegangenen, sowie dem im Kapitel über Schnellpressendruck folgenden, von selbst.

F. Die Papier- und Packpressen.

Dieselben dienen zwei verschiedenen Zwecken, die einen um das Papier zu pressen und gerade zu machen, die andern um demselben eine angenehme und zweckdienliche Glätte mitzuteilen, dasselbe zu satinieren.

Die ersteren sind die gewöhnlichen Papierpressen, die zweiten die Glätt- oder Satinierpressen.

Die gewöhnlichen Papierpressen.

Davon gibt es, je nach dem Grade der hervorzubringenden Pressung, zwei Arten, und zwar:

a) Große, sogenannte Stockpressen, die man zum Pressen des gefeuchteten Papiers, hauptsächlich aber zum Pressen der getrockneten Abdrücke gebraucht, um letzteren neuen Glanz und schöneres Ansehen zu geben. Da die Papierpressen allgemein bekannt sind, so teilen wir hier nur zwei Zeichnungen solcher Maschinen mit, von welchen die eine, welche dieselbe in ihrer einfachsten Gestalt in Fig. 2, Taf. 9, darstellt, ohne weitere Erklärung durchaus verständlich ist. Statt daß in Fig. 2 die Drehung der Schraube oben bei a bewirkt wird, kann dieses auch unten bei b geschehen, wobei dann durch den durchlochten Teil b' (Fig. 2a) die eiserne Drehstange gesteckt wird, was für die Handhabung der Presse bequemer ist. Die andere zusammengesetztere und von vorzüglicher Wirksamkeit ist Fig. 3 und 4, Taf. 9, in allen Details gezeichnet und zwar stellt Fig. 3 den Aufriß, Fig. 4 aber den horizontalen Durchschnitt nach der Linie A B in Fig. 3 dar. Gleiche Buchstaben bezeichnen in beiden Figuren gleiche Teile.

Die beiden vertikalen Pfosten C, C' sind unten durch die Schwelle D, oben durch den Riegel E miteinander verbunden. Zur Vervollständigung der Verbindung dienen oben die Doppelkeile F und unten die Keile G. Auf der Schwelle D liegt die durch die Rippen H verstärkte Fundamentplatte I von Gußeisen, auf welche die zu pressenden Papiere gelegt werden. Die durch die Rippen K verstärkte, ebenfalls gußeiserne Preßplatte L trägt den Ansatz M, welcher mittels des Bolzens a mit der eisernen Spindel N dergestalt verbunden ist, daß die vertikale Stellung der Spindel keine Beeinträchtigung erleidet, wenn die Preßplatte nicht ganz genau horizontal liegt.

Die bronzene Schraubenmutter O ist mittels eines Halsgewerbes b und der Platte c mit dem Riegel E dergestalt verbunden, daß die Mutter sich zwar um ihre Achse drehen, aber den Riegel nicht verlassen kann, durch welche Konstruktion daher, bei Umdrehung der Mutter O, die Spindel N und mit ihr die Preßplatte L nach Maßgabe der Drehung auf- und absteigen muß. Diese Umdrehung aber erhält die Schraubenmutter durch ein Hebelwerk mit Klinken. An dem Riegel E nämlich ist der Zapfen S befestigt, welcher unterhalb in den, an den Pfosten C angeschraubten Teller T greift. Um diesen Zapfen dreht sich der Hebel U, welcher mittels des Handgriffs Z hin- und herbewegt werden kann. Dieser Hebel U ist nach seiner ganzen Länge bis zum Handgriffe hin geschlitzt, um die Klinken V und W aufnehmen zu können, welche mit demselben durch den Bolzen d verbunden sind, und deren Stellung durch die Reservelöcher e, e, e reguliert werden kann, je nachdem man die Kraft verstärken will. Die Klinke W ruht auf der Schleifschiene X. — Die Schraubenmutter O ist mittels des Anlaufes P mit einem Teller verbunden, welcher das Stirnrad Q und das Kronrad R trägt. Läßt man nun die Klinke V einwirken und hebt W aus, so greift V in die Zähne des Kronrades R und die Spindel steigt. Läßt man aber W einwirken und hebt V aus, so greift W in die Zähne des Stirnrades Q und die Spindel N geht abwärts. Durch eine Sperrklinke kann der Hebel U in jeder beliebigen Stellung festgehalten werden.

Statt der hier beschriebenen Hebelvorrichtung, welche indessen ihre Vorzüge stets behalten wird, hat man auch noch eine Einrichtung an der Presse angebracht, mittels deren man ebenfalls mit geringer Kraftäußerung einen sehr großen Effekt hervorbringen kann, nämlich die Anwendung des Schraubenrades. Dieselbe ist, wenn wir an die Beschreibung der vorigen Presse anknüpfen, ohne Zeichnung verständlich. Das eigentliche Preßgestell bleibt hier gänzlich ungeändert und es sind nur an dem Preßbrette L Friktionsrollen angebracht, um dessen Fortbewegung am Gestelle sicherer und leichter zu machen; bisweilen sind auch Kopf- und Fußstücke untereinander gleich groß und etwas größer als I und L gemacht und in den vier Ecken des Fußstückes Säulen errichtet, auf deren oberen das Kopfstück ruht und mit dem es mittels durchgehender, sehr starker Schrauben verbunden ist. In diesem Falle ist die Preßtafel L an den vier Ecken ausgerundet und greift um einen Teil der vier Säulen, an denselben sich mittels Friktionsrollen schiebend, wodurch allerdings die Sicherheit der Bewegung sehr gefördert wird. Die Preßschraube hat an solchen Pressen gewöhnlich 10 bis 15 cm im Durchmesser und ihre Mutter liegt im Oberstücke fest. Statt der oberen Vorrichtung mit den Zahnrädern, die hier wegfällt, befindet sich dann aber an dem Teile M eine Scheibe, welche mit der Spindel der Schraube verbunden und deren Durchmesser um etwa 24 cm kürzer ist, als der Durchmesser der Preßplatte. Der Rand dieser Scheibe ist mit dem Gewinde einer Schraubenmutter ohne Ende versehen und neben der Scheibe stehen zwei Böcke, in welchen sich in bronzenen Lagern die Welle bewegt, um welche ein bis zwei Gewinde einer Schraubenmutter ohne Ende gelegt sind. Diese Gewinde stehen mit dem geschnittenen Umfange der oben erwähnten Scheibe in Eingriff und es ist klar, daß wenn die Welle gedreht wird, die Schraube jene Scheibe und also auch die Schraubenspindel drehen und in der Mutter auf- und abwärts bewegen wird, worauf also die mit der Schraube verbundene Preßplatte ebenfalls auf- und absteigen und in letzterem Falle die Pressung bewirken wird. Durch eine leicht anzubringende Sperrklinke kann die erlangte Pressung festgehalten werden. Die Bewegung der Welle für die Schraube ohne Ende geschieht bei kleinen Pressen durch eine Kurbel, bei größeren durch eine Kreuzhaspel. Der Vorteil dieser ganzen Vorrichtung beruht darin, daß man einerseits weit stärker pressen kann, anderseits aber der Drehapparat nicht, wie bei Fig. 3 hoch oben, sondern unmittelbar auf der Preßplatte, also mehr zur Hand liegt.

Fig. 5 und 6, Taf. 9, zeigen zwei derartige Pressen neuester Konstruktion. Dieselben sind im Prinzip den vorher beschriebenen ähnlich, zeigen jedoch verschiedene vorteilhafte Verbesserungen.

Die Satinier- oder Glättpressen.

Die Pressen gleichen den allgemein bekannten Kupferdruckpressen vollkommen und werden auch statt dieser angewendet, indessen sind sie meistens kleiner und es mangelt ihnen die Vorrichtung mit den Pappblättern, durch welche dem Kupferdruck eine gewisse Elastizität gegeben wird, die beim Satinieren des Papiers nachteilig sein würde.

Demnach liegen in dem gußeisernen Gestelle der Satinierpresse zwei massive, sehr genau abgedrehte hart gegossene eiserne Walzen übereinander. Die untere dreht sich in festen Lagern, die obere aber in sogenannten Hängelagern, so daß die obere Walze mehr oder minder weit von der untern entfernt sein kann. Dies muß natürlich stattfinden, ohne daß die gegenseitige parallele Lage der Walzen gestört werde, und dies wird auf folgende Weise bewirkt. Das eiserne Kopfstück des Gestelles, welches sehr stark ist und die beiden Seitenwände fest miteinander verbindet, ist an beiden Enden durchbohrt und nimmt zwei Schraubenmuttern in dieser Durchbohrung dergestalt auf, daß sich dieselben zwar in dem Kopfstücke drehen, aber weder nach oben noch nach unten ausweichen können. Durch diese Muttern ziehen sich die in Scheiben ausgehenden Enden der Lager für die obere Walze und werden natürlich, ohne sich um ihre Achse zu drehen, auf- und absteigen, je nachdem die Muttern gedreht werden. Diese Muttern haben nach oben eine viereckige Verlängerung, auf welcher ein Stirnrad aufgezogen wird, und beide Stirnräder greifen in ein drittes, auf der Mitte des Kopfstückes liegendes Stirnrad, das mittels der Kurbel gedreht werden kann. Da nun alle drei Räder unter sich und die beiden Schrauben mit mathematischer Genauigkeit gleichmäßig gearbeitet sind, so ist es klar, daß bei der Umdrehung der Kurbel, wenn gleich anfänglich beide Walzen genau parallel eingestellt waren, die Oberwalze auch, sie mag so nahe oder so weit von der Unterwalze abgestellt sein, als es die Vorrichtung erlaubt, letzterer stets parallel bleiben muß.

An der Unterwalze sind die Zapfen verlängert und es werden darauf Kurbeln gesteckt, um die Walze umdrehen zu können. Bei besseren Pressen, mit denen man einen sehr großen Druck bei geringer Kraft (also mit einem Arbeiter) erlangen will, ist nur ein Zapfen verlängert und an demselben ein großes Zahnrad aufgezogen, in welches ein kleines Getriebe greift, bisweilen sogar noch mit einem Zwischenrade, und an dem Zapfen des Getriebes ist die Kurbel für den Arbeiter aufgeschoben. Fig. 7, Taf. 9.

Das Durchziehen der zu satinierenden Arbeiten findet dergestalt statt, daß dieselben bei gewöhnlichen Abdrücken einzeln zwischen je zwei glatt gemachten Zinkplatten liegen und so durch die enggestellten Walzen gehen, bei besonders kostbaren Arbeiten aber ist nur die untere Platte Zink, die obere aber eine schwarz polierte Stahlplatte.

Man kann diese Presse auch zum Kupfer- und namentlich Zinkdruck anwenden, wo man dann die Platte auf ein hölzernes Laufbrett legt und mit der gewöhnlichen Ueberlage druckt, nachdem die Walzen weit genug gestellt sind.

Statt der Räder- und Schraubenstellung hat man auch Pressen mit Keilstellung und andere ähnliche zweckmäßige Stellapparate und nur in diesen ruht die Verschiedenheit der gebräuchlichen Satinierpressen; das Grundprinzip ist bei allen dasselbe.

Kleine Papierpressen sind die, wie sie jeder Buchbinder und Kartenmacher in größerer Menge besitzt, und die selbst in Gastwirtschaften zum Pressen der Servietten und in Familien zu verschiedenem Behuf gebraucht werden.

Siebentes Kapitel.

Von den beim Steindrucke nötigen und brauchbaren Papieren, deren Eigenschaften und dem Netzen derselben.

Im Steindruck werden vielerlei Papiersorten verwendet. Ihre Beschaffenheit ist für die gute Ausführung der bezüglichen Arbeiten von der größten Wichtigkeit, denn die Einwirkungen der verschiedenen Bestandteile des Papieres auf Stein und Druck haben großen Einfluß auf das Gelingen oder Mißlingen des Druckes.

Die beste, in der Lithographie vorzüglich gelungene Zeichnung 2c., kann, selbst bei der größten Aufmerksamkeit des Druckers, durch die schädlichen Eigenschaften des Papieres, in sehr kurzer Zeit vollständig verdorben werden.

Nötig sind beim Steindruck überhaupt drei Arten Papiere, nämlich für den Zeichner erstlich ein dünnes, durchsichtiges Papier, um die Zeichnungen in genauer Kopie auf den Stein zu bringen und daselbst ausführen zu können; dann für den Drucker Makulatur zu Unterlagen, zum Reinigen und Abreiben der Platten und zu verschiedenen andern Zwecken; endlich drittens dasjenige Papier, worauf die Abdrücke gemacht werden sollen, das Druckpapier.

Das Pauspapier.

Da der Zeichner nur in seltenen Fällen seine Zeichnung gleich auf den Stein entwerfen wird, sondern im Gegenteile fast immer nach einem vorliegenden Originale arbeitet, so bedarf er einer genauen Kopie des Originals auf dem Steine. Da diese Kopie verkehrt stehen muß, kann man das Original selbst nur dazu brauchen, wenn es auf sehr durchsichtiges Papier gezeichnet ist, oder man dasselbe durch Bestreichen mit Oel durchsichtig machen kann.

Die Fälle, wo dies geschehen darf, gehören indessen zu den Ausnahmen, und man bedient sich zum Kopieren in der Regel des sehr dünnen, unter dem Namen Pauspapier, Pflanzenpapier (Papier végétal) bekannten Papiers, welches man auf das Original legt, die Züge des letzteren darauf durchzeichnet, dasselbe umkehrt und dann die Zeichnung, wie bereits schon früher erläutert wurde, auf den Stein bringt.

Dieses Pflanzenpapier wird aus Hanf- oder Flachsheden gemacht, welche grün verarbeitet werden, d. h. man läßt dieselben nicht in Fäulnis übergehen, wodurch das in den Fasern enthaltene Gluten (Leimstoff) zerstört würde, welches das Papier durchsichtig und auch das Leimen desselben überflüssig macht.

Durch das Bestreichen mit Balsam copaive gewinnt dasselbe an Durchsichtigkeit und ist auch weniger dem Verziehen unterworfen, weshalb derartiges Pauspapier im vollkommen trocknen Zustande ohne Nachteil verwendet werden kann. Beide Sorten dieses Papiers erhält man überall käuflich, sie sind zu diesem Gebrauche am geeignetsten.

Das sogenannte Oelpapier, durch Mohn- oder Nußöl, oder Dammarfirnis mit Beisatz von Terpentinöl bereitet, ist jedoch, selbst wenn es vollständig trocken ist, nur mit der größten Vorsicht zu gebrauchen, und soll nie unmittelbar mit dem gekörnten Stein in Berührung kommen.

Bei Verwendung des Oelpapiers zum Durchzeichnen mit der Feder und chinesischer Tusche muß die Tusche mit etwas Ochsengalle versetzt werden, weil sie sonst auf dem Oelpapier nicht haften würde.

In neuerer Zeit wurde auch derartiges Durchzeichenpapier durch das Ueberstreichen mit Petroleum erzeugt, und ebenso das Ricinusöl mit absolutem Alkohol verdünnt hierzu verwendet; wobei man, je nach der Dicke des Papiers, das Oel mit der ein-, zwei- oder dreifachen Menge absoluten Alkohol vermischt, und das Papier mittels eines Schwammes mit dieser Mischung einmal bestreicht.

Nach wenigen Minuten ist der Alkohol verdunstet und das Papier ist — bei richtigem Verhältnis der Mischung — vollständig durchsichtig, trocken und dabei geruchlos, und kann sofort benutzt werden, um mit Bleistift oder Tusche darauf zu zeichnen.

Makulaturpapier

ist in einer Steindruckerei immer in großem Vorrate nötig, und zwar zu verschiedenen Zwecken. Man kann daher auch besseres und schlechteres benutzen; am ratsamsten aber ist immer das reine, weiße Makulatur- oder ordinäre Druckpapier, wie es zum Bücherdruck gebraucht wird. Nur nehme man kein sogenanntes graues Löschpapier, weil dies zu viele Unreinigkeiten und Knoten enthält, die der Zeichnung, der Platte, dem Leder oder Reiber nachteilig werden können, was auch bei anderem unreinem Papiere mit starken Unebenheiten u. dergl. der Fall ist. Makulatur vom Buchhändler ist ebenfalls brauchbar, nur darf die Druckschrift darauf nicht mehr neu sein, sonst könnte sie sich durch den heftigen Druck, wenn solches Papier beim Steindruck als Auf- oder Ueberlage gebraucht wird, leicht überdrucken und Schmutz verursachen, auch wenn man es zum Abreiben irgend einer Materie von der Steinplatte benutzt, letztere leicht verunreinigen.

Das Druckpapier

oder dasjenige Papier, auf welches der Abdruck gemacht wird. Man wendet es von sehr verschiedener Güte und Größe, in ganzen und geteilten Bogen an, wie es eben die Arbeit erfordert. Die feinsten Velin- und holländischen Postpapiere, die stärksten Schweizerpapiere, Schreibpapiere aller Art, auch ungeleimte, sogenannte Druckpapiere und selbst gefärbte Papiere werden verwendet. Doch sind nicht alle Papiere gleich tauglich für den Steindruck. Man kann annehmen, daß ein körniges, mit einer feinen Oberfläche versehenes, gut und egal geleimtes, besser aber noch ungeleimtes oder halbgeleimtes Papier das beste für den Steindruck ist. Zu Kunstgegenständen ist jederzeit ein ungeleimtes oder halbgeleimtes Papier ratsam. Die Federschriftmanier hat es meist mit solchen Arbeiten zu thun, worauf dann noch mit gewöhnlicher Tinte geschrieben werden muß, daher fast nur geleimte Papiere dabei anzuwenden sind.

Ob ein Papier mehr oder minder, und ob es gleichmäßig geleimt sei, erkennt man, sobald man dasselbe netzt, an dem Durchschlagen. Ungeleimtes Papier wird beim Feuchten durchsichtig; enthält es Spuren von Leim, so bleiben einzelne Stellen wolkig, und solches Papier, ebenso wie das ungleichmäßig geleimte, ist zum Drucke womöglich zu vermeiden, da es die Farbe auch ungleichmäßig annimmt und gern graue Stellen im Druck erhält.

In der Art des Leimes und in der Anwendung desselben bei der Papierfabrikation liegt eine große Verschiedenheit der mehr oder minderen Tauglichkeit eines solchen Papieres zum Steindrucke. Manche solche Papiere nehmen fast gar keine Druckschwärze an, manche nur dann, wenn sie wenig, manche wieder, wenn sie mehr gefeuchtet sind. Es ist daher bei Einkauf größerer Quantitäten Papiers sehr ratsam, dasselbe vorher auf verschiedene Weise zu probieren, denn vom Ansehen allein kann man nur wenig urteilen, doch erhält man auch darin bei einiger Aufmerksamkeit bald einen ziemlich sicheren Blick. — Aber es gibt gewisse Papiere, die für den Steindruck völlig untauglich sind, nämlich solche, die sich durch einen süßlichen, aber zugleich urinösen Geruch ankündigen; sie haben gewöhnlich chemische und in der Fabrik nicht gehörig abgestumpfte oder neutralisierte Bleiche, und bei dieser werden Substanzen angewendet, die teils die Steinplatte oder ihre Präparatur, wie dies z. B. Alaun thut, teils die mit Fett oder Oel gemachte oder eingeschwärzte Zeichnung, wie durch Salzsäure u. dergl., angreifen und verursachen, daß die Platten bald Schaden leiden, und daher nur wenig gute Abdrücke liefern können. Gewöhnlich wird bei einem solchen chemisch, d. h. mit Chlor gebleichten Papiere, der Stein schon beim dreißigsten oder vierzigsten Abdrucke fettig, und es ist durchaus unmöglich, denselben wieder brauchbar zu machen. Von größter Wichtigkeit muß es daher für den Lithographen sein, sich schon im voraus zu überzeugen, ob das Papier, das er zum Abdrucke seiner Arbeiten bestimmt, etwa mit Chlor gebleicht, oder ob beim Leimen Alaun, dessen überschüssige Schwefelsäure die im Wasser unlösliche Gummischicht der Präparatur zerstört, im Uebermaß angewendet wurde. Dazu bietet sich ihm folgendes einfache Mittel dar:

Man pulvere 1 Gewichtsteil Lackmus im Mörser, gieße dann 5 Teile Wasser darauf, und wenn die Auflösung vollendet ist, so seihe man sie durch feine reine Leinwand und bewahre sie zum Gebrauche in einem wohl zugestöpselten Fläschchen auf. Hat man nun ein verdächtiges Papier, so mache man mit einem in jene Auflösung getauchten Pinsel einen Strich auf demselben. Bleibt der Strich blau, so enthält das Papier keine Säure, im entgegengesetzten Falle aber wird er mehr oder minder intensiv rot. Von der Anwesenheit des Chlors in einem Papiere kann man sich überzeugen, wenn man das zu prüfende Papier mit einem Gemisch aus Stärkekleister und etwas Jodkalium benetzt. Ist auch nur eine Spur von Chlor in dem Papier vorhanden, so wird dasselbe sich mehr oder minder blau oder dunkelviolett färben.

Man ist jedoch nicht immer genötigt, ein solches Papier zu verwerfen, sondern man kann die Säure in demselben neutralisieren, indem man sich zum Netzen desselben eines schwach ammoniakalisch gemachten Wassers bedient. Noch leichter kommt man dazu, wenn man ein saures Papier, oder auch solches, das durch Zufälligkeiten, vielleicht schon in der Masse, sauer geworden ist, in einer dünnen Kalkmilch netzt, die man dadurch erzeugt, daß man in das zum Netzen bestimmte Wasser ein Stück ungelöschten Kalk wirft und darin zergehen läßt, das Wasser aber beim Netzen oft umrührt.

Solche Mittel sind indessen immer nur Auskunftsmittel und nur im Notfalle zu gebrauchen, da sie umständlich sind; am besten thut man immer saure Papiere zurückweisen.

Die Papierfabrikanten pflegen übrigens gern, wenn sie ihr Papier mit Chlor bleichen, die Säure in demselben mit Alkali zu sättigen. Dadurch hört allerdings die saure Reaktion des Papiers auf, das Papier wird aber dabei brüchig und leicht vergänglich. Man prüfe daher ein solches verdächtiges Papier dadurch, daß man dasselbe öfters einbiegt und faltet, wo sich die Brüche bald zeigen werden.

Uebrigens sind es nicht immer die eben erwähnten Umstände, welche Uebelstände beim Drucken herbeiführen, sondern dergleichen entstehen auch oft durch das Leimen, besonders wenn dasselbe stark und mit Harzseife und Alaun geschieht und die Uebelstände wachsen, jemehr das beim Drucke und Feuchten angewendete Wasser Kalkteile enthält. Selbst der gewöhnliche tierische Leim ist nachteilig, wenn er noch zu viele Fettteilchen enthält, d. h. nicht gehörig abgeschäumt wurde. Die Steine werden durch solches Papier nicht angegriffen, wohl aber die Zeichnung, welche endlich ganz verschwindet, auch nehmen die unbezeichneten Stellen des Steins bald Farbe an. — Ein Papier, welches von der Harzseife durch und durch mit Harz durchzogen ist und oft auch Oel (fettes und Terpentinöl) enthält, wird an der Zeichnung kleben und diese losreißen, oder dem Steine Harz oder Fett mitteilen und ihn zum Verschmutzen geneigt machen. Diese Uebelstände treten deutlich hervor, wenn das Papier 1. mit weichem, terpentinhaltigem Harz geleimt wurde, 2. wenn mehr Alaun zugegeben wurde, als zur Zersetzung der Harzseife nötig war, 3. wenn man, zur Beseitigung des Schäumens, Oel auf den Holländer gibt, 4. wenn nach der Leimung die Masse im Holländer nicht gehörig durchgearbeitet wurde, was namentlich der Fall sein muß, wenn der Alaun, in wenig Wasser gelöst, auf drei bis viermal zugegeben wurde, wobei das Harz dort, wo eben der Alaun hinkam, als Harzsäure abgeschieden wird und erst durch langes Durcharbeiten wieder in Harzseife verwandelt werden kann, wenn nicht zu viel Alaun vorhanden ist. Der Alaun hat mehr Schwefelsäure, als zur Lösung der Thonerde nötig ist; wenn nun des Kalis der Seife zu wenig für die Menge des Alauns ist, so wird von letzterer nur soviel Schwefelsäure gesättigt, daß der Alaun noch löslich bleibt. In diesem Zustande gibt er an die Harzsäure keine Thonerde ab und die Säure wird dann beim Trocknen des Papiers wasserfrei und klebend.

Ferner ist auch darauf zu sehen, daß die Druckpapiere nicht sehr rauh oder grobkörnig sind, oder wohl gar Unreinigkeiten, als unverarbeitete Massen,

Sand oder andere Körnchen u. dergl. enthalten, denn diese bewirken unreine Abdrücke, oder Verletzung des Leders, des Reibers, auch wohl gar des Steines, weil die horizontale Fläche der Steinplatte und des Reibers, die scharf aufeinander passen, dadurch unterbrochen wird, das Hindernis sich sich dann irgendwo eindrückt oder fortschiebt und so die genannten Verletzungen oder Unreinigkeiten hervorbringt.

Uebrigens haben in neuerer Zeit die meisten Papierfabrikanten diesen oben angedeuteten Uebelständen zu begegnen gelernt, sollte man aber dennoch genötigt sein, ein solches dem Steine nachteiliges Papier gebrauchen zu müssen, so kann man am leichtesten seine schädliche Einwirkung dadurch verhindern, daß man beim Drucken zum Befeuchten des Steins statt Wasser einen sehr dünnen Stärkekleister nimmt, welches zweckdienlicher ist, als wie das in Vorschlag gebrachte Feuchten des Papiers mit Kalkwasser, Sodalösung u. dergl. und durchaus nicht störend auf die Operation des Druckens einwirkt.

Auch bunte Papiere sind beim Steindrucke gebräuchlich, doch hat man sich bei ihrer Anwendung wohl zu hüten, daß man nicht solche nehme, deren Farben beim Feuchten ausgehen, oder deren Bestandteile ebenfalls nachteilig auf die Druckschwärze oder die Präparatur der Steine wirken, wie dies die Alkalien, Alaun oder die in der Fettigkeit sich auflösenden und dadurch die Zeichnung verschmutzenden Bleioxyde thun. Es sind daher nur solche gefärbte Papiere brauchbar, die in der Masse gefärbt und unter dem Namen bunter französischer, oder gefärbter Postpapiere im Handel sind.

Muß man sich der gewöhnlichen, nur auf einer oder auch auf beiden Seiten angestrichenen Kattunpapiere zum Drucke bedienen, so muß man dieselben ganz trocken verdrucken, oder sie doch nur einige Minuten zwischen mäßig gefeuchteter Makulatur liegen lassen, wodurch sie allerdings besser annehmen, aber ihren Glanz verlieren und, wenn sie zu feucht sind, den Stein verschmutzen. Ebenso muß man mit den satinierten und geglätteten gefärbten Papieren verfahren, welche man, da sie meistens mit Seife geglättet sind, nicht allein trocken drucken, sondern bei denen selbst die Feuchtigkeit des Steines verdunsten muß, ehe man das Papier auflegt.

Eines Umstandes müssen wir noch erwähnen, nämlich des sogenannten Anlaufens des Papiers, weil einerseits durch solches Papier die Steine und die Zeichnungen angegriffen werden, anderseits aber dieses Anlaufen bereits ein angehendes Verstocken ist und bald den Ruin des Papiers nach sich zieht.

Dieses Anlaufen wird dann herbeigeführt, wenn, namentlich im Sommer, gefeuchtetes Papier lange steht, ehe es bedruckt und getrocknet wird. Das Anlaufen geschieht indessen nicht bei allen Papiersorten gleich früh und hängt namentlich von dem Umstande ab, ob etwa salziges Wasser bei der Fabrikation verwendet worden ist.

Das Anlaufen zeigt sich, indem sich auf dem Papiere Flecken von gelber, roter und grüner Farbe (die Anfänge der Pilzvegetation) zeigen, welche sehr schnell an Umfang und Zahl zunehmen, und erscheint sehr oft am vierten Tage, namentlich bei ziemlich warmer Witterung. Chlorwasser und verdünnter Salmiakgeist machen hier keinen Effekt und das Papier ohnehin zum Steindruck untauglich. Sicher aber gelangt man zum Ziele, wenn man 1 Teil Salzsäure mit 18 Teilen Brunnenwasser mengt und das Papier damit von neuem, jeden Bogen einzeln, feuchtet und wieder trocknen läßt, dasselbe aber später zum Druck von neuem, wie gewöhnlich, mit reinem Wasser feuchtet. Doch muß man solches Papier mit Vorsicht drucken, namentlich den Stein gut in der Farbe halten und dann und wann mit Konservierfarbe einschwärzen und ein paar Stunden ruhen lassen.

Das für Kunstgegenstände, besonders beim Kreidedrucke verwendete ungeleimte Papier soll gehörig markig sein, und sich vollkommen an die Platte anschmiegen, um die aufgetragene Druckfarbe gut aufnehmen zu können, dabei soll es auch eine gehörige Dicke haben, sich beim Drucke nicht zu stark ausdehnen und von reinem Weiß und ohne Flecken sein.

Die Güte desselben hängt teils von der Wahl des Stoffes ab, aus dem es bereitet wird, teils kommt es auch auf den richtigen Grad der erlangten Fäulnis seines Teiges an, wodurch es weich und schwammig wird, und sich den Körpern anschmiegt, mit denen es bedruckt werden soll. Durch die Verwendung eines zu sehr gebleichten oder zu sehr in Fäulnis übergegangenen Teiges, wird das Papier weich und zerreißbar.

Das Hadernpapier ist der beste Stoff nicht allein für gute Farbendrucke, sondern für gute Drucke überhaupt. Die Druckfarbe wird von demselben gut aufgenommen und es wird, selbst nach sehr langer Lichteinwirkung, fast gar nicht verändert.

Papier, welches Holzschliff enthält, trägt den Keim der Zerstörung in sich.

Nicht nur das Sonnenlicht, sondern auch jedes andere Licht, welches chemisch wirksame Strahlen enthält, übt einen schnellen Zerstörungsprozeß auf dasselbe aus.

Es wird gelblich, dann braun und ist von vornherein schon leicht brüchig, welche üble Eigenschaft mit der Veränderung durch das Licht stetig wächst. Dieses tritt jedoch nicht erst bei sehr hohem Holzschliffgehalt des Papieres ein, sondern zeigt sich schon bei 20—25 Prozent Zusatz sehr deutlich.

Die Druckfarben werden durch diese Veränderung sehr, zum Nachteile derselben, in Mitleidenschaft gezogen. Blau wird grün, gelb orange oder braun, grau und rosa werden ganz gründlich zerstört. Muß das Papier gefeuchtet werden, so wird es unansehnlich und rauh, nimmt die Farbe schlecht an und macht durch ungleichmäßiges Dehnen ein gutes Passen fast unmöglich. Holzzellstoff, welcher durch Kochen des zerkleinerten Holzes in Säuren oder Alkalien unter hohem Druck gewonnen wird, dient auch als Zusatz bei der Papierfabrikation. Diese Papiere erzeugen nicht so viele Unzuträglichkeiten beim Druck, als das Holzschliffpapier, haben auch größere Dauer als diese, sollen jedoch keineswegs hier empfohlen werden.

Die wenige Dauerhaftigkeit eines Papiers und die Veränderung der Druckfarben hängt aber nicht vom Zusatz von Holzschliff allein ab, sondern die Bleiche des Stoffes kann auch teil daran haben. Die Bleiche muß, je nach dem Tone, welchen das Papier erhalten soll, und den Stoffen, welche zu demselben verarbeitet wurden, stärker oder schwächer vorgenommen werden. Wird dieselbe recht vorsichtig und nicht zu stark vorgenommen, so leiden die Papiere nicht, bei rascher und starker Bleiche werden dieselben jedoch angegriffen und verlieren an Haltbarkeit.

Bei der jetzt üblichen Chlorbleiche bleibt öfters Chlor im Papier zurück. Die durch dasselbe entstehende freie Säure verändert oder stört nicht nur die aufgedruckten Farben, sondern zerstört auch das Papier selbst.

Das sogenannte Weißen wird bei manchen Papieren auch durch Zusatz von weißen Füllstoffen, Gips ꝛc., vorgenommen. Um der hierdurch hervorgerufenen geringeren Festigkeit der Papiere entgegenzuarbeiten, werden dieselben stärker geleimt und dadurch ein weiteres Hindernis für den guten Druck geschaffen.

Durch Schwerspat oder Baryt (schwefelsaure Baryterde) wird das Gewicht des Papiers, jedoch die Eigenschaften desselben für den Druck nicht erhöht, sondern vermindert.

Schlämmkreide oder Gips machen namentlich ungeleimtes Papier sehr staubig, es läßt sich kein genügender Druck darauf hervorbringen und der Staub macht eine häufige Reinigung der Pressen ꝛc. nötig.

Außerdem geschieht das Weißen des Papieres auch mit reinem Thon (Verbindung von Kieselsäure und Thonerde, China clay auch bleaching clay der Engländer), Pfeifenthon oder geschlämmter Porzellanerde, in neuerer Zeit mit der aus Böhmen eingeführten Kaolinerde. Dieselbe verdeckt kleine Unreinheiten, nimmt dem Papier die zu große Durchsichtigkeit, macht es glätter und, was für die Fabrikanten wohl die Hauptsache ist, schwerer. Diese letzteren Weißen verursachen zwar nicht so viele Uebelstände in Druck und Haltbarkeit des Papieres, können jedoch im Uebermaß angewendet, die Qualität desselben bedeutend verschlechtern.

Ein größerer Zusatz dieser erdigen Substanzen wirkt ungeheuer nachteilig auf die Festigkeit des Papieres. Bei einem Zusatz von 15 Prozent Gips wurde eine Festigkeitsabnahme von ungefähr 50 Prozent festgestellt. Die erdigen Zusätze im Papier verschlucken die Druckfarbe teilweise und lassen sie nicht in dem wünschenswerten Feuer zur Geltung gelangen, außerdem nutzen sich die Druckplatten sehr rasch ab. Enthält das Papier auch noch einen großen Zusatz von Holzschliff, so werden alle, selbst die besten Farben, auf die unangenehmste Weise verändert. Werden derartige Papiere gefeuchtet, so rollen sie sich auf, werden wellig, dehnen sich sehr ungleichmäßig und verursachen die größten Unzuträglichkeiten bei Arbeiten wo es auf genaues Passen ankommt.

Ein gutes Papier sollte nie mehr als 5 Prozent dieser Stoffe enthalten.

Das Papier zu besseren Arbeiten soll ein reines, durchaus holzfreies, nicht zu stark gebleichtes Hadernpapier sein, welches einen möglichst geringen Prozentsatz von Füllstoffen enthält.

Die Art und der Grad der Leimung eines Papieres hat ebenfalls großen Einfluß auf den Druck. Für Bilderdruck wählt man ein möglichst weiches Papier, welches wenig oder gar nicht geleimt ist, für Druckwerke, welche zu häufigem Gebrauche bestimmt sind, ein festes Papier, welches durch entsprechende Leimung widerstandsfähiger gemacht wurde.

Die Dicke des Papieres wird, wenn der Stoff gut und für die Art des Druckes richtig gewählt ist, meist ohne wesentlichen Belang sein. Aus härteren Stoffen hergestellt, sind sie jedoch etwas schwieriger, namentlich bei Buch- und Steindruck, zu verarbeiten als schwächere, haben jedoch den Vorteil für Passerarbeiten, daß sie sich weniger verändern als diese.

Durch das Satinieren wird, mit der zunehmenden Glätte, auch die Härte des Papieres gesteigert. Trotzdem das satinierte Papier die Farbe besser annimmt als unsatiniertes, kann dasselbe, durch bis zum Hochglanz gesteigerte Satinage, diese gute Eigenschaft verlieren, es stößt die Farbe ab und dieselbe zerrinnt.

Für Kupferdruck ist ein rauhes, unsatiniertes Papier am geeignetsten, für Stein- und Lichtdruck ein mäßig satiniertes mit feinem Korn. Für die Buchdruckerpresse ist ein glattes gut satiniertes Papier am zweckmäßigsten.

Bei Kunstdrucken vermeide man starke Leimung und bis zum Hochglanz gesteigerte Satinage des Papieres.

Harte Papiere sind die aus Leinen, Hanf, Holz und Stroh hergestellten ungeleimten, ebenso die aus denselben Stoffen bestehenden Papiere mit animalischer oder vegetabilischer Leimung, oder einem größeren Zusatz von Füllstoffen, auch die pergamentierten Papiere.

Weiche Papiere sind die, mit geringem Zusatz von Leinenfaser und Füllstoff, aus reiner Baumwollfaser hergestellten, auch die chinesischen und japanesischen Papiere.

Die Größenveränderungen des Papieres, das Dehnen, sind nicht bei allen Sorten gleich. Kurzgefaserte, weniger feste Papiere, weisen nach dem Feuchten geringere Veränderungen auf, als langgefaserte, feste Papiere. Die Maschinenpapiere weisen nach der Breite, in der Richtung des Maschinenlaufes bedeutend höhere Größenzunahme auf, als nach der Länge. Dieselben nehmen durch das Feuchten nach der Breite um 1—1,5 Prozent, nach der Länge aber nur 0,2—0,8 Prozent zu. Langgefaserte Papiere nach der Breite bis zu 4—5 Prozent, nach der Länge zum Maschinenlaufe 0,3 bis 1 Prozent.

Für Gravurdruck, oder den von Kreidearbeiten, muß das Papier immer gefeuchtet werden, hauptsächlich dann, wenn harte Papiere zur Verwendung kommen. Da es hier meistenteils nicht auf das Passen ankommt, so sind die Veränderungen des Papieres weniger gefährlich als beim Farbendruck.

Feine Kupferdruck- und Steindruckpapiere, dürfen keine Holz- oder Strohfaser enthalten, dieselben machen beim Feuchten das Papier unansehnlich und härter, haben aber auch noch andere Unzuträglichkeiten im Gefolge. Die Leimung derselben muß eine äußerst schwache, für Kunstdruck müssen sie ungeleimt sein.

Bei dem für andere Zwecke hergestellten Druckpapier, kommt meistens die Harzleimung in Anwendung, dasselbe kommt halb- oder ganzgeleimt in den Handel.

Der Zusatz von Stärke hat den Zweck, bei starkem Zusatz von Füllstoff die Faser fester mit demselben zu verbinden, diese Papiere führen eine Menge Mißstände herbei. Sie werfen sich, werden wellig, ungleichmäßig größer oder kleiner u. s. w.

Bestreicht man solches Papier mit 10prozentiger alkoholischer Jodtinktur und es färbt sich blau, so kann man auch mit Sicherheit auf das Vorhandensein eines großen Zusatzes von Füllstoffen rechnen.

Das chinesische Papier.

Dieses Papier, dessen hoher Preis und die Schwierigkeit, sich dasselbe echt und in der gehörigen Menge zu verschaffen, noch vor einigen Jahren dem ausgedehnteren Gebrauche desselben große Schwierigkeiten in den Weg legten, wird jetzt durch ein Papier von demselben Farbentone, das in deutschen, französischen und englischen Fabriken bereitet wird, fast ganz ersetzt.

Das chinesische Papier ist nicht nur durch seine Feinheit und seine große Empfänglichkeit für die Druckfarbe, sondern auch durch seinen eigenen Farbenton dem Lithographen sehr nützlich, indem dasselbe die Harmonie der Zeichnung in den kräftigsten Teilen derselben nicht nur sehr begünstigt, sondern auch die Schwere der sehr bewölkten Lüfte mäßigt und selbst die Härten mildert, welche dadurch entstehen, daß, sei es nun durch die Aetzung, sei es durch die Menge der Abdrücke, einige Halbtinten verloren gehen, oder daß der Zeichner die Uebergänge der Schatten und den Abstand des Schattens gegen das höchste Licht nicht weich genug gehalten hat.

Das echte Chinapapier ist weicher und von größerer Festigkeit als das imitierte. Es ist aus sehr langen, weichen Fasern erzeugt, enthält aber viel Unreinigkeiten in Form von Faserbündeln, Sandkörnern u. dergl. Zu besseren Arbeiten muß es vorher gut abgeputzt werden, was viel Zeit erfordert.

Dies Papier hat eine rechte und eine linke Seite, welche sich dadurch voneinander unterscheiden, daß die rechte glatter ist, während die linke seidenartig und faserig ist und viele kleine, krumme, teils erhabene, teils vertiefte Linien hat.

Das imitierte Chinapapier ist meistens nicht so schön getont als das echte, zeichnet sich aber durch große Reinheit und Gleichmäßigkeit aus.

Zum Druck muß es in feuchte Makulatur eingelegt werden, sonst zeigen die Abdrücke einen unruhigen nicht gut geschlossenen Ton.

Die Oberfläche desselben ist rauh und kornartig, läßt sich aber gut satinieren, wenn es vorher in leicht feuchte Makulatur eingelegt wurde.

Sollen die Abdrücke übermalt oder beschrieben werden, so kann man das Papier mit einer sehr dünnen, reinen, bis auf 25 — 30° erwärmten Gelatinelösung leimen.

Um dies Papier auf dem weißen Blatte, das ihm als Unterlage und Einfassung dient und so den Effekt der Zeichnung noch vermehrt, dauerhaft zu befestigen, überzieht man dasselbe auf seiner ganzen hintern Fläche mit einer sehr dünnen Lage von durch Leinwand getriebenem Stärkekleister mittels eines feinen Schwammes. Dann hängt man die ganzen Bogen auf eine Leine zum Trocknen auf, wobei man sich zu hüten hat, daß die Vorderseite nicht von dem Kleister befleckt werde, indem sie außerdem später beim Druck am Steine festkleben und so ebenso wohl den Stein, als den Abdruck ruinieren würde. Ist das Papier trocken, so wiederholt man die Operation noch einmal, worauf man die Bogen zum Gebrauche lange Zeit aufbewahren kann.

Will man das Papier brauchen, so schneidet man aus dem ganzen Bogen Blätter von der nötigen Größe, wobei man jedoch immer, nach Maßgabe der Größe, ringsherum zugeben muß, da das Papier sich, wenn es feucht wird, zusammenzieht. Dann revidiert man die einzelnen Blätter, um die etwa darauf befindlichen fremden Körper, welche der Harmonie und Schönheit des Abdruckes schaden würden, zu entfernen, und legt die Blätter, etwa eine halbe Stunde vor dem Beginnen des Druckes, einzeln zwischen das zum Druck bestimmte weiße Papier; doch darf man es nicht mit demselben in die Papierpresse bringen.

Man kann es auch nach dem Trocknen der Farbe, das heißt nach dem Druck, auf stärkeres Papier oder Karton aufziehen. Man streicht die vollständig getrockneten Drucke auf der Rückseite mit stark verdünntem, reinem

Stärkekleister an und legt dieselben nach dem Trocknen zwischen mäßig feuchte Makulatur, das Papier, auf welches der Druck gezogen werden soll, ebenfalls. In die Presse legt man einen glatten oder fein gekörnten Stein, mit den Marken für das Chinapapier und denen für das größere weiße Papier versehen. Der Chinadruck wird mit der bedruckten Seite, genau nach den Marken, auf den Stein gelegt, darüber, unter Beobachtung der richtigen Lage, das weiße Papier und dann wird mit mäßiger Spannung durchgezogen. Sind die Bogen etwas übertrocknet, werden sie zwischen Glanzpappen gelegt bis sie ganz trocken sind.

Das Japanpapier.

Ebenso hoch, wenn nicht noch höher als das Chinapapier, in der Druckfähigkeit, steht das Japanpapier. In der Festigkeit, Weichheit und Schmiegsamkeit übertrifft es dasselbe bedeutend. Es ist für Kunstblätter das vorzüglichste bis jetzt vorhandene Papier. Die warm gefärbte, mattglänzende Oberfläche, verleiht diesen Papieren das Aussehen von altem Pergament, welches es öfters an Festigkeit übertrifft. Es wird von Seidenpapier- bis Kartonstärke fabriziert und kosten 1000 Bogen im Formate von 34 : 44 cm und der Stärke des gewöhnlichen Kanzleipapieres 100—110 Mark, 1000 Bogen in Kartonstärke im Format 44 : 56 cm 540—580 Mark. Dieser Preis ist für gewöhnlichere Sachen etwas hoch, für bessere Sachen jedoch, wo es neben künstlerischer Ausführung auch auf lange Erhaltung der Drucke ankommt, kann diese Mehrauslage nicht in Betracht kommen.

Das Japanpapier ist, wenn geleimt, nur ganz schwach mit einer Abkochung von Reisblüte, Gummibaumrinde, und einer leichten Harzleimung geleimt, deshalb weisen geleimte oder ungeleimte Japanpapiere im Druck ziemlich die gleichen Eigenschaften auf. Durch Feuchten oder Einlegen in feuchte Makulatur, verliert seine Oberfläche den schönen seidenartigen Glanz, deshalb ist es besser dasselbe, wo es angeht, trocken zu verdrucken. Manche Sorten weisen ein wolkiges Aussehen auf, diese sind, abgesehen von dem unruhigen Ton, auch in ihrem Gefüge nicht gleichmäßig und geben deshalb keinen schönen, reinen Druck. Die dünneren Sorten des Japanpapieres werden, wie das Chinapapier, nachträglich auf Karton oder starkes weißes Papier aufgezogen.

Ebenso wie das Chinapapier kann auch das Japanpapier, wenn darauf gemalt oder geschrieben werden soll, mit dünner heißer Gelatinelösung nachgeleimt werden.

Die Papiere der kaiserlich japanischen Fabriken, in Tokio (Insetsu Kioku) ꝛc., sind Handfabrikate, aus dem Baste einer zu diesem Zwecke in Japan kultivierten Strauchart hergestellt. Auch die jungen Zweige des Papiermaulbeerbaumes, deren Fasern zart, fest, sehr lang, fast seidenfadenartig und sehr elastisch sind, werden zur Erzeugung desselben verwendet.

Schon Rembrandt und seine Schüler (im 17. Jahrhundert) benutzten zu den Abdrücken ihrer Kunstarbeiten öfters Japanpapier. Daß diese Abdrücke heute noch sehr wohl erhalten sind und weder das Papier noch der Ton desselben sich im mindesten verändert hat, ist wohl das beste Zeugnis für die unübertroffene Festigkeit und Dauer des Japanpapieres.

Die Kunst- und Verlagshandlung von R. Wagner in Berlin hat bis jetzt die alleinige Vertretung und Lager für Deutschland und Oesterreich-Ungarn. Die Papiere sind in verschiedenen Stärken und den Formaten von 34 : 44 bis 65 : 95 cm auf Lager.

Das Pergamentpapier.

Dasselbe wird aus ungeleimtem Papier, welches man durch verdünnte Schwefelsäure zieht und schnell wieder in Wasser auswäscht, hergestellt. Das Papier wird hierdurch hart, durchsichtig und äußerst fest. Es verwandelt sich in eine pergamentähnliche, zähe Masse und wird gegen äußere Einflüsse äußerst widerstandsfähig.

Es ist sehr schwer zu verdrucken, weil alle schwächeren Druckfarben abgestoßen werden. Man muß deshalb mit sehr starker Farbe drucken und das Papier vorher in feuchte Makulatur einschlagen. Das Feuchten des Papieres muß sehr sorgfältig vorgenommen werden, weil es sich sonst rollt, wellig wird und keinen egalen Druck liefert.

Man zieht je nach der Stärke des Papieres 4—6 Bogen durch das Wasser, legt auf diese ebenso viele trockene Bogen und so abwechselnd bis der ganze Stoß gefeuchtet ist. Dann läßt man denselben in feuchte Leinentücher eingeschlagen über Nacht beschwert stehen und schlägt am nächsten Tage das Papier derartig um, daß immer die halbe Lage von dem durch das Wasser gezogenen und die halbe Lage des trockenen Papieres wieder eine Lage bilden. Nun schlägt man dasselbe wieder in die feuchten Tücher ein und läßt es, je nach der Dicke des Papieres, gut beschwert 12 bis 24 Stunden stehen und preßt es vor der Verwendung unter starkem Drucke.

Das Pergamentpapier nimmt sehr viel Wasser auf, wird dadurch bedeutend größer und geht deshalb beim Trocknen stark und ungleich ein. Durch Trocknen zwischen starken Saugdeckeln, kann man diesen Uebelstand ziemlich ausgleichen.

Das Hanfpapier.

Das Hanfpapier wird meist zum Druck für Karten (Touristenkarten c.), welche viel in Gebrauch kommen, verwendet. Es besitzt einige Aehnlichkeit mit dem Pergamentpapier, ist sehr hart und setzt der Annahme von Farbe großen Widerstand entgegen. Dasselbe hat ein eigenartig bestechendes Ansehen und ist sehr billig.

Die besseren Sorten des reinen Hanfpapieres sind sehr widerstandsfähig gegen äußere Einflüsse und ziemlich wasserdicht. Die geringeren Sorten werden zur Herstellung billiger Merkantil-Drucksachen sehr stark verwendet.

Zum Druck mit einer Farbe (Schwarz, Braun) feuchte man das Papier mäßig, sowie es beim Pergamentpapier beschrieben wurde. Noch besser ist es dasselbe partienweise im Keller auszulegen, weil es im feuchten Zustande sehr leicht den Stein entsäuert. Für mehrere Farben muß das Papier trocken verdruckt werden, weil es sonst nicht zum genauen Passen gebracht werden kann. Es ist von Vorteil der Farbe etwas Petroleum und Glycerin beizumischen, den Stein nicht zu naß zu wischen und dem Wischwasser ebenfalls etwas Glycerin beizugeben.

Büttenpapier (geschöpftes Papier), Dokumentenpapier.

Diese Papiere, unter der Bezeichnung Dokumentenpapiere bekannt, sind teils geschöpft, teils mit Maschinen hergestellt. Zur Verwendung zu Wertpapieren, Wechseln, Urkunden und Aktenstücken muß das Papier fest, schreibfähig und dauerhaft sein. Die hierzu nötige stoffliche Zusammensetzung desselben, erschwert jedoch den Druck und da dem tierischen Leim Alaun zugefügt wird, damit sich der Stoff nicht auflöst, wirken sie schädlich auf den Stein.

Das geschöpfte Papier muß vor dem Druck gut satiniert und einige Tage im Keller gelagert, der Druck selbst mit starker Farbe und kräftiger Spannung ausgeführt werden.

Die gestrichenen Papiere.
Chromopapiere, Chromokartons, Glaceepapiere, Taftpapiere mit Hochglanz oder matt Satinee.

Die gestrichenen Papiere werden jetzt von den meisten Fabriken in so vorzüglicher Beschaffenheit geliefert, daß sie nichts zu wünschen übrig lassen und zur Herstellung eines guten Druckes sehr viel beitragen. Durch geeignete Maschinen und Materialien haben sie alle nötigen Eigenschaften erhalten; die Gleichmäßigkeit des Anstriches, das leichte Annehmen der Farbe 2c. lassen die Herstellung derselben als einen großen Fortschritt in der Papierfabrikation erscheinen.

Die Matt-Satineepapiere, welche hauptsächlich für elegante Druckarbeiten oder Farbendrucke verwendet werden, bieten für dieselben ihres reinen Tones und der guten Aufnahmefähigkeit für Druckfarbe wegen, große Vorteile. Die Farben haben mehr Feuer und der Druck kommt reiner und schärfer zur Geltung, auch wird bedeutend weniger Farbe verbraucht, als bei gewöhnlichem Papier.

Die gestrichenen Papiere haben jedoch auch den Nachteil, daß sie leicht brechen und in Bezug auf die Druckfarben lichtempfindlicher sind, weil dieselben schneller verblassen als auf ungeleimtem, gutem Papier. Das Brechen läßt sich dadurch vermeiden, daß der Papierstoff aus langen Fasern hergestellt wird, die Lichtempfindlichkeit kann, durch möglichst dünnen Strich, auf ein geringes Maß zurückgeführt werden.

Das Papier darf nicht aus geringem Stoff, Holzstoff 2c. fabriziert sein, weil die schlechten Eigenschaften desselben nicht durch die aufgestrichene Schicht aufgehoben werden.

Der Strich muß schön egal, nicht zu stark, nicht zu hart und aus gutem Material hergestellt sein, und darf nicht durch Luft und Licht verändert werden.

Als weiße Pigmente werden Zinkweiß, Bleiweiß, schwefelsaurer Baryt, Kaolin u. s. w. verwendet. Dieselben werden äußerst fein gemahlen und durch verdünnte Leimlösung in die erforderliche Konsistenz gebracht. Bei zu starker Leimlösung wird die Schicht hart, verliert an Aufsaugungsfähigkeit, blättert sich beim Umbiegen des Papieres ab, oder wird durch die Feuchtigkeit weich und bleibt auf der Druckplatte kleben.

Der notwendige Alaunzusatz darf nicht zu groß sein, weil sonst die Masse, da der Alaun den Leim unlöslich macht, ebenfalls zu hart wird. Ungenügender Leimzusatz hat Abstauben des Papieres oder Zurückbleiben der Masse auf der Druckform zur Folge. Die Farbe wird zu stark eingesaugt und erscheint nach kurzer Zeit matt und kraftlos.

Um sich zu überzeugen, ob nicht zu viel Leim in dem Anstrich ist, befeuchtet man eine Ecke mit dem Finger und löst etwas von der Masse auf, dieselbe darf nur ganz schwach kleben. Ob zu wenig Leim angewendet wurde, erkennt man daran, wenn beim mehrmaligen Einbiegen des Papieres in dem Bruche weißes Pulver zurückbleibt.

Das beste Material zum Anstrich ist Porzellanthon oder Kaolin.

Schwefelsaurer Baryt ist sehr schwer zu der nötigen Feinheit zu bringen und enthält oft dennoch harte Bestandteile. Bleiweiß verändert sich an der Luft und Zinkweiß saugt die Farbe nicht gut auf.

Der Strich muß möglichst dünn sein, ein Hauch genügt, jedes Mehr ist schädlich.

Mit denselben Farbstoffen, welche in der Papierfabrikation gebräuchlich sind, werden auch die gestrichenen Papiere gefärbt und in den verschiedensten Tönen geliefert.

Die richtige Behandlung des Chromopapieres ist sehr schwierig und verlangt große Umsicht. Es darf nicht zu feucht werden, weil sonst der Anstrich erweicht und auf dem Steine sitzen bleibt, oder durch die Farbe aufgerissen wird.

Für den Steindruck genügt es, wenn das Papier in dem Raume wo es verdruckt werden soll, vierzehn Tage bis drei Wochen aufbewahrt wird, es nimmt dann die Temperatur des Lokales an, ebenso den in demselben vorhandenen Feuchtigkeitsgrad der Luft.

Bei dem Glaceepapier wird der Hochglanz der Schicht durch gesteigerte Satinage hervorgerufen. Die verschiedene Tonung desselben, rosa, gelblich, grünlich ꝛc. wird mit den gleichen Farben, welche in der Papierfabrikation gebraucht werden, und zwar durch Beimischung zu dem Anstrich, ausgeführt.

Gefärbte Papiere.

Dieselben sind entweder von der Hand gefärbt und dann nichts anderes, als gewöhnliche geleimte Papiere, über deren Behandlung beim Feuchten zum Drucke bereits gesprochen wurde, oder sie sind in der Masse gefärbt, sogenannte Naturpapiere. Man hat sie in allen Farben und Größen und verwendet sie zu Umschlägen, Anschlagzetteln ꝛc. Ihre Behandlung ist ganz die des gewöhnlichen Papieres, da sie sich in nichts, als der Farbe, von demselben unterscheiden. Ob dieselben auf eine oder die andere Weise sauer reagieren, beim Gebrauch also schädlich auf den Stein wirken, erkennt man durch die Probe, welche wir oben mitteilten. Man muß solche Papiere entweder dadurch entsäuern, daß man in das zum Feuchten bestimmte Wasser ein Stück ungelöschten Kalk legt, oder etwas Kalkmilch zugießt und oft umrührt, oder man muß sie verwerfen, sobald die Kalkmilch deren Farbe verändern kann, sie also nicht entsäuert werden können.

Außer dem Papier, als Material zum Abdrucke, kann man auch noch andere Stoffe benutzen, und man hat daher, besonders in neuern Zeiten, den Steinbruck mit großem Vorteile zum Musterdruck auf Wachstaft, Wachsleinwand, seidene Zeuge, Musseline, Kattun u. s. w., auf Bänder, Kantenkleider, zu Tapeten u. dergl. m. anzuwenden gelernt.

Ueber das Feuchten des Papieres.

Das Netzen oder Feuchten des zum Abdrucke bestimmten Papiers ist das erste Geschäft des Druckers oder dessen, der ihm zu Hilfe gestellt ist. Es ist erst zu berücksichtigen, in welchem Formate die Abdrücke gemacht werden sollen, um danach das Papier zu schneiden; doch kommt es oft vor, daß man dieselbe Schrift oder dasselbe Muster mehrmals nebeneinander zu drucken hat, um schnell eine große Anzahl Abdrücke liefern zu können, oder bei Tabellen u. dergl., wo größeres Format gebraucht wird; dann ist natürlich das Schneiden des Papieres nicht erst nötig. Auch ist es ratsam, das Papier zu der verlangten Menge Abdrücke vor dem Feuchten zu zählen und, wo möglich, immer einige Blätter auf zufällige Fehldrücke zu berechnen, damit es dem Besteller nicht an der verlangten Menge fehle, oder einzelne Blätter nachgefeuchtet werden müssen.

Das Anfeuchten oder Netzen geschieht folgendermaßen: Hat man ungeleimtes Papier zu feuchten, so legt man auf ein Feuchtbrett einige Bogen Makulatur, dann ein Blatt des zu befeuchtenden Papieres, das man mittels eines Schwammes gleichmäßig mit Wasser befeuchtet, und auf welches man dann 8—10 Blätter, je nach der Stärke des zu netzenden Papieres, trocken legt. Auf dieses kommt ein einzelnes Blatt, das man wieder mit dem feuchten Schwamme stark netzt, dann wieder 8—10 trockene, wieder ein feuchtes, und so fort, bis die Auflage voll ist. Den Schluß macht wieder Makulatur und ein Feuchtbrett. Soll man dagegen geleimtes Papier netzen, so nimmt man 12 Bogen trockenes, legt sie auf das Feuchtbrett, dann zieht man 12 Bogen mit einem Male durch reines Wasser, jedoch so, daß alle gehörig feucht werden, legt sie auf die vorigen, dann wieder trockenes, dann feuchtes Papier, und so fort, bis alles Papier aufgesetzt ist. Dann beschwert man einen jeden solchen Stoß mit einem Steine oder Gewichte, bis das Papier durch und durch angezogen hat; stellt es darauf mit den Brettern in eine Papierpresse, die man mehr und mehr anzieht, damit das trocken eingelegte Papier die überflüssige Feuchtigkeit des genetzten an sich ziehe und mit diesem gleich feucht werde.

Das vorgängige Beschweren des Papieres mit Gewichten ist unerläßlich, da außerdem die Feuchtigkeit nicht schnell und gleichmäßig das Papier durchbringt, sondern wenn dasselbe zu früh in die Presse kommt, das Netzen nur unregelmäßig und mit viel größerem Zeitaufwande vollbracht werden kann.

Dabei ist zu bemerken, daß man erstlich nicht zu viel Papier auf einen Haufen lege, weil es so nicht ganz gleichförmig anziehen kann und daher sehr faltig wird, was leicht gequetschte Abdrücke verursacht; alsdann, daß man die Art des Papieres wohl berücksichtige, weil eine mehr, die andere weniger Feuchtigkeit bedarf, indem der Zweck des Netzens, eine zum Drucken nötige Weichheit des Papieres an diesem zu erhalten, natürlich schon mehr oder weniger erreicht ist, je weicher oder härter das Papier selbst ist. Man feuchte ferner nur immer soviel, als man an einem Tage bedarf, denn das

Papier wird sonst leicht an den Rändern zu trocken und liefert dann ungleiche Abdrücke, oder wenn es sehr feucht war, auch wohl feucht steht, verursacht der darin enthaltene Leim leicht Schimmel- (Moder-) Flecke. Diese Flecke von verschiedener Farbe zeigen sich gewöhnlich am vierten oder fünften Tag und machen das Papier zum Drucke gänzlich unbrauchbar, da es bei demselben die Zeichnung rettungslos verdirbt. Ein Mittel solches Papier wieder brauchbar zu machen, haben wir oben mitgeteilt.

Halb- oder ungeleimtes Papier hat man nur sehr wenig, oder gar nicht zu feuchten. Im Winter setze man ferner das genetzte Papier nicht zu großer Kälte aus, weil es sonst zusammenfriert; im Sommer netze man etwas mehr, vermeide zu große Hitze, welche die Ränder schnell trocknet, und lasse es aus dieser Ursache überhaupt nicht zu lange außer stärkerer Pressung stehen. Sehr harte, starke und vielgeleimte Papiere muß man zuweilen umschlagen oder gar zweimal feuchten, indem man sie nach mehreren Stunden aus der Presse nimmt, auf einer dazu bestimmten Tafel jede früher genetzte Lage auseinander schlägt, dann eine trockene ebenso behandelt und nun die innere Seite der letzteren auf die der ersteren legt, oder einzelne Bogen oder schwache Lagen frisch genetztes Papier dazwischen bringt. Endlich hat man noch zu berücksichtigen, in welcher Manier die Zeichnung gearbeitet ist und gedruckt wird, und danach das Papier mehr oder weniger zu netzen.

Im allgemeinen ist zu berücksichtigen, daß das Papier durchgängig Feuchtigkeit angezogen hat, und überhaupt jedes Blatt und auf jeder Stelle gleich feucht sein muß, wenn es schöne und gleiche Abdrücke liefern soll.

Für die Kreide- oder Tamponiermanier muß man das Papier so trocken als möglich verwenden, denn der Druck wird dann um so brillanter, doch wird das Papier, wenn es allzu trocken ist, hart. Zu viel Feuchtigkeit verhindert, daß die Schwärze gehörig an das Papier gehe, und ist dieselbe gar etwas hart, so bleibt gern ein Teil der Oberfläche des Papieres an dem Steine hängen, und der Abdruck ist makuliert, und was noch mehr ist, selbst die Zeichnung auf dem Steine wird dadurch verdorben.

Man kann die Papiere schon verwenden, wenn sie drei bis vier Stunden in der Presse standen, doch thut man besser, am Abend vorher das Papier für den folgenden Tag zu netzen.

Adreßkarten aus starkem, geleimtem, gewöhnlichem Doppelpapier feuchtet man, indem man jedesmal etwa 1 Dutzend in die Hand nimmt, an einer Ecke zusammenhält, unter das Wasser bringt und dort mit der andern Hand scharf über den Schnitt fährt, daß sie sich aufblättern und das Wasser dazwischen tritt. Nun nimmt man die gefeuchtete Ecke in die Hand und wiederholt die Operation an dem Teile, der bis dahin noch trocken war. Dann kommen die Karten in die Presse, wie das Papier. Wie man mit Karten zu verfahren hat, welche auf Glacee- oder Porzellanpapier gedruckt werden sollen, wurde anderwärts beschrieben.

Eine vorzügliche Berücksichtigung erheischt beim Farbendruck das Papier, welches bekanntlich sich nicht allein durch das Feuchten in Länge und Breite ausdehnt, sondern auch während der Druckoperation selbst, eine mehr oder minder große, von seiner Dichtigkeit und Dicke abhängende Verlängerung erleidet.

Diese Erscheinung müßte nun bei dem Farbendrucke, wo es darauf ankommt, daß die Farben beim nachmaligen Abdrucke bis auf Haarbreite genau an ihrer Stelle stehen, ein vollkommenes Mißlingen des ganzen Verfahrens nach sich ziehen, mindestens im glücklichsten Falle eine Menge von Korrekturen, die mit freier Hand und dem Pinsel in die Abdrücke gemacht werden, verursachen.

Um dem allen zuvorzukommen, wählt man zu den zu machenden Abdrücken Maschinen- und fein Büttenpapier, da jenes schon an und für sich spröder und durch die Fabrikation selbst gedehnt ist.

Ferner wendet man nur ziemlich dickes Papier an und läßt dasselbe vor dem Drucke mehrmals mit sehr scharfer Spannung durch die Satiniermaschine gehen, wodurch das Papier den möglichsten Grad der Dehnung erhält und zugleich recht glatt und zur Annahme der Farbe ebenso geeignet wird, als wenn es gefeuchtet wäre.

Das Papier zum lithographischen Farbendrucke wird daher gar nicht gefeuchtet, im Gegenteil womöglich durch erhöhte Temperatur noch mehr getrocknet.

Auch wird dasselbe während des Druckes der verschiedenen Platten immer einer möglichst gleichmäßigen Temperatur ausgesetzt, so daß es weder durch Feuchtigkeit noch durch Wärme vergrößert oder verkleinert wird.

Indessen ist es doch, besonders bei weichen Papieren manchmal notwendig, um das Ein- und Ausgehen zu vermeiden, dasselbe vor dem Druck der Farbeplatten, zu feuchten und mit starkem Druck auf einem reinen glatten Stein ein oder zweimal durch die Presse zu ziehen.

Das Feuchten x. der verschiedenen Papiersorten ist teils bei der Abhandlung über dieselben, teils bei der über den Druck beschrieben.

Achtes Kapitel.
Von den zum Drucken nötigen Materialien.

Hierher gehört vor allen andern:

Die Druckfarbe,

die freilich zu den verschiedenen Zwecken sehr verschieden bereitet werden muß, doch immer aus denselben Materialien besteht. Man bereitet sie aus Ölfirnis und Ruß, oder einer andern Farbe, welche miteinander auf einer glatten Platte oder Reibstein gut abgerieben und zu einer dicken Masse gestaltet werden müssen.

Durch die fortgeschrittene Fabrikation der Gebrauchsartikel für Lithographie und Steindruck und namentlich der Farben, ist der Drucker wohl in den meisten Fällen der Arbeit des Farbereibens überhoben. Die durch Maschinen geriebenen Farben sind teils besser, teils billiger als die unter großem Zeitaufwand mit der Hand geriebenen.

Fig. 8, Taf. 9, zeigt eine Farbereibmaschine für Hand- und Dampfbetrieb.

Der Ölfirnis.

Die Firnisse sind dazu berufen in der Steindruckerei einen bedeutenden, ja wohl den bedeutendsten, Einfluß auf das Gelingen oder Mißlingen des Druckes auszuüben. Es wird wohl selten, oder gar nicht mehr vorkommen, daß der Drucker den Firnis selbst kocht. Der große Zeitverlust und das öftere Mißlingen lassen es auch hier vorteilhafter erscheinen, den im Handel in allen Stärken zu habenden Firnis zu benutzen. Deshalb lassen wir die in der vorigen Auflage vorhandene Beschreibung der Bereitungsweise desselben hier weg und bemerken nur noch, daß es gesetzliche Vorschrift ist, das Firniskochen stets im Freien und in gehöriger Entfernung von Gebäuden ꝛc. vorzunehmen.

Der Firnis wird aus Nußöl oder Leinöl bereitet, da aber ersteres sehr teuer ist, bedient man sich jetzt ausschließlich des Leinöls.

Man unterscheidet für den Steindruck durchschnittlich drei Firnißsorten: ganz starken, mittelstarken und schwachen Firnis.

Guter Firnis muß hell und klar sein, und an den Fingern Fäden von 6—9 cm Länge ziehen, welche, wenn sie reißen, als leichte und trockene Körper durch die Luft schweben. Reibt man ihn zwischen den Fingerspitzen, so muß er, wenn man die Finger wieder öffnet, etwas knistern und lange, durchsichtige, hellbraune Fäden spinnen.

Bleioxyde oder dergleichen in den Firnis zu mischen, wie man dies bei der Bereitung der Firnisse zum Malen und Anstreichen gewöhnlich thut, ist nicht anzuraten. Dieser Firnis trocknet dem Drucker unter der Hand ein und verursacht dann beim Einschwärzen, außer schwerer Arbeit, eine Reibung auf der Zeichnung, wodurch die feinen Striche leicht verloren gehen. — Ist ein Firnis zu streng, oder will man ihn etwas schneller trocknen machen, so setze man auf der Schwärztafel einige Tropfen Terpentinöl zu, doch muß selbst dies mit Vorsicht geschehen.

Ebenso unzweckmäßig wie der Zusatz von Bleioxyd ist der von schwefelsaurem Kalk und schwefelsaurem Kali, welchen man hier und da in Anwendung bringt.

Einige Fabriken setzen dem Firnis Harze zu, dieser Zusatz führt jedoch leicht Verschmierungen des Steines herbei, deshalb wird in vielen Druckereien der reine Firnis vorgezogen.

Die Farben.

Des reinen Firnisses bedient man sich nur in seltenen Fällen, welche an geeigneter Stelle angeführt wurden, zum Drucke; derselbe wird vielmehr mechanisch, durch Abreiben mit einem oder dem andern färbenden Stoffe, vermischt. Der gewöhnliche Beisatz ist:

Die Rußschwärze.

Diese ist entweder Kohle oder Ruß. Zu ersterer gehören die aus animalischen Stoffen, Knochen und Elfenbein, oder aus vegetabilischen Stoffen Weinreben, Pfirsichkernen oder Kork erzeugten Kohlen. Diese sind aber sämtlich für die Lithographie zu substantiös, sie gehen sehr schwierig an den Firnis und liefern eine viel zu kompakte Farbe. Die Abdrücke werden stets etwas körnig, sie erhalten nie einen samtartigen Schein, und die Farbe selbst hängt sich, zufolge der Härte der Kohle, nicht gehörig an das Papier an, ein Teil derselben bleibt auf dem Stein zurück, und zieht eine große Menge unverbesserlicher Nachteile nach sich, namentlich versaugen und verschmutzen die Steine hier leicht oder bekommen einen Flor.

Der Ruß aber, welcher aus der Verbrennung harziger Stoffe entsteht, entspricht allen Anforderungen der Lithographie vollkommen. Er hat meistens eine schöne und weiche Schwärze, ist leicht und flockig und mischt sich bequem mit dem Firnis. Man findet ihn im Handel vorrätig, doch ist er in diesem Zustande für bessere Arbeiten noch nicht brauchbar, sondern muß kalciniert werden. Die Erzeugung und Kalcinierung desselben ist im dritten Kapitel erläutert.

Einen anderen Ruß, der ganz vorzüglich brauchbar ist, und dessen ausschließlichem Gebrauche sich nur die Kostspieligkeit desselben entgegensetzt, den man jedoch zu wertvollen Arbeiten ausschließlich verwenden sollte, kann man sich durch Verbrennung des Terpentinöls selbst erzeugen.

Man nehme ein Gefäß von Blech oder dergleichen, das etwa $^1/_2$ kg Terpentinöl faßt, fülle dasselbe an und setze auf dasselbe einen Schwimmer mit einem baumwollenen Docht, worauf man über das Ganze einen passenden Deckel stürzt, der ein Loch hat, durch das die Flamme des Dochtes hindurchschlagen kann. Sobald man nun die auf einem sehr großen Bogen Papier stehende Lampe angezündet hat, stellt man über dieselbe eine cylindrische Büchse von sehr glattem Kartenpapier oder feinpoliertem Messingblech von 60 cm Höhe und etwa 45 cm im Durchmesser, den Boden nach oben, so daß die Lampe ganz von diesem Cylinder, der am Fuße einige Löcher zum Lufteintritte haben muß, bedeckt ist. Der sich bei diesem Verbrennungsprozeß entwickelnde Ruß setzt sich nun oben an den Boden und an die Wände der Büchse, und sobald das Terpentinöl vollständig verbrannt ist, hebt man den Cylinder leise auf, nimmt die Lampe darunter hinweg und schlägt einigemal leicht an den Cylinder, worauf der sämtliche Ruß auf das untergebreitete Papier fällt und zum Gebrauche fertig ist. Derselbe wird dann wie der Kienruß calciniert.

Der Gravierfarbe setzen einige Drucker Frankfurterschwärze oder auch schwarzen Lack bei, und bedienen sich zuweilen einer Beimischung von Mennige, um das Trocknen der Schwärze zu befördern. Dieses Trocknen kann auch durch den Beisatz einiger Tropfen des im Handel vorkommenden Sikkativ- oder Trockenöls*) befördert werden, nur darf dieses Trocknungsmittel nicht mit der Druckwalze in Berührung kommen, indem sonst diese durch das schnelle Verhärten der Farbe sehr bald unbrauchbar wird.

Durch einen Beisatz von Indigo oder Pariserblau werden die Abdrücke bedeutend schwärzer, bedient man sich aber statt des blauen eines Beisatzes von etwas Rotbraun oder Krapplack, so erhalten die Abdrücke einen wärmeren Ton, der ihnen eine große Annehmlichkeit verleiht. Man muß jedoch alle diese Farben zuvor in Terpentinöl sehr fein abreiben und wieder trocknen lassen, ehe man sie der Schwärze zusetzt.

Während noch vor wenigen Jahren jede Druckerei sich ihre Druckfarbe selbst bereitete, wird jetzt allgemein dieselbe von Fabriken bezogen, wo sie durch Maschinen fein gerieben zum Gebrauche für Feder-, Kreide- und Gravierdruck bearbeitet wird.

Zudem kann auch der calcinierte Ruß, sowie der Druckfirnis in jeder gewünschten Qualität dorther bezogen werden.

Da indes die Maschinenfarbe, wenn sie stark eingerieben wird, weniger Struktur zeigt, als die von der Hand geriebene, so wird meistens zu feineren Arbeiten dieselbe in den Druckereien bereitet; das Verfahren hierbei ist folgendes: $1^1/_2$ Teile starker Firnis werden mit 2 Teilen calciniertem Ruß untereinander gemengt, wodurch man eine fast trockene Masse erhält.

Hiervon wird nun nie mehr als einer welschen Nuß groß unter den Farbeläufer gebracht, und nachdem man sie mittels der Kante des Farbeläufers zerteilt. und mit demselben fein gerieben hat, wird sie abgespachtelt und mit einer neuen Portion ebenso verfahren. Je länger und mit je mehr Kraft dieses Reiben geschieht, desto feiner wird die Farbe.

---

*) Demselben Zwecke dient auch das echte weiße bleifreie Sikkativpulver.

Leichte Farbeläufer sind hierzu nicht tauglich, am geeignetsten sind die kegelförmigen Läufer von 20 cm Höhe, deren untere Fläche etwa 10 cm Durchmesser hat.

Eine feingeriebene Farbe ist nicht nur vorteilhaft, weil man keinen Abgang hat, sondern sie ist auch zu einer guten Arbeit unerläßlich; mit einem Worte, die Grundbedingung eines schönen Druckes ist eine feine Farbe.

Zu gravierten Arbeiten kann etwas unkalcinierter Ruß genommen werden, indem der zu stark kalcinierte zur Abmagerung der Platten beiträgt und in vielen Fällen keine fetten Abdrücke zuläßt; während ein zu großer Beisatz des unkalcinierten Rußes unreine Abdrücke zur Folge hat, indem sich diese Farbe gern anhängt. Hierzu wird auch gewöhnlich leichter Firnis verwendet, während die Druckfarbe für Federarbeiten mit mittlerem und zu Kreidezeichnungen mit festem Firnisse bereitet wird.

Da die Selbstbereitung des Firnisses und der Farbe ziemlich gefahrvolle und schwere Manipulationen sind, wogegen die Massenerzeugung ein billigeres und besseres Material zu erzielen imstande ist, so empfehlen sich von selbst die Erzeugnisse der Fabriken, aus welchen sämtliche Druckfarben und Firnisse in meist vorzüglicher Qualität zu beziehen sind, wie wir schon früher erwähnten.

Aehnlich wie der Firnis ist auch die in den Fabriken zum Gebrauch des Steindrucks gefertigte schwarze Druckfarbe in die drei Sorten: Gravier-, Feder- und Kreidefarbe unterschieden.

Fein kalcinierten Ruß, Firnis und Druckfarbe liefern: Kast & Ehinger in Stuttgart, Beit & Philippi in Hamburg, Huber in München, Gleitsmann in Dresden, Schramm in Offenbach, Papst & Lamprecht in Nürnberg, Fischer & Naumann in Ilmenau in Thüringen u. v. a.

Nebst diesen sind auch aus verschiedenen schon früher genannten Fabriken und Handlungen alle übrigen Bedürfnisse für die Lithographie, als: bunte Farben, Bronze, Tusche, Kreide, Aetzgrund, autographisches und Glaspapier, nebst allen vorkommenden Utensilien, Maschinen, Pressen, Walzen u. s. w. in vollständigster Weise zu beziehen.

Bunte Farben.

Derselben bedient man sich in der Steindruckerei zur Herstellung farbiger Drucke, wie in dem fünften Kapitel über den Farbendruck bereits erwähnt wurde; die hierzu verwendbaren Farben sind entweder Erdfarben, die schon in der Natur vorkommen, oder solche, welche die Chemie erzeugt hat.

Erdfarben sind Verbindungen von Metalloxyden mit Erden. Sie werden durch das Schlemmen gereinigt und erhalten durch das Brennen (Ausglühen) eine veränderte dunklere Farbe.

Nachdem sie in Wasser gehörig fein gerieben, sind die meisten Erdfarben zum Drucke sehr brauchbar, und werden auch durch das Licht nicht gebleicht; während bei vielen chemischen, besonders bei Lackfarben, das Licht einen größeren oder geringeren Einfluß übt.

Zudem haben die chemisch bereiteten Farben oft mehr oder minder eine Einwirkung auf den Stein, manche heben durch die Säure, welche sie mit sich führen, die Präparatur des Steines auf und die Druckfarbe setzt sich an allen Stellen desselben an, andere verbinden sich nicht gut mit dem Firnis und treten ins Wasser über. Mehrere lassen sich nicht kräftig bedend, sondern nur lasierend auftragen, oder können nicht ohne Nachteil mit anderen Farben vermischt werden. Noch andere sind während des Druckes löslich, oder lösen sich beim Lackieren auf und lassen sich verwischen.

Besonders Lackfarben dürfen nicht in zu großen Quantitäten vorrätig in Firnis gerieben werden, weil sie sich verflüchtigen und ihr ganzes Feuer verlieren; ebenso wenig darf dies bei Mineralfarben stattfinden, welche ein schnelles Trocknen des Firnisses herbeiführen, und denselben nach einiger Zeit ranzig machen, was nachteilig auf die Präparatur des Steines einwirkt und zu Verschmierung Anlaß gibt.

Die zweckdienlichsten zum Drucke sind:

Zur gelben Farbe. Neapelgelb, Mineralgelb, Indischgelb, gelber Lack, Chromgelb, Hell- und Goldocker.

Das Neapelgelb ins Grünliche spielend, gibt mit Berlinerblau eine schöne hellgrüne Farbe und wird auch dazu verwendet, dem roten Ocker u. dergl. eine hellere Farbe zu geben. Für sich allein verwendet ist es nicht ganz zuverlässig, ist jedoch als Beimischung zum Chromgelb und zu Chamois- tönen gut verwendbar.

Das Indischgelb und der gelbe Lack eignen sich besonders um Neapel- gelb und Ocker glänzender hervorzuheben. Der gelbe Lack ist geradezu un- entbehrlich, er eignet sich zu allen Mischungen, zu welchen Gelb gebraucht wird sehr gut und ist auch als Gelb für Transparentplakate, wegen seiner Durchsichtigkeit sehr zu empfehlen.

Das Chromgelb in seinen verschiedenen Nüancen, glänzend und goldfarbig, läßt sich gut zur Erzeugung des Grün verwenden, wobei selbes auf die zuerst gedruckte und getrocknete blaue Farbe kommen muß.

Diese Mineralfarbe wird durch die Verbindung der Chromsäure mit Bleioxyd erzeugt, und hat die schnell trocknende Eigenschaft der Bleipräparate.

Sie ist die unentbehrlichste, jedoch auch die billigste der gelben Farben, wird aber trotzdem häufig durch Gips, Thon, Kreide, Stärke, Schwerspat u. dergl. verfälscht.

Das Kadmiumgelb ist das dauerhafteste, jedoch auch das teuerste Gelb welches im Handel vorkommt; es verdruckt sich sehr gut.

Sämtliche Ockergattungen sind eisenhaltige Erdfarben; durch Brennen gibt besonders der Goldocker eine schöne dunkelrote Farbe. Der Hellocker, mehr in das Rötliche als Grünliche spielend, läßt sich mit allen Farben vermischen. Der Goldocker gibt mit Berlinerblau ein warmes Grün.

Die Ockerfarben lassen sich nicht gut reiben, deshalb achte man darauf, daß man sie recht fein gerieben bekommt, sonst machen sie beim Druck Schwierigkeiten.

Die roten Farben liefern: chinesischer und auch gewöhnlicher Zinn- ober, Chromrot, die roten Lackfarben, als Karmin- und Krapplack, Neapel- rot, roter und braunroter Ocker.

Der Zinnober ist eine durch Glühen erfolgte Verbindung des Schwefels mit Quecksilber, kommt aber auch als Naturprodukt vor. Er widersteht den Einwirkungen der Luft und des Lichtes und läßt sich gut verdrucken. Die Zinnoberimitationen, wie Brillantzinnober, Zinnoberrot, Antizinnober 2c. verdrucken sich schlecht, besitzen keine Widerstandskraft gegen Luft und Licht, trocknen sehr schnell und sind beim Druck nicht so ausgiebig als echter Zinnober.

Der mit Mennige verfälschte Zinnober ist durch seine gelbliche Farbe erkennbar und wird durch Uebergießen mit Salpetersäure augenblicklich schwarzbraun, während reiner Zinnober unverändert bleibt. Auch mit Drachenblut, Ziegelmehl, Schwerspat, wird derselbe oft verfälscht und durch dieselben ein guter Druck erschwert.

Mennige, ein Bleioxydul, wird für viele Arbeiten mit Vorliebe angewendet. Zu Mischungen für Grau ist Mennige sehr zu empfehlen, obgleich dieselbe, durch rasches Trocknen, Schwierigkeiten für den Druck bietet.

Durch Beimischung von Karmin- oder Krapplack wird seine Farbe lebhafter.

Das Chromrot, eine schöne, deckende Farbe, gewöhnlich aus Chromsäure und schwefelsaurem Salze bereitet, kann auch durch heftige Glühhitze in Chromgrün verwandelt werden. Letzteres kommt in der Natur als Chromocker vor, und wird häufig auch durch eine Mischung von Chromgelb und Blau fabriziert.

Die roten Lacke, kommen im Handel in allen Nüancen vor, und sind zum Drucke leichter durchsichtiger Töne sehr anwendbar, decken jedoch weniger und bleichen mit der Zeit.

Der aus dem Kochenillerot (welches aus der Schildlaus einer Kakteenart Brasiliens bereitet wird) mit Alaun, Zinnsalz und Natron erzeugte Karmin ist eine der schönsten, aber auch der teuersten Farben für den Druck, daher wird gewöhnlich eine geringere Sorte desselben, der sogenannte Karminlack, zum Drucke verwendet.

Trotz des hohen Preises, setzen die Karminlacke dem Lichte wenig Widerstand entgegen.

Im Handel kommen Karminlacke vor, welche nichts anders sind als roter Lack, durch Chemikalien der Farbe des Karmins ähnlich gemacht. Sie sehen matt und porös aus, haben nicht die Tiefe des echten Karmins und sind oft dem Druck sehr nachteilig.

Der Krapplack findet sich im Handel in kleinen Körnern und in verschiedenen Nüancen vor, wovon der dunkelrote zum Drucke besonders tauglich ist. Dieser Lack wird aus dem Holze der Wurzel Rubia tinctorum gewonnen, welche am schönsten in Kleinasien vorkommt. Es ist die lichtbeständigste Farbe, welche wir kennen und steht mit dem Karminlack so ziemlich im gleichen Preise. Fälschungen desselben kommen selten vor.

Der rote und braunrote Ocker findet sich in der Natur vor, kann aber auch durch Brennen des Hell- und Goldockers erzeugt werden. Ersterer eignet sich besonders zu braunen Tönen, letzterer für dunkle lebhafte Schattierungen, wozu derselbe auch eine Beimischung von Zinnober oder Krapplack erhält.

Die blauen Farben sind: Pariser- und Berlinerblau, Indigo, Mineralblau, Kobaltblau und Ultramarin.

Das Pariser- und Berlinerblau ist blausaures Eisenoxyd, gebildet aus Blutlaugensalz und Eisenvitriol, wovon die dunklere Nüance (das Pariserblau) die feinere, während die hellere (das Berlinerblau) die geringere Sorte gibt.

Das sogenannte Miloriblau, eine etwas hellere Sorte Pariserblau, eignet sich vorzugsweise zum Druck, indessen haben alle Sorten dieser schnelltrocknenden Farbe häufig noch Säure bei sich, welche man durch Auslaugen entfernen kann, wozu man die Farbe mit Wasser abreibt, öfters warmes Wasser darauf gießt und dieses wieder durch ein Filtrum absondert, bis durch den Geschmack keine Säure mehr bemerkbar, und das filtrierte Wasser das Lackmuspapier nicht mehr rötet.

Das Miloriblau ist das unentbehrlichste Blau in der Steindruckerei, weil es sich gut druckt, ausgiebig ist und mit jeder Farbe vermischt werden kann. Dasselbe ist seines billigen Preises wegen, der Verfälschung weniger ausgesetzt.

Die dunkelblaue Indigofarbe wird aus einer Pflanze gewonnen, welche vorzugsweise auf St. Domingo und in Amerika gebaut wird. Indigo ist sehr teuer, wirkt jedoch in fester Konsistenz aufgetragen, als ein sehr schönes tiefes Violettblau. Die Tiefe, sowie der eigenartige Ton dieser Farbe ist durch keine Mischung zu erreichen.

Das Mineralblau kommt im Handel als Hochblau, Mittelblau und Bergasche vor, und besteht aus dem Niederschlag des salpetersauren Kupfers mit Kalkmilch.

Das Kobaltblau, aus Kobaltoxyd-Thonerde bestehend, ist eine schöne Lasurfarbe für Lüfte, und gibt mit rotem Lack ein schönes Violett, während obige blaue Farben sich mehr für Grün eignen. Dasselbe ist sehr dauerhaft, jedoch ebenfalls sehr teuer, da das Kilo 60—70 Mark kostet.

Die im Handel vorkommende Kobaltimitation (Himmelblau) enthält Schwefelsäure und ist nicht zu empfehlen, weil durch die Einwirkung der Säure die Zeichnung schwindet.

Das sogenannte Nürnberger Ultramarinblau, aus Kieselerde, Thonerde, Schwefel und Natron erzeugt, ist in verschiedenen Nüancen zu haben; dasselbe kann jedoch nur schwer mit dem Firnisse gemischt werden, und wird deshalb meistens als trockene Auftragfarbe (Puderfarbe) gebraucht, wobei mit Berlinerblau unterdruckt und mittels eines weichen Pinsels oder Baumwollbäuschchens dieselbe auf den noch feuchten Druck eingerieben wird. Das Papier muß dazu satiniert und trocken sein. Ultramarin ist in reinem Zustande sehr luft- und lichtbeständig.

Grüne Farben kommen wohl zwanzig Sorten im Handel vor.

Mit Nachtgrün, dunklem Seidengrün, Viridinlack und dunkelgrünem Lack kann man jedoch, durch Zugabe von Gelb oder Blau, alle anderen grünen Farben herstellen. Nachtgrün ist transparent und von schöner Brillanz, welche keine andere Farbe aufweisen kann. Dunkelgrüner Lack ist nicht so brillant wie Nachtgrün, jedoch tiefer, und Viridinlack, gelblich oder bläulich, ist nicht so tief, dagegen sehr transparent.

Zu erwähnen sind noch die beiden Nüancen des grünen Zinnobers, einer Verbindung von Kobalt- und Zinkoxyd, welche ein etwas gebrochenes Grün geben.

Braune Farben gibt es ebenfalls viele Arten, wir erwähnen hier nur: Terra de Siena, gebrannt und ungebrannt, Umbraun, Caput mortuum, brauner Lack, Acajoulack und Kasselererde.

Terra de Siena wird sehr häufig verwendet und zwar meistens im gebrannten Zustande, weil die ungebrannte sehr sandig und schlecht zu reiben ist; auch enthält sie oft noch etwas Kieselsäure, welche das Schwinden seiner Töne verursacht.

Umbraun auch Umbra, kölnische Erde, cyprische, holländische, sizilianische Umbra, Kesselbraun genannt. Unter diesen Namen gehen verschiedene Erden, welche teils bituminöser Natur, Braunkohle, teils Eisenarten sind, welche durch Behandlung mit Chemikalien druckfähig gemacht werden. Beim Druck mit denselben ist ebenfalls das Schwinden seiner Töne zu befürchten.

Caput mortuum, ein Eisenoxyd, welches auf verschiedene Weise gewonnen und mehr oder weniger rein ist.

Brauner Lack ist in verschiedenen Sorten vorhanden, allein, das heißt ohne Mischung mit andern Farben verdruckt, verursacht er auch leicht das Schwinden seiner Töne. Trotzdem machen ihn seine Tiefe und Durchsichtigkeit fast unentbehrlich in der Druckerei. Er wird aus dem Holzglanzruß gezogen und hat eine warme, tiefbraune Farbe.

Acajoulack, wird, weil er die ähnliche Nüance wie Terra de Siena hat, öfters als Ersatz für dieselbe gebraucht. Mit Chromgelb gemischt eignet er sich sehr gut als Unterdruckfarbe für Goldbronze.

Hierher gehören auch noch die verschiedenen Ockersorten, Fleischocker, Goldocker, Ockerhellgelb, welche in der Druckerei nicht fehlen dürfen. Fleischocker ist in drei Sorten vorhanden, rötlich, bläulich und gelblich, welche sich sämtlich sehr gut drucken.

Auch der Kaffee ist als Lasurfarbe zum Drucke zu gebrauchen, und kann durch ein mehr oder minderes Rösten vom leichten Tongelb bis zur Schwärze hergestellt werden. Letzteres dient besonders als trockene Auftragfarbe, wobei zur Beförderung der Bohnenverkohlung etwa eine Bohne groß Butter auf $\frac{1}{2}$ kg Kaffee zugesetzt wird.

Violette Farben sind sehr wenige vorhanden, das schönste, jedoch auch das teuerste, ist das Krappviolett. Es ist das einzige haltbare Violett; sein Preis verbietet leider seine öftere Anwendung und man ist genötigt für gewöhnlichere Arbeiten die Anilinviolette zu verwenden. Die eine Sorte ist rötlich· die andere bläulichviolett. Dieselben verblassen und verändern sich im Licht und sind nicht lackierfähig.

Karmin mit Ultramarin gemischt, druckt sich sehr gut, ist lichtbeständig, hat aber nicht die Brillanz der Anilinviolette.

Die weiße Farbe kommt in der Mischung mit andern Farben vor, um dieselben heller zu machen. Man bedient sich hierzu des Zinkweißes. Es kann allen Farben beigemischt werden, hat große Widerstandskraft gegen Luft und Licht und druckt sich gut.

Diese Deckfarbe muß jedoch zum Ablösen anderer Farben mit Vorsicht gebraucht und ein entsprechender Firniszusatz beigefügt werden, damit nicht die mit ihm vermischten Farben ihre Eigenschaft als Lasurfarbe verlieren.

Minder tauglich ist hierzu das Bleiweiß (Kremserweiß), durch Essigdämpfe oxydiertes (durchrostetes) Blei*).

---

*) Dasselbe muß zum Gebrauch in der Druckerei stets vorher durch öfteres Aufgießen von Wasser ausgesüßt werden, damit die in demselben enthaltenen Essigteile entfernt, welche die Gummipräparatur des Steines auflösen und die Zeichnung desselben zerstören würden.

Dieser schnelltrocknende Metallkalk aus Kohlensäure und Bleioxyd bestehend, wird sehr häufig mit Schwerspat verfälscht.

Derartige Verfälschungen werden entdeckt, wenn man zerriebenes Bleiweiß mit verdünnter Salpeter- oder Essigsäure übergießt, wodurch das Bleiweiß aufgelöst wird und der Schwerspat zurückbleibt.

Das Kremserweiß deckt nächst dem Schwarz am stärksten, muß jedoch, beim Mischen mit anderen Farben, ebenfalls sehr vorsichtig angewendet werden, weil die damit gemischte Farbe in ganz kurzer Zeit durch Licht und Luft verändert wird.

Mit Zusatz von harzigem Firnis wird es mißfarbig, braun, in mit Schwefelwasserstoff geschwängerter Luft bleifarbig schwarz.

Transparentweiß eignet sich namentlich zur Mischung der im Buntdruck vorkommenden Töne. Es druckt sich gut und kann mit Vorteil als Lasurfarbe angewendet werden.

Zu jenen Farben, welche zuweilen ins Wasser übertreten, gehören namentlich das Pariser- und Berlinerblau und die Lackfarben, welche daher immer zuvor mit Terpentinöl fein abgerieben und getrocknet sein müssen, ehe man sie mit Firnis vermischt.

Außer den bereits aufgeführten Farben gibt es noch viele andere, welche gleichfalls zum Farbendruck verwendbar sind, allein schon die genannten dürften mehr als zureichen; indem selbst nötigenfalls folgende Farben vollständig genügen werden, um hieraus durch Mischungen all die erforderlichen Farbennüancen zu erhalten.

Nämlich: Rot in einigen Nüancen, als Lack und Zinnober;
Blau (Kobalt, Milori-, Pariserblau, Ultramarin);
Gelb (Chromgelb, hell und dunkel, Neapelgelb);
Braun (Terra de Siena, Caput mortuum, Ocker in verschiedenen Nüancen);
Schwarz (gute Feder- und Kreidefarbe);
Weiß (Zinkweiß).

Sämtliche Farben sollen immer in feinster Präparatur und geschlemmt, in Hütchen (säurefrei — ein wesentliches Erfordernis zum Druck), bezogen werden.

Zur weiteren Bereitung zum chromolithographischen Drucke werden nun diese trocknen und teilweise pulverisierten Farben auf dem reinen Farbestein mit dem Läufer zerrieben und mit dem nötigen Zusatz eines mittelstarken Firnisses vermengt.

Zeigt sich anfänglich, daß die Farbe wegen zu geringen Firniszusatzes unter dem Läufer sich ballt, so muß noch Firnis beigefügt werden. Jedenfalls kann aber die Farbe um so leichter fein gerieben werden, je weniger Firnis dazu genommen wird.

Nachdem die Farbe mittels des Läufers mit dem Firnisse vollkommen vermischt, reibt man dieselbe dann in einzelnen kleinen Portionen so lange bis sie ganz fein ist.

Die Feinheit der Farbe ist erkennbar, wenn sie, mit dem Farbemesser ein wenig auseinander gestrichen, keine körnigen Teilchen mehr zeigt, sondern als gleichmäßige dicke Oelfarbe erscheint.

Diese Feinheit der Farbe trägt nicht allein zur Erleichterung des Druckes bei, auch die Farbe selbst wird durch das Verreiben viel leuchtender und feuriger; deshalb muß der größte Fleiß auf das Feinreiben der Farben verwendet werden.

Die in solcher Weise fein geriebene Farbe wird dann erst beim Drucken mit Firnis verdünnt; wobei gewöhnlich die stark ausgeführten Kreideplatten,

Feder- und Umdruckplatten einer strengeren Farbe bedürfen, während Ton- und Asphaltplatten mit dünnerer Farbe gedruckt werden.

Die meisten Erdfarben lassen sich, in Firnis gerieben, einige Zeit ohne Nachteil in kleinen Gefäßen mit gut schließendem Deckel aufbewahren, wozu sich besonders niedere cylinderförmige porzellanene Geschirre eignen. Um das Häutigwerden der Farbe abzuhalten, wird dieselbe mit einer dünnen Schicht von leichtem Firnis überdeckt.

Soll die Druckfarbe durch Zusammensetzung mehrerer Farben gemischt werden, so ist vor allem zu untersuchen, ob dieselbe rein brillant oder gebrochen, oder in einem kälteren oder wärmeren Tone herzustellen sei, um danach die geeigneten Grundfarben wählen zu können; wobei dann der vorherrschenden Grundfarbe die zweite beigemischt, und diese Mischung nach Umständen mit einer dritten Farbe gebrochen wird.

Es kommt öfters vor, daß die Zeichnung nach einer kleineren Anzahl Drucke schwächer wird, oder schwindet, manchesmal stellt sich auch das Tonen oder Verschmieren ein. Einige Farben trocknen auf dem Papier nicht, selbst wenn Trockenstoff angewendet wurde, andere trocknen schon auf den Walzen. Diese Uebelstände rühren von den schlechten Eigenschaften der Farben her, ungenügendes Reiben und schlechte Reinigung von Säuren ꝛc. sind die Haupthindernisse für einen guten Druck.

Schwindet die Zeichnung nach einer geringen Anzahl von Drucken, so wurden die Farben durch Säuren ꝛc. gereinigt und die Säure nicht vollständig wieder entfernt oder neutralisiert.

Enthält die Farbe entsäuernde Säuren, das heißt solche, welche den Stein entsäuern, so wird die Zeichnung angegriffen und zugleich entsteht ein Ton, welcher sehr schwer zu entfernen ist. Enthält dieselbe ätzende Säure, so entsteht ebenfalls Ton, derselbe ist jedoch in den meisten Fällen durch Gummieren zurückzuhalten. Bei großen Auflagen sind beide Fälle sehr gefährlich, denn Anreiben ꝛc. helfen nur für wenige Abdrücke, die Zeichnung wird nach und nach monoton und hält die Auflage nicht aus.

Die braunen Farben sind alle sehr vorsichtig zu verwenden, ebenso von den roten Geraniumlack, Neurot, Magentalack, Rosakrapp, Zinnoberrot ꝛc. und von den blauen Kobaltimitation, Ultramarin, Violett. Muß man sie aber unvermischt und in fester Konsistenz drucken, so mache man dieselben nur mit Leinöl und Petroleum, oder Unschlitt mit flüssigem Sikkativ druckfähig. Man wende jedoch nicht zu viel Sikkativ an, weil sonst die Farbe schon auf den Walzen trocknet und auch hierdurch die Zeichnung schwindet.

Manche Farben enthalten einen Fettstoff, um diesen zu vertilgen und die Farben druckfähig zu machen, müssen dieselben ausgebrannt oder durch Chemikalien gereinigt werden. Die dazu gebrauchte Säure ist nicht mehr ganz aus der Farbe zu entfernen und wirkt beim Druck ätzend auf den Stein. Das Ausbrennen ist der sicherste und einfachste Weg, wenn sich die Farbe dazu eignet, was der Drucker nur durch die Arbeit beurteilen lernt. Das Ausbrennen der Farbe geschieht, indem man dieselbe mit Spiritus vermengt, denselben anzündet und unter stetem Umrühren ausbrennen läßt.

Eine Hauptbedingung für guten Druck ist, daß die Farbe gut gerieben ist. Ist sie schlecht gerieben, so setzt sie sich massenhaft auf die Walzen und gibt trotzdem keinen kräftigen Abdruck, verursacht durch die sitzenbleibenden Körnchen Flecken, welche nach und nach einen weißen Rand bekommen u. s. w. Dadurch, daß sich die Farbe auf den Walzen häuft und ein trockenes Aussehen erhält, wird die Zeichnung in den stärkeren Partien verschmiert und die feineren schwinden. Am meisten kommt dieses bei den Erdfarben vor.

Auch der Firnis kann das Drucken erschweren. Schlechter Firnis wird bei den besten Farben dieselben Uebelstände hervorrufen, wie sie schlechte Farben zeigen. Eine ausgiebige, gut geriebene Farbe mit gutem Firnis verdünnt, wird sich auch gut verdrucken.

Zu langsames Trocknen der Farben ist ebenso nachteilig wie zu schnelles Trocknen.

Die Lackfarben, welche aus Pflanzen und Tierkörpern bereitet werden, trocknen sehr langsam, hier kann man sich durch Sikkativ helfen, von dem man mehr oder weniger, je nach der Beschaffenheit der Farbe, zusetzt.

Sehr schnell trocknende Farben sind: Miloriblau, Mennige, Seidengrün ꝛc. und sämtliche Erdfarben. Sie trocknen schon auf den Walzen und die Farbe setzt sich dick auf, deshalb muß man dieselben durch einen geringen Zusatz von Talg oder Butter geschmeidig zu erhalten suchen.

Das langsame Trocknen der Farben kann auch den in denselben enthaltenen natürlichen Fettstoff zur Ursache haben. Für den Druck ist derselbe unschädlich, veranlaßt jedoch ein langsames Trocknen auf dem Papier, wenn nicht die nötige Menge Sikkativ beigegeben wird.

Mit Farben, welche geringe Ausgiebigkeit haben, ist es sehr schwer gute gleichmäßige Abdrücke zu erzielen, weil sich dieselben ungleichmäßig auf den Walzen verteilen.

Zinnoberrot, Zinnoberimitation, Mennige, die meisten Ockersorten, Terra di Siena, Sepia, Umbraun, Zinkgelb, Ultramarin, zeigen diese unangenehme Eigenschaft mehr oder weniger. Will man mit diesen Farben Töne herstellen, so wende man Mittelfirnis an, handelt es sich aber darum, dieselben in ihrer ganzen Intensität auf das Papier zu bringen, so wende man je nach der Zeichnung, gekochtes Leinöl oder Petroleum an, auch kann man etwas Talg oder Butter zusetzen, um dieselben geschmeidig und druckfähig zu erhalten. Daß die Farben, wie schon erwähnt, so fein als irgend möglich gerieben sind, gehört mit zu den Grundbedingungen für guten Druck.

Sind dieselben nicht gut gerieben, so ist dieses oft der Grund, daß sie sich im Wasser auflösen. Die Anilinfarben, besonders die roten und violetten, sind in dieser Hinsicht sehr gefährlich, auch Karmin und Lackfarben zeigen diese Erscheinung und zwar je stärker, je weniger gut sie gerieben sind. Tritt dieser Uebelstand ein, so darf der Stein nur mäßig feucht gehalten werden, ebenso die Feuchtwalzen beim Maschinendruck. Wird zu viel Feuchtigkeit angewendet, so verbreitet sich die aufgelöste Farbe über den ganzen Stein und gibt auch einen Ton an das Papier ab.

Besser als alle angepriesenen Mittel, wie Zusatz von Transparentweiß oder Magnesia, oder unlöslichem Farbstoff ꝛc., ist es, derartige Farben zu vermeiden und nur gute und unauflösliche Farben anzuwenden, wenn dieselben auch nicht ganz so brillant wirken als jene.

Die genannten, im Wasser löslichen Farben sind unlackierbar. Auch die, welche wenig Widerstandskraft gegen Luft und Licht zeigen, setzen dem Lackieren Widerstand entgegen. Kann man mit der Maschine lackieren, welche selbst starken Lack sehr dünn aufträgt, so ist es möglich auch hier noch gute Resultate zu erzielen. Sollte aber auch damit keine befriedigende Arbeit geliefert werden können, so bleibt nur noch übrig, die Abdrücke vor dem

Lackieren mit einer Abkochung von isländischem Moos oder einer Gelatinelösung zu übergießen.

Ein besonders wichtiger und wohl zu beachtender Umstand beim Farbendruck ist die Einwirkung des Lichtes auf die Farben, dieselbe ist bei den einzelnen Farben sehr verschieden. Einige leisten dem Lichte bedeutenden Widerstand, andere verflüchtigen sich, namentlich im Sonnenlicht, vollständig. In erster Reihe stehen, was Unbeständigkeit anbelangt, die Anilinfarben, Celoslalack, Braunrot, Stuttgarterrot 2c.

Die Erdfarben sind am lichtbeständigsten, jedoch nicht immer rein und ausgiebig. Terra di Siena, Umbraun, Kasselerbraun, die verschiedenen Ockersorten gehören hierzu, nach diesen sind die Mineral- oder Metallfarben die lichtbeständigsten, leisten aber dem Lichte bedeutend weniger Widerstand als die vorhergehenden. Sie bestehen aus Verbindungen von Metallen, Chlor, Job, Schwefel, oder von Metalloxyd mit Säuren.

Die Chrom-, Blei- und Zinkfarben, Zinnober, Pariserblau, Kadmiumgelb 2c. sind hierzu zu rechnen.

Die organischen Farbstoffe der Lackfarben, welche aus Pflanzen und Tierkörpern gezogen werden, sind meist an ein Metalloxyd gebunden. Der Farbstoff wird mit der Lösung eines geeigneten Oxydes vermengt, und das hierdurch resultierende Oxyd durch Alkali aus der Lösung geschieden, der dadurch erhaltene Körper ist die Lackfarbe.

Die Lackfarben sind bedeutend lichtempfindlicher als die vorhergenannten Farben.

Die Lichtempfindlichkeit der Farben wird aber auch durch die Qualität des Papieres sehr beeinflußt. Ist dasselbe aus geringem Stoff verfertigt, oder ist viel Holzschliff zugesetzt, dann werden die besten Farben verbleichen, namentlich wenn sie nicht in ganz kräftiger Konsistenz verarbeitet sind. Das Hadernpapier ist das beste für Farbendruck, es verändert seinen Ton nicht durch die Einwirkung des Lichtes und bleibt selbst bei stärkerer Satinage aufsaugungsfähig für die Farbe.

Das Kreidepapier ist ebenfalls stabiler als Holzpapier, jedoch sind die Farben weniger haltbar, weil, wegen der geringen Auffaugungsfähigkeit, weniger Farbe aufgetragen werden kann. Holzpapier macht, wegen seiner eigenen Veränderlichkeit, auch die Farben am meisten veränderlich, nicht nur das direkte Sonnenlicht sondern auch das Tageslicht, zerstört dieselben sehr rasch.

Es gibt keine Farbstoffe, welche der Lichteinwirkung vollständig widerstehen, jedoch ist die Wirkung des Lichtes auf dieselben sehr verschieden.

In der Drucktechnik unterscheidet man bekanntlich vier Hauptgruppen von Farbstoffen: Erdfarben, Mineral- oder Metallfarben, Pflanzenfarben und Anilin- oder Teerfarben.

Jede Gruppe zeigt eine von der andern verschiedene Widerstandskraft gegen das Licht. Dieselbe wird in derselben Reihenfolge geringer, in der wir die Gruppen aufgeführt haben.

Die reinen Erdfarben sind, obgleich in ihrem Farbentone nicht immer die schönsten, die haltbarsten, jedoch oft nicht sehr ausgiebig. Hierzu gehören die verschiedenen Ockersorten, Terra di Siena, Kasselererde, Umbraun 2c.

Die aus Metallsalzen hergestellten Farben, Verbindungen von Metallen mit Schwefel, Chlor, Jod, Cyan, oder von Metalloryden mit Säuren, bilden die zweite Gruppe. Blei-, Zinn-, Zink- und Kobaltfarben, Kadmiumgelb, Zinnober, Pariserblau, sind hierzu zu zählen.

Die dritte, noch lichtempfindlichere Gruppe, umfaßt diejenigen Farben, welche unter dem Namen Lackfarben bekannt sind. Die Farbstoffe zu denselben werden aus Tierkörpern oder Pflanzenstoffen gezogen. In der Drucktechnik werden verwendet Karmin, Kochenille, Krapplack und sonstige rote und einige gelbe Lacke. Dieselben sind meist, wie schon erwähnt wurde, an ein Metalloxyd gebunden, doch ist ihre Verbindung, nach der Ansicht verschiedener Chemiker, nur mechanisch und nicht chemisch, was ihre Lichtempfindlichkeit zum Teil erklären würde.

Die Anwendung der Anilinfarben, welche die vierte und lichtempfindlichste Gruppe bilden, ist im Steindruck sehr beschränkt. Geraniumlack als Ersatz für Karmin, einige Zinnoberimitationen, sowie ein Violett mit Methylviolett als färbender Grundlage. Der Farbstoff ist an irgend ein Metallpräparat oder an fein geschlämmte weiße Thonerde gebunden.

Die Lichtempfindlichkeit einer Farbe wird sehr beeinflußt durch den Stoff auf welchen sie gedruckt wird und die Stärke, in welcher sie verarbeitet werden kann.

Die Papiersorten, welche in der Drucktechnik verwendet werden, teilen sich in drei charakteristische Gruppen, Hadernpapiere, Holzpapiere und gestrichene oder Kreidepapiere.

Die Lichtempfindlichkeit ist bei jeder dieser Gruppen verschieden. Je weniger konsistent eine Farbe ist, desto lichtempfindlicher wird dieselbe.

Bei gestrichenen Papieren kann weniger Farbe verwendet werden, weil die Aufsaugungsfähigkeit gering ist. Das Hadernpapier saugt viel Farbe auf, das Holzpapier hat ebenfalls eine geringere Aufsaugungsfähigkeit und wirkt noch auf die Farben durch seine eigene Veränderlichkeit.

Die besten Druckfarben widerstehen auf Holzpapier der Lichteinwirkung nicht lange und der Ton, welchen das Papier annimmt, teilt sich in kurzer Zeit denselben mit.

Bei den Farbenmischungen mische man, wenn möglich, immer zwei oder mehrere Farben miteinander, welche gleiche oder doch annähernd gleiche Lichtbeständigkeit haben. Ist die eine der Farben lichtempfindlicher als die andere, so wird sie früher ausgezogen, und der Ton hierdurch so verändert werden, daß im Bilde eine Disharmonie entsteht.

Zu den Farben haben wir noch zu bemerken, daß laut § 5 des Reichsgesetzes, zur Herstellung und Verzierung von Umhüllungen für Nahrungsmittel (Schokolade, Zuckerwerk ꝛc.) nur giftfreie Farben verwendet werden dürfen.

Neapelgelb (antimonsaures Bleioxyd), Chromgelb (chromsaures Bleioxyd), Chromgrün (Chromoxyd), grüner Zinnober (Verbindung von arseniger Säure mit Kupferoxyd), Berlinerblau (eisenblausaures Eisenoxyd), Kobalt, künstliches Ultramarin, Mennige, Zinnober (rotes Schwefelquecksilber), Chromrot (chromsaures Quecksilberoxydul) und noch viele andere Farben haben giftige Eigenschaften.

Die Aetzfarbe oder Konservationsschwärze.

Dies ist eine Farbe, welche, sobald man einen Stein damit einschwärzt, vermöge ihres größeren Fettgehaltes, den Einwirkungen der Säuren kräftiger widersteht, als die gewöhnliche Druckfarbe. Man bedient sich derselben, wenn Zeichnungen, Ueberdrücke u. dergl., die nur ein schwaches Aetzen vertragen, nachgeätzt werden sollen, um dann eine größere Menge reiner Abdrücke liefern zu können, oder wenn man unrein gewordene Stellen der Druckplatte gereinigt hat und scharf nachätzen will. Ebenso bedarf man dieser Farbe auch, wenn ein Stein für den Augenblick ausgedruckt ist und für längere Zeit, behufs später noch zu machender Abdrücke aufbewahrt werden soll.

Eine gute Konservationsfarbe soll daher nicht nur allein die Zeichnung scharf stellen, sondern dieselbe auch so lange konservieren, bis der Stein wieder zum Druck kommt, und sollten darüber Jahrzehnte vergehen. Dieselbe darf nie trocknen, muß sich leicht durch Terpentinöl wieder vom Stein entfernen lassen, und die Zeichnung muß nicht nur ihr früheres Aussehen wieder erhalten, sondern sie muß noch klarer und lebhafter erscheinen.

Ihre Bestandteile sind:

4 Teile Unschlitt,
2 „ dicker Leinölfirnis,
1 „ Wachs,
1 „ venetianischer Terpentin.

Diese schmelzt man gut durcheinander und reibt sie dann mit 4 Teilen Kienruß wohl ab, worauf man sie, am besten in einer verschlossenen blechernen Büchse, aufbewahrt. Wann und wo sie benutzt werden muß oder kann, wird in der Folge gelehrt werden.

Einige sehr gute Kompositionen dieser Art sind auch noch:

8 Teile gelbes Wachs,
2 „ Talg,
4 „ venetianischer Terpentin,
1 1/2 „ Ruß

wird auf gelindem Feuer zusammengeschmolzen und der Ruß eingerührt.

4 Teile gelbes Wachs,
1 1/2 „ Talg,
2 „ venetianischer Terpentin,
2 „ Druckfarbe

wird gleichfalls warm gemischt, und in einer Blechbüchse aufbewahrt.

10 Teile Wachs,
10 „ Asphalt,
4 „ Talg,
2 „ Kienruß.

Man bricht die einzelnen Bestandteile in kleine Stücke und gießt dann nach und nach Terpentinöl zu, bis sich, wozu einige Tage nötig sind, aus denselben eine klebrige Masse in der Konsistenz der Wachssalbe gebildet hat, welche man mit dem Kienruß vermischt und dann in einer wohlverschlossenen Blechbüchse aufbewahrt.

Lemercier gibt folgende Konservationsfarbe an, welche den Vorteil hat, ohne Terpentinöl, also ganz wie die gewöhnliche Druckfarbe, gemacht zu werden.

  8 Teile weißes Wachs,
  8 „ gelbes Pechharz,
  8 „ Firnis Nr. 1,
  2 „ weiße Seife,
  Kienruß, soviel zum Färben nötig ist.

Wenn Wachs und Seife über gelindem Feuer in Fluß gebracht sind, setzt man nach und nach das Harz zu, und ebenso endlich den Firnis und die Farbe, worauf man die Masse erkalten läßt und in wohlverschlossenen Gefäßen zum Gebrauch aufbewahrt.

Neubürgers Wachs- oder Konservationsfarbe besteht aus folgender Zusammensetzung:

  3 Teile weißes Wachs,
  4 „ venetianischer Terpentin und
  3 „ venetianische Seife

werden zusammengeschmolzen und mit 16 Teile guter Federfarbe vermengt.

Die Retouchierschwärze oder Annehmefarbe.

Annehmefarbe ist diejenige Farbe, deren man sich bedient, wenn durch das Aetzen oder Verreiben beim Drucken u. s. w. feine Linien verloren gehen, oder nicht mehr Kraft genug haben, die ihnen mitgeteilte Druckerschwärze anzunehmen, und somit beim Drucken ausbleiben.

Man nimmt dazu dünnen Oelfirnis, in welchem man durch so große Hitze, daß der Firnis zu brennen anfängt, irgend ein Bleioxyd, wie Silberglätte, Mennige oder dergleichen, aufgelöst hat, und mischt ihn mit der gehörigen Menge Kienruß. Hieraus entsteht eine schmierige Farbe, die sich leicht an die fast verlornen Stellen der Zeichnung anhängt und sie zur Annahme der Druckerschwärze wieder geneigt macht. Auch kann man eine Farbe zu gleichem Zweck auf folgende Weise bereiten:

  2 Teile fein geriebener Mennige,
  2 „ Unschlitt und
  16 „ dünner Firnis

werden zusammengeschmolzen und soviel Ruß, als zur Färbung nötig ist, beigemischt.

In diese Annehmefarbe wird dann ein Anreiblappen getaucht, beim Gebrauche eine Stelle des Lappens mit Terpentinöl erweicht und der mangelhafte Teil der Platte damit eingerieben, wie es im 11. Kapittel ausführlich erläutert ist.

Neuntes Kapitel.
Vom Aetzen und Präparieren der bezeichneten Steine.

Das Aetzen ist von allen lithographischen Operationen eine der wichtigsten; dennoch wird gerade diesem Verfahren oft die geringste Aufmerksamkeit gewidmet, und es befindet sich meistens in ziemlich ungeschickten Händen.

Alle bis jetzt über das Aetzen angestellten Versuche haben zur Genüge bewiesen, daß zu demselben die Salpetersäure allen andern Säuren, selbst der Salzsäure, deren sich noch viele Lithographen bedienen, vorzuziehen ist. Der Essig, die Apfelsäure, die Sauerkleesäure können zwar allerdings auch sehr gut zum Aetzen verwendet werden, doch haben die Salpetersäure und die Salzsäure bis dahin noch den Vorteil der Wohlfeilheit für sich gehabt. Es ist allerdings nicht in Abrede zu stellen, daß die Salzsäure die Mitteltinten nicht so sehr angreift, aber sie greift auch den Stein nicht so gleichförmig an, als die Salpetersäure, welcher man überdies durch einen Zusatz von mehr oder weniger Wasser jeden beliebigen Grad von Stärke geben kann. Stark mit Wasser verdünnte Schwefelsäure wird, wo es nur auf eine schwache Aetzung ankommt, ebenfalls zum Ziele führen; sobald man aber eine stärkere Aetzung versuchen will, verwandelt sich die Oberfläche des Steins in schwefelsauren Kalk (Gips), wird brüchig und blättert sich ab. Ueberdem bringen diese Säuren auch nicht gleichmäßig in den Stein ein, — sie greifen denselben an solchen Stellen an, die vielleicht etwas weicher sind, als die andern, und nach einem Aufbrausen von etlichen Minuten scheinen sie tot zu sein, während sie doch, auf einen andern Stein gebracht, aufs neue aufbrausen und also noch nicht gesättigt sind.

Die Gummiauflösung kann in gewissen Fällen ebenfalls ein Aetzmittel werden, namentlich wenn man sie in der Sommerzeit hat sauer werden lassen. Man muß sich daher, wenn man eine Zeichnung, nach dem Aetzen, mit der gewöhnlichen Gummilage überziehen will, sehr wohl überzeugen, ob die Gummiauflösung nicht etwa sauer geworden ist, indem außerdem die Zeichnung sehr leicht verdorben werden kann, namentlich wenn dieselbe nicht mit Konservierfarbe eingeschwärzt ist. In diesem Falle wirkt das saure Gummi wie ein schwaches Aetzwasser und wenn es die Zeichnung auch nicht gänzlich zerstören sollte, so werden dennoch die, nach längerem Stehen unter der fauren Gummidecke, gemachten Abdrücke matt und an denjenigen Stellen um so matter, auf die man das Gummi dick auftrug. — Eigentlich aber hat das Gummi, wie wir schon früher bemerkt haben, in der Lithographie eine andere Bestimmung. Seine Auflösung im Wasser, auf den Stein gestrichen, bildet einen schützenden Firniß, welcher die luftförmigen Säuren, den Staub und die fettigen Körper, welche zufällig mit dem Steine in Berührung kommen könnten, verhindert, nachteilig auf die Substanzen zu wirken, aus denen die lithographische Zeichnung besteht, und der zu schnellen Austrocknung der letzteren und ihrer Beschädigung vorbeugt; mit einem Worte, sie bildet ein Hilfsmittel in der Lithographie, das von unschätzbarem Werte ist.

Wenn man sich der Salzsäure in der Lithographie bedienen will, so muß sie rein sein. Erscheint sie gelblich, so ist sie meistens mit Schwefelsäure verunreinigt oder gefälscht. Eine solche Fälschung entdeckt man sehr leicht, wenn man einen Tropfen dieser verdächtigen Säure in ein Glas Wasser fallen läßt, in welchem salzsaurer Baryt aufgelöst ist. Wird die Auflösung trübe oder milchig, so ist die Salzsäure mit Schwefelsäure vermischt, und dieser Zusatz macht sie aus Gründen, welche wir oben bereits erwähnt haben, zur Lithographie untauglich. Auch die Salpetersäure muß zum Gebrauche rein sein, und man thut gut, sich von dem Grade ihrer Stärke vor ihrer Anwendung zu überzeugen.

Besonders darf auch beim Aetzen der Kreidezeichnung noch folgende Vorsichtsmaßregel nicht unbeachtet bleiben.

Wenn der Stein kalt ist, verdickt sich der Atem und selbst der in der Luft eines geheizten Zimmers enthaltene Dunst auf demselben, und die Oberfläche wird davon sehr bald feucht.

Das auf diese Weise niedergeschlagene Wasser löst die Kreide auf, welche sich dann ausbreitet und die Zwischenräume des Kornes ausfüllt, weshalb eine dunkle Zeichnung, die auf solche Art befeuchtet wird, beim Abzuge nur plumpe und schmierige Töne darbietet.

Diese Stellen sind sehr leicht daran zu erkennen, daß sie nach dem Trocknen einen bräunlichen Ton behalten, und solche Steine müssen dann stärker geätzt werden, als andere.

Um diesen Unfällen vorzubeugen, muß man, ehe man die Arbeit beginnt, den Stein etwas erwärmen und ihn zu diesem Zwecke mit Vorsicht in die Nähe eines Ofens bringen, damit er sich gleichmäßig erwärme und nicht etwa springe.

Wenn ein neuer mit der Kreide gezeichneter Stein in kalter Witterung transportiert worden ist, muß man sich hüten, ihn sogleich in ein geheiztes Zimmer zu bringen. Es ist besser, ihn zuerst an einem leicht temperierten Orte niederzulegen, dann an einem wärmern und so fort, bis man ihn endlich in das bestimmte Zimmer bringt. Ohne diese Vorsicht bedeckt er sich schnell mit Feuchtigkeit, woraus der soeben bezeichnete Uebelstand entsteht. Wenn nichts mehr an demselben zu thun ist, thut man am besten, ihn bei der Ankunft zu ätzen oder ihn an einem kalten Orte liegen zu lassen, bis diese Operation vorgenommen werden kann.

Einige Lithographen haben die Gewohnheit, die gezeichneten kalten Steine, die man ihnen bringt, unmittelbar an einen Ofen und zwar mit der bezeichneten Fläche gegen das Feuer zu stellen. Wenn dieser Ofen hinreichend heiß ist, verhindern der Luftzug, den er verursacht, und die Hitze, die er der bezeichneten Fläche mitteilt, daß diese letztere die Feuchtigkeit anzieht und wenn der Stein ein wenig schwitzt, trocknet er sehr schnell.

Wenn man dieses Mittel anwendet, muß man den Stein wohl bewachen und ihn wegnehmen, sobald er eine mäßige Temperatur erlangt hat, denn wenn man ihn zu lange stehen ließe, könnte ihn die Hitze zersprengen.

Das Aetzen der lithographischen Steine hat folgende Zwecke:

1. Es soll den Stein reinigen, indem es die unmerklichen Spuren von Fett abhebt, welche zufällig auf den Stein gekommen sind, und verhindern würden, daß derselbe sich gleichförmig anfeuchten ließe, zugleich aber auch die Ursache eines spätern Verschmutzens des Steines werden könnten.

2. Es soll die Zwischenräume des Kornes dem Präpariermittel öffnen und dadurch die Transparenz der Zeichnung befördern.

3. Es soll die Zeichnung selbst, durch Vertiefung der nicht bezeichneten Stellen, etwas höher legen.

4. Es soll die chemische Beschaffenheit der Zeichnung verändern, indem es letztere mit dem Steine eine im Wasser unlösliche chemische Verbindung — den oleomargarinsauren Kalk — bilden läßt.

Hierbei richtet sich die Stärke des anzuwendenden Aetzwassers nach dem zum Lithographieren verwendenden Materiale. Die kräftigste Aetze erträgt die Tusche, eine minder kräftigere die Kreide, und am schwächsten will der Umdruck geätzt sein.

Stets wird auch eine Lithographie, welche eine Zeit lang in ungeätztem Zustande auf dem Stein ruht, wodurch die Fettschichte der Zeichnung sich gehörig mit dem kohlensauren Kalk verbindet, der Aetzung einen um so kräftigeren Widerstand leisten.

Erfahrungsgemäß gestatten die kräftig geätzten Steine die meisten Abzüge; daher ist es notwendig, dem Zustande der Platte entsprechend, eine kräftige Aetzung anzuwenden, ohne daß jedoch hierdurch die Zeichnung angegriffen wird.

Um sich von der Stärke des Aetzwassers zu überzeugen, bedient man sich der gewöhnlichen Säurewagen, wie man dieselben käuflich bekommt. Man nimmt ein Gefäß mit reinem Wasser, setzt die Wage hinein und gießt so lange, unter stetem Umrühren, Säure hinzu, bis die Wage bis zu dem verlangten Grade einsinkt. Für Federzeichnungen paßt im allgemeinen ein Aetzwasser von 3 Grad, doch sprechen die Umstände dabei sehr mit. So kann z. B. ein harter Stein eine weit stärkere Aetzung vertragen, als ein weicher; eine einfache, leicht gezeichnete Arbeit erfordert eine geringere Aetzung, als eine kräftig ausgeführte, mit engen Schraffierungen versehene u. s. w. — Kreidezeichnungen erfordern nur 2 Grad Stärke. — Auch hier muß der Aetzer die Beschaffenheit der Kreide kennen, mit der die Zeichnung gemacht wurde. Man erkennt übrigens auch ohne Säurewage bald die Stärke des Aetzwassers, wenn man sich erst eine gewisse Erfahrung erworben hat, am Geschmacke, welcher für Kreidezeichnungen eine schwache Zitronensäure, für Tintezeichnungen etwas schärfer sein muß. Auch ein Tropfen Aetzwasser, auf eine unbezeichnete Stelle des Steines gethan, gibt eine, und vielleicht die beste und untrüglichste Probe ab. Das Aetzwasser für Kreide ist gut, wenn die Luftbläschen, welche dessen Wirkung anzeigen, erst nach vier bis fünf Sekunden sich zeigen. Für Tintezeichnungen reichen drei Sekunden hin.

Hat man es mit einer sehr kostbaren Kreidezeichnung zu thun, so kann man auch 3grädiges Aetzwasser mit gleichen Teilen ziemlich dünner Gummiauflösung innig mischen und damit ätzen.

Die Operation des Aetzens selbst kann auf doppelte Weise geschehen, entweder durch Begießen, — oder im Aetzkasten.

1. **Aetzen durch Begießen.** Diese Operation findet auf dem Aetztische statt. — Fig. 14, Taf. 1, stellt einen solchen Tisch dar, der früher bereits beschrieben wurde. Auf diesem Tische wird der bezeichnete Stein in horizontaler Lage mit dem Aetzwasser in der Weise übergossen, daß er durch einen einzigen Guß bedeckt ist, oder es wird der Stein so gelegt, daß die eine Seite desselben durch eine Unterlage sich höher befindet, als die andere, damit das Aetzwasser leichter abfließen kann. Ist der Stein so aufgestellt, so gießt man das Aetzwasser mittels eines Topfes an der höher liegenden Kante in der ganzen Breite desselben gleichmäßig über den Stein. Das Abfließende fängt man in dem unter dem Tische stehenden Eimer auf und läßt es abermals über den Stein laufen. Darauf gießt man reines Wasser über denselben, und die Aetzung ist vollendet; sie darf nicht länger, als 2—3 Minuten dauern.

Man muß Sorge tragen, den Stein so zu stellen, daß diejenigen Partien, welche am kräftigsten gezeichnet sind, stets nach unten hin kommen, da hier das Aetzwasser am längsten verweilt, also die Aetzung am kräftigsten ist.

Aus dem letzterwähnten Umstande geht zugleich hervor, daß die Aetzung durch Begießen stets ungleichmäßig ist, was sehr nachteilig auf die Zeichnung einwirken kann; es wird daher von manchen

2. **das Aetzen im Kasten** vorgezogen. Allerdings ist dies Verfahren etwas kostspieliger, es ist aber auch um so viel sicherer, daß der Verlust von ein paar Gramm Salpetersäure, — denn nur in einer größeren Menge Aetzwasser, das erforderlich ist, besteht der größere Kostenaufwand, — gegen das Risiko, dem eine kostbare Zeichnung beim Begießen ausgesetzt ist, nicht in Anschlag kommen dürfte.

Zum Aetzen im Kasten bedarf man eines sogenannten **Aetzkastens**, der von weichem Holze gefertigt und im Innern durchgängig, hauptsächlich sorgfältig aber in den Fugen mit heißem Pech oder Asphalt ausgegossen ist. In einer Ecke des Bodens befindet sich ein Loch zum Ablaufen des Aetzwassers. Dieses Loch ist natürlich während der Operation verstopft. Der Aetzkasten muß etwas größer sein, als der zu ätzende Stein; um nicht unnütz Aetzwasser zu verschwenden, muß man Aetzkästen von verschiedener Größe, etwa nach den drei oder vier Hauptformaten, haben.

Hat man den passenden Aetzkasten für einen zu ätzenden Stein bestimmt, so legt man auf den Boden des Kastens ein paar flache etwa $^1/_2$ cm dicke bleierne Stäbe oder solche von Schriftgut, die man sich aus den Schriftgießereien (ungeschnittene Azurélinien) in den nötigen Längen leicht verschaffen kann, denn diese Unterlagen werden von dem Aetzwasser nicht angegriffen. Die genannten Stäbe legt man auf den Boden des Kastens so, daß sie weiter auseinander liegen, als der bezeichnete Raum des Steines angibt. Dann gießt man etwa 1$^1/_2$ cm hoch Aetzwasser in der gehörigen Stärke in den Kasten, legt nun den Stein, mit der bezeichneten Fläche nach **unten**, auf die obenerwähnten Stäbe und läßt die Aetzung beginnen. Nach Verlauf von 2—3 Minuten hebt man den Stein aus dem Wasser, spült ihn rein ab, und die Aetzung ist vollendet. Sehr gut ist es, mitten unter den Aetzkasten ein dünnes, rundes Stäbchen zu legen, um vermittelst desselben dem Kasten während der Aetzung eine wiegende Bewegung zu geben. Dadurch gerät das Aetzwasser ins Schwanken und spült so die sich bildenden Luftbläschen fort, was die Aetzung fördert und gleichmäßig macht. — Die Vorzüge dieses Aetzverfahrens bedürfen wohl keiner weiteren Auseinandersetzung. Das gebrauchte Aetzwasser wird dann aus dem Kasten abgezapft, und kann durch Zusatz von etwas neuer Säure zu ordinären Arbeiten wieder brauchbar gemacht werden. Doch muß man es dann allemal etwas stärker machen, da durch die Steinparzellen, welche das Aetzwasser während der ersten Operation aufnahm, dasselbe etwas schwerer geworden ist, man also, wenn man die Säurewage nur bis zu dem bestimmten Grad einsenken würde, jedenfalls ein zu schwaches Aetzwasser erhalten würde. Sind indessen die zu ätzenden Zeichnungen nur einigermaßen wertvoll, so sollte man nie altes Aetzwasser verwenden.

Es versteht sich von selbst, daß vor Beginn der Aetzung alle Kreide- und Federproben und sonstige Verunreinigungen der Ränder des Steines mit Bimsstein rein abgeschliffen werden müssen.

Ist die Aetzung vollendet und der Stein rein mit Wasser abgespült, so trägt man auf denselben eine Schicht frischer, ja nicht saurer, Gummiauflösung, von der Stärke des Honigs oder des Sirups, gleichmäßig auf und trachtet dahin, daß sich dieselbe nicht während des Eintrocknens von etlichen Stellen zurückzieht. Man kann zu diesem Zwecke etwa ein Zwanzigstel des Gewichts der Gummiauflösung, Kandiszucker zusetzen, welcher zugleich das Blasenwerfen der Gummiauflösung hindert.

Eilt die Arbeit, so kann man eine Stunde nach dem Aetzen den Druck beginnen lassen; außerdem thut man besser, den Stein vierundzwanzig Stunden ruhen zu lassen.

Ein anderes Aetzverfahren, welches besonders bei wichtigen Kreidezeichnungen zweckdienlich ist, besteht darin, daß man den Stein mit Klebwachs*), Baumwachs oder Mehlteig einrändert, damit eine größere Quantität des darauf gegossenen Aetzwassers gleichmäßig auf der Oberfläche desselben verweilt und dieses gleichförmig auf den Stein wirkt, was namentlich bei dunkel, und mit fetter Kreide gezeichneten Platten, sowie auch bei Tonplatten mit geschabten Lichtern auf Asphaltgrund sehr vorteilhaft ist.

Im allgemeinen sollte das gesäuerte Wasser mit einem Säuremesser gemessen $1^{1}/_{2}$ bis 2 Grade betragen. Bei großer Hitze und auch auf weichere Steine ist die Wirkung der Säure etwas stärker, weshalb auch das Aetzwasser ein wenig schwächer sein kann. Jedoch bei solchen Steinen, wo ein über die Zeichnung sich hinziehender bräunlicher Ton anzeigt, daß derselbe geschwitzt hat, und ein Teil der in der Kreide enthaltenen Seife sich aufgelöst hat und in die Zwischenräume des Korns geflossen ist, darf das Aetzwasser bis zu $2^{1}/_{2}$ Grad erhöht werden.

Hierbei müssen auch die sich bildenden Luftbläschen, welche die Wirkung der Säure schwächen würden, dadurch zerstört werden, daß man mit einem

---

*) Dasselbe wird aus gleichen Teilen Wachs und Pech zusammengeschmolzen und etwa der zwanzigste Gewichtsteil venetianischer Terpentin und Unschlitt beigesetzt. Die Masse muß sich in der Händewärme durch kräftiges Drücken zu $1^{1}/_{2}$ cm breiten Bändern formen lassen, ohne die Finger zu beschmutzen.

großen Pinsel leicht über die Zeichnung hinfährt, wodurch ein gleichmäßiges Angreifen der Säure erzielt wird.

Sobald nun die Wirkung des Aetzwassers aufgehört hat, läßt man dasselbe vom Steine ablaufen, und bringt auf die Mitte des Steines ein wenig Gummiwasser, welches, 1 Teil Gummi in 5 Teilen Wasser aufgelöst, die Dicke des leichten Firnisses hat.

Dasselbe wird dann mit der flachen Hand über die ganze Oberfläche sanft ausgebreitet, indem man kleine Kreise beschreibt, die nach und nach erweitert werden, bis der ganze Stein bedeckt ist.

Bei sehr dunkel gezeichneten Platten ist es gut, dem Gummi, den man nach dem Aetzen darauf bringt, Gallusabsud beizumischen, der die Wirkung des ersteren verstärkt.

Zu diesem Zwecke werden 15 g Galläpfel gröblich zerstoßen und in $^1/_2$ kg Wasser beiläufig eine Stunde gekocht und durch ein Tuch geseihet.

Beim Gebrauche vermengt man 3 Teile Gummiwasser mit 1 Teil Gallusabsud.

Steine in Federmanier gezeichnet, werden entweder durch das Uebergießen mit etwas stärker gesäuertem Wasser geätzt, oder auch durch eine Mischung von etwa 10 Teilen Gummiwasser, welches die Konsistenz des Oels hat, und 1 Teil Salzsäure oder Salpetersäure, die mittels eines breiten Pinsels aufgestrichen wird.

Infolge der Wirkung, welche die Entbindung der Kohlensäure veranlaßt, wird die Mischung weiß; sobald diese Wirkung aufgehört hat, wird der Stein mit Wasser abgewaschen und gummiert.

Bei Kreidezeichnungen von größerem Formate ist das Ueberstreichen mittels des Pinsels weniger zweckdienlich, dagegen aber bei Detailzeichnungen anwendbar, wozu man dann etwa 20 Teile Gummiwasser mit 1 Teil Salz- oder Salpetersäure vermengt.

Will man hierzu den Säuregrad mittels des Säuremessers bestimmen, so gieße man die zum Aetzen bestimmte Gummiauflösung in einen Glascylinder und tauche den Säuremesser ein, der die Schwere der Flüssigkeit anzeigt. Würde z. B. die Gummiauflösung 8 Grad betragen, so gieße man reine Säure langsam tropfenweise zu, bis sie 2 Grad höher zeigt, wodurch man dann zweigradige Säure erhält.

Auch der Gallusextrakt mit Salz- oder Salpetersäure vermischt, wird sowohl beim Aetzen der Kreideplatten, sowie bei der Graviermanier mit Vorteil angewendet, und hierzu verschieden bereitet.

Für Zeichnungen mit magerer (Schellack) Kreide eignet sich diese Präparatur sehr gut, wozu $^3/_8$ kg gestoßene (weiße) Galläpfel mit $6^2/_5$ kg Wasser in einem irdenen Gefäß gekocht und bis auf $4^1/_5$ kg eingesotten und dann 6—8 Tropfen Säure zugegossen werden. In einem eisernen Gefäße würde die Flüssigkeit durch die Verbindung mit Eisen an Gerbsäure verlieren und schwarz werden. Sollte nach einiger Zeit dieser Extrakt an Stärke abnehmen, so gießt man einige Tropfen Säure hinzu.

Mit diesem Präparate wird die gezeichnete Platte auf dem gewöhnlichen Aetztische 6 bis 10 mal, je nachdem die Zeichnung leichter oder kräftiger gehalten ist, übergossen, dann der Stein mit Wasser abgeschwemmt und gummiert.

Dieser Gallus kann auch mit Säure auf kaltem Wege extrahiert, dann mit Gummi vermischt und mit dem Pinsel behandelt werden, wozu man

1 kg 1½grädige Säure über ¼ kg schwarzen, gestoßenen Gallus gießt, welche Flüssigkeit nach 8 Tagen geklärt ist, und um 3½ Grad zugenommen hat, was jedoch keineswegs lauter Säuregehalt ist, sondern größtenteils von den gummihaltigen Bestandteilen des Gallus herrührt. Dieser Extrakt wird dann nach Erfordernis der Zeichnung mit der geeigneten Quantität dickem Gummi vermischt.

Die Galluspräparatur, welche bei Steinen in Anwendung kommt, die für Gravierarbeit bestimmt sind, bereitet man in folgender Weise:

¼ kg gestoßener Gallus und 1 kg Wasser, welches mit einigen Tropfen Salzsäure vermischt worden ist, werden in einer verschlossenen Flasche der Sonne oder gemäßigten Ofenwärme ausgesetzt; wobei nach 24 Stunden eine starke Trübung entsteht, und nach 3—4 Tagen eine vollständige Klärung erfolgt, worauf die herbschmeckende, durchsichtige Flüssigkeit von goldbrauner Farbe abgegossen wird.

Wir wenden uns nun noch, ehe wir dies Kapitel schließen, zu zwei abweichenden Aetzmethoden, welche früher sehr angepriesen wurden, jedoch selten im Gebrauche sind.

Die verdünnte Salpetersäure, deren man sich beim Aetzen bedient, greift leicht die feinsten Tinten der Kreidezeichnung an, und man hat vorgeschlagen, um dies zu verhüten, eine Auflösung von vollkommen neutralisiertem, verdünntem salpetersauren Kalk anzuwenden. Diese Aetzung macht nur die Kreidezeichnung unauslöslich, greift aber den Stein selbst durchaus nicht an, kann also auch die feinen Tinten nicht abheben. Man erhält diese Mischung, indem man die käufliche Salpetersäure oder das gemeine Scheidewasser mit gepulvertem, lithographischem Steine sättigt. Nachdem alles Aufbrausen aufgehört hat, verdünnt man die Auflösung mit reinem Wasser, filtriert sie und hebt sie, luftdicht verschlossen, zum Gebrauch auf. — Uebrigens muß man höchst vorsichtig zeichnen, damit kein Hauch von ungehöriger Fettigkeit auf den Stein komme; denn da die Säure durchaus nichts mit sich fortnimmt, so würden später beim Druck auch die geringsten Spuren von Fett Farbe annehmen und schwarze Flecken geben.

Das zweite verbesserte Aetzverfahren ist dem obenerwähnten analog, nur ist das Reagens ein anderes, und zwar saurer, kochsalzsaurer Kalk, welchen man auf folgende Weise erzeugt:

Man nimmt 1½ kg reine Salzsäure, gießt sie in ein sehr reines, glasiertes irdenes Gefäß und setzt derselben soviel weißen Marmor zu, bis die Säure damit gesättigt ist und kein Aufbrausen mehr erfolgt. Nach vollkommener Sättigung, so zwar, daß noch überschüssiger Marmor in der Flüssigkeit bleibt, filtriert man die Auflösung, wäscht das Filtrum mehrmals mit 1½ kg Wasser, gießt die Flüssigkeit und die Auswaschwasser zusammen und läßt darin 360 g weißes gepulvertes Gummi arabicum zergehen. Nach geschehener Auflösung setzt man noch 90 g reine Salzsäure zu und bewahrt das Ganze zum Gebrauch in wohlverstopften Gefäßen auf. — Man soll die Auflösung mittels eines weichen Dachshaarpinsels auf den zu ätzenden Stein auftragen, doch dürfte eine Aetzung im Aetzkasten zweckmäßiger sein. Nach dem Abwaschen wird der Stein gummiert, wie gewöhnlich. — Um sich zu überzeugen, daß das Kalthydrochlorat hinreichend gesättigt ist, taucht man blaues Lackmuspapier hinein, welches sich nicht röten darf. Uns scheint jedoch die Sättigung der Säure zwecklos zu sein, weil hierdurch der Säure nur ihre Wirkung auf den Stein benommen wird, und dann der nachherige

Zusatz von reiner Säure die erste Operation unnötig macht; eine Mischung von 28 Teilen Wasser, 4 Teilen Gummi und 1 Teil Salzsäure wäre einfacher und ebenso zweckdienlich.

In den meisten Steindruckereien wird gewöhnlich zum Aetzen dem reinen Wasser etwas Gummiauflösung und einige Tropfen chemisch reine Salzsäure beigemischt und diese Aetzflüssigkeit dann bei kleineren Feder- und Kreideplatten mittels eines Schwammes, der in dieselbe getaucht wurde, gleichmäßig auf den wagrecht liegenden Stein verbreitet, wobei man mit dem Schwamm schnell ein paarmal über die Platte wischt.

Stark lithographierte Stellen können auch dadurch stärker geätzt werden, daß man sie wiederholt mit dem Aetzschwamme betupft oder einige Tropfen Aetze vorsichtig darauf träufelt.

Hat der Stein abgeschäumt, somit die sichtliche Wirkung der Aetze aufgehört, so wird derselbe mittes des Gummischwammes mit einer leichten Gummischicht bedeckt und beiseite gestellt.

Größere Platten werden in ähnlicher Weise mit dem Aetzpinsel behandelt. Hierbei wird der Pinsel seiner Breite nach in die Aetzflüssigkeit getaucht und zunächst die weißen Ränder der lithographischen Platte damit bestrichen, worauf man dann auf einen der weißen Randflecke die Aetze in zureichender Menge gießt und diese mit dem Pinsel schnell über das Lithographierte verbreitet, nach Bedarf kann das Uebergießen der Aetze wiederholt werden; das Verfahren des Gummierens ist dasselbe wie bei kleineren Steinen.

In dem Falle, daß der Stein nicht sogleich nach einigen Stunden angedruckt wird, muß dann die Aetz- und Gummischicht mittels eines zarten Wasserschwammes beseitigt und der Stein hierauf wieder gummiert werden.

Der anzuwendende Stärkegrade der Säure, kann, wie bereits erwähnt, zwar durch den Säuremesser ermittelt werden, jedoch ist hierbei immer noch die Hauptsache, zunächst jenen Säuregrad zu erhalten, welchem das verwendete lithographische Material gehörig widersteht.

Wenn auch der erfahrene Praktiker, dem sein Material genau bekannt ist, schon aus dem Brausen der auf den Stein gebrachten Aetze erkennen wird, ob diese zu schwach oder zu stark ist, so kann doch auch der richtige Säuregrad in folgender praktischer Weise ermittelt werden:

Es werden auf einen Stein mit Kreide oder Tusche starke und feine Striche gezeichnet, dieselben abteilungsweise beziffert und jede Abteilung mit verschiedenem Stärkegrad der Säure behandelt, wobei man bei der ersten Abteilung mit einer schwachen Aetzung beginnt und so stufenweise bei jeder Abteilung eine etwas stärkere Aetzung anwendet, jedoch stets die hierzu beigemischte Tropfenzahl der Säure genau notiert.

Aus dem Andruck dieser Aetzproben läßt sich dann genau erkennen, welcher Aetzung das zum Lithographieren verwendete Material zu widerstehen vermag, und welche dann auch zum Aetzen der Platten verwendet werden soll.

Zehntes Kapitel.

Von dem Abdrucken der nach den verschiedenen Manieren bearbeiteten Steine, und von der Behandlung der gezeichneten Steine nach vollendetem Abdrucke.

In den meisten Orten, wenn wir die Hauptorte ausnehmen wollen, und selbst noch da, hört man die Klage über das Ungeschick der Drucker als den ewigen Refrain, sobald es sich um das Gelingen oder das Mißlingen irgend eines Kunstblattes oder dergleichen handelt. — Man kann es sich nicht verbergen, daß der Drucker unendlich vielen Einfluß auf die Wirkung einer Zeichnung im Drucke hat, und dennoch nimmt man so selten Rücksicht darauf! Nicht das ist die Kunst, daß man viele oder vielleicht recht schwarze Abdrücke von einem Steine mache, sondern das, daß man gute Abdrücke liefere! Der Drucker muß notwendig selbst Künstler sein. Er muß wissen, ob diese Zeichnung mehr duftig, jene kräftiger gedruckt werden muß; er muß die Mitteltinten zu mäßigen, die Vordergründe hervorzuheben, die Lichteffekte zu steigern wissen. Das alles hat er mit seiner Walze in der Gewalt; aber — dazu muß er Künstler, entweder selbst Zeichner, oder doch in Hinsicht des Geschmackes sehr ausgebildet sein. Der Schriftdruck erfordert allerdings weniger Talent, er ist sehr mechanisch; aber wir sind doch der Meinung, daß selbst ein Schriftdrucker mindestens soweit ausgebildet sein müsse, daß er in jeder der vorkommenden Manieren einen guten Druck liefern kann.

Wir werden in diesem Kapitel dasjenige mitteilen, was man über die verschiedenen Druckmanieren sagen kann, — was man dabei denken muß, müssen wir dem Drucker überlassen; denn wir können nur Fingerzeige geben, die weitere Ausführung müssen die jedesmaligen obwaltenden Umstände an die Hand geben.

Einer vorzüglichen Beachtung bedürfen zunächst die allgemeinen Grundsätze des Druckens. — Der Drucker kann nur dann auf das Gelingen guter Abdrücke rechnen, wenn er die größte Sorgfalt mit der größten Geschicklichkeit in allen Einzelheiten seiner Operation verbindet. Hierbei ist hauptsächlich der Abzug der wichtigste Teil der lithographischen Manipulation. In der Praxis und in der Umsicht des Druckers ruhen die sichersten Mittel zum Gelingen seiner Platte. Um Kreideplatten von einiger Bedeutung mit einer Vollkommenheit zu drucken, welche der Arbeit des Zeichners entspricht, würde es gut sein, wenn der Drucker selbst in die Kunst des Zeichnens eingeweiht wäre, um beurteilen zu können, was der Stein auf dem Papier wiedergeben muß, um der Erwartung des Künstlers zu entsprechen.

Ein großer Teil des Effektes liegt in seiner Hand und hängt von der Geschicklichkeit ab, mit welcher er seine Walze zu führen versteht. Es liegt ihm ob, das Werk sozusagen, zu vollenden, indem er gewisse Stellen stärker oder zarter behandelt und hierin wird er bis zu einem gewissen Grade selbst Künstler.

Der erste Walzenstrich, den man über einen gezeichneten Stein thut, ist derjenige, welcher die meiste Schwärze absetzt, weil die Oberfläche wollig, wie feines Tuch, ist, und sich noch keine Feuchtigkeit darauf befindet.

Gleichzeitig setzt er aber auch die Schwärze ungleich und an manchen Orten in zu großer Masse nieder und nur durch wiederholtes Hin- und Herwalzen nimmt die Walze die Farbe, welche an einigen Punkten überflüssig ist, hinweg, um sie da niederzusetzen, wo sie fehlt.

Aus diesem Grunde muß man sie über fein gearbeitete Steine ziemlich lange laufen lassen, besonders wenn man sich einer sehr festen Schwärze bedient.

Durch das häufige Umherrollen auf dem Steine poliert sich die Fläche der Walze und überzieht sich mit einer kleinen Schicht Wasser. Wenn dieser Fall eintritt, hat sie keine Wirkung mehr auf die Platte, weil sie durch die Feuchtigkeit verhindert wird, sich hinreichend an die gezeichneten Stellen anzuhängen. Dann muß man wieder seine Zuflucht zum Farbstein nehmen und die Walze mehrmals darüber gehen lassen, um die Fläche wieder abzuglätten und das daran hängende Wasser zu entfernen.

Wenn man die Walze langsam über den Stein laufen läßt, dabei stark aufbrückt und die Zapfen derb faßt, so daß sie sich nur sehr schwer umdrehen, wird sehr viel Schwärze auf der Platte zurückbleiben.

Walzt man dagegen schnell und leicht über den Stein und läßt die Griffe so locker, daß sich die Zapfen ohne Widerstand darin bewegen, so nimmt man die Farbe weg und hellt die Platte auf.

In der umsichtigen Benutzung und Befolgung dieser Grundsätze besteht die Kunst des Druckers. Er wird daher, nach seiner Willkür, mit einer und derselben Walze, dunklere oder lichtere Abdrücke herstellen können.

Er kann, je nach dem Bedürfnis, gewisse Stellen kräftigen und andere aufhellen — er muß mit einem Worte, in der Bewegung seiner Hände das große Hilfsmittel zur Herstellung guter Abdrücke finden.

Wenn viele Steindrucker nur sehr mittelmäßige Erzeugnisse liefern, so liegt der Grund darin, daß sie die Vervollkommnung in einer Menge kleiner Nebenmittel suchen und jenen wichtigen Umstand vernachlässigen.

In dem Abzuge einer großen Zahl guter und gleichmäßiger Abdrücke besteht die größte Schwierigkeit bei der Lithographie, und der Drucker kann sie nur dann überwinden, wenn er die Veränderungen des Zustandes seiner Platte sorgfältig beobachtet. Sobald sie sich zum Verschmieren anläßt, muß er vermehrte Leichtigkeit in seine Bewegung bringen.

Wenn einige Stellen schwächer werden, muß er sie durch stärkeres Aufdrücken mit der Walze und Zusammendrücken der Zapfen wieder beleben.

Er wird seine ganze Aufmerksamkeit darauf richten, den Uebelständen gleich vorzubeugen, sowie er sie gewahrt, damit keine Stelle sich ganz verschmiere oder ganz verschwinde, denn dann ist es oft schwierig, das Uebel wieder gut zu machen, welches man mit ein wenig mehr Aufmerksamkeit hätte umgehen können.

Durch Vernachlässigung dieser Grundsätze verderben unachtsame Drucker oft eine Platte nach einer kleinen Anzahl von Abzügen, während sie in den Händen eines sorgfältigen und wachsamen Arbeiters eine weit größere Anzahl. geliefert haben würde.

Ein anderer allgemeiner Grundsatz, den man nicht aus den Augen verlieren darf, ist der, daß die Schwämme, sowie die wollenen und baumwollenen Lappen, die Zeichnungen auf dem Stein durch die Reibung abnutzen, während Werg und leinene oder hänfene Lappen die Züge nicht so sehr angreifen.

Aus diesen Gründen bedient man sich gewöhnlich eines Bündels Werg oder leinener Lappen, um die Federzeichnungen zu befeuchten, wo dann auch die feinsten Stellen sehr rein bleiben.

Da im Gegenteil die Kreidezeichnungen gewöhnlich geneigt sind, Ton anzunehmen, um sich zuweilen sogar zu verwischen, thut man besser, diese mittels eines Schwammes zu befeuchten. Ein gewandter Drucker wird auch diesen Erfahrungssatz zu benutzen verstehen und z. B. eine Kreideplatte, wenn ein Undeutlichwerden derselben zu befürchten stände, lieber mit einem Wergbüschel befeuchten, als sich des Schwammes bedienen.

Schließlich sei noch daran erinnert, daß die harten Walzen schwerer einschwärzen, als die weichen. Man wird daher wohl thun sich der ersteren zu solchen Platten zu bedienen, welche geneigt sind, zu viel Schwärze anzunehmen.

Da die Kreideplatten gewöhnlich zu dieser Gattung gehören, wird es demnach gut sein, sie mit harten Walzen einzuschwärzen. Die weichen schwärzen schneller und können daher bei Federplatten den Vorzug erhalten.

Wenn jedoch eine Kreideplatte durch eine harte Walze nicht genug belegt werden sollte, könnte man sie gegen eine andere weichere vertauschen.

1. **Von dem Abdrucken der Zeichnungen in der Kreide- und Tamponiermanier.**

Wir wollen hier, ungeachtet wir bei Aufführungen der einzelnen Manieren im vierten Kapitel, die Federzeichnung ꝛc. vorhergeschickt haben, die Kreide- und Tamponiermanier zuerst abhandeln, da sie die meiste Schwierigkeit hat, und ein Arbeiter, der eine Kreidezeichnung gut druckt, mit einer Schrift- oder Federzeichnung nur um so besser zustande kommen wird.

Wenn schon bei allen Manieren im Gebiete des Steindrucks, die größte Vorsicht und Gewissenhaftigkeit geboten ist, um zu einem guten Resultate zu gelangen, so bedarf es bei der Behandlung von Kreideplatten, derselben noch viel mehr und nur die wohlüberdachte Vornahme aller zu diesem Zwecke nötigen Vorrichtungen, kann das Gelingen sichern.

Nachdem der Stein auf die Weise, wie wir im neunten Kapitel mitgeteilt haben, präpariert worden ist, bringt man denselben in den Wagen der Presse auf die untergelegte Filzdecke, und nachdem man ihn in die richtige

Lage gebracht hat, befestigt man denselben durch Klötze und Keile, welche man gegen die Ränder des Kastens treibt; darauf wählt man einen Reiber, welcher diejenige Dimension der Zeichnung, welche in der Richtung des Zuges liegt, an jeder Seite um etwa 3 cm übersteigt, nie aber so lang sein darf, daß er über den Stein hinausragt, und gleicht ihn auf dem Stein ab, d. h., man untersucht, ob er in der ganzen Länge seiner Schneide genau mit der Oberfläche des Steines zusammenfällt, was dann der Fall ist, wenn man zwischen der Schneide des Reibers und dem Steine nirgend durchsehen kann. Die Schneide des Reibers darf nicht zu scharf gemacht, sondern muß mäßig abgerundet werden.

Zum Abrichten des Reibers bedient man sich eines Hobels und im Feinen einer Feile oder Glasscherben und Sandpapier. Den auf die gehörige Länge zugeschnittenen und abgeglichenen Reiber, dessen Enden man abrunden muß, befestigt man in seinem Reiberträger in der Presse, und überzeugt sich, daß derselbe sich beim Druck nicht nach hinten legt, sondern senkrecht stehen bleibt. Man wird deshalb die Reiberlehne genügend tief stellen, damit der Reiber festen Halt hat.

Für sehr große Steine ist es übrigens gut, wenn der Reiber nach der Mitte hin etwas hohl ist; denn da der Druck ohnehin nach der Mitte zu am schärfsten ist, so stellt sich dann das Gleichgewicht wieder her.

Zunächst bestimmt man dann den Anfang und das Ende des Reiberzuges mittels der zu diesem Zwecke an der Presse angebrachten Kloben oder Schrauben, und stellt auch den Deckrahmen mittels der dazu bestimmten Stellschrauben so, daß das Leder desselben etwa 4 mm von der Oberfläche des Steines absteht. Man muß sehr darauf achten, daß das Leder durchaus gleichförmig angespannt sei, und daß es nicht etwa Quer- oder Längenfalten ziehe. Sollte dies der Fall sein, so muß man dasselbe nach der Art, wie die Stickerinnen ihren Stoff im Stickrahmen aufspannen, gegen das Kopfstück mittels einer Stellschraube und gegen die Seitenstücke des Rahmens mit Schnüren anziehen. Ist das Leder gehörig eingerichtet, so bestimmt man ein für allemal die Schärfe des Druckes durch die Mittel, welche die Konstruktion der Presse dazu an die Hand gibt. Jetzt ist die Presse zum Drucke gerichtet.

Wird mit dem Glanzdeckel gedruckt, so muß der Reiber mit Leder, die rauhe Seite nach außen, überzogen werden.

Da die neuen Steine gewöhnlich scharfe Kanten haben, die gerne Farbe annehmen, wodurch Papier und Decklage beschmutzt und selbst der Lederdeckel durch scharfes Einprägen dieser Kanten beschädigt wird, so müssen dieselben mit der Steinfeile gehörig abgerundet, sodann geätzt und gummiert werden.

Nun feuchtet man mittels eines Schwammes*) die Gummidecke des Steines stark ein, um sie aufzuweichen. Während letzteres geschieht, nimmt

---

*) Bekanntlich werden die Schwämme auf dem Meeresgrund an Klippen hängend gefunden, und besonders an den Jonischen Inseln in großer Menge gesammelt. Die im Handel vorkommenden sogenannten Pferdeschwämme und feinporigen Tafelschwämme, müssen zuvor von den Muscheln befreit, sowie von allen Schmutz- und Sandteilen durch Klopfen mit dem Hammer und durch wiederholtes Auswaschen mit reinem Wasser gereinigt werden. Ebenso können auch die Schwämme in eine mit Wasser stark verdünnte Salzsäure gelegt werden, welche ohne Nachteil für den Schwamm, die aus kohlensaurem Kalk bestehenden Muscheln auflöst. — Die Schwämme

man mit dem Farbenmesser etwas Druckfarbe, setzt derselben, nach Bedarf der Jahreszeit, einige Tropfen starken oder mittelstarken Firnis zu, arbeitet beides auf der Schwärzplatte mit dem Farbemesser oder einem Spatel gut durcheinander und bringt es auf die Schwärzwalze, mittels welcher man es dann durch Hin- und Herrollen auf der Schwärzplatte verteilt, womit man so lange fortfährt, bis nicht allein die Walze, sondern auch die Platte ganz gleichförmig mit Schwärze bedeckt ist, wovon man sich durch die Gleichartigkeit des Korns und durch das Geräusch überzeugt, welches die Walze beim Rollen auf der Schwärzplatte macht. Rupfen oder reißen darf dieselbe durchaus nicht.

Unterdessen wird der Gummiüberzug auf dem Stein aufgeweicht sein, und man kann denselben nun mittels eines nassen Schwammes vollends abheben. Ist dies geschehen, so gieße man Terpentinöl, das man mit gleichen Teilen Wasser versetzt, gut durcheinander gerüttelt, in einer Flasche hat, auf den Stein und verteile dieses mit einem besonders für diesen Zweck bestimmten Schwamme gleichmäßig, aber ohne zu reiben, über denselben, wodurch man scheinbar die ganze Zeichnung auflöst, so daß der Stein, nachdem man das Terpentinöl entfernt und denselben wieder rein abgeputzt hat, nur einige leichte fettartige und heller als der Stein erscheinende Spuren der Zeichnung zeigt.

Jetzt wirft man mit den Fingern etliche Tropfen Wasser auf den Stein, welche man mit dem reinen Netzschwamme dergestalt über denselben verteilt, daß seine Oberfläche durchaus gleichförmig feucht, keineswegs aber naß ist. Der Schwamm, dessen man sich bedient, muß ganz rein sein, vor allen Dingen darf sich daran weder eine Spur von Gummi, noch Terpentinöl oder gar Säure befinden*).

Nun rollt man die Farbenwalze einigemal über die Schwärzplatte hin und übergeht dann langsam, und ohne sehr stark aufzudrücken, die Zeichnung sorgfältig in allen Richtungen, indem man, wenn etwa der Stein zu trocken werden sollte, denselben von Zeit zu Zeit wieder anfeuchtet, wie oben gesagt wurde. Man wird nun nach und nach die Zeichnung wieder erscheinen sehen und muß das Einwalzen so lange fortsetzen, bis die Zeichnung wieder mit der ganzen Kraft und Eleganz dasteht, welche sie hatte, ehe man das verdünnte Terpentinöl anwendete. Hat man diesen Effekt

---

bilden einen nicht unerheblichen Teil der Druck-Utensilien, und man bedarf außer dem Gummischwamm, auch den großen und kleinen Wasserschwamm, den Anreibeschwamm und den Auswaschschwamm. Dieselben sind kleine Tafelschwämme, der große Wasserschwamm aber ein sogenannter Pferdeschwamm. Alle diese Schwämme müssen fortwährend durch Auswaschen in gut gereinigtem Zustande erhalten werden.

*) Manche Drucker haben die verwerfliche Gewohnheit, dem Wischwasser Salz beizumischen, damit der Stein nicht zu rasch trocknet und sie weniger zu wischen brauchen. Das Salz ätzt jedoch den Stein und greift die Zeichnung nach und nach an, ganz gleich in welcher Manier dieselbe ausgeführt ist.

War die Auflage groß, so bringt das Salz, durch das öftere Anfeuchten des Steines mit salzhaltigem Wasser, tief in denselben ein und gefährdet, wie wir aus Erfahrung haben, trotz sorgfältigstem Schleifen, die nachfolgende Arbeit. Feine gravierte Striche, Maschinentöne ꝛc. werden im Druck unterbrochen erscheinen, die Tusche gerinnt in der Feder und auf dem Steine, so daß es unmöglich ist einen scharfen Strich zu machen und Kreidezeichnungen werden fleckig oder die lichten Töne verschwinden schon beim Einwalzen, weil das Fett der Kreide nicht in den Stein eindringen kann.

erlangt, so legt man ein Blatt des zum Drucke bestimmten genetzten Papiers, ohne es auf dem Steine hin- und herzuschieben, nach den auf dem Steine befindlichen Zeichen, auf, deckt darauf ein Blatt reines und gleichartiges Makulaturpapier und ein Blatt englischen Preßspan, das nach der Größe des Steins zugeschnitten wurde, schließt den Rahmen, bringt den Stein unter den Reiber, zieht diesen scharf an, läßt den Stein durch die Presse gehen, hebt dann den Druck auf, führt den Stein zurück, öffnet den Rahmen, legt den Preßspan und die Makulatur beiseite und zieht den Abdruck, indem man das Papier an den zwei Ecken der von sich abstehenden Seite anfaßt, behutsam vom Steine, welchen man sogleich wieder anfeuchtet.

Dann untersucht man den Probedruck, ob alles gekommen ist, ob alle Tinten harmonieren 2c., worauf man zum zweiten Probedrucke schreitet, bei dem man bemüht ist, die etwa gefundenen Fehler durch das Einwalzen zu verbessern. So kann man z. B. diejenigen Partien, welche nicht stark genug annehmen, dadurch dunkler machen, daß man langsam und mehrmals unter gelindem Drucke mit der Walze darüber hinfährt. Zu dunkle oder verschmutzte Stellen lichtet man, indem man die Walze schnell, gleichsam reißend, darüber hinrollen läßt. Sind die mangelhaften Stellen so nachgeholt, so bringt man alles in Harmonie, indem man das Ganze einigemal mit der Walze in allen Richtungen übergeht und die Farbe nach der Intention des Zeichners verteilt. Handelt es sich z. B. um eine Landschaft, so muß der Drucker den Vordergrund steigern, auf die Perspektive Rücksicht nehmen und die Luft transparent halten; er muß darauf achten, daß die ausgesparten höchsten Lichter rein dastehen und die Gegensätze, Uebergänge und die natürliche Harmonie in jeder Hinsicht befördert werden.

Hat man es hingegen mit einem Porträt zu thun, so ist die Sache noch schwieriger, man muß viel sorgfältiger und vorsichtiger zu Werke gehen; denn ein geringes Mehr oder Weniger kann den ganzen Effekt des Gesichts verändern und die ganze Aehnlichkeit vernichten. — In diesem Falle muß man vor allem das Dunkelwerden der Schatten und das Abheben der Mitteltinten vermeiden, man muß das Korn des Steines und die Reinheit der Zeichnung konservieren und den Stein nie mit Farbe überladen. Den Gewändern muß man das Pastose oder den durchsichtigen Ton geben, der ihnen zukommt und der sich dadurch bestimmt, ob Tuch, Samt, Seide oder leichte Stoffe dargestellt wurden. Man muß den Augen ihre Lebhaftigkeit geben, indem man das Weiße und den Lichtpunkt in denselben in seiner vollen Reinheit erhält, und die Haare müssen sich nach ihrer helleren oder dunkleren Farbe herausstellen.

In allen Fällen aber muß man auch die Ränder der Zeichnung rein halten, und es darf sich nie Schwärze darauf absetzen. Die Farbe annehmenden Stellen des Steinrandes müssen sogleich mit Bimsstein weggeschliffen, geätzt und gummiert und ebenso die betreffenden Stellen der Decklage mit pulverisiertem Talkstein abgerieben werden, wodurch die Fettwirkung aufgehoben wird. Die Walze muß stets reinlich sein, und man muß die Farbe sehr gut abreiben und dieselbe lieber zu stark, als zu weich halten; das Papier muß ohne Schmutzflecke und schön weiß sein.

Eine vorzügliche Aufmerksamkeit erheischen auch die Zeichnungen mit ausgeführtem Hintergrunde, z. B. innere Perspektiven u. dergl., indem namentlich an warmen Sommertagen, der Ton, durch das Feuchten des

Steines, im Hintergrund leicht heller gestimmt wird, ein Umstand, den, durch das Einwalzen zu beseitigen, oft recht schwer hält.

Gewöhnlich erreicht man beim dritten oder vierten Probedruck das gewünschte Resultat. Sobald dies der Fall ist, walzt man den Stein noch einmal ein, überzieht ihn dann mit einer gleichmäßigen Gummischicht und läßt ihn bis zum Beginne des wirklichen Druckes liegen. In eiligen Fällen kann man auch sogleich weiter drucken; doch thut man wohl, dem Steine einen Tag Ruhe zu gönnen, weil die Frische der Zeichnung und die Reinheit der Zwischenräume des Korns dadurch bedeutend gefördert wird, daß das Gummi eine Zeitlang auf demselben stehen bleibt.

Der wirkliche Druck wird fortgeführt, wie die Probedrücke, und die Aufmerksamkeit des Druckers muß stets darauf gerichtet sein, sich so wenig als möglich, von dem Modelle zu entfernen, das man unter den Probedrücken ausgesucht und das er stets vor sich liegen hat.

Es versteht sich hierbei von selbst, daß das Reinigen mit dem mit Wasser vermischten Terpentinöl nicht nach jedem Abdrucke stattfindet, sondern nur der Stein mit Wasser gefeuchtet wird. Eine volle Reinigung des Steines darf nur dann stattfinden, wenn man findet, daß derselbe eine Neigung zum Verschwärzen zeigt; wir werden später darauf zurückkommen. Ebenso muß sie aber jedesmal stattfinden, wenn ein Stein längere Zeit ausgesetzt und deshalb mit Konservierfarbe eingeschwärzt wurde.

Bei zart behandelten Zeichnungen mit magerer Kreide ziehen manche Drucker vor, den geätzten Stein nicht mit Terpentinöl auszuputzen, sondern, nachdem die Gummischicht abgewaschen, die gezeichnete Platte mit Wachsfarbe einzuwalzen, welche mit etwas Terpentinöl vermischt wurde, und sobald die Platte getrocknet ist, wieder zu gummieren und einige Stunden vor dem Drucke ruhen zu lassen.

Durch dieses Verfahren werden die feinen Töne der Zeichnung für die Druckfarbe empfänglicher, und es kommt schon nach einigen Abdrücken die Zeichnung in die gehörige Haltung, was bei derartigen Platten ohne dieses Verfahren erst nach vielen Probedrücken erfolgen würde.

Bei dem Andrucke sehr stark geätzter Platten pflegen auch manche Drucker beim erstmaligen Ausputzen mit Terpentinöl, demselben einige Tropfen Leinöl beizufügen, wodurch der Lösungsprozeß ein milderer wird; bei leichteren Aetzungen muß jedoch das Leinöl vermieden werden.

Etwas abweichend, jedoch auch sehr zweckentsprechend und in mancher Hinsicht sicherer, ist folgende Behandlungsweise.

Nachdem die Zeichnung beendet ist, ätzt man dieselbe mit einer Aetze aus starkem Gummiwasser, dem man soviel Salpetersäure zusetzt, als nötig ist um die gewünschte Stärke der Aetze zu erzielen. Derselben setzt man noch etwas Galläpfelextrakt zu, welchen man sich anfertigt indem man Galläpfel in Wasser kocht und nach dem Erkalten durchseiht.

Mit einem breiten Pinsel streicht man die Aetze schnell und gleichmäßig über den Stein, läßt dieselbe ablaufen und den Stein, womöglich einen Tag, zum Trocknen stehen. Sodann wäscht man mit einem weichen Schwamme und viel reinem Wasser denselben gut ab und wäscht mit Wasser und Terpentinöl mit einem schwarzen, fettigen Lappen die Zeichnung aus, so daß alle Kreide entfernt ist und die Zeichnung hell auf dem Steine steht. Langsam und vorsichtig reibt man die Zeichnung mit dem Lappen wieder

an, und geht, ohne den Stein vorher anzufeuchten, sofort mit der Walze über
denselben, wenn die Zeichnung durch das Anreiben zum Vorschein gekommen ist.

Hierdurch wird dieselbe sofort überall, bis in die feinsten Partien, die
Farbe gleichmäßig annehmen, was nicht der Fall ist, wenn man nach dem
Auswaschen der Zeichnung mit Wasser darüber geht und dann erst einwalzt.
Der Stein nimmt durch letzteres langsamer an und ist derselbe kalt, bleiben
die feinen Töne oft aus und sind dann sehr schwer, oft gar nicht wieder,
herauszuholen.

Steht die Zeichnung gut da und sind keine Fehler vorhanden, so gummiert man den Stein und läßt ihn wieder eine Weile stehen, ehe man
zum Druck schreitet.

Zum Druck verwende man eine gute Kreidefarbe, mit schwachem Firnis zur Druckfähigkeit verdünnt.

Ist alles gut zugerichtet und der Stein durch Abwaschen vom Gummi
befreit, wäscht man die Zeichnung wieder mit dem Fettlappen aus und
walzt dieselbe langsam an.

Man darf die Zeichnung nie mit Farbe überladen, deshalb nehme
man entsprechend feste Farbe und walze lieber einmal mehr ein.

Die Zeichnung wird, durch die feste Farbe, jetzt nur allmählich annehmen, man suche nicht dieselbe mit Gewalt hervorzuholen und die ersten
6—8 Abdrücke dürfen nicht schwarz werden.

Man steigere nur nach und nach und sei zufrieden, wenn mit dem
zwölften bis fünfzehnten Abdruck die volle Wirkung erreicht ist.

Läßt während des Druckes die Zeichnung nach, so reibt man dieselbe
mit dem Fettlappen wieder kräftig an und läßt den Stein einige Zeit stehen.
Tont die Zeichnung, so schütte man scharfe Aetze über den Stein, spüle
mit Wasser ab und gummiere. Nach dem Trocknen wäscht man ab und
die Zeichnung scharf aus, und walzt mit fester Farbe ein bis die Zeichnung
wieder rein und klar dasteht.

Sollen Kreidezeichnungen auf der Schnellpresse gedruckt werden, so muß
das Papier gut satiniert sein und trocken verwendet werden. Die Farbe
muß immer nach der Zeichnung und nach der Beschaffenheit des Papiers
eingerichtet und nicht zu streng sein. Hauptsächlich muß man recht trocken
wischen und mit möglichst wenig Farbe arbeiten. In die Farbe mische
man einige Tropfen Bilsenkrautöl. Auch hier geschieht das Anreiben ganz
wie beim Handpressendruck.

Schwinden die feinen Töne, so sind sie sehr schwer durch Anreiben
wieder hervorzurufen, weil die Maschinenwalzen durch ihre Schwere die
leichten Partien sehr bald fortnehmen. Man muß deshalb die Maschine so
stellen, daß die Walzen gut laufen und nicht schleifen, das heißt nicht auf
schnellen Gang. Die kleineren Walzen muß man herausheben, weil sie
stets schneller laufen und die Zeichnung sehr angreifen.

Durch den Druck verdorbene Kreidesteine wieder herzustellen.

Hat man einen Kreidestein zu drucken, bei welchem die feineren Partien
und die Lichter tonig geworden oder zugegangen sind, so taucht man einen
Bogen Fließpapier in Wasser und läßt denselben vollsaugen. Auf den Stein
schütte man etwas Leinöl, ein wenig aufgelösten Gummi und zuletzt Terpentinöl.

Mit dem voll Wasser gesogenen Bogen Fließpapier reibt man alles durcheinander und putzt damit die Zeichnung unter Zugabe von Wasser aus.

Je nach dem Annehmen der Zeichnung muß dieses längere oder kürzere Zeit geschehen, jedoch unter steter Zugabe von Wasser.

Diese Mischung putzt sehr scharf aus, soll sie nicht so scharf sein, so gebe man mehr Leinöl und weniger Gummi und Wasser zu.

Wendet man dieses Verfahren zum erstenmal an, so putze man den Stein nur kurze Zeit aus und walze ihn dann mit fester Farbe ein, um die Wirkung beobachten zu können. Ist dieselbe noch nicht genügend und können die feineren Partien noch etwas vertragen, so putzt man noch einmal, aber etwas schärfer aus unter Zugabe von mehr Wasser und Gummi und weniger Leinöl. Die Lichter ätze man etwas nach.

Die durch den Druck vernachlässigte Zeichnung läßt sich nie wieder ganz in den vorigen Zustand bringen und man muß zufrieden sein, ein nur einigermaßen günstiges Resultat zu erreichen.

Es kommt vor, daß durch das Ausputzen die feinen Töne leiden und die ganze Zeichnung schwer Farbe annimmt, hier hilft man sich dadurch, daß man nur mit Terpentinöl und Leinöl ausputzt und zuletzt abputzt. Nachdem man das Verfahren beendigt und die Zeichnung so gut es geht wieder hergestellt hat, läßt man dieselben einige Zeit trocken stehen, stäubt sie dann mit Kolophonium ein und ätzt sie je nach der Stärke der Ausführung.

Vom Abdrucken der nach der Federmanier, mit dem Pinsel oder mittels des Ueberdruckverfahrens bearbeiteten Steine.

Dieser Zweig der Arbeiten des Druckers ist bei weitem weniger schwierig, als der Kreidedruck. Es ist jedoch ein großer Irrtum, wenn der Drucker den Federdruck als unwichtig behandelt; denn er hat für das Publikum sicher ebensoviel Bedeutung, als der Kreidedruck. Seine Nutzbarkeit für industrielle Zwecke ist längst anerkannt, und man sollte für dieses Fach brauchbare Drucker heranbilden, und von ihnen ebensoviel Sorgfalt und Geschmack verlangen, als von den Kreidedruckern.

Der Druck der Federzeichnungen ꝛc. geschieht ganz nach der Art, wie bei den Kreidezeichnungen gelehrt wurde, doch muß man die Farbe zu demselben etwas weicher machen, da hier ein Verschmieren nicht so sehr zu befürchten steht, indem die Zeichnungen meistens nicht so eng stehen, und die Aetzung und Präparatur schärfer war. Ebenso kommt es hier nicht auf die Abstufung des Tones an, und man wird bei den Probedrücken nur darauf zu sehen haben, daß jeder auch der feinste Strich im Drucke komme, und daß das Ganze in einem gleichmäßigen, tiefschwarzen Tone gedruckt sei. Um den letzterwähnten Zweck zu erreichen, setzen die Drucker der Schwärze gern etwas dunkles Berlinerblau oder Indigo zu.

Für Schwarz- sowohl als auch Chromodruck, ebenso bei der Ausführung von Umdrucken ist die Federmanier die günstigste.

Klatschdrucke zu Farbenplatten, werden mit Farbe gemacht, welcher Gummi zugesetzt wurde, sind dieselben zu stark, so reibt man sie mit Bimssteinmehl ab. Man ätzt dieselben vermittelst des Schwammes mit einer Aetze aus 100 Teilen Gummi, 3 Teilen Salpetersäure und 3 Teilen Salzsäure, nachdem die Lithographie fertig ist, und entfernt durch Ueberwischen mit der Aetze nach allen Richtungen den Klatschdruck, läßt die Aetze trocknen, wäscht dieselbe ab, läßt den Stein trocknen, putzt ihn mit Terpentin aus und walzt ihn schwarz ein. Kleinere Arbeiten wie Chromokarten ꝛc. lassen sich in der Federmanier am geschmackvollsten ausführen und am besten drucken.

Gravurdruck.

Die Gravur ist die beste aller Manieren für unsere modernen Accidenzarbeiten. Sie hat einen hohen Grad von Vollkommenheit erreicht und eine gute Arbeit, Adreß- und Visitenkarte, Briefkopf, Rechnung ꝛc. kann nur in dieser Manier elegant und zweckentsprechend hergestellt werden.

Dabei ist die Gravur für den Umdruck ganz besonders geeignet, weil sich scharfe Umdrücke viel leichter und besser als von jeder andern Manier herstellen lassen.

Da es hier darauf ankommt, die Farbe in die Vertiefungen des Steines zu bringen, so liegt es am Tage, daß die Walze zum Farbeneintrage nicht ganz geeignet ist, da sie nur über die Oberfläche des Steines hingeht und nicht in die Gravierung eindringt. Ist indessen der Stein sehr gut eingelassen und der Drucker sehr sorgfältig, so werden die Abdrücke auch bei Anwendung einer recht weichen Walze gut und der Stein liefert dann deren eine größere Anzahl, da er weniger abgenutzt wird, als bei anderen Methoden. Die Arbeit geht jedoch ziemlich langsam von statten und man hat daher zu andern Mitteln seine Zuflucht genommen.

Ist die Gravur vollendet, so reibt der Drucker den ganzen Stein mit Leinöl und schwärzt ihn mit nicht allzustrenger Farbe ein.

Mit einem Ballen, welcher aus gebrauchtem Leinenstoff und Flanell fest zusammengerollt und gebunden ist, geschieht dies am besten und für den Stein am vorteilhaftesten. Die Farbe soll kurz aber nicht flüssig sein. Eine Messerspitze voll Farbe, welche geschmeidig und doch kompakt angemacht ist, wird mit einigen Tropfen Terpentinöl und etwas Gummi unter den Ballen genommen und damit die Abdrücke gemacht. Wird die Farbe zu trocken, so genügen einige Tropfen Terpentin unter dem Ballen um dieselbe wieder druckfähig zu machen.

Der Ballen dient zum Auftragen der Farbe, der mit Flanell überzogene Tampon nimmt die überflüssige Farbe weg, verteilt dieselbe gleichmäßig und macht den Strich zart und scharf.

Der Gebrauch der Wischlappen ist ziemlich allgemein eingeführt, doch müssen diese Lappen von einem sehr weichen, weitgewebten Stoffe sein, um ihren Zweck gehörig zu erfüllen, da sie außerdem entweder die Schwärze nicht gehörig verteilen, oder den Stein angreifen. Ueberdies muß man sie vor Sand und Staub bewahren, da sonst leicht beim Einreiben und Wischen die präparierte Oberfläche des Steines verletzt wird, wodurch dann derselbe an diesen Stellen annimmt, ein Fehler, der schwer wieder zu verbessern ist. Zum Einschwärzen mittels der Wischlappen bedarf man dreier Lappen: mit dem ersten reibt man die Farbe auf dem genetzten Steine in die gravierten Züge ein; mit dem zweiten wird die überflüssige Farbe vom Steine wieder abgewischt, und der dritte, der mit verdünnter Gummiauflösung getränkt ist, dient zum Nachputzen. Man kann sich, sobald der Stein abgeputzt ist, mit Vorteil einer Druckwalze bedienen, welche man dann mit leichter Farbe etlichemal über den Stein rollt, um jede Ungleichheit zu beseitigen.

Ein zweiter Einschwärzapparat für gravierte Steine sind die schon früher beschriebenen und abgebildeten Tampons oder Schwärzplatten. Man bedarf deren für jeden Stein zwei, eine zum Auftragen der Farbe, die andere zum Nachputzen; dann aber reinigt man den Stein vollends mit der Walze. Auch bei den Schwärzplatten muß man sich sorgfältig hüten, daß sich kein Sand oder sonstige Unreinigkeiten anhängen, welches hier noch gefährlicher wäre, als wie bei den Wischlappen, indem der Druck beim Einreiben stärker ist, als wie bei diesen.

Zum Einschwärzen bringt man die abgeriebene Farbe auf eine Ecke des Farbsteins und nimmt davon einen Teil, den man mit etwas Terpentinöl anmacht, indem man mit dem Tampon reibt. Man benetzt sodann den Stein und reibt mit dem Tampon darauf nach allen Richtungen herum bis die Einschnitte gefüllt sind.

Dann nimmt man einen feuchten Lappen und bedient sich seiner, um das auf dem Steine zurückgebliebene Uebermaß von Schwärze wegzuwischen. Wenn dieses nicht hinreichen sollte, um den Stein ganz rein zu machen, oder wenn der Lappen vielleicht durch den Gebrauch schon etwas schmutzig geworden wäre, muß man einen zweiten nehmen, um das Reinigen vollends zu bewerkstelligen.

Diese Lappen müssen von leinenem oder baumwollenem Zeuge sein. Uebrigens verlangt diese Operation Gewandtheit und Uebung. Man muß nur leichthin und ohne aufzudrücken wischen, um den gravierten Linien die Farbe nicht wieder zu entreißen.

Wenn einige Teile der Schwärze der Anwendung der Lappen widerstehen, fährt man mit der flachen Hand leicht darüber hin, wodurch die Stelle völlig rein wird. Wenn sich ein Stein nicht gut wischen läßt, kann man ein wenig Gummi in das Wasser mischen, welches zum Befeuchten der Lappen dient.

Im allgemeinen wischen sich die neuen Steine nicht so gut, als wenn man schon eine gewisse Anzahl Abdrücke davon gemacht hat, und dieselben durch das Reiben mit dem Lappen glatt geworden sind. Zuweilen geschieht es, daß ein neuer Stein sich ganz und gar mit einem grauen Ton überzieht, wenn man ihn zum erstenmal einschwärzt, was gewöhnlich daher rührt, daß er vor dem Gravieren nicht gehörig zubereitet worden ist. — Auch können Lappen, die mit Seife gewaschen und nicht gehörig in reinem Wasser ausgespült worden sind, einen solchen Ton erzeugen, weil sie die unlösliche Gummilage angreifen. In diesem Falle muß man Gummi auf den Stein streichen und fortfahren mit dem Lappen zu reiben, wodurch er nach und nach rein wird.

Bei Gravurdruck in Farben, wird ebenso verfahren wie bei Schwarzdruck. Ballen, Tampon, Lappen u. s. w. müssen eigens für jede Farbe hergerichtet und die Farben sehr fein gerieben, kurz und kompakt sein. Soll die Farbe hell erscheinen, so muß sie durch Zusatz von Weiß in die gehörige Stärke gebracht werden.

Da bei sehr feinen Arbeiten mit der Graviermaschine selbst die dünnste gefärbte Gummilage des gewöhnlichen Graviergrundes, immerhin der Maschine noch zu viel Widerstand leisten würde, so begnügt man sich deshalb, Gummi mit Säure vermischt über den Stein zu streichen, wie man die mit der Feder gezeichneten Steine behandelt. Man läßt den Gummi trocknen und wäscht ihn dann ab. Auf dem Steine bleibt nun nichts zurück, als die sehr dünne unlösliche Gummilage.

Derartig behandelte Steine sind nun aber zum ersten Male am schwierigsten einzuschwärzen; denn es ereignet sich sehr oft, daß die Schwärze sich anfangs beinahe auf dem ganzen Steine anhängt.

Man bemüht sich, sie nach und nach zu entfernen, indem man mit dem Lappen und mit der flachen Hand reibt, das wirksamste Mittel aber ist, ein wenig Gummi auf den Stein zu bringen und so viel Terpentinöl zur Druckschwärze hinzuzumischen, daß diese die Schwärze auflöset, welche sich auf den weißen Stellen festgesetzt hat. Man reibt diese Schwärze mit einem Lappen auf die Platte und in demselben Verhältnis, wie sie die Unreinigkeit hinwegnimmt, gibt der Gummi den betreffenden Stellen die Eigenschaft, daß dergleichen nicht wieder darauf haften können, während die Einschnitte immer mit Schwärze versehen bleiben und auf keinerlei Art durch diese Operation leiden.

Wenn jedoch von einem Steine durch das Wischen mit dem Lappen keine saubern Abdrücke zu erhalten sind, so kann man, nachdem man mit dem Tampon eingeschwärzt hat, sich der Walze bedienen, welche die Platte sehr leicht reinigen wird. — Bei fortgesetztem Gebrauch der Walze muß man dann von Zeit zu Zeit die sich daran hängende schwache Farbe wegnehmen, und gewöhnliche, für die Feder oder Kreide bestimmte Druckschwärze darauf bringen.

Besser ist es, vor Beginn der Arbeit den Stein mit Kleesalz gut zu polieren, man hat dann das Anhängen der Farbe nicht zu befürchten, der Stein bleibt rein, die Gravierung nimmt gut an und steht sofort scharf und deutlich da.

In den französischen Druckereien bedient man sich zum Einschwärzen noch vielfach der Bürste. Dieselbe muß lange, biegsame Borsten haben und etwa 15 cm lang und halb so breit sein. Die sogenannten Wichsbürsten sind zu diesem Gebrauche sehr zweckmäßig. Beim Einschwärzen nimmt der Drucker die gehörige Menge Farbe auf die Bürste und fährt mit derselben nach allen Richtungen über den gefeuchteten Stein hin, bis sich die Farbe in die Züge setzt und anfängt zu ballen. Dann wird der Stein noch einmal leicht gefeuchtet und die überflüssige Farbe mit einer reinen Schwärzplatte oder der Schwärzwalze abgenommen. Sind dann etwa noch leichte Farbenspuren auf unbezeichneten Stellen des Steins, so nimmt man dieselben mittels eines reinen feuchten Schwammes fort, was übrigens bei Anwendung der Walze nicht nötig ist.

Welches von den hier aufgezählten Geräten man sich zum Einschwärzen bedienen soll, hängt, da jedes einzelne seine eigentümlichen Vorzüge hat, von den Umständen ab. Der Auftrag mit der Walze ist gut, aber schwierig und zeitraubend. Am schnellsten zum Ziele führen die Wischlappen, doch ist ihr Gebrauch etwas unreinlich. Die Bürste dürfte für die gewöhnlichen Arbeiten das Zweckmäßigste sein; zu kostbaren Sachen aber muß man sich stets der Wischlappen oder der Schwärzplatten bedienen, namentlich bei breiten Linien und Flächen, vorzugsweise der letzteren.

Im allgemeinen fallen die mit Lappen eingeschwärzten Abdrücke brillanter aus, weil der Lappen mehr Schwärze in den Einschnitten zurückläßt, als die Walze; weshalb diese wohl reine aber minder brillante Abdrücke liefert.

Die Farbe zum Einschwärzen besteht aus gewöhnlicher weicher Druckfarbe, welcher man etwas dicke und durchgeseihete Gummiauflösung zusetzt und sie mit derselben gut durcharbeitet, wobei man gern ein wenig Terpentinöl zugießt. Man hüte sich wohl, sauer gewordenes Gummi zuzusetzen. Die Schwärze muß täglich frisch bereitet werden*).

Nach Umständen wird auch bei Gravierarbeiten, wo fein geschnittene Töne vorkommen, der Beisatz von Gummi und Terpentinöl ganz weggelassen und dafür gekochtes Leinöl beigemischt, wodurch man brillantere Abdrücke erhält. Sehr häufig wird auch die Gummiauflösung dem Wischwasser beigefügt.

Man kann das Papier zu Abdrücken von gravierten Steinen ein wenig stärker feuchten, damit es sich besser in die Züge hineinlege; auch bedient man sich nebst des Preßspanes einer weichen Makulaturauflage und bestimmt den Druck sehr scharf.

Obgleich der Druck der gravierten Platte eine der schmutzigsten Verrichtungen beim Steindruck ist, erfordert er nichtsdestoweniger viel Reinlichkeit und Sorgfalt, wobei der Drucker täglich die Reinigung seiner Schwämme durch Waschen, und die der Bürste und des Tampons durch Abkratzen mit dem Messer vornehmen muß.

Die Anzahl der abzuziehenden Abdrücke hängt sehr von der Gewandtheit des Druckers ab. 5 bis 6000 Exemplare werden bei gravierten Platten gewöhnlich als das Maximum angenommen. — Nach dem Drucken wäscht man die Platte mit Terpentingeist und reibt eine Mischung von Talg, Kienruß und Terpentingeist in die Einschnitte, wobei man acht haben muß, die Steine recht sorgfältig abzuwischen, damit die Zeichnung hinlänglich bedeckt und doch dabei recht rein sei. Nachdem der Terpentingeist verschwunden ist gummiert man den Stein.

Trotz der vorzüglichen Leistungen und der großen Fortschritte im Gravurdrucke ist es doch noch nicht gelungen, einige sich immer wieder geltend machende Uebelstände zu beseitigen.

Dem tüchtigsten Drucker wird es trotz aller Vorsicht nicht immer gelingen, ganz gleichmäßige Abdrücke zu erzielen und bei größeren Auflagen wird die Zeichnung nachlassen, das heißt verrieben werden. Oft ist dieser Umstand selbst bei kleineren Auflagen zu beklagen, doch sind dann meistens Uebelstände vorhanden, welche beseitigt werden können. Es sind dies schlechter Schliff oder Politur der Steine, zu weiche Steinmasse oder schlechte Behandlung des Steines durch ungeübte oder unaufmerksame Drucker.

Der Farbendruck (chromolithographischer Druck).

In allen Kunstgewerben, namentlich aber in der Lithographie, herrscht gegenwärtig die Farbe, und die Erzeugnisse des Farbendrucks nehmen einen hohen Standpunkt ein. Daraus ergibt sich für alle Fachgenossen die Notwendigkeit, die Natur und die Behandlung der bunten Farben, sowie ihre harmonische Anwendung möglichst gründlich kennen zu lernen.

---
*) Die Qualität des Gummi muß vollkommen gleich sein mit der Druckfarbe. Das Mischungsverhältnis beider kann jedoch nicht ganz genau angegeben werden, da hierbei die Art der Arbeit, die Temperatur und selbst der Zustand des Steines zu berücksichtigen ist. Annäherungsweise nimmt man gewöhnlich Gummi und Druckfarbe zu gleichen Teilen. Doch ist dies keine allgemeine Regel.

Die technisch künstlerische Erzeugung des Farbendruckbildes bedingt zunächst eine systematisch berechnete Verteilung und Aufeinanderfolge der Farbeplatten, wobei die einzelnen Platten mit der erforderlichen Haltung der Tonabstufungen mittels der geeigneten lithographischen Manieren zu behandeln sind.

Wie bereits früher schon erwähnt, werden am häufigsten hierzu die Kreideplatten in Verbindung mit gewischten und geschabten Tonplatten in Anwendung gebracht, bei kleineren Sachen in Federmanier punktierte Platten. Die Wahl des Farbentones, sowie die Verteilung und Anzahl der Platten, richtet sich stets nach dem wiederzugebenden Originale, was immer dem denkenden Künstler und Lithographen überlassen bleiben muß.

Die Aufgabe des Druckers ist dagegen, genau in das festgestellte Farben-Arrangement des Künstlers einzugehen, um so in der entsprechenden Weise durch das Uebereinanderbrucken der Platten, jenen anzustrebenden Farbeneffekt hervorzubringen, welcher teils von der richtigen Folgenreihe der Platten und teils von der gehörigen Haltung und Kraft des Farbentones abhängt, wozu aber auch ein genaues Einpassen der übereinander gedruckten Platten unbedingt erforderlich ist.

Obgleich nun die Technik des lithographischen Schwarzdruckes die Grundlage dazu bietet, so ist doch immerhin schon die technische Behandlung der bunten Farben weit schwieriger, als die der schwarzen Farbe, bei der zudem an und für sich schon die Abstufungen der Töne bestimmter hervortreten und daher ein Fortdrucken der Kreideplatte in immer gleicher Haltung minder schwierig ist, als wie bei bunten Farben.

Das gleichmäßige Fortdrucken einer Platte in der vom Künstler gefertigten Haltung ist nun aber bei dem Farbendruck positiv notwendig, weil eben die Gesamtwirkung des ganzen Bildes von dem Farbentone und der Haltung jeder einzelnen Platte abhängt, und wie die geringste Abweichung von der anfänglich berechneten Haltung des Tones eine Disharmonie im Bilde erzeugt.

Dieses erfordert jedoch von Seite des intelligenten Druckers nicht allein eine vorzügliche Gewandtheit in der Behandlung des Schwarzdrucks, als auch die tüchtigste Uebung und Aufmerksamkeit, und setzt zudem noch bei demselben künstlerischen Sinn und Gefühl für Farben voraus, wodurch es ihm ermöglicht ist die richtige Nüance des verlangten Farbentons durch Mischungen der Farben zu treffen, sowie diesen Farbenton in der gehörigen Abstufung der Tonplatte mittels des Farbenauftrags der Walze vollkommen richtig und in beständig gleichmäßiger Wiederholung bei jedem Abzuge fortzusetzen.

Sehr wesentlich ist hierbei die Walzenführung des Druckers, die sich stets nach der erforderlichen Kraft und Haltung der Platte richtet, wobei der Drucker die Walze leicht und sicher und doch mit der gehörigen Kraft über den Stein zu führen hat. Hierbei muß er bei dunklen Stellen, welche Kraft verlangen, länger verweilen, und lichtere Töne mit der Walze sanfter berühren und wird in manchen Fällen genötigt sein, die kräftigen Partien einer Platte der Kreuz und Quere nach mit der Walze zu übergehen, während er die zarten Töne nur geradeaus einträgt, wobei auch die Platten mit zarter Ausführung, zur Schonung derselben, zweimal eingewalzt werden.

Vorzugsweise hat der Drucker darauf zu sehen, daß die hellen Töne nicht zu stark anwachsen und sich gehörig von den Mitteltönen unterscheiden, so daß sie den kräftigsten Partien gegenüber stets harmonisch in geordneter Abstufung bleiben.

Dieses Anwachsen der hellen Töne führt zur Monotonie der Gesamthaltung einer Platte, und findet besonders bei dem Gebrauche unvollständig präparierter Farben statt, sowie auch bei warmer Temperatur des Drucklokales u. dergl. Die Abhilfe dieses Mißstandes erläutert das nächste Kapitel.

Mitunter kommt es auch vor, daß eine Farbe sich nicht glatt druckt; dem hilft man dadurch ab, daß man ein wenig weißes Wachs in einem Löffel schmilzt und dieses hurtig mit dem Läufer unter die Farbe reibt.

Einige Drucker reiben derartige Farben im trocknen Zustande zuerst mit ungesalzener Butter oder mit Milch an, und setzen erst später dann den Firnis zu.

Ein vorzügliches, jedoch zeitraubendes Mittel besteht in dem nochmaligen Bedrucken der Platte mit derselben Farbe, wodurch erhöhetes Feuer und Glätte des Tons erzielt wird.

Aehnlich wie schon bei der Gravierfarbe erwähnt, kann auch hier ein schnelles Trocknen der Farbe erzeugt werden durch die Beimischung eines geringen Teils von Sikkativ, was jedoch mit großer Vorsicht verbraucht werden muß.

Wenn der Druck einer Platte mehrere Tage dauert, so muß dieselbe jeden Abend mit Terpentinöl ausgewaschen, mit schwarzer Farbe eingewalzt und dann gummiert werden. Diesen Gummiüberzug muß dieselbe auch dann erhalten, wenn mit dem Drucken nur eine kleine Weile ausgesetzt wird.

Da übrigens ein andauernd fortgesetztes Abdrucken die Platte angreift, so ist es sehr gut den Druck derselben nicht mehrere Tage hintereinander vorzunehmen, sondern ihr von Zeit zu Zeit Ruhe zu lassen, was sehr wesentlich zur Konservierung derselben beiträgt.

In solcher Weise können dann bei gehöriger Druckbehandlung von gut lithographierten Kreide- und Federplatten viele tausend Abdrücke in unveränderter Kraft abgezogen werden, während allerdings die Umdruckplatten derselben eine mindere Anzahl guter Abzüge geben, dafür aber sehr leicht wieder erneuert werden können.

Jedenfalls trägt die Qualität des Druckpapiers sehr wesentlich dazu bei, schöne Abdrücke in großer Quantität zu erzielen. Dasselbe muß weich sein, da hartes Papier die Platte leicht verdirbt; auch wird dasselbe nicht wie beim Schwarzdruck gefeuchtet, sondern im trocknen Zustande bedruckt, wobei die Druckoperation sämtlicher Platten eine gleichmäßige Temperatur erheischt, welche das Papier vor Feuchtigkeit und Wärme bewahrt, wodurch es weder eine Ausdehnung noch ein Zusammenziehen erleidet.

Zur Reinhaltung der Rückseite jedes gedruckten Bogens legt man denselben zwischen reine weiche Makulatur, und läßt so die bedruckten Stellen des Bogens gehörig trocknen.

Um nun mit dem Drucke der folgenden Platte des Bildes beginnen zu können, werden zuvor von den bereits mitgedruckten Punkturen der ersten Platte, je zwei gegenüberstehende Punkte mit der Punkturnadel durchstochen, wobei genau dieselben Punkte sich auch auf der zweiten Platte vorfinden und sorgfältig mit einer feinen Graviernadel nachgebohrt werden müssen, um so durch diese Vorrichtung ein genaues Aufeinanderdrucken der Platte zu ermöglichen.

Als Punkturnadel dient eine feine Nähnadel, welche in einem kleinen runden Holzstiel so befestigt ist, daß die Spitze derselben etwas vorsteht. Eine derartige Punkturnadel bedarf nun zum Auflegen des Drucks, der Drucker und dessen Gehilfe.

Nachdem die Platte wie gewöhnlich mit der Farbe eingewalzt ist, geschieht dann in folgender Weise das Auflegen des mit der ersten Platte bedruckten Papiers. Der Drucker ergreift dasselbe und er, wie sein Gehilfe, stecken die Punkturnadeln, in die auf der Rückseite des Blattes, als kleine gestochene Punkte sichtbaren Punkturen, und stellt die Nadelspitzen genau in die Punkturlöcher der Druckplatte. Hierauf wird der Bogen gleichmäßig niedergedrückt, die Nadeln herausgezogen und auf gewöhnliche Weise dann der Druck bewerkstelligt.

Dieses Auflegen des Bogens bedingt eine ruhige Handhabung desselben, damit er nicht durch stellenweise Berührung der Platte mit Farbe beschmutzt wird.

Damit nun aber der Drucker das ganz genaue Aufeinanderpassen der Platten sogleich erkennen kann, sind von den Lithographen noch andere Marken in Form von Strichen und Kreuzen angebracht, welche sich auf allen Platten gleichmäßig wiederholen, und daher die Marken der Abdrücke von der zweiten Platte u. s. w. genau die Marken der vorher gedruckten Platte decken müssen.

Wo es aber dennoch vorkommt, daß selbst bei dem sorgfältigsten Aufnadeln diese akkurate Zusammenstimmung der Platten nicht gelungen ist, kann sich der Drucker dadurch helfen, daß er die Punkturnadel nach jener Seite neigt, nach welcher die gedruckte Platte gegen die eben zu druckende zum genauen Passen gedrängt sein will; oder er streicht den aufgenadelten Bogen, bevor die Nadeln aus den Punkturlöchern entfernt sind, sanft nach der angestrebten Richtung.

Durch verschiedene Manipulationen kann man das Papier beeinflussen, man bringt es, je nachdem es größer oder kleiner geworden ist, in feuchten oder warmen Lokalen unter u. s. w. Dem Ausdehnen der Punkturlöcher vorzubeugen, ist jedoch viel schwerer.

Ein interessantes und wie es uns scheint, sehr beachtenswertes Verfahren, die Punkturlöcher gegen das Ausreißen zu schützen, beschreibt die „l'Imprimerie" folgendermaßen:

Man nimmt ganz dünnes Messingblech, wie es die Tapezierer benutzen, und zerschneidet dasselbe in kleine Stücke von 15 mm Länge und 5 mm Breite. Nachdem man dieselben der Breite nach gefalzt hat, klebt man sie mit gutem Gummi arabikum am Rande eines jeden Bogens fest und läßt sie trocknen. Werden diese Enden von den Punkturen durchstochen, so erhält man Punkturenlöcher, welche absolut unveränderlich bleiben, selbst wenn der Bogen dreißigmal durch die Presse oder Schnellpresse gehen muß. Nach Beendigung des Druckes werden die Blechstückchen entfernt.

Transparentbilder und Plakate.

Die geschmackvolle Herstellung von Transparentbildern erfordert als erste Grundlage kräftige Zeichnung und brillante Farbenabwechselung.

Mit den Farben Gelb, Rot, Blau und Schwarz kann man schon ein recht hübsches Transparentplakat herstellen. Zu Gelb nehme man Transparentgelb oder gelben Lack, zu Rot Krapplack oder ein lackierfähiges kräftiges Transparentrot.

Je kräftiger die Farben aufgetragen werden, desto mehr werden sie an Brillanz gewinnen. Deckfarben wie Zinnober ꝛc. sind bei diesem Druck ausgeschlossen.

Das Papier darf nicht zu stark geleimt, muß dünn und aus gutem Stoff gefertigt sein, Holzstoffpapiere sind hierzu nicht geeignet.

Um Abwechselung in das Bild zu bringen, mache man eine besondere Negativplatte, welche mit Deckweiß auf die Rückseite desselben gedruckt wird.

Behufs des Klatschdruckes hierzu macht man einen guten Abzug auf Klatschpapier und von diesem einen zweiten auf gleiches Papier, zieht diesen auf den Stein ab und füllt alle Stellen mit Tusche aus, an denen das Glas nicht hell bleiben soll.

Diese Platte wird zuerst und zwar mit Deckweiß gedruckt und nachdem die weiße Farbe trocken ist, mit dem Drucke der andern Farben, als Wiederdruck begonnen. Die mit Weiß nicht gedeckten Stellen erscheinen nach dem Lackieren wasserhell als die höchsten Lichter des Bildes, die mit Weiß bedeckten milchartig durchsichtig.

Nachdem die Farben getrocknet sind, lackiert man erst die Rück- und dann die Vorderseite des Bildes, oder zieht die Abdrücke einen nach dem andern durch den Lack, wie dieses schon an anderer Stelle beschrieben wurde und hängt dieselben an Klammern zum Trocknen auf.

Abziehbilder.

Bei Herstellung der Abziehbilder, welche von Jahr zu Jahr an Ausdehnung gewinnt, muß die Lithographie rechts ausgeführt werden, damit das Bild auf dem Abdrucke verkehrt und nach dem Abziehen wieder rechts steht.

Bei der Herrichtung des Papieres für dieselben, welche den wichtigsten Punkt des ganzen Verfahrens bildet, sehe man darauf, daß der Anstrich kräftig und gleichmäßig stark ist. Das Papier muß möglichst wenig Leim enthalten, damit es sich beim Abziehen leicht von der Masse löst.

Das Anstreichen wird dreimal, jedesmal mit veränderter Masse vorgenommen.

Der erste Anstrich besteht aus einer Mischung von 20 Teilen Gelatine und 500 Teilen Wasser, der zweite Anstrich aus 60 Teilen Stärke, 10 Teilen Gummi-Tragant und 500 Teilen Wasser. Der Gummi-Tragant wird in Wasser gekocht und dann erst mit der Stärke aufgekocht. Der dritte Anstrich besteht aus 3 Teilen Blutalbumin und 10 Teilen Wasser.

Nachdem sich alles aufgelöst hat, was ungefähr 36 Stunden dauert, setze man etwas Salmiakgeist hinzu.

Die Bogen müssen nach jedem Anstrich wieder ganz trocken sein, ehe der nächste Anstrich vorgenommen wird.

Nimmt das Papier beim Druck die Farbe nicht gut an, so muß man mit Firnis vordrucken, welchem etwas Sikkativ beigemischt ist, damit derselbe schneller trocknet. Der Firnis, sowie jede der aufgedruckten Farben, müssen vollständig trocken sein, bevor mit dem Druck der nächsten begonnen werden kann.

Die Farben werden in umgekehrter Reihenfolge wie beim Farbendruck gedruckt, die Deckfarben kommen zuletzt. Hierbei ist es zweckmäßig, vorher Anbrücke auf weißes Papier zu machen und zwar in der Reihenfolge wie beim Farbendruck, weil man sich sehr leicht täuschen kann.

Wenn die Bilder fertig sind, überdruckt man dieselben mit Kremserweiß oder überstreicht sie mit Gelatine, sie halten sich dann jahrelang und bleiben zum Abziehen geeignet.

Die Blattmetall-Abzieh-Etiketten druckt man auf das im Handel vorrätige Gummipapier und verwendet zum Druck eine aus folgenden Bestandteilen zusammengesetzte Farbe oder Druckfirnis. 2 Teile sogenannten Blattfirnis und einen Teil Kopallack reibt man zusammen, setzt dann ein wenig geschmolzenes Wachs hinzu und färbt das Ganze mit Terra di Siena. Das Papier reibt man vor dem Drucke mit Speckstein und einem Baumwollbäuschchen oder einer Polierbürste gut ab.

Der Druckfirnis wird so mager als möglich aufgetragen, damit das Metall nicht ersäuft, oder die Abbrücke fransig werden. Wenn der Abbruck vollständig mit Blattmetall belegt ist, zieht man ihn bei dem nächsten Druck mit durch die Presse und reibt die Abbrücke, wenn sie trocken sind, mit Seidenpapier aus.

Die Fläche, auf welchen die Etiketten abgezogen werden sollen, wird mit Kopallack angestrichen, die Etikette darauf gelegt und nach einiger Zeit, nachdem sie angezogen hat, mit Wasser abgelöst. Um die Etikette haltbar zu machen, überstreicht man dieselbe nochmals mit Kopallack.

Vom Metalldrucke.

Der Metalldruck, d. h. derjenige, wo statt des färbenden Zusatzes, den man zum gewöhnlichen Gebrauche dem Druckfirnisse gibt, eine metallische Substanz verwendet wird, ist in der neueren Zeit so sehr ein Modeartikel geworden, daß wir hier notwendig einige Worte darüber sagen müssen.

Um den Metalldruck auszuführen, hat man zwei Wege: man trägt das Metall entweder in Blattform oder in Pulverform auf.

a) Druck mit Metall in Blattform.

Fast in jeder Anstalt, wo Blattgold zur Verwendung kommt, beobachtet man ein anderes Verfahren, und doch gibt es eigentlich nur eine Manier die praktisch ist, wie ich nach langen Versuchen ausgefunden habe und zu Nutz und Frommen meiner Herren Kollegen hier mitteile. Ich will damit nicht bestreiten, daß auch andere in dieser Beziehung Erfolge erreicht haben, dennoch kann ich für meine Behauptung anführen, daß ich mehrere Jahre einer Druckerei vorgestanden, wo regelmäßig Arbeiten mit Blattgolddruck vorkamen und die Reisenden, die diesen Artikel vertraten, sich von mir Druckproben erbaten, da sie behaupteten, daß ich mit meinem Verfahren immer den besten Effekt bezüglich des schönen Glanzes und der schönen Farbe des Goldes erzielte, schreibt ein erfahrener Fachmann.

Ein Haupterfordernis ist: das Blattgold sehr fest mit dem Papier zu verbinden und dabei hohen Glanz und schöne Farbe erzielen.

Um das feste Haften des Blattgoldes zu ermöglichen, nehme man einen ziemlich starken Firnis, dem Kolophonium oder andere schwer trocknende Harze zugesetzt werden. Das Schwertrocknen hat zum Zweck, daß sein gezeichnete

Striche nicht schon eingetrocknet sind, bevor man das Blattgold auflegt; im anderen Falle würden sich diese Striche bei dem feinen Ausreiben mit Baumwolle schon wegwischen und vollends beim Prägen abgehen.

Es ist jedermann bekannt, daß man ungeleimtes Papier nicht zum Blattgolddruck benutzen kann, und ist die bessere oder schlechtere Leimung des Papieres ein ganz besonders zu beachtender Umstand, da der Firnis von dem schlechter geleimten Papier leicht eingesogen wird und die dem Firnis zugesetzte Farbe auf der Oberfläche zurückläßt. Farbe ist aber kein Bindemittel und muß demgemäß das Gold wieder loslassen. Glaceepapier, welches vorzugsweise oft zu diesem Zweck benutzt wird, ist namentlich mit großer Vorsicht vor dem Verbrauch zu prüfen, denn es kommt eine billige Sorte davon im Handel vor, die ganz ungeeignet ist, da wenige Stunden nach dem Druck das Blattgold mit Leichtigkeit fortgerieben werden kann, und ist deshalb eine solche Oekonomie eine wahre Verschwendung, wenn man hinterher die große Menge des Mißdruckes zu verwerfen hat. Der Grund davon ist die schlechte Leimung, der Bleiweißmasse, denn da das Bleiweiß schon an und für sich ein stark aufsaugender Körper ist, welcher den Firnis in sich aufnimmt, so muß desto sorgfältiger auf gute Leimung gesehen werden, wenn das Papier für diesen Zweck tauglich sein soll. Auch liegt bei diesen billigen Glaceepapieren noch der Umstand vor, daß zu deren Fabrikation mit Schwerspat (schwefelsaurer Baryt), verfälschtes Bleiweiß verwendet wird, welches infolge seiner chemischen Eigenschaften diesem Zwecke wenig entspricht, da es seiner schlechten Deckkraft wegen, gegenüber dem Bleiweiß, zu dick aufgetragen werden muß und deshalb noch größere Auffaugungsfähigkeit entwickelt. Dieser Umstand ist dann auch Ursache, daß die Masse beim Prägen abspringt. Ist die Leimung des Papieres gut, so braucht man nur eine dünne Firnisschicht, um das Gold haften zu lassen und das übt auf das Ansehen des Goldes einen wesentlichen Einfluß aus, da es seinen Glanz behält, wohingegen bei schlechter Leimung die Zeichnung beim Auftragen mit der untergedruckten Farbe überladen werden muß, damit das Gold haftet und diese Ueberladung nimmt dem Golde den Glanz, ungerechnet, daß auch der ganze Druck unansehnlich wird.

Ein weiterer, sehr zu berücksichtigender Grund für die gute Farbe des Goldes ist die untergedruckte Farbe, und da empfiehlt sich die grüne als zweckmäßig.

Weiß, Ockerbraun oder Gelb sind durchaus zu verwerfen, da das Gold dadurch monoton wird, das Grün hingegen hebt das Gold ungemein, indem es demselben ein pikantes Lustre verleiht.

Ganz zu verwerfen ist ein Zusatz zum Firnis von Wachs und Terpentin, die zusammengeschmolzen noch hier und da für diesen Zweck zur Verwendung kommen, da dieser Zusatz das Gold allmählich durchbringt und förmlich schwärzt.

Wenn der Abdruck auf vollkommen trockenes Papier gemacht ist, legt man das Blattgold oder Blattsilber, das man zuvor in der gehörigen Größe zugeschnitten hat, mit einer sogenannten Vergolderpalette von Marder- oder Dachshaaren — einem Anschießer — glatt und ohne Falten auf.

Um nun dieses Auflegen gehörig zu bewerkstelligen, werden die langen, zwischen zwei Karten befestigten Haare des Anschießers fettig gemacht, indem man damit bloß über die Wange oder die Haare fährt, worauf sie dann das Goldblättchen sehr wohl halten, um es auf den Abdruck zu legen, auf dem man es mittels eines kleinen Tampons von Baumwolle andrückt.

Um seines Gold zu trennen, schneidet man es auf einem ledernen, mit spanischer Kreide bestrichenen Kissen und mit einem fein polierten und eigens dazu bestimmten Messer, wobei die gleichen Handgriffe des Vergolders in Anwendung kommen.

Ebenso kann auch das feine Blattmetall unmittelbar mit den trocknen Fingern auf die bedruckte Stelle gelegt werden, wobei man jedoch die Hände durch öfteres Einreiben mit pulverisiertem Talkstein stets trocken erhalten muß, weil sonst die Goldblättchen an den Fingern hängen bleiben.

Sobald nun die Goldblätter auf den Abdruck aufgelegt sind, drückt man mit Watte die etwa noch nicht haftenden Stellen an und bedeckt das Ganze mit der Glanzseite eines gleichgroßen Glaccebogens, worauf es nebst dem Papier des folgenden Abzuges, unter den Reiber gebracht wird, um so das Gold auf dem Abdrucke zu befestigen.

Nachdem derselbe einige Tage getrocknet, kann dann mit Watte oder mit einem weichen Lappen (zusammengerollten Flanellstreifen) das überflüssige Gold von dem Papier abgeputzt, und der Abdruck satiniert werden. Die Putzlappen muß man aufbewahren, da dieselben das Gold in sich aufnehmen und später ausgebrannt werden können.

Was das unechte Gold betrifft, so schneidet man die Büchelchen mit den darin enthaltenen Blättern mit einer Schere durch; da dieses Gold sehr wohlfeil ist, braucht man nicht so sparsam damit umzugehen, wie mit dem feinen.

Ein wesentlicher Punkt aber zur Herstellung guter Vergoldungen ist, sich Metall zu verschaffen, das so dünn als möglich ist, und von dem alle Blätter von einerlei Nüance sind. Das schönste und dünnste unechte Gold hat die Benennung „Fein Planier-Metall" und wird zu Fürth bei Nürnberg gefertigt.

Bekanntlich geschieht die Erzeugung des Blattmetalls, indem man die Blätter desselben schlägt, welche sich dann nach allen Richtungen ausdehnen und hierbei eine beinahe runde unregelmäßige Form annehmen. Man muß sie dann beschneiden, um viereckige Blätter daraus zu machen und diese Abschnitzel sind es, welche man zur Bereitung der Bronze benutzt.

Dieselben werden mit Sirup oder einem anderen klebrigen Körper vermischt und wie Farben auf Steinen fein gerieben. Wenn man nun diese Blättchen in Staub verwandelt hat, bringt man diesen in ein reichlich mit Wasser versehenes Faß, um den klebrigen Körper zu entfernen, und leert dann das Gefäß in einen schiefen langen Kasten aus, in welchem sich ebenso viele Abteilungen befinden, als man Nummern oder verschiedene Qualitäten zu erhalten wünscht.

Der gröbste und schwerste Staub setzt sich in der ersten Abteilung nieder; der von zweiter Stärke in der zweiten und sofort bis zur letzten, welche den feinsten enthält, der am längsten im Wasser verweilt hat.

Der Druck mit Bronzen ist so einfach, daß darüber, namentlich nach dem Vorhergesagten, wenig mehr hinzugefügt zu werden braucht. Es ist hier auch nur der Zweck auf die Ursache hinzuweisen, weshalb zu einer und derselben Arbeit von verschiedenen Druckern oft so wesentlich verschiedene Quantitäten Bronze verbraucht werden, wozu noch kommt, daß bei dem größeren Verbrauch an Bronze die Abdrücke wesentlich weniger Glanz haben.

Der Grund davon liegt einfach darin, daß ein zu leichter Firnis zur Verwendung kommt, da sich derselbe dicker auf das Papier setzt und mehr Bronze in sich aufnimmt, diese aber an Glanz durch den Firnis und die demselben zugesetzte Farbe einbüßt. Verwendet man dagegen starken Firnis, so lagert nur eine dünne Schicht auf der Oberfläche, in welche die Bronze nicht eindringen kann und deshalb auch ihren eigenen Glanz nicht verliert.

b) Druck mit Metall in Pulverform.

Das zu diesem Zwecke verwendete Bronzepulver ist, wie bereits erwähnt, im Handel in verschiedenen Sorten zu beziehen. Man erspart jedoch nichts durch Anwendung der gröberen Sorten, weil sich nur die feinen Teile an die Abdrücke anhängen können, und alsdann ein starker Rest als Abfall übrig bleibt.

Man verwendet gewöhnlich die Sorte, welche ungefähr 27—30 Mark kostet, und zu feineren Arbeiten die zu 48—72 Mark das ½ kg.

Mit diesen Sorten, besonders mit der letzteren, werden die Abdrücke so schön wie mit feinem Gold, und da sie sehr fein sind, kann man mit einem Päckchen davon mehr Abdrücke vergolden als mit mehreren von der ordinären Qualität.

Ebenso gibt es auch verschiedene Nüancen von gelber Bronze, dunkelrote Bronze, grünliche und weiße Bronze. Die letztgenannte ist aber für den Steindruck unbrauchbar und man bedient sich statt derselben des echten, in Pulverform dargestellten Silbers, das man in den Bronzefabriken unter dem Namen echte Silberbronze (per ½ kg 120—132 Mark) erhält. Der Gebrauch dieser verschiedenen Arten von Metallstaub ist bei allen ganz gleich, ihre Unterdruckfarbe variiert nur nach dem Gebrauche.

Man druckt für gelbe und grüne Bronze mit Goldocker, für Kupfer mit Caput mortuum oder Zinnober, für Silber aber mit Grau oder mit reinem Firnis unter. Auch mit gewöhnlicher schwarzer Farbe wird sehr oft der Unterdruck gemacht, das Gold erscheint jedoch hierbei etwas getrübt.

Diese Farben werden mit strengem Firnis oder Kopalfirnis angerieben, oft auch etwas Vergolderleim zugesetzt, weil die Bronze um so besser auf dem Papier haftet, je strenger die Farbe ist. Grobkörnige Bronze ist jedoch hierzu nicht brauchbar, denn je feiner dieselbe ist, desto schöner deckt sie, und um so brillanter ist ihre Wirkung auf dem Papier.

Das Blattgold ist zwar noch schöner, jedoch schwieriger zu handhaben als die Bronze, und je glätter das Papier ist, auf welches man Golddruck macht, desto brillanter fällt dieser aus.

Auch hier wird auf trockenes Papier gedruckt und eine halbe Stunde, oder nach Umständen sogleich nach dem Drucke überfährt man alle zu bronzierenden Teile mit einem kleinen Ballen von Baumwolle oder bei kleinen Stellen mit dem Pinsel, welcher in den Metallstaub getaucht wurde*). Letzterer haftet, da das Papier trocken ist, nur an dem fetten Unterdruck, den Ueberfluß an Metallstaub aber fegt man mit einem Pinsel fort, wischt das Blatt leicht ab und satiniert es, nachdem die Unterdruckfarbe vollkommen

---

*) Sehr praktisch sind auch hierzu die von A. Waldow in Leipzig eingerichteten Bronzierapparate, bestehend aus einem mit Glanzpapier ausgeklebten Kasten und mehreren größern und kleinern, mit Samtplüsch überzogenen Brettchen mit Handgriff, nebst einem Blechkasten zum Aufbewahren der Bronze.

trocken geworden ist. Wollte man mit dem Satinieren zu schnell vor sich gehen, so würde das ganze Metall sich von dem Unterdrucke abheben und an der Walze oder Polierplatte hängen bleiben. Dasselbe gilt auch, wo man das Metall in Blättchen aufgelegt hat.

Wir ziehen das Ueberstreichen mit Wattebäuschchen vor. Bei dem Aufstreichen mit dem Pinsel fliegt zu viel Staub empor, welcher dann in der Luft schwebt und von den Arbeitern eingeatmet wird und da Bronzestaub giftiger Natur ist, da wo viel bronziert wird, zu verschiedenen Krankheiten Veranlassung gibt.

Einige haben versucht, den Metallstaub schon dem Firnisse beizusetzen; dabei aber ersäuft, nach dem Kunstausdrucke, das Metall, wird unscheinbar, und man muß den Firnis mit Metallstaub übersättigen, was viel kostet. In jedem Falle aber werden auf diese Weise die Steine verdorben.

Einzelne Buchstaben und Ornamente, welche vergoldet werden sollen, während der übrige Teil des Druckes eine andere Farbe hat, muß man mit einer Tonplatte eindrucken; sind die Sachen aber sehr unbedeutend, so kann man im Notfalle Gold, Bronze oder Silber in Blatt- oder Pulverform nach einer ausgeschnittenen Patrone auf den schwarzen Druck auftragen, wodurch zwar der Metallauftrag minder glänzend, aber viel Zeit erspart wird.

Um auf einen Ton oder Untergrund gedruckte Zeichnungen bronzieren zu können, ohne daß der Grund die Bronze annimmt, wird zum Druck der Farbe Bologneserkreide verwendet und soviel wie möglich leichterer Firnis. Nach dem Druck reibt man die Abdrücke mit Federweiß oder Speckstein so ab, daß sie Glanz bekommen. Der Bronze mischt man ebenfalls Federweiß bei, jedoch nur soviel, daß sie nicht den Glanz verliert. Sind die Abdrücke vor dem Bronzieren gut getrocknet, so wird der Ton oder Untergrund die Bronze nicht annehmen.

Sehr häufig wird die Bronze auf Glaceepapier gedruckt, welches derselben mehr Glanz verleiht, wobei gewöhnlich dann der Druckfarbe etwas Kopallack zugesetzt wird, wodurch die Bronze besser auf dem Papier haftet.

Desgleichen werden auch Adreß- und Visitenkarten mit Goldbronze auf sogenanntes Porzellanpapier gedruckt. Bei diesem Drucke muß man dieses Papier sehr leicht befeuchten, indem man dasselbe einige Augenblicke vor dem Abzuge zwischen leicht benetzte Papierbogen legt. Die darauf befindliche weiße Farbe saugt den Firnis sehr schnell ein und die Druckfarbe trocknet nach wenigen Augenblicken, so daß die Bronze sich nicht mehr anhängt. Man muß daher Sorge tragen, daß der Abdruck sogleich bronziert wird.

Die Unterdruckfarbe muß der Qualität des Papieres, dem Druckobjekte und der Bronze genau angepaßt sein, es ist darauf Rücksicht zu nehmen, ob seine Zeichnung und Flächen auf einer Platte vereint sind, oder ob sie getrennt vorkommen. Der Ton der Unterdruckfarbe muß dem der Bronze angepaßt sein, sonst verliert dieselbe ihren Farbenton oder wird trübe. Zu Goldorange nehme man Chromgelb, Terra di Siena und etwas Rot, bei Reichgold fällt das Rot weg; bei Englischgrün setze man ein wenig Blau zu, zur Kupferbronze nehme man Chromorange mit Rot, zur Silberbronze Weiß mit etwas Blau. Sehr gut ist es, wenn man der Farbe zur Hälfte Kremserweiß zusetzt, dasselbe besitzt eine überaus große Druckkraft und bindet den Kopal- und Goldfirnis vorzüglich.

Ein vollständig befriedigender Goldbruck, bei welchem das Metall im höchsten Glanze erscheint, läßt sich nur auf glaciertem und stark satiniertem Papier oder Karton ausführen. Ganz besonders eignen sich die farbigen Glaceepapiere für diese Druckart, auf ihnen tritt das Gold in seiner reinsten Brillanz hervor. Das Papier muß trocken gedruckt werden, weil, wenn es feucht ist, der Goldstaub sich auch an die unbedruckten Stellen anhängen und nicht mehr wegzubringen sein würde.

Wenn man nun diesen Goldbruck auf eine polierte Stahlplatte legt, und mit derselben unter Anwendung eines starken Drucks in eine Kupferdruckerpresse bringt, nimmt dieser dadurch einen sehr lebhaften Glanz an, besonders wenn man denselben mehrmals unter der Walze durchgehen läßt; zugleich erlangt das Porzellanpapier jenen schönen Glanz, der dasselbe von allen anderen satinierten und geglätteten Papieren unterscheidet.

Damit darf man jedoch, wie schon gesagt, nicht zu früh beginnen, weil wenn der Druck noch zu frisch ist, die Farbe mitsamt der Bronze sich vom Papier lösen und an der Stahlplatte hängen bleiben würde.

In Anstalten, in welchen sehr viel Bronzedruck vorkommt, geschieht das Bronzieren zweckmäßiger in eigens dazu konstruierten Maschinen, Fig. 12, Taf. 9. In diesen geht die Arbeit viel schneller von statten, es geht keine Bronze verloren und der Arbeiter ist vor dem Einatmen des schädlichen Staubes geschützt.

Der Druck mit Ultramarin.

Das Drucken mit in Firnis geriebenem Ultramarin statt des Puderns mit demselben, ist noch keine so allgemein bekannte Sache, und da die Nachteile beim Pudern so mannigfacher Art sind, als Tonsetzen auf dem Papier, ungenügendes Anhaften, namentlich auf Glaceepapier, schmutzige Hantierung ꝛc., so halte ich es der Mühe wert, die bezüglichen Erfahrungen eines Fachgenossen hier mitzuteilen.

Bei vielen ist der Versuch, direkt mit Ultramarin so kräftig und satt als gepudert zu drucken, wohl um deswillen wieder aufgegeben worden, weil sie die Farbe entweder nicht deckend erzielen konnten oder im anderen Falle dieselbe beim Drucken schmierte. Beides ist zu vermeiden, wenn man sich folgendermaßen damit einrichtet. Man nehme nicht zu starken Mittelfirnis, sättige denselben gehörig mit Ultramarin, und reibe das Gemenge gut durch, so wird es sich zeigen, daß je länger man reibt, die Farbe immer dünner wird. Wenn nun so damit gedruckt werden sollte, so würde die Farbe nicht decken, weshalb man abermals einen Zusatz von Ultramarin machen und die Masse durchreiben muß. Das ist so lange fortzusetzen, bis man auf diese Weise eine gute, feste Farbe (zu fest ist nicht nötig) erzielt hat. Die Farbe muß sich beim Durchreiben mit der Walze gut verteilen. Sehr zu empfehlen ist, daß man die Farbe etwa zwei Tage vor dem Verbrauch anreibt. Setzt man nun beim Fortdruck dem Wasser etwas Gummi zu und versichert man sich des Lappens und Schwammes, daß dieselben immer rein sind, dann hält sich auch der Stein rein.

Gemoorter Druck.

Auch den gemoorten Druck, wie man solchen auf Abreßkarten und gepreßten Papieren findet, kann man im Steindruck ausführen und darin wirklich sehr angenehme Effekte erreichen. Man muß sich zu diesem Zweck eine eigene Moireeplatte von Lithographiestein durch das sogenannte lithographische Tiefätzen erzeugen, und zwar folgendermaßen:

Man löse 30 g Gummi arabikum in soviel Wasser auf, daß man die Auflösung noch mit der Feder oder dem Pinsel auftragen kann. Zu dieser Mischung setze man 4 g saures, kleesaures Kali, das man in heißem Wasser auflöste, zu, und färbe das Ganze durch einen Zusatz von Karminrot. Mit dieser Reserve zeichne man den gewünschten Moor oder das geforderte Ornament auf den Stein. Nachdem alles vollständig trocken ist, überziehe man den ganzen Stein mit einem Aetzgrunde, den man sich bereitet, indem man in einem Marienbade (in einem Gefäße, das in heißem Sande oder einem Topfe mit kochendem Wasser steht) 120 g Jungfernwachs zergehen läßt, dazu 120 g Terpentinöl und einige Tropfen Olivenöl, unter beständigem Umrühren mengt und die Masse mit 16 g gebranntem und mit Terpentinöl dünn abgeriebenem Kienruß färbt. (Dieser Aetzgrund wird in glasierten irdenen, luftdicht verschlossenen Gefäßen aufbewahrt.) — Zum Auftrage des Aetzgrundes muß man den Stein wärmen und den Aetzgrund mit der Walze auftragen. Ist der Stein erkaltet und klebt der Aetzgrund nicht mehr, so macht man den Stein mit einem Schwamme naß und übergeht ihn von neuem mit der Walze. Die Feuchtigkeit löst den Gummi der Reserve auf, und die Walze nimmt ihn mit dem Grunde, der darüber liegt, fort. Auf diese Weise wiederholt man das Einwalzen und Anfeuchten, bis die ganze Zeichnung bloßgelegt ist und nur die unbezeichneten Stellen mit Aetzgrund bedeckt sind. Etwaige kleine Fehler im Aetzgrunde bessert man mit nachfolgender Mischung aus: Man schmelze über gelindem Holzfeuer 120 g Jungfernwachs, 60 g weiße, in dünne Blättchen geschnittene Seife und 90 g basisch kohlensaures Kali. Ist alles unter stetem Umrühren zergangen, so setze man 60 g gereinigtes Hammelfett und später in kleinen Mengen etwa $1/4$ kg Wasser zu, bedecke dann das Gefäß und lasse das Ganze kochen, worauf man es wieder aufdeckt und das Wasser abdampfen läßt, bis die Mischung wie Oel fließt. Dann setzt man 30 g kalcinierten Ruß, den man mit entfettetem Leinöl abgerieben hat, und später, in kleinen Mengen, 120 g Schellack in die Masse und erhitzt es, bis man es anzünden kann. Während des Brennens macht man die Tropfenprobe. Bricht der erkaltete Tropfen, so erstickt man die Flamme und gräbt das Gefäß in die Erde. Entzündet sich beim Oeffnen die Masse nicht wieder, so setzt man nach und nach 30 g Kopalfirnis zu, wärmt die Masse noch einmal an, und gießt sie dann in Formen. Zum Gebrauche wird sie wie lithographische Tinte aufgelöst.

Nachdem mit der vorstehend beschriebenen Tinte die etwaigen Fehler ausgebessert sind, hält man eine erwärmte Eisenplatte über den Stein, bis der Aetzgrund zu schwitzen beginnt, doch darf er durchaus nicht vollkommen flüssig werden, worauf man alles wieder kalt werden läßt, dann aber, wie beim Aetzen der radierten Steine, einen Wachsrand um die Platte macht, ein fünfgradiges Aetzwasser aufgießt und etwa 5—6 Minuten ätzt.

Sollen einige der Ornamente ꝛc. tiefer liegen, als andere oder vielmehr, will man mit zwei Gründen ätzen, so deckt man, nach geschehener erster Aetzung, und nachdem man den Stein durchaus gewaschen und getrocknet hat, die Gegenstände, welche im ersten Grunde bleiben sollen, mit der oben beschriebenen Tinte, die man jedoch sehr dick halten muß. In diese Decke kann man indessen mit einer scharfen Stahlnadel wieder Blattrippen, kleine Details ꝛc., welche im ersten Grunde hervortreten sollen, aufreißen. Ist alles dieses vollendet, so ätzt man auf dieselbe Weise, wie den ersten Grund, auch den zweiten, wäscht nachher den Stein mit Terpentingeist ganz rein und kann ihn dann als Musterplatte zum Drucke von erhabenen Ornamenten, Moirée ꝛc. verwenden, indem man ihn in die Presse bringt, darauf das zu druckende Blatt, eine Flanell- oder Moltondecke und dann erst den Rahmen legt, dem Ganzen aber einen sehr scharfen Druck gibt.

Will man mit den Verzierungen zugleich auch schwarze Zeichnungen oder Schriften drucken, so wasche man den bereits tiefgeätzten Stein mit einem leichten Aetzwasser von 2°, schleife mit feinem Bimsstein ganz leicht jede Fettspur ab und zeichne nach dem Austrocknen dasjenige, was man schwarz drucken will, mit der nachfolgend erwähnten Tinte auf die blanke Fläche des Steines, ätze ihn dann, wie gewöhnlich, und präpariere ihn, so kann man ihn einschwärzen und erhält eine schwarze Zeichnung und erhabene Ornamente. Die zum Einschwärzen verwendete Walze darf aber nicht zu weich und auch die angewandte Farbe muß hart sein.

Die eben erwähnte Tinte besteht aus 120 g Jungfernwachs, 60 g dünn geschnittener Seife, 60 g kohlensaurem Natron, 30 g gereinigtem Hammelfett, ¼ kg Wasser, 30 g mit entfettetem Leinöl abgeriebenem Kienruß, 90 g Schellack, 30 g Firnis, und wird genau, wie die bereits oben erwähnte, bereitet.

Will man statt einer Zeichnung, mit dem Muster nur einen Lokalton verbinden, so braucht man den Stein gar nicht weiter zu bearbeiten, sondern man läßt, sobald man den Aetzgrund mit Terpentingeist abgehoben hat, eine mit lithographischer Schwärze oder sonst einer andern beliebigen Farbe versehene Walze über die Platte ziehen; so erscheint dann die erhabene Zeichnung in zwei Gründen auf einem gefärbten Hintergrunde.

Indessen kommt dieser gemoorte Druck selten in Anwendung und ist nur ein Notbehelf, weil er mittels Metallplatten eleganter hergestellt werden kann.

Geprägter Blattmetalldruck.

Bekanntlich ist der lithographische Stein zum Blattmetalldruck viel geeigneter, als wie der Buch- und Kupferdruck, weil bei ersterem der Zeichnung ein stärkerer Farbeauftrag mittels der Walze gegeben werden kann, wodurch das auf den Abdruck gebrachte Blattmetall gehörig festgehalten; während für die dekorative Prägung dieses Metalldrucks eine Prägeplatte aus Messing, Kupfer oder Stahl am zweckdienlichsten ist, wobei das Prägen mittels der gewöhnlichen Prägepresse bewerkstelligt wird.

Auf dieser Platte wird die Zeichnung mittels Stichel und Stahlpunzen graviert und eingeschlagen, wobei besonders zu beachten, daß nicht zu große Tiefen entstehen, weil das Papier durch den Druck der Presse von der Matrize (erhabenen Kehrseite der Prägeplatte, deren Herstellung wir noch erläutern werden) zerrissen würde.

Um nun von der Zeichnung der Prägeplatte eine genaue Pause für die anzufertigende Steinzeichnung des Blattmetalldrucks zu erhalten, wird von ersterer ein Klatschdruck auf trocknem Papiere gemacht und dieser auf den Stein übergedruckt, wozu die obere Fläche der Prägeplatte einen Auftrag von leichter Gravierfarbe erhält, welche mit Terpentinöl und sehr viel Gummi vermengt, und mittels des Tampons oder des Handballens gleichmäßig aufgetupft, und nachdem alle Teile der Platte gehörig Farbe angenommen, ein Blatt Papier nebst einer weichen Pappe darauf gelegt, das Ganze unter starkem Drucke in die Prägepresse gebracht, sodann herausgenommen, und dieser erhaltene Klatschdruck sogleich auf einen frischgeschliffenen Stein, der bereits zu diesem Zweck in der Steindruckpresse genau eingerichtet wurde, aufgelegt und mittels des Durchziehens der Presse übergedruckt wird.

Klatschdrucke von Prägeplatten stellt man nach anderer Manier her, indem man dieselben mit fester Farbe einwalzt, auf Chromopapier, das man mit Speckstein und Baumwolle abreibt, poliert, den Abzug in der Prägepresse macht und diesen, wenn der Umriß der Prägung graviert werden soll, auf einen mit Rötel grundierten Stein überzieht.

Der fertige Umriß wird hochgeätzt um davon die Klatschdrucke zur Herstellung von Farbenplatten machen zu können.

Soll aber nach dem Klatschdruck mit der Feder gezeichnet werden, so staubt man den Abzug mit Rötel oder einer andern Staubfarbe ein und zieht denselben auf einen frisch geschliffenen Stein.

Die weißen Stellen (durch die Vertiefung der Prägeplatte hervorgehend) bestimmen somit die Zeichnung für den Stein, und werden mittels lithographischer Tusche ausgedeckt, während die schwarzen Stellen des Umdrucks beim Ätzen durch Reibung mit einem leichten wollenen Lappen entfernt werden.

Um aber dieser Reibung gehörig Widerstand leisten zu können, bedarf die hierzu verwendete Tusche eines entsprechenden Beisatzes von Wachs und Harz; auch ist es zweckdienlich, den etwa zu schwarz ausgefallenen Ueberdruck vor dem Ausdecken der Zeichnung durch ein leichtes Ueberschleifen mittels eines weichen Bimssteines etwas zu beseitigen.

Selbstverständlich darf auch bei diesem Ueberdruck kein gefeuchtetes Papier in Anwendung kommen, indem sonst ein Verziehen der Pause stattfindet, und sonach, besonders bei großen Formaten, die Lithographie zur Prägeplatte nicht mehr passen würde.

Zum Blattmetalldruck kann entweder die bereits schon beim Druck mit Metall in Blattform angegebene Druckfarbe verwendet, oder auch zum Golddruck eine weiße oder gelbe Farbe, oder Grün mit etwas Weiß gemischt, welches dem Golde ein schönes Lüstre gibt, gewählt, und mit starkem Firnis angerieben, und dieser Druckfarbe dann etwas Harz und Kopallack beigemischt werden.

Ebenso kann auch das Auflegen des Metalls, wie beim Metalldruck schon erwähnt, mittels eines Anschießers oder in folgender Weise mit freier Hand geschehen, wobei der Aufleger das Buch-Blattmetall an der Rückenseite mit dem Daumen und Zeigefinger der linken Hand festhält, während die drei anderen Finger dem Buche als Stütze dienen, und er mit dem Zeigefinger der rechten Hand das obere Papierblatt über beide Finger der linken Hand schiebend, mit der rechten das Buch so erfaßt, daß der Daumen nach oben zu liegt, wobei dasselbe durch einen darauf geübten Druck einen festen

Halt bekommt, und nun selbes mit dem Metallblatt auf den Abdruck gelegt wird.

Die Operation wiederholt sich so oft, bis der Abdruck ganz belegt ist, worauf man denselben mit Glaceepapier bedeckt, und beim nächsten Drucke wiederholt durch die Presse zieht.

Nach Vollendung einer Anzahl derartig gefertigter Abdrücke kann dann das Ausreiben des Goldes, wie beim Metalldruck schon erläutert, mittels eines wollenen Lappens oder Bürste geschehen, und den nächsten Tag zum Prägen geschritten werden.

Was nun die Prägepresse betrifft, so ist dieselbe je nach dem Bedarf von verschiedener Konstruktion (siehe Fig. 1—3, Taf. 11).

Die stärkste Kraft wird durch die Presse mit dem Balance (Fig. 1) hervorgebracht, dieselbe ist jedoch sehr kostspielig.

Häufig wird auch bei der Prägepresse eine der Buchdruckpresse entnommene Konstruktion angewendet, welche den meisten Anforderungen entspricht. Zu kleinen Gegenständen kann auch die sogenannte Vergolderpresse der Buchbinder benutzt werden (Fig. 2).

Für kleinere Sachen ist die Fig. 3 abgebildete Reliefpresse sehr zu empfehlen. Sie arbeitet außerordentlich leicht und dient zum Prägen von Monogrammen, zu Farbedruck und leichten Prägungen aller Art.

Bevor nun aber mit dem eigentlichen Prägen begonnen werden kann, ist die Matrize hierzu in folgender Weise herzustellen:

Nachdem die Prägeplatte mit arabischem Gummi auf der Presse befestigt und der Preßrahmen zur Aufnahme der Matrize mit festem Papier überzogen wurde, gießt man auf die befestigte Prägeplatte etwas Oel, verteilt selbes mit der Bürste und bedeckt diese Platte mit Seidenpapier, auf welches ein starker Brei von Gummi und Kreide gleichmäßig verbreitet wird, worauf dann ein Stück Pappe gelegt wird, dessen Rückseite zuvor mit etwas Gummi bestrichen wurde. Nun schließt man den Preßrahmen, führt den Karren ein und gibt eine leichte Spannung darauf, fährt, nachdem dieselbe einige Zeit gewirkt, wieder heraus, und hebt den Rahmen vorsichtig auf, damit die Matrize an demselben haften bleibe.

Die Matrize wird dann mittels einer Spirituslampe erwärmt, damit sie allmählich erhärtet, und mit etwas stärkerer Spannung noch einige Male unter die Presse gebracht, und diese Operation fortgesetzt, bis die Matrize so fest wie Stein ist.

Das Prägen kann dann in bekannter Weise beginnen, wobei die Punkturen der zu prägenden Abdrücke durchstochen und die kleinen Punkturlöcher in die erhabenen Stiftchen der Prägeplatte gebracht werden.

Um noch dem Papier einen Farbenton zu geben, wird häufig bei dieser Prägung die Platte mit Farbe überwalzt, ebenso wird auch dieselbe ohne Golddruck auf weißem Papier angewendet, welches Verfahren unter dem Namen Kameendruck bekannt ist, der bei gehöriger Auswahl geschmackvoller Muster den einfachen Buch- und Steindruck oft weit übertrifft.

Noch bleibt zu erwähnen, daß die Matrizen auch aus Oblaten und mit Leim bestrichenem Papier in ähnlicher Weise gefertigt und auch noch andere Stoffe z. B. Blei, Leder, Guttapercha hierzu verwendet werden.

Prägedruck vom Stein.

Da die Auslagen für Stanzen und Prägewerke sehr hohe sind, kam man auf die Idee, die Prägung vom Stein und auf der Handpresse zu bewerkstelligen. Man erhielt in verschiedenen Anstalten recht befriedigende Resultate und ist damit beschäftigt, das Verfahren weiter auszubilden.

Daß man sich die Prägeplatte durch Umdruck in jeder gewünschten Zahl vervielfältigen kann, ist ein ganz besonderer Vorteil desselben.

Von der Zeichnung, Gravur oder Feder, welche mit Rücksicht auf die Prägung ausgeführt ist, wird ein Umdruck gemacht und von diesem wieder ein Abklatsch. Dieses geschieht, weil der Gravur- oder Federabzug auf feuchtem Papier gemacht werden muß und sich beim Abklatsch verzieht.

Der Abklatsch wird auf einen dicken Stein gemacht und zwar so viele Male, als man ihn für die Auflage gebraucht.

Nach dem Zusammenstellen des Umdruckes sind die Zeichen oder Punkte zum Anlegen oder Aufstechen anzubringen.

Wenn der Abklatsch für das Gold gemacht ist, wird derselbe, wieder mit Rücksicht auf die Prägung, mit Tusche ausgefüllt, auch die Zeichen oder Punkte mit Tusche angegeben.

Nun wird der Umdruck recht kräftig eingewalzt, mit Kolophonium eingestaubt und hochgeätzt. Je nach der Art der Zeichnung geschieht dieses schwächer oder stärker, so daß dieselbe die genügende Höhe für die Prägung bekommt. Punkte und Zeichen müssen auch mit hochgeätzt und die Punkte zum Aufstechen gebohrt werden.

Der Golddruck wird wie schon früher beschrieben ausgeführt, wer mit Anlegen arbeitet muß das Papier vorher, je nach der Richtung, in der Mitte an den Rändern nach außen zu, liniieren.

Zum Prägen, welches nun folgt, müssen die Drucke ganz trocken sein. Ein Zinkblech von ungefähr 1 mm Stärke wird als Deckel verwendet und als Ersatz für die Matrize glattes Löschpapier ohne Knoten ꝛc.

Der Abdruck wird genau nach den Zeichen oder Punkturen und zwar mit der unbedruckten Seite auf den Stein, mehrere Bogen Löschpapier auf die bedruckte Seite, der Zinkdeckel oben darauf gelegt und mit starker Spannung durchgezogen. Je nach der Stärke, welche die Prägung bekommen soll, muß mehr oder weniger Löschpapier aufgelegt werden.

Hat man hartes Papier zu verarbeiten, feuchte man den Stein an und lege, wenn es die Drucke vertragen können, dieselben vor dem Prägen in den Keller, ohne sie jedoch nachher auszulegen.

Tonprägedruck.

Der Tonprägedruck verlangt eine ganz andere Behandlung, als der vorher erwähnte Prägedruck. Die Ausführung der Lithographie muß mit besonderer Aufmerksamkeit und Sorgfalt erfolgen, weil hier die Prägung nicht hoch, sondern tief geätzt wird. Nehmen wir eine Etikette an, deren Schrift und Randverzierung in Schwarz gedruckt werden, während der Ton die Prägung einer Schutzmarke, eines Fabrikzeichens ꝛc. erhalten soll. Die Schrift und der Rand werden graviert, von der Schutzmarke oder dem Fabrikzeichen jedoch nur die Umrisse angegeben. Von dieser Gravur stellt man so viel Umbrücke her als man nötig hat und bringt zugleich die nötigen Zeichen oder Punkte an.

Nun walzt man einen zweiten Stein mit Asphalt ein und macht, nachdem derselbe trocken geworden ist, einen Abklatsch von dem Umdrucke auf denselben. Zur besseren Sichtbarmachung der Zeichnung staubt man den Abklatsch mit Goldbronze ein und schabt, da wo kein Ton sein soll, den Asphalt weg.

Nach den vorgedruckten Umrissen wird die Schutzmarke ꝛc. so viele Male als sie auf den Stein gebracht wurde, in den Asphalt graviert und die Stellen, welche erhabener als die andern erscheinen sollen, etwas stärker gehalten. Der Asphalt an den Rändern wird nun weggeschliffen, die Platte leicht geätzt und ohne mit Terpentinöl auszuputzen, eingeschwärzt. Sollte an der Gravierung noch etwas mangelhaft sein, so kann man jetzt noch nachhelfen; ist dieses geschehen, so ätzt man nach und nach, schwärzt dabei den Stein gut und staubt ihn mit Kolophonium ein, damit die farbehaltigen Striche durch die Aetzung nicht leiden. Aus diesem Grunde ist es zweckmäßig, feinere Partien abzudecken.

Der zu prägende Gegenstand erscheint tiefgeätzt und der Ton hochgeätzt, damit jedoch der Ton nicht zu hoch wird, weicht man demselben beim Aetzen ein wenig aus.

Ausgeführtere Zeichnungen, deren öftere Gravierung in Asphalt viel Zeit erfordert, behandle man auf folgende Weise: Rand und Schrift werden, wenn wir die vorhin besprochene Etikette als Beispiel beibehalten, wie gewöhnlich graviert, die Schutzmarke oder das Fabrikzeichen jedoch entgegengesetzt, das heißt alles was geprägt erscheinen soll, muß auf dem Drucke schwarz bleiben. Von dieser Gravierung werden Umdrücke in der nötigen Anzahl und für die Touprägeplatte ein Kontraumdruck gemacht.

Ist derselbe gelungen, so wird die Zeichnung mit Kolophonium eingestaubt und nach und nach geätzt. Das Auftragen von Farbe und Kolophonium wird wiederholt und die feinen Partien, wenn nötig, abgedeckt, damit sie bei dem kräftigen Aetzen der Partien, welche hoch erscheinen sollen, nicht leiden. Nach dem Aetzen erscheint die Prägung tief und der Ton hoch.

Die Zeichnung, welche den Ton annehmen würde, weil sie in der Prägung hoch geblieben ist, wird mit Kleesalz entfernt, jedoch vorsichtig, damit nicht Flecken im Ton entstehen.

Zuerst wird die schwarze Platte gedruckt, sobann der Ton, beides auf die gewöhnliche Weise. Zum Prägen wird auf den Druck mehr oder weniger Löschpapier aufgelegt, je nach der Höhe, welche die Prägung erhalten soll. Tritt dieselbe nicht stark genug hervor, so legt man auf den Druck zu unterst einen angefeuchteten Bogen.

Druck von Wasserzeichen.

Die Schrift oder Zeichnung, welche als Wasserdruck erscheinen soll, wird auf den Stein hochgeätzt und zwar 1—2 mm hoch. Auf den Stein wird ein stärkerer Bogen aufgeklebt, um die scharfen Kanten zu mildern.

Das Papier, oder die Drucke, werden etwas gefeuchtet und je nach der Höhe der Schrift ein oder mehrere Bogen darauf und darüber eine weiche Oberlage gelegt und mit einem Zinkdeckel durchgezogen. Die fertigen

Drucke müssen sehr gut getrocknet sein, damit die Farbe nicht auf der Rückseite abzieht.

Wird das Papier vor dem Bedrucken mit einem Wasserzeichen versehen, so muß dieses recht kräftig ausgeführt werden, weil es leicht möglich ist, daß sich dasselbe durch den nachfolgenden Druck verliert.

Ein zweites Verfahren einen guten Wasserdruck herzustellen, besteht darin, daß man eine Zinkplatte hochätzt. Die Herstellung der Wasserzeichen geschieht auf einer Satiniermaschine. Das Papier wird unmittelbar auf die Zinkplatte gelegt, hierauf eine Filz- oder Flanelltafel und darüber ein Glanzdeckel und dann das Ganze unter nicht zu starker Spannung durch die Satiniermaschine gezogen.

Von der Behandlung der gezeichneten Steine nach vollendetem Abbrucke.

Wir haben bereits früher bemerkt, daß man, sobald man den Druck eines Steines auch nur für Stunden unterbricht, nie versäumen soll, denselben mit einer dünnen Gummischicht zu überziehen, indem, wenn man etwa diese Vorsicht versäumen würde, dies für den Stein die nachteiligsten Folgen nach sich ziehen müßte. Von noch viel größerer Bedeutsamkeit wird diese Vorsicht, sobald man den Stein nicht ganz ausdrucken, sondern nur eine mehr oder weniger bedeutende Auflage abziehen und dann den Druck für längere Zeit unterbrechen will. Wollte man in solchem Falle den Stein ohne alle weitere Vorsicht stehen lassen, oder ihn etwa nur mit einer Gummischicht überziehen, so würde die atmosphärische Luft die auf dem Steine befindliche Druckfarbe sehr bald dergestalt austrocknen, daß, wenn man später den Druck wieder aufnehmen wollte, jene Farbe alle ihre Fettigkeit verloren haben und unfähig geworden sein würde, von neuem Farbe anzunehmen. Es wird dann auch unmöglich werden, die alte Farbenschicht mit Terpentinöl wieder abzuheben, und man würde nur in sehr seltenen Fällen von solchen Steinen Abdrücke erhalten, welche nur einigermaßen erträglich wären. In den meisten Fällen aber werden die Abdrücke grau und fleckig erscheinen.

Um diesen Uebelständen zu entgehen, haben die Lithographen verschiedene Mittel ergriffen. Das einfachste und am meisten gebräuchliche Verfahren ist folgendes:

Sobald die erforderliche Auflage von einem Steine ausgedruckt und man willens ist, den Stein für den ferneren Druck aufzubewahren, feuchtet man denselben nach dem letzten Abzuge an, schwärzt ihn vollkommen gut ein und untersucht genau, ob derselbe irgendwo Schmutz angenommen hat. Ist dies der Fall, so reinigt man ihn durch Radieren, Schleifen mit Bimsstein oder wie immer, ätzt und präpariert die gereinigten Stellen, und nachdem die Gummischicht etwas angezogen hat, nimmt man die ganze Zeichnung mit verdünntem Terpentinöl vom Steine, so daß derselbe ganz rein ist. Alsdann schwärzt man ihn mit einer der im achten Kapitel angegebenen Konservierfarben ein und trägt Sorge, alle Punkte der Zeichnung genau auf den gehörigen Grad von Schwärze zu bringen, so daß dieselbe den gewünschten Effekt im Abdrucke hervorbringen würde. Anfangs, wenn diese mit Terpentinöl aufgelöste Farbe noch weich ist, füllt sie die Platte, aber während des Walzens verdunstet immer mehr Terpentinöl, die Farbe wird fester und es ist Sache des Druckers im rechten Zeitpunkt aufzuhören, denn wenn man zu lange walzt, so nimmt die Walze wieder zu viel Farbe mit fort. Hat nun die Zeichnung ihre vollkommen richtige Haltung, so läßt man den Stein etliche Stunden ruhen und überzieht ihn dann mit mit einer dünnen Schicht aufgelöstem Gummi arabikum, dem man etwa ¼ seines Gewichts Kandiszucker, oder ebenso viel Melasse oder Sirup zugesetzt hat, um das Reißen der Gummischicht zu verhindern. Man sehe sich ja vor, die Gummilage nicht allzudick zu machen, weil man dadurch dem Steine großen Nachteil zufügen würde. Die Aufbewahrung muß an einem trockenem, schattigen Orte geschehen.

Selbstverständlich werden auch die chromolithographischen Platten nach beendigtem Drucke in derselben Weise mit Konservierfarbe eingewalzt, beklebt, beschrieben und in das Steinregal gebracht.

Auf den Umstand, daß der oleomargarinsaure Kalk, aus welchem die lithographische Zeichnung besteht, beim Zutritte der atmosphärischen Luft, aus letzterer die Kohlensäure anzieht und dadurch die Eigenschaft, fette Körper anzuziehen, verliert, hat Lemercier sein Verfahren, die Steine zu konservieren, gegründet. Er bringt dieselben nämlich außer Kontakt mit der Luft, indem er den ausgesetzten Stein nicht gummiert, sondern denselben mit einer Masse einwalzt, welche er durch Zusammenschmelzen von Harzen bereitet*).

Soll der Stein späterhin wieder angedruckt werden, so muß im ersten Falle zuerst die Gummischicht behutsam entfernt, dann die Konserviertinte mit verdünntem Terpentinöl abgehoben und die Zeichnung neu mit gewöhnlicher Druckfarbe eingewalzt werden, worauf man ungehindert weiter drucken kann.

Im zweiten Falle hebt man die schützende Decke mit reinem Terpentinöl ab und kann dann den Stein feuchten und frisch mit gewöhnlicher Druckfarbe einwalzen. Darauf gibt man ihm eine Gummischicht, läßt dieselbe eine Stunde darauf und schreitet dann zum Weiterdrucke.

Gänzlich ausgedruckte Steine kommen zum Abschleifen oder sonstigen Reinigen in die Steinschleiferei.

Im allgemeinen findet bei Konservierung des gedruckten Steines, stets das erstere Verfahren mittels des Gummiüberzuges statt.

Wesentlich hierbei ist, daß der Aufbewahrungsort nicht zu feucht sei, weil hierdurch das Gummi nach einiger Zeit schimmelig wird und Flecken entstehen, welche nachteilig für die Zeichnung des Steines sind.

Bei nicht hinreichend trockenen Lokalen müssen daher die Steinstellen von der Mauer und vom Boden entfern gehalten bleiben, damit sie ringsherum von der Luft bestrichen werden können. Auch ist es notwendig, die Steine öfters zu untersuchen, und bei dem geringsten Anzeichen von Schimmel das Gummi und selbst die Konservierfarbe zu erneuern.

---

*) Die Bestandteile dieser Masse, welche zur Aufbewahrung der Steine in feuchten Lokalen dienlich, sind im elften Kapitel angegeben.

Elftes Kapitel.

Von den möglichen Kalamitäten einer Steinzeichnung während der Arbeit und des Abdrucks und von den dagegen zu ergreifenden Maßregeln.

Je verschiedenartiger die Geschäfte irgend einer Fabrik oder eines Gewerbes sind, desto häufiger und verschiedenartiger sind auch die Fehler und Irrtümer, die dabei vorkommen können. Die Lithographie ist eins von denjenigen Geschäften, zu dessen Führung verschiedene Kenntnisse und Wissenschaften nötig sind, daher auch bei ihrem Betriebe gar verschiedene Irrtümer und Fehler vorfallen.

Entweder die Künstler oder die Arbeiter haben etwas übersehen, oder nicht genau die Vorschriften beobachtet u. s. f. und also gefehlt, oder es sind durch Zufall, Nachlässigkeit u. s. w. Stoffe zusammengekommen, die widrig aufeinander wirken und somit das Gelingen des Ganzen hindern, oder doch wenigstens verzögern und erschweren. Alle solche Ungehörigkeiten äußern nachteilige Einflüsse auf die Steinzeichnung und können deren ganzes Verderben herbeiführen oder doch mindestens die erhaltenen Abdrücke verschlechtern; darum sollen hier die gewöhnlich vorkommenden Fehler und die dabei nötigen Korrekturen und Reparaturen namentlich aufgeführt werden.

Die vorkommenden Unzulänglichkeiten und die dadurch nötig werdenden Korrekturen und Reparaturen sind solche, welche

A. während der Zeichnung und zwar vor dem Aetzen gemacht werden;
B. solche, welche nach dem Aetzen gemacht werden, und
C. welche erst durch verschiedene widrige Zufälle während des Druckes herbeigeführt werden.

Wir wollen jetzt nacheinander von den verschiedenen Arten der Korrekturen sprechen, und zwar:

A. **Von den Korrekturen, welche während der Zeichnung, und zwar noch vor dem Aetzen, gemacht werden.**

Diese Art ist die leichteste und besteht darin, Schreib- oder Zeichenfehler, die man noch während der Arbeit oder bei ihrer Vollendung bemerkt, sogleich zu verbessern. Man kann dies chemisch oder mechanisch, oder auch auf beide Weisen zusammen bewirken, indem man die Fehlstriche, ganze Worte, Linien, Partien ꝛc. entweder mit Terpentinöl oder Benzin wegwischt, also die Wirkung der chemischen Tusche oder Kreide auf die Steinplatte durch dieses flüchtige Oel aufhebt; oder mit mechanischen Mitteln durch das Abschaben, Abreiben, Radieren u. s. w. mittels Schaber, Nadeln, Sand, Bimsstein ꝛc. wegnimmt, oder bei den vertieften Manieren ausschabt, daß sie mit der Fläche des Steines fast gleich werden und nur ja keine scharfen Ränder bleiben, an die sich die Farbe dann anhängen und Schmutz verursachen würde. Bei beiden kann man dann, wenn es nötig ist, etwas anderes dafür hinsetzen. Auf beide Weisen zusammen geschieht dies Korrigieren hauptsächlich bei den vertieften Manieren, bei denen man die Fehlstellen wegschabt, die bloßgelegte Stelle dann mit etwas Scheidewasser und Gummi oder mit Phosphorsäure neuerdings präpariert, mit dem chemischen Deckmittel, dem Aetzgrunde oder der Gummidecke bestreicht und das Bessere nach Erfordernis hinsetzt.

Da bei der Kreidemanier durch das Schaben das Korn zerstört würde, so muß man daher nur Terpentinöl gebrauchen, oder die Stelle mit trocknem Sande abreiben, oder auch wohl die Nadel zum Durchstechen oder Wegnehmen einzelner Punkte u. dergl. anwenden.

Auch bei den vertieften Manieren hat man wohl zu merken, daß man die mechanischen Verbesserungsmittel nicht etwa zu tief auf die Platte einwirken läßt, und man thut bei gravierten Steinen immer besser, sich durchaus vor dem Schaben zu hüten, indem man, sobald nur einigermaßen tief gearbeitet wurde, notgedrungen mit dem Schaber so tief gehen muß, daß späterhin der Reiber jene Stellen nicht mehr trifft, die Korrekturen also statt schwarz, entweder gar nicht oder nur grau im Druck erscheinen.

Man wird bei solchen Korrekturen in den meisten Fällen seinen Zweck am besten erreichen, wenn man die fehlerhafte Stelle mit Gallus- oder Phosphorsäure, welcher man etwas rote Farbe zusetzt, überstreicht und dann die neue Arbeit an derselben Stelle wieder vornimmt.

Wäre man dennoch genötigt gewesen, zu radieren und zu tief gekommen, so daß die betreffende Stelle zu licht im Druck käme, so muß man sich nach Art der Buchdrucker und Xylographen helfen. Man muß nämlich in der Lederfläche des Deckrahmens die Stelle aufsuchen, welche unmittelbar über dem radierten Orte liegt, und auf dieselbe mit Gummi ein Blättchen Papier von der Größe der radierten Stelle aufkleben. Man gelangt am leichtesten dazu, wenn man den Stein mit einem reinen Blatt Makulatur bedeckt, das auf der Rückseite mit Gummi bestrichene Papierblättchen, die Fahne, mit der Gummischicht nach oben, auf den gehörigen Ort legt, den Deckrahmen zuschlägt und den Stein trocken durch die Presse gehen läßt, wodurch sich die Fahne an das Leder anheftet. Reicht eine Papierdicke nicht aus, so muß man mehrere nehmen. Ist der Stein ausgedruckt, so kann man die Fahne leicht wieder abnehmen und das Leder mit dem Schwamme reinigen. Das Leder erleidet durch solche Fahnen keinen Schaden, da sich dieselben in die Höhlung des Steins legen, also keine ungleiche Pressung entsteht.

Da jetzt die meisten Arbeiten umgedruckt werden, macht man die Korrekturen nicht mehr am Original, sondern lithographiert die betreffende Stelle, mit den nötigen Aenderungen oder Verbesserungen, noch einmal auf einen andern Stein und läßt den Abdruck davon vom Drucker auf dem Umdruck aufnadeln. Auf diese Weise kann man die umfangreichsten Korrekturen ausführen, ohne daß dieselben dem Aussehen des Druckes schaden, oder dem Drucker Schwierigkeiten bereiten.

B. Von den Korrekturen nach der Aetzung.

Diese sind bedeutend schwieriger und überhaupt zweierlei Art, nämlich: entweder hat man

a) früher nicht bemerkte Zeichenfehler zu verbessern oder
b) Fehler, die durch das Aetzen entstanden, wieder gut zu machen.

In beiden Fällen muß die Zeichnung erst eingeschwärzt und mit dünner Gummiauflösung gedeckt werden, dann sind, was die früher nicht bemerkten Zeichenfehler anbelangt, überflüssige Punkte u. dergl. nur wegzuschaben, die geschabte Stelle mit etwas Scheidewasser zu betupfen und Gummi darüber zu bringen. Linien, ganze Worte u. dergl., wenn andere dafür hin sollen, müssen ebenfalls wegradiert oder mit einem kleinen Stückchen Bimsstein weggeschliffen werden. Ist hierbei die Stelle schon bedeutend, so überstreicht man sie mit etwas Seifenauflösung, Terpentinöl oder Benzin, zeichnet die Verbesserung mit der chemischen Tinte darauf und ätzt und präpariert sie mit einem Pinsel oder Schwämmchen, nur vorsichtig, daß die andern schon eingeschwärzten Stellen davon nicht berührt werden, weil die Firnisfarbe dem Aetzmittel nicht widersteht und dadurch leicht ganze Stellen verloren gehen könnten. Bei den vertieften Manieren aber hat man die falschen Striche ebenfalls fein auszuschaben, die ausgeschabten Stellen zu ätzen und nun das bessere an dieselbe Stelle zu gravieren oder zu schreiben, oder auch die Stelle mit Aetzgrund zu decken, das richtige in denselben zu rabieren und dann zu ätzen.

Handelt es sich bei Kreidezeichnungen bloß um das Entfernen einzelner Striche, so können diese mit der Nadel durchstochen, dann diese Stelle mit Phosphorsäure geätzt und gummiert werden; sind jedoch größere Stellen wegzunehmen und wieder zu ergänzen, so müssen dieselben mit trocknem oder mit befeuchtetem Sande mittels eines kleinen Glasläufers weggebracht, und die Platte mit Wasser abgewaschen werden; worauf man, nachdem der Stein getrocknet, das Zeichnen mittels fetter Kreide vornimmt, und diese Stellen mit Phosphorsäure ätzt und dann gummiert.

Selbstverständlich ist diese Operation nur bei Detailzeichnungen anwendbar, wobei man auch vor dem Nachzeichnen den Stein, mit Ausnahme der zu ergänzenden Stellen, mit Gummi bedeckt.

Bei einer Decktuscharbeit, bei welcher die Schrift rc. weiß erscheint, muß man den Fehler, wenn der Stein schon eingeschwärzt oder mit Terpentintusche überzogen ist, mit einem Teil seiner schwarzen Umgebung, so flach als möglich wegschaben und mit Bimsstein trocken nachschleifen. Nachdem dies geschehen, schreibt oder zeichnet man die Stelle wieder mit Decktusche und überstreicht dieselbe nach dem Trocknen mit in Terpentinöl aufgelöster Fetttusche, worauf wieder in gewöhnlicher Weise eingeschwärzt wird. Ist der Stein noch nicht eingeschwärzt oder mit Terpentintusche überdeckt, so schabt man die fehlerhafte Stelle mit dem Schaber flach weg, jedoch so, daß auch etwas vom Stein fortgenommen wird, weil dieser, da wo Decktusche war, geätzt ist, und zeichnet oder schreibt die Verbesserung mit Decktusche neu hin.

Die Fehler aber, welche durch das Ätzen entstanden, d. h. wenn die Zeichnung, wie man sagt, verätzt ist, wieder gut zu machen, ist noch schwieriger. Man muß dabei zuerst untersuchen, ob die verätzten Striche wirklich ganz verschwunden sind, oder ob sie nur nicht mit abdrucken. Im ersten Falle ist bei Federzeichnungen nichts anderes zu thun, als die Stellen durch den Schaber wund zu machen, oder noch besser die Gummipräparatur aufzuheben, und das Fehlende mit der chemischen Tinte nachzuzeichnen und einzeln, wie bereits beschrieben, nachzuätzen.

Sind aber die Stellen noch zu sehen, nehmen jedoch keine Farbe an, drucken sich also auch nicht ab, so muß man erst versuchen, ob weichere Farbe hilft, dann die Stellen mit Unschlitt und Schwärze oder der früher schon angegebenen Annehmefarbe anzureiben suchen, wozu auch die bereits erwähnte Konservationsfarbe benutzt werden kann. Hilft auch dies noch nicht und der verätzten Stellen sind mehrere, so ist es am zweckdienlichsten, die Platte mit Konservationsfarbe zu versehen, und nachdem diese gehörig erhärtet ist, die Gummipräparatur der ganzen Platte aufzuheben, worauf dann das Nachzeichnen vorgenommen, die Platte schwach geätzt und gummiert wird.

Letzteres Verfahren ist auch für Kreidezeichnungen anwendbar, und es ist gut, bei derartig nachgezeichneten Platten nach dem Abwaschen des Gummi, dieselben mit Konservationsfarbe, jedoch bloß drei- bis viermal zu überwalzen, damit das in dieser Farbe enthaltene Terpentinöl nicht Zeit hat, die Zeichnung aufzulösen, und dennoch auf jeden Punkt der Zeichnung eine Quantität fette Farbe gebracht wird, welche zur Befestigung der Nachbesserung beiträgt.

Nachdem die fette Farbe erhärtet ist, gummiert man die Platte wieder und kann nach einigen Tagen den Abzug vornehmen.

Zur Aufhebung der Gummipräparatur sind die Pflanzensäuren mehr geeignet als die Mineralsäuren, weil letztere, besonders die Salz- und Salpetersäure, selbst wenn sie sehr mit Wasser verdünnt sind, die Zeichnungen auf Stein sehr empfindlich angreifen. Wenn man gezeichnete Steine mit diesen Säuren waschen wollte, würde man unvermeidlich die feinsten Tinten entfernen und der ganzen Platte ein grobes Korn beibringen.

Da die Pflanzensäuren weniger ätzend sind und doch dieselbe Wirkung auf die Gummischicht äußern können, so versuchte man die Essigsäure. Dieses Mittel erwies sich ziemlich gut, jedoch hat man bemerkt, daß die Abdrücke, nachdem die Steine mit dieser Säure gewaschen worden waren, zu schwarz ausfielen und daß man die Zeichnung nach der Nachbesserung von neuem ätzen mußte, wodurch dieselbe notwendig an Schönheit verlor.

Ganz dasselbe Resultat wie die Essigsäure mit ihren Nachteilen, ergab auch die Anwendung des Alauns, wobei die Steine zum Zwecke der Nachbesserung mit Wasser gewaschen wurden, welches mit soviel Alaun gesättigt ist, als es in kaltem Zustande auflösen kann.

Unverkennbar hat bis jetzt der Zitronensaft sich am besten bewährt, welcher, wegen der darin enthaltenen Zitronensäure, die Gummischicht wegnimmt, ohne der Zeichnung zu schaden, so daß man nach der Nachbesserung den Stein bloß zu gummieren braucht, um den Abzug zu beginnen.

Zu diesem Zwecke werden einige Zitronen ausgepreßt, der gewonnene Saft mit ungefähr viermal soviel Wasser vermischt und das Ganze in einer wohlverschlossenen Flasche aufbewahrt. Man muß sogar, um die Entstehung einer auf der Oberfläche durch den Schimmel sich bildenden Haut zu verhindern, die Flasche legen oder umgekehrt aufstellen, damit der Pfropf von der Flüssigkeit bedeckt ist*).

Zu demselben Resultat würde man auch gelangen, wenn man 15 g Zitronensäure, in ca. 150 g Wasser aufgelöst, anwendete. Dies wäre ein Erspanis und man kann sich diese kristallisierte Säure stets mit leichter Mühe fertig bereitet ankaufen. Ziemlich dasselbe Resultat erreicht man mit Weinsteinsäure.

Wenn man einen Stein zur Nachbesserung vorbereiten will, muß er schon mehrere Tage unter fetter Farbe gestanden haben, damit dieser recht trocken ist und bei dem Reiben keine Sudelei veranlaßt.

Zuerst wäscht man das Gummi mit Wasser so vollständig als möglich ab, dann taucht man einen feinen Schwamm in die Mischung von Zitronensaft und Wasser und bestreicht damit die Platte nach allen Richtungen hin, wobei man nur ganz leicht aufdrückt, um die Zeichnung nicht zu beschädigen.

Wenn man nun den Stein ungefähr eine Minute lang eingerieben hat, wird der Schwamm ausgedrückt, und soviel als möglich die auf dem Stein befindliche Flüssigkeit entfernt. Diese Operation wird dann mit einer neuen Portion gemischten Zitronensaftes wiederholt. Wenn man nach der zweiten Abspülung die Flüssigkeit mit dem Schwamme soviel als möglich von dem Steine wieder entfernt hat, wischt man denselben mit einem sehr feinen, leinenen Tuche ab, oder legt einige Bogen Seidenpapier darauf und drückt sie mit der Hand an, um den Stein zu trocknen und keinen Tropfen Wasser darauf zu lassen, welcher noch einige Gummiteilchen enthalten könnte.

Man hat zwar kein sicheres Mittel, sich zu überzeugen, ob die Operation ihren Zweck erfüllt hat und ob man darauf rechnen kann, daß die Nachbesserungen nicht versagen; dennoch wird aber der mit dieser Arbeit vertraut gewordene gewissermaßen an der Reibung des Schwammes fühlen, wenn das Gummi entfernt ist; denn so lange der Stein noch nicht bloßgelegt ist, gleitet der Schwamm leicht darüber hin, während er im entgegengesetzten Falle eine kleine Reibung verursacht. Auch die weißliche Farbe, welche der Stein nach dieser Abwaschung annimmt, ist ein Zeichen, daß die Entfernung der Gummischicht mehr oder weniger geglückt ist.

Immerhin sind aber diese Anzeichen nicht genügend, und man hat keine andere Garantie als die Sorgfalt und Regelmäßigkeit, mit welcher man die Operation ausführt. In keinem Falle wird aber durch dieses Verfahren die ursprüngliche Zeichnung des Steins geschädigt.

Wenn der Stein trocken ist, zeichnet man mit der Kreide darauf, wie auf einen neuen Stein. Nach beendigter Nachbesserung haucht man auf den Stein, damit er leicht befeuchtet wird. Dieses Verfahren hat den Zweck, die Kreide ein wenig aufzulösen, welche durch ihr Alkali auf das wenige von der Gummimasse wirkt, welches zurückgeblieben sein könnte, es durchdringt und sich in dem Stein festsetzt.

Man muß sich aber hüten, so lange darauf zu blasen, daß die Feuchtigkeit sich in kleine Tropfen zusammenzieht, weil sonst die Kreide schmelzen

---

*) Der im Handel vorkommende Zitronensaft ist zwar billiger, aber oft mit Weinessig oder Schwefelsäure verfälscht, und deshalb weniger hierzu tauglich.

und in die Breite fließen würde, wodurch leicht Verschmierungen entstehen. Es ist besser, die Operation mehrmals zu wiederholen und den Stein jedesmal nur leicht zu befeuchten.

Wenn der Stein vollkommen trocken ist, streicht man Gummi darüber und läßt es trocknen. Nur dann, wenn man gewisse Stellen mit der Spitze oder dem Schaber weggenommen hat, ist es nötig, diese Stellen nochmals zu ätzen.

Einige Zeit nach dieser Operation wäscht man das Gummi ab und walzt bloß drei- oder viermal mit fetter Farbe darüber, damit der in dieser Farbe enthaltene Terpentingeist nicht Zeit hat, die Zeichnung aufzulösen. Es braucht sich nur auf jedem Punkte eine Quantität Farbe niederzulassen, welche bis in den Stein eindringt und zur Befestigung der Nachbesserung beiträgt. Wenn die fette Farbe trocken ist, gummiert man ihn wiederum und nach einem Tag Ruhe kann man den Abzug anfangen.

Wenn man nur Probeabdrücke von einem Steine gemacht hat, und ihn, nachdem man ihn unter fette Farbe gestellt, nicht gummiert, so stehen die Nachbesserungen, die man darauf macht, fast immer, ohne daß man Ursache hätte, ihn mit Zitronensaft zu waschen. Aber immer ist es gut, darauf zu hauchen und ihn mit fetter Farbe zu überwalzen. Weit schwieriger sind aber die Nachbesserungen der Steine, von denen schon viele Abzüge gemacht wurden.

Da auch das salpetersaure Eisen die auf dem Stein befindliche Gummischicht zerstört, und daselbst Spuren zurückläßt, welche die Schwärze annehmen, als ob sie mit lithographischer Tinte gemacht worden wären, so benutzte man diese Eigenschaft, und löste, um die Steine zur Nachbesserung zu bereiten, zu diesem Ende in

1 l Wasser,
1½ g salpetersaures Eisen*),
1½ g Salpetersäure und
1½ g Essigsäure auf.

Zuerst entfernt man das Gummi und wäscht dann den Stein mit einem in diese Mischung getauchten Schwamm, dann spült man ihn mit Wasser ab und trocknet ihn mit einem feinen leinenen Tuche. Wenn die Nachbesserung bewerkstelligt ist, wird der Stein durch Daraufhauchen leicht befeuchtet, und dann mit einer Mischung von Wasser und Salpetersäure geätzt, welche einen Grad am Aräometer hält.

In England waschen verschiedene Lithographen die zu Krayonzeichnungen bestimmten Steine mit einer, der soeben beschriebenen analogen, Mischung, welche sie faising nennen. So vorgerichtete Steine sollen viele Abzüge aushalten und die weißen Stellen weniger die Schwärze annehmen, als die auf gewöhnliche Weise zubereiteten. Was wird aber dann aus den geschabten Stellen? Diese müssen doch wohl eine leichte Säuerung erhalten.

Dieses faising hat auch noch eine andere Eigenschaft, welche darin besteht, daß auf den gekörnten Steinen, die damit gewaschen worden sind, die Tinte nicht breit laufen kann, so daß man mit der Feder ebenso feine Linien darauf machen kann, als auf Steinen, die für dieses Genre besonders zu-

---

*) Das salpetersaure Eisen gewinnt man, indem man Nägel oder andere eiserne Gegenstände in Salpetersäure legt, bis diese gesättigt ist und die Gegenstände nicht mehr rötet.

gerichtet worden sind. Man könnte demnach guten Gebrauch davon machen, wenn man auf einer Stelle Feder- und Krayonarbeit verbinden wollte.

Gehen wir auf die früher bereits gegebene Theorie der Lithographie über, so sehen wir, daß durch die Zeichnung, Aetzung und Eingummierung des Steins sich mehrere chemische Verbindungen gestaltet haben, nämlich eine dünne Schicht oleomargarinsauren Kalkes an den bezeichneten und eine dem Fette undurchdringliche Schicht salpetersauren Kalkes an den unbezeichneten Stellen. Sollen nun Korrekturen gemacht werden, so wird immer der Fall eintreten müssen, daß bezeichnete Stellen späterhin weiß, unbezeichnete aber bezeichnet erscheinen sollen. Um daher freies Spiel zu haben, muß man den Stein wieder auf seinen natürlichen Zustand, den er vor der Zeichnung und Aetzung hatte, zurückführen.

Dieses Verfahren, welches Chevalier und Langlumé schon vor vielen Jahren empfohlen haben, besteht darin, daß man die zu vertilgenden Stellen mit einer konzentrierten kaustischen Lauge bestreicht, welche aus 3 Teilen Wasser und 1 Teil kaustischer Pottasche gebildet ist. Man läßt diese Lauge zwei oder drei Stunden lang auf der Stelle stehen, um derselben Zeit zu lassen, in die Poren des Steins einzudringen und die unlösliche Kalkseife, welche sich dort durch die Präparierung des Steins gebildet hat, in lösliche alkalische Seife zu verwandeln. Dann spült man den Stein rein mit Wasser ab. Der mit Lauge bedeckt gewesene Teil der Zeichnung verschwindet gänzlich und man kann auf dem Steine ganz ungehindert eine neue Zeichnung vornehmen. Wenn man fürchtet, daß die erste Operation die Zeichnung noch nicht vollständig vertilgt hat, so thut man gut, dieselbe zu wiederholen, indem man die Stelle nochmals mit Lauge bestreicht und dann, nach Verlauf einiger Stunden abermals mit vielem Wasser wäscht. Da indessen die Lauge, wenn man sie in hinreichender Menge auf den Stein bringt, sehr leicht über die bestimmten Grenzen hinaustreten würde, so thut man gut, die Steine, ehe man die Operation vornimmt, mit Konservierfarbe einzuschwärzen, dann mit einer ziemlich dicken Gummischicht zu überziehen und vollkommen trocken werden zu lassen. Diese Schicht hebt man mittels Waschens an der zu korrigierenden Stelle rein ab und übergeht die Konturen derselben noch ein oder zweimal mit einem Pinsel und sehr starker Gummilösung, so daß sich hier ein etwas erhabener Rand gegen die Lauge bildet. Ist alsdann alles recht trocken, so streicht man die Lauge mittels eines Pinsels dick auf, hütet sich aber, mit derselben über den Gummidamm hinauszugehen, denn die Lauge würde denselben auflösen und dennoch an die zu konservierenden Teile der Zeichnung treten und diese vernichten. Daher darf auch die Lauge nicht in einer allzudicken Schicht auf dem Steine stehen, sondern sie muß die Stärke eines Kartenblattes in der Dicke nicht übersteigen, ja es reicht schon hin, wenn der Stein vollkommen naß ist. Es ist besser, lieber nach dem Eintrocknen den Ueberstrich zu wiederholen, als gleich anfänglich zu viel Lauge aufzugeben; die neue Lauge tritt dann nur schwer über die Stelle hinaus, welche der erste Anstrich eingenommen hat. Zum Aufstreichen kann man sich keines gewöhnlichen Haarpinsels bedienen, da die Lauge das Haar schnell zerstört, sondern man nimmt eine Wurzel, die man durch Zerkauen zwischen den Zähnen auf $1^1/_2 - 2$ cm von der Spitze ab in möglich feine Fasern zerteilt; im Sommer kann man dazu einen Birnstiel anwenden. Die Lauge zieht aus der Luft die Kohlensäure an und verliert dadurch ihre auflösende Kraft; man muß sie deshalb in einer Flasche mit eingeriebenem Glasstöpsel, und mit Blase verbunden, aufbewahren, oder, was noch besser ist, jedesmal erst dann zusammensetzen, wenn man sie eben brauchen will.

Sobald man die Lauge von dem Stein rein abgespült hat und derselbe wieder trocken ist, kann man die neue Zeichnung vornehmen, welche man dann, nachdem sie vollendet ist, mit dem Pinsel ätzt und gummiert.

Sind die zu machenden Korrekturen nicht allzu bedeutend oder vielmehr nur Retouchen, so löst man in 120 g destillierten Wassers 2¼ g mit Kalk kaustisch gemachter Pottasche auf, wäscht den Stein mit vielem Wasser und netzt die Zeichnung so lange mit einem in die Pottaschenauflösung getauchten Schwamme, bis man bemerkt, daß der letztere etwas anklebt. Dann hört man mit der Pottaschenauflösung auf und wäscht den Stein abermals wiederholt mit vielem Wasser. Ist der Stein wieder trocken, so kann man jede beliebige Retouche vornehmen. Ist alles vollendet, so ätzt man mit saurem, kochsalzsaurem Kalk, gummiert und schreitet zum Drucke. Man kann dieselbe Stelle beliebig oft retouchieren. Dieses Verfahren, so richtig es seiner Theorie nach ist, hat dennoch keinen praktischen Wert für die Lithographie.

Das Jobardsche Vertilgungsmittel, welches sich hauptsächlich für Schrift- und Federzeichnung eignet, ist folgendes: Zuerst nimmt man die Zeichnung mittels Terpentinöl auf der Stelle, wo man die Abänderungen anbringen will, fort, streicht mit dem Pinsel ein wenig des schärfsten Weinessigs auf, entfernt nach einer halben Stunde den Essig mit einem nassen Schwamm, reinigt die Stelle vollkommen und kann dann die Nachbesserung sogleich vornehmen.

Bei gravierten Steinen ist die Pottasche nicht mit Erfolg anwendbar, und Essigsäure, Salzsäure, Salpetersäure und Schwefelsäure geben nur mangelhafte Resultate. Um von einer Zeichnung einzelne Teile vom Steine zu vertilgen, schwärze man denselben mit Konservierfarbe ein, lege mit Terpentinöl die fehlerhaften Stellen blank und überziehe dieselben mit reiner Phosphorsäure. Diese zerstört an den bezeichneten Stellen die Zeichnung und man kann die neue an deren Stelle setzen, ohne befürchten zu müssen, daß jemals Spuren der alten wieder zum Vorscheine kommen.

C. Korrekturen, welche durch verschiedene widrige Umstände während des Druckes nötig werden.

Diese Korrekturen sind sehr verschiedenartig, weil die Fehler gar zu verschiedentlich vorfallen. Man kann sie aber in zwei Hauptklassen teilen, entweder es bleiben Stellen weg, oder es entsteht Schmutz, man hat also im erstern Falle etwas wiederherzustellen und im zweiten etwas zu vertilgen.

A. Das Wegbleiben einer Stelle hat sehr verschiedene Ursachen und diese zu finden, muß das erste Bestreben sein.

Sie sind in der Regel folgende:

Erstlich, der Reiber trifft vielleicht aus irgend einer Ursache eine Stelle nicht vollkommen, dann nimmt die Stelle zwar Farbe an, aber im Abdrucke bleibt sie blaß oder kommt gar nicht; man muß daher sehen, ob der Reiber etwa eine Vertiefung erhalten hat, oder ob er verrückt wurde, oder ob die Steinplatte sich verschoben, daß der Reiber die Zeichnung nicht gehörig treffen kann, wobei freilich ganze Streifen der Zeichnung sich nicht abdrucken, oder ob vielleicht durch eine Korrektur die Stelle etwas vertieft wurde, was sich aber gleich beim ersten Abdrucke zeigen muß. Alle diese Fehler sind leicht zu verbessern, wenn man nur mit Aufmerksamkeit den wahren Grund gesucht und gefunden hat; denn eine Vertiefung im Reiber ist durch Abhobeln der höhern Stelle oder durch Schaben derselben mit Glas, wenn sie unbedeutend ist, das Verrücken durch gehöriges Stellen zu verbessern. Wie man durch eingeklebte Fahnen zu helfen habe, wenn einzelne Stellen des Steines zu tief liegen, haben wir schon oben bei der Korrektur gravierter Steine erwähnt.

Eine zweite Ursache des Wegbleibens oder Blässerwerdens einer oder mehrerer Stellen der Zeichnung oder Schrift ist die, wenn man das Papier nicht gleichförmig genetzt hat. Dann druckt sich die Zeichnung auf den zu nassen oder zu trocknen Stellen nicht gehörig ab. Man kann die Ursache leicht finden, weil die Abdrücke auf so ungleich genetztem Papiere überhaupt sehr ungleich ausfallen und ein Abdruck anders, als der andere wird. Wie diesem Fehler abzuhelfen, daß man das Papier noch einmal feuchten, oder wenigstens feuchte Bogen nach Maßgabe der Umstände, zwischen die ungleich gefeuchteten Bogen einlegen und den ganzen Stoß dann noch einmal beschweren und in die Presse bringen muß u. s. w., versteht sich von selbst.

Dann bleiben, drittens, auch Stellen weg, entweder wenn schon eine große Anzahl Abdrücke gemacht wurden und dadurch die feinen Striche sich abnutzten, oder wenn die Zeichnung durch ungeschickte Behandlung schon bei wenigen Abdrücken in gleiche Verhältnisse versetzt wurde; dies geschieht entweder durch Anwendung zu harter Farbe oder durch zu starkes Anreiben dieser Farbe mit der Walze, durch das Schlingern derselben, wenn der Stein zu stark genetzt oder die Walze etwa durch aufgetrocknete Farbe verhärtet und unbrauchbar geworden ist, oder durch ungeschicktes Wischen mit dem Feuchtlappen, besonders dann, wenn Gummi unter dem Wasser war, was man oft hinein thut, um reinere Abdrücke zu erhalten, und welches eine Art Präparatur verursacht, wodurch die Geneigtheit, Farbe anzunehmen, fast ganz verloren geht. Diese Fehler zeigen sich dadurch, daß zuerst nur feine, dann stärkere Striche oder Punkte bei jedem Abdrucke blässer werden und endlich wegbleiben, und es fragt sich nun, ob diese Striche auch auf der Steinplatte ganz verloren gegangen sind, oder ob sie nur keine Farbe annehmen. — Ist ersteres der Fall, so ist keine andere Hilfe, als man schwärzt die Zeichnung gut ein und bedeckt die eingeschwärzten Stellen mit Gummi, während man die vom Gummi entblößten schadhaften Stellen mit dem Schaber wund macht, oder die Gummipräparatur aufhebt und die verlorene Schrift oder Zeichnung wieder ergänzt, dann mit dem Pinsel ätzt und gummiert, wie bei der Behandlung verätzter Steine angegeben wurde.

Sind aber die Stellen auf der Platte noch völlig da, nehmen aber nur keine, oder sehr wenig Farbe an, so muß man sie erstlich mit sehr weicher, oder der früher schon angegebenen Annehmfarbe bestreichen und diese eine Weile darauf lassen, damit sie die Stellen fettiger und mithin geneigt mache, fernerhin wieder Schwärze anzunehmen.

Sind bei einer Federzeichnung viele oder große Stellen auf irgend eine Weise so verrieben, daß sie keine Farbe mehr annehmen, und auch die angegebenen Mittel keine Besserung bewirken und ist die Platte schon oft eingeschwärzt, so daß die Fettigkeit bereits tief eingedrungen ist, so muß man die ganze Zeichnung mit Terpentinöl von aller Fettigkeit völlig reinigen, legt dann die Platte ohne deren Oberfläche zu berühren, in ein Gefäß mit vielem ganz reinem Wasser und schleift die ganze Platte mit einem feinen, ebenfalls sehr reinen Bimssteine, oder noch besser, mit Ossa sepiae, unter dem Wasser ganz zart ab; dann reibt man einen reinen Kattun- oder Leinwandlappen mit Aetzfarbe ein wenig ein, und mit diesem wischt man nun, aber alles unter Wasser, sanft über die Platte hin und her, so wird sich nach und nach die Farbe überall, wo mit Fett gezeichnet war, wieder anhängen. Wenn die Zeichnung völlig wieder da ist, so nimmt man die Platte aus dem Wasser und präpariert sie sogleich, ehe der Stein trocken werden kann, mit ganz verdünntem Scheidewasser und Gummi: dann erhält man gewiß ebenso schöne und noch reinere Abdrücke, als sie früher waren. Aber es ist bei diesem Verfahren wohl zu beachten, daß durchaus kein Fett oder Gummi auf der Oberfläche der Platte ist, wenn man sie ins Wasser legt, und daß man alles Reiben darauf nur sehr sanft und mit leinenen oder Kattunlappen vornimmt; alle tierischen Stoffe, mithin auch die bloße Hand, Seide, Leder u. s. w., sowie ein starkes Reiben, bewirken mit dem Wasser eine völlige Präparatur und also das Gegenteil von dem gewünschten Erfolge.

Man kann das Abschleifen auch allenfalls auf dem trockenen Steine vornehmen, muß aber dann hauptsächlich Sorge tragen, daß der entstehende Staub sogleich mit einem weichen Pinsel fortgekehrt werde.

Diese Operation ist fast immer unfehlbar, wenn die Zeichnung dicht gearbeitet ist und schon viel gedruckt wurde; bei weniger zusammengesetzten Arbeiten würden wir sie nicht anraten, weil der Bimsstein zu wenig Stützpunkte findet, daher in den Zwischenräumen eine Menge Kritzen hervorbringt, welche sehr schwer wieder zu entfernen sind.

Um das Wiederkommen derartig verriebener und geschwächter Stellen zu bewerkstelligen, ist auch das Schleifen mit Holzkohle und Leinöl sehr zweckdienlich. Hierzu muß die Holzkohle durch Schleifen vorher geebnet, damit sie nur die erhöhten Stellen anreibt, und auch vom Leinöle gehörig durchdrungen sein.

Dieses Aufschleifen geschieht, nachdem der Stein mit Terpentinöl und Wasser gut ausgeputzt wurde, indem man jene Stellen, welche nicht annehmen wollen, zart reibt, und dabei sorgfältig vermeidet, die weißen leeren Stellen des Steins außerhalb der Zeichnung zu berühren.

Durch diese Operation wird die geschwächte Stelle von dem gummihaltigen Körper befreit, welcher das Anhängen der Farben hinderte, und der bloßgelegte und befettigte Stein wieder empfänglich für die Druckfarbe.

Eine vierte Ursache des Wegbleibens einzelner größerer oder kleinerer Stellen der Schrift oder Zeichnung ist, wenn man vielleicht einen Fleck oder dergleichen mit Scheidewasser wegputzt und dieses, durch unvorsichtige Anwendung desselben, gute Stellen angefressen und weggeätzt hat. Dann kann man nicht anders verfahren, als daß man die Stelle durch Schaben etwas zu ebenen sucht, wenn sie zu rauh geätzt ward, was aber bei der Kreidemanier nicht erst nötig, und dann die fehlende Stelle wieder hineinzeichnet, leicht mit dem Pinsel nachätzt und gummiert.

Bei den vertieften Manieren kann ein Ausbleiben der Striche teils gar nicht stattfinden, teils ist demselben durch Nachhelfen mit der Nadel leicht abzuhelfen.

Das Nichtannehmen der Farbe kann auch dadurch gehoben werden, daß man die gravierte Stelle mit Kalkstaub füllt, denselben jedoch mit der Fingerbeere sorgfältig von der Steinoberfläche wischt, und nach einiger Zeit den Stich mit Oel einreibt; sollte auch dieses nicht helfen, so läßt man derartige Stellen mit einem Oel- oder Unschlittüberzuge stehen; ebenso nimmt oft eine Federzeichnung wieder Farbe an, wenn sie einige Zeit ohne Gummi stehen gelassen wird.

B. Die zweite Klasse derjenigen Verbesserungen, welche während des Druckes nötig werden, besteht darin, Farbe wegzuschaffen, die sich an Orten angesetzt hat, wo keine sein darf.

Das Ansetzen von Druckfarbe an den präparierten Stellen geschieht leider nur zu oft, besonders bei unerfahrenen Arbeitern, und zwar aus sehr verschiedenen Ursachen. Entweder der Stein war zu dem neuen Gebrauche nicht rein geschliffen worden und das nachherige Aetzen zu schwach, um die Züge der alten Zeichnungen, welche tief in die Platten eingedrungen waren, zu zerstören, oder das Aetzen und Präparieren, vor oder nach der Zeichnung, war nicht so gleichmäßig, daß alle Teile gehörig ergriffen waren; oder es wurde der Stein während des Zeichnens verunreinigt, oder durch den Zeichner chemisch widrig behandelt, oder der Drucker verstand sein Geschäft nicht, indem er die Zeichnung mit Farbe überladete, oder zu weiche Farbe nahm, oder durch Unsauberkeit Schmutz auf die Platte brachte, oder durch Ausbesserungen verätzter oder verriebener Stellen das Gegenteil, zu viel Fettigkeit erzeugte, und so noch verschiedene Ursachen, die sich jederzeit sogleich offenbaren und gewiß unter den nun folgenden Bestimmungen über ihre Verbesserung anzutreffen sein werden.

Es ist hinsichtlich der Ausbesserungen gar sehr verschieden, wo sich der Schmutz ansetzt und in welcher Quantität, und danach bestimmt sich auch die Art und Weise der Ausbesserung.

1. Im allgemeinen, der Schmutz mag sich ansetzen wo er will, wenn die Platte nur nicht trocken war, ist jederzeit das Ueberrollen mit einer mit fester Farbe eingeschwärzten Walze, oder das Ausputzen mit Gummiauflösung, mit dem Finger oder einem reinen Schwämmchen, oder auch das Abreiben der ganzen Zeichnung mit Terpentinöl und Gummiwasser und nachheriges Einschwärzen mit festerer Farbe, das vorteilhafteste. Hat sich aber der Schmutz schon zu fest oder in zu großer Menge angesetzt, oder war die Farbe, die denselben verursachte, zu fett, so ist dies in der Regel nicht mehr genug, man muß andere Mittel ergreifen, die nach dem Orte, wo sich der Schmutz ansetzt, verschieden sind, daher:

2. Schmutz an den Rändern, wird durch Abschleifen mit Bimsstein, scharfes Aetzen und Gummieren am besten und dauerhaftesten weggebracht; denn das Aetzen allein bringt zwar den Schmutz weg, jedoch die Platte wird rauh und nur um so geneigter, schnell wieder dergleichen anzunehmen. Die Ränder sind überhaupt zur Schmutzannahme sehr geneigt, weil teils an die Kanten, je schärfer sie sind, die Schwärze sich leicht mechanisch anhängt, teils weil sie schneller trocknen und weil daselbst die Platte öfter, vielleicht mit fettigen Händen berührt wurde.

3. Einzelne Schmutzfleckchen zwischen der Zeichnung oder Schrift. Dergleichen können durch sehr verschiedene Ursachen herbeigeführt werden, und wir wollen dieselben hier nacheinander anführen.

a) Wasserflecken.

Die Wasserflecken finden sich gewöhnlich nur auf platten Tinten von größerer Ausdehnung vor und sind namentlich sehr häufig, wenn der Druck im heißen Sommer stattfindet. Sie entstehen: 1. wenn das Wasser, dessen man sich zum Netzen des Steines bedient, nicht ganz frisch ist, oder wenn es einen chemischen Beisatz von Alaun, Salpeter oder irgend einem anderen Salze oder einer Säure hat. 2. Wenn der Drucker schweißige Hände hat und das Wasser mit den Fingern auf den Stein sprengt. 3. Wenn man das Wasser, ehe man es mit dem Schwamme verteilt, eine Zeitlang auf dem Steine stehen läßt. Um diesem Uebelstande entgegenzukommen, muß man im Sommer das Wasser oft wechseln, dasselbe nur auf die Ränder werfen, und unmittelbar nach geschehenem Drucke wieder netzen, ohne den Stein zuvor ganz trocken werden zu lassen. Die Ausbesserung solcher Wasserflecken ist sehr schwierig, denn die Retouchen mit der Kreide stehen nicht leicht und stören gern die Harmonie der Zeichnung. Man muß allemal den Stein, der durch Wasser eine Art von Präparatur erlangt hat, entweder durch Schaben oder mit der Nadel etwas freilegen, ehe man die Retouche einträgt. Bisweilen, aber nur in seltenen Fällen, namentlich wenn man dem Uebel auf frischer That abzuhelfen sucht, führt das Anreiben unter Wasser oder mit Konservationsfarbe zum Ziele.

Wenn auch diese Wasserflecken gleich allen hellen Flecken, welche durch Speichelspritzer, Gummi ꝛc. entstanden, eben nicht zu den Schmutzflecken gehören, so sind sie dennoch nicht minder störend in der Zeichnung als diese, können aber, wenn auch deren Verbesserung auf dem Stein nicht gelingen sollte, leichter auf dem Abdrucke retouchiert werden, als wie die bunklen Schmutzflecke.

b) Fettflecken.

Diese entstehen teils dadurch, daß man mit den Fingern unvorsichtig auf der Oberfläche des Steines umhergreift, oder daß beim Zeichnen Haare oder die kleinen Schuppen vom Kopfe auf den Stein fielen und dort längere Zeit liegen blieben, oder endlich durch andere zufällig auf den Stein gekommene Fettteilchen. Diese Flecke sind die allergefährlichsten und nur dadurch zu entfernen, daß man dieselben ausschabt, mit einem Läufer und Sand dem Steine hier ein neues Korn gibt und die Stelle wieder einzeichnet, wobei es aber viel Genauigkeit erfordert, den neu gezeichneten Teil mit dem bereits eingeschwärzten zu akkordieren. Manchmal gelingt es auch dieselben in folgender Weise wegzubringen:

Nachdem ein Abdruck abgezogen, und somit der größte Teil der auf diesen Flecken sitzenden Farbe weggenommen und zugleich der Stein trocken ist, berührt man mit der Spitze einer fein geschnittenen Feder, die in verdünnte Säure getaucht wird, diese Flecken. Hierbei ist besonders darauf zu sehen, daß die Säure nur auf diese Punkte wirke und sich nicht weiter ausbreite, weshalb sich auch nur sehr wenig Säure an der Federspitze befinden darf, so daß dieselbe bloß davon befeuchtet ist.

Wenn diese gehörig gewirkt hat, so soll die Walze, womit man nachher über den Stein fährt die Flecke wegnehmen.

Gewöhnlich werden aber die Stellen, an denen sie sich befanden, weiß, man muß dann nochmals einen Abdruck machen, und den Stein sobald er trocken ist, mit einer sehr fein gespitzten Kreide nachbessern. Zuweilen muß obiges Nachbessern öfter wiederholt werden.

Bei dieser Operation darf keine Stahlfeder statt des Gänsekiels gebraucht werden, wodurch das hiervon erzeugte salz- oder salpetersaure Eisen auf dieser Stelle die Gummischicht zerstören und dieselbe Farbe annehmen würde, wodurch das Uebel, anstatt vermindert, nur vermehrt wird.

c) Gummiflecken.

Für diese Flecken sind die weicheren Steine empfänglicher als die harten, aber keine kann der aufmerksame Drucker leichter vermeiden, als gerade die Gummiflecken. — Wie wir wissen, muß der Stein, sobald man den Druck, wäre es auch nur für einige Stunden, aussetzt, mit Konservierfarbe geschwärzt und gummiert werden. Das Gummi wird zu diesem Zwecke in reinem Wasser zu Leinölbicke aufgelöst, durchgeseiht und mit etwa ein Dreißigstel Kandiszucker versetzt, damit es keine Blasen werfe. Geschähe das letztere, so entstehen die Gummiflecke, d. h. es wird an den blasigen Stellen nicht allein die Zeichnung angegriffen, sondern es kann sogar die Oberfläche des Steines selbst verletzt werden, wodurch nicht nur das Einwalzen, sondern sogar die Retouchen mit der Kreide unmöglich gemacht werden. — Ebenso entstehen Gummiflecken, wenn die Zeichnung aus dem Drucke gesetzt und gummiert wurde, ohne mit Konservierfarbe eingeschwärzt zu werden. In diesem Falle verliert die Farbe ihre Fettigkeit, und das Gummi tritt stellenweis als Präpariermittel ein. Dann muß man die Zeichnung mit einer Mischung von gleichen Teilen Wasser, Terpentinöl und Leinöl, welche man wohl untereinander mischt und auf den genetzten Stein bringt, abheben. Man darf aber nicht zu scharf reiben oder drücken, sondern muß die Operation langsam machen. Ist die Zeichnung abgehoben, so schwärzt man wie gewöhnlich ein und erhält nach einigen Fehlbrücken in den meisten Fällen wieder gute Abbrücke.

d) Flecken von Säuren oder Salzen.

Diese entstehen nur durch die Nachlässigkeit des Druckers, der die Säuren und Präpariermittel nicht von der Presse und den Schwämmen fern genug hielt. Man braucht diese Gegenstände oft während des Druckens, aber sie müssen mit Vorsicht und Bedacht angewendet werden, denn nächst dem Fette hat die Lithographie keine gefährlichern Hilfsmittel, als die Säuren und das Gummi. — Nur Vorsicht kann hier Fehler vermeiden, die, wo sie eintreten, nur durch oft fruchtlose jedesmal aber der Reinheit der Zeichnung nachteilige Retouchen gehoben werden können, die man ebenso, wie bei den Wasserflecken machen muß.

e) Speichelflecken.

Diese sind immer eine Folge der Nachlässigkeit des Zeichners oder der Personen, welche die Zeichnung während der Arbeit besahen. Da diese

Flecken nur durch die kleinen Bläschen von Speichel, welche mancher beim Sprechen von sich sprudelt, entstehen, so dürfte es leicht sein, sie zu vermeiden. Nichtsdestoweniger finden sie sich sehr häufig, und ohne die ausnehmende Leichtigkeit, mit der man sie ausbessern kann, würden sie eine wahre Geißel der Lithographie sein.

Beim ersten Abdrucken, gewöhnlich schon beim Aetzen, hebt sich nämlich an den Stellen, wo ein solches Speichelbläschen aufgefallen und eingetrocknet ist, die Kreide ab, mit welcher man über diese Bläschen, welche unsichtbar eine dem Fette undurchdringliche Decke auf dem Steine gebildet haben, hingezeichnet hat, und die nun mit dem Steine keine Verbindung eingehen konnte, und man erblickt nun auf dem bezeichneten Raume kleine, weiße, kreisrunde Flecke. Um diese zu vertreiben, läßt man den Stein trocken werden ohne ihn zuvor zu gummieren, und akkordiert dann mit etwas harter Kreide alle diese Flecken mit den umliegenden Tönen. Hierauf läßt man die Kreide eine kurze Zeit anziehen, ätzt mit sehr schwacher Säure im Pinsel diese Stellen, worauf man gummiert, den Stein einige Stunden liegen läßt, dann wie gewöhnlich beim Andrucken des Steins verfährt und behutsam und mit aller Vorsicht zwei bis dreimal einschwärzt. Hierauf nimmt man einen Probedruck und wiederholt die Retouche, im Falle sie noch nicht gehalten hätte.

Sehr zweckdienlich hierbei ist auch die mit spitzer Kreide bearbeiteten Stellen anzuhauchen, bis der Stein leichthin feucht wird, wodurch das Alkali der Kreide auf das Gummi wirkt, es durchdringt und diese auf dem Steine sich festsetzt.

Hierauf läßt man ihn wieder trocknen und überstreicht ihn mit Gummi, um die Seife der Kreide niederzuschlagen; worauf dann der Stein befeuchtet und eingewalzt wird.

4. **Schmutz durch Quetschungen der Farbe.** Dieser tritt dann ein, wenn die Zeichnung mit Farbe überladen wurde, oder die Farbe zu weich war, oder zu viel Ruß enthielt und die Spannung der Presse zu stark, oder das Papier zu naß oder zu trocken und hart war. Außer Abstellung der Ursache, welche eine von den angegebenen ist, und der man deshalb zuerst genau nachzuspüren hat, muß man den Schmutz auf eine der bereits angegebenen Arten wegzubringen suchen, wobei gewöhnlich schon ein leichtes Auspuzen mit Gummi und Abheben der alten Farbe mit der Mischung von Wasser und Terpentinöl ausreicht. War die Farbe zu weich, so hilft schon das nochmalige Anfeuchten und ein Einschwärzen mit härterer Farbe, nebst Abstellung der Ursache. Ist aber die Quetschung mit harter Farbe und besonders bei Kreidezeichnungen, also auf dem rauhgeschliffenen Steine, entstanden, so muß man mit Gummi und Terpentinöl den ganzen Stein wohl abpuzen, sich aber sehr hüten, daß man der Präparatur nicht schabe, dann aber mit etwas härterer Farbe fortdrucken.

Besonders im hohen Sommer wirkt die herrschende Wärme erschlaffend auf die Platte ein; die Zeichnung wird dick, es setzt sich die Farbe an Stellen an, wo sie nicht sein soll, der Stein selbst fühlt sich warm an, und man hat alsdann ein sicheres Mittel demselben vorzubeugen, indem man den Stein einige Stunden vor Beginn des Druckes in kaltes Wasser legt, und ihn erst einige Minuten vorher trocknen läßt.

Sehr zweckdienlich ist auch hierzu eine Wasserleitung im Drucklokale, wobei sehr bequem der Stein durch ein darüber rieselndes kaltes Bad abgekühlt werden kann*).

Ein zu starker Kältegrad im Winter erzeugt die entgegengesetzte Wirkung, indem statt der zu leichten Annahme der Druckfarbe, diese dann vom Stein zurückgestoßen wird und schon beim Auswaschen der Platte alle Feinheiten wegbleiben, und erst nach den angestrengtesten Bemühungen wieder zum Vorschein kommen.

Bei solchem Kältegrad ist man dann genötigt den Stein in gemessener Entfernung der Ofenwärme zu nähern, um die entsprechende Temperatur herzustellen.

5. **Das Schattieren der Druckschwärze** geschieht dann, wenn man zu weiche Farbe zum Einschwärzen nimmt und den Stein beim Anfeuchten zu naß gemacht hat. Der dünne Firnis zieht sich von der Zeichnung auf die feuchten Umgebungen, und der Abdruck, besonders wenn er verzögert wurde, erhält um alle Striche und Punkte eine Art Einfassung die mit einem Schatten zu vergleichen ist. Zuerst ist dieses Schattieren fast unmerklich, achtet man jedoch nicht darauf, so wird der Schatten durch mehrere Abdrucke stärker, und endlich verursacht er Schmutz, der sich nur sehr schwer wegbringen läßt. Im Anfange aber ist dieser Fehler leicht zu verbessern, wenn man die Farbe durch Lampenruß etwas strenger macht, die dann, wenn der Fehler gehoben und die Farbe zu fest sein sollte, so daß man Verreiben der feinen Striche befürchten könnte, leicht wieder etwas verdünnt werden kann. Wird das Schattieren zu stark, so hebe man die Farbe mittels eines Schwammes ab, nachdem man zuvor eine wohl durcheinander gerüttelte Mischung von 2 Teilen Terpentinöl, 2 Teilen Gummilösung und 1 Teil Leinöl auf den Stein gegossen hat. Nach dem Reinigen des Steines gummiere man denselben leicht, schwärze ihn, nachdem das Gummi einige Zeit darauf eingewirkt hatte und wieder abgewaschen ist, mit Konservierfarbe ein, ätze ihn nun schwach nach, gummiere ihn abermals und drucke dann fort. Schnelles Fortdrucken ist dabei übrigens sehr zu empfehlen, weil dann der Firnis keine Zeit behält, sich zu verbreiten.

6. **Das Tonbekommen der ganzen Platte.** Zuweilen, besonders bei der Kreidemanier oder den vertieften Manieren, kommt es vor, daß sich über die ganze Zeichnung ein schwarzer Ton zieht, wie ein Flor. Er ist

---

*) Fr. Krauß empfiehlt folgendes Wischwasser, welches bei vielen intelligenten Druckern in gutem Ansehen ist und das Wischen erleichtert. Es braucht niemals zweimal gewischt zu werden, auch wenn ein längeres Auftragen geboten ist. Man nimmt eine beliebige Quantität Salzsäure mit dergleichen Quantität Wasser vermischt, und sättigt solche vollständig mit pulverisierter Kreide, indem man diese unter stetem Umrühren einstreut.

Wenn keine Spur von Kohlensäure mehr entweicht, also die Säure gesättigt ist, läßt man die Flüssigkeit absetzen, gießt das Obenstehende in Flaschen und mischt nach Ermessen je nach der vorkommenden Arbeit hiervon $\frac{1}{4}$, $\frac{1}{2}$ 2c. unter das Wasser, womit man wischt; dies hat eine große Erleichterung zur Folge, besonders an heißen Sommertagen.

In der Hand intelligenter Arbeiter, welche ab- und zuzugeben wissen, ist dieses Wischwasser von großem Vorteile, es fördert sehr und bunte Farben werden sogar in ihrer Schönheit erhöht, weil die verwendete Menge von Flüssigkeit geringer ist, als beim Wischen mit reinem Wasser.

gewöhnlich Folge des zu schwachen Aetzens, weil dann leicht eine frühere Zeichnung, die tief in den Stein gedrungen und nicht genug abgeschliffen ward, wieder Farbe annimmt; oder eines unrichtigen Wischens bei den vertieften Manieren, wenn die Farbe mit zu harten Lappen eingerieben ward, oder einer zu leichten Farbe.

Ein anderer Grund dieses Flors kann auch der sein, daß das Fett, mit welchem man das Leder des Deckrahmens einreibt, durchschlägt und auch die übergelegte Makulatur fett macht.

Man kann ihn durch Ueberrollen mit einer mit fester Farbe eingeschwärzten Walze oft sogleich vertilgen; sitzt er aber schon fester, so muß man ihn durch leichtes Wischen mit einem in Gummiwasser getauchten Schwamm oder Lappen wegzubringen suchen, auch nach Verhältnis das Gummi in größerer Menge gebrauchen, dabei sich aber wohl in acht nehmen, daß man die feinen Punkte und Linien nicht verreibe, oder die Schwärze aus den Vertiefungen der vertieften Zeichnung herausreiße. In vielen Fällen kommt man auch zum Ziele, wenn man die Farbe vom Steine abhebt und dann die verschmierte Stelle, unter Wasser, mit einem weichen Lappen reibt, und zwar leichter oder stärker, je nach dem Grade der Verschmierung. Im äußersten Falle schwärzt man mit Aetzfarbe gut ein und ätzt die ganze Platte nur schwach; dann wäscht man den Schmutz mit dünner Gummiauflösung, welche man etwas ansäuern kann, weg und gummiert leicht ein, worauf man nach dem Abwaschen schnell fortdrucken muß.

Sollte man sehen, daß sich dieser Umstand wiederholt, so kann man von Zeit zu Zeit mit einem in weißen Wein oder Bier getauchten Schwamme über die Zeichnung hinfahren. Wenn diese Flüssigkeiten etwas sauer sind, so wirken sie nur um so besser; auch kann man etwas davon unter das Wasser gießen, mit welchem man den Stein netzt.

Für den Fall, daß das Leder des Deckrahmens den Flor hervorgerufen hat, muß man auch noch die Makulatur wechseln, was ohnehin geschehen muß, sobald sie durchsichtig wird.

Beim Schnellpressendruck sowohl, wie beim Handpressendruck, kann das Tonen auch durch die darauf hinwirkenden Eigenschaften der Farbe, des Firnisses, sowie des Papieres, aber auch durch den Cylinder (bei der Maschine) veranlaßt werden, wenn die Umdrehung desselben nicht mit dem Durchlauf des Steines harmoniert. Kann man diese Ursachen nicht beseitigen, so leistet Weinstein in Wasser aufgelöst (10 g auf 1 l Wasser) als Wischwasser sehr gute Dienste.

Bei Tondruck kann es, weil stets mit viel Farbe gearbeitet wird, unbedenklich angewendet werden. Ist der Ton verschwunden, so wischt man wieder mit reinem Wasser, weil die fortgesetzte Anwendung der Weinsteinauflösung die Zeichnung angreift. Bei kompakten Farben wende man sie möglichst schwach und recht vorsichtig an, dann wird sie sich sehr gut bewähren und das Einschwärzen und Nachätzen entbehrlich machen.

Eine ähnliche Art von Schmutz und dabei nötige Verbesserung ist:

7. **Das Monotonwerden einer Zeichnung.** Die Gründe dieser Erscheinung, welche darin bestehen, daß die Lichtpartien und Mitteltinten nach und nach zu viel Farbe annehmen, und dadurch der ganze Effekt der Zeichnung zerstört wird, können sehr verschieden sein; entweder das Oel zum

Firnis war nicht gehörig entfettet, oder die Schwärze nicht gut abgerieben, die Walze war zu alt, oder der Ueberzug derselben nicht gehörig gespannt; die Schwämme zum Abwischen konnten schmutzig sein; der Künstler hatte vielleicht zu lose gezeichnet; vielleicht war der Stein nicht gehörig rein geschliffen, oder derselbe während des Druckes zu stark benetzt, oder mit dem Schwamme zu stark gerieben, daß die Farbeteilchen verschleppt und an andern Orten abgesetzt wurden, — alle diese Umstände führen ein Monotonwerden der Platte herbei. Dieser Fehler ist durch Abreiben der ganzen Zeichnung mit Terpentinöl und Gummiauflösung und darauf folgendes Einschwärzen mit etwas stärkerer Farbe, dann Einwalzen mit Aetzfarbe, Nachätzen und Gummieren am leichtesten zu verbessern.

Man bedient sich dann zugleich einer besseren Farbe, guter Walzen ꝛc. Kommt aber der Umstand von zu feuchtem Papiere her, welches die Farbe nicht gehörig vom Steine nimmt, so muß man den Stein, wie beschrieben, reinigen, gehörig einwalzen und dann auf trocknerem Papiere drucken.

Meistenteils entsteht aber dieses Monotonwerden einer Kreidezeichnung, wenn man den Stein während des Druckes zu naß hält, wodurch die Farbewalze allmählich wasserschlündig wird und alle Ziehkraft verliert, wodurch sie die Druckfarbe nicht gehörig von der Zeichnung hebt.

Durch eine minder nasse Behandlung und Anwendung einer frischen Farbewalze ist diesem Uebelstande leicht abzuhelfen, während bei einer fortgesetzten nassen Behandlung die ganze Zeichnung verderben würde.

Um dem Zusammenschlagen der Druckfarbe an den leeren Zwischenräumen der Zeichnung zu begegnen, ist es auch gut, dem Gummiüberzug dieser Platten etwas Gallus beizumischen.

Zuweilen kommt es auch beim Farbendruck vor, daß die hellen Töne und die Mitteltöne zu stark anwachsen, wodurch die Platte eine monotone Haltung annimmt. Dieser Zustand der Platte kann ähnlich wie beim Schwarzdruck durch dieselben oben angedeuteten ungeeigneten Behandlungsweisen herbeigeführt werden, und kann auch durch den Gebrauch unvollständig präparierter Farben oder zu dünner Druckfarbe entstehen.

In solchem Falle sind dann derartige Farben zu beseitigen und die Druckfarbe mit festem Firnis zu bereiten, wobei auch das Wischen mit saurem Bier Abhilfe gewährt.

Ebenso kann auch ein zu schwaches Aetzen des Steines die Ursache hiervon sein, wo dann bei Feder- und Umdruckplatten ein schwaches Nachätzen zu empfehlen, dagegen bei Kreidezeichnungen das Wischen mit saurem Bier anzuwenden ist. — Desgleichen mischen auch manche Drucker ein wenig starkes Gummi arabikum unter die Druckfarbe, welches Verfahren mit der nötigen Vorsicht ausgeführt, seinen Zweck erfüllt.

Uebrigens ist wohl selbstverständlich, daß die einzelnen tonigen Stellen zunächst mit einem reinen Tuchlappen ausgerieben oder mit Terpentinöl ausgewaschen und die ganze Platte mit schwarzer Farbe eingewalzt werden muß, um so die richtige Haltung der Platte wieder herzustellen, bevor man mit dem Drucke beginnt.

Jene Platten, welche nun in dieser Weise hergestellt, jedoch der Nachätzung bedürfen, müssen zuvor sehr sorgfältig in Konservierfarbe gesetzt werden.

Nicht selten kommt es vor, daß einzelne Partien des Druckes entweder doppelt oder mit einem schmierigen Anhängsel gedruckt erscheinen. Dies entsteht, indem der Bogen an einer gewissen Stelle sich während des Druckes hebt und dabei etwas zur Seite geschoben wird. Die Ursache dieses Zustandes ist jedoch sehr verschiedenartig.

Derselbe kann herbeigeführt werden durch das Verschieben der Decklage während des Druckes, wobei dann diese straffer zu spannen oder durch eine andere zu ersetzen ist; oft verliert sich der Uebelstand, wenn man die Decklage statt sie am Deckel zu befestigen, frei auf den Druckbogen legt. — So kann auch der locker angeschraubte Rahmen oder die Falte des Lederdeckels die Schuld tragen. Oft hilft auch ein Tieferschrauben der an dem äußern Rande des Rahmens befindlichen beiden Schrauben, der sogenannten Nägel, wodurch dann der Rahmen statt parallel mit dem Stein am äußersten Ende etwas höher steht, als der Stein.

Sehr oft verliert sich auch dieser Uebelstand, wenn dem Stein eine andere Richtung gegeben und der Reiber, sowie das Leder, fleißig geschmiert wird.

Ebenso trägt auch manchmal eine strengere Druckfarbe oder das Auswaschen der Platte zur Hebung dieses Mißstandes bei.

Mitunter sind die Enden des Steins von ungleicher Höhe, deren Abweichung höchstens einen halben Zentimeter austrägt und daher nicht bemerkbar ist, wobei dann erst später beim Drucken diese Differenz dadurch auffällt, daß beim höheren Ende des Steins das Durchziehen des Druckes mehr Kraftanstrengung in Anspruch nimmt, und gut ausfallende Abzüge dadurch nicht zu erzielen sind.

Derartige keilförmig zulaufende Steine bedürfen einer schrägen Unterlage, welche aus mehreren Bogen Makulatur gefertigt, wobei der unterste der längste und der oberste der schmalste ist, während der Breite nach alle Bogen gleich sind, und so entweder zusammengeheftet oder zusammengeklebt werden.

Besonders nachteilige Einwirkung äußert die Feuchtigkeit der Lokalitäten, in welchen man die bezeichneten und vorläufig aus dem Drucke gesetzten Steine aufbewahrt, auf letztere. Diese Feuchtigkeit macht nämlich die Gummischicht weich, worauf sie bald sauer wird und nun in der Länge der Zeit die Zeichnung vollkommen zerstört. Kann man kein anderes, trockenes Lokal zur Aufbewahrung solcher Steine erlangen, so muß man die Steine mit einer wasserdichten Decke überziehen. Diese ist folgende:

5 Teile Walrat,
1 "   weißes Wachs,
3 "   Olivenöl,
4½ "   burgundisches Pech,
1 "   venetianischer Terpentin.

Sämtliche Ingredienzien läßt man über gelindem Feuer zusammenschmelzen und trägt sie, noch warm, mittels einer Walze auf den Stein auf. Dieser Auftrag kann über die Gummischicht gemacht werden; doch soll es noch besser sein, wenn man ihn auf den Stein bringt, ohne denselben zu gummieren. Wir haben letzteres nicht versucht, da es uns des Fettgehaltes der Mischung wegen, rationeller erschien, zwischen die Oberfläche des Steines und den Ueberzug die deckende Gummischicht zu bringen, die übrigens geschützt genug ist, wenn der Ueberzug nur gleichmäßig an allen Stellen und dick genug ist.

Manchesmal kann es vorkommen, daß gravierte Steine nicht ganz fertig gemacht werden können und kürzere oder längere Zeit ohne eingeschwärzt zu sein, stehen bleiben müssen. Ist das Aufbewahrungslokal nicht ganz trocken, so üben die in der Luft enthaltenen Dünste eine ätzende Wirkung auf den Stein aus und die Gravierung nimmt die auf gewöhnliche Weise aufgetragene Farbe oder das Leinöl gar nicht mehr, oder nur unvollkommen an.

In diesem Falle erwärme man den Stein langsam, jedoch nicht bis zum Heißwerden, reibe ihn mit Lavendelöl oder Bilsenkrautöl ein und lasse ihn eine oder zwei Stunden stehen. Nachdem er wieder, jedoch nicht ganz, erkaltet ist, beginne man mit dem Einschwärzen, mit weicher Farbe, ohne Gummizusatz.

Hat dieses nicht den gewünschten Erfolg, so wiederhole man dasselbe Verfahren, setze jedoch dem Oele etwas fein pulverisierten Rötel zu.

Somit wären nun die gewöhnlichen Fehler und ihre Verbesserungen angegeben, und was auch für andere Fehler vorkommen mögen, die aber gewiß seltener werden, wenn man sich nach allen den hier angegebenen Regeln und Vorschriften richtet, sie müssen alle nach einer der oben angegebenen Rubriken von Verbesserungen behandelt werden, und es wird daher leicht sein, hier irgend ein Mittel zu ihrer Abstellung zu finden.

Es bleibt uns nur noch schließlich zu erörtern, in welcher Weise dem Zerspringen des Steines vorzubeugen sei.

Um dieses möglichst zu verhindern, müssen vor allem beide Flächen des Steines, sowie auch der Boden des Kastens und die Walze, welche denselben trägt, vollkommen gerade und letztere auch vollkommen rund sein.

Auch muß der Drucker das Innere des Kastens immer rein erhalten und beim Einlegen des Steins sorgfältig nachsehen, ob sich keine fremdartigen Körper in demselben vorfinden, ebenso auch die Rückseite des Steins genau untersuchen, um gewiß zu sein, daß sie vollkommen gerade ist; wäre dies nicht der Fall, so müßte der Stein vorher abgerichtet oder aufgegipst werden.

Gut ist es auch unter den Stein eine Unterlage, entweder ein Brett von weichem Holze oder Pappendeckel, oder eine dünne gleiche Filzdecke zu bringen, wodurch die Gefahr des Bruches vermindert wird, wenn nicht der Stein schon einen inneren Fehler, oder einen schwer bemerkbaren Sprung hat, der oft erst nach dem Abzuge einer großen Anzahl Abdrücke das Zerbrechen bewirken kann.

Im allgemeinen wird durch das Aufgipsen der Steine auf eine zweite Platte dem Zerspringen derselben noch am besten vorgebeugt, deshalb ist bei gezeichneten Steinen von größerem Werte dieses Aufgipsen immer anzuraten, besonders aber, wenn sie etwas dünn sind, Risse haben, oder ihre Rückseite ungleich ist.

Der als Unterlage verwendete Stein braucht nicht sehr stark zu sein, $2^{1}\!/_{2}$ cm Dicke ist hinreichend. Selbstverständlich muß der Stein vor dem Aufgipsen bereits geätzt, mit Druckfarbe eingewalzt, gummiert und die Zeichnung durch ein Blatt Papier vor etwa darauffallendem Gipse geschützt sein.

Man macht sich eine entsprechende Menge Gips mit Wasser an, wozu sich frischer und feinkörniger, sogenannter Stuckgips am besten eignet, gießt diese dünne und breiige Masse auf die nach oben gekehrte rauhe Rückseite des Unterlegsteins, bringt dann den gezeichneten Stein darauf, preßt denselben mit ziemlicher Gewalt gegen den untern Stein und dreht ihn hin und her, bis er gleich hoch nach allen Seiten hin so liegt, daß er mit dem untern eine Platte zu bilden scheint.

Selbstverständlich muß bei dieser Arbeit die genaue Aufeinanderlage der beiden Steine beendigt sein, bevor das „Anziehen" des Gipses eintritt, welches leicht bemerkbar ist an dem eintretenden Widerstand, den der Gips dem Hin- und Herbrehen entgegensetzt.

Man läßt dann dem Gips Zeit sich zu erhärten und entfernt den an den Seiten herausgetretenen Gips mittels eines Messers.

Bei gutem frischen Gipse, welcher sehr schnell trocknet, kann schon nach einer Viertelstunde der aufgegipste Stein zum Drucke in die Presse genommen werden, während der minder gute Gips weit langsamer erhärtet.

Ein sehr dauerhafter Kitt für Steine wird dadurch hergestellt, daß man den getrockneten Rückstand aus dem Schleiftische (Schliff) zu feinem Pulver zerreibt, ungefähr ein Drittel Marmorstaub zusetzt und das Ganze mit Wasserglas zu einem mäßig dünnen Brei vermengt. Diese Masse wird, gleich dem Gips, auf einen der vorher gehörig gereinigten Steine gebracht, gleichmäßig verteilt und der andere Stein darauf gelegt. Nun bewegt man, wie schon oben beschrieben, den oberen Stein einigemal hin und her, bis der Kitt an den Seiten hervorquillt, verschmiert die etwa noch vorhandenen Lücken und läßt den Stein an einem trockenen luftigen Orte etwa 2—3 Tage liegen. Später bestreicht man die Seiten mit Eisenlack, um bei fernerem Schleifen das Eindringen des Wassers zwischen die Platten zu verhüten.

Zerbrochene Steine, deren Sprung nicht durch die Zeichnung geht, können gleichfalls durch das Aufgipsen oder Aufkitten zum Drucke brauchbar gemacht werden.

Hierbei werden die gesprungenen Teile mit der Vorderseite auf ein ebenes Brett oder einen Tisch gelegt und durch einen dünnen eisernen Reif, der mit Schrauben versehen ist, zusammengezogen (Fig. 9, Taf. 9), dann auf deren nach oben gekehrte Rückseite die Gipsmasse gegossen und die hierfür bestimmte Unterlagplatte darauf gebracht.

Zwölftes Kapitel.
Schnellpressendruck.

Das bisher über den Druck Gesagte, bezieht sich in der Hauptsache auf den Handpressendruck. Seit einigen Jahrzehnten jedoch hat die Lithographie sowohl, als auch der Schnellpressendruck, sehr große Fortschritte gemacht. Jede nur einigermaßen mit der Zeit fortschreitende Steindruckerei sieht sich genötigt, um den Anforderungen der Neuzeit genügen zu können und konkurrenzfähig zu bleiben, denselben einzuführen.

Mit der Leitung einer Schnellpresse sollte man nur einen ganz tüchtigen Drucker betrauen, welcher in allen beim Maschinendruck vorkommenden Verhältnissen praktisch erfahren ist. Unkenntnis derselben bringt oft große Verluste und fast immer minderwertige Erzeugnisse. Erfahrung und genaue Kenntnis aller Teile der Maschine sind jedoch nicht aus Büchern, sondern nur durch die Praxis zu erwerben, deshalb haben wir wie schon früher erwähnt, von der Beschreibung derselben soweit als angänglich abgesehen und beschränken uns auch hier darauf, das Notwendigste und Wissenswerteste vom Maschinendruck anzuführen.

Da eine Schnellpresse ein bedeutendes Gewicht, je nach der Größe bis zu 8000 kg hat, kann sie nicht in jedem beliebigen Raume aufgestellt werden.

Schwankungen des Bodens würden störend beim Druck sein, oft das Springen der Steine herbeiführen, ja selbst der Maschine leicht Schaden bringen, deshalb muß dieselbe da, wo dieser Uebelstand vorhanden ist, mit einem soliden Fundamente unterführt werden.

Jede Maschine hat wieder ein eigenes Fundament, auf welchem alle beweglichen Maschinenteile befestigt sind. Alle Unebenheiten müssen durch Keile ausgefüllt und diese Keile, da sie sich öfters lockern, fleißig nachgesehen und wieder angetrieben werden, ebenso sämtliche Schrauben und Muttern, durch deren Lockern oder Losgehen großer Schaden an der Maschine angerichtet werden kann. Der genau wagrechte Stand der Maschine ist stets durch die Wasserwage zu kontrollieren.

Um eine Maschine in gutem Zustande zu erhalten, muß das Reinigen, Putzen und Schmieren sehr gewissenhaft besorgt werden. Man schmiere ober öle lieber einmal mehr als zu wenig, die Maschine wird dadurch einen ruhigeren Gang erhalten und die Abnutzung der Teile, welche viel in Bewegung sind, eine geringere sein. Zur Reinigung verwende man Petroleum, welches das verdickte Oel 2c. auflöst.

Beim Einrichten der Steine bedingen die verschiedenen Systeme der Schnellpressen kleine Abweichungen. Bei einigen kann das Steinbett gehoben und hierdurch der Druck verstärkt werden, bei andern müssen zu diesem Zweck angefertigte Bretter untergelegt werden.

Als Steinunterlage verwendet man gewalzte Pappdeckel, ein glattes Brett oder auch ein Gitterbrett, welches aber sehr gut gearbeitet sein muß. Bei allen Maschinen richtet man den Stein, damit der Druck nach hinten leichter wird, vorn bei der Greiferseite um eine starke Papierdicke höher, zur Sicherung gegen das Springen der Steine. Auf die Unterlage kommt eine starke Zinktafel, damit kein Wasser auf das Steinbett kommt und die Pappdeckel erweicht. Die Unterlagen mit der Zinktafel müssen genau die Größe des Steinbetts haben. Wo eine Einrichtung nach dem Lineal nicht möglich ist, muß man dieses mit der Wasserwage vornehmen.

Ungleichmäßig dicke Steine müssen durch geeignet abgeschrägte Unterlagen egal gelegt werden, bleiben jedoch beim Druck immer sehr leicht dem Springen ausgesetzt.

Es ist unerläßlich den Stein fest einzuschrauben; damit er sich dabei nicht hebt, verwende man schräge Keile, wodurch sich der Stein auf das Fundament fest aufsetzt. Je nach der Beschaffenheit des Steines wird sich auch die Form und Beschaffenheit der Keile richten müssen.

Die Höhe und Länge der Spannhölzer richtet sich nach der Größe des Steines.

Ist die Anlage auf dem Stein immer gleich, so bleiben die vorderen Schrauben stehen.

Das Spannholz und der Schrägkeil werden hingestellt, der Stein wird dagegen gesetzt und nach dem Lineal in die Mitte des Preßkarrens gerichtet. Die Anlage der Arbeiten soll sich immer in der Mitte des Steines befinden, ist dieses jedoch nicht beobachtet worden, so richtet man sich nach der Mitte der Zeichnung.

Falzt man einen Bogen des Auflagepapiers der Höhe nach und legt ihn mit dem Falz in die Mitte der Zeichnung, so sieht man genau wie viel Papier bei dem Greifer über die Steinkante hinausgeht und richtet den Stein so, daß er 1—2 cm, je nach der Papiergröße und Länge der Greifer, über die Zeichen oder über das Lineal gelegt wird.

Sollten die Zeichen, wie weit der Stein nach vorn gelegt werden darf, von der Maschinenfabrik aus nicht angegeben sein, so gibt der Drucker sich dieselben selbst an beiden Enden der Laufschienen an. Dort wird beim Einrichten das Lineal angelegt; das Einrichten wird dadurch sehr leicht und sicher. Liegt der Stein in der richtigen Lage und wagrecht gegen den Cylinder und sind Spannhölzer und Keile gut angeschraubt, dann wird von hinten das Spanneisen angesetzt, das lange Spannholz zunächst daran und darauf folgen kleinere Spannhölzer und zuletzt zwischen Stein und Spannhölzer an jeder Steinseite zwei Keile.

Gut ist es für die Maschine und deren einzelne Teile, wie Walzen ꝛc., wenn man immer mit großem, die ganze Druckfläche ausfüllendem Formate arbeiten kann, die Maschine hat einen ruhigeren Gang und die Walzen ꝛc. werden viel weniger abgenutzt.

Bei Maschinen deren Konstruktion nicht gestattet während des Ganges Druck nachzugeben, muß man feste Unterlagen verwenden, weil, wenn sich der Stein während des Druckes setzt, der Cylinder nicht mehr den genügenden Druck ausüben kann.

Bei Maschinen, wo man Druck nachgeben kann, muß dieses behutsam und während des Druckes geschehen.

Bei Maschinen mit Federdruck, Gewichten u. s. w. ist der Druck leicht und sicher zu regulieren.

Bei Maschinen, welche ein Lineal zum Einsetzen haben, hat das Einrichten von Arbeiten, bei welchen es auf sicheres genaues Passen ankommt, keine Schwierigkeiten. Man nehme von dem ersten Drucke ein genaues Maß und richte die übrigen Farben danach ein. Ist kein Einsetzlineal vorhanden, so lege man ein anderes Lineal genau auf die Zeichen, welche auf den Laufschienen angegeben sind und messe mit einem Papierstreifen die Entfernung von den auf dem Steine angegebenen Zeichen, bis zu dem Lineale ab. Sind keine Zeichen auf dem Steine vorhanden, so nehme man zwei Punkte an den äußeren Seiten der Zeichnung an, diese Punkte sind dann maßgebend für alle Farben und müssen auf den betreffenden Steinen angegeben werden. An den Seiten nehme man das Maß von der Laufschiene bis zu dem Kreuz oder andern an der Zeichnung vorhandenen Merkmalen und richte alle Steine danach.

Bei Selbstanlegern richtet sich jede folgende Platte genau nach der Anlage der ersten. Es ist sehr leicht und sicher mit diesem System zu arbeiten, jedoch nur mit starkem Papier; der Stein muß selbstverständlich auch hier ganz fest liegen, die Oberfläche desselben vollständig egal sein und die verschiedenen Steine möglichst gleiche Stärke haben. Mit den jetzt vorhandenen Steinschleif- und Hobelmaschinen ist dieses leicht zu erreichen.

Unegale Steine sind stets der Gefahr des Zerspringens ausgesetzt. Ist der Stein auf der Druckseite hohl oder in der Mitte höher, so gibt er, weil die Walzen die tiefer liegenden Stellen nicht, oder nur wenig berühren können, keinen vollen und scharfen Abdruck, auch ist ein genaues Passen nicht zu erreichen.

Für jede, auch die geringste Arbeit ist es unbedingt notwendig, daß die Greifer in Ordnung gehalten und genau nach dem Cylinder gerichtet werden. Ein genaues Passen ist unmöglich, wenn dieselben den Bogen nicht von allen Seiten gleichmäßig fassen; Wellen und Falten sind oft die unliebsamen Folgen dieses Umstandes. Man verwendet zwei Arten von Greifern, geschlossene und gespaltene, werden dieselben in Ordnung gehalten, so bewähren sich beide. Dieselben dürfen den Bogen nicht zu fest, aber auch nicht zu lose fassen. Im ersten Falle bekommt das Papier leicht Wellen, im andern wird es durch die Zugkraft der Farbe gelockert oder aus den Greifern gezogen. Der Stein darf nicht zu weit nach vorne eingerichtet werden, weil sonst die Greifer auf die Steinkante aufschlagen und sich verbiegen.

Auch der Vorgreifer ist bei allen vorkommenden Arbeiten von Wichtigkeit. Er legt welliges Papier glatt und drückt den Bogen, wenn er nicht glatt aufliegt oder die Ecken hochstehen, herunter. Er muß ebenso genau nach dem Lineal oder Cylinder abgerichtet sein, wie die Greifer, denn wenn der Bogen vom Vorgreifer unrichtig oder ungleich gefaßt wird, kommt er auch in unrichtiger Lage zu den Greifern.

Der Selbstanleger ist wie schon erwähnt, nur bei starken Papieren mit Vorteil zu verwenden, bei dünneren Papieren benutzt man das Punktursystem, welches sich von jeher vorzüglich bewährt hat.

In dem Greiferkanal ist in der Mitte des Cylinders ein Schieber angebracht zur Aufnahme der Punkturspitzen. Von einem am Ende der Stange befindlichen Daumen wird der Schieber auf- und abgeschoben und dadurch erzielt, daß die Punkturspitzen über die Druckflächen hervorstehen, wenn ein neuer Bogen eingelegt, und verschwinden, wenn der Bogen abgenommen werden soll. Auf dem Umfange des Cylinders befindet sich eine Reihe von Löchern, in welche die Punktur eingeschraubt wird. Wenn alle Punkturnadeln, oder doch mindestens zwei, eine bei dem Greifer, die andere auf dem Umfange des Cylinders, eingesetzt sind, ohne daß die Spitze der Nadel hervorsteht, kann der Cylinderüberzug übergezogen werden. Wenn sich nach mehreren Abdrücken, nachdem das Register eingestellt und genügender Druck vorhanden ist, der Cylinderüberzug etwas gestreckt hat, werden die Punkturnadeln weiter herausgeschraubt. Die Greiferpunktur darf auf dem Ueberzug kaum fühlbar sein, wenn sie vorgeschraubt ist. Bei dem Umgang des Cylinders geht der Daumen über einen kleinen Exzenter, hier kommt die Punkturnadel heraus und sticht ein Loch in das Papier. Wenn der Cylinderüberzug nach mehrmaligem Umgang genügend ausgedehnt ist, schraubt man die Punktur heraus bis sie fühlbar wird und sieht nach, ob dieselbe auf dem Stein sichtbar ist. Ist dieselbe nicht vorhanden, so lasse man langsam nach, jedoch vorsichtig, damit das Zeichen auf dem Steine nicht zu groß wird und bohre dann dasselbe mit einer Graviernadel tiefer.

Bei der Selbstanlage muß diese während der ganzen Arbeit immer auf demselben Punkte stehen. Der Schieber darf nicht zu hoch gestellt werden, dagegen auch nicht zu tief. Im ersten Falle muß derselbe unter der Hälfte des Bogens sein, weil derselbe sonst zu stark auf die äußere Anlage gedrückt wird und dann nicht paßt, im andern Falle, wenn derselbe zu weit unter der Hälfte des Bogens steht, kann sich der Bogen leicht von der Anlage abheben. Durch zu kurzen Greifraum werden die Greifer sehr leicht nach aufwärts gestoßen, was auch verschiedene Unregelmäßigkeiten zur Folge hat.

Bei allen Schnellpressen, sei die Konstruktion welche sie wolle, muß der Cylinder durch die Cylinderfedern auf beiden Seiten fest und gleichmäßig gespannt sein, in der Höhe mit den Walzen parallel liegen und nach der Höhe des Steines gestellt werden.

Nach der Höhe des Cylinders muß auch das Anlegebrett gestellt sein.

Beim Umgang des Cylinders dürfen die Greifer nicht an dem Anlagebrett anschlagen, dieses könnte namentlich beim Rückwärtsdrehen des Cylinders Beschädigungen an verschiedenen Maschinenteilen hervorrufen.

Für jedes auf der Maschine zu druckende Steinformat ist ein besonderer Cylinderüberzug von Vorteil. Derselbe besteht aus einem Filz und

Wachstuch. Die Stärke des Filzes beträgt ungefähr 2 mm und die des Gummi- oder Wachstuches 1—1½ mm. Beide Tücher müssen sehr akkurat aufgespannt werden, dazu schneidet man das benötigte Format etwas größer als die Steine; um das Tuch auf den Cylinder zu befestigen, setzt man das noch fehlende von starker Leinwand oder sonstigem festen Stoff an, weil sich derselbe leichter umbiegen läßt. Die Aufspannvorrichtungen sind sehr verschieden, die Tücher werden eingeschraubt, an Haken eingehängt mit einer Eisenstange, welche durch einen an den Stoff gemachten Saum gesteckt wird u. s. w. Zum Umspannen der Drucktücher sind öfters zwei Stangen vorhanden, mit welchen dieselben je nach Erfordernis angezogen werden können. Ein neues Tuch streckt sich längere Zeit und muß immer wieder angezogen werden, bis es festsitzt und sich nicht mehr streckt, das heißt vollständig glatt um den Cylinder liegt.

Ist ein Cylinderüberzug durch längeren Gebrauch schadhaft geworden oder hat man einen unegalen Stein zu drucken, so wird es nötig eine Zurichtung zu machen. Man macht, nachdem man den Stein in die richtige Anlage festgelegt hat, einige Abzüge auf weiches, dünnes Papier und läßt dann einmal auf den Cylinder abziehen. Um genau zu sehen, wo man aufzukleben hat, staubt man den Abzug auf dem Wachstuch mit Bronze ein, reißt die Stellen, welche nicht oder schlecht drucken aus dem Papierabzuge heraus, bestreicht sie auf der Rückseite mit Gummi und legt sie genau auf die entsprechende Stelle des Wachstuches. Wird das Wachstuch beschädigt, so streicht man die entstandene Vertiefung vermittelst eines heißen Messers mit Wachs aus.

Für feinere Merkantilarbeiten ist, anstatt Filz und Wachstuch, ein Kautschuküberzug, wie man denselben im Handel bekommt, zu empfehlen. Die Abdrücke werden scharf und schön und der Kautschuk läßt sich leicht mit Terpentinöl reinigen.

Das Farbewerk muß je nach dem Gebrauch gerichtet werden können und kann nur dann, wenn dieses der Fall ist, als gut bezeichnet werden. Bei gleichmäßigem Farbenverbrauch muß auch das Farbemesser an dem Cylinder gleichmäßig anstehen. Wird an einigen Stellen mehr Farbe nötig, so ist dieses leicht auszuführen, wenn man mit Messer und Schrauben vertraut ist, deshalb ist es notwendig, dieselben genau kennen zu lernen. Selten kann man das Farbwerk gleich so stellen, daß es genau so viel Farbe abgibt als die Zeichnung erfordert.

Man kann sich bei einigen Konstruktionen durch Anbringung eines verstellbaren Exzenters oder einer Falle helfen, dieselbe bewirkt, daß die Sprungwalze eine längere oder kürzere Tour an dem Farbecylinder macht und infolgedessen mehr oder weniger Farbe wegnimmt.

Das Farbemesser muß kräftig konstruiert und mit zweierlei Schrauben versehen sein. Die eine Schraube, welche bis zum Farbemesser geht, stößt dasselbe an den Farbecylinder, die nebenanstehende geht in das Messer und zieht es zurück. Ist das Farbewerk mit 10—12 Schrauben versehen, so kann man dasselbe auf das genaueste richten.

Die Walzen müssen, wie schon erwähnt, nach dem Stein genau in die Höhe des Cylinders gestellt sein.

Bei Maschinen ohne Laufschienen, bei welchen die Walzen keine Rollen haben, richtet man dieselben durch Stellschrauben ab. Es macht mehr

Arbeit als bei den Maschinen mit Laufschienen, weil bei jeder vorkommenden Veränderung des Formates ꝛc. die Walzen wieder abgerichtet werden müssen.

Bei Maschinen mit Laufschienen, wo die Walzen auf Rollen gehen, wird in der Weise gestellt, daß man einen großen Stein einrichtet, den nötigen Druck gibt, die Walzen in die Lager einlegt und den Stein unter dieselben richtet. Mit einem Papierstreifen kann man probieren, ob dieselben mit ihrer ganzen Schwere auf dem Stein liegen, indem man denselben zwischen Laufschiene und Walzenrolle schiebt und sich vergewissert, daß dieselben nur um eine dünne Papierstärke höher stehen.

Gehen die Walzen auf Laufschienen, so müssen sie verschränkt stehen und die Auftragwalzen dürfen nicht von gleicher Stärke oder Dicke sein, damit die Farbe besser verrieben und der Stein gut eingewalzt, auch das Uebertragen der Zeichnung verhindert wird.

Da wo die Walzen nicht verschränkt werden können, sind Beschwerwalzen angebracht, welche auf den Auftragwalzen hin- und hergehen und hier für gehörige Verreibung der Farbe zu sorgen.

Bei Arbeiten, welche doppeltes Einwalzen verlangen, muß die Farbe fester, stärker sein und die Feuchtwalzen etwas tiefer als die Auftragwalzen gestellt werden, damit auch die Steinkante angefeuchtet wird.

Oft kommt es vor, daß die Zeichnung auf dem Steine schwächer wird, oder ganz verschwindet. Dieses kann verschiedene Ursachen haben, zumeist wird es jedoch an den Walzen, das heißt an deren zu hoher oder zu tiefer Stellung liegen, auch ungenügende Reinigung derselben kann diesen Umstand hervorbringen; ebenso unegale Abrichtung. Uebermäßige Feuchtung, zu strenge oder zu viele Farbe können ebenfalls das Schwinden der Zeichnung hervorrufen.

Zu jeder Maschine müssen ein Satz schwarze und ein Satz Farbenwalzen vorhanden sein. Das Leder der Farbenwalzen muß ein feineres Korn als das der Schwarzwalzen haben und ist vor allen Dingen darauf zu sehen, daß dasselbe immer offen und dadurch die Walze weich bleibt. Neue Walzen reibt man mit Speck ein, bis das Leder ganz vom Fett durchdrungen ist, nach einigen Tagen setzt man dieselben in die Maschine ein und läßt sie 8—10 Stunden lang unter öfterem Zusatz von mittelstarkem Firnis einlaufen. Dadurch werden die Fasern vom Leder abgelöst, die Walze wird glatt und erhält ein offenes feines Korn.

Vor dem Drucken müssen die Walzen sorgfältig von allem Firnis befreit werden. Die schwarzen Walzen reibt man tüchtig mit Terpentin ab und schabt dann mit einem Messer, dem Leder nach, allen Firnis und die abgelösten Fasern hinweg. Fig. 12a, Taf. 1, und 13a, Taf. 2, zeigen einen sehr praktischen Schaber zum Reinigen der Walzen. Für die ersten Arbeiten mit neuen Walzen wähle man geringere, möglichst solche, wo man mit Firnis arbeiten muß; die Walzen werden dadurch fein und weich und die Fasern arbeiten sich durch die Zugkraft der Farbe bald ab.

Die Farbe darf auf den Walzen nicht eintrocknen, dadurch wird das Leder hart und spröde und das Korn desselben geht verloren, deshalb muß das Putzen derselben so oft als nötig vorgenommen werden, bei einigen Farben, Blau, Grün ꝛc., jeden Abend. Die Fig. 13, Taf. 2, abgebildete Walzenputzmaschine wird diese Arbeit sehr erleichtern und vereinfachen.

Dieselbe ist, da sie sehr wenig Raum einnimmt und ihre Anschaffung nur geringe Kosten macht, sehr zu empfehlen. Das Schleifen der Walzen, wenn dieselben durch Vernachlässigung hart und glatt geworden sind, wird durch die Walzenputzmaschine sehr erleichtert. Dasselbe wurde schon im ersten Kapitel beschrieben und wir fügen hier nur noch hinzu, daß dasselbe, namentlich in der Walzenputzmaschine, von geübter Hand vorgenommen werden muß um die Walze nicht unegal zu machen.

Hat sich das Leder ausgedehnt, so muß der Zwischenraum mit Flanell ausgefüllt werden und zwar so, daß das Leder sich nur mit Mühe darüber ziehen läßt. Die im ersten Kapitel beschriebene Vorrichtung zum Ueberziehen der Walzen erleichtert dasselbe ungemein.

Die Steinkanten müssen, damit sie nicht schmieren oder tonen, mit der Feile abgerundet, mit Bimsstein glatt geschliffen und mit Kleesalz poliert werden. Durch scharfe Steinkanten leidet der Cylinderüberzug, auch prägen sich dieselben in das Papier ein.

Bei Maschinen ohne Gangleder sind meistens Kantenschützer vorhanden, ist dieses nicht der Fall, so legt man auf beiden Seiten einige Pappenstücke unter das Gangleder, damit die Walzen gehoben werden und nicht anschlagen. Durch zu leichte Farbe, welche manche Drucker anwenden um einen zu hoch geätzten Umdruck länger zu halten, setzen die Walzen sehr leicht Ton ab und verschmieren die Steinkante, deshalb sehe man darauf, daß die Farbe immer die richtige Konsistenz hat. Wird bei Tondruck zu viel schwacher Firnis angewendet, so ist das Schmieren der Steinkante fast unvermeidlich.

Die eisernen Feuchtwalzen und den Tisch bestreicht man mit Asphalt oder Mennige um sie vor dem Rosten zu schützen. Die Walzen werden, wenn der Anstrich getrocknet ist, mit Feuchtstoff in mehreren Lagen übereinander überzogen, jedoch so, daß bei dem Zusammennähen nichts übereinander liegt, keine erhöhte Naht entsteht. Die obere Lage, welche sich rasch abnutzt, muß öfters, die unteren nur in längeren Zwischenräumen erneuert werden. Der Feuchttisch wird mit Filz und darüber eine Lage Feuchtstoff überzogen.

Von besonderem Nutzen ist eine Beschwerwalze von Kautschuk oder Messing. Dieselbe nimmt Schmutz, Farbe ꝛc. an sich und die Feuchtwalze bleibt rein und nutzt sich weniger ab. Diese Beschwerwalze muß öfters gereinigt werden, damit sie ihren Zweck stets gut erfüllen kann.

Feuchttisch und Feuchtwalze werden mit reinem Wasser angefeuchtet und auf den Feuchttisch öfters Wasser nachgegeben. Bei neueren Maschinen ist eine Vorrichtung angebracht, welche den Feuchttisch mit frischem Wasser versieht. Die Feuchtwalzen, sowie der Feuchttrog, müssen öfters gereinigt werden, der Trog durch Entfernen des abgesetzten Schlammes, die Walzen und der Feuchttisch durch Einreiben mit Terpentinöl, Bürsten mit Wasser und Ausstreichen mit einem Holzspatel. Der Terpentin muß wieder entfernt werden, man erreicht dieses durch Wasser und Abschaben. Wo ein Feuchtapparat nicht vorhanden ist, überstreicht man die Feuchtwalzen dann und wann mit einem Wasserschwamm, und feuchtet den Stein öfters mit der Hand nach, damit er immer die richtige Feuchtigkeit behält. Der Stein darf nicht zu naß sein, weil die Farbe stumpf wird und kein guter Abdruck zu erzielen ist, er darf aber auch nicht zu wenig feucht sein, weil sonst das Schmieren, namentlich der Steinkanten zu befürchten ist.

Die Feuchtigkeit hat auch großen Einfluß auf das Passen der Drucke.

Ist der Stein zu feucht, so dehnt sich das Papier und wird größer, wird er ungleichmäßig gefeuchtet, so wird auch das Papier ungleichmäßig passen.

Außer dem schlechten Passen durch ungenügendes Feuchten kann dasselbe aber auch durch andere Umstände hervorgerufen werden. Das Papier ist nicht genügend satiniert oder von schlechter Beschaffenheit, auch kann es zu wenig gelagert sein.

Die Farbe ist zu stark und hat deshalb zu viel Zugkraft, der Stein ist nicht fest eingeschraubt oder die Punkturen sind während des Druckens verstellt worden 2c.

Am gefährlichsten sind die sogenannten Holzpapiere, sie verändern sich bei jedem Temperaturwechsel. Man kann dem Ausdehnen oder Eingehen des Papieres nur durch Einlegen in trockene Makulatur und Beschweren desselben, oder wenn dieses nicht genug hilft, durch Einstellen in einen kühlen, feuchten Raum, Keller 2c. begegnen.

Naturpapiere lasse man vor dem Drucke auf einem gefeuchteten Steine durch die Presse gehen. Kreidepapiere versehe man mit einem Firniston, was außer dem, daß sich das Papier nicht verzieht, noch den Vorteil hat, daß wenn der Firnis vor dem Druck gut getrocknet ist, die Kreide nicht an dem Steine hängen bleibt und Bronze sehr gut hält.

Eine gute Satinage ist, namentlich bei Holzpapieren, zum guten Annehmen der Farbe durchaus erforderlich.

Das Papier muß, wenn es druckfähig sein soll, gelagert und gut ausgetrocknet sein.

In den Papierfabriken wird es, ohne vollständig auszutrocknen, verpackt und verschickt, deshalb lege man es in kleineren Stößen auseinander, lasse es austrocknen, bringe es wieder auf einen Stoß und lasse es noch einige Zeit liegen, ehe man es verdruckt.

Gut ausgetrocknetes Papier gibt keine Wellen.

Hat der Ton oder die Farbe zu viel Zugkraft, so werden sich dünne Papiere leicht verziehen und dann gibt es kein Mittel, dasselbe in den vorigen Zustand zurückzubringen. Deshalb muß die Farbe geschmeidig und doch fest sein, Töne sollen mit halb mittel und halb starkem Firnis gedruckt werden, damit sich das Papier leicht vom Steine abheben läßt und bei Bronze darf nicht zu viel Kopallack zugesetzt werden, weil derselbe sehr klebt und das Papier auf dem Steine festhält.

Alle Schrauben müssen fest angezogen und durch die Kontremuttern vor dem Losewerden gesichert sein. Geben die Schrauben nach, so wird der Stein nach der Seite, wo dieselben lose geworden sind, geschoben und die Zeichnung stimmt nicht mehr mit der Anlage oder Punktur. Die dadurch hervorgerufene Veränderung bemerkt man erst wenn es zu spät ist, nämlich beim Druck der zweiten Farbe. Durch Schrauben kann man noch etwas abhelfen, doch kann man den Uebelstand nicht ganz beseitigen.

Anlage, Punkturen, oder der Stein dürfen während des Druckes nicht verstellt werden.

Wenn der Stein in der richtigen Lage und festgeschraubt ist, stellt man die Anlage und achtet darauf, daß die Greifer den nötigen Faßraum haben, dann überzeugt man sich dadurch, daß man einige Makulaturbogen durchlaufen läßt, ob alles in der gehörigen Ordnung ist. Ist dieses der Fall, so kann man das Punkturenstechen vornehmen und weiterdrucken. Die Maschine muß ruhigen Gang haben und der Cylinder feststehen, macht derselbe Bewegungen, so werden die Punkturlöcher in den Abdrücken größer oder reißen durch, welches zur Folge hat, daß die Abdrücke nicht mehr passen. Deshalb muß die Gabel, in welche der Cylinder einfällt, genau nach dem Cylinderzapfen gerichtet sein. Sehr zweckmäßig ist es, wenn die Anlage an dem Cylinder angebracht ist, weil der Bogen immer genau an dem Cylinder anliegt und deshalb ein etwa vorkommendes Vibrieren desselben nicht schadet.

Bei unegal geschliffenen Steinen wird das Papier ungleich ausgedehnt, es verzieht sich und gibt leicht Wellen.

Entstehen beim Druck Walzenstriche, so ist die Ursache in unegalen oder losen Walzen oder in zu dünner, mit zu viel schwachem Firnis versehener Farbe zu suchen. Dem hilft man ab, indem man die Walzen möglichst verschränkt, Beschwerwalzen einlegt oder im letzten Falle die Farbe mit Weiß, je nach der Arbeit mit Transparent- oder Deckweiß, stärker macht. Wird der Druck etwas ausgesetzt, so muß, wie beim Handpressendruck, der Stein gummiert werden um denselben vor Fett zu schützen.

Stellen der Zeichnung, welche an Kraft verloren haben, das heißt während des Druckes schwächer geworden sind, lasse man eine Weile trocken stehen, wie es schon beim Handpressendruck beschrieben wurde, jedoch ist es nur für leichte Partien empfehlenswert und hier auch nur dann, wenn es unbedingt sein muß.

Das Eberlesche Brennätzverfahren ist beim Druck von unberechenbarem Vorteil. Es ist schon früher beschrieben worden, deshalb kommen wir hier nur kurz darauf zurück. Wenn die Zeichnung gut eingewalzt, mit Kolophonium eingestaubt und mit Federweiß abgerieben ist, wird der Stein mit der Lampe gebrannt und nach dem Erkalten geätzt. Beim Auftragen der Aetze mit dem Pinsel verstreicht man dieselbe so lange, bis der sich bildende Schaum vollständig verschwunden ist, dann wäscht man die Aetze ab, gummiert den Stein, wäscht ihn nach dem Trocknen aus und walzt ihn ein.

Man kann das Aetzen mehrere Male wiederholen, je nach der Arbeit und der Höhe, welche man erreichen will. War der Ueberdruck gut und scharf, dann dürfen die Abdrücke von denen vom gravierten Originale nicht zu unterscheiden sein.

Jeder Stein verlangt, je nach dem Grade seiner Härte, eine andere Aetzung, deshalb dürfen nicht alle Steine mit gleich starker Aetze und nicht beide Male mit gleichviel davon, behandelt werden. Ist die Aetze zu stark, oder will man mit einmal Aetzen das erreichen, was nur durch zweimaliges Aetzen möglich ist, so werden die feineren Sachen stärker und die stärkeren Partien werden durchfressen, die Zeichnung wird monoton und der Druck bietet verschiedene Schwierigkeiten, welche nicht überwunden werden können und verursachen, daß nur mangelhafte Drucke geliefert werden können. Man muß hier ganz leichte Farben anwenden.

Steht ein Bild stärker als die andern auf dem Steine, oder sind unegale Stellen in einem derselben, so übergehe man dieselben vor dem Hochätzen mit schwacher Aetze und einem Schwämmchen, bis sie die richtige Stärke haben und walze dieselben nochmals ein.

Ist der Umdruck gut und ist derselbe ebenfalls gut geätzt, so können leicht 20000—30000 gute Abdrücke erzielt werden, von einem verätzten Steine hingegen sehr wenige und noch dazu mangelhafte Drucke.

Die schönsten Drucke von Merkantilarbeiten erzielt man, wie schon erwähnt, mit einem Kautschukcylinderüberzug. Der Kautschuk hat die Dicke des Filzes und wird direkt über den Cylinder gezogen. Man soll denselben jedoch nicht bei Arbeiten, welche genau passen müssen und namentlich bei dünneren Papieren nicht anwenden. Der Bogen zieht sich oft aus den Greifern, oder halten diese ihn fest, so platzt er. Namentlich bei Bronzedruck kommt dieses vor, weil die Farbe zu demselben Zugkraft haben muß. Für Bronzedruck verwende man immer starke Farbe mit etwas starkem Firnis und Kopallack versetzt, je nach dem Papier muß auch die Farbe gehalten werden. Will man auf Bronze drucken, so druckt man mit dem gleichen Steine einen Firniston darauf und wenn derselbe trocken ist, druckt man weiter. Hierdurch erhält nicht allein die Bronze eine ausgezeichnete Haltbarkeit, es werden sich auch die darauf gedruckten Farben, welche, wenn sie direkt auf Bronze gedruckt werden, verschwommen erscheinen, scharf und klar abheben.

Stärkere Papiere sollten stets vor und nach jedem Drucke aufgehängt werden, so daß zwischen den Bogen die Luft durchgehen kann. Hierdurch trocknet dasselbe vollständig aus und ist nicht so leicht Veränderungen unterworfen. Es hat die Temperatur des Lokales angenommen und wird, nach jedem Drucke wieder aufgehängt, immer wieder auf die Größe zurückgehen, welche es vor dem Drucke hatte. Es ist zu empfehlen, die Bogen, nachdem sie trocken geworden sind, vor dem Druck noch zu pressen. Die Farbe trocknet schneller, als wenn die Drucke in Makulatur eingelegt wurden und es ist nicht zu befürchten, daß dieselbe ein scheckiges Aussehen erhält, wie es oft bei eingelegten Drucken, wo mehrere Farben schnell hintereinander gedruckt werden müssen, vorkommt. Bei dünnen Papieren oder Arbeiten mit wenigen Farben ist das Einlegen in Makulatur vorzuziehen.

Bei Arbeiten, welche auf beiden Seiten bedruckt werden, sorge man dafür, daß die Farbe der zuerst gedruckten Seite mindestens abgetrocknet ist. Ist sie zu frisch, so zieht sie sich auf dem Cylinder ab und beschmutzt den nachfolgenden Bogen.

Man suche deshalb den Vordruck bis zum Abend zu beendigen und beginne am nächsten Morgen mit dem Wiederdruck, bei anderer Einteilung wird man längere Zeit warten müssen, ehe man mit dem Wiederdruck beginnt.

Um zu verhüten, daß der Bogen Farbe an den Cylinder abgibt, was oft noch geschieht, wenn die Farbe auf der ersten Seite trocken ist, wendet man einen sogenannten Oelbogen an. Einen Bogen starkes gut geleimtes Papier, so groß wie die Zeichnung ist, streicht man leicht mit Gummi an und klebt ihn auf den Cylinder. Hat er angezogen, so läßt man einen

Makulaturbogen durchlaufen damit sich der Bogen glatt und ohne Blasen auflegt. Nach einigen Minuten, nachdem er angezogen hat, wird er mit Petroleum getränkt und tüchtig abgerieben. Ziehen die Abdrücke auf dem Oelbogen noch ab, so reibt man denselben von Zeit zu Zeit mit Petroleum ab.

Läßt sich nach dem Druck die Farbe wegwischen, so ist es nicht möglich noch einen weiteren Ton darüber zu drucken. Dieser Uebelstand entsteht dadurch, daß der Kreide- 2c. Anstrich des Papiers zu dick ist und zu wenig Leim hat, die Farbe oder der Ton zu viel schwachen Firnis enthält oder der Ton aus schweren und schlecht geriebenen Deckfarben zusammengesetzt wurde.

Deshalb sollte man bei allen gestrichenen Papieren vorher einen Firniston aufdrucken, damit die Kreide den Firnis der Farbe nicht aufsaugt und dieselbe als Mehl zurückläßt, und nur mit stärkerem Firnis arbeiten.

Ebenso halte man beim Tondruck möglichst alle Erdfarben fern. Werden sie als Deckfarben in gehöriger Stärke gedruckt, so ist das Uebel weniger groß.

Wendet man Sikkativ oder Kopallack an, so ist das Ausscheiden des Firnisses nicht zu befürchten.

Um dem Drucker das Arbeiten zu erleichtern, soll das Papier $1^1{,}_2$ bis 2 cm über die Steinkante bei den Greifern hinausgehen. Dieser Raum soll bei Bestimmung des Formates der Drucke womöglich nicht mit eingerechnet und später abgeschnitten werden. Ein etwaiges Ansetzen der Steinkante wird dadurch nicht bemerklich.

Die Steine dürfen niemals kleiner als das Papier sein. Dadurch, daß sich das Papier nur soweit streckt als es auf dem Steine liegt, die Ränder welche über den Stein hinausgehen aber nicht mit ausgedehnt werden, entstehen leicht Falten und der Uebelstand des Verschmierens der Steinkante tritt viel leichter ein.

Um dem Maschinenmeister einen schnelleren Ueberblick über alle Vorkommnisse an der Zeichnung und im Druck zu ermöglichen, muß die Zeichnung, wenn es irgend zu erreichen ist, immer so auf dem Steine stehen, daß dieselbe, wenn der Abdruck von dem Cylinder auf den Auslegetisch kommt, von vorne angesehen werden kann, ohne daß man denselben umdrehen muß. Bei einem Bilde soll der obere Teil an der Greiferkante angelegt sein. Bei Hochformat soll der Maschinenmeister, wenn er seinen Stand links von der Maschine hat, das Bild auf dem Steine gerade vor sich haben.

Bei Chromo- und Oeldruck werden sämtliche Deckfarben vor den Zeichnungsplatten gedruckt, bei dem sogenannten Aquarellbruck die Zeichnungsplatte zuerst.

Je nach dem Aussehen des Originales druckt man dieselben entweder tief braun oder matt schwarz. Das Schwarz kann mit Transparentweiß, Krapplack 2c. gebrochen werden.

Die Farben dürfen beim Aquarellbruck nicht so kräftig wie bei Chromo wirken, sondern sie müssen sich weich und zart mit der Zeichnung vereinigen.

Nach der Zeichnungsplatte druckt man den gelben Ton mit Transparentgelb (gelber Lack), sodann den Fleischton, aus Krapplack und gelbem Lack gemischt. Für Rosa, welches nun folgt, nehme man Rosakrapp und ist ein Rot erforderlich, dunkeln Krapplack. Sollen durch Blau, welches die nächste Farbe ist, und Gelb, grüne Töne hergestellt werden, so nehme man Miloriblau und etwas Nachtgrün. Soll das Blau jedoch rein bleiben, so muß man einen besonderen grünen Ton, welchen man aus Nachtgrün und Transparentgelb mischt, anwenden. Das zweite Blau wird mit Milori gedruckt in der Stärke wie es, was auch für alle andern Farben gilt, das Original verlangt. Nun kommt das Grau, welches zur Zusammenarbeitung des Bildes dient, weil es die Farben verbindet und die Harmonie desselben herbeiführt.

Diese Anführungen beziehen sich auf ein Bild mit 8—10 Farben. Man halte sich bei der Mischung derselben möglichst genau an das Original und verwende nur gute und reine Farben. Die Töne müssen aus Transparentfarben hergestellt und dürfen nicht zu stark gebrochen werden.

Für mehr Farben nehme man eine andere Aufeinanderfolge derselben an. Die hellen Töne, Gelb, Fleischton, Rosa, erstes Blau, drucke man vor der Zeichnungsplatte, die Farben müssen aber vollständig trocken sein, ehe man dieselbe druckt.

Damit die Farbe keinen Glanz bekommt, wende man nur schwachen Firnis an; das Papier muß ungeleimt oder nur wenig geleimt sein, damit es die Farbe einsaugt.

Manche Maschinen sind mit Selbstausleger versehen, dieselben eignen sich für Arbeiten von großem Format und dünnem Papier, auch für solche, welche wenig Farben haben und nicht in Makulatur eingelegt werden müssen.

Für Arbeiten dagegen, bei denen schwere Farben angewendet werden, oder größere Flächen mit starker Farbe gedeckt werden müssen, ebenso bei Karton und anderen harten und starken Papieren sind dieselben nicht zu empfehlen.

Die Farbe, welche sich an die Schnüre und an die hölzernen Stäbe des Rechens anhängt, führt trotz aller Vorsichtsmaßregeln ein Verschmieren der Abdrücke herbei.

Das Schnitzen, Dublieren der Striche nach hinten, kommt meistenteils bei welligem Papier vor, welches sich beim Druck nach hinten ausstreckt, oder der Bogen fällt zu früh auf den Stein. Um dasselbe zu vermeiden, werden an beiden Seiten des Cylinders straff gespannte Schnüre oder Bänder angebracht, welche verhindern, daß der obere Teil des Bogens zu früh auf den Stein fällt. Bei neueren Maschinen sind Gummirollen angebracht, welche den Bogen halten. Sollte, trotz diesen Vorrichtungen, das Schmitzen nicht unterbleiben, so liegt es am Papier. Man satiniere dasselbe nochmals den langen Weg, oder presse es einige Stunden lang in einer Packpresse, oder lagere es in einem Keller.

Die verschiedenen Unglücksfälle, welche teils mit, teils ohne Verschulden des Personales an den Schnellpressen vorgekommen sind, veranlaßten die gesetzlich vorgeschriebene Einführung von Schutzvorrichtungen an denselben. Die meisten haben sich jedoch wenig wirksam gezeigt, einesteils weil sie nicht recht praktisch waren, anderenteils weil die Leute durch die tägliche Gewohnheit gegen die Gefahr gleichgültig geworden, die Anbringung derselben unterließen.

Herr Karl Blante, welchem die Prüfung eines besonders traurigen Unglücksfalles oblag, bemühte sich eine wirksamere Unfallverhütungs-Vorrichtung auszuarbeiten und ließ bald darauf an den Maschinen seiner Anstalt die nachstehend beschriebene und in Fig. 14, Taf. 9, abgebildete Schutzbrüstung anbringen.

Zwei mit dem Gestell der Maschine durch Schrauben verbundene Stangen a und b tragen am oberen Ende kurze, rechtwinkelig abstehende Querstücke c, welche mit Zapfen d versehen sind. Auf diese Zapfen werden die gelochten Enden der Schiene e derart gesteckt, daß die Schiene eine Brüstung bildet, welche zu weites Herüberlegen über Stein und Farbetisch verhindert, aber bei Bedarf jederzeit entfernt werden kann.

Im Verein mit festen hölzernen Laufbühnen rund um die Maschine erscheint diese Vorrichtung geeignet, einen großen Teil der vorkommenden Unfälle auszuschließen.

Dreizehntes Kapitel.

Vom Satinieren und Pressen der fertigen Abdrücke und deren Lackierung.

Die Abdrücke, sowie dieselben aus der Presse kommen, sind noch keineswegs geeignet, in das Publikum zu kommen. Das gefeuchtete Papier trocknet ungleichmäßig und erhält keine ebene Fläche, und in den Fällen, wo der Reiber schmäler war, als das Druckpapier, oder nicht über dessen ganze Länge hingeführt wurde, hat das Papier eine verschiedenartige Dehnung erhalten, die oft, je nach der Beschaffenheit des Papiers, sehr bedeutend ist. Man muß daher die fertigen Abdrücke noch einer besonderen Arbeit, dem Pressen oder Satinieren unterziehen: diese Arbeit zerfällt nach Art der Abdrücke in verschiedene Klassen.

Satinieren gewöhnlicher Arbeiten.

Zu diesen Arbeiten gehören die Schriftsachen, ordinäre Umdrucke, tabellarische Arbeiten, Zirkulare 2c. Man läßt diese Abdrücke, auf Leinen hängend, drei bis vier Tage trocknen, und wenn die Schwärze nicht mehr abfärbt, bringt man die Drucke in Stößen zwischen Preßbrettern, in die Papierpresse, wo man sie, unter scharfem Druck, etwa 12—24 Stunden stehen läßt.

Satinieren feiner Arbeiten.

Diese sind feine kalligraphische Arbeiten, Federzeichnungen, lithographische Abdrücke 2c. Auch diese Abdrücke müssen drei bis vier Tage trocknen, ehe man sie satiniert; doch hängt man sie nicht auf Leinen, sondern man läßt sie, auf mit Bindfaden überzogenen Rahmen oder Pappendeckeln liegend, trocknen. Darauf netzt man sie einzeln auf der Rückseite mit einem feuchten Schwamme, wobei man darauf sehen muß, die Ränder mehr anzufeuchten, als die bereits ausgedehnte Mitte. Die gefeuchteten Abdrücke bringt man auf einen Stoß zwischen zwei Preßbretter und beschwert sie. Nach drei bis vier Stunden werden sie zwischen englische Preßspäne (dichte und sehr glatt polierte Pappendeckel) dergestalt gelegt, daß allemal ein Abdruck, oder deren mehrere nebeneinander, wenn der Preßspan groß genug ist, und ein Preßspan abwechseln. Der ganze Stoß, dessen Anfang und Ende ein Preßspan sein muß, kommt dann zwischen zwei Preßbrettern in die Papierpresse, wo sie dem schärfsten Drucke ausgesetzt einige Tage bleiben müssen. — Die Abdrücke erscheinen dann eben und ohne alle Falten, was nicht der Fall ist, wenn man sie ungenetzt in die Presse bringt.

Abdrücke von sehr verschiedenen Formaten soll man nie zugleich in ein und dieselbe Presse bringen, da der Druck, selbst wenn man sie durch Preßbretter trennt, immer ungleichmäßig wird.

Bei wichtigen Zeichnungen wird das Satinieren der Abdrücke manchmal dadurch bewerkstelligt, daß man jeden Abdruck auf einen glatten leeren Stein legt und ihn ein- oder zweimal durch die Presse zieht, wobei Stein und Reiber so groß sein müssen, daß letzterer über den ganzen Abdruck laufen kann.

Zu Farbedrucken aber wird zuweilen ein rauhgeschliffener Stein gewählt, wodurch sie ein Korn erhalten.

Satinieren von Visitenkarten, Metalldruck ꝛc.

Adreß- und Visitenkarten, welche auf gewöhnliches geleimtes Papier gedruckt wurden, werden wie feine kalligraphische Arbeiten behandelt. Sind sie aber auf sogenanntes Glaceepapier gedruckt und verlangt man bei denselben den höchsten Glanz, so müssen sie einer anderen Operation unterworfen werden. Man bedient sich zu diesem Zwecke einer sogenannten Walzmaschine oder Satinierpresse, welche wir oben im Kapitel von den Pressen bereits beschrieben haben und wovon man für Visitenkarten ꝛc. eine im kleinen Maßstabe haben muß, deren Walzen etwa 10 cm dick und 22 bis 26 cm lang sind.

Zwischen die Walzen dieser Maschine nun bringt man die Karten einzeln, indem man sie mit der bedruckten Seite auf eine schwarz polierte Stahlplatte legt, und läßt sie unter sehr starkem Drucke durch die Maschine gehen. Will man die Karten mit einem guillochierten Grunde oder sonst Verzierungen versehen, so muß man, statt der polierten Stahlplatte, eine gehörig guillochierte oder mit den erforderlichen Ornamenten versehene Platte anwenden.

Metalldrucke, sie mögen nun mit Blattmetall vergoldet oder versilbert, oder mit Bronzestaub eingepudert sein, werden mit der polierten Stahlplatte behandelt, wie oben beschrieben wurde, doch muß man die Drucke zuvor durchaus ganz trocken werden lassen, indem sonst, wenn die Unterdruckfarbe auch nur noch im geringsten feucht war, das Metall nicht allein keine Politur annimmt, sondern sich noch überdies vom Abdrucke abhebt und an die Stahlplatte geht.

Sollen die Karten oder sonstigen Abdrücke auf Papier erhabene Ornamente erhalten, so muß man dieselben mittels eines Prägewerkes hervorbringen. Ein solches Prägewerk ist ein Fallwerk, nach Art der bekannten Siegelpresse im kleinern oder größern Maßstabe ausgeführt, an dessen Fallschraube eine Metallplatte mit dem vertieft geschnittenen Dessin der Prägung befestigt ist, während man sich auf dem Fundament der Presse eine Kontrematrize bildet. Dies kann entweder geschehen, indem man eine Platte weiches Blei dort unverrückbar anbringt und durch wiederholtes scharfes Prägen in demselben eine Kontrematrize erzeugt, oder indem man statt des Bleies Leder nimmt. Diese Matrizen sind besser als die bleiernen, da sie das Papier nicht so scharf angreifen, das von dem Blei leicht durchschnitten wird. Zu solchen Matrizen nimmt man das stärkste Pfundleder oder Sohlenleder und verdichtet dasselbe durch Schlagen mit einem schweren Hammer auf einem Steine, so daß es nur noch halb so dick ist, als zuvor. Dann netzt man die Oberfläche mehrmals stark mit Spiritus, wodurch sie etwas rauh und erweicht wird, bringt sie auf ihr Lager in die Presse und setzt die sehr stark erhitzte Musterplatte auf dieselbe, während man mit der Schraube den möglichst scharfen Druck gibt und denselben bis zum vollständigen Erkalten beibehält. Die Matrize ist ganz scharf und man braucht nur noch mit einem scharfen Messer die umliegenden glatten Teile etwas zu vertiefen, damit die Prägung gehörig hoch steht.

Will man übrigens auf gewöhnliches Papier Prägungen anbringen, die ein ziemlich bedeutendes Relief haben, so muß man dazu ein weiches und dickes Papier wählen und dasselbe vor der Prägung, aber nur im Notfalle, wenn man sieht, daß die Prägung nicht scharf genug ausfällt, ein wenig feuchten. Dies wird indessen selten nötig sein, wenn die Presse nur die gehörige Kraft hat.

Die Prägung des Blattmetalldrucks wurde bereits im zehnten Kapitel erläutert.

Gelatinelackierung.

Die Gelatinelackierung, welche dem Bilde einen eigentümlichen spiegelglatten Glanzüberzug verleiht, der durch keinen Pinselauftrag erreichbar ist, wird nach einem Verfahren behandelt, welches der Erzeugung des sogenannten Glaspapiers (Leimfolie), dessen Anwendung als Pauspapier bereits erörtert wurde, ähnlich ist.

Die wesentlichste Vorrichtung für diese Lackierung besteht aus mehreren Tafeln von geschliffenem Spiegelglas, welche in Holzrahmen gefaßt sind und aus einer Stellage, worauf jede der Tafeln ihren eigenen Platz erhält, der, um einer Verwechselung zu begegnen, mit derselben Tafelnummer bezeichnet wird.

Die Manipulation selbst muß in einem staubfreien Zimmer vorgenommen und auch dort die Stellage untergebracht werden.

Die Stellage, aus 9 cm dicken Pfosten und eben solchen Querriegeln zusammengebaut, deren hintere Pfosten an einer glatten Wand befestigt und auf deren Querteile eine Unterlage aus Pappe geleimt ist, muß genau in Winkel und Wage gearbeitet sein, damit die erforderliche horizontale Lage der Glastafeln, welche wesentlich notwendig ist, um einen Lacküberzug von gleicher Dicke zu erhalten, nicht erst durch Unterlagen bewerkstelligt werden muß.

Daher ist vor allem die horizontale Lage der Tafeln und die der Querteile, worauf erstere zu liegen kommen, mittels der Wasserwage zu ermitteln.

Die Gelatine*) selbst, ein weißer Leim, welcher aus Knochen oder auch aus Abfällen des weißgegerbten Leders gewonnen wird, kommt im Handel in schwachen, fast durchsichtigen Tafeln vor.

Um dieselbe für die Lackierung aufzulösen, wird sie in kleine Stücke zerbrochen, in ein reines leinenes Tuch gebunden und so lange in kaltes Wasser gehängt, bis sie hinlänglich aufgequollen ist.

In diesem Zustande wird dieselbe mit dem Tuche in einen Krug mit Wasser gehängt, der auf einen Dreifuß gestellt, unter welchem eine brennende Spirituslampe gebracht, und hierdurch vom siedenden Wasser die Gelatine aufgelöst wird, wobei ihre unreinen Teile im Tuche zurückbleiben.

Das Quantum Wasser und das der Gelatine sollte eine leichtflüssige Auflösung geben, welcher dann noch ein gleiches Volumen Weingeist (Spiritus) zugesetzt wird, weil ohne diesen Zusatz die auf die Glastafel gegossene Masse bald erkalten und sich ungleich ausbreiten würde, während mittels des Spiritus dieselbe sich leicht und gleichförmig ebnet.

Das geeignetste Mischungsverhältnis hierfür geben 2 Gewichtsteile Gelatine in 5 Teilen Wasser aufgelöst, mit einem Zusatze von 3 Teilen Weingeist. Das Gefäß muß jedoch nach dem Zusatze des Spiritus bedeckt werden, damit derselbe nicht verflüchtige; auch bedient man sich beim Aufgießen dieser Flüssigkeit gewöhnlich eines zinnernen Gradiergefäßes**), damit man genau bemessen kann, wie viel von dieser Masse für eine Tafel erforderlich ist, um einen weder zu schwachen noch zu starken Lacküberzug zu erhalten. Die Tafel muß vor dem Aufgusse einen leichten Anflug von Öl bekommen, um das Anhaften des Leims an derselben zu verhindern.

Die übrige Manipulation geschieht in folgender Weise: Nachdem die erforderliche Masse ins Gradiergefäß gebracht, wird dieselbe in lauwarmem Zustande, in welchem sie eine sirupähnliche Konsistenz angenommen, auf die staubfreie und schwachgeölte Glastafel gegossen, und dann die Tafel hin und her geschwenkt, bis alle Teile derselben von der Masse überzogen sind. Hierauf werden sie an ihre bestimmten Plätze in der Stellage gelegt und in gleicher Weise mit dem Aufgusse der übrigen Tafeln fortgefahren.

Nach Verlauf einer Viertelstunde, wo nun die flüssige Masse auf der Glastafel stockig zu werden beginnt, wird das zu lackierende Bild auf der Rückseite mit einem Wasserschwamme gleichmäßig befeuchtet und auf diese Leimmasse gelegt, wobei die dazwischen entstehenden Luftblasen mit den Fingern nach den Rändern zu vertreiben sind, und besonders darauf zu sehen ist, daß die Bildränder gut anhaften. In diesem Zustande bleibt dann das Ganze zwei bis drei Tage, bis zum vollständigen Trocknen auf der Stellage liegen, worauf mit einem stumpfen Messer um die Papierränder die Masse weggeschnitten, und das Bild, welches nun den Leimaufguß fest an sich hält, abgezogen wird.

---

*) Die chinesische Gelatine, welche als eine sehr leichte, weiße Substanz in zusammengefalteter Röhrenform von 30 cm Länge in den Handel kommt, ist pflanzlichen Ursprungs und löst sich nur im siedenden Wasser, jedoch schwerer als wirkliche Gelatine auf.

**) Dieses Gefäß aus Zinn oder Glas ist inwendig mit einer Skala bezeichnet, wodurch das gleiche Volumen flüssiger Masse für jede Tafel ermittelt werden kann.

Selbstverständlich müssen Rahmen und Glas der gebrauchten Tafeln von dem anhängenden Leim sorgfältig gereinigt werden, bevor dieselben wieder benutzt werden. Gleichwie die früher schon erwähnten Gelatinetafeln mit **Kollodium gefirnißt**, wasserdicht und biegsamer werden, ohne ihre Durchsichtigkeit zu verlieren, ebenso kann auch der Gelatinelackierung obige Eigenschaft hierdurch gegeben werden, wodurch sie an praktischem Werte gewinnt.

Kollodium als Firnis für Papier.

Man bereitet diesen Firnis aus 1 Teil Kollodium, welcher mit $^1/_{32}$ Rizinusöl versetzt wird. Derselbe kann unmittelbar auf Papier angewendet werden und hat wesentliche Vorteile vor Terpentinöl- und Weingeistfirnissen, er trocknet nämlich äußerst schnell, schlägt nicht durchs Papier, kann also sogleich angewendet werden und wird von öligen und weingeistigen Flüssigkeiten nicht angegriffen.

Landkarten, Kalender, Tabellen, Aufschriften etc. damit überzogen, bleiben jahrelang unverändert glänzend und geschmeidig, zeigen nur später einen schwach gelblichen Stich und sind von Unreinigkeiten mittels Wasser leicht zu reinigen.

Zeigen sich beim Auftragen des Firnis, das mehrmals geschehen muß, weiße Stellen, so sind diese leicht durch Benetzung mittels Aether zu entfernen.

Etikettenlack.

Der sogenannte Etikettenlack wird jetzt in vielen Fabriken hergestellt; auch die Händler mit lithographischen Utensilien führen diesen Lack, so **Klimsch & Komp.** in Frankfurt a. M. u. s. w.

Da es Spirituslack ist, so widersteht er natürlich jeder Feuchtigkeit und schützt die Bronzefarben vor Schwarzwerden.

Bei Anwendung des Lackes ist Grundbedingung ein erwärmtes Lokal von wenigstens 12—14°, nur müssen auch die Bogen diese Temperatur angenommen haben, sonst wird der Firnis blind oder milchig.

Man bedient sich zum Auftragen eines in Blech gefaßten Haarpinsels von ungefähr 10—12 cm Breite (Fig. 10, Taf. 9).

In ruhigen parallel nebeneinander laufenden Strichen wird der Bogen zwei- bis dreimal nach verschiedenen Richtungen überstrichen, einige Augenblicke liegen gelassen, damit der Lack sich vollkommen gleichmäßig verlaufen kann und dann zum vollständigen Trocknen und zur Erzielung eines möglichst hohen Glanzes an den warmen Ofen gehalten oder in eine zu diesem Zwecke hergerichtete von gelindem Feuer umgebene Röhre (ungefähr wie die Bratröhren) gelegt. In einigen Sekunden ist der Bogen vollständig trocken. Diese Art des Lackierens ist jetzt in sehr vielen Geschäften eingeführt, geht schnell, und gibt einen Glanz, der dem der gelatinierten Sachen nicht viel nachsteht.

Den im Handel vorrätigen Etikettenlack, welcher gewöhnlich zum Lackieren zu stark ist, verdünnt man vor dem Gebrauche mit etwas Weingeist.

Man kann sich einen guten Lack selbst bereiten, indem man 10 Teile Sandarach, 4 Teile Mastix und $^1/_2$ Teil Kampfer in 180 Teilen Weingeist von 90 Prozent auflöst. Bei Abdrücken, welche in ihrer ganzen Fläche mit Farbe bedruckt sind, kann man den Lack direkt auftragen. Sicherer ist es jedoch auch diesen einen Anstrich zu geben, weil der Lack oft auch durch dieselben schlägt. Abdrücke, welche größere oder kleinere unbedruckte Flächen haben, müssen vor dem Lackieren einen Anstrich bekommen, damit der Lack nicht durch das Papier bringt. Zu diesem Zwecke löst man so viel Gelatine in heißem Wasser auf, daß die Flüssigkeit ungefähr die Stärke des Glycerins erreicht. Ist dieselbe nicht mehr heiß, so überstreicht man die Abdrücke mit derselben vermittelst eines weichen Pinsels und läßt sie trocknen. Nun macht man eine Probe, indem man einen Abdruck lackiert und sich überzeugt ob der Lack steht, das heißt nicht mehr in das Papier eindringt. Sollte letzteres der Fall sein, so muß man die Abdrücke nochmals gelatinieren.

Noch besser als die Gelatine ist eine Abkochung von isländischem Moos (Cetraria islandica). Am besten trägt man dieselbe mit dem Schwamme auf und vermeidet, indem man den Anstrich möglichst schnell ausführt, das mehrmalige Ueberstreichen der unbedruckten Stellen des Papiers. Bei Chromopapieren löst sich dadurch der Anstrich des Papieres auf. Nach dem Trocknen kann man mit dem Lackieren beginnen.

Das Lokal, in welchem man dasselbe vornimmt, muß wie schon oben erwähnt wurde, genügend erwärmt sein, ist dieses nicht der Fall, so zieht sich der Lack weil er zähe wird und erschwert das Streichen oder macht es ganz unmöglich. Sollte der Pinsel, was auch bei den besten vorkommt, zuweilen ein Haar fallen lassen, so entfernt man dasselbe mit einer Nadel oder spitz geschnittenen Feder.

Einen guten Lack für Schreibpapier, ohne daß dasselbe vorher grundiert wird, bereitet man indem man 300 Teile Wasser und 5 Teile zerkleinerte Eibischwurzel eine halbe Stunde lang kocht, durchseiht und 24 Teile kristallisierten Borax, 4 Teile wasserfreie Soda und 100 Teile Schellack hinzusetzt und nochmals kocht.

Für Chromopapier (Kreidepapier) erhält man einen guten Lack aus 10 Teilen weißem Schellack, 30 Teilen Alkohol, 25 Teilen Ammoniak, denen man 50 Teile siedendes Wasser langsam zusetzt.

Auch für diese Arbeit sind Maschinen hergestellt worden, durch welche dieselbe bedeutend schneller und gleichmäßiger ausgeführt wird.

Fig. 13, Taf. 9, zeigt eine derartige Maschine für Dampf- und Handbetrieb eingerichtet. Dieselbe kann auch zum Gummieren gebraucht werden und ist das Wechseln von Gummi auf Lack und umgekehrt, sehr einfach und rasch zu bewerkstelligen.

Anhang.

Zinkographie, Kupfer- und Stahldruck auf chemischem Wege, anastatischer Druck und Heliographie.

Die Beschwerlichkeit, sich die zum Steindrucke geeigneten Platten von ihrem Gewinnungsorte zu verschaffen, der Umstand, daß die Aufbewahrung derjenigen Steinplatten, welche man, in Hinsicht auf ungewissen oder wiederholten Absatz, nicht ganz ausbruchen konnte, umständlich, platzraubend und kostspielig ist, hat schon den Erfinder des Steindrucks auf die Idee gebracht, die Lithographiesteine zum chemischen Drucke durch ein anderes Material zu ersetzen. Das erste Resultat dieser Bemühungen waren Senefelders lithographische Steinpappen, die indes durchaus keine praktischen Vorteile gewährten und daher bald der verdienten Vergessenheit übergeben wurden. Unter manchen andern Materialien hat sich bis jetzt das Zink als das beste bewiesen und verschiedene Verfahren sind in der Neuzeit soweit vervollkommnet worden, daß man jetzt bereits ausgezeichnete und in der Gravier- und Federmanier den besten Kupferstichen kaum nachstehende Resultate davon erlangt hat.

Es kann keineswegs unser Zweck sein, in diesem Lehrbuche des Steindruckes den Zinkdruck umständlich abzuhandeln; indessen wollen wir doch, da an manche Steindruckereien öfters die Notwendigkeit herantritt, etwas in Zink zu ätzen oder von Zink zu drucken, die einfacheren Verfahrungsarten soweit erläutern, daß sie der Drucker bei einiger Uebung ausführen kann.

Die Zinkographie zerfällt in zwei Branchen, nämlich in den rein chemischen Teil und in den chemisch-mechanischen Teil, je nachdem die Bearbeitung der Platte mittels chemischer oder mechanischer Hilfsmittel bewirkt wurde. Wir wollen über beide Branchen das Nötige beibringen, können dieselben jedoch nicht ganz getrennt voneinander halten, weil es bei einzelnen Verfahren vorteilhafter ist, gleich beide Teile zu beschreiben.

A. Chemischer Teil.

Bei der Zinkographie nach dieser Methode wird die Zeichnung mittels chemischer Reagenzien auf die Platte gebracht, diese dann chemisch präpariert und gedruckt.

Man bedient sich zur Zinkographie des Zinks in Plattenform. Früher, ehe das Zink in der Architektur und zu anderen Zwecken der Technik eine so bedeutende Anwendung gefunden hatte, mußten die Platten besonders gegossen und dann in der Temperatur, wo das Zink hämmerbar ist, in großen Streckwerken gewalzt werden. Dieses Walzen muß in sich kreuzender Richtung geschehen, damit das Metall nicht die faserige Textur annimmt, welche es erhält, wenn es stets nur nach einer Richtung durch die Streckwalzen geht. Jetzt erhält man indessen gute und tadellose Zinkplatten in den Niederlagen der Zinkwerke bereits in Blechform, vorrätig, oder kann dieselben dort leicht bestellen.

Man thut am besten, sich gleich die richtigen Formate anzuschaffen und zwar nach der Druckfläche, welche die Hand- oder Schnellpressen haben, mit Berücksichtigung des Raumes zum Anschrauben an das Fundament.

Auch in den Materialienhandlungen sind die Platten vorrätig und gleich fertig, das heißt geschliffen und poliert zu haben.

Beim Einkaufe der Zinkplatten sehe man auf eine recht ebene gleichmäßige Fläche, das Zink darf weder Blasen noch Wellen zeigen. Die Blasen, welche man durch ihre Erhöhung erkennt, öffnen sich beim Schleifen und durch die entstehenden tiefern Stellen wird die Platte unbrauchbar.

Dieses graue Metall, welches in der Natur gediegen und als Galmei (kohlensaures Zinkoxyd) sich vorfindet, ist in Blöcken von kristallinischem Gefüge und glänzendem Bruch; es hat die Eigenschaft unter Einwirkung einer Säure sich zu verseifen, weshalb es zum Drucke verwendbar ist. Das in gewalzten Platten in den Handel kommende, enthält immer $1/5$ Blei, indem es sonst nicht gut streckbar wäre.

Die rauhe und oft noch stark oxydierte Oberfläche der Zinkbleche muß mit einem starken Schaber oder einem an den Ecken etwas rundlich geschliffenen Hobeleisen entfernt werden; letzteres ist vorzuziehen. Das Eisen wird beim Gebrauche fast senkrecht, oben etwas abgewendet, auf die Platte gesetzt, mit der Linken oben, mit der Rechten unten gehalten, und unter kräftigem Druck und Schub schabend über dieselbe fortgeführt. Dies muß in kreuzender Richtung und jedesmal über die ganze Fläche der Platte geschehen, da diese sonst leicht uneben wird.

Ist die Platte auf solche Weise aus dem Rohen geschabt, so arbeitet man sie mit der Ziehklinge vollends eben und schleift sie dann mit Kohle glatt. Hierzu ist Tannen- oder Lindenkohle zu wählen, und die Kohlen aus den dünnen Aesten greifen besser, als die aus dem Stammholze; die Rinde macht Kritzen und muß beseitigt werden, von den Kohlen aber müssen während des Schleifens beständig mehrere in Wasser liegen, die man abwechselnd braucht. Das Wasser muß rein und vollkommen sandfrei sein; denn selbst das feinste Sandkorn macht Kritzen in die Platte. Das Schleifen geschieht ebenfalls kreuzweis, erst nach der Länge, dann nach der Breite der Platten, welche während des Schleifens oft, um das Fortschreiten desselben beobachten zu können, abgespült werden müssen. Ist eine Platte fein geschliffen, so bedarf sie in den meisten Fällen keiner weiteren Politur; will man dieselbe aber polieren, so geschieht dieses nach der gewöhnlichen Weise mit einem Polierstahle, doch darf man dabei weder Fett noch Oel anwenden. Ist dies aber dennoch geschehen, so erwärme man die Platte leicht, damit das Oel ausschwitze und reinige sie nach einigem Erkalten mit einer starken Kaliauflösung und Terpentinöl, worauf man sie mit dem feinsten unfühlbaren Kohlenpulver abreibt.

Man schleift dieselben auch mit Naturbimsstein in großen Flächen und Wasser und poliert sie mittels Schmirgelstaub mit einem überzogenen oder Filzballen.

Schon gebrauchte Platten werden mit Terpentin ausgeputzt, daß die Zeichnung blank hervortritt und dann geschliffen.

Da sich das glatte Zink schwierig verarbeiten läßt, gibt man den Zinkplatten dadurch, daß man feines Schmirgelpulver aufpudert und dasselbe mittels eines Läufers oder Lederballens einreibt, ein Korn, dessen Feinheit sich nach der darauf zu machenden Arbeit und der Feinheit des aufgestaubten Pulvers richtet; diese Operation ist aber zu Schriftsachen nicht nötig, und in keinem Falle darf das Korn tief sein.

Wo sich Glasschleifereien befinden, welche ein Sandgebläse besitzen, kann man sich die sehr mühevolle Arbeit des Körnens ersparen. Man gibt die fertig geschliffenen und polierten Platten dahin und erhält das Korn in jeder gewünschten Stärke sehr gleichmäßig.

Das Zerschneiden der Zinktafeln zur gehörigen Größe vollziehe man nicht mit der Schere, da dabei die Ränder zackig und verbogen werden, sondern man ziehe die Schneidelinie sehr tief mit einem scharfen stählernen Reißer vor und breche die Platte über der Tischkante rasch ab. Noch besser und gerader bricht sie, wenn man den Riß der, zuvor an der Schneidestelle mit etwas Fett dünn bestrichenen Platte, mit einem Pinsel mit Salpetersäure bestreicht und dann einige Tropfen Quecksilber aufgießt, worauf sich das Zink hier sogleich amalgamiert und bequem abgebrochen werden kann. Mit der treibbaren Laubsägemaschine kommt man noch schneller und besser zustande.

Die fertig polierte und nach Befinden gekörnte Platte wird nun dergestalt auf einen Holzblock (Fundament) genagelt, daß ihre Ränder auf die Seitenfläche des Blockes übergreifen und also seitwärts befestigt werden. Diese Operation ist nötig, um der Platte in der Presse eine sichere Lage zu geben, und man darf nicht fürchten, daß sich die Platte, wie die Kupferplatten in der Presse, krumm ziehen oder ausdehnen werde, da der Druck, dem sie ausgesetzt wird, nicht so bedeutend ist, um das Metall zu strecken.

Statt der Holzunterlage dürfte sich besser eine plan abgedrehte Platte von Eisenguß eignen, auf welcher die Zinkplatte an zwei ihrer abgebogenen Seiten mit je zwei Schräubchen befestigt wird.

Für Schnellpressendruck fertige man das Fundament aus Holz, 10 bis 20 cm stark, nach der Größe der Druckfläche der Presse an, doch muß noch genügend Raum zum Hin und Herrücken bleiben. Vorn, nach den Greifern des Cylinders zu, kann es mit abgerundeter Kante gerade herunter gehen und muß mit einem eisernen Lineale versehen sein, in welchem Löcher für die Schrauben, welche in das Fundament hineingehen, angebracht sind. Die an der Rückseite angebrachte Spannvorrichtung besteht aus einem abnehmbaren Teile des Fundaments mit doppelten Schrauben, die einen zum Spannen, die andern zum Befestigen des Zinks. Am besten ist es für die Fundamente ein einheitliches Format zu nehmen, damit die Zinkplatten auf jedem derselben angebracht werden können.

Nun bereitet man die Platte zur Aufnahme der Schrift oder Zeichnung vor. Dies geschieht mittels einer Auflösung von ätzendem oder basisch kohlensaurem Kali oder Natron, mit welcher man die Platte überzieht und sie trocken werden läßt.

Es reicht indessen schon hin, die rein geschliffene Platte mit verdünntem Scheidewasser oder Essigsäure flüchtig, doch genau und überall gleichförmig zu überwischen und dann sogleich mit reinem Wasser abzuspülen, nicht abzureiben, und dann trocken werden zu lassen.

Vielfach werden dieselben mattiert oder angerauht, weil sich auf eine rauhe Fläche besser zeichnen und umdrucken läßt. Man bedient sich dabei folgender Zusammensetzung:

    1000 g Wasser,
    100 g kaltgesättigte Alaunlösung,
    15 g konzentrierte Salpetersäure.

Die Zeichnung geschieht mit denselben Materialien und auf dieselbe Art, wie bei der Lithographie; auch die Präparatur ist derjenigen, welche beim Steindrucke angewendet wird, analog, als Unterlage dienen Bretter von weichem Holz in der Größe der Zinkplatten. Das Aetzwasser erhält man, indem man 40 g Galläpfelpulver in $^5/_8$ kg Wasser kocht und bis auf ein Drittteil einsieden läßt, dann durchseiht und 7 g Salpetersäure nebst 4 Tropfen Salzsäure zusetzt. Zartere Gegenstände erfordern eine schwächere Aetzung, und die Dauer der letzteren richtet sich nach der Stärke der Zeichnung: gewöhnlich reichen zwei Minuten hin, doch scheint eine etwas längere Dauer nicht schädlich zu sein. Das Aetzen selbst geschieht entweder, indem man einen 2 cm hohen Rand von Klebewachs um die Platte macht und das Aetzwasser aufgießt, oder indem man die hintere Seite der Platte mit Fett oder Aetzgrund überzieht und dann die ganze Platte in das Aetzwasser legt. Durch die Aetzung entsteht auf der Platte eine chemische Mischung, indem die Seife als Basis der Tinte ꝛc., mit der Säure eine Metallseife — oleomargarinsauren Zink — bildet, der im Wasser unauflöslich ist. Nachdem die Zeichnung geätzt ist, wird sie mit einer dünnen Auflösung von reinem arabischen Gummi überstrichen und, nachdem sie einige Stunden angezogen hat, wie eine lithographische Zeichnung gedruckt. Eine aus dem Druck gesetzte, noch brauchbare Platte muß ebenfalls mit einer Gummischicht überzogen werden.

Der Umstand, daß das oleomargarinsaure Zink in Terpentinöl auflösbar ist, gibt das leichteste Hilfsmittel für die Korrekturen, indem man nur den fehlerhaften Teil mit Terpentinöl zu verwischen, dann mit einem Estompierwischer, wie man einen solchen bei Kreidezeichnungen anwendet, und etwas Schlämmkreide die Platte wieder rein und blank zu machen, und das richtige an die Stelle des vorigen zu zeichnen braucht. Aus eben dem Grunde muß man aber auch während des Druckes alles Terpentinöl von der Platte fern halten.

Für diejenigen, welche zu jeder Arbeit gern besonderes Material haben, geben wir hier zwei Rezepte zu einer chemischen Tinte und Kreide, welche wir für Zinkographie sehr bewährt gefunden haben.

Zur chemischen Tinte nehme man:

    9 Teile Wachs,
    $4^1/_2$ „ Seife,

2 Teile Schellack,
1½ „ Sandarach,
1 „ Kienruß

und bereitet sie genau wie die lithographische Tusche.

Zur chemischen Kreide für die Zinkographie nehme man:

4 Teile Wachs,
2 „ Talg,
5 „ Seife,
1 „ Kienruß,

oder auch:

2 Teile Schellack,
4 „ Wachs,
4 „ Seife,
1 „ gutgebrannter und calcinierter Kienruß.

Diese Sorte ist etwas härter, als die vorige.

Die Bereitungsart ist dieselbe, wie bei der lithographischen Kreide.

Der Druck der zinkographierten Platten kann in jeder guten Steindruckpresse bewerkstelligt werden; die Druckfarbe ist dieselbe wie die zum Steindruck angewendete, und auch das Verfahren mit dem Anfeuchten, Einwalzen ꝛc. ganz dem in der Lithographie angewendeten gleich.

Daß in der Zinkographie auch der Ueberdruck mit ebenso viel und noch vielleicht mehr Leichtigkeit angewendet werden kann, als in der Lithographie, bedarf wohl kaum der Erwähnung. Man wendet dabei die lithographische Ueberdrucktinte und das Ueberdruckpapier an und ätzt die Platte nach vollendetem Ueberdrucke nach Art der Federzeichnung, wie oben angegeben. Das Aetzwasser besteht aus 100 Teilen Wasser auf 1 Teil Salpetersäure. Will man sehr viele Abdrücke von dem Ueberdrucke abziehen, so muß man, nachdem der dünne Gummiüberzug trocken ist, die Zeichnung mit Konservier- oder Aetzfarbe, der kein Terpentinöl beigemischt sein darf, sanft anreiben, dann den Gummiüberzug auflösen und abspülen, noch einmal mit der Walze Aetzfarbe auftragen, mit gewöhnlichem Aetzwasser nachätzen und eine neue Gummischicht aufbringen.

Zur Kreidemanier wird die glattgeschliffene Platte mit sehr feinem Silbersande übersiebt und dann mit einem ebengeschliffenen feinen Bimssteine gekörnt. Beim Zeichnen muß man selbst die tiefsten Schatten transparent halten und nachher das Aetzen mit ziemlich verdünnter Säure bewirken, die tiefsten Schatten aber mit stärkerer Säure mit dem Pinsel nachätzen. Die ersten Abdrücke werden leicht, mit einer nicht zu weichen, aber viel Ruß enthaltenden Farbe eingeschwärzt.

In neuerer Zeit versieht man das mattierte oder gekörnte Zink mit einer steinähnlichen Schicht, auf derselben bleibt das Korn offener und druckt sich weniger leicht zu. Derartige Platten mußten bis jetzt fertig bezogen werden, uns scheint es jedoch von großem Vorteil zu sein, daß sich jeder Fachmann dieselben selbst anfertigen kann und deshalb wollen wir eine derartige Präparation der Zinkplatte in folgendem näher beschreiben.

Nach dem Schleifen und Körnen übergeht man die Platten mit einer Mischung von 1000 g Wasser, 50 g Albuminium, 25 g Wasserglas mit einem Pinsel und läßt diesen Ueberstrich, womöglich durch Wärme, schnell trocknen, sodann spült man die Platte mit reinem Wasser ab und trocknet sie wieder schnell.

Nun wird dieselbe in ein Bad gethan, welches ihr den kohlensauren Kalkstoff mitteilt.

Dazu hat man vorher in einem Faß oder Zuber ein großes Stück Kalk in Wasser aufgelöst und dasselbe so lange stehen lassen, bis der Kalk vollständig gelöscht ist. Das Kalkwasser zeigt an der Oberfläche eine Haut, welche man mit Löschpapier sorgfältig entfernen muß, ehe man das Kalkwasser herausschöpft.

Ohne den Bodensatz aufzurühren schöpft man nun 10—12 l Wasser heraus und schüttet diese in einen eigens dazu gefertigten Kasten, welcher mit Pech oder Asphalt ausgestrichen ist. Dann setzt man 25 g Phosphorsäure und 50 g Schwefelsäure dazu und legt die Zinkplatte hinein.

Dieselbe bleibt 3—5 Minuten in dem Bad, welches während dieser Zeit durch Schaukeln des Kastens bewegt werden muß. Nach dem Bade wird die Platte wieder schnell getrocknet. In diesem Bade können 8 bis 10 Platten gebadet werden, jedoch muß jede folgende immer etwas länger als die vorhergehende darin bleiben, weil die Lösung nach und nach immer ärmer an Kalk wird, das Schaukeln ist bei jeder Platte zu wiederholen.

Nachdem die Platten wieder schnell getrocknet wurden, überstreicht man dieselben mit einer Lösung von Alaun in Wasser und trocknet sie nochmals schnell, damit sie nicht oxydieren, dann kann man darauf lithographieren.

Ueber die Umdrucke auf diese Platten ist zu bemerken, daß die von feuchtem Papier sehr kräftig und rein dastehen, dieselben können mit Kolophonium eingestaubt und dann geätzt und wie die auf Stein angerieben werden.

Die auf Transparentpapier gemachten Umdrucke haben dadurch, daß die Zinkplatte vor dem Durchziehen angefeuchtet werden muß, nicht soviel Fett als die auf feuchtem Papier, doch zieht sich die Farbe gut auf die Platte über.

Werden dieselben mit Kolophonium eingestaubt, so muß die Platte längere Zeit an einen warmen Ort gestellt und dann vorsichtig angerieben werden.

Beim Ausputzen des Umdruckes verfahre man rasch und bewerkstellige dasselbe mit Oel.

Zum Aetzen der Zeichnungen und Ueberdrucke verwende man eine Mischung von 10 l Wasser, 1 kg Galläpfel von Aleppo und 1 kg Gallussäure. Dieselbe wird auf 8—9 l eingesotten, mit aufgelöstem Gummi versetzt und damit die ganze Platte überstrichen.

Man arbeite mit möglichst fester Farbe.

Sollte die Platte während der Arbeit dennoch etwas tonen, was aber bei richtiger Behandlung nicht vorkommt, so überstreiche man sie nochmals mit der vorhin angegebenen Mischung und lasse sie einige Zeit stehen.

Man kann dem Tonen und Ansetzen auch dadurch begegnen, daß man der Druckfarbe etwas nicht zu dünnen Gummi arabikum beimischt.

Die Farben reibt man mit strengem Firnis an oder vermischt sie mit demselben. Den Tonfarben gibt man Magnesia oder Bologneser Kreide bei, damit sie mehr Körper bekommen und den Firnis leichter aufnehmen.

Ebenso mischt man etwas Gummi arabikum darunter, jedoch nur soviel, daß die Farbe nicht während des Druckes wässerig wird.

Bei festen Farben ist der Zusatz von Magnesia oder Bologneser Kreide zwar nicht durchaus notwendig, jedoch immerhin gut, weil dadurch der Glanz, welchen der Firnis erzeugt, vermieden wird und die Farben besser trocknen.

Stellt sich das Tonen, infolge einer großen Auflage, dennoch ein, so schwärzt man die Zinkplatte mit strenger Fettfarbe gut ein und überstreicht dieselbe mit einer Aetze von Gallus-Phosphorsäure und Gummi. Bei starkem Ton setzt man etwas mehr Phosphorsäure hinzu und gummiert die Platte.

Für kleinere Druckereien und wenn die Notwendigkeit herantritt, etwas auf Zink für die Verwendung im Buchdruck hochätzen zu müssen, wollen wir noch ein sehr einfaches, wenn auch älteres Verfahren beschreiben:

Die Zinkplatte wird mit Bimsstein gut geschliffen, dann mit Schmirgelpapier Nr. 000 oder feiner Holzkohle poliert. Die Schleif- und Polierstriche müssen gerade, nicht wie beim Steinschleifen, rund gemacht werden. Der Umdruck geschieht mit einer aus gleichen Teilen Ueberdruckfarbe und Federfarbe hergestellten Farbe und wird nachdem angerieben. Nachdem die Platte mit fein gepulvertem Kolophonium eingepudert wurde, wird der Ueberschuß mit einem weichen Pinsel sauber abgekehrt, so daß das Kolophonium nur auf der Zeichnung haftet. Nun wird die Platte über einer Spirituslampe leicht erwärmt, bis die Zeichnung wieder schwarz wird und Aufpudern und Erwärmen noch zweimal wiederholt.

Die erste Aetzung dauert 10 Minuten und besteht die Aetze dazu aus 10 Teilen Salpetersäure, 1 Teil Gummi und 30 Teilen Wasser. Nachdem die Platte herausgenommen und trocken geworden ist, macht man dieselbe so heiß, daß die feinen Striche zusammenfließen. Nun folgt die zweite Aetzung, 10 Minuten. Der Aetze wird vorher noch 1 Teil Salpetersäure und 1 Teil Gummi zugesetzt. Nachdem dieselbe beendigt ist, werden alle Konturen mit Lederlack und einem feinen Pinsel zugedeckt, auch feine Strichlagen ꝛc. kann man zudecken, wenn es nötig ist. Bei der dritten Aetzung setzt man der Flüssigkeit noch 2 Teile Salpetersäure zu. Dieselbe dauert ebenfalls 10 Minuten und setzt man während dieser Zeit nach und nach noch etwas Säure zu. Nun werden, wenn die Platte wiederum gut getrocknet ist, alle hier mit a bezeichneten Kanten ⌐⌐ gedeckt, damit die Säure die Linien nicht unterfrißt. Die vierte Aetzung dauert 15 Minuten und gießt man während derselben nach und nach Säure zu, bis es leicht schäumt. Während sämtlicher Aetzungen streicht man leicht mit einer Hasenpfote oder einem an ein Stäbchen befestigten Schwämmchen über die Platte. Nach der Aetzung wird die Platte mit Spiritus und Terpentinöl abgewaschen, wieder eingewalzt, dreimal mit Kolophonium eingestäubt und gewärmt wie vorher. Sodann wird mit derselben Aetze wie bei der ersten Aetzung, 30 Teile Wasser, 1 Teil Gummi, 1 Teil Salpetersäure, 10 Minuten nachgeätzt. Nun wird die Platte wieder mit Spiritus und Terpentinöl abgeputzt und dabei erwärmt um alle Farbe zu entfernen.

Neues lithographisches Zinkdruckverfahren
von Hermann Schoembs in Offenbach a. M.

So alt, als das lithographische Druckverfahren, ist auch die Steinersatzfrage, und in gewissen Zeitabschnitten ist dieselbe stets aufs neue angeregt worden. Mit der, dem beschränkten Produktionsgebiete zuzuschreibenden Verteuerung des Materials ist diese Frage wiederum zu einer brennenden geworden, und viele Druckereien haben das Zink als Steinersatz in mannigfacher Zubereitung im Gebrauch. Die Möglichkeit, das Zink wie den Stein, mit Fett und Wasser, zu behandeln, ist erst in jüngster Zeit nachgewiesen, während schon seit langer Zeit zum Hochätzen Zink Verwendung findet.

H. Schoembs schreibt: Die verschiedenen Verfahren, vom Zink wie vom Stein zu drucken, will ich hier nicht anführen, sondern überlasse jedem Drucker, auf Grund seiner Erfahrungen ein Urteil selbst zu fällen.

Die vielen Mißerfolge haben ein begründetes Mißtrauen gegen das Zink hervorgerufen, welches zu zerstreuen ich durch diese Abhandlung versuchen will.

Ich bemerke noch, daß ich durch jahrelange Versuche mit den seither bestehenden Verfahren mir ein System herausgebildet habe, welches einer Vereinfachung nicht mehr unterworfen werden kann und die besten Erfolge aufzuweisen hat.

Es ist nicht Zweck des Zinkbleches, allen lithographischen Verfahren gleich zu dienen, sondern es soll den Hauptbedarf, also namentlich große Steine, die sehr teuer sind, viel Raum einnehmen und dem Bruch zu leicht unterworfen sind, decken, ferner als Original-Kreideplatten die Möglichkeit gewähren, die Originale leichter aufzubewahren, ohne viel Raum zu benötigen.

Da der Preis ein so geringer ist, daß z. B. Kreideplatten nicht mehr kosten, als der Arbeitslohn des Körnens bei Stein, abgesehen davon, daß das Korn, weil mechanisch, ein viel gleichmäßigeres ist, ist das meinen Platten entgegengebrachte Interesse ein berechtigtes und ein allgemeines.

Ich fertige glatte Platten für Original- und Umdruck und gekörnte Platten für Kreide, und liefere dieselben fertig zur Aufnahme des Umdrucks oder der Originalarbeit. Dieselben bestehen aus reinem chemisch behandelten Zinkblech und haben keinerlei Schichte, nehmen Fett und Wasser gierig auf, schmutzen nicht und oxydieren nicht, und gestatten größere Auflagen, als von Stein möglich sind. — Vor Feuchtigkeit sind dieselben zu schützen.

Da diese Beschreibung nur für den Fachmann gemacht ist, behandle ich dieselbe demgemäß und setze die Behandlung des Steines als bekannt voraus; von derselben weicht diejenige meines Zinkes nur insoweit ab, als zum Ätzen Phosphorsäure genommen wird.

Zur Befestigung der Zinkplatte in der Handpresse ist es nur nötig, einen Stein auf der oberen Seite leicht zu befeuchten und die Zinkplatte darauf zu legen; nach dem ersten Durchziehen haftet dieselbe fest am Steine. Selbstverständlich achte man darauf, daß keine Unebenheiten sich unter der Platte befinden.

Zum Drucke in der Schnellpresse dienen Unterlagen von Holz oder Eisen, die in verschiedenen Konstruktionen mehr oder weniger praktisch geliefert werden. Als gut und zweckmäßig führe ich den Untersatz der Firma F. A. Hartmann & Komp. in Offenbach an. Fig. 4, Taf. 11. Derselbe besteht aus zwei Teilen, einer losen Gußplatte und dem Rippenkörper. Die Gußplatte läßt sich durch die Schraube a bewegen, und die aufzuspannende Zinkplatte wird bei A zwischen die Leiste des Rippenkörpers und die Gußplatte gesteckt und die Schrauben a angezogen, bis das Zink fest eingeklemmt ist. Dann werden die beiden Klemmschienen l m an die vordere Seite des Zinkes angeschraubt und um die vordere Kante des Untersatzes gebogen. Durch die seitliche Verschiebung der Keile i werden die Bolzen der Klemmschiene m nach unten gedrückt und die Platte infolgedessen straff angezogen. Die Schrauben n bewirken die seitliche Verschiebung der Keile, welche an der Keilschiene befestigt sind.

Nach dem Befestigen der beiden Klemmschienen sind nur mehr vier Schrauben zu bewegen, zwei hintere a zum Anziehen der Gußplatte und zwei vordere zum Verschieben der Keile, und die Platte ist gespannt, was bequem geschehen kann und in wenigen Minuten bewerkstelligt ist. Außer diesem Hauptvorteil der Zeitersparnis hat der Hartmannsche Untersatz den Vorzug, daß verschiedene Formate von einem Rippenkörper gedruckt werden können und nur eine zweite lose Gußplatte nötig ist, welche sich bequem auflegen läßt. Daß keine Unterlage größer sein darf, als die zu druckende Zinkplatte, setze ich als bekannt voraus, denn bei der geringen Dicke des Zinkbleches ist ein Einwalzen des überstehenden Untersatzes und infolgedessen Mitdrucken desselben auf das Cylindertuch nicht zu vermeiden.

Der Untersatz ist von der größten Wichtigkeit, da ohne denselben ein praktischer Versuch in der Maschine nicht zu machen ist, und von der guten Befestigung der Zinkplatte nicht selten der Erfolg einer Arbeit abhängig ist.

Trotz der großen Einfachheit der Behandlung lasse ich dieselbe ausführlich folgen; mancher praktische Drucker wird vielleicht in einem oder dem andern Punkt etwas abweichen und trotzdem ein gleich gutes Resultat erzielen, wie überhaupt auch darin die Uebung den Meister machen muß.

Es haben Fabrikanten Platten für jeden Zweck, also auch für Gravüre angeboten. Ich für meinen Teil halte überhaupt keine Zinkplatte zum Gravieren geeignet, da das Material so verschieden vom Stein ist, und bei dem Arbeiten spänt, während der Stein sich vor der Graviernadel zu Staub verwandelt. An den Stellen, an denen die Nadel absetzt, wird sich beim Zink eine störende Erhöhung durch den an dieser Stelle abgebrochenen Span bilden.

Ich stelle allerdings an Platten, auf denen Gravuren angefertigt werden sollen, dieselben Ansprüche wie an den Stein, während Arbeiten niederen Ranges, die auf jedem Zink möglich, hier nicht in Betracht kommen.

In der Hauptsache dreht es sich, wie schon erwähnt, bei der Steinersatzfrage nur um Platten für Kreide und Federoriginale und um Platten zum Umdruck für Hand- und Schnellpresse.

Originalarbeiten in Kreide und Feder.

Die Behandlung der Platten für Originalarbeiten in Kreide und Feder ist folgende:

Man verwende die Platten wie sie geliefert werden oder wasche dieselben kurz vor dem Gebrauche mit reinem Wasser nochmals ab und trockne sie rasch. (Das Stehen des Wassers auf der Platte ist zu vermeiden.) Den Abklatsch mache man mit wenig Farbe und pudere den Abdruck vor dem Aufdrucken mit gestoßenem Rötel. Wenn bei zu fetter Farbe der Abklatsch dennoch die Farbe annehmen sollte, gummiere man die Platte vorher leicht und wasche den Gummi wieder gut ab. Nachdem mit Kreide oder Tusche gearbeitet ist, ätze man die Platte mit Gummiätze, bestehend aus 60 Prozent Gummi arabikum von der Konsistenz des Honigs und 40 Prozent chemisch reiner Phosphorsäure ganz dünn mit zartem Pinsel und mache die Platte schnell durch Erwärmen trocken.

Auswaschen und Einwalzen genau wie bei Stein.

Jede andere Säure ist absolut ausgeschlossen.

Man lasse die Platten während des Gebrauches nicht unnötig trocken stehen und gummiere gut, ebenso verwende man zum Wischen einen zarten Lappen oder Schwamm und wische möglichst trocken.

Wie groß die Vorteile sind, die durch die Möglichkeit, Original-Kreideplatten auf Zink herzustellen geboten werden, brauche ich dem Fachmann nicht zu erläutern. Sind doch die meisten Kreidearbeiten solcher Natur, daß das Original nur sehr wenig gebraucht wird, und dann stehen bleibt, viel Raum wegnimmt und als totes Kapital dem Keller einverleibt oder abgeschliffen wird, was unangenehm ist, wenn eine solche Arbeit wiederkommt. Durch die gekörnten Zinkplatten ist ebenso die Möglichkeit geboten, alle Originale aufzubewahren, als auch die Originalplatten zum Druck zu verwenden, da dieselben ungemein dauerhaft sind.

Ueberdruck.

Die Abdrücke zum Ueberdruck mache man nicht grau, sondern fett, da ein Breiterwerden bei meinem Zink nicht vorkommt, sondern der Umdruck genau so wird, wie die Abdrücke sind; kurz vor dem Ueberziehen befeuchte man die Platte leicht mit reinem Wasser bei trockenem Umdruckpapier, während bei Gravurumdrucken mit feuchtem Papier die Platte selbstverständlich trocken bleiben muß.

Nach dem Ueberziehen des Umdruckes gummiere man die Platte, mache trocken, wasche den Gummi wieder ab und walze den Umdruck mit weicher Farbe an. Etwa entstehenden leichten Ton auf der Platte entfernt man mit dem Finger und Wasser. Korrekturen schleife man mit Zeichenkohle weg.

Nachdem die Platte in allen Teilen gut gedeckt ist, trocknet man dieselbe, staubt sie mit Talkum ein und ätzt dieselbe (nicht ängstlich, da die mit Talkum eingestaubte Zeichnung sehr widerstandsfähig ist) mit starker Aetze (60 Prozent Gummi, 40 Prozent Phosphorsäure) ohne dieselbe auf der Platte stehen zu lassen, mit zartem Schwamm unter stetem Reiben, bis das Zink eine hellere Farbe angenommen hat. Sobann wische man mit trockenem Lappen die Platte ab, gummiere dieselbe und sie ist druckfertig.

Von Vorteil ist es für die Platte, wenn der Umdruck vor dem Druck einen Tag stehen kann.

Auswaschen und Einwalzen wie bei Stein; sollte eine Platte etwas schwer annehmen, so kann dieselbe mit Oel ausgewaschen werden, während Gummi anzuwenden ist, wenn dieselbe voller wird.

Wie jeder Drucker seine eigenen Erfahrungen beim Steindruck gemacht hat, so ist auch vom Zinkdruck das Gleiche anzunehmen. Der Drucker wird schon in kurzer Zeit sich volle Sicherheit angewöhnt haben.

Meine Platten geben den Umdruck in der Schärfe des Originals wieder und eignen sich deshalb ganz besonders zu feinen Arbeiten, Landkarten ꝛc., beden vorzüglich in den Tiefen ohne voll zu werden, und setzen, wenn gut geätzt ist, niemals Ton an.

Das Gummi arabikum ist von größter Wichtigkeit für die Platten, wie beim Steine auch.

Auflagedruck.

Für den Auflagedruck habe ich folgende Erfahrungen gesammelt.

Man schneide die Platte vorher genau zu, so daß nach beiden Seiten zum Einklemmen Raum genug bleibt, und spanne die Zinktafel auf den Untersatz fest. Es kommt häufig vor, daß eine Platte sich nicht ganz glatt spannt, was daher kommt, daß die Platte ungleich eingespannt wurde, infolgedessen sie wellig ist. In diesem Falle spannt man dieselbe bei A wieder lose und drückt sie mit den Händen von den Klemmschienen nach dem hinteren Rande, klemmt die Platte durch die Schrauben a wieder fest und zieht die Schrauben u nochmals an.

Liegt der Untersatz mit der Zinkplatte in der Maschine, so sehe man darauf, daß die hinteren Farbewalzen parallel zur Plattenkante liegen, und die Feuchtwalzen einige Millimeter tiefer als die Farbewalzen gehen, um ein Ansetzen der Kanten zu verhüten. Man kann dies auch durch etwas dickere Feuchtwalzen erreichen. Man drucke mit möglichst fester Farbe. Wenn Neigung zum Tonen vorhanden ist, ist die Platte zu schwach geätzt und muß nachgeätzt werden, selbstverständlich in der vorgeschriebenen Weise nach dem Einstäuben mit Talkum.

Beim Druck nehme man keinen allzudünnen Firnis, ebensowenig Trockenöl oder irgend sonst etwas in die Farbe. Je größer der Gegensatz zwischen Fettfarbe und Wasser, desto sauberer ist zu drucken, indem die strengere und fettere Farbe besser von der Feuchtigkeit abgestoßen wird, während zu dünne Farbe Neigung hat, an weniger feuchten Stellen der Zinkplatte zu haften. Etwas Gummi von Zeit zu Zeit zum Wischen genommen, ist von Vorteil für das Reinhalten der Platte. Die Platte selbst hält die Feuchtigkeit sehr gut und kann deshalb mit viel weniger Wasser gearbeitet werden, als bei Stein, was für den Druck bekanntermaßen von großem Vorteil ist.

Die Zinkplatten dehnen sich durch das Aufspannen auf den Untersatz durchaus nicht, so daß bei Buntdruck der gleiche Passer wie bei Stein zu erzielen ist.

Einer der größten Mängel des bestehenden Zinkdruckverfahrens ist die geringe Haltbarkeit der Platten, indem die Oberfläche oxydiert und die Platte dadurch unhaltbar wird. Dem vorzubeugen, gummiere man meine Zinkdruckplatten nach dem Druck, vor dem Aufbewahren, mit Gummi arabikum, dem etwas doppelchromsaures Kali zugesetzt ist, gleichmäßig und nicht zu dick und trockne die Platte rasch. Alsdann wird die so gummierte Platte $\frac{1}{2}$ Stunde dem Lichte ausgesetzt, wodurch der Gummi für Wasser unlöslich wird, infolgedessen die Feuchtigkeit der Luft absolut von der Zinkoberfläche abgeschlossen ist, ein Oxydieren also nicht stattfinden kann. Nach der Belichtung gummiere man nochmals mit gewöhnlichem Gummi.

Soll eine solche Platte später wieder gedruckt werden, so befeuchtet man dieselbe mit Wasser, dem 1 Prozent Phosphorsäure zugesetzt ist, wodurch die Chromgummischicht wieder zerstört wird und die Platte ist wieder druckfähig.

Die im Jahre 1850 von Mr. Gillot erfundene „Panikonographie" liefert geätzte Druckplatten, welche auf der Buchdruckerpresse gedruckt werden können.

Zur Erzeugung derselben kann auch ein Abdruck der Stein- oder Zinkzeichnung auf eine Zinkplatte übergedruckt, und dieser Ueberdruck mit Aetzfarbe versehen, worauf dann die leeren Zwischenräume der Zeichnung mittels der Säure in die Tiefe geätzt, resp. zerstört werden.

Zur Erreichung dieses Zweckes bedarf man einer Zinkplatte, welche mit dem Hobel genau geebnet und dann mit der Ziehklinge nach allen Seiten hin abgezogen wird, bis dieselbe eine egale glatte Fläche bildet; sind dann noch kleine Löcher vorhanden, so legt man die Platte mit der glatten Seite auf einen glatten kleinen Amboß, und schlägt auf die Rückseite mit einem sogenannten Dorn, dort wo sich die Löcher der Vorderseite befinden; dadurch entsteht auf der Rückseite eine Vertiefung, aber auf der Vorderseite verschwindet das Loch. Hat man auf diese Weise alle Löcher durchgeschlagen, so hobelt man die etwaigen Erhöhungen, welche infolge des Schlagens auf der Vorderseite entstanden sind, weg, zieht mit der Ziehklinge ab, und poliert dann mit Holzkohle. Ist kein Loch oder grober Riß mehr zu sehen, so gießt man schwache Phosphorsäure über die Platte und wäscht gut ab, bringt sie schnell ans Spiritusfeuer und reibt mit einem wollenen Lappen so lange auf der glatten Seite, bis dieselbe vollständig trocken ist.

Die Platte wird nun beiseite gesetzt und vor Staub geschützt. Jetzt geht man zum Abdruckemachen vom lithographischen Original über. Man macht so viele Abzüge als man für nötig hält, legt sodann einen leeren Stein in die Presse, nimmt mehrere Bogen Papier, legt die Zinkplatte darauf und bringt die Abdrücke in gutem feuchten Zustande auf die Zinkplatte, legt einige Bogen Makulatur auf, und zieht die Platte mehreremal durch die Presse. Nun behandelt man das Ganze mittels Anreiben wie jeden lithographischen Stein, nur mit dem Unterschiede, daß man Firnis statt Terpentinöl zum Anreiben nimmt. Hauptsache ist, nicht zu fett anzureiben, damit alles recht klar und scharf steht.

Ist nun das Ganze soweit fertig, so wäscht man durch wiederholtes Aufgießen von Wasser allen Gummi und alle Unreinlichkeiten von der Platte ab, macht trocken und stäubt die Zeichnung mit feinem Kolophoniumpulver an, beseitigt aber vorsichtig jedes Stäubchen von der freien Platte, damit ja nichts daran haften bleibt, und erwärmt an einem Spirituslämpchen allmählich die Platte, bis das Kolophonium geschmolzen ist. Es muß dies jedoch mit der größten Vorsicht geschehen, damit nicht etwa die Striche der Zeichnung breit laufen, wodurch der Ueberdruck verdorben würde.

Ist nun beides durch die Wärme miteinander verschmolzen, und die Farbe hart geworden, so stäubt man Graphit auf die Platte und reibt so lange darauf, bis die Zeichnung einen schönen Bleiglanz hat.

In einen ausgepichten Kasten gießt man eine gesättigte Lösung von Kupfervitriol, welche vor dem Eingießen zur Hälfte mit Wasser versetzt ist, legt die Platte hinein und bewegt den Kasten mit der Flüssigkeit fortwährend, bis sich ein schwarzer Schlamm auf der Platte gebildet hat, jedoch darf die

Flüssigkeit nicht über 1½ cm hoch über der Platte stehen. Hat dieselbe 2—3 Minuten darauf gewirkt, so nimmt man die Platte heraus, wäscht sorgfältig ab, gießt das Kupfervitriol weg, ersetzt es durch frisches und wiederholt den Prozeß des Aufgießens zwei bis dreimal; nun wird man schon eine wesentliche Erhöhung sehen.

Sobald die Platte sauber abgewaschen und getrocknet ist, untersucht man genau, ob nicht vielleicht „Striche" von der Säure angefressen sind, ist dies der Fall, so nimmt man ein feines Pinselchen mit Asphalt- oder Lederlack und bessert die schwachen Stellen damit aus.

Eine Lösung Gummi arabikum mischt man mit Ocker, Bleiweiß ꝛc., um sich eine Flüssigkeit herzustellen, welche sich leicht mit einem Pinsel auf den freien Stellen der Zinkplatte vertreiben läßt. Die Masse darf jedoch nicht höher aufgestrichen werden, als die Zeichnung selbst erhaben ist. Ueberhaupt ist darauf zu sehen, daß die Gummilösung nur da angestrichen wird, wo, wenn man mit einer harten Steindruckwalze darüber walzt, die ungedruckten Stellen nicht getroffen werden. Hat man nun auf diese Weise die Auflösung aufgetragen und ist alles trocken, so nimmt man eine harte Walze mit Ueberdruckfarbe und walzt die ganze Platte schwarz ein.

Um sicher zu sein, daß jeder Strich der Zeichnung genügend frische Farbe angenommen hat, legt man die Platte in ein Gefäß mit Wasser; die Gummilösung zieht alsbald das Wasser an sich und hebt sich mit der auf dem Gummi haftenden Ueberdruckfarbe von der Platte ab, wodurch die Zeichnung wieder frei mit der frisch aufgewalzten Farbe steht, welche alsdann wieder getrocknet, mit Kolophonium bestäubt, gewärmt und dann mit Graphit überzogen wird.

Nun wird die Platte wieder einer neuen Aetzung unterworfen. Diesmal kann schon gut 10 Minuten lang die Aetzung fortgesetzt werden, ehe man wieder zu einer frischen Deckung mit Gummi geht, um wiederholt die Striche zu überwalzen, damit sie geschützt vor der Aetzung sind.

Bei dem zweiten Male kann man schon alle engschraffierten Sachen mit Asphaltlack vorher zudecken, ehe man ans Gummiauftragen geht, indem dieselben hinreichende Tiefe für den Buchdruck besitzen und hauptsächlich die nächste Abdeckung den freistehenden Strichen gilt.

Nach der zweiten Aetzung wird sich eine recht kräftige Kupferschicht auf die Zeichnung niedergeschlagen haben, welche man nun ruhig darauf läßt und welche sich immer tiefer niederschlägt, je mehr geätzt wird. Um so sicherer ist hierdurch nun die Aetzung, da durch den Kupferniederschlag keine Aetzflüssigkeit wieder hindurchdringen kann. Man läßt nun ruhig weiter ätzen, bis die Zeichnung auf den breiten leeren Stellen die erforderliche Tiefe hat.

Will man nicht so lange dabei verweilen, so sägt man die freien Stellen heraus, nagelt die Platten auf Holzstöcke um die erforderliche Höhe für Buchdruck zu erhalten und übergibt sie dem Buchdrucker zum Druck.

Farbendruck von Zinkplatten.

Obgleich wir von vornherein die Absicht hatten, die Zinkographie nur so weit zu berücksichtigen, als hier unbedingt nötig ist, können wir uns doch nicht versagen, noch etwas über den zinkographischen Farbendruck zu bringen. Derselbe ist in der letzten Zeit so fortgeschritten, daß es für manchen erwünscht sein wird, einige der in der Praxis gemachten Erfahrungen kennen zu lernen.

Bei einem Farbendrucke ist es eine große Hauptsache, gut passende Farbenplatten herzustellen. Auf dem Steine ist leicht nach dem schwarzen Abklatsch eine Farbe herzustellen, beim Zink bietet das schon mehr Schwierigkeiten, wenn man die Farbe durch Wegschaben des Ueberflüssigen stehen lassen will und auf die geschabten Stellen wieder zeichnen muß, ganz abgesehen von dem Regulieren der Farben.

Die geringste Spur von Fett auf dem Abklatsche läßt sich von dem Zink, nach Fertigstellung der Zeichnung, nicht mehr entfernen, selbst ein mit Wasserfarbe aufgetragener Abklatsch sitzt fest. Er trocknet nach dem Aetzen so ein, daß man Gefahr läuft, die Zeichnung zu ruinieren.

Deshalb wird empfohlen, die Konturabdrücke vom Stein oder Zink, mit gewöhnlicher Federfarbe, trocken auf festes gut satiniertes Papier zu machen und dieselben frisch und trocken auf glänzend polierte Zinkplatten abzuziehen.

Nach der Gummierung wird der Abzug eingeschwärzt, gewaschen, getrocknet und mit Asphaltpulver oder Kolophonium eingestaubt. Vorher wird die Platte etwas erwärmt und nach der Abkühlung und Reinigung eingebrannt.

Nach dem Erkalten wird die Zinkplatte in ein Bad gebracht, aus mit 1 Prozent Salpetersäure versetztem Wasser bestehend, nach einigen Minuten wird dieselbe herausgenommen, abgespült, getrocknet und sodann mit Terpentin und einer Bürste die Zeichnung entfernt. Die Platte erscheint nunmehr grau, die Zeichnung hellglänzend. Nun wird die Platte mit Terpentin, Wiener Kalk und Wasser abgewaschen, mit trockenen Sägespänen gereinigt und nochmals einige Sekunden in das Bad gethan, jedoch nur so lange, daß die Zeichnung noch glänzend bleibt. Sobald spült man die Platte mit reinem Wasser ab und entfernt alles Oxyd, durch Abreiben mit Fließpapier, sorgfältig. Jetzt hat man einen Abklatsch der in allen Teilen gut sichtbar ist, ohne beim Zeichnen zu stören oder später Farbe anzunehmen.

Nachdem der Zeichner die Farbenplatte mit Tusche hergestellt hat, wird dieselbe auf die gewöhnliche Weise behandelt.

Nach dem am Anfange Gesagten ist es am vorteilhaftesten, nur fertige Farben, und zwar auf trockenem Wege, zum Hochätzen auf Zink aufzutragen.

Zu dem Zwecke kopiert man von dem Glasnegativ so viel Farben, als man herzustellen hat, entwickelt dieselben und läßt sie in einem Stoß ungeleimter trockener Makulatur, unter öfterem Umlegen, trocknen.

Damit die Abdrücke flach bleiben, beschwert man den Stoß leicht mit einem Gewicht oder Stein. Zu empfehlen ist starkes Gelatinepapier zum Kopieren zu nehmen.

Am nächsten Tage macht man aus den Papierkopien die erforderlichen Farben. Man spannt mit Reißnägeln die Abdrücke auf ein Reißbrett fest und schabt die betreffenden Farben aus, das heißt, man nimmt mittels eines Nadelschabers vom Gelatinepapier alles weg, was nicht zur Farbe gehört.

Das Schaben muß ganz gründlich ausgeführt werden, es geht sehr leicht, doch darf das Papier nicht beschädigt, das heißt aufgeschabt werden. Auf die geschabten Stellen kann man wieder mit Tusche zeichnen.

Sind alle erforderlichen Farben ausgeführt, so geht man zum Umdruck auf die Zinkplatte über. Die Passer werden durch schon im Negativ angebrachte Kreuze gezogen.

Zum Umdruck bedient man sich bei Zinkplatten mit Vorteil einer Satinierpresse, als Unterlage dient ein schwacher Filz, auf die Zinkplatte kommen zwei starke Filzdeckel. Die gut geschliffene Zinkplatte wird, indem man sie in Wasser, mit 1—2 Prozent Salpetersäure versetzt, taucht, angeätzt, mit Wasser abgespült und mit Fließpapier auf beiden Seiten gut abgerieben. Das Oxyd muß, namentlich von der geschliffenen Seite, vollständig entfernt werden, auch darf man die Fläche nicht mit den Fingern berühren.

Nun erwärmt man die Platte ein wenig und legt sie in die Presse, nimmt den ausgeschabten Abdruck von dem Reißbrett ab, feuchtet die Platte ganz schwach, aber gleichmäßig an, legt schnell den Abdruck auf dieselbe und zieht unter leichter Spannung durch die Presse.

Der Abdruck muß nach dem Durchzug gut und an allen Stellen auf der Platte kleben.

Nunmehr befeuchtet man die Rückseite mit Wasser vermittelst eines Schwammes, legt einen festen, trockenen Bogen darauf und zieht wieder, jedoch unter stärkerer Spannung, durch die Presse.

Dieses Verfahren wiederholt man drei- bis viermal, wobei man immer frisches trockenes Papier auflegt.

Nachdem erwärmt man die Platte, befeuchtet dieselbe und befreit den Abzug von dem anklebenden Papier.

Alles übrige, Einreiben, Einwalzen, Hochätzen ꝛc. wird in der bekannten Weise ausgeführt.

Verbindung des Asphalt- mit dem Eiweißverfahren.

Dieses Verfahren verbindet das schnellwirkende Eiweiß- mit dem scharfen und klaren Asphaltverfahren.

Es läßt sich in Fällen, wo von Negativen abgesehen wird und direkte Ueberdrucke auf die Platte die Hauptsache sind, mit Vorteil anwenden.

Obgleich das Verfahren nur bedingungsweise für lithographischen Druck geeignet ist, halten wir es doch für wert hier erwähnt zu werden. Bei der Vielseitigkeit der Technik ist es nicht möglich die einzelnen, oft in mehreren Manieren anwendbaren Verfahren auseinander zu halten.

Angenommen das Original sei ein Druck auf weißes Papier, ein Titel oder Holzschnitt, von dem ein Faksimile entweder für die Buchdruck- oder für die Kupferdruckpresse verlangt wird, so ist folgendermaßen vorzugehen:

Eine in der bekannten Weise hergerichtete Zinkplatte wird soweit erwärmt, daß man sie gerade noch zwischen Daumen und Zeigefinger erhalten kann. Auf diese wird die Asphaltlösung so gegossen, daß diese nach der einen Ecke hin abläuft und nur eine sehr dünne Schicht auf der Platte zurückbleibt. Es wird vorausgesetzt, daß die Präparierung der lichtempfindlichen Asphaltlösung, sowie die Behandlung der Platte dem Operateur bekannt sind. Ist die Asphaltschicht auf der Platte trocken, so wird die Platte an einen vom Lichte abgeschlossenen Platz gelegt. Man kann eine größere Anzahl von Platten mit Asphalt überziehen, dieselben erhalten sich unverändert und brauchbar, wenn sie an einem dunkeln, von Staub und Feuchtigkeit freien, Orte aufbewahrt werden.

Eine in Gebrauch zu nehmende Platte muß an jeder Seite 2—3 cm breiter sein als der zu kopierende Druck. Ueber die lichtempfindliche Asphaltschicht wird die Eiweiß- und doppeltchromsaure Lösung gegossen. Diese Lösung bereitet man, indem man das Weiße von 2 Eiern mit 250 g Wasser zu Schaum schlägt, das Ganze setzen läßt, 1 $^{1}/_{3}$ g doppeltchromsaures Ammoniak und schließlich soviel flüssiges Ammoniak hinzufügt, daß die Mischung eine strohgelbe Farbe und einen hervorstechenden Ammoniakgeruch annimmt.

Die gut filtrierte Mischung wird nun so auf die Zinkplatte gegossen, daß diese schnell davon bedeckt wird. Sollte sie nicht frei über die Asphaltschicht hinwegfließen, so muß sie mit dem Finger, oder einem Stückchen Watte, gleichmäßig verteilt werden. Ist die Platte überall bis an die Ecken bedeckt, so läßt man die überflüssige Lösung über die untere Ecke zur rechten Hand ablaufen und gießt wieder frische Lösung auf, welche nun leichter fließt und sich gleichmäßig und eben über die Fläche verteilt. Man läßt die Platte wieder ablaufen und erhitzt sie allmählich über einer Spiritusflamme, jedoch darf sie nicht zu heiß werden. Die Platte ist dabei schräg abwärts gegen sich zu halten, damit der Ueberschuß der Lösung abtropfen kann.

Diese Arbeit kann in einem hellen Zimmer ausgeführt werden, denn die Asphaltschicht ist nicht mehr so empfindlich, daß ihr eine kurze Belichtung schaden könnte, nur wenn die Platte erhitzt wird, darf das direkte Licht nicht darauf fallen.

Wenn dieselbe trocken ist, muß sie an einem dunkeln Orte abgekühlt werden, weil die Firnislösung im trockenen Zustande außerordentlich empfindlich, selbst gegen zerstreutes Licht ist.

Der Kopierrahmen muß tief sein, um eine dicke Glasplatte aufnehmen zu können, weil die Zinkplatte einen starken Druck erfordert um in enge Berührung mit dem Originale gebracht zu werden. Das Original wird mit der gedruckten Seite auf die Glasplatte und die lichtempfindliche Platte, mit dem Häutchen nach unten, darauf gelegt. Hat man eine andere schwere, auf beiden Seiten vollkommen ebene Platte von Glas oder Eisen zur Hand, so kann man mit dieser den Druck noch verstärken.

Nun wird der Rahmen geschlossen und das Ganze 4—5 Minuten dem Sonnenlicht oder 20—45 Minuten dem zerstreuten Lichte ausgesetzt. Ueberlichtung ist der Unterbelichtung vorzuziehen, weil bei letzterer die Platte unbrauchbar ist.

Die hier angegebene Zeit gilt für Originale auf gewöhnliches weißes Druckpapier gedruckt, ist das Papier dicker, so ist auch, je nach der Stärke des Papiers, längere Belichtung erforderlich. Nach der Belichtung wird die Platte in mit aufgelöstem Anilinrot dunkelrot gefärbtes Wasser gelegt, besser noch ist Anilinorange mit etwas Rot gemischt. Das Wasser durchdringt das Eiweißhäutchen und färbt es in 20—25 Minuten bis zu dem gewünschten Ton. Lange Belichtung erfordert lange Entwickelung, weil das Wasser nur langsam eindringt.

Die Partien, welche durch die Zeichnung vor dem Zutritt des Lichtes geschützt waren, lassen sich leicht mit einem feuchten Schwamme auswaschen. Ist dieses geschehen, so sieht man das Original klar und scharf in der Goldfarbe des Asphalts durch den dunkleren orangeroten Grund des Eiweißhäutchens, wir haben nun ein umgekehrtes Negativ auf der lichtempfindlichen Asphaltschicht.

Die Platte wird nun getrocknet und dem Lichte ausgesetzt, 20—25 Minuten in der Sonne, 3—5 Stunden im Schatten. Die den Lichtstrahlen direkt ausgesetzten Linien der Zeichnung werden unlöslich, während die Asphaltschicht unter dem orangeroten Eiweißhäutchen löslich bleibt.

Vor der Entwickelung des Asphaltbildes ist jedoch das Eiweißhäutchen zu entfernen. Zu diesem Zwecke legt man die Platte in eine schwache Lösung von Essigsäure, ungefähr 1 zu 25. Wenn die letzte Spur der Zeichnung verschwunden ist und die Platte dasselbe Aussehen hat wie vor dem Ueberziehen mit Eiweißlösung, wird sie herausgenommen und sorgfältig getrocknet. Das Entwickeln geschieht zuerst mit Kohlenöl und etwas Provenceröl, in welcher Mischung man die Platte ungefähr eine Minute liegen läßt. Dieselbe darf dabei nicht berührt, muß aber im Troge fortwährend geschüttelt werden, so daß das Oel die löslichen Teile auflöst und abspült. Ist der Entwickler nicht stark genug, so gießt man vorsichtig etwas Terpentinöl hinzu. Erscheint die Zeichnung rein und scharf, so wird die Platte herausgenommen, gut in reinem Wasser gewaschen und zum Trocknen in Sägespäne gelegt, diese saugen alle Feuchtigkeit an.

Jetzt ist die Platte zum Aetzen fertig. Ist sie für Buchdruck bestimmt, so kann gleich mit dem Aetzen begonnen werden, ohne vorher einzuschwärzen. Für Steindruck wird sie gummiert, mit Gallussäure geätzt und in gewöhnlicher Weise eingeschwärzt oder eingerieben. Der Gebrauch von Terpentin ist möglichst zu beschränken, am besten ganz zu unterlassen, weil dabei zu befürchten ist, daß sich die Zeichnung auflöst. Die Farbe verdünne man mit Firnis.

Will man eine Kupferplatte nach diesem Verfahren herstellen, so setzt man der Eiweißlösung ein wenig Zucker zu und staubt die Platte nach dem Belichten mit feinst gepulvertem Graphit ein. Derselbe klebt auf den vor dem Lichte geschützten Stellen an und man erhält ein getreues Faksimile des Originales in schwarzen Linien auf goldbraunem Grunde. Nun setze man wieder dem Lichte aus, wie oben, und entferne das Eiweißhäutchen durch die Essigsäurelösung. Die weiteren Operationen sind die gleichen wie die oben beschriebenen, aber das Bild ist ein negatives, statt eines positiven, das bis zur erforderlichen Tiefe geätzt werden kann.

Zum Aetzen ist chlorsaures Eisenoxyd, 1 Gewichtsteil Oxyd in 2 Gewichtsteilen Wasser zu empfehlen, es ätzt glatter und regelmäßiger als Salpetersäure, welche jedoch wieder zum Aetzen von Hochdruckplatten vorzuziehen ist.

B. Chemisch-mechanischer Teil.

Bei dieser Branche wird die Zeichnung auf mechanischem Wege auf die Platte gebracht, der Druck selbst aber ist chemisch. Diese Manier der Zinkographie schließt die Gravierung, Radierung, Federzeichnung und die Aquatinta in sich.

Die Platten werden ganz auf die oben beschriebene Manier zubereitet, geschliffen und poliert, dürfen aber nie ein Korn erhalten. Soll die Platte dann graviert werden, so wird sie, ohne alle weitere Vorbereitung, wie eine Kupferplatte mit dem Grabstichel bearbeitet und vollendet. Soll sie jedoch radiert werden, so trägt man einen Aetzgrund auf, welchen man folgendermaßen bereitet.

Man gebe 120 g burgundisches Pech in einen gut glasierten irdenen Topf, lasse es über gelindem Feuer zergehen und schwenke dann den Napf so, daß er innen ganz mit dem Pech bedeckt sei; dann setze man 120 g reinen echten (nicht künstlichen) Asphalt zu, den man zuvor in einem Wedgwood-Mörser fein gepulvert hat und der sich bei vermehrter Hitze und stetem Umrühren leicht mit dem Pech verbindet. Wenn der Asphalt ganz im Flusse ist, erhält man ihn so mindestens eine Viertelstunde, worauf man die Hitze etwas mindert, aber stets fleißig umrührt. Dadurch verdampfen die wässerigen Teile des Asphaltes und dieser verbindet sich mit dem wesentlichen Oele des Terpentins. Ohne diese Vorsicht verdunstet der Aetzgrund erst später auf der Platte, wird dort rissig oder springt gar ab. — In die so bereitete Mischung thut man 180 g Jungfernwachs und rührt alles gut um, während man es etwa zehn Minuten gut kochen läßt. Dann nimmt man die Masse vom Feuer, setzt 60—90 g Terpentinöl zu und bringt diese Masse noch einmal über Kohlenfeuer, wo sie gut durcheinander gerührt und dann in wohlverschlossener Flasche aufbewahrt wird. Vor dem Gebrauche muß man jedoch die Konsistenz des Aetzgrundes einer Probe unterziehen. Ist er zu weich, so ätzen sich die Linien später franzig, ist er zu hart, so springt er während der Arbeit ab.

Hat man die Verhältnisse nicht genau gehalten, so breitet sich der Grund schlecht aus und man muß ihn umschmelzen und etwas Burgunder Pech zusetzen. Asphalt macht den Grund zähe und dicht. Fehlen daher diese Eigenschaften, so muß man Asphalt zusetzen, den man jedoch zuvor in Pech auflösen muß, da er sonst nicht an das Wachs geht. Ist der Grund zu hart, so muß man etwas Wachs zusetzen.

Beim Gebrauche verdünnt man denselben mit Terpentinöl, gießt dann so viel als man zu verwenden denkt, in einen Topf und trägt den Aetzgrund mit einem breiten Pinsel sehr gleichmäßig auf die Platte auf. Sobald sich das Terpentinöl verflüchtigt hat, ist der Grund hart.

Die damit grundierte Platte wird nun, nach Art der Kupferplatten, mit einer Wachsfackel angeraucht und ist zur Arbeit fertig.

Auf derselben wird die Zeichnung mit einer Radiernadel nach allen Gesetzen der Kunst aufgetragen und vollständig, wie bei der Radierung in Kupfer, ausgearbeitet, dann mit einem Wachsrande umgeben und geätzt. Das Aetzwasser ist verdünnte Salpetersäure und bedeutend schwächer als zum Kupfer, etwa fünfgrädig. Die während der Aetzung sich bildenden Luftblasen werden mit einer Taubenfeder abgekehrt, und wenn die hellsten Partien tief genug geätzt sind, etwa nach 1 1/2 Minute, das Aetzwasser abgegossen, die Platte rein gewaschen, getrocknet und die hellsten Partien mit einem Deckgrunde aus Pech und Wachs, in Terpentinöl aufgelöst, gedeckt; dann wird das Aetzwasser wieder aufgegossen, wieder etwa zwei Minuten geätzt, abgegossen, gewaschen, getrocknet, die zweiten Partien gedeckt, wieder geätzt, und so fort, bis zu den dunkelsten Partien. Ist die Platte der Meinung des Künstlers zufolge, vollendet, so wird der Aetzrand abgenommen, die Platte rein gewaschen und kommt mit dem Aetzgrunde in die Druckerei, wo sie präpariert wird.

Zu diesem Zwecke nimmt der Drucker die Platte und reibt sie mit Druckfarbe ein. Diese Druckfarbe legt sich in die Gravierung und wenn die Platte gänzlich so eingerieben ist und alle Teile gut angenommen haben, wird etwas Terpentinöl auf die Platte gebracht, welches den Aetzgrund auflöst, den man mit Lappen ganz von der Platte entfernt und dieselbe dann rein putzt, so daß jede Spur von Fett entfernt ist. Alsdann überzieht man die Platte mit einer Auflösung von kohlensaurer Soda in Wasser, der man etwas Gummiauflösung zugesetzt hat, und trägt eine Gummischicht auf die Platte. Nachdem dieselbe einige Minuten darauf verweilt hat, reinigt man die Platte wieder und zieht einen Probedruck ab. Das weitere Einschwärzen geschieht mit einer Druckfarbe, wie bei den gravierten Steinen und die Platte wird jedesmal mit der oben angegebenen, jedoch sehr verdünnten, Sodaauflösung gefeuchtet. Der Abdruck geschieht auf der Kupferdruckpresse, und die Platten werden nicht aufgenagelt.

Ebenso werden die wirklich gestochenen Platten behandelt, welche man zum ersten Male, wie Kupferplatten, einreibt, dann höchst sorgfältig reinigt und präpariert.

Nehmen die Platten während des Druckes Schmutz an, so reinigt man sie behutsam mit reiner, schwacher Pottaschenlauge und präpariert sie dann von neuem, doch muß man sie vorher gut einschwärzen.

Durch die Präparatur werden die Zinkplatten auf der Oberfläche fast glashart, und wir haben Abdrücke von solchen Platten gesehen, wo der zweitausendste, ohne daß die Platte aufgestochen wäre, die feinsten Linien in derselben Stärke zeigte, als der erste.

Eine andere, wohl noch praktischere Radiermanier auf Zink, besteht darin, daß man die reine Zinktafel, welche eine vollständig glatte Fläche und durchgehends gleiche Stärke haben muß, mit feinst pulverisiertem Bimsstein und ungefähr 1 Teil Salpetersäure, verdünnt mit 9 Teilen Wasser, schleift. Man streut das Bimssteinmehl auf die Platte und taucht den Schleifballen, aus einem Stück Wischwalzenstoff oder Filz verfertigt, in die Salpetersäure. Beim Schleifen beschreibt man kleine Kreise, wie beim Körnen des Steines. Zeigt die Platte eine helle weißliche Färbung, so spült man sie mit Wasser rein ab und macht sie trocken. Nun ätzt man dieselbe mit einer Mischung von 1 Teil Chromsäure, 2 Teilen Phosphorsäure und 10 Teilen Wasser, welche man auf der Platte eintrocknen läßt. Nachdem sodann dieselbe rein abgewaschen worden ist, trocknet man sie wieder und gibt ihr einen schwachen Gummiüberzug. Auf die Gummischicht, welche aber nur so stark sein darf, daß sie beim Arbeiten nicht hinderlich ist, trägt man schwarzen Grund, denselben wie beim gravierten Steine, auf und kann, wenn derselbe getrocknet ist, mit der Arbeit beginnen.

Die Pause macht man sich in derselben Weise wie auf dem Stein.

Alle Striche werden mit einem Male gemacht, feine sowie ganz breite und muß man sich die hierzu erforderlichen Nadeln in den verschiedenen Breiten schleifen. Dieselben dürfen aber nicht ganz scharf oder spitz sein, wie zur Steingravierung, weil sie sonst einschneiden und einen Grad verursachen würden, durch welchen die Zeichnung unbrauchbar wäre. Es darf nur der schwarze Grund und die geätzte Zinkschicht durchschnitten werden, jeder Strich muß, wenn er stehen soll, glänzen.

Man halte die Striche der Zeichnung recht dicht, weil dieselbe durch das Glänzen voller erscheint als nach dem Einschwärzen. Gut ist es, wenn man bei seitlicher Beleuchtung arbeitet, weil die Striche bei anderem Lichte nicht deutlich zu sehen sind.

Beim Zeichnen entstandene Fehler werden mit Gummi und Phosphorsäure abgedeckt.

Die fertige Zeichnung wird, mit Ueberdruckfarbe, mit Terpentinöl verdünnt, eingerieben und ein bis zwei Stunden damit stehen gelassen. Man kann auch die Platte, wenn die Arbeit eilt, über einer Spiritusflamme erwärmen, damit sich die Ueberdruckfarbe rascher an die Striche festsetzt. Nach dem Erkalten legt man die Platte auf einen Stein, wäscht sie mit Wasser und Terpentinöl aus und walzt die Zeichnung mit Federfarbe ein, genau so wie es beim Stein gemacht wird.

Der Druck kann nur auf feuchtes Papier und mit der Walze ausgeführt werden.

Korrekturen macht man indem man die Teile der Zeichnung, welche verändert werden sollen, mit Bimssteinpulver und einem Stück Bimsstein wegschleift, die weggeschliffenen Stellen mit starker Phosphorsäure ätzt, gummiert und dann die Stellen neu bezeichnet.

Zu schwach geratene Partien werden auf der gummierten Platte mit der Nadel verstärkt und nachdem mit verdünnter Umdruckfarbe eingerieben.

Wir geben hier noch ein paar andere Manieren der Zinkographie, die sich bei gewissen Vorkommenheiten, namentlich wo es sich darum handelt, die eigenhändige Arbeit eines Künstlers wiederzugeben, mit Vorteil werden anwenden lassen.

Die vertiefte Federmanier.

Bei derselben wird die gut geschliffene und etwas mattgeätzte Platte durch Abreiben mit feiner geschlämmter Kreide von allem Fett gereinigt und dann mittels der Feder und einer Tinte, die aus zwei Teilen Zinnober und einem Teile Kienruß mit Gummilösung soweit versetzt, daß sie noch bequem aus der Feder geht (also wie dick angeriebene Tusche), die Zeichnung, vollständig wie auf Papier, ausgeführt. Man kann auch mit dem Pinsel zeichnen. Die vollendete Platte wird nun mit Aetzgrund nach der gewöhnlichen Weise grundiert, und nach dem Trocknen in ein Gefäß mit kaltem Wasser gelegt. Nach etwa einer halben Stunde beginnt man mit einem Ballen von feinem Leder oder den Spitzen der Finger den Aetzgrund an den Stellen, wo gezeichnet ist, abzureiben, was sehr bequem geht, und man wird, wenn man vorsichtig gewesen ist, sehr bald die Zeichnung fehlerfrei hell in dem dunklen Aetzgrunde stehen sehen, worauf man die Platte aus dem Wasser nimmt und trocken werden läßt. Alsdann müssen diejenigen Stellen, wo man den Aetzgrund etwa verletzt hat, mit in Terpentinöl verdünntem hartem Aetzgrunde wieder repariert werden. Darauf beginnt man das Aetzen mit verdünnter Salpetersäure und verfährt dabei ganz wie beim Aetzen einer radierten Platte, indem man die leichten Töne einmal ätzt, dann deckt, darauf noch einmal ätzt, die zweiten Töne deckt und so fort durch alle Töne bis die Platte vollendet ist, worauf man den Aetzgrund abnimmt, die Platte selbst aber präpariert und druckt.

Die vertiefte Kreidemanier.

Hierzu macht man die Platte, welcher man allenfalls ein ganz feines Korn geben kann, etwas warm und überzieht sie mit Unschlitt, das man bald darauf soweit wieder abnimmt, daß nur ein Hauch davon auf der Platte bleibt; dann trägt man den Aetzgrund auf. Dieser besteht aus 3 Teilen weißem Wachs, 2 Teilen Asphalt und 1 Teil Unschlitt und wird nach dem Einschmelzen sehr stark abgebrannt und dann mit Terpentinöl verdünnt, so daß er teigartig wird. Mit diesem terpentinhaltigen Grunde wird die mit Unschlitt überzogene Platte mittels eines Ballens so dünn als möglich gegründet, und es ist ratsam die erste Grundierung noch mit einem guten reinen Ballen, oder dem Ballen der Hand recht gleichmäßig zu verteilen. Die Platte wird dann angeraucht und, wenn sie erkaltet ist, mit gefeuchtetem, feinkörnigem, nicht geglättetem dünnem Velinpapier dergestalt überzogen, daß die Ränder auf die Rückseite der Platten umgeschlagen und dort festgeklebt werden; zwischen den Aetzgrund und das Papier darf aber weder Leim noch Staub kommen. Auf dieses Papier wird nun die Zeichnung mit Bleistift oder etwas harter Kreide in Strichmanier kräftig ausgeführt. Nimmt man dann das Papier behutsam ab, so hebt sich von der bezeichneten Stelle der Aetzgrund mit dem Papiere ab, und die Zeichnung steht nun blank in dem Aetzgrunde. Beschädigte Stellen werden mit verdünntem Aetzgrunde und dem Pinsel durch Punktieren ausgebessert, und die Platte dann mit den gewöhnlichen Handgriffen geätzt und gedruckt.

Will man in Aquatintamanier arbeiten, so bereitet man die Platte genau, wie die für diese Manier bestimmten Kupferplatten, vor, d. h. man rabiert und ätzt die Konturen, gibt dann der Platte mit gepulvertem Mastix entweder ein trocknes oder Siebkorn, das man anschmelzt, oder mit in Weingeist aufgelöstem Mastix ein Streichkorn, deckt dann alle Partien, welche weiß bleiben sollen, mit Deckgrund, ätzt nacheinander die verschiedenen Töne und behandelt die vollendete Platte, wie wir oben bei der rabierten Manier angegeben haben.

So angenehm auch die Effekte der Aquatinta an und für sich sind, so haben uns doch die damit angestellten Versuche belehrt, daß dieselbe für die Zinkographie nur beschränkte Anwendung gestattet, da eine, selbst mit der größten Sorgfalt gepflegte Platte, kaum vierhundert gute Abdrücke liefert.

Bisweilen kann der Fall eintreten, daß man von einer gestochenen oder rabierten, kurz in irgend einer vertieften Manier gearbeiteten Kupfer-, Stahl- oder Zinkplatte sehr rasch eine große Anzahl von Abdrücken bedarf, welche bei dem Drucke mit der Kupferdruckpresse nicht zu beschaffen ist. Hier kann man durch ein besonderes Ueberdrucksverfahren die vertiefte Platte in eine beliebige Anzahl erhabener verwandeln und diese dann auf einer oder mehreren Steindruckpressen gleichzeitig mit der vertieften in der Kupferdruckpresse drucken, wodurch natürlich die Arbeit sehr beschleunigt wird.

Zu diesem Zwecke nimmt man von der vertieft gearbeiteten Platte so viel Abdrücke, als man neue Platten haben will, und zwar mit einer Schwärze von folgender Zusammensetzung: $9^1/_5$ Teile Schellack, 3 Teile venetianischer Terpentin, $4^3/_5$ Teile gelbes Wachs, $1^1/_2$ Teile Talg, $12^3/_{10}$ Teile harte Seife, nebst der zum Färben erforderlichen Menge Kienruß. Nachdem man die Substanzen gut zusammengeschmolzen hat, brennt man sie 10 Minuten unter stetem Umrühren.

Der Rückstand zieht aus der Luft Feuchtigkeit an, so daß er sich beim Zerreiben in einem Steinmörser in einen sehr festen Teig verwandelt. 1 Teil dieser Schwärze mit 2 Teilen lithographischer Druckfarbe bildet die Ueberdruckschwärze. Der Abdruck selbst geschieht auf ein chinesisches Papier, das man mit einem durchsichtigen Kleister aus feinstem Mehl und Bier grundiert hat. Die auf so vorbereitetem Papier gemachten Abzüge druckt man nun auf die bekannte Weise auf soviel Platten über, als man bedarf, und präpariert dieselben mit einem Galläpfelabsude aus 2 Teilen Galläpfeln und 18 Teilen Wasser. Das Aetzwasser läßt man 5—10 Minuten auf der Platte stehen, damit dasselbe das Alkali der Ueberdruckschwärze neutralisiere, dieselbe hart mache und bewirke, daß sie nicht austreten kann, wenn sie beim Abdrucke mit Wasser genetzt wird. Dann werden die Platten vollends, wie gewöhnlich, geätzt, präpariert und gedruckt.

Der anastatische Druck.

Die Seltenheit der Bücher aus den ersten Zeiten nach der Erfindung der Buchdruckerkunst, sowie mancher Kupferstiche und Holzschnitte großer Meister, hatte bei den Sammlern alter Drucke und Kunstblätter den Wunsch rege gemacht, durch irgend ein Verfahren eine Vermehrung dieser Gegenstände zu erlangen, so jedoch, daß die erhaltenen Kopien den Originalen täuschend ähnlich, ja durchaus nicht von ihnen zu unterscheiden sein sollten, so daß man die Kopie für das Original zu halten gezwungen würde. Dies konnte aber nur dann geschehen, wenn man durch irgend ein Verfahren von dem Originale selbst eine Platte erzeugte, mittels deren man die Kopien druckte, also gleichsam die seit Jahrhunderten vernichteten Platten wieder neu arbeitete. Das in der Lithographie längst entdeckte Ueberdruckverfahren schien dazu den geeignetsten Weg an die Hand zu geben, denn man hatte schon vielfach frischen Buchdruck und frische Abdrücke von Kupfer- und Stahlplatten, wenn diese Drucke mit besonderer Ueberdruckfarbe, ja selbst wenn sie mit gewöhnlicher Druckfarbe gemacht waren, auf Lithographiesteine und Zinkplatten übergedruckt und von diesen Abdrücke erhalten, welche den Originalen durchaus nicht nachstanden.

Bei dieser Ueberdruckmethode war dann aber dasjenige Agens, auf welches sich das Wesen des Steindruckes und der erhabenen Manier des Zinkdruckes gründet, das Fett, in hinreichender Menge auf dem Originale vorhanden, um, mittels der von uns in dem vorstehenden gegebenen Verfahrungsarten, dergestalt auf eine andere Platte übertragen zu werden, daß die zum Stein- oder Zinkdruck erforderliche chemische Operation eingeleitet und vollendet werden konnte. Bei alten Drucken aller Art aber war die Sache eine andere. Allerdings ist auch in diesen Drucken, sobald sie nämlich aus jener Zeit herrühren, wo man bereits mit fettiger Farbe druckte, das Fett vorhanden, welches als Agens für den Stein- oder Zinkdruck auftreten kann, aber dieses Fett ist im Laufe der Jahrhunderte dergestalt eingetrocknet und erhärtet, daß an ein Uebergehen desselben von dem Originale auf die Ueberdruckplatte selbst unter dem schärfsten Drucke nicht die Rede sein konnte. Sollte daher hier ein Ueberdruck möglich werden, so mußte entweder das Fett in den alten Abdrücken wieder erweicht, gleichsam neu belebt und auferweckt werden, oder man mußte den Abdruck selbst so präparieren, daß man auf die gedruckten Züge neue Farbe legen konnte, ohne dadurch die unbedruckten Stellen des Originales zu verunreinigen; zugleich aber war es Hauptbedingung, daß das Original in keiner Hinsicht beschädigt oder gar vernichtet werden durfte.

Diese dreifache Wiedererweckung, einmal der alten Drucke überhaupt, dann der alten Originalplatte durch neue, und endlich des Fettgehaltes in der Farbe der alten Abdrücke ließ für das neue zu erfindende Verfahren aus dem griechischen Worte ἀνάστασις (Auferweckung) den Namen anastatischer Druck wählen.

Zu Erreichung der gewünschten Resultate bot sich, wie wir bereits oben angedeutet haben, ein doppelter Weg; entweder man mußte das Fett in den alten Abdrücken wieder erweichen, oder man mußte die Abdrücke selbst so präparieren, daß nur die gezeichneten Partien in den Stand gesetzt wurden, beim Ueberfahren des Abdrucks mit einer Schwärzwalze neues Fett anzunehmen, mit andern Worten: man muß das Prinzip der Lithographie vom Stein auf das Papier übertragen. — Auf beiden Wegen sind die Erfinder des anastatischen Druckverfahrens vorgegangen, und auf beiden sind glückliche Resultate erlangt worden, obschon der zweite Weg der bessere ist, da seine Resultate sicherer und ebenso genügend geworden sind. Wir wollen jetzt die Verfahrungsarten für beide Wege angeben und unsern Lesern dann überlassen, für welchen sie sich selbst entscheiden wollen.

Am nächsten lag allerdings die Wiedererweichung der Farbe; die Aufgabe dabei war, die Farbe der alten Drucke, welche gänzlich eingetrocknet war, dergestalt wieder aufzuweichen, daß sie von ihrem Fettgehalte nichts verlor, sondern nur in ihre ursprüngliche Gestalt zurückkehrte, welche sie gleich nach vollendetem Abdrucke hatte. Laugen aller Art würden die Schwärze allerdings sehr leicht auflösen, aber sie würden derselben das Fett entziehen, also in keiner Art zum Ziele führen. Das Terpentinöl, welches ein sicheres Auflösungsmittel aller fettartigen Substanzen ist, bot sich hier als das beste Auskunftsmittel dar. Das hierauf begründete Ueberdruckverfahren bestand nun darin, daß man den alten Abdruck in eine Auflösung von Soda, Salmiak und Sauerkleesalz in Regenwasser legte, ihn darin etwa $\frac{1}{2}$ Stunde ließ und darauf noch feucht mit Terpentinöl bestrich. Nach Verlauf einer Stunde war dann die alte Druckfarbe so vollständig erweicht, daß man auf einer erwärmten Stein- oder einer warmen Zinkplatte einen Ueberdruck machen konnte, welcher Fett genug enthielt, um eine sehr leichte Aetzung und Präparatur der Platte zu gestatten, welche hinreichte, die weißen Stellen derselben insoweit zu schützen, daß sie beim Einschwärzen des Steines mit Aetzfarbe nicht verunreinigt wurden. Hatten nun alle übergedruckten Stellen die Aetzfarbe angenommen, und man das etwa Ausgebliebene mit der Feder und chemischer Tinte oder dem lithographischen Stifte ergänzt, so konnte die wirkliche Aetzung und Präparatur und demzufolge auch die Erzeugung neuer Abdrücke stattfinden.

Anders ist es, wenn man die alten vertrockneten Drucke, gleichviel ob sie ein oder hundert Jahre oder noch älter sind, mit neuer Farbe imprägnieren will. Hier muß man, wie gesagt, das Prinzip des Steindruckes auf das Papier übertragen, d. h. die weißen Stellen des Abdruckes so präparieren, daß sie beim Ueberrollen mit einer Schwärzwalze keine Farbe annehmen, während sich dieselbe ungehindert auf die Züge der Zeichnung absetzt und diese mit neuem Fette versieht. Um das Nachfolgende verständlich zu machen, müssen wir vorausschicken, daß, ein Fett möge es noch so sehr ausgetrocknet sein, immer Fett bleibt und als solches nicht allein dem Wasser undurchdringlich ist, sondern auch zu andern Fetten seine Verwandtschaft behält.

Um nun den alten Abdruck zu präparieren, legt man denselben in eine Auflösung von chlorsaurem Kali in Wasser, und später in eine solche von

Weinsteinsäure. Infolge dieser Einweichungen werden alle unbedruckten Stellen des Papiers von kleinen Weinsteinkristallen durchdrungen und ausgefüllt, welche sich durch die Vereinigung der Weinsteinsäure und des Kalis bilden. Diese Weinkristalle äußern gegen alles Fett eine vollkommene Abstoßungskraft und wenn man das feuchte Papier dann mit einer Walze mit, mit Lavendelöl versetzter, Ueberdruckfarbe überrollt, so wird dasselbe auf den weißen Stellen weiß bleiben, auf den bedruckten aber wird sich die Schwärze wegen der Verwandtschaft der Fette begierig anhängen und die Züge der Zeichnung mit neuer und zwar mit Ueberdruckfarbe versehen; ist dies geschehen, so legt man den Abbruck in reines Wasser, welches die Weinsteinkristalle auflöst und das Papier in den alten Zustand zurückversetzt, worauf man den Ueberdruck nach dem gewöhnlichen Verfahren auf einen Stein, oder noch besser auf Zinkplatten, vornehmen kann.

Statt der Weinsteinsäure und des Kali hat man mit Erfolg auch die gewöhnliche Steinpräparatur angewendet, d. h. man hat das Papier mit verdünnter Phosphorsäure stark genetzt, dann mit Gummiauflösung präpariert und darauf das Einwalzen vorgenommen.

Wenn der Druck, den man kopieren will, noch einigermaßen frisch ist, so kann man auf erwähnte Art, ohne Auftragen neuer Farben zum Ziele gelangen. Man legt den Abbruck, etwa 10 Minuten in sehr verdünnte Salpetersäure oder Gummilösung und bringt ihn noch feucht auf eine Zinkplatte, mit der Bildseite nach unten in die Presse, wo man ihn unter mittelstarkem Druck des Reibers durchzieht. Die fetten Stellen des Papiers sind natürlich unbenetzt geblieben, in den weißen aber befindet sich verdünnte Salpetersäure. Beim Durchziehen ätzt diese die Stellen der Platte, die nicht vom Fette des Drucks geschützt sind und präpariert sie, während letztere Stellen beim Uebergehen mit einer Farbewalze, um so mehr, da sie immerhin ein wenig Fett aus dem Abdruck angenommen haben, das Fett der Farbe begierig ergreifen werden.

Mit Zuhilfenehmen der Galvanographie kann man auch durch den anastatischen Ueberdruck vertiefte Kupferplatten erzeugen. Man bewirkt nämlich auf eine oder die andere Weise einen anastatischen Ueberdruck auf eine vollkommen fettfreie, blankpolierte Kupferplatte, indem man noch die Vorsicht anwendet, das Papier kurz vor dem Ueberdruck mit etwas stark verdünnter Salpetersäure zu netzen. Ist der Ueberdruck vollkommen gelungen und sind etwa ausgebliebene Stellen mit lithographischer Tinte und der Feder oder dem Pinsel ausgebessert, so überziehe man die Platte auf der hintern Seite mit weichem Aetzgrund oder einer Mischung von Wachs und Talg, und verbinde sie hierauf mittels eines Leitungsdrahtes mit dem positiven Pole einer konstanten galvanischen Batterie, oder mit dem positiven Pole einer magnet elektrischen Rotationsmaschine. Mit dem negativen Pole derselben oder der negativen Platte der vorerwähnten Batterie aber verbinde man mittels eines Leitungsdrahtes ein Stückchen reines Gold; dies aber und die Kupferplatte bringe man in ein Gefäß mit Goldcyanid, d. h. eine Auflösung von Goldoxyd in Cyankalium. Läßt man nun den Rotationsapparat oder die Batterie wirken, so wird sich die Kupferplatte in wenigen Minuten an allen Stellen, wo keine Ueberdruckfarbe ist, mit einer dünnen aber dichten Goldschicht überziehen, worauf man sie herausnimmt und sowohl die Rückseite, als die Vorderseite mit Terpentinöl vollständig reinigt. Dann erscheint die Oberfläche der Kupferplatte glänzend vergoldet und die Zeichnung als reines, blaukes Kupfer. Nun macht man einen Aetzrand um die Platte und übergießt dieselbe mit einem Aetzwasser, das aus hinreichend verdünnter Salpetersäure besteht, worauf man das Aetzen und Decken durch alle Töne, wie bei einer auf gewöhnliche Weise radierten Kupferplatte, vornimmt. Die Goldschicht versieht hier die Stelle des eigentlichen Aetzgrundes, da dieselbe von der Salpetersäure nicht angegriffen wird. Man muß sich aber vorsehen, daß man reine Salpetersäure erhält, da eine Verbindung von Salz- und Salpetersäure das Gold angreifen würde. Das Decken der verschiedenen Töne geschieht mit gewöhnlichem, in Terpentin- oder Spicköl aufgelöstem Aetzgrunde.

Uebrigens bietet das anastatische Druckverfahren, selbst bei der sorgfältigsten Behandlung, nicht immer ganz befriedigende Erfolge; auch ist dasselbe durch die großen Fortschritte der Heliographie gleichsam überflüssig geworden, da hierdurch mit weit mehr Sicherheit und Leichtigkeit die Herstellung der Druckplatten derartiger Faksimile ermöglicht, und ebenso der Druck derselben in der vollständigsten Weise bewerkstelligt werden kann; wobei die Abzüge der Heliographie in der vollendetsten Technik und dem Originale täuschend ähnlich sind, während die der anastatischen Druckmethode meistens das Gepräge einer etwas rohen, mangelhaften Technik an sich tragen*).

Da man sich jedoch in vielen Druckereien noch mit dem anastatischen Drucke beschäftigt um ältere Drucke, Noten rc. auf billigere Weise als durch die Photographie, wiederherzustellen, so teilen wir ein zuverlässiges und gutes anastatisches Druckverfahren hier mit.

Die Zinkplatte wird geschliffen und mit Schmirgel poliert, sodann wird sie in ein Bad, aus 1000 g Wasser mit 10 g Salpetersäure versetzt, gelegt und unter schaukelnder Bewegung so lange darin gelassen bis sie rauh geworden ist und ein gleichmäßiges Aussehen erhalten hat. Sodann wird dieselbe gut abgewaschen, getrocknet und für den Umdruck vorbereitet. Der Stein auf gewöhnliche Weise für den Umdruck zurecht gemacht.

Daß das Original auf gutes geleimtes Papier gedruckt ist, ist eine Hauptbedingung des Gelingens des Umdruckes. Man legt das Original so lange bis das Papier durchtränkt ist, in ein Bad von 10 g Phosphorsäure und 500 g Wasser, jedoch so, daß es nur obenauf schwimmt. Ist das Original vollständig durchweicht, so wird dasselbe mäßig getrocknet und sodann die Farbe desselben zum Annehmen empfänglich gemacht. Zum Beleben der Farbe des Originals, welches am besten gelingt, wenn dasselbe rein schwarz gedruckt ist, verfährt man auf folgende Weise: Einen Bogen Fließpapier durchtränkt man vollständig mit Benzin, legt denselben auf die bedruckte Seite des Originals und zwar rasch, ehe sich das Benzin verflüchtigt hat und beschwert das Ganze unter mäßigem Drucke. Die Uebung wird lehren, wie lange man dieses zu thun hat.

Nachdem das Original mit dünnem Stärkekleister überstrichen wurde, beginnt man mit dem Auftragen der Farbe, indem man dasselbe mit einem

---

*) Der anastatische Druck erreichte namentlich in Oesterreich im militärgeographischen Institute einen hohen Grad von Vollkommenheit, und wurde angewendet, um von alten Karten im gewöhnlichen autographischen Wege, sehr gute Abdrücke in wünschenswerter Anzahl herzustellen.

Vorzugsweise wurden auch in der Wiener k. k. Hof- und Staatsdruckerei alle graphischen Kunstzweige kultiviert und zum hohen Grade der Vollkommenheit gebracht.

weichen, gut durchgeriebenen Schwämmchen mit Umdruckfarbe, welche mit Lavendelöl versetzt wurde, anreibt. Bei feineren Gegenständen bedient man sich eines weichen Haarpinsels zum Aufstreichen der Farbe.

Sind alle Striche mit genügender Farbe versehen, so entfernt man den Kleister dadurch, daß man vorsichtig in nicht zu starken Strahlen Wasser über das Blatt gießt, welches dann so lange in trockenes Fließpapier gelegt wird, bis es nur noch die zum Umdrucken nötige Feuchtigkeit hat.

Vor dem Durchziehen erwärmt man den Stein oder die Zinkplatte etwas, nach dem Durchziehen ebenfalls, dann läßt man ihn einige Zeit stehen, damit die Farbe anzieht. Sodann gummiert man denselben und nach dem Trockenwerden reibt man den Umdruck an. Bei nötiger Vorsicht wird sich kein oder nur sehr wenig Schmutz zeigen.

Sollten sich schabhafte oder ausgebliebene Stellen zeigen, so muß man dieselben ausbessern und dann den etwa entstandenen Schmutz entfernen. Auf der Zinkplatte entfernt man denselben mit verdünnter Salpetersäure, größere Flecken durch Schaben. Geschabte Stellen werden mit Salpetersäure geätzt bis sie nicht mehr glänzen und dieselbe Farbe wie die Platte haben. Vor dieser Hantierung staube man die Platte mit Federweiß oder Kolophonium ein, damit nichts verletzt wird. Auf dem Steine wird der Schmutz in der jedem Steindrucker bekannten Weise entfernt, und dann die Zeichnung wie gewöhnlich geätzt.

Die Zeichnung auf der Zinkplatte wird mit einer Mischung von Gallusauszug, einigen Tropfen Phosphorsäure und arabischem Gummi präpariert und die Flüssigkeit längere Zeit stehen gelassen.

Der Druck wird in der Weise ausgeführt, welche bei Zink oder Stein gewöhnlich angewendet wird.

Die Kunst-Reproduktionsanstalt von Karl Reinecke in Berlin, führt ganze Werke, welche vergriffen sind, in dieser Manier sehr gut aus.

Die Heliographie.

Dem großen Aufschwunge der **Photographie** reihet sich die höchst wichtige Erfindung an, das photographische Bild statt wie bisher durch das Sonnenlicht und mit Hilfe von Silbersalzen, nun durch Druckerschwärze und Pressendruck zu vervielfältigen, wie einen Kupferstich, eine Lithographie oder einen Holzschnitt.

Sehr einleuchtend sind die großen Vorteile dieser neuen Kunst, **Heliographie** genannt. Einmal hat die Haltbarkeit der Silberdrucke immer etwas Problematisches, wogegen die Kohle, das heißt der Farbstoff der Druckerschwärze, das einzige Pigment ist, dessen Dauerhaftigkeit über allem Zweifel steht. Ueberdies wird die Kopie durch Belichtung stets eine allzu delikate und kostspielige Operation bleiben, um den Erfordernissen der Industrie zu genügen.

Dazu kommt, daß die Heliographie, neben der leichten, schnellen und wohlfeilen Vervielfältigung, der Industrie alle die Hilfsmittel des gewöhnlichen Druckbildes gewährt, also zunächst zum Bilderdruck für Emaille, Keramik und Tabletterie verwendet werden kann.

Die Heliographie muß zur Erreichung ihres Zweckes das photographische Negativ in eine druckbare Platte verwandeln, und die Art und Weise wie sie dies zu bewerkstelligen sucht, ergibt die verschiedenen Methoden der neuen Erfindung.

Das Negativklischee bildet die Voraussetzung auch für die Heliographie; nur wird dasselbe, statt auf ein mit Silbersalz getränktes Papier zur Hervorbringung eines positiven Abdrucks, jetzt auf eine mit einer photographischen Schicht versehene Platte gelegt, welche, nachdem sie den Lichteindruck empfangen und die weiter notwendigen Operationen durchgemacht hat, als Druckplatte fungiert, um mit Hilfe von Farbe und Presse die Abdrücke zu liefern.

Zwei Substanzen sind es hauptsächlich, die bis jetzt zur Hervorbringung jener lichtempfindlichen Schicht in Anwendung kommen: der Asphalt und die Chromgelatine.

Der Asphalt wird von flüchtigen Oelen aufgelöst, verliert aber seine Löslichkeit durch die Einwirkung des Lichts. Ebenso verhält sich die Chromgelatine dem Wasser gegenüber.

Dieser Eigenschaft der beiden Stoffe bedient sich die Heliographie zu ihren Zwecken; indem sie das mit einer Asphalt- oder Chrompräparation bedeckte Blech oder Glas unter dem Negativ belichtet, und sodann die hierdurch entstandene teilweise Unlöslichkeit der Schicht zu Herstellung einer druckfähigen Zeichnung benutzt.

Seit dem Jahre 1855 hat diese Technik reißende Fortschritte gemacht, und die Zahl der Erfinder, welche im Jahre 1867 zu Paris eine Reihe von Druckbildern ausstellten, war verhältnismäßig bedeutend, zweiundzwanzig derselben erhielten Belohnungen.

Die verschiedenen Versuche, ein druckfähiges Lichtbild hervorzubringen, teilen sich in drei Gruppen, in die Heliographie durch Aetzen, durch Reaktion und durch Abformen. Betrachten wir eine nach der andern.

A. Die Aetzmethode der Heliographie.

Schon um die Mitte der zwanziger Jahre hat Nicephorus Niepcé mit Hilfe von Asphalt photochemische Druckplatten hergestellt, freilich in höchst unvollkommener Weise.

Niepcé beschäftigte sich mit Versuchen, um die Eigenschaft mancher Harze, daß sie in dünner Lage dem Lichteinfluß ausgesetzt, nachher von ihrem gewöhnlichen Lösungsmittel schwieriger hinweggenommen werden, zur Erzeugung von Lichtbildern zu benutzen.

Derselbe hatte nämlich anfangs bloß den Zweck, eine Platte durch das Licht so zu präparieren, daß sie nachher mit Scheidewasser geätzt werden konnte.

Er bereitete aus Asphalt in Lavendelöl gelöst durch Abdampfen einen Firnis, überzog damit mittels eines Tupfbällchens eine Kupfer- oder Zinnplatte, legte dann die rechte Seite eines gefirnißten Kupferstichs auf die präparierte Platte, bedeckte sie mit einem Glase und setzte sie eine oder zwei Stunden lang dem Licht aus; hierauf hob er den Kupferstich ab, und bedeckte die Platte mit einem Gemisch von Lavendelöl und Steinöl.

Diese Operation hatte den Zweck, das unsichtbare Bild zum Vorschein zu bringen, indem jene Mischung den Firnis an allen denjenigen Stellen auflöste, welche gegen die Einwirkung des Lichts geschützt blieben; wogegen alle diejenigen Stellen, auf welche das Licht gewirkt hatte, unauflöslich geworden waren. Das Metall wurde folglich an allen den Schatten des Kupferstichs entsprechenden Teilen bloßgelegt.

Er vertrieb hierauf das Lösungsmittel mechanisch, indem er Wasser auf die Platte goß; dieselbe wurde nun getrocknet, womit die Operation beendigt war.

Später suchte Niepcé ein direktes Bild auf Metall hervorzubringen, den Daguerre'schen Lichtbildern analog; deshalb vertauschte er die Kupferplatte mit einer Zinnplatte und endlich die Zinnplatte mit einer silberplattierten Kupferplatte, welche er mit demselben Firnis überzog und diese erwärmte, bis ein dünner weißer Ueberzug zurückblieb.

Diese Platte, dem Lichte in der Camera obscura ausgesetzt, zeigte bald ein schwaches Bild; er tauchte sie dann in obiges Auflösungsmittel von Lavendelöl und Steinöl, wodurch die vom Licht veränderten Stellen nicht angegriffen, die andern aber gelöst wurden, so daß sie nach Abwaschen mit Wasser als spiegelndes Metall in gehörigen Stellungen dunkel schienen, und somit die weißen Stellen des Bildes den Lichtern, die dunkeln den Schatten zugehörten.

Dieses interessante Problem, Stiche auf Metallplatten durch den bloßen Einfluß der Sonnenstrahlen in Verbindung mit chemischen Verfahrungsarten hervorzubringen, beschäftigte nun mehrere ausgezeichnete Physiker, wie z. B. Dr. Donné in Paris, Dr. Berres in Wien, Fizeau in Paris und H. F. Talbot zu London.

Im Jahre 1853 nahm Niepcé de Saint-Victor (Neffe des obigen) die Versuche seines Onkels wieder auf und verbesserte das ursprüngliche Verfahren. Mit wasserreinem Benzin und etwas Zitronenöl gab er dem Asphalt die nötige Flüssigkeit und überzog damit seine Metallplatte.

Nachdem diese hinter einem Positivklischee dem Lichte ausgesetzt war, wird sie mit einer Mischung von Naphtha und etwas Benzin übergossen, welche die von der Sonne nicht berührten Teile auflöst und das nackte Metall zum Vorschein bringt.

Handelt es sich um eine Photographie nach der Natur, so wird die Platte, wie beim Aquatintastich, mit einer Lage zarten Harzpulvers überstäubt und dann geätzt.

Diese Methode hat eine Anzahl hübscher Reproduktionen von Skizzen und Zeichnungen aufzuweisen; aber die Aufnahmen nach der Natur müssen von einem Kupferstecher retouchiert werden, wenn sie brauchbare Abdrücke liefern sollen.

In Beziehung auf Naturkopien ist Charles Nègre der einzige, der dem Erdharze vollständig befriedigende Resultate abzugewinnen wußte. Er benutzte den Asphaltüberzug nicht als Aetzgrund — oder „Reserve" gegen die Säure — sondern nur als transitorisches Schutzmittel, um auf galvanischem Wege die Stellen seiner Stahlplatte zu vergolden, welche der Aetzung nicht unterliegen sollen. Zugleich wird mit Hilfe chemischer Reaktion die ganze Asphaltschicht in ein Geflecht kleiner Risse zersprengt, die sich gleichfalls mit dem Goldniederschlag füllen.

Auf diese Art entsteht selbst an den geschützten Stellen ein feines Goldnetz, welches beim Druck als Korn fungiert. Nach vollbrachter Vergoldung entfernt er den Asphalt durch Aether und erhält nun eine damaszierte Platte, auf welcher die vergoldeten Stellen das Weiße bilden, während die entblößten Stahlteile des Grundes allein von der Säure angegriffen und vertieft werden.

Nègre führte auf diese Art heliographische Stiche aus, die sowohl durch ihre Größe, als ihre Vollendung Bewunderung erregen.

Namentlich ist eine Reihe architektonischer Ansichten der Kathedrale von Chartres — worunter Portale von nahezu 75 cm Höhe — wohl das vorzüglichste, was bis jetzt in dieser Gattung geleistet wurde. Das wurmförmige Gerinnsel des Korns gibt dem Vortrag etwas Ungleichmäßiges, Zufälliges, das an die Handarbeit erinnert.

Für Reproduktion von Zeichnungen und Stichen wurde das Asphaltverfahren von Amaud Durand zu größter Tüchtigkeit gebracht. Seine Verbesserung der Niepceschen Methode bestand hauptsächlich in Vervollkommnung des Handwerkszeugs, in Vorrichtung zu Erzielung größerer Genauigkeit und in der Geschicklichkeit im Ätzen. Ihm gelang es, dieses Verfahren in durchaus praktischer kommerzieller Weise verwendbar zu machen und er ist wohl derjenige der Heliographen, welcher dem Kunst- und Buchhandel in jener Zeit die meisten Platten geliefert hat.

Wir sehen unter seinen Reproduktionen Stiche, Radierungen und Handzeichnungen alter und neuer Meister von vortrefflicher Ausführung.

Eine besondere Erwähnung verdient seine heliographische Umwandlung von Kupferstichen in typographische Platten*).

Im Jahre 1839 wurde von Mungo Ponton in England, die photochemische Wirkung der Chromsäure auf die organischen Kleb- und Schleimstoffe entdeckt und zu photographischen Versuchen benutzt; zu derselben Zeit — 1853 — als in Frankreich der Asphalt wieder aufgenommen wurde, versuchte der Engländer Fox Talbot, der eigentliche Urheber der Photographie auf Papier, die Chromgelatine zu heliographischen Zwecken zu verwenden.

Er bereitete eine Lösung von einem Teil Gelatine, zwanzig Teilen Wasser, vier Gewichtsteilen doppelt-chromsauren Kalis, in gesättigter Lösung, und überzog damit seine Metallplatte.

Nach der Belichtung versah er dieselbe mit einem Aquatintagrund von feingepulvertem Kopalgummi und ätzte sie dann mit Eisenchlorid.

Die Säure durchdringt die Gelatine, und zwar die Stellen am schnellsten, die vom Lichte verschont blieben, die anderen langsamer, nach dem Maße ihrer Belichtung; so frißt sie das Metall grabweise im Verhältnis der Schatten an.

Unverkennbar wird auf diese Weise eine größere Feinheit erzielt, als mit dem Asphalt, der an den dunkeln Stellen ganz entfernt, an den hellen ganz bewahrt werden muß und daher Licht und Schatten schroff nebeneinanderstellt; während die neue Substanz die empfindliche und genaue Abstufung der photochemischen Reaktion erkennen ließ.

---

*) Wir nennen hier nur ein 48 cm hohes Stichelbild nach Raphael von Anderloni, das Urteil Salomons, dessen typographische Nachbildung jeder billigen Erwartung entspricht, und erwähnen noch eine bedeutende Anzahl typographischer Verkleinerungen aus Schnorrs Bilderbibel, für französische und englische Verleger, sowie eine interessante Vergrößerung (ums Vierfache der Fläche) von zwei Holzschnitten Dorés.

Diesem Verfahren hat auch Garnier vortreffliche Resultate abgewonnen*). Derselbe bereitete seine empfindliche Schicht mit einer weichen sirupartigen Masse aus vegetabilischen mit Chrom gesäuerten Stoffen, und bestreute sie nach der Belichtung mit einem Harzpulver.

Da die Exposition hinter einem Negativklischee geschieht, auf dem also die Schatten durchsichtig, die Lichter undurchsichtig sind, so werden die dunkeln Stellen unter der Einwirkung des Lichtes hart und nehmen nur sparsames Pulver auf, während die hellen, vom Lichte verschonten Stellen hygrometrisch bleiben und das Harz in Masse zurückhalten.

Die Mitteltöne bedecken sich je nach dem Grade ihre Beschattung.

Nachdem das Harz durch die Erwärmung der Platte fixirt ist, bildet es die Reserve für das Aetzen und zugleich das Korn für den Druck.

Dieses Verfahren ist offenbar rationell, denn indem die Entwicklung des Bildes und die Bereitung des Korns durch eine und dieselbe Operation bewirkt wird, stellt die Tonabstufung von selber die dichtere oder losere Struktur der Schraffierungspunkte her.

Garnier stellte durch dieses Verfahren auch typographische Proben her, die alles leisten was man bei Tonbildern von der Buchdruckerpresse erwarten kann.

Dem in Paris ansässigen Deutschen E. Balbus ist ein eigentümliches Chromverfahren gelungen, welches durch Sicherheit und Schnelligkeit der Handhabung alle übrigen Aetzmethoden übertrifft.

Derselbe überzieht seine Kupferplatte mit keiner organischen Schicht, sondern bringt seine Säure, deren Basis Chrom und Ammoniak ist, unmittelbar aufs Metall, um dieses — nach Art der Jodirung des Silbers beim Daguerreotyp — direkt empfindlich zu machen.

Die Platte, naß exponirt, wird an den ausgesetzten Stellen vom Lichte getrocknet und infolge des hiermit verbundenen chemischen Prozesses verändert und angefressen.

Wenn man jetzt die Säure durch Abwaschen entfernt und die präparierte Fläche mit leichtem Firnis überwalzt, so greift die Walze nur an den Orten an, die vom Lichte mehr oder weniger verschont blieben; die Stellen hingegen, wo die photochemische Einwirkung das Kupfer zersetzt hat, weisen die fettartige Substanz zurück.

Der Firnisüberzug dient nun als Reserve für das Aetzen. Da sich hier kein fremder Körper zwischen das Bild und die Metallfläche schiebt, so erzeugt sich das Korn chemisch durch die zerfressende Belichtung selber.

Die Balbusschen Bilder stehen zwischen der Aquatinta und der Lithographie mitten inne. Von seinen Naturaufnahmen sind zart modellierte Abbildungen verschiedener Skulpturwerke hervorzuheben, und was die Reproduktion von Stichen betrifft, hat er unter anderen ein hübsches Sammelwerk von Ornamenten in hundert Blättern nach den besten Meistern herausgegeben. Auch von Uebersetzungen des Kupferstichs ins Typographische hat er gelungene Proben geliefert.

---

*) Sein „Schloß von Maintenon", eine ziemlich große architektonische Ansicht mit Landschaft, war das heliographische Wunderwerk der Pariser Ausstellung von 1867 und erhielt den großen Preis. Dieses Bild ist in Beziehung auf den Vortrag von einem Aquatintastich nicht zu unterscheiden, und wird an Feinheit der Schattirung, sowie an Klarheit des Details, von keiner Photographie übertroffen.

B. Die Reaktionsmethode der Heliographie (Photolithographie).

Während die typische Grundform der obengenannten Verfahrungsarten der Kupferstich ist, beruht dagegen die zweite heliographische Gruppe auf dem Prinzip der Lithographie.

Schon im Jahre 1852 ließ sich Lemercier, Lerebours und Barreswil in Paris, ein Verfahren Lichtbilder auf lithographischem Stein herzustellen, in Frankreich patentieren.

Desgleichen wurden die ersten noch unvollkommenen Versuche in dieser Richtung von dem in England ansässigen Oesterreicher Paul Pretsch im Jahre 1854 gemacht.

Diese Reaktionsmethode gewann aber erst eine feste Basis durch die Arbeiten Poitevins, welcher sein Verfahren, nachdem es zu vollständiger Ausbildung gediehen war, im Jahre 1857 an Lemercier, den Inhaber der großen lithographischen Druckerei in Paris, verkaufte.

Der Prozeß ist sicher und einfach: Man überzieht den Stein mit einer dünnen Schicht bichromatisierten Albumin- oder Gelatinestoffes und exponiert ihn hinter einem Negativklischee.

Nach der Belichtung schwärzt man die ganze Oberfläche gleichmäßig und rücksichtslos ein. Hierauf behandelt man den Stein wie eine gewöhnliche Lithographie nach dem Aetzen, das hier wegfällt; d. h. man wäscht mit Terpentinöl ab, feuchtet mit Wasser an, walzt mit Farbe ein und druckt.

Das heliographische Bild steigt, gerade wie das lithographische, unter der Walze aus dem nackten Stein empor.

Der Vorgang ist hier noch überraschender, als beim gewöhnlichen Steindruck, wo die Zeichnung wenigstens vor dem Abwaschen sichtbar war; aber es ist ebenso begreiflich.

Die chromsaure Gelatine ist nichts anderes als ein Aetzgummi, der den Stein gegen das Fett schützt.

Das Licht zersetzt jedoch die Chromgelatine dergestalt, daß sie ihre hygroskopische fettabweisende Eigenschaft verliert, und die belichteten Stellen, vom Druckfirnis durchdrungen, spielen nun die Rolle der lithographischen Zeichnung.

Was die artistische Leistung des Verfahrens betrifft, so ist dieselbe höchst befriedigend.

Der heliographische Steindruck hat das Aussehen einer zart und sorgfältig ausgeführten Kreidezeichnung mit einiger Annäherung an ein getuschtes Bild, was von der größern Feinheit des Korns herrührt. Die Mitteltöne sind voll und die Schatten klar *).

---

*) Als vorzüglich gelungene Bilder dieses Verfahrens, welche die Hand des Künstlers nicht vermissen lassen, sind zu bezeichnen: zwei große Thorgiebelfelder der Pariser Notredame-Kirche mit plastischen Darstellungen; mehrere figurenreiche Portalwände der Kathedrale von Amiens, die Ansicht der schönen romanischen Michaelskirche in Dijon &c.

Ein weiblicher antiker Kopf in Lebensgröße nach einem Gipsabguß ist vortrefflich modelliert, und der vierfach verkleinerte Schild Heinrichs II. — ein Stück von der prachtvollen Rüstung in getriebener Arbeit aus der Louvresammlung — ist in jeder Beziehung ausgezeichnet.

Die Photolithographie ist ganz besonders geeignet zu Wiedergabe archäologischer Dokumente und zur Herstellung von Faksimiles, sowie überhaupt, zu Reproduktion von Zeichnungen und Stichen.

Unter den verschiedenen Verfahrungsarten, welche auf Ueberdruck beruhen, hat jedenfalls die direkte Belichtung des Steins die besten Resultate erzielt.

Die vielseitig gemachten Versuche auf lithographischem Steine Lichtbilder für den Druck hervorzubringen, bieten, besonders dem Lithographen, wenn auch nicht immer Brauchbares für seine Praxis, dennoch so manches Interessante, weshalb die wesentlichen Verfahrungsarten hiervon, schon wegen der geschichtlichen Entwickelung dieser Technik hier nicht vermißt werden können.

Die Theorie und Hauptoperation des allgemeinsten anfänglichen Verfahrens bestand darin: ein **negatives Lichtbild auf Papier** darzustellen und damit ein **positives Lichtbild auf lithographischem Stein** zu erzeugen.

Das negative Bild wird nach den bekannten Methoden dargestellt; das positive erhält man durch einen fetten oder harzigen Ueberzug, welcher in irgend einem Auflösungsmittel löslich ist, und durch die Einwirkung des Lichts vielleicht mit Beihilfe des Sauerstoffs in irgend einem Auflösungsmittel unlöslich wird; den mit diesem Ueberzug imprägnierten lithographischen Stein bedeckt man mit dem positiven Bild einer Glastafel, und setzt ihn dem Sonnenlicht aus; hierauf wird er entblößt, mit dem geeigneten Auflösungsmittel gewaschen und nach den gewöhnlichen Verfahrungsarten der Lithographen behandelt.

Um aber auf Stein mittels dieses Verfahrens ein Bild zu erhalten, welches dieselben Eigenschaften wie die lithographische Zeichnung darbietet, ist eine Substanz erforderlich, die folgende Bedingungen vereinigt:

1. muß sie auf dem Stein eine gleichförmige und regelmäßige Schicht bilden;
2. muß sie für das Licht empfindlich sein, so daß ein späteres Abwaschen alle weißen Teile der Zeichnung bloßlegen und die Halbtöne entwickeln kann;
3. muß sie auf dem Stein so haftend bleiben, daß sie denselben gegen die Wirkung der Beize schützt;
4. endlich muß sie einen Ueberzug darstellen, welcher die gewöhnliche lithographische Schwärze annehmen kann.

Die einzige Substanz, welche alle diese Bedingungen vereinigt, ist der **Asphalt**, mittels welchem man sehr scharfe und kräftige Bilder erhält.

Das Verfahren ist folgendes: Man sucht unter den verschiedenen Asphaltsorten, welche im Handel vorkommen, diejenige aus, welche am empfindlichsten für das Licht ist.

Zu dieser Probe genügt es, eine Auflösung des Asphalt in Aether zu machen, sie in dünner Schicht auf irgend einer Fläche, z. B. einem Blatt Papier, zu verbreiten und dann dem Licht auszusetzen. Der geeignetste Asphalt ist jener, welcher nach der Exposition dem Waschen mit Aether am besten widersteht.

Man nimmt von demselben ein gewisses Quantum, welches sich nur durch Erfahrung bestimmen läßt, weil die Auflöslichkeit des Asphaltes verschieden ist, zerreibt ihn zu feinem Pulver und macht davon eine Auflösung in Aether.

Diese ätherische Auflösung muß so bereitet sein, daß sie auf dem Stein, worauf sie verbreitet wurde, eine sehr dünne und regelmäßige Schicht hinterläßt, welche nicht eine Firnis bildet, sondern das was die Graveure das Korn nennen; wenn man den Stein mit einer Lupe betrachtet, so muß diese Schicht auf der ganzen Oberfläche eine Art regelmäßigen Bruchs darbieten und Furchen, wo der Stein entblößt ist.

Die Feinheit dieses Korns, welches man bei einiger Uebung erhält, hängt sehr von dem Trockenheitszustand des Steins ab; ferner von der Temperatur, welche so hoch sein muß, daß sie eine rasche Verflüchtigung des Aethers veranlaßt; endlich von der Konzentration der Flüssigkeit.

Zur Erleichterung der Bildung des Korns, ist es auch gut, dem Aether ein wenig von einem Auflösungsmittel beizusetzen, welches weniger flüchtig, als er selbst ist.

Nachdem die Asphaltauflösung so bereitet ist, nimmt man einen gewöhnlichen lithographischen Stein, legt ihn vollkommen horizontal auf eine Unterlage, überfährt ihn mit einem Pinsel um den Staub abzuputzen, und gießt soviel (sorgfältig filtrierte) Flüssigkeit darauf, als erforderlich ist, um die ganze Oberfläche zu bedecken; der Ueberschuß geht über den Rand, läuft auf jeder Seite herab, und um zu verhindern, daß die Flüssigkeit von den Rändern zurücktritt, wodurch die doppelte Dicke entstände, fährt man mit einem Glasstab über die Kanten des Steins, was das Abfließen erleichtert.

Während dieser Operation muß man die geringste Bewegung in der Luft vermeiden, welche sowohl durch den Atem, als durch rasche Bewegungen des Körpers veranlaßt werden kann, wodurch Schwingungen auf der Oberfläche der Flüssigkeit hervorgebracht würden; der Asphalt wäre alsdann von ungleicher Dicke und die Operation müßte wiederholt werden.

Nachdem die Schicht vollkommen trocken ist, legt man ein negatives Lichtbild darauf, welches nach irgend einem Verfahren auf Papier oder Glas dargestellt worden ist, und setzt es einem lebhaften Licht aus, während einer mehr oder weniger langen Zeit, welche man nur durch Erfahrung bestimmen kann.

Wenn man die Operation als beendigt erachtet, nimmt man das negative Bild weg, und wäscht den Stein mit Schwefeläther; überall wo das Licht durchdringen konnte, ist der Asphalt unauflöslich geworden und bleibt folglich auf dem Steine haftend; er löst sich hingegen an allen denjenigen Stellen auf, wo er durch die Schatten (das Schwarz) des negativen Bildes geschützt war.

War die Dauer der Exposition zu kurz, so ist das Bild auf dem Stein zu leicht und bietet keine Halbtöne dar; im entgegengesetzten Fall ist das Bild schwer und die Feinheiten sind verloren. Man muß beim Waschen eine reichliche Menge Aether anwenden, weil sich sonst Flecken bilden würden, welche man nicht mehr beseitigen könnte.

Ist das Bild gut gelungen und trocken, so nimmt man mit ihm dieselben lithographischen Präparierungen vor, wie mit einer Kreidezeichnung, man säuert es zuerst mit schwacher Säure, welche mit Gummiwasser versetzt ist, hierauf wäscht man es mit vielem Wasser ab, nötigenfalls mit Terpentingeist, worauf man den Stein mit der gewöhnlichen lithographischen Druckfarbe einschwärzt.

Ein gut präparierter, gehörig gesäuerter Stein, dessen Asphalt nicht durch eine zu lange Exposition verbrannt wurde, muß beim Ueberfahren mit der Walze unmittelbar die Schwärze annehmen, und eine Zeichnung von dichtem und regelmäßigem Korn geben, ohne daß es notwendig ist, **die geringste Ausbesserung daran zu machen**.

Von diesem Stein werden die Abzüge wie von jedem andern lithographischen Stein gemacht; die Zeichnung verbessert sich beim Drucken, sie wird durchsichtiger und glänzender.

Man kann ebenso viele Abdrücke, wie von einer gewöhnlichen Lithographie machen.

Aehnlich ist auch die Operation, welche Robert Macpherson in Rom bei seinen Lichtbildern auf lithographischem Stein anwandte; dieselbe besteht darin, daß man dem in Schwefeläther aufgelösten Asphalt eine kleine Quantität Seife beimischt, und diese Lösung auf einen genau horizontal gelegten Stein gießt.

Nach dem Verdunsten des Aethers wird nun auf diesen Asphaltüberzug ein auf Glas oder Wachspapier dargestelltes negatives Lichtbild gelegt und dem direkten Sonnenlicht ausgesetzt, und zwar je nach der Lichtstärke während einer kürzeren oder längeren Zeit, wodurch man eine schwache Kopie des Lichtbildes auf dem Asphalt erhält.

Der Stein wird nun in ein Bad von Schwefeläther gelegt, das den Asphalt, auf welchen das Licht nicht gewirkt hat, fast augenblicklich auflöst und auf dem Stein ein zartes Bild hinterläßt, bestehend aus dem Asphalt, auf welchen das Bild gewirkt hat.

Nachdem der Stein sorgfältig gewaschen worden ist, kann er sogleich dem Drucker übergeben werden, der ihn, wie oben schon erwähnt, nach dem gewöhnlichen lithographischen Verfahren zu behandeln hat.

Photolithographie von Emil Rousseau und Masson.

Dieses Verfahren beruht auf der Wirkung, welche das Licht bei Gegenwart gewisser organischer Stoffe auf die chromsauren Salze ausübt, von denen vorzugsweise das **zweifach-chromsaure Ammoniak** benutzt wird. Man wendet dasselbe als gesättigte kalte Lösung in destilliertem Wasser an.

Die organische Substanz, welche als Unterlage für die empfindliche Schicht dient, ist entweder farbloser Leim, in dem zehnfachen Gewicht warmen Wassers aufgelöst, oder arabisches Gummi, wovon 15 Teile in 100 Teilen kalten Wassers aufgelöst werden. Das Verfahren ist folgendes.

Man überzieht den lithographischen Stein mit einer schwach konzentrierten Lösung von Leim oder Gummi, und bringt dann nacheinander zwei Schichten der Mischung von zweifach-chromsaurem Ammoniak und Leim darauf an, wozu 2 Raumteile Ammoniak und 1 Raumteil Leimlösung genommen werden, welcher man auf je 10—15 g 5 oder 6 Tropfen einer Lösung von 1 Teil Milchzucker in 10 Teilen Wasser zugesetzt hat.

Nachdem diese Schichten gut getrocknet sind, bedeckt man den Stein mit dem negativen Bilde und setzt ihn dem Lichte aus; wenn das Licht hinreichende Zeit eingewirkt hat, wäscht man den Stein rasch, indem man an einer Seite einen Wasserstrahl darauf fließen läßt, bis alles chromsaure Salz, auf welches das Licht nicht gewirkt hat, entfernt ist, was in einigen Minuten erreicht wird.

Man breitet dann auf der Oberfläche des Steines eine Lösung von 2 g Gallussäure und 2 g Pyrogallussäure in 100 g Wasser, welcher man 3—4 Tropfen konzentrierte Essigsäure zugesetzt hat, um keine Kohlensäure zu entwickeln, aus.

Man wäscht wieder zwei- oder dreimal, und breitet dann eine filtrierte Lösung von weißer Seife auf dem Steine aus, welche man 2—3 Minuten mit demselben in Berührung läßt.

Die Seife wird durch die in dem Bilde fixierten Säuren zersetzt und die frei gewordenen Fettsäuren bleiben auf den Strichen des Bildes zurück.

Um diese Wirkung und folglich das Relief zu verstärken, kann man nach dem Waschen eine Lösung von 1 Teil salpetersaurem Kupferoxyd in 100 Teilen Wasser, oder eine derartige Lösung von essigsaurem Blei auf dem Steine ausbreiten; man wäscht dann wieder, behandelt ihn wiederholt mit Seifenwasser und wäscht ihn zuletzt nochmals gründlich, bis die auf den weißen Stellen abgelagerte Schicht von organischer Substanz gänzlich entfernt ist. Das Bild besteht dann aus einem festen Relief von fettiger Natur; man läßt es trocknen, damit die Feuchtigkeit aus dem Innern des Bildes vertrieben wird, worauf der Stein in gewöhnlicher Behandlung geschwärzt und abgedruckt werden kann.

Das photographische Bild direkt in der Camera obscura auf den Stein zu fixieren; von Hermann Hallenr.

Am geeignetsten wählt man hierzu einen nicht zu schweren Stein, paßt ihn in den Expositionsrahmen ein (durch einen zu schweren Stein würde die Befestigung erschwert werden) und gibt ihm dann durch Schleifen das Korn, wie es für eine feine Kreidezeichnung sein muß.

Sodann tränkt man den Stein wiederholt mit einer **schwachen aber möglichst neutralen Lösung von oxalsaurem Eisenoxyd** und achtet darauf, daß die Lösung möglichst **tief in den Stein eindringt.**

Ein so behandelter Stein läßt sich sehr lange aufbewahren, ohne seine Empfindlichkeit zu verlieren, nur muß er gegen alles Licht geschützt sein.

Die Exposition geschieht am besten mit einem noch **feuchten, aber nicht nassen** Stein, und richtet sich deren Dauer auch hier nach den bekannten Umständen. Ist der Stein genügende Zeit dem Lichte ausgesetzt gewesen, so sieht man bei der Herausnahme aus der Camera obscura schon das Bild in allen Teilen in bräunlicher Farbe.

Sodann übergießt man den Stein mit einer Lösung von **kohlensaurem Ammoniak**, wodurch das Bild erst recht kräftig hervortritt und auch gleich fixiert wird.

Durch Waschen mit Wasser spült man alle löslichen Salze hinweg.

Um nun das erhaltene Bild durch die Presse zu vervielfältigen, darf der Stein nur da, wo die Zeichnung ist, die Druckfarbe annehmen, alle andern Teile aber müssen rein bleiben, und dieses erreicht man durch Aetzen mit einer Säure.

Am besten eignet sich hierzu stark verdünnte **Oxalsäure**, womit man den Stein übergießt, gerade so, wie es bei der Lithographie geschieht. Nach der Aetzung verfährt man ganz so, wie es bei gewöhnlichen lithographischen Zeichnungen üblich ist.

Photolithographie von W. E. Newton in London.

Bei dem gewöhnlichen Verfahren des lithographischen Druckens wird die Oberfläche des Steins, nachdem die Zeichnung fertig ist, mit einer

Auflösung von arabischem Gummi in gesäuertem Wasser gewaschen oder überzogen.

Das so aufgetragene Gummi tritt in dichte Vereinigung mit der Oberfläche des Steins, so daß es durch Waschen nicht leicht entfernt werden kann und folglich den Zweck erfüllt, daß jene Oberfläche die beim Drucken angewandte Farbe nicht absorbiert.

Bei der Photolithographie findet man jedoch, daß das arabische Gummi, wegen seines festen Anhaftens an dem Stein, durch Waschen auch von denjenigen Stellen nicht leicht zu entfernen ist, welche durch das Licht nicht fixiert wurden. Man hat daher bisher die Anwendung des arabischen Gummi zur Photolithographie unpraktisch gefunden und dasselbe durch eine Auflösung von Leim ersetzt.

So präparierte Steine liefern jedoch nur wenige Abbrücke und haben einen verhältnismäßig geringen Kunstwert.

Dieser Schwierigkeit kann jedoch dadurch abgeholfen werden, wenn dem arabischen Gummi sein Vermögen sich innig mit dem Stein zu vereinigen, mittels Zucker benommen, wodurch es zugleich fähig gemacht wird, durch das Belichten fixiert oder unauflöslich zu werden.

Wenn man auf einen Stein, welcher mit so präpariertem Gummi behandelt wurde, hernach eine Seifenauflösung wirken läßt, so werden die unbelichteten Teile des Gummi leicht und schnell entfernt, während die belichteten Teile desselben unbeschädigt bleiben und zugleich die Seife den bekannten Zweck erfüllt, die unauflösliche fettsaure Verbindung auf dem Stein zu erzeugen, welche den Körper oder die Druckfläche bildet.

Nachdem der Stein auf unten näher angegebene Weise präpariert worden ist, trägt man auf seine Oberfläche folgende Lösung auf:

$1\frac{1}{3}$ kg Wasser,
120 g arabisches Gummi,
10 g Zucker,
10 g zweifach-chromsaures Kali.

Der Zucker verzögert nämlich das unmittelbare Fixieren des Gummi auf den Stein, und das chromsaure Salz veranlaßt, daß es fester fixiert wird, oder nach dem Belichten viel weniger löslich ist.

Der so präparierte Stein wird im Dunkeln aufbewahrt, bis man seiner bedarf. Nachdem der Ueberzug getrocknet ist, kann man ihn aber sogleich in der Camera obscura die erforderliche Zeit lang exponieren, um das Gummi auf denjenigen Teilen des Bildes zu fixieren, wo die Lichter erscheinen müssen, oder man kann ihn mit dem zu kopierenden Druck oder Bild bedecken und dem Licht exponieren. Nachdem der Stein so belichtet wurde, wäscht man ihn mit einer Seifenauflösung, welche den Ueberzug entfernt und sich selbst auf der Oberfläche des Steins anstatt des beseitigten Ueberzugs fixiert, nämlich als unauflösliche Kalkseife, die durch gegenseitige Zersetzung des Steins und der angewendeten Seife erzeugt wurde.

Wo die gummierte Oberfläche gänzlich gegen das Licht geschützt war, wird das Gummi leicht entfernt, und die Seife hat freien Zutritt zum Stein, so daß eine vollständige Vereinigung der Seife mit seiner Oberfläche erfolgt; wo hingegen die Lichter stark waren, und folglich das Gummi viel unauflöslicher gemacht worden ist, widersteht dasselbe der Einwirkung der

Seife; und an den andern Stellen ist die Wirkung der Seife umgekehrt proportional dem Grade, in welchem das Gummi durch das Licht fixiert wurde.

Auf diese Weise lassen sich die zartesten Abstufungen von Licht und Schatten der Natur getreu auf dem Stein herstellen.

Nachdem der Stein dann mit reinem Wasser vollständig gewaschen und trocken wurde, überzieht man ihn mittels der Walze mit Schwärze, welche, indem sie sich mit der auf dem Stein schon abgelagerten Kalkseife vereinigt, dazu dient, dem Bild noch mehr Körper zu verleihen, und bald hernach ist der Stein für den Drucker brauchbar; diejenigen Stellen, welche durch das unaufgelöste oder belichtete Gummi geschützt waren, nehmen nämlich nach der Benetzung keine Schwärze an.

Bevor man das oben beschriebene Verfahren beginnt, muß der Stein präpariert werden, in einer Weise, welche der Natur des herzustellenden Bildes oder Gegenstandes angemessen ist.

Ist letzterer eine Handschrift oder eine gedruckte Schrift, ein Stich in Linien ohne Tonabstufung oder ineinander verlaufenden Schatten, so kann man eine glatte Oberfläche anwenden.

Dagegen muß man für Porträte, Landschaften und zahlreiche andere Bilder, bei denen die Schattenabstufungen ineinander verfließen, dem Stein eine rauhe Oberfläche erteilen, ihn nach dem technischen Ausdruck „körnen".

In eine solche Oberfläche bringt die chromhaltige Gummilösung tiefer ein, und wird dann, je nach ihrer Fixierung durch das Licht, mehr oder weniger entfernt, wodurch die erforderlichen Ton- und Schattenabstufungen entstehen. Wenn man eine glatte Platte anwendet, liegt das chromhaltige Gummi auf der Oberfläche und man findet, daß die Ton- oder Schattenabstufungen nicht in dem Grade erzielt werden können, um ein vollkommen schattiertes Bild, z. B. ein Porträt zu liefern, welches leicht gedruckt werden kann.

Hinsichtlich der bei dem beschriebenen Verfahren anzuwendenden Seife ist zu bemerken, daß die einen Anteil Harz enthaltende in der Regel ein besseres Resultat gibt.

Die Stärke der Seifenauflösung ist nicht wesentlich; gewöhnlich nimmt man $\frac{1}{4}$ kg Seife auf $7\frac{1}{2}$ kg Wasser. Wie für den lithographischen Stein, eignet sich dieses Verfahren auch für Zinkplatten, bei deren Anwendung anstatt der Kalkseife eine unauflösliche Zinkoxydseife gebildet wird.

Photographien durch die lithographische Druckmanier zu vervielfältigen von Max Gehmoser in München.

Ein fein geschliffener Lithographiestein, möglichst dicht und homogen, wird mit der lichtempfindlichen Substanz bestrichen und getrocknet, sodann das Negativ behutsam darauf gelegt und wie beim gewöhnlichen Kopierverfahren dem Lichte ausgesetzt.

Nach einigen Stunden kann gedruckt werden. „Eine derartig erzeugte Druckplatte hält bei Gegenständen mit den feinsten Halbtönen jedoch nur 80—100 gute Abdrücke aus, wogegen bei Stich- und Linienmanier weitaus mehr Abdrücke erzielt werden können."

Es können hiermit von einer einzigen guten Aufnahme viele Tausende von Abdrücken erzeugt werden, da das Negativ stets unversehrt bleibt, und die Herstellung einer neuen Druckplatte nur auf einige Pfennige zu stehen kommt.

Verbesserungen in der Photolithographie von H. Paul.
(Entnommen der Deutschen illustr. Gewerbezeitung.)

Die gewöhnliche Methode, das photographische Bild auf Stein zu übertragen, besteht bekanntlich darin, daß man ein Papier mit einer Mischung von doppelt-chromsaurem Kali und Gelatine überzieht und nach der Belichtung unter einem passenden Negativ das Ganze mit fetter Schwärze bedeckt; dann taucht man das Papier in heißes Wasser, durch welches die nicht veränderte Gelatine aufgelöst wird, und das Bild mit der fetten Schwärze (Uebertragungs-Tinte) zurückbleibt; dieses wird alsdann auf den dazu hergerichteten Stein gelegt und in bekannter Manier übertragen.

Ein Fehler dieser Methode besteht in der Schwierigkeit, ein scharfes zartes Bild zu erhalten, wo feine Linien vorhanden sind. Das heiße Wasser, welches die Gelatine auflöst, veranlaßt eine Anschwellung der unlöslichen Teile des Bildes und wirkt auch erweichend auf die lithographische Tinte, beide Umstände verhindern beim Ueberdruck infolge der Pressung die Entstehung einer vollkommenen Haarschärfe und Zartheit.

In Pauls neu erfundener Methode ist dieser Uebelstand vermieden. Man wendet keine Hitze an, um die löslichen Teile der Bildschicht zu entfernen. Dies ist hauptsächlich erreicht durch Abschaffung der Gelatine und Einführung von Albumin an deren Stelle. Albumin ist bekanntlich in heißem Wasser unlöslich, dagegen löslich in kaltem Wasser. Die Schwierigkeit, welche die Textur des Papiers darbietet, welches selbst in den feinsten Sorten eine Neigung hat, durch Anfeuchten rauh zu werden, ist überwunden durch Anwendung des Uebertragpapieres der Autotype-Kompanie, welches eine elfenbeinartige Oberfläche besitzt.

Dieses wird präpariert mit einer Mischung von gleichen Teilen geschlagenen Albumins und gesättigter Lösung von doppelt chromsaurem Kali. Man erhält nach dem Trocknen der Mischung eine gleichartige harte Oberfläche.

Wenn es genügend exponiert ist, wird es auf einen lithographischen Stein gelegt, der mit fetter Schwärze eingerollt ist, und durch die Presse gezogen. Dies wird einigemal mit veränderter Lage des Papiers wiederholt.

Dann bringt man es in eine Schale mit kaltem Wasser und läßt es eine Zeitlang weichen.

Das unveränderte Albumin wird gelöst und durch leichtes Reiben mit einem feinen Schwamme entfernt. Man erhält so ein recht feines und scharfes Bild, welches zum Uebertragen fertig ist. Das kalte Wasser hat keinen nachteiligen Einfluß auf das Bild und auf die fette Tinte.

Das Uebertragungspapier der Autotype-Kompanie behält in kaltem Wasser seine feine Textur, und die unlösliche Bildschicht wird nicht weiter angegriffen, als es eben nötig ist, um kräftig auf den Stein zu wirken, wenn sie beim Uebertragen mit diesem zusammengepreßt wird.

Photolithographie, neueres Verfahren.

Die bis hierher beschriebenen Methoden der Photolithographie haben zum größten Teil nur noch geschichtlichen Wert, konnten aber um der Vollständigkeit willen nicht weggelassen werden.

Die neueren Verfahrungsweisen lehnen sich meistenteils an die älteren an, oder sind aus diesen entstanden, deshalb werden sich in der nun folgenden Abhandlung oft Aehnlichkeiten mit letzteren finden lassen.

Wir beginnen mit der Bereitung des photolithographischen Papieres.

Helle durchsichtige Gelatine wird, im Verhältnis von 30 g auf 1 Liter Wasser, in gelinder Wärme aufgelöst und nach dem Auflösen 5—6 g Glycerin beigefügt. Sodann wird diese Lösung durch feine Leinwand in ein Gefäß filtriert, welches einen Ausguß besitzt. Dieses Gefäß steht in einem größeren Behälter mit warmem Wasser gefüllt, damit die Gelatine nicht erstarrt. Bei dieser Arbeit ist die größte Reinlichkeit erforderlich.

Sind alle Bläschen, welche nicht zu vermeiden sind, an die Oberfläche der Lösung getreten, so entfernt man dieselben mittels eines Kartonstreifens.

Auf eine vermittelst der Wasserwage ganz horizontal gelegte dicke Glasplatte, welche mit einem Schwamme angefeuchtet wurde und etwas größer ist als das Papier, legt man einen Bogen Postpapier mittlerer Stärke, welcher sehr stark und gleichmäßig mit dem Wasserschwamme befeuchtet wurde, mit der nassen Seite auf die Glasplatte.

Blasen und Unebenheiten dürfen zwischen Platte und Papier nicht vorhanden sein, sie werden mit einem reinen baumwollenen Lappen nach dem Rande des Bogens gestrichen und dadurch entfernt. Ebenso wird das Wasser von der oberen Seite des Bogens rein abgewischt.

Nun gießt man von der warmen Gelatinelösung soviel über das Papier, daß der Bogen ungefähr 2 mm hoch damit bedeckt ist. Mit einem Kartonstreifen wird die Lösung so über das Papier gestrichen, daß an jeder Seite desselben ungefähr 1 cm frei bleibt. Die Lösung darf nicht mit dem Glase in Berührung kommen, weil dieselbe sonst von dem Bogen ab und auf das Glas überfließen würde, wodurch Arbeit und Material verloren wäre. Die Masse muß gut gleichmäßig verteilt und alle etwa entstandenen Bläschen entfernt werden, bevor dieselbe erstarrt. Wird die Arbeit in einem gut durchwärmten Lokale vorgenommen, so hat dieses keine Schwierigkeiten, das Lokal muß staubfrei sein.

Nach dem Erstarren der Gelatine wird der Bogen zum Trocknen aufgehangen, dasselbe dauert bei mittlerer Temperatur 8—10 Stunden. Nach demselben werden die Bogen in einer gut schließenden Blech- oder Pappbüchse zusammengerollt aufbewahrt.

Zur weiteren Arbeit bereite man sich eine Lösung von 100 g doppeltchromsaurem Kali in 1500 g Wasser, rühre dieselbe öfters um damit die Lösung vollständig wird, filtriere sie durch ein reines leinenes Tuch und bewahre sie in einer weithalsigen Flasche im Dunkeln auf.

Zu dem Baden der Bogen in der Lösung, was in 2—3 Minuten geschehen ist, bedarf man viereckiger Schalen, wie sie die Photographen gebrauchen, dieselben können jedoch aus Zinkblech und müssen an allen Seiten $2^{1}/_{2}$—3 cm größer als der Bogen und 4—5 cm tief sein. Der Bogen muß mit der Gelatineseite in die Lösung getaucht und von derselben vollständig bedeckt werden. Würde man die gelatinierte Seite nach oben nehmen, so könnte, durch das Niederdrücken des Bogens mit den Fingern, die Fläche leicht beschädigt werden. Während des Badens schadet das Tageslicht nicht, nachdem man jedoch den Bogen aus der Lösung gezogen hat, läßt man denselben abtropfen und hängt ihn an einem dunkeln Orte zum Trocknen auf.

Nach dem Baden filtriert man die doppelt chromsaure Kalilösung wieder in die Flasche und zwar mittels eines Trichters von Zink durch feine Leinwand und verwahrt die Flasche gut verschlossen im Dunkeln.

Das photographische Negativ muß in seinen lichten Partien vollständig durchsichtig und in den dunkeln Partien undurchsichtig sein.

Das Papier wird, in dem dunkeln Zimmer, mit der Gelatineseite auf die Kollodiumseite des Negativs gelegt und in einem Kopierrahmen recht fest an dasselbe angepreßt.

Das Dunkelzimmer kann man sich sehr einfach dadurch herstellen, daß man in einem kleinen, am besten einfenstrigen Zimmer, das Fenster mit dunkelorangefarbenen Scheiben verglasen läßt, oder was billiger herzustellen ist, das Fenster mit an den Rahmen aufgeklebten dunkelorangefarbenem Papier überspannt.

Man kopiert am besten in zerstreutem Lichte, das heißt nicht in direktem Sonnenlichte, so lange bis die Zeichnung sich tiefbraun vom gelben Papiergrunde abhebt.

Die kopierten Bogen werden bis zum Einschwärzen derselben in einer Rolle, wie die vorherbeschriebene, aufbewahrt. Das Herausnehmen aus dem Kopierrahmen, das Neueinlegen in denselben, sowie das Einschwärzen und Auswässern der Bogen, muß in dem Dunkelzimmer vorgenommen werden.

Zum Einfärben wird Ueberdruckfarbe mit einem Viertel ihres Volumens, mit weißem Wachs, durch Schmelzen der ganzen Masse, versetzt und in eine weite Blechbüchse oder Blechnapf gegossen und erkalten lassen.

Will man einfärben, so gießt man einige Tropfen einer Mischung von gereinigtem Terpentinöl und gleichviel Steinkohlenbenzin darauf und reibt mit einem Schwamme auf der Farbfläche, bis derselbe soweit mit Farbe gesättigt ist, daß man den kopierten Bogen, welcher vorher auf eine Glasoder Zinkplatte, oder einen Stein gelegt wurde, damit dünn anreiben kann.

Das Anreiben nimmt man mit allen kopierten Blättern vor und legt dieselben, zum Verdunsten des flüchtigen Oeles, beiseite. Es ist zu empfehlen, stets mehrere Kopien von demselben Negative zu machen.

Hat sich der Glanz der Farbe auf den angeriebenen Blättern verloren, so legt man eins derselben auf die Glasplatte ꝛc. und reibt mit einem Flanell- oder Tuchlappen die Farbe in runden Bewegungen glatt und entfernt zugleich durch öfteres Wechseln des Lappens die überflüssige Farbe, bis nur eine ganz dünne, durchsichtige Schicht auf dem Papiere bleibt; so behandelt man alle kopierten Blätter nacheinander.

Die Schale, in welcher man die Bogen gebadet (sensibilisiert) hat, wird nun mit reinem Wasser gefüllt und die eingefärbten Bogen, einer nach dem andern, mit der Gelatineseite nach unten hineingetaucht. Die Blätter müssen immer ganz vom Wasser bedeckt sein und so lange unter Wasser gehalten werden, bis sie flach liegen bleiben.

Nach einiger Zeit erscheint auf der eingeschwärzten Seite ein sehr deutliches Relief, die kopierten Linien bleiben tief und die weißen, oder das Blanum, sind erhöht.

Das Wasser hat eine gelbe Färbung angenommen und wird so oft gewechselt, bis es ganz rein bleibt.

Die Schwämme, welche man zur Entwickelung benutzt, müssen ganz weich, sorgfältig gereinigt und von Sand und sonstigen harten Körpern frei sein.

Nachdem man die Glasplatte auf den Arbeitstisch gelegt hat, öffnet man das Fenster um das zum Entwickeln des Bildes nötige Tageslicht hereinzulassen, nimmt ein gut ausgewässertes Blatt aus der Schale und legt es mit der Rückseite auf die Glasplatte. Mit einem feuchten Schwämmchen streicht man nun in kreisförmigen Bewegungen über die Platte, jedoch vorsichtig und ohne Druck.

Läßt sich die Farbe von dem Weißen nicht entfernen, so war das Blatt dem Lichte zu lange ausgesetzt (überkopiert) und ist unbrauchbar.

Mit dem Schwämmchen wird nur die Hauptmasse der Farbe entfernt, die feineren Stellen entwickelt man mit in Wasser getauchter baumwollener Watte, welche ebenfalls gut gereinigt, das heißt von allen festen Bestandteilen, Knötchen 2c. befreit sein muß.

Die guten Abdrücke läßt man abtropfen, legt einen nach dem andern auf reines weiches Fließpapier, befreit ihn durch leichtes Ueberwischen mit einem weichen, reinen Schwamme von dem überflüssigen Wasser, legt eine Lage Fließpapier darüber und entfernt durch sanftes Streichen über dasselbe das etwa noch vorhandene Wasser, worauf man denselben trocknet.

Nach dem vollständigen Trocknen werden die Kopien in ein wenig angefeuchtete Makulatur eingelegt und so lange darin gelassen, bis sie ganz flach liegen.

Die weitere Behandlung ist ganz genau dieselbe wie bei einem Ueberdrucke, jedoch dürfen die Blätter nicht zu feucht werden, weil sie sich sonst beim Durchziehen leicht quetschen oder verziehen.

Nach dem Durchziehen auf dem Steine kann das Blatt sogleich von demselben abgezogen werden, ohne vorherige Anfeuchtung mit Wasser, nachdem wird der Ueberdruck gummiert und angerieben.

Die Zeichnung sitzt sehr fest auf dem Steine, hält eine starke Aetzung aus und druckt sich sehr leicht.

Will man Kopien auf Zink übertragen, so müssen dieselben nach beendeter Entwickelung, noch feucht, mit einem in eine zweiprozentige Alaunlösung (100 Teile Wasser, 2 Teile Alaun) getauchten Schwämmchen überwischt und dann mit reinem Wasser abgespült werden. Die weitere Behandlungsweise ist dieselbe, wie sie oben beschrieben wurde.

Der Stein oder die Zinkplatte darf nicht zu kalt sein.

Die Zeichnung, welche man photolithographisch übertragen will, muß auf starkem, matten Chromopapier oder milchweißem Bristolkarton, auf welchem sich sehr gut zeichnen läßt, angefertigt sein.

Jeder Strich muß scharf und tiefschwarz gemacht werden und darf nicht glänzen. Etwa entstandene Fehler werden mit einem breiten Schaber entfernt, auch können mit demselben, zur Verstärkung der Wirkung, Lichter ausgehoben werden, ähnlich wie der Holzschneider dieses beim Holzschnitt vornimmt.

Am zweckmäßigsten ist es, die Zeichnung in einem größeren Maßstabe anzufertigen und dieselbe photolithographisch verkleinert wiederzugeben. Der

Zeichner kann sich eine größere Freiheit in der Behandlung erlauben, weil dieselbe durch die Verkleinerung an Feinheit und Wirkung gewinnt.

Photolithographisches Verfahren von Asser in Amsterdam.

Auf dieses ungeleimtes Papier bester Qualität macht man einen Anstrich, von aus gutem Weizenmehl bereiteten, nicht zu steifem Kleister. Man schüttet denselben in eine flache Schüssel, legt den Bogen, um Luftblasen zu vermeiden, auf die Kleisterfläche und hilft mit den Fingern etwas nach, damit sich derselbe an allen Punkten des Papiers anhängt.

Wenn der Kleister trocken ist, bringt man das Papier in das Dunkelzimmer und gießt auf die kleisterfreie Fläche eine starke Lösung kohlensaurer Soda. So lange das Papier noch ansaugt, bleibt die Flüssigkeit auf demselben stehen, erforderlichen Falls wird noch nachgegossen. Zum Trocknen wird der Bogen in dem dunkeln Zimmer, mit kleinen hölzernen Klammern, an einem ausgespannten Bindfaden aufgehängt. Nach dem Trocknen wird derselbe mit der Kleisterfläche auf einen polierten Stein gelegt und einigemal durch die Presse gezogen, um denselben zu glätten; das Licht ist dabei fern zu halten. Nach dem Glätten wird das Papier unter ein Negativ gebracht und in einem Positivrahmen der Belichtung ausgesetzt. Von Zeit zu Zeit öffnet man den Rahmen und hebt eine Ecke des Papiers auf um sich über den Grad der Belichtung zu unterrichten und dieselbe zu überwachen. Zur Entwickelung unterwirft man den Abdruck mehreren aufeinanderfolgenden Bädern und läßt ihn unter der Einwirkung der Feuchtigkeit, bis alle vom Lichte getroffenen Stellen weiß und die unbelichteten hellbraun werden. Ist dieses nicht mit kaltem Wasser zu erreichen, so nimmt man warmes und setzt das Auswaschen so lange fort, bis alle Spuren der kohlensauren Soda vollständig entfernt sind, dann hängt man das Papier wieder zum Trocknen auf. Kann man das Trocknen unter Einwirkung der Sonnen- oder einer gelinden Ofenwärme vornehmen, so erhält man ein reineres Bild als durch das Trocknen im Schatten oder in kalter Luft.

Um den Strichen der Zeichnung, welche man überdrucken will, mehr Kraft zu geben, feuchtet man dieselbe auf der Rückseite mit lauwarmem Wasser, trocknet dasselbe mit Lösch- oder Fließpapier ab, legt den zum Ueberdruck bestimmten Abdruck auf einen Stein oder eine Glasplatte und schwärzt mit gewöhnlicher lithographischer Druckfarbe, der man etwas Olein zugerieben hat, ein.

Vorher gießt man eine dünne Schicht in Alkohol aufgelösten Mastix auf die Zeichnung und reibt mit einem Wattenbäuschchen so lange bis sie wieder trocken ist. Die im Papier enthaltene Flüssigkeit verhütet das Abschwärzen an jenen Stellen, welche keine Farben annehmen sollen. Schwärzt sich die weiße Fläche dennoch hier und da, so geht man mit der Walze leicht darüber und wischt den Rest mit dem feuchten Schwamme vollends weg. Die noch übrige Feuchtigkeit saugt man mit Löschpapier auf.

Die Schwärzwalze, mit Holzkern, ist mit Leinwand oder Flanell und darüber mit Baumwollenstoff oder Plüsch überzogen.

Direkte Photolithographie auf Stein oder Zink von Cutting & Broadford in London.

Eine Stein- oder Zinkplatte wird im Dunkeln mit einer Lösung von 120 g Gummi arabikum und 1¹⁄₅ l reinem Wasser übergangen, dann getrocknet und unter einem Positiv dem Lichte ausgesetzt. Sodann wäscht man mit einer Seifenlösung, die den löslichen Gummi auf den Strichen des Dessins wegnimmt und eine Verbindung mit dem lithographischen Stein eingeht. Der unlösliche Gummi schützt die vom Lichte getroffenen Stellen gegen die Einwirkung der Seife; dieser Gummi wird mit angesäuertem Wasser weggewaschen. Bei dem hierauf erfolgenden Einschwärzen bleibt die Druckfarbe nur an den Stellen hängen, wo die Seife in den Stein gedrungen ist.

Reproduktion von Plänen und Zeichnungen von M. Cheymonds.

Mit möglichst schwarzer lithographischer Tusche zeichnet man die Pause auf dünnes Papier und läßt die Zeichnung trocknen.

Dann spannt man den Bogen auf ein Brett oder eine Glastafel und überstreicht denselben mittels eines Pinsels gleichmäßig mit einer Lösung von Anilinbraun. Nach dem Trocknen übergeht man den Bogen wiederholt mit einem in Terpentinspiritus getauchten Ballen, hierdurch werden die Tuschstriche aufgelöst und entfernt und die Zeichnung erscheint weiß auf braunem Grunde; man hat nun ein Negativ statt eines Positives.

Nun nimmt man käufliches Eiweißpapier und läßt jeden Bogen zwei bis drei Minuten lang auf einer Lösung von doppelt-chromsaurem Kali (3 Kali, 97 Wasser) schwimmen, jedoch so, daß nichts von der Flüssigkeit auf die Eiweißfläche kommt.

Das Trocknen muß im Dunkeln geschehen und nach demselben die Bogen so schnell als möglich in Gebrauch genommen werden.

Die Belichtung der Eiweißseite findet im positiven Rahmen gegen die rechte Seite des Negativs statt. Die Lichtstrahlen machen das Eiweiß unter den weißen Strichen des Negativs unlöslich, wobei sie dasselbe leicht färben; diese Veränderung gestattet die Zeit der Belichtung zu bestimmen. Die Erfahrung lehrt bald wie lange man zu belichten hat. Hat die Belichtung die genügende Zeit gewährt, so nimmt man den Bogen aus dem Rahmen, legt ihn auf eine Glasplatte, schwärzt ihn mit Umdruckfarbe ein und taucht denselben in reines Wasser.

Die löslich gebliebenen Eiweißstellen, welche der braune Grund des Negativs vor dem Lichte geschützt hat, lösen sich im Wasser auf, nehmen die Farbe mit fort und lassen das Papier wieder weiß erscheinen.

Die unlöslichen Striche halten die Farbe fest, mittels leichten Ueberstreichens mit dem Abzugpinsel wird die Zeichnung vollständig freigelegt und man hat einen Abzug in unverlöschlicher fetter Farbe.

Nach dieser Behandlung ist der nun trockene Bogen zum Ueberdruck auf Stein oder Zink fertig. L'Imprimerie.

Radiertes Negativ von A. Franz.

Mit diesem Verfahren hat man seinerzeit sehr gute Resultate erreicht, dasselbe ermöglicht eine originalgetreue Wiedergabe der von einem Künstler hergestellten Zeichnung auf leichtestem Wege.

Die Arbeit ist ein Radieren auf einer zu diesem Zwecke vorgerichteten Glasplatte. Hierbei verfährt man in folgender Weise: Man reibt etwas Zinkweiß mit Chromgelb und Wasser zu einem Brei, dem man etwas aufgelöstes Gummi arabikum und einige Tropfen Glycerin zusetzt. Nachdem die Masse gut verrieben ist, verdünnt man sie so weit, daß man mit einem weichen Pinsel eine gut gepußte Glasplatte damit überstreichen kann. Die gestrichene Fläche muß mit einem breiten Dachshaarpinsel, Vertreiber, vollständig gleich gemacht werden und dürfen keine durchsichtigen oder helleren Stellen zu sehen sein, wenn man die Glasplatte gegen das Licht hält. Man kann auch die Platte mit Zinkweiß, dem verdünnter Etikettenlack und etwas venetianischer Terpentin zugesetzt wurde, grundieren. Auf dieser grundierten Fläche kann man, nachdem dieselbe trocken geworden ist, die zu radierende Zeichnung aufpausen, oder mit einem weichen Bleistifte entwerfen.

Zum Radieren werden Nadeln, wie sie die Lithographen benutzen, auf dem Schleifsteine etwas abgestumpft, damit sie nicht einschneiden und leicht über die Glasplatte gleiten. Breitere Striche werden mit einer breiteren Nadel radiert, Flächen mit einem Elfenbeingriffel.

Der Grund darf nicht ausspringen und jede Linie muß scharf und rein sein. Um das Fortschreiten der Arbeit leicht übersehen und die Wirkung der Strichlagen beurteilen zu können, legt man die Glasplatte, mit der nichtgrundierten Seite, auf ein schwarzes Tuch oder Papier, wodurch sich die radierten Linien schwarz von dem lichtgelben Grunde abheben.

Springen die Linien aus, so muß die Platte frisch grundiert werden und nimmt man, wenn das Zinkweiß und Chromgelb mit Lack angemacht wurde, etwas mehr venetianischen Terpentin als vorher. Hat man die andere Bereitungsweise gewählt, so nimmt man etwas mehr Glycerin.

Doch darf die Schicht auch nicht zu weich sein, weil sie sonst schwer von der Radiernadel durchschnitten wird.

Jeder geübte Zeichner kann sehr leicht mit diesem Verfahren arbeiten und die ganze Manier desselben mit ihren charakteristischen Merkmalen kommt markant zur Geltung.

Die fertige Radierung stellt sich bei der Durchsicht als ein ausgezeichnetes Negativ dar und kann sofort benutzt werden.

Hat man in dem Chrombade, bestehend aus 1000 g Wasser, 40 g doppelt-chromsaures Kali und 5 g schwefelsaures Manganoxydul, das photolithographische Papier gebadet und auf eine reingepußte Glasplatte aufgedrückt, so kann sofort zum Kopieren geschritten werden.

Die Kopien von den radierten Negativen sehen sehr scharf aus und sind vermöge ihrer Klarheit sehr rasch kopiert.

Die Kopien rollen sich, namentlich im Sommer oft und werden hart, sie zeigen sich infolgedessen recht widerspenstig beim Anheften auf Pappe oder Holz.

Diesem Uebelstande hilft man dadurch gründlich ab, daß man die Kopie vor dem Einfärben auf der Rückseite mit einem nassen Schwamm anstreicht.

Dieselbe muß dabei auf einer Unterlage von weißem Fließpapier liegen und darf auf der Gelatineseite nicht feucht werden.

Die angefeuchtete Kopie wird mit der nassen Seite auf eine Glasplatte gelegt und schmiegt sich ganz gleichmäßig an.

Nun wird mit dem Auftragen der Farbe begonnen, dieselbe wird mit dem Tampon egalisiert und kann mit dem Auftupfen so lange fortgefahren werden, bis das Terpentinöl vollständig verdunstet ist, dadurch wird die Gleichmäßigkeit der Farbenfläche sehr befördert.

Die eingefärbten Blätter läßt man so lange im Wasser liegen, bis alles Chromsalz aus dem Papiere ausgewaschen ist, man sieht bei der Entwickelung die Zeichnung besser und dieselbe wird mehr geschont, weil der Schwamm leicht über das feuchte Blatt gleitet und die überflüssige Farbe von den Kopien wegnimmt.

Man beobachte recht genau, ob die entwickelte Zeichnung klar, scharf und namentlich rein auf dem Papier steht.

Ist das Bild vollständig rein, so wechsle man das Wasser und drücke den Schwamm gut aus, damit nicht durch denselben Schmutz oder Gummiteile auf das Papier gebracht werden und den Ueberdruck verderben.

Ist die fertige Kopie gut abgewaschen und mit einem reinen Schwamme von dem überflüssigen Wasser befreit, so legt man dieselbe zwischen trockene Makulatur (weißes Fließpapier) und streicht leicht mit der Hand darüber. Zum vollständigen Trocknen heftet man die abgetrockneten Blätter auf einen Pappendeckel oder Brettchen an den vier Ecken mit Reißnägeln an, damit dieselben glatt eintrocknen und Runzeln vermieden werden.

Eine Kopie mit der richtigen Ueberdruckfarbe versehen, kann 4—5 Tage liegen ehe man zum Umdruck schreitet, doch ist es stets besser, schon den andern Tag daran zu gehen.

Man legt die Kopie mit der Vorderseite auf ein reines Blatt Papier und streicht die Rückseite mit einem feuchten Schwamme gleichmäßig an, doch darf kein Wasser auf der Rückseite zu sehen sein, dann wartet man bis die Kopie flach liegt und sich geschmeidig anfühlt.

Nun legt man das Blatt auf den Stein, zieht mit leichtem Druck durch die Presse und wenn es haftet, wiederholt man das Durchziehen zwei- bis dreimal mit kräftiger Spannung. Dann feuchtet man dasselbe mit Wasser an, doch nicht zu stark, damit das Blatt nicht rutscht, oder sich zusammenschiebt, zieht nochmals drei- bis viermal mit kräftiger Spannung durch und feuchtet dasselbe nochmals an bis es ganz vom Wasser durchdrungen ist und durchsichtig wird.

Das überflüssige Wasser tupft man mit dem Schwamme ab, hebt die Kopie an einer Ecke in die Höhe und zieht dieselbe vorsichtig von dem Steine oder der Zinkplatte ab.

Alle Farbe muß jetzt auf dem Steine oder der Zinkplatte sitzen und alle Striche müssen scharf und vollständig gedeckt dastehen.

Der Ueberdruck wird nun trocken gefächelt, mit dünnem Gummi arabikum recht gleichmäßig gummiert und nach dem Trocknen desselben angerieben.

Negativumdrucke auf photolithographischem Wege.

In eine schwache Lösung von chromsaurem Kali taucht man photolithographisches Uebertragungspapier und trocknet dasselbe gut in einem finsteren Raume.

Mit Gummifarbe (stark mit Gummi arabikum versetzte Federfarbe) macht man auf das Papier einen guten, scharfen, schwarzen Abbruck und exponiert denselben zwei Minuten im direkten oder eine halbe Stunde im zerstreuten Lichte, dann walzt man denselben mit Umdruckfarbe dünn ein und legt ihn eine halbe Stunde in reines Wasser.

Nach dieser Zeit nimmt man den Abbruck aus dem Wasser und wischt mit einem weichen, reinen Schwamme so lange kreisförmig über denselben, bis die Zeichnung rein und scharf erschienen ist.

Sodann trocknet man den Abbruck und behandelt ihn wie jeden andern Umdruck.

Behandlung der Negative in den verschiedenen photomechanischen Methoden.
(Freie Künste.)

In der Photozinkätzung, im Lichtdruck und verschiedenen andern photomechanischen Verfahren, können nur verkehrte oder gestreifte Negative gebraucht werden. Dieselben sind leicht mittels Kollodionplatten herzustellen, wenn die Glasplatte vorher mit Specksteinpulver eingerieben wurde.

Nicht so allgemein ist es bekannt, wie Gelatineemulsion oder Trockenplatten umgekehrt oder gestreift werden.

Die Platte wird in Wasser gelegt, das mit 2 Prozent Fluorsäure gemischt ist. Wir machen darauf aufmerksam, daß, obgleich reine Fluorsäure höchst giftig ist, mit der schwachen Mischung jedoch nichts zu befürchten ist.

Nach 5—6 Minuten langem Eintauchen löst sich das Gelatinehäutchen leicht ab und kann dann verkehrt auf eine reine Glasplatte gelegt werden. Das Wasser wird ausgepreßt und das Häutchen getrocknet.

Der Glasplatte gibt man einen dünnen Ueberzug von Eiweiß um das feste Anhaften des Häutchens zu sichern.

Um Papier für Photonegative transparent, durchsichtig, zu machen, gibt Woodbury folgende Anweisung: 5 Teile Rizinusöl und 1 Teil Aether werden zusammengemischt, das Negativ mit der Bildseite nach unten auf eine Glastafel gelegt und die Mischung warm, in ausgiebiger Menge, darauf verteilt, bis sie vom Papier vollständig aufgesogen ist. Ist das Oel erkaltet, so streicht man es ab und macht es wieder warm, sollte etwas davon auf die Vorderseite gekommen sein, so entfernt man es mit Aether.

Nach einer andern Verfahrungsweise löst man 2 Teile Kautschuk und 2 Teile kanadischen Balsam in 3 Teilen reinem Benzin und reibt die Rückseite des Negativs, vermittelst eines Wattebäuschchens, damit gut ein. Hat das Papier genug Lösung angezogen, so läßt man es trocknen.

Durchziehen durch geschmolzenes Paraffin gibt gleichfalls sehr gute Resultate. Die Temperatur des flüssigen Paraffins muß so hoch sein, daß dasselbe das Papier vollständig durchdringt. Um das überflüssige Paraffin zu entfernen, erwärmt man das Negativ und wischt es mit einem reinen, weichen Lappen ab.

Das Papier wird nicht körnig und nimmt sehr schnell Farbe an, auch beschmutzt das Paraffin das Eiweißpapier nicht und trocknet sofort.

Ein weiteres, weniger leichtes, jedoch sehr erfolgreiches Verfahren besteht darin, daß man 20 Teile Dammarharz und 5 Teile Elemiharz in 100 Teilen Benzin auflöst. Diese Lösung wird auf einen flachen Teller gegossen und die Negative eins nach dem andern hineingelegt. Nach etwa 5 Minuten werden sie aus dem Bade herausgenommen und zum Trocknen aufgehängt. Der Lösung muß fortwährend Benzin zugegossen werden, weil sie sehr schnell verdampft.

Diese Negative, welche sehr durchsichtig sind, brauchen nicht gefirnißt zu werden. Wird Vaselin angewendet, müssen die Negative zwischen Oelbogen gelegt werden.

———

Sehr überraschende Resultate liefert auch die sogenannte „Phototypie" erfunden von Tessié du Motay und Maréchal in Metz.

Die Erfinder drucken statt von einem Stein- oder Metallgrunde von der Gelatine selbst ab. Sie bereiten zu dem Ende eine Masse, bestehend aus Hausenblase, Gelatine und Gummi, welcher das chromsaure mit Sulfiten oder Phosphaten verstärkte Salz beigemischt ist, und bringen sie in gleichmäßigen Lagen auf eine ebene Kupfertafel.

Diese Platte wird nach geschehener Belichtung einer längeren Wässerung unterworfen, ausgetrocknet, und beim Druck wie ein lithographischer Stein behandelt.

Das abwesende Korn wird hier durch das Wasser ersetzt, welches beim jedesmaligen Abwaschen in die Poren der unbelichteten Stellen bringt und das Fett zurückweist, während die belichteten Teile die Druckerschwärze mit um so größerer Kraft zurückhalten, je mehr das Licht sie undurchbringlich für das Wasser gemacht hat.

Unter allen Resultaten der bisherigen Methoden kommen diese dem Vortrag der Photographie am nächsten und geben ihr an Fülle der Darstellung nichts nach.

Namentlich sind die Mitteltöne besonders satt und vollständig. Leider halten — wie leicht einzusehen — die Gelatineplatten nicht viele Abzüge aus, da das jedesmalige Anfeuchten sie bald aufweicht, wodurch die feinen Töne verloren gehen.

Der photographische Glasdruck von Jos. Albert in München

unterscheidet sich von dem Maréchalschen Druckverfahren dadurch, daß die Unterlage aus Glas statt aus Kupfer besteht, und daß die Gelatineschicht eine dünne statt eine dicke ist.

Die dünne Schicht erleichtert das Verfahren, aber auch das Aufweichen. Das Verfahren hierbei besteht im wesentlichen darin, daß nach einer Negative ein Abdruck auf einer polierten Spiegelplatte gemacht, wobei nämlich das negative Bild auf Glas und die Glasplatte mit Gelatineüberzug dem Lichte ausgesetzt wird, und sodann diese Platte einer längeren Wässerung unterliegt.

Von dem so erhaltenem Klischee werden in beliebiger Anzahl Abdrücke in fetter Farbe auf Papier gemacht.

Die Pressung oder der Druck selbst wird auf einer einfach konstruierten Presse mittels des sogenannten Reibers bewirkt. Hierzu bedarf es aber einer weit minder kräftigen Pressung, als wie beim Steindruck. Im übrigen ist die Behandlung des Druckes ähnlich wie bei der Lithographie. Die Platte wird zuerst mit Wasser befeuchtet und mit fester schwarzer Farbe eingewalzt, dann mittels einer zweiten Walze mit etwas leichterer brauner Farbe übergangen, und der Abzug auf trockenem halbgeleimten Papier gemacht.

Die Schnelligkeit des Abdruckens liegt zwischen Kupfer- und Steindruck. Der Abzug eines kleinen Gegenstandes bedarf etwa $1^{1}/_{2}$ Minuten, während bei sehr großen Formaten 50 Abzüge per Tag möglich sind.

Den interessanten Notizen des Karl Reich über die praktische Behandlung dieses Lichtdruckverfahrens entnehmen wir folgendes:

„Als Druckplatten sind die Spiegelplatten von belgischem Glase die besten und verbinden sich mit der darauf zu bringenden Schicht am festesten. (Die Mischungsverhältnisse der Materialien zur Glasfabrikation, die in den verschiedenen Fabriken auch verschieden genommen werden, scheinen auf die Haltbarkeit der Schicht Einfluß zu haben.)

Dünnes Glas ist dem dicken vorzuziehen, dickere Glasplatten widerstehen zwar der atmosphärischen Feuchtigkeit mehr, aber müssen auch länger bei den später vorzunehmenden Operationen im Trockenofen verweilen, während dünnere Glasplatten rascher trocknen, was ein schätzenswerter Vorteil ist.

Selbstverständlich müssen die Glasplatten außerordentlich gut gereinigt werden (am besten mit Salpetersäure); die zum Abreiben der Platten nötigen Tücher müssen, damit alle Spuren von Fett und Schmutz daraus sorgfältig entfernt werden, mit Pottasche oder Soda tüchtig ausgekocht und mit reinem Wasser nachgespült werden.

Die nunmehr folgenden Operationen müssen in einem nur von gelbem Lichte erleuchteten, vollkommen staubfreien Lokale vorgenommen werden. 1 Teil Gelatine, 1 Teil Albumin, 8 Teile destilliertes Wasser, 4 g zweifach chromsaures Kali werden gemischt, filtriert und mit dieser Lösung die Glasplatten übergossen (von der Lösung bleibt nur sehr wenig auf der Glasplatte zurück), die Glasplatten hierauf in einem Trockenkasten bei 60° Reaumur getrocknet.

Nach dem vollständigen Trocknen wird die Schichtseite mit einem schwarzen Tuche bedeckt und die Glasseite der Platte ungefähr 30 Minuten dem zerstreuten Tageslichte ausgesetzt.

Das zweifach-chromsaure Kali hat die Eigenschaft, organische Substanzen, denen es beigesetzt ist, im Tageslichte zu verändern und unlöslich zu machen. Obige Manipulation hat also den Zweck, eine sehr feste und innige Verbindung der Glasfläche mit der aufgegossenen Schicht herzustellen, ferner das Durchdringen der Feuchtigkeit (beim Druck) bis auf die Oberfläche des Glases zu verhindern.

Man muß ein zu weit getriebenes Belichten dieser ersten Schicht zu vermeiden suchen. Dieselbe muß einen geringen Grad von Löslichkeit oder Klebrigkeit behalten und darf sich gegen die zweite aufzutragende Schicht nicht abstoßend verhalten.

Die belichtete Glasfläche wird nun in öfter gewechseltes Wasser gelegt, wodurch sich alles nicht reduzierte Chromsalz löst und die Platte nun farblos und durchsichtig erscheint.

Alsdann werden 1 Teil Gelatine, ⅓ Teil Hausenblase, 8 Teile Wasser, 8 g zweifach-chromsaures Kali gelöst, filtriert und neuerdings auf die vorher ausgewaschene, getrocknete und etwas angewärmte Platte gebracht.

Je dicker dieser Aufguß gemacht wird, je heißer derselbe getrocknet und je mehr Luftzutritt beim Trocknen stattfinden kann, desto grobkörniger wird der Druck. — (Auch kräftiges Licht beim Kopieren, sowie das Alter der Platten, haben Einfluß auf das Korn.) Aeltere Platten geben feineres Korn, Sonnenlicht gibt feineres Korn als zerstreutes.

Die Platte wird nun bei ca. 60° R. getrocknet, was je nach Größe derselben 2—4 Stunden in Anspruch nimmt.

Nach erfolgtem Trocknen wird die Rückseite der Glasplatte mit einem schwarzen Tuche bedeckt, auf die Schichtseite ein gut entwickeltes Negativ gelegt und dem Tageslicht ausgesetzt.

Selbstverständlich muß das Aufgießen und Trocknen der Schicht in nur von gelbem Lichte beleuchteten Raum geschehen. Nach hinreichender Belichtung erscheint das Bild braun auf gelbem Grunde.

Die Platte wird nun in Wasser gelegt und das Wasser so oft gewechselt, bis alles chromsaure Kali aus der Leimschicht entfernt ist.

Man bemerkt jetzt auf der Platte ein ungemein zartes und detailliertes Relief, die lichten Bildstellen sind am stärksten angeschwollen. Diese Stellen waren durch das Negativ vor dem Lichte geschützt, die Gelatine ist also unverändert geblieben und schwillt im Wasser auf, verhält sich auch beim Druck gegen die fette Farbe abstoßend.

Die tiefsten Schatten sind dagegen vollständig unlöslich durch die Lichtwirkung geworden, sie stoßen das Wasser ab und sind nun geneigt fette Farbe anzunehmen. Ist die Platte genug gewaschen und ausgetrocknet, so kann zum Druck geschritten werden.

Zu diesem Zweck wird eine dicke Spiegelplatte, die etwas größer, als die Druckplatte sein muß, auf einen recht eben geschliffenen Stein aufgegipst. (Ist der Stein nicht ganz schön flach geschliffen, so bricht natürlich die Glasplatte beim Druck entzwei.) Der Stein mit der dicken Spiegelplatte wird in die Presse gebracht, auf die Glasplatte einige Tropfen Wasser gespritzt und die Druckplatte aufgelegt, dieselbe hält durch Adhäsion sehr fest.

Mit einem reinen Schwamm wird die Platte etwas angefeuchtet und mit einer sehr feinen, gut gearbeiteten Kreidewalze mit Kreidefarbe eingeschwärzt, bis das ganze Bild klar, rein und deutlich erschienen ist.

Man braucht zwei Farbeplatten zum Auftragen der Druckfarbe. Gewöhnlich wird auf die erste Platte festere schwarze Farbe, auf die zweite dünnere Farbe von rötlichem Ton aufgetragen. Hierbei ist auch die erste Farbewalze rauher als die zweite.

Wenn das Bild in den kräftigen Zügen mit ersterer Farbewalze gut eingewalzt ist, nimmt man die zweite, um die feinen Details mit Farbe zu versehen.

Das Druckpapier (Kupferdruckpapier oder Kreidepapier eignet sich am besten) wird aufgelegt, einige Bogen Makulatur darüber und bei sehr leichter Spannung durchgezogen. Das Papier muß die Farbe bei einer richtig behandelten Platte vollständig abheben; es darf keine sichtbare Spur von Farbe auf derselben zurückbleiben.

Die Platte wird mit Wasser und etwas Terpentinöl gereinigt, das überflüssige Wasser schnell und sauber abgewischt und neuerdings eingeschwärzt.

Wassertropfen, die, wenn auch nur ganz kurze Zeit, auf der Platte stehen bleiben, zeigen sich auf dem Drucke, verlieren sich aber nach einigen Abzügen; überhaupt ist ein Ruinieren der Lichtdruckplatten beim besten Willen des allerungeschicktesten Druckers nicht gut möglich; auch nutzen sich die Platten durchaus nicht ab.

Der zwei- oder dreihundertste Abdruck einer Platte zeigt genau dieselbe Schärfe und Deutlichkeit wie der erste.

Im feuchten Zustande ist jedoch die Schicht sehr empfindlich gegen äußere Verletzungen. — Knoten und Unreinigkeiten im Papier machen Löcher, die unachtsamen und ungeschickten Hände und Fingernägel des Druckers Ritzen und Risse in die Platte.

Wenn die Platte die erforderliche Anzahl von Abdrücken geliefert hat, auch wenn sie die Nacht über nicht benutzt werden soll, muß die Farbe davon entfernt werden; man taucht zu diesem Behufe einen Schwamm in Terpentinöl oder Naphtha und wäscht die Schicht damit ab. Die Platte wird alsdann für späteren Gebrauch beiseite gestellt.

Durch Alberts photographischen Glasdruck wurde gleichsam die Photographie jenem Standpunkte zugeführt, der das Ideal der Reproduktion in vollständigster Weise repräsentiert.

Mag immerhin die Photographie auf ihrem gegenwärtigen Höhepunkte angelangt, für die Erzeugung hervorragender Kunstblätter mit vollem Rechte eine bevorzugte Stellung einnehmen, so wird dagegen jenes Reproduktionsverfahren für manche Kunstgegenstände und industrielle Zweige die vielseitigste Benutzung bieten.

Bekanntlich dient die Reproduktionsmethode der Lithographie und des Kupferstichs größtenteils nur vermittelnd zur Vervielfältigung graphischer Kunsterzeugnisse, wobei schon das Kopieren oder Uebertragen derselben auf Stein oder Kupfer eine vorzüglich künstlerische und technische Virtuosität voraussetzt, wodurch lediglich die gediegene Durchführung der Druckplatte von dem Künstler abhängig ist, welcher stets nach seiner Auffassungsweise und Manier den Geist und Charakter des Originalbildes wiedergibt.

Anders ist es hier, wo mit Hilfe der Photographie die Druckplatte unmittelbar nach dem Originalbilde, oder auch nach der Natur erzeugt wird, und dieselbe somit in unveränderter Treue und Vollkommenheit den wahren Ausdruck des Originals darbietet.

Zudem sind auch höchst beachtenswerte Vorzüge dieser Reproduktionsweise: die einfache und zuverlässig sichere Herstellung der Druckplatte, sowie die minder kostspielige und überraschend schnelle Erzeugung derselben, wozu es nur einiger Stunden bedarf; während bei Lithographie und Kupferstich oft Monate und Jahre, und somit Geld- und Zeitopfer erforderlich sind, welche besonders bei Herstellung größerer Kunstwerke in Kupfer bedeutende Kapitalien erheischen, wogegen durch obige Reproduktion derartige Unternehmungen höchst vorteilhaft begünstigt und gefördert werden.

Abgesehen von der schnellen und billigen Herstellung der Druckplatten, eignet sich auch für Umdruck auf Stein und Zink kein photographisches Verfahren so gut, als der Umdruck von dieser Lichtdruckplatte; vorzugsweise aber der von Reproduktionen in Strich- und Punktiermanier.

Während der Zeit, welche zwischen dem Schreiben vorstehender Abhandlung, welche ja des Guten viel bietet, und der Neuauflage dieses Buches liegt, wurden viele Erfahrungen und Vervollkommnungen im Lichtdruck gemacht. Wir werden deshalb das, was durch die Veröffentlichungen von Fachleuten in den bezüglichen Fachschriften davon bekannt geworden ist, am Schlusse wiedergeben.

Neueres Lichtdruckverfahren.

Für viele Steindruckereien ist es von hoher Wichtigkeit geworden, auch den Lichtdruck zu benutzen, da er in zahlreichen Fällen, in vorteilhafter Weise mit der Lithographie zu konkurrieren vermag. Er ist jetzt ein gefährlicher Konkurrent des Steindruckes geworden und deshalb ist es angezeigt, sich seine Vorteile selbst dienstbar zu machen. Die Erlernung desselben bereitet weder dem Lithographen noch dem Steindrucker besondere Schwierigkeiten und die Verbindung von Licht- und Steindruck bietet dem kundigen Geschäftsmanne bedeutende Vorteile.

Die Einrichtung einer Lichtdruckerei in Verbindung mit einer schon bestehenden Steindruckerei, erfordert ein verhältnismäßig geringes Kapital. Wir bringen in Fig. 5, Taf. 11, die Abbildung einer Lichtdruckhandpresse von Voirin in Paris. Dieselbe kann auch für Steindruck verwendet werden und ist von höchst einfacher Konstruktion.

Das so gefürchtete Springen der Glasplatte soll bei dieser Presse nur höchst selten vorkommen, weil der Druck ein elastischer und rollender ist, auch das Wegreißen des Gelatinehäutchens ist weit weniger zu befürchten als bisher.

Fig. 6 zeigt eine photographische Lichtdruckhandpresse neuester Konstruktion und Fig. 7 eine Photographie- oder Lichtdruck-Schnellpresse.

Eine Hauptbedingung bei Anfertigung der Lichtdruckplatten ist ein staubfreies, leicht heizbares Zimmer.

Die Platten müssen an den Kanten abgerundet werden, damit man sich nicht die Hände damit verletzt oder die Walzen beschädigt.

Die zu verwendenden Spiegelplatten müssen durchaus gleich stark, eben sein.

Man kann dünne und dicke Platten benutzen. Erstere werden beim Druck auf eine Unterlage befestigt, wie schon in der vorhergehenden Abhandlung beschrieben wurde.

Vor der Präparation werden die Glasplatten recht rein geputzt, das heißt in reinem Wasser gewaschen, gut getrocknet und auf der zu präparierenden Seite mit Alkohol mit einem reinen Tuche abgerieben.

Hierbei ist es unbedingt nötig, nicht mit den Fingern auf die Platte zu greifen, weil an diesen Stellen die Präparation abgestoßen wird und dann die Gelatine nicht haftet. Durch alle Handlungen photographischer Utensilien ist ein sehr zweckmäßiges verstellbares Putzgestell zu beziehen, welches sich hier mit Vorteil anwenden läßt; dünne Platten putzt man jedoch besser auf einem ganz ebengehobelten Brette.

Sollen Platten, welche bereits verwendet wurden, wieder benutzt werden, so müssen dieselben vermittelst scharfer, heißer, aus Laugenstein hergestellter Lauge, von der Gelatineschicht befreit werden. Man gießt dieselbe in eine Kuvette, wie sie die Photographen gebrauchen, legt die Platten, durch dünne Holzstäbchen getrennt, hinein und läßt sie einige Stunden liegen, bis die Gelatine erweicht und losgelöst ist. Sodann bürstet man die Platten mit einer steifen Bürste ab, wäscht sie öfters in reinem Wasser und putzt sie, wie oben beschrieben.

Zur Vorpräparation mischt man 500 Teile gutes, leichtes Bier mit 50 Teilen Wasserglas und 2—3 Teilen Aetznatron, vermengt diese sehr gut und filtriert die Mischung zweimal durch einen Papierfilter. Dazu ist ein verstellbares Filtriergestell und zwei gut emaillierte Blechtöpfe nötig. Fig. 8, Taf. 11.

Man läßt die Flüssigkeit, um Blasenbildung zu vermeiden, entweder an der Innenseite des Topfes oder an einem in den Topf gestellten kurzen Glasstabe, bei einer Temperatur von 15—18° R. im Arbeitszimmer, in den Topf abfließen.

Nun übergießt man die Platte, dieselbe auf den Fingern der linken Hand balancierend, reichlich mit der Mischung, so daß sie ganz damit überzogen ist. Sind keine leeren Stellen oder Blasen zu bemerken, so neigt man die Platte mit einer Ecke über den Trichter des Filtrierapparates und läßt dieselbe ablaufen. Zum vollkommenen Ablaufen und Trocknen bringt man die Platten, die Ablaufecke nach unten, auf ein zu diesem Zwecke angefertigtes Gestell, Fig. 9, Taf. 11.

Nach dem Trocknen werden dieselben in den Trockenofen gebracht, welcher auf ungefähr 45° R. erwärmt wurde. Die Platten werden ganz wagrecht gelegt und nachdem sie eine halbe Stunde im Ofen waren, sofort in der Kuvette oder einem großen flachen Teller ausgewässert und nochmals auf dem Gestelle getrocknet.

Nun müssen die Platten mit einer leichten opalisierenden Schicht überzogen erscheinen und von der Seite besehen in Regenbogenfarben schimmern.

Wurde irgend ein Fehler gemacht, oder das Wasserglas war untauglich, so ist dies nicht der Fall und die Platte ist unbrauchbar.

Die fertigen Platten können an einem trocknen Orte sehr lange aufbewahrt werden, sind jedoch vor Verletzungen der Schicht sowie vor Fett zu schützen.

Als Trockenofen für einen kleineren Betrieb genügt ein mit einem Boden von Eisenblech versehener Holzkasten in Tischhöhe, Fig. 10, Taf. 11, ungefähr 80 cm breit und 250 cm lang. 30 cm vom Boden entfernt, werden die Eisenstäbe mit den Stellschrauben angebracht.

1 ist der Deckel, ein mit dunklem, leichten Kaschmir 2 überzogener Holzrahmen, welcher von außen mit Papier überzogen ist, um Licht und Staub abzuhalten. 3 ist eine harthölzerne an die Wand geschraubte Leiste, ihr gegenüber, in gleicher Höhe, eine zweite. Auf beiden ruhen die Eisenstäbe mit Stellschrauben 4 zum Nivellieren der Platten. Damit sich die Stäbe, durch den Einfluß der Wärme oder durch die Belastung durch die Platten, nicht so leicht senken, wodurch die Schicht auf den Platten ungleichmäßig wird, stehen dieselben auf der hohen Kante und die Stellschrauben gehen durch die schmale Seite. Ein Teil der Vorderwand, 5, ist zum Aufklappen eingerichtet, damit man die Flammen regulieren kann. Um das schnelle Entweichen der Wärme möglichst zu verhindern, gehen die Wände tiefer herunter als der Boden und sind nach innen mit Eisenblech belegt oder ganz von Blech.

Durch zwei in der Höhe der Eisenstäbe angebrachte Winkelthermometer 6 kann man die Wärmegrade ablesen.

Der Boden des Ofens wird mit reingewaschenem Kies 5 cm hoch bedeckt um eine möglichst gleiche Verteilung der Wärme zu erzielen.

Die Füße des Kastens sind von beliebiger Höhe und im Raume zwischen Fußboden und Kastenboden zwei oder drei kleine Petroleumöfen angebracht, Gas ist jedoch vorzuziehen.

Die Platten werden so auf die Eisenstäbe gelegt, daß auf je eine Platte, kleineren Formates, drei Schrauben kommen, auf einer Seite zwei, auf der andern nur eine. Für Platten größeren Formates sollen vier Schrauben verwendet werden, damit dieselben sicherer ruhen.

Man verwendet zur Herstellung der Chromgelatine am besten mittelharte Gelatine. Es gibt drei Sorten, harte, mittelharte und weiche. Die harte gibt harte, die weiche flaue tonige Abdrücke.

Die Chromatgelatineschicht, welche mit der zweiten Präparation hergestellt wird, besteht aus einer Mischung von Gelatine und einem Chromsalz und ist die eigentliche Bildschicht.

Bei ihrer Herstellung verfährt man folgendermaßen:

In reinem Wasser löst man gut pulverisierten Chromalaun bis zur vollständigen Sättigung des Wassers mit demselben, das heißt bis sich nichts davon mehr auflöst, jedoch auch kein Ueberschuß vorhanden ist.

Sodann verfertigt man sich folgende Mischung:

200 g Wasser, 3—4 Tropfen Chromalaunlösung, 18 g Gelatine, 4 g chemisch reines doppelt-chromsaures Kali. Zuerst thut man die Chromalaunlösung in das Wasser, rührt dasselbe mit einem Glasstabe gut um und setzt die Gelatine zu. Nun setzt man den Topf in einem Wasser- oder Sandbad, damit das Anbrennen der Gelatine verhütet wird, auf den Ofen und bringt nach und nach die Temperatur auf ungefähr 45° R.

Nachdem sich die Gelatine, unter öfterem Umrühren mit einem Glasstabe, langsam aufgelöst hat, setzt man das feinst pulverisierte Chromsalz unter stetem Umrühren der Mischung zu und läßt die Temperatur nach und nach auf 55—58° R. steigen. Nach dem Abnehmen vom Feuer muß dieselbe 10—12 Stunden an einem kühlen Orte stehen.

Zur Präparation der Platten heizt man den Trockenofen, stellt die Nivellierstangen vermittelst der Wasserwage genau horizontal und legt die vorpräparierten Platten, mit der Schicht nach oben, darauf. Dabei muß im Arbeitszimmer die Wärme auf ungefähr 18° stehen.

Die im Wasserbade wieder vollständig gelöste Gelatine wird nun durch einen Filter von chemisch reinem Filtrierpapier und zwar so filtriert, daß sie an der Wand des Gefäßes oder an einem in den Topf gestellten Glasstabe abläuft.

Hierdurch werden die sonst unfehlbar entstehenden Luftblasen vermieden.

Beim Filtrieren muß man in der Wahl des Filtrierpapieres sehr vorsichtig sein. Zu dünnes Papier läßt kleine Unreinigkeiten mit durchgehen, zu dickes Papier verzögert das Filtrieren zu sehr, namentlich da man vorsichtshalber zweimal filtrieren sollte.

Wenn die Thermometer am Ofen auf 35° R. zeigen, öffnet man den Deckel und nimmt eine Platte nach der andern heraus, überzieht sie mit der Gelatinelösung, legt sie genau an die frühere Stelle zurück und schließt dann den Deckel wieder langsam, ohne Erschütterung des Ofens.

Das Ueberziehen der Platten mit Chromatgelatine wird auf folgende Weise bewerkstelligt:

Man balanciert die Platte auf den Fingerspitzen der linken Hand und staubt mit einem Haarpinsel etwa vorhandene Unreinigkeiten oder Staub, auch an den Kanten, sorgfältig ab, gießt dann, jedoch so, daß sich keine Luftblasen bilden, die Gelatine auf die Mitte der Platte und verteilt mit der Fingerspitze die Flüssigkeit gleichmäßig bis an die Ränder der Platte. Zuerst nach der linken oberen Ecke, dann nach der rechten oberen Ecke, sodann nach der linken unteren und der rechten unteren Ecke unter stetem Neigen der Platte nach der betreffenden Richtung.

Für Platten großen Formates oder dicke Gläser verwendet man ein Nivelliergestell, welches später beschrieben werden wird.

Um die Entstehung von Luftblasen zu verhüten, nimmt man das Aufgießen in nächster Nähe der Plattenfläche vor und bewirkt die Verteilung der Gelatine recht ruhig und ohne Hast. Am besten ist es, erst nach und nach von kleineren zu größeren Platten fortzuschreiten und sich dadurch die nötige Uebung zu erwerben, denn je größer die Platte ist, desto schwieriger ist es eine reine gleichmäßige Schicht herzustellen.

Die Gelatinelösung muß eine ungefähre Temperatur von 30—35° R. haben. Auch das Lokal sowie die Platte müssen die nötige, schon erwähnte Wärme haben, damit die Gelatine nicht erstarrt. Auf 33 qcm Fläche rechnet man 1 g Gelatinelösung.

Ist die Temperatur im geschlossenen Ofen in $1/2 - 3/4$ Stunden langsam auf 56—58° R. gestiegen, so löscht man die Heizung aus und läßt die Platten ruhig trocknen, je nach der Größe der Platten erfolgt dasselbe in $1^1/_2 - 2$ Stunden.

Das Ueberziehen der Platten mit Chromatgelatine kann bei Tageslicht vorgenommen, jedoch müssen die fertigen trockenen Platten vor dem Lichte geschützt und innerhalb einiger Tage verwendet werden.

Die gebrauchten Töpfe und Trichter sind sogleich wieder in warmem Wasser vollständig zu reinigen.

Da jeder Luftzug und jede Erschütterung des Ofens den Platten schadet, darf der Deckel erst nach erfolgtem Trocknen derselben aufgehoben und muß überhaupt jede Erschütterung vermieden werden.

Zum Kopieren sind die Rahmen am empfehlenswertesten, an welchen die Spannung mit Keilen unterhalb der Spannleisten bewirkt wird.

Staub und Unreinigkeiten machen sich als Fehler an der Druckplatte bemerkbar, deshalb ist darauf zu sehen, daß alles zum Kopieren gehörige ganz rein und staubfrei ist.

Auf das von Ritzen und Kratzern freie, ganz reine Kopierglas legt man das Negativ, welches in der schon beschriebenen Weise durch Abziehen umgekehrt wurde, hierauf die Druckplatte, mit der Chromschicht nach dem Negative zu, spannt beides mit den Spannleisten des Rahmens fest und schließt den Deckel.

Damit die Platten nicht anlaufen, das heißt einen über das Ganze gehenden Ton bekommen, darf dieses Einlegen nur bei sehr gedämpftem Lichte, oder noch besser bei Gas- oder Petroleumlicht geschehen.

Die Druckplatte muß stets etwas größer sein, als das Bild, weil auf derselben entsprechend viel Raum zum Ansetzen des Reibers und der Druckwalze sein muß, auch die Gelatineschicht öfters nicht ganz bis zum Rande tabellos präpariert ist.

So lange man nicht ganz sicher ist, bediene man sich eines Photometers. Mit demselben läßt sich leicht feststellen, welcher Kopiergrad zu diesem oder jenem Negativ erforderlich ist. Es ist in jeder Handlung für photographische Bedarfsartikel vorrätig.

Als Papier zum Einlegen ist ein gutes photolithographisches Papier, z. B. Alberts „Hochglanzpapier" zu verwenden. Das Papier wird wie für die Photolithographie präpariert. Man badet dasselbe in einem Bade von 1 Teil doppelt-chromsaurem Kali und 15 Teilen Wasser, 5 Minuten lang, zieht es auf eine gut gepußte Spiegelplatte, welche vorher mit Federweiß abgerieben wurde, auf und läßt es in einem erwärmten Raume über Nacht trocknen. Für jeden Tag, an welchem Lichtdruckplatten kopiert werden sollen, muß frisches Papier vorbereitet werden.

Die Kopierzeit dauert, je nach der Beschaffenheit des Negativs und der Stärke des Lichtes $1/2 - 3$ Stunden und länger. Bei Kopieren der Platten wird der Rahmen mit der Druckplatte und das Photometer mit einem eingelegten Streifen photolithographischen Papieres gleichzeitig dem zerstreuten Lichte ausgesetzt.

Um den Fortschritt des Kopierens zu beobachten, sieht man anfänglich am Photometer nach und sobald derselbe auf Nummer 8 steht, bringt man den Rahmen mit der Platte an einen Ort mit gedämpftem Lichte, legt ihn mit dem Glase nach unten auf ein weißes Papier, öffnet den Deckel und sieht die Kopie nach, jedoch darf sich dabei die Druckplatte nicht verschieben, sondern muß genau in derselben Stellung zum Negative bleiben. Ist eine Verschiebung vorgekommen und es macht sich das Nachkopieren nötig, so wird das Bild doppelt oder verschwommen.

Erscheint das Bild schön braun, ist an den Mitteltönen die Zeichnung deutlich sichtbar und sind an den dichteren Partien des Negativs an den beleuchteten Seiten der Gegenstände, die Details schwach wahrnehmbar, so ist die Platte als auskopiert zu betrachten.

Die noch bemerkbare höchste Nummer im Photometer notiere man sich außerhalb des Bildes mit Tinte oder Tusche um einen Anhaltspunkt zum Kopieren für die nächsten Platten zu haben.

Zu schwach kopierte Platten setzt man, nach der Schließung des Rahmens, wieder dem Lichte aus, bis sie den richtigen Grad erreicht haben. Eine richtig kopierte Platte muß beim Druck alle Einzelheiten in den Schatten, Mitteltönen und lichten Partien enthalten, deshalb macht sich fast bei allen Platten eine größere oder geringere Retouche nötig.

Zum Auswässern werden die Platten $3-5$ Stunden in öfters zu erneuerndes reines Wasser gelegt, bis die Mitteltöne nur ganz leicht braungelb und die Lichter weiß aussehen.

Nach nochmaligem 5 Minuten langen Auswässern in ganz reinem Wasser, werden die Platten bei gewöhnlicher Temperatur auf einem Gestell getrocknet, was je nach der Trockenheit der Luft in $8-10$ Stunden geschieht. Die getrockneten Platten können, wenn sie gut ausgewässert waren, Monate lang, ohne Schaden zu leiden, an einem dunkeln, trocknen Orte für den späteren Druck aufbewahrt bleiben, müssen jedoch vor jeder Verunreinigung geschützt werden.

Sind die Platten vollständig trocken und sollen gleich gedruckt werden, so muß vorher eine Feuchtung, oder Aetzung, vorgenommen werden. Durch die Feuchtung quellen die verschiedenen Stellen, Töne der Lichtdruckplatte, je nach ihrem Werte, mehr oder weniger auf, die hellen mehr, die tiefen weniger.

Durch Nachfeuchten oder Aetzen kann man kleinere Partien aufhellen. Die Flüssigkeit zum Feuchten besteht aus: 2 Teilen Glycerin, 1 Teil Wasser und 2 Prozent oder Raumteile Ammoniak.

Die Platte wird zu diesem Zweck, mit Hilfe der Wasserwage, die Bildseite nach oben, horizontal gelegt, von der Mitte aus begossen und die Flüssigkeit nach den Rändern hin mit den Fingern verteilt, bis dieselbe vollständig bedeckt ist. Die Feuchtung dauert gewöhnlich 20—40 Minuten, die Nachfeuchtung einzelner Partien nicht eingerechnet, öfters muß jedoch auch das Ganze nachgefeuchtet werden.

Luftbläschen und trockene Stellen müssen vermieden werden, dieselben bleiben, weil die Feuchtigkeit nicht einwirken konnte, vertieft und trocken und erscheinen beim Druck als ganz dunkle Flecken. Eine solche Platte ist durch Nachfeuchten nicht zu verbessern und kann nur gerettet und verwendbar gemacht werden, wenn man sie vollständig von der Druckfarbe befreit, wieder gut auswässert, trocknen läßt und dann nochmals feuchtet.

Soll die Platte aus der Feuchtung genommen werden, so gießt man zuerst die Flüssigkeit in eine mit einem Trichter versehene Flasche, neigt die Platte und läßt an einer Ecke ablaufen; sodann tupft man die noch an der Platte befindliche Feuchtigkeit mit einem reinen, nur hierzu zu verwendenden Schwamme ab und tupft mit einem reinen, keine Fasern hinterlassenden Tuche so lange nach, bis die Platte keine nassen Stellen mehr zeigt.

Die Rückseite derselben reinigt man von etwa anhängenden Gelatineteilchen oder andern Unreinigkeiten und nachdem dieses geschehen, ist die Platte zum Einlegen in die Presse fertig.

Soll die abgegossene Feuchtung wieder verwendet werden, so ist derselben dann und wann etwas Ammoniak beizugeben, auch muß man sie durch reine Baumwolle filtrieren, um die hineingekommene Farbe, Papierfasern ꝛc. zu entfernen.

In jeder Lichtdruckhandpresse, Fig. 6, Taf. 11, ist eine völlig plan gehobelte eiserne Unterlage, Fig. 11, Taf. 11, enthalten, in welche in geringer Entfernung voneinander Schraubenlöcher gebohrt sind. Auf diese Unterlage kommt zuerst ein Bogen weißes, knotenfreies Papier. In die Mitte der Unterlage wird die Druckplatte gelegt und mit den Eisenplättchen, Fig. 12, Taf. 11, in welchen ebenfalls Schraubenlöcher angebracht sind, befestigt. Die Eisenplättchen müssen von geringerer Höhe sein, als die Druckplatten und vertiefte Schraubenlöcher haben, damit die Walzen nicht durch die Schrauben verletzt werden können.

Der Abdeck Deckrahmen besteht aus einem eisernen, mit Schlitzen versehenen Rahmen, in welchem Zinkblechstreifen durch Schrauben beliebig verstellt werden können. Der Rahmen ist mit starken Scharnierbändern an die Presse festgeschraubt. Durch Umlegen desselben über die Druckplatte, werden die Ränder derselben bis dicht an das Bild zugedeckt und so rein erhalten.

Die Zinkblechstreifen dürfen beim Druck nicht unterhalb des Reibers kommen, weil dadurch eine Verletzung der Bildschicht oder ein Plattenbruch herbeigeführt werden könnte. Deshalb ist es nötig, vom Bleche weg sich einen Verlaufer aus Papier gegen das zu druckende Bild herzustellen. Die Blechstreifen werden, damit das Papier gut haftet, mit Schmirgelpapier aufgerauht und sodann über jeden Streifen gutes Schreibpapier geklebt, so daß nach der Innenseite, gegen das Bild ungefähr 1—1½ cm Papier über das Blech vorsteht. Hierauf werden noch 3—4 Streifen dünnes, gut geleimtes und mit Oel getränktes Papier so geklebt, daß jeder Streifen über den vorhergehenden 4—5 mm vorsteht. Das Ganze muß vor der Verwendung gut trocknen, weil sich die Feuchtigkeit leicht auf die Platte übertragen und als störende Unreinigkeit bemerkbar machen könnte. Die Abdeckstreifen müssen parallel mit dem eisernen Teile des Rahmens und mit den rechtwinklig abgegrenzten Umrissen des Bildes laufen. Dadurch, daß durch diese Vorrichtung das Bild ohne starke Spannung ausdruckt und der Reiber, welcher nicht hohl gerichtet sein darf, mit den Blechstreifen nicht in Berührung kommt, sondern auf der Papierschräge sitzt, wird auch ein Plattenbruch soviel als möglich verhütet.

Die zum Druck zu verwendenden Lederwalzen sind dieselben wie sie in der Steindruckerei gebraucht werden. Feines Korn ist Bedingung, auch müssen dieselben fehlerfrei sein und möglichst geschmeidig erhalten werden.

Die Leimwalzen, welche zum Auftragen der feinen Töne dienen, fertigt man sich am besten selbst an, je nach Bedarf härter oder weicher, mehr oder weniger zugig. Dieselben müssen auch von Zeit zu Zeit umgegossen werden und ist zu ihrer Herstellung nötig ein Walzengestell, Fig. 13, Taf. 11, und ein Gießgestell, Fig. 14, Taf. 11.

Das Walzengestell ist aus Eisen mit einem Holzgriff, ein Teil zum Abschrauben um das Einsetzen und Herausnehmen der Rolle zu ermöglichen.

Das Gießgestell besteht aus einem hohlen, innen polierten Eisen- oder Messingblechcylinder, welcher in ein Fundament von Holz so eingelassen wird, daß er stehen und ohne Kraftanwendung herausgenommen werden kann.

In der Mitte des Fundamentes muß ein dem Dorne der Walze entsprechendes Loch eingebohrt sein, ebenso an dem Deckel, welcher nach dem Guß der Walze oben auf den Cylinder gesetzt wird.

Vor dem Gießen muß die Form erwärmt und die Innenseite sorgfältig und gleichmäßig geölt werden.

Beim Gießen der Walzen, die Masse dazu ist in den meisten Farbenfabriken käuflich zu erhalten, ist folgendes zu beachten:

Die Masse muß, in einem Gefäß, im Wasserbade, in kleine Stücke zerteilt, unter Umrühren geschmolzen, jedoch nicht gekocht werden.

Beim Gießen muß die Spindel genau in der Mitte der Form stehen, die flüssige Masse ist langsam an derselben herabzugießen, bis die Form voll ist; dann wird der Deckel aufgesetzt und das Ganze bis zum Erkalten stehen gelassen.

Nachdem die Walze aus der Form gezogen wurde, müssen die Enden derselben über einer Flamme abgerundet werden.

Nachdem sie von dem anhaftenden Oel gereinigt wurde, setzt man sie in das Gestell ein.

Ist die Platte, wie schon oben beschrieben, gereinigt und mit den eisernen Plättchen befestigt, so wird ein in der Größe derselben entsprechender Reiber eingesetzt. Zwischen demselben und dem Leder wird eine aus Filtrierpapier hergestellte Einlage angebracht, welche nur wenig über das Bild hervorsteht, damit sich der Druck des Reibers nur auf das Bild beschränkt.

Im Anfang nehme man wenig Farbe auf die Walze und verwende erst nach und nach etwas mehr. Man arbeite nur mit Farbe, welche mit

Firnis kompakt gerieben wurde und verdünne dieselbe im Bedarfsfalle mit etwas ganz leichtem Steindruckfirnis.

Bei den ersten Vordrucken nehmen die Platten die Farbe oft nicht gut an, nimmt aber die Platte trotz weniger und fester Farbe zu rasch und mit wenig Unterschieden an, so muß dieselbe nachgefeuchtet werden.

Gibt sie dennoch und trotzdem man mit mehr Farbe und zum Schluß mit leichterer Farbe gearbeitet hat, keine guten Abdrücke, so ist sie nicht genügend lange kopiert oder zu lange gefeuchtet worden.

Zuerst wird die Platte mit der Lederwalze und dann mit der Leimwalze eingewalzt. Die Lederwalze trägt die dunkeln und die kräftigeren Mitteltöne auf, die Leimwalze die Verbindung derselben mit den Mittel- und feinen Tönen.

Ohne eine gute Leimwalze ist kein tabelloser Lichtbruck zu erzielen.

Eine zügige Walze verlangt feste Farbe, eine härtere Walze geschmeidigere Farbe. Nimmt die Walze, infolge der Beschaffenheit der Walzenmasse, gar keine oder nicht genügend Farbe vom Farbesteine, so muß man sie an einen luftigen Ort zum Trocknen aufhängen, oder mit verdünnter Chromalaunlösung waschen und dann trocknen.

Wurde alles vorher beschriebene richtig vorgenommen und das Bild erscheint dennoch tonig, so muß die Platte nachgefeuchtet werden. Man entfernt mit Terpentin und einem weichen Lappen die Farbe, jedoch, um Wischstreifen zu vermeiden, nicht bis auf die letzten Spuren, sondern man legt, so lange die Platte noch vom Terpentin feucht ist, ein Blatt Seiden- oder Filterpapier über dieselbe und drückt es durch Wischen mit einem trocknen Tuche an. Hierdurch werden die noch vorhandenen Reste von Farbe und Terpentinöl entfernt. Nachdem man das Bild mit dem Feuchtschwamme überwischt hat, wird die Feuchtung aufgegossen und je nach Umständen 3 bis 15 Minuten wirken lassen. Die weitere Behandlung ist ganz wie bei einer frisch geätzten Platte.

Sieht der Druck monoton, wirkungslos aus, so feuchte man die Platte nach nachdem die Farbe aufgetragen ist. Die dunkleren Stellen werden durch die Farbe vor der Aetze geschützt, während die lichteren aufgehellt werden, dadurch ergibt sich ein größerer Abstand der Töne untereinander.

Vor dem Druck der Auflage sehe man genau nach, ob alles noch in Ordnung ist, namentlich ob die Platte fest eingeschraubt und die Schablone so gestellt ist, daß das Bild nicht von ihr berührt wird, auch mache man an derselben Zeichen mit Bleistift zum Anlegen des Papiers.

Ungeleimtes oder halbgeleimtes Papier entzieht schon nach wenigen Drucken der Platte die Feuchtung und durch das erforderlich werdende öftere Nachfeuchten leidet dieselbe, deßhalb verwende man nur gut geleimtes Papier.

Bei Verwendung von Kreidepapier, welches frei von Knoten und Sandkörnern sein muß, zeigt sich auch öfters der soeben erwähnte Uebelstand. Man überziehe dasselbe deßhalb ganz schwach, vielleicht durch Bedrucken, mit mittelstarkem Firnis, verwende es jedoch in kürzester Zeit, weil die Kreideschicht den Firnis sehr rasch verschluckt und denselben wirkungslos macht. Das Kreidepapier erfordert etwas mehr Spannung als gewöhnliches Papier. Beim Durchziehen darf jedoch nicht zu rasch angezogen, nicht zu stark gegen die Stellschrauben angefahren und muß der Hebel vorsichtig auf- und niedergezogen werden um Plattenbruch zu vermeiden.

Vier bis sechs Bogen glattes, knotenfreies Papier und darüber ein Glanzdeckel geben die Unterlage, hierbei ist sorgfältig zu beachten, daß nicht Sandkörner oder sonstige Unreinigkeiten zwischen die Blätter kommen, weil dieselben sich in die Platte eindrücken und Löcher oder Flecken verursachen.

Etwa entstandene weiße Flecken oder unruhige Stellen werden, nachdem der Druck getrocknet ist, mit Aquarellfarbe ausgebessert. Dunkle Flecken auf Drucken auf Karton oder gewöhnliches Papier zu entfernen ist sehr schwierig und zeitraubend, auf Kreidepapier kann man sie mit einer Schabernadel leicht entfernen.

Die Retouche auf Kreidepapier wird erst nach dem Glänzen vorgenommen, das Entfernen der dunklen Fleckchen vorher.

Den Glanz erzielt man durch Abreiben oder Bürsten. Hierbei wird der Druck mit einem in Federweiß getauchten Stück Baumwolle überwischt und dann mit feinem Flanell oder einer nicht zu weichen Bürste, mehr oder weniger, je nach dem Grade des Glanzes welchen man erzielen will, überrieben, jedoch ohne die Farbe mit zu verreiben.

Soll der Glanz durch Lack hervorgebracht werden, so trägt man einen dünnen Alkohollack mit einem breiten Haarpinsel auf und trocknet die Drucke, welche einen leichten gelblichen Ton bekommen, in mäßiger Wärme.

Eine andere Art und Weise ist das Durchziehen oder Schwimmenlassen auf Wasserlack. Der Wasserlack, welchen man in vorzüglicher Beschaffenheit von G. Rottmanner in Römhild, Thüringen, erhält, wird in eine flache entsprechend große Tasse gegossen, die Blasen an der Oberfläche desselben durch Abstreichen mit Papierstreifen entfernt und die Drucke vorsichtig mit der Bildseite auf den Lack gelegt, so daß nichts von dem Lacke auf die Rückseite kommt.

Das Durchziehen der Bilder durch den Lack ist einfacher und sicherer, kann jedoch nur da angewendet werden, wo auch die Rückseite laciert sein darf.

Sind die Bilder laciert, so werden sie mittels Klammern an einer Schnur zum freiwilligen Trocknen aufgehängt.

Drucke auf gewöhnlichem Papier müssen vor dem Lacieren mit einer 5prozentigen Gelatinelösung geleimt werden.

Das Umkehren oder Abziehen der Negative, welches schon beschrieben wurde, ist, in den meisten Fällen, Sache des Lichtdruck-Operateurs, doch kann es auch schon bei der photographischen Aufnahme durch einen Spiegel oder ein Prisma für den Lichtdruck richtig hergestellt werden.

Das meist angewendete Verfahren ist das Abziehen mit Gelatine.

Die Gelatinelösung bereitet man im Wasserbade aus: 600 Teilen Wasser, 300 g gewöhnlichem Spiritus, 120 g Gelatine und 25 g Glycerin. Die warme, gut filtrierte Flüssigkeit gießt man auf das horizontal gelegte, unlacierte Negativ, jedoch so, daß dieselbe gleichmäßig verteilt ist und keine Luftbläschen bildet. Das Negativ wird zum Trocknen in einen luftigen, temperierten Raum gestellt, nachdem die Gelatine erstarrt ist.

Negative von Trockenplatten müssen vor dem Uebergießen mit Gelatine mit 2 Prozent Rohkollodium überzogen werden, damit die warme Lösung das Bild nicht zerstört.

Umdruck von Lichtdruckplatten für Stein- und Buchdruck von Kühl & Komp. in Frankfurt a. M. D. R. P.

Die Erfindung besteht im direkten Aufdruck eines Lichtdruckes auf Metall oder Stein von der Lichtdruckplatte selbst unter Vermeidung jedes Zwischenträgers, z. B. des Umdruckpapiers. Es wurde von der Erwägung ausgegangen, daß Umdruckpapier, auf welches das Bild mittels einer fetten Farbe übertragen ist, beim Uebertragen auf Mettallplatten oder Stein mittels Pressung, eine Verbreiterung des Lichtdruckkornes nicht verhindern kann. Bei dem Aufdruck des Lichtdruckes, von der Lichtdruckplatte selbst, direkt auf die Metallplatte oder den Stein, ist dieses, infolge der weit größeren Stabilität der Lichtdruckplatte (Glas- oder Metallplatte) unmöglich.

Dementsprechend wird das, den Gegenstand vorliegender Erfindung bildende Verfahren, in nachstehender Weise ausgeführt:

Man stellt eine Lichtdruckplatte her, welche ein scharfes, geschlossenes Korn zeigt. Von dieser Platte, auf welcher das Bild auf photographischem Wege erzeugt ist, wird direkt, entweder auf eine dünne, zweckmäßigst fein gekörnte Metallplatte, wie solche bereits zu lithographischen Zwecken benutzt werden, oder auf Stein, ein Aufdruck mittels fetter Farbe gemacht.

Die Lichtdruckplatte, auf welcher das Bild in bekannter Weise erzeugt wurde, wird mit Umdruckfarbe eingewalzt und mit der vorher angewärmten Metallplatte mehreremal einem starken Reiberdruck ausgesetzt. Das Anwärmen der Platte hat den Zweck, dieselbe für die fette Farbe empfänglicher und auch geschmeidiger zu machen, damit der zum gleichmäßigen Andruck derselben an die Lichtdruckglasplatte nötige Druck so gering gehalten werden kann, daß die letztere nicht zerspringt. Nach erfolgtem Aufdruck wird die Platte einige Zeit unter der Brause mit Wasser abgespült, trocknen gelassen und in bekannter Weise geätzt.

Zur Herstellung einer Steindruckplatte besteht die Lichtdruckplatte aus einer dünnen Metallplatte. Dieselbe wird in bekannter Weise, d. h. ebenso wie die Lichtdruckglasplatte, mit Chromgelatine übergossen und sodann das Bild auf photographischem Wege erzeugt. Nachdem diese Lichtdruckmetallplatte mit Umdruckfarbe eingewalzt ist, wird sie mit der Bildseite auf den gut geschliffenen Stein gelegt und mehreremal einem starken Reiberdruck ausgesetzt. Sodann wird der Stein einige Zeit unter der Brause abgespült, trocknen gelassen und in bekannter Weise geätzt.

Durch das hierdurch erhaltene offene Korn der Uebertragung ist es möglich, die Metallplatte oder den Stein sofort zum Drucken zu benutzen.

Nur durch einen solchen direkten Aufdruck ist es möglich, das feine Korn des Lichtdrucks in seiner ganzen Offenheit und Schärfe zu erhalten und Resultate durch den lithographischen Druck zu erzielen, welche bisher nur durch den Lichtdruck erreicht werden konnten.

Die so hergestellte Druckplatte ist bedeutend dauerhafter als die Chromgelatineplatte, sie hat eine vollkommene Dauerhaftigkeit für den lithographischen oder, nach erfolgter Hoch- oder Tiefätzung, für den typographischen Druck.

Auch für den Farbendruck ist das Verfahren anwendbar, man kann von einer nach demselben hergestellten Platte, sämtliche Abstufungen einer Farbe drucken.

C. Die Abformenmethode der Heliographie.

Nicht minder interessant ist die Methode, welche auf dem Abformen der belichteten Chromgelatine beruht.

Das Licht verändert nämlich die Gelatineschicht nicht nur auf der Oberfläche, sondern bringt nach dem Grade seiner Intensität in eine größere oder geringere Tiefe; und das Verhältnis von Licht und Schatten kommt mit solch mathematischer Genauigkeit, als Abwechselung von Höhe und Tiefe, zum Ausdruck, daß die Zeichnung in ein Relief von absoluter Richtigkeit sich verwandeln läßt.

Man darf die Schicht nach der Belichtung nur ins Wasser bringen, um die weniger oder nicht belichteten Stellen verhältnismäßig aufschwellen und ein erhöhtes — oder bei längerem Verweilen in der Flüssigkeit durch Auflösen verschwinden und ein vertieftes Relief bilden zu sehen.

Das Auflösen ergibt eine schärfere Modellierung, nur muß man alsdann den Lösungsprozeß auf der unbelichteten Rückseite der Schicht vornehmen, weil sonst die nur auf der Oberfläche unlöslich gewordenen Mitteltöne vom Wasser unterhöhlt und weggeschwemmt werden.

Das so erhaltene Relief darf man alsdann nur in Metall abformen, um eine Druckplatte zu erhalten.

Der schon genannte Oesterreicher Paul Pretsch ist der Erfinder dieser Methode; die ausgezeichnetsten Resultate hat jedoch Emile Placet derselben abgewonnen.

Er streicht seine Gelatineschicht einfach auf das Kollodium des Klischees, wodurch sich die Belichtung der einen und die Auswaschung der andern Seite von selbst ergibt.

Bei dieser Operation geht freilich das Klischee verloren. Soll dieses erhalten bleiben, so muß die Schicht auf eine durchsichtige und unlösliche Unterlage gestrichen und durch diese hindurch belichtet werden.

Am besten verwendet man hierzu ein dünnes Gelatineblatt, das man vorher durch Chromalaun unlöslich gemacht hat.

Nach der Belichtung befestigt man die Unterlage, vermittelst eines wasserfesten Klebstoffs, auf eine Metall- oder Glasplatte, und legt das Ganze in warmes Wasser, bis sich keine Gelatine mehr auflöst. Nun hat man ein Reliefbild, das man galvanisch abformen kann.

Für typographische Zwecke gibt man dem Relief etwas mehr Höhe; für den Kupferdruck dagegen muß die vertiefte Zeichnung natürlich ein Korn erhalten. Dieses entsteht bei Placets Verfahren auf chemischem Wege in der Schicht selber, und hat eine wurmförmige Struktur, welche den Abstufungen der Töne folgt, in den tiefen Schatten eine gewisse Derbheit zeigt, und in den feinen Details fast unmerklich wird.

Diese Abwechslung erinnert an die Handarbeit und ist dem ästhetischen Charakter des Bildes außerordentlich günstig. Placets Abbildungen nach der Natur gehören zum besten, was die Heliographie bis jetzt hervorgebracht hat, und übertreffen sogar häufig den Silberdruck an Feinheit des Details.

Besonders sind architektonische Ansichten von ihm sehr harmonisch und wirkungsvoll sowie von großer Vollendung.

Dem Engländer Woodbury ist eine nicht minder glückliche Kombinierung der Gelatineeigenschaften zu heliographischen Zwecken gelungen.

Er stellt nämlich zuerst ein Relief nach der Methode von Placet her, preßt dasselbe in Blei ein, und druckt mit der so erhaltenen Platte vermittelst einer besonderen Presse und einer gelatinösen Farbe.

Das Eindrücken des Gelatineblattes in weiches Letternblei wird mit einer hydraulischen Presse vorgenommen, und die Pressung läßt das Relief so unversehrt, daß dasselbe Blatt nötigenfalls ein Dutzend und mehr solcher Bleieindrücke zu liefern vermag.

Die Druckpresse ist eine höchst einfache Vorrichtung, ein Tiegel, der sich höher und tiefer schrauben läßt und ein Deckel, der darüber klappt.

Die Farbe besteht aus Tusche oder ähnlichen Aquarellpigmenten mit einem Zusatz warmer, dünnflüssiger Gelatine. Davon gießt man das nötige Quantum mitten auf die Bleiplatte, legt ein Blatt Papier darüber, schließt den Deckel der Presse, welcher, wie ein Waffeleisen, den überflüssigen Stoff hinausquetscht, und läßt die Gelatine anziehen, was, je nach dem Stande der Temperatur, eine halbe bis ganze Minute dauert.

Wenn man jetzt den Deckel aufklappt und das Papier abzieht, so bleibt die ganze koagulierte Farbe an diesem haften, und bildet ein der vertieften Form entsprechendes Relief, das aber, da es weit mehr Wasser als Gelatine enthält, beim Trocknen gänzlich verschwindet und eine vollkommene Zeichnung zurückläßt.

Das getrocknete Bild wird mit Alaun fixiert.

Auf diese Art bedarf die Druckplatte natürlich keines Kornes, und das Problem eines Drucks, der, wie die Tuschzeichnung, einzig durch dünneren oder dickeren Auftrag des Pigments die Modellierung herstellt, ist gelöst.

Die so gefertigten Abdrücke kommen der Photographie am nächsten, und sind, wenn man sie absichtlich in entsprechender Weise behandelt, von den besten Silberdrucken nicht zu unterscheiden.

Die bekannte Pariser Kunsthandlung Goupil u. Komp. hatte das Verfahren erworben und zur Ausbeutung desselben eine großartige Werkstätte errichtet.

Ein Gang durch die Lokalitäten des Etablissements zu Asnières beweist, daß dieses sinnreiche Reliefverfahren, trotz der mannigfachen technischen Schwierigkeiten praktisch ausführbar ist.

Auf einer kleinen Anhöhe, deren Steigung zum Exponieren hunderter von Druckrahmen benutzt wird, findet man einen großen Saal mit einer Galerie, welche zu den Präparationsräumen im ersten Stock führt. Hier sind die Dunkelzimmer, in denen die Gelatinetafeln präpariert werden, da ein prachtvoller Apparat zur Erzeugung von elektrischem Licht (bei der Belichtung können bekanntlich nur parallele Lichtstrahlen verwendet werden), dort kolossale Schalen, in denen die Reliefs entwickelt werden.

Leitungen von kaltem und heißem Wasser befähigen den Operateur, die Temperatur seiner Bäder augenblicklich zu verändern.

In dem großen Saale ist eine Reihe von großen, runden, drehbaren Tischen, deren jeder zwölf Druckpressen nach Woodburyschem System trägt.

Jeder Drucker hat neben sich in einem Kessel mit heißem Wasser eine Flasche schwarzer Gelatine stehen; er öffnet eine Presse, gießt mitten auf das Blei-Intaglio eine gewisse Menge dieser Farbe, legt ein Stück Papier darauf und schließt die Presse. Dann dreht er den Tisch um ein zwölftel, verfährt so mit der zweiten, der dritten Presse ꝛc. Wenn die erste Presse wieder an ihn kommt, nimmt er den Abdruck heraus und legt ihn zum Trocknen auf die neben ihm stehende Bank. Das Drucken geht auf diese Weise sehr rasch von statten.

Erwähnenswert ist noch ein neueres Verfahren im Lichtdruck, welches auf der letzten internationalen Ausstellung in London beobachtet werden konnte, wo die Heliotyp-Kompanie eine Presse aufgestellt hatte, auf welcher fortwährend Abzüge von einem Leimklischee gemacht wurden.

Das Klischee lag nicht auf Glas wie bei der Albertotypie, sondern auf einer Metallplatte.

Die Sicherheit, mit welcher der Drucker die Abzüge in fetter Farbe erzeugte, war überraschend. Die Drucke fielen höchst gleichmäßig aus und waren in jeder Beziehung als gelungen zu bezeichnen; sie wurden sogleich zum Verbrauch ausgelegt und dokumentierten so gewisse Vorzüge vor den in der Nähe seitens der Photorelief-Kompanie gefertigten Abzügen, welche erst getrocknet, beschnitten und auf Karton geklebt werden mußten, wie gewöhnliche Silberbilder.

Das Verfahren machte so recht den Eindruck, als wenn es sich für große Auflagen eigne.

Im übrigen erscheint der Reliefdruck mehr photographieähnlicher, tiefer in den Schatten und feiner in den Uebergängen, der Lichtdruck dagegen reiner in den Lichtern.

In sehr sinnreicher Weise wurde auch die Heliographie selbst zu mancherlei technischen Zwecken benutzt. So z. B. zum Kopieren von Plänen und Maschinenzeichnungen. Für Fälle, wo in Eile eine Anzahl genauer Kopien des Originals verlangt werden und das Lithographieren sich nicht rentieren würde, ist nach G. Wharton Simpson (Photogr. Mitteilung IV. Jahrgang, Seite 34) folgendes Verfahren erfunden worden.

Eine große Glasplatte wird mit einem nicht aktinischen, aber transparenten Lack überzogen, und getrocknet. Nun legt man die Platte über die Zeichnung und zieht die Linien mit einer scharfen Spitze nach, welche den Lack entfernt, dann benutzt man die Platte wie ein Negativ und druckt Abzüge davon in gewöhnlicher Weise.

Eine höchst einfache Nutzanwendung der Lichtdruckmethode, ist auch das Kopieren (Lichtpausverfahren) auf photographischem Wege, ohne Kamera und Objektiv.

Dieses Verfahren gestattet das Kopieren jeder beliebigen, auf weißem Papier oder Leinwand ausgeführten Zeichnung, sowie jedes Stein- und Metalldrucks, auf überraschend leichte, von jedem Techniker mit geringen Hilfsmitteln ausführbare Weise.

Die Technik dieses Verfahrens ist folgende:

Ein Stück Lichtpauspapier (gewöhnliches haltbares Chlorsilberpapier) wird mit der Zeichnung sorgsam bedeckt, dem Tageslichte (in einem besonders dazu konstruierten Kopierrahmen) ausgesetzt; das Licht scheint durch die weißen Stellen der Zeichnung hindurch und färbt das Papier dunkel.

(Besser gesagt — das Licht reduziert das Chlorsilber, welches nach und nach zu metallischem Silber in Form fein zerteilten dunklen Silbers übergeführt wird.)

Die unter den schwarzen Strichen der Zeichnung liegenden Teile des lichtempfindlichen Papieres aber bleiben weiß.

Auf diese Weise erhält man eine treue Kopie der Zeichnung in Originalgröße, und zwar weiß auf schwarzem Grunde, also eine Umkehrung des Originals, welche nach dem Fixieren, durch Behandlung mit unterschwefligsaurer Natronlösung, gegen alle ferneren Lichteindrücke geschützt wird.

Fertigt man von dieser ersten Kopie, dem eigentlichen Negativ (des Originals), eine neue Kopie in derselben Weise und ebenso leicht und sicher an, so erhält man eine getreue Kopie des Originals, ein Positiv, also schwarz auf weiß die Zeichnung.

Bei diesem Prozesse leidet das Original gar nicht, und da man von der selbstgefertigten Pause (Negativ) bei hellem Wetter schon in einigen Minuten eine Kopie erhalten kann, so leuchtet die Güte und Vorzüglichkeit dieses Verfahrens ein.

Vergleicht man die absolute Treue und Schnelligkeit dieser Methode mit der Billigkeit gemeinsam gegenüber dem schwierigen, zeitraubenden und kostbaren Kopieren durch die Hand eines Zeichners, so tritt der Vorzug dieses Verfahrens evident hervor.

Der praktische Techniker benötigt hierzu nichts weiter, als passend große Kopierrahmen, ein oder mehrere, und zweier Schalen zum Fixieren und Wässern, also so geringer Anschaffungen, daß sich der Nutzen schon nach den ersten Arbeiten herausstellt.

Das gesilberte haltbare Pausepapier wird fertig geliefert und kann vorsichtig aufbewahrt, recht gut einige Wochen und Monate alt werden, ohne zu verderben.

Da das Kopieren auf jedem freien Raume geschehen kann und selbst nebenbei zu besorgen ist, so dürfte sich die Einführung dieses lohnenden Verfahrens in allen größeren Etablissements empfehlen.

Bei dem Kopieren von Zeichnungen auf photographischem Wege wird das präparierte Papier so auf das zu kopierende Original gelegt, daß Bildfläche und präparierte Fläche aufeinander liegen, sodann wird eine Glastafel darauf gelegt, oder das Ganze in einen Kopierrahmen eingespannt und dem Sonnenlichte, oder dem gewöhnlichen Tageslichte (bei trübem Wetter) ausgesetzt.

In einiger Zeit, welche je nach dem zu kopierenden Originale und der Stärke des Lichtes von einer Minute bis zu 4 oder 5 Stunden wechselt, kann die Kopie als fertig herausgenommen werden. Sie muß aber vorläufig im Dunkeln aufbewahrt und nachträglich noch einer einfachen Prozedur unterworfen werden, um sie unempfindlich gegen das Licht zu machen, oder zu fixieren.

An einem hübschen sonnigen Tage können mit einem Kopierrahmen ganz gut 8 bis 10 Pausen angefertigt werden. Ein Original auf dickem und festem Papiere erfordert bei trübem Wetter eine ziemlich bedeutende

Zeit zum Kopieren, aber dennoch ist das Verfahren ein lohnendes, indem man während der ganzen Dauer der Kopierzeit ruhig seiner Arbeit obliegen kann.

Die Expositionszeit ist durchaus nicht in so enge Grenzen eingeschlossen, daß eine Kopie etwa leicht unbrauchbar würde, man kann im Gegenteile je nach Belieben entweder in der kürzesten Zeit eine Kopie von sehr hellem Siena-Tone oder in der längsten Zeit eine solche von dunkel-kastanienbraunem Tone erhalten und zwischen diesen beiden Extremen läßt sich jede beliebige Abstufung hervorbringen.

Das ganze Verfahren zerfällt in 3 Abteilungen und zwar in das Präparieren, Exponieren und Fixieren der Kopie.

Das Papier und seine Präparierung.

Das am besten verwendbare Papier ist das bei jedem Photographen verkäufliche sogenannte Albumin- oder Eiweißpapier und zwar von der geringsten Qualität. Die Bogen sind gewöhnlich 40 bis 45 cm breit und 55 bis 60 cm lang; man kann aber auf Bestellung Papier von jedem beliebigen Formate bekommen. Das Papier ist auf einer Seite mit einer gleichmäßigen Eiweißschicht überzogen, in welcher eine gewisse Menge Kochsalz aufgelöst ist. Das Eiweiß dient nur dazu, dem Papiere eine schöne glatte und wasserdichte Oberfläche zu erteilen, das Kochsalz aber, um auf dem Papiere eine lichtempfindliche Schicht zu bilden.

Das Kochsalz ist nämlich eine Verbindung von Chlor und Natrium. Man legt nun das Papier auf eine Lösung von 60 g salpetersaurem Silberoxyd (Höllenstein) in 900 — 1200 g Wasser und läßt es 2 — 3 Minuten darauf schwimmen.

Unmittelbar nach dem Auflegen auf die Flüssigkeit verbindet sich das Chlor der Eiweißschicht mit dem Silber des salpetersauren Silberoxydes zu Chlorsilber, welches die Eigenschaft besitzt, am Lichte schwarz zu werden.

Legt man das Papier nach dem Trocknen auf eine Zeichnung und setzt beides so dem Tageslichte aus, daß dasselbe durch die Zeichnung hindurch, auf die präparierte Fläche scheint, so wird die ganze Fläche schwarz, an denjenigen Stellen aber, wo die schwarzen Linien das Licht abhalten, bleibt die Fläche weiß und so entsteht eine äußerst genaue Zeichnung von weißen Linien auf dunklem Grunde und zwar wird diese Zeichnung umgekehrt, so daß zwar oben und unten wie auf dem Originale ist, die rechte Seite des Originals aber die linke auf der Kopie bildet.

Unmittelbar nach dem Auflegen des Papiers auf die Flüssigkeit hebt man das Papier an einer Ecke bis zur Hälfte in die Höhe und streicht mit einem Holzstäbchen die da und dort daran hängenden Luftblasen weg, so daß das Papier überall von der Flüssigkeit berührt wird. Dieses Aufheben wiederholt man an allen 4 Ecken des Blattes.

Das Albumin-Papier soll an einem trocknen Orte aufbewahrt werden, da es aber in sehr trockenem Zustande die Silberlösung nicht so gern annimmt, so bilden sich leicht Luftblasen zwischen Papier und Flüssigkeit, welche man dann abzustreifen hat. Um dies zu vermeiden, lege man das Papier unmittelbar vor dem Präparieren an einen kühlen Ort, wodurch es dann sehr schön von der Flüssigkeit angezogen wird.

Nachdem das Papier 2 bis 3 Minuten mit der Flüssigkeit in Berührung war, wird es von derselben abgehoben, indem man es, an einer Ecke anfangend, ganz langsam in die Höhe zieht, damit möglichst wenig von der Flüssigkeit daran hängen bleibt. Man hängt es zum Trocknen auf und zwar im Dunkeln. Man thut am besten, das Papier am Abend vor dem Tage zu bereiten, an welchem man dasselbe brauchen will, da das präparierte Papier nur 3 bis 4 Tage aufbewahrt werden kann, weil es nach und nach gelblich wird.

Je vollständiger die Dunkelheit ist, in welcher man dasselbe aufbewahrt, desto besser ist es; da aber nicht jedermann einen solchen Raum nahe zur Hand hat, so kann man dasselbe in rot oder gelbrotes Papier eingewickelt in einer Tischschublade oder einem Kasten aufbewahren.

Kerzen- oder Lampenlicht hat keine Einwirkung auf das Papier; unter dem dunkeln Raume ist also immer nur Abwesenheit des Tageslichtes verstanden.

Da das Papier beim Trocknen kraus wird und es in diesem Zustande nicht verwendet werden kann, so wickelt man dasselbe rückwärts oder mit der präparierten Seite nach außen auf eine steife starke Papierrolle von 3 cm Durchmesser auf. Läßt man die Bogen nur eine ganz kurze Zeit so liegen, so erhalten dieselben ein sehr hübsches gleichmäßiges Ansehen und legen sich ganz gut an das Original an.

Für Bogen von der oben angegebenen Größe gießt man die Silberlösung in ein flaches Gefäß von 3 bis 6 cm Höhe. Die Tiefe der Flüssigkeitsschicht braucht nicht über 4 bis 5 mm zu betragen, so daß der Boden des Gefäßes nur überall von der Flüssigkeit bedeckt ist.

Da die Lösung von salpetersaurem Silberoxyd die meisten organischen Stoffe angreift und da Glas- oder Guttaperchagefäße von dieser Größe nicht leicht zu bekommen und außerdem sehr teuer sind, so verwendet man am besten einfache hölzerne Gefäße von 5 cm Tiefe, welche mit gutem Wachstuche aus einem Stücke ausgefüttert sind. Diese Gefäße halten sich ganz dicht und zerbrechen nicht.

Im Anfange wird zwar nach und nach die Farbe des Wachstuches von der Flüssigkeit aufgelöst und die letztere dadurch braun gefärbt, was aber nichts schadet, indem man die Flüssigkeit einfach filtriert, wenn die Färbung zu stark geworden ist.

Ist einmal die Farbe aus dem Wachse herausgefressen, so tritt der Uebelstand nicht mehr ein und ein derartiges Gefäß ist weit mehr wert, als ein solches von Glas. Gläserne Schalen haben gewöhnlich schon neu kleine unsichtbare Sprünge, welche bei jeder geringfügigen Temperatur-Veränderung etwas größer werden.

Enthält die Silberlösung zu wenig Silber (sie wird nach und nach durch den Gebrauch schwächer), so bilden sich leicht Blasen zwischen Papier und Flüssigkeit und zuletzt wird die Albumin-Schicht des Papiers aufgelöst und schwimmt in schleimigen Fäden in der Flüssigkeit herum.

Durch Filtrieren wird das Bad wieder rein und durch Zufügen von frischem salpetersauren Silberoxyd wird es wieder brauchbar.

Im übrigen braucht das zum Kopieren auf diese Weise verwendete salpetersaure Silberoxyd durchaus nicht so rein zu sein, wie dies sonst in der Photographie notwendig ist. .

60 g salpetersaures Silberoxyd in 450—600 g Wasser aufgelöst, reichen zum Präparieren von 35—40 Bogen aus.

30 g Silber kosten 4 Mark 50 Pfge.; ein Bogen 20 Pfge. Ein Kopie kommt also auf etwa 40 Pfge. zu stehen.

Statt des filtrierten und destillierten Wassers ist zum Auflösen des Silbers, selbst gewöhnliches Brunnenwasser zu gebrauchen; es wird zwar dadurch ein wenig Silber niedergeschlagen und die Flüssigkeit trübt sich etwas; allein es ist dies ohne weitere nachteilige Wirkung.

Hat man zu dem flachen Gefäße, das die Silberlösung während des Präparierens aufzunehmen hat, einen gut schließenden Deckel, so kann man die Flüssigkeit beständig darin lassen, im andern Falle hat man dieselbe in eine Flasche zurückzugießen.

Das Exponieren oder Kopieren.

Dasselbe geschieht am besten mittels eines gewöhnlichen Kopierrahmens. Derselbe besteht aus einem hölzernen Rahmen, über welchen zwei an guten Gelenkbändern befestigte Schließen gehen, welche durch hölzerne oder metallene Riegel gehalten werden; letztere drehen sich um Holzschrauben und werden auch mit ihrem Ausschnitte unter die Köpfe von Holzschrauben geschoben, sind also dadurch verhindert in die Höhe zu gehen.

Jede der beiden Schließen hat zwei leichtgehende hölzerne Schrauben. In diesem Rahmen ist ein starkes Spiegelglas (geschliffenes Glas von 5—6 mm Dicke) gut passend eingeschnitten und außerdem ein Brettchen, welches aus zwei durch Gelenkbänder vereinigten Teilen besteht, deren jeder, um das Werfen zu verhüten, mit zwei Leisten versehen ist.

Es besteht dieser Deckel aus zwei Teilen, um beim Einlegen stets das Verrücken der übereinanderliegenden Teile zu verhüten, indem man immer auf einer Seite halten kann, bis die eine Hälfte des Deckels eingelegt ist; außerdem muß man die eine Hälfte aufklappen können, um nachzusehen, ob die Kopie genügend entwickelt ist.

Beim Kopieren legt man auf die Glasplatte des Kopierrahmens das Original mit der hinteren Seite, also die Bildseite vom Glase abgekehrt. Auf die Bildseite kommt das präparierte Papier und zwar so, daß Bildfläche und präparierte Fläche einander berühren, darauf kommen einige Bogen Fließpapier und zuletzt der hölzerne Deckel, wonach die Schließen vorgelegt, befestigt und die Schrauben angezogen werden.

Jetzt bringt man den Rahmen an das Tageslicht, stellt ihn senkrecht gegen das einfallende (am besten Sonnen-) Licht und läßt ihn so lange draußen bis die hervorragenden Teile des präparierten Papiers gehörig dunkel geworden sind, oder bis man entweder durch Nachsehen oder durch Erfahrung überzeugt ist, daß die Kopie sich gehörig entwickelt hat.

Es ist beim Kopieren aber Rücksicht darauf zu nehmen, daß die Kopien beim nachherigen Fixieren ziemlich stark gebleicht werden; man muß sie daher etwas stärker kopieren, als man sie in fertigem Zustande haben möchte.

Diese Kopien müssen, wenn sie aus dem Kopierrahmen kommen, noch im Dunkeln aufbewahrt werden, wenn man sie nicht sogleich fixieren will.

Das Einlegen und Herausnehmen aus dem Kopierrahmen darf ganz gut an der Tageshelle im Zimmer geschehen, nur hat man sich so einzurichten, daß das präparierte Papier nur auf kurze Zeit ans Tageslicht kommt. Auch das Fixieren darf am Tageslicht geschehen. Der obige Kopierrahmen ist bis zu einer Bogengröße von 30 bis 40 cm noch gut verwendbar.

Für größere Bogen wäre es sehr schwierig den Deckel so herzustellen, daß er überall gut am Glase aufliegt, ohne daß man die Schrauben zu stark anziehen muß.

Als Deckel für größere Bogen ist daher eine zweite Spiegelglasscheibe von 5—6 mm Dicke sehr geeignet, welche man dann mittels hölzerner, unter die Schließen geschobener Keile sanft auf die untere Glasscheibe preßt.

Man erreicht auf diese einfache Weise ein sehr gutes dichtes Aufeinanderliegen des präparierten Papiers und Originals, von welchem das Gelingen einer Kopie nach dieser Methode einzig abhängt, weil sonst weiter kein schwieriger Punkt an der Sache ist.

Steht das Original und die Kopie nur um eine Haardicke voneinander ab, so beeinträchtigt dies schon die Lebhaftigkeit der letzteren.

Hat man irgend eine Zeichnung, oder irgend einen Holzschnitt aus einem Atlas oder Buch zu kopieren, welche man nicht in den Kopierrahmen spannen kann, so legt man dieselbe auf irgend eine ebene Unterlage, legt das präparierte Papier darunter und auf die Rückseite des Originals eine ebene Spiegelplatte, welche man an ihren Ecken etwas beschwert und setzt das Ganze an die Sonne oder ans Tageslicht.

Was die Zeit anbelangt, während welcher eine Zeichnung ans Licht gesetzt werden muß, um eine Kopie zu erhalten, so kann man sich folgendes merken: Da das Licht durch die Papiermasse hindurchscheinen muß, so braucht eine Zeichnung um so längere Zeit, je dicker und undurchsichtiger das Papier ist. Die Schärfe der Kopie ist von dieser Dicke aber durchaus unabhängig, so daß sich jede Zeichnung kopieren läßt.

Eine Zeichnung auf gewöhnlichem, festem, weißen Zeichen-Papiere erfordert zum Kopieren in hellem Siena-Tone eine halbe Stunde direktes Sonnenlicht und 5 bis 8 Stunden gewöhnliches Tageslicht.

Eine Kopie von einer Pause erfordert 2—4 Minuten Sonnenlicht im Winter, im Sommer nicht eine Minute und $1/4$—$3/4$ Stunden Tageslicht. Um die Mittagszeit von 11—3 Uhr geht das Kopieren am raschesten. Je konzentrierter man die Silberlösung nimmt, um jo rascher geht das Kopieren. Im Sommer geht es rascher als im Winter. — Kräftig und mit schwarzer Tusche ausgezogene Originale können dunkler kopiert werden; feine Zeichnungen muß man heller lassen, sonst werden dieselben undeutlich.

Durch Uebung bringt man es bald dazu, die Expositionszeit so voraus zu bestimmen, daß man nicht nachzusehen braucht, ob eine Kopie sich gehörig entwickelt habe.

Das Fixieren der Kopien.

Da die aus dem Kopierrahmen genommenen Kopien noch leicht empfindlich sind, so müssen dieselben etwa 5 bis 10 Minuten in eine Auflösung von 240 g unterschwefligsaurem Natron in 4800 g Wasser eingetaucht werden, welche Lösung man beständig in einer mit Wachstuch ausgefütterten hölzernen Schale, ähnlich wie das Silberbad aufbewahrt.

Schließlich werden die Kopien in Wasser etwa 10 Minuten gespült, zwischen Fließpapier ausgepreßt und an der Luft oder am Ofen getrocknet.